SV

Thomas Bernhard
Die Stücke

1969-1981

Suhrkamp Verlag

Erste Auflage 1983

Druck: May & Co., Darmstadt
Printed in Germany

Inhalt

Ein Fest für Boris

»Zugegeben, daß Premieren gewöhnlich
unerträgliche Examen
und eine Verhöhnung der Kunst sind.«

Alexander Block

Personen

DIE GUTE, *beinlos*
JOHANNA
BORIS, *beinlos*
DREIZEHN BEINLOSE KRÜPPEL *aus dem Krüppelasyl*
ZWEI DIENER
ZWEI PFLEGER

Alle Beinlosen in Rollstühlen

Im Haus der Guten

Erstes Vorspiel

Leerer Raum. Hohe Fenster und Türen
Die Gute rechts
Johanna tritt von links mit einem Tisch ein und stellt ihn neben die Gute

DIE GUTE

Es ist kalt
Johanna rückt den Tisch noch näher an die Gute heran und stellt sich selbst hinter sie
Es ist doch kalt
Bringen Sie mir die Decke
Johanna zögert
Die Gute herrscht sie an
Bringen Sie mir die Decke
Mich friert
weil ich schon eine Stunde da sitze
und mich nicht rühre
Johanna will gehen
Warten Sie
warten Sie
Haben Sie die Briefe aufgegeben
die Briefe den Brief an das Asyl
an den Bürgermeister
an den Polizeidirektor
erkennt, daß sie sie nicht aufgegeben hat
Also zerreißen Sie sie
werfen Sie sie weg
Johanna will weggehen
Nein bringen Sie sie her

JOHANNA

Alle

DIE GUTE

Alle
Heute sind es grüne
und morgen wieder weiße Kuverts
und so weiter

Sie lachen schon länger als drei Jahre darüber
Wenn Sie nur diese Krankheit aus mir herauslachen könnten
Bringen Sie mir doch die Briefe her
damit ich sie alle zerreißen kann
Alles ist jeden Tag tagtäglich
eine Wiederholung von Wiederholungen
Die ganze Nacht und den ganzen Vormittag
habe ich wieder Briefe geschrieben
Unwahrheiten
Unzulänglichkeiten
Lügen
Lügen von Lügen
Warum lüge ich
Alle diese Lügen sind Verfinsterungen
daß alles wahr ist und wirklich
schreiend
Warum verbieten Sie mir denn nicht
Briefe zu schreiben
Wenn ich nur plötzlich
ganz plötzlich
keine Adresse mehr wüßte
von den Adressen nichts wüßte
keine Adresse
Wenn mir plötzlich kein Name
kein einziger Name mehr einfiele
Wenn ich nichts mehr wüßte
was mit diesen Adressen und Namen zusammenhängt
Es tötet mich
es tötet mich Johanna
Aber jede Nacht schreibe ich diese Briefe
Johanna ab
Eine einzige Lüge
alles
schreit ihr nach
Daß Sie mich keine Briefe mehr schreiben lassen
Warum nehmen Sie mir denn nicht das Briefpapier weg
Nehmen Sie es mir doch weg
Wenn Sie sehen daß ich anfange
Briefe zu schreiben
daß das Wahnsinn ist
Unwahrheiten

Lügen
Ich befehle Ihnen mich keine Briefe mehr
schreiben zu lassen
zu sich
ich will einschlafen
und kann nicht einschlafen
und ich denke nach
wieder laut
Und dann befehle ich Ihnen
mir das Briefpapier zu bringen
und Sie bringen mir das Briefpapier
zu sich
ich muß etwas tun
wenn ich nichts tue
nichts
fürchterlich
Johanna mit den Briefen herein
Geben Sie her
versteckt die Briefe in der Tischlade
Später
später
Warum gibt es denn heute keine Zeitungen

JOHANNA
Sie streiken

DIE GUTE
Wer streikt

JOHANNA
Die Drucker

DIE GUTE
Die Drucker

JOHANNA
Alle streiken

DIE GUTE
Alle streiken
Auf einmal streiken alle
Alles streikt
Alles

JOHANNA
Überall wird gestreikt

DIE GUTE
Alles streikt

Dieser Streik wird sich auch auf uns auswirken
Wenn er lang dauert
Ist genug Gemüse im Haus
Obst
Fleisch
Wenn der Streik länger dauert
Alles deutet darauf hin
daß der Streik länger dauert
Keine Zeitungen
das ist fürchterlich
Die Inserate
Die Mordfälle
und das Wetter
Von den Büchern abgesehen
gibt es keine Abwechslung mehr für mich
Bringen Sie mir doch die Decke
Johanna ab
Die Gute sinniert
Lesen lesen
laut
Übrigens haben Sie mir gestern wieder
ein Theaterstück gegeben in dem ein Mann vorkommt
der keine Beine mehr hat
mit Vorliebe geben Sie mir in letzter Zeit eine Literatur
in der Verkrüppelte eine Rolle spielen
infam
aber ich verzeihe Ihnen
wir verzeihen uns
Sie sind ja nicht böswillig
Sie sind bösartig
nicht böswillig
dieser kleine Unterschied auf der zweiten Silbe
macht Sie mir immer wieder erträglich
Verbieten Sie es mir jemals wieder einen einzigen Brief zu schreiben
Sie müssen es mir versprechen
Johanna mit einer Decke herein, deckt die Gute zu
Ich kann nicht einschlafen
und lese diese Romane diese Theaterstücke
plötzlich laut
Machen Sie doch die Fenster auf

ich ersticke
Johanna öffnet die Fenster
Sie müssen es mir unmöglich machen
unmöglich
Wenn ich die Briefe nicht abschicke
macht es nichts
leise
Sie müssen es verhindern
es mir verwehren
Die Wahrheit ist daß kein Mensch von mir einen Brief will
niemand
nichts
weil ich immer auf einem einzigen Fleck sitze
Da da
fällt mir natürlich viel ein
mir fällt so viel ein daß ich Angst habe
meine Einfälle könnten tödlich sein
meine Einfälle
Niemand hat Zeit für Briefe
Für Einfälle
es ist wahr die Leute haben keine Einfälle
weil sie keine Zeit haben
für Einfälle
und sie haben keine Zeit
weil sie keine Einfälle haben
niemand lebt gern gespenstisch
Ich habe die längste Zeit
und ich habe gar keine Zeit
das ist mein Unglück
Mich langweilen meine Einfälle
Wenn ich auf einmal keine Einfälle mehr hätte
Meine Bewegungslosigkeit Johanna
Wenn ich sage zerreißen Sie meine Briefe
gehn Sie hinaus und lesen Sie sie
und erst wenn Sie sie gelesen haben
werfen Sie sie weg
Zerreißen Sie sie
Und wenn ich sage Sie dürfen sie
bevor Sie sie wegwerfen nicht lesen
lesen Sie sie
Ich habe meine Briefe immer zerrissen weggeworfen

in den ganzen zehn Jahren die mein Mann tot ist
habe ich alle Briefe immer wieder zerrissen
es ist wahr
ich habe nicht einen einzigen Brief abgeschickt
Geben Sie zu daß das wahr ist
Zerrissen
verbrannt
Es gibt gar keinen Grund mich so aufzuregen Johanna
Warum rege ich mich denn auf
auf einen Brief den man nicht abschickt
kann keine Antwort
Nein nein Johanna
Mit den Fragen die Antworten und so weiter
Johanna Sie bilden sich ein daß Sie alles über mich wissen
weil Sie drei Jahre in meinem Haus sind
weil Sie drei Jahre da sind
vorher haben Sie nicht existiert
Sie bilden sich alles ein
Johanna ab
Sie kennt alles
sie weiß alles
sie weiß was in meinen Schubladen ist
laut, ihr nach
Das wissen Sie natürlich
Sie haben recht
Sie sind drei Jahre in meinem Haus
Johanna kommt mit einer riesigen weißen Schachtel herein
Was ist denn das

JOHANNA
Die Handschuhe die Hüte

DIE GUTE
Die Handschuhe die Hüte
Johanna stellt die Schachtel auf den Tisch
Die Handschuhe die Hüte
probiert von jetzt an, bis der Vorhang fällt, ununterbrochen lange, mindestens bis zu ihren Ellenbogen reichende rote und grüne, gelbe, aber vor allem weiße und schwarze Handschuhe und große Frühjahrshüte in den gleichen Farben und Johanna ist ihr dabei behilflich
Haben Sie dem Handschuhhändler gesagt
daß ich mir nur ein einziges Paar aussuche

daß ich mich nicht sofort entscheide
Ein Paar Handschuhe
Einen Hut
Sie wissen natürlich
was ich besitze
Sie kennen meinen Besitz
wie ich hier sitze
in meinem Sessel
alles
Sie kennen alles
Wenn Sie wüßten was es alles gibt
das Sie nicht kennen
lacht auf
Meinen schlechten Geschmack
der eine Folge meines guten Geschmacks ist
Weil Sie eine intelligente Person sind
Und weil Sie so intelligent sind
schweigen Sie oft
Es ist Mißbrauch
alles ist Mißbrauch
Auf intelligente Weise Ihre Schweigsamkeit
die Schweigsamkeit Ihrer Intelligenz
Ihre Intelligenz einen langen geistreichen Satz
völlig fehlerfrei auszusprechen
einen langen geistreichen
zum Beispiel mit dem Französischen zusammenhängenden Satz
völlig fehlerfrei auszusprechen
obwohl Sie diesen Satz überhaupt nicht verstehen
und obwohl Sie diesen Satz vorher
überhaupt noch niemals gehört haben
gelesen oder gehört haben
Ausländische Namen sprechen Sie
hochintelligent aus
die französischen Umstandswörter zum Beispiel
Sie sind eine ausgezeichnete Vorleserin
die die schwierigsten Sätze
völlig fehlerfrei aussprechen kann
Seit zehn Jahren ist für mich das wichtigste
daß ich eine ausgezeichnete Vorleserin habe
Ihre Vorgängerin
Nein

eine Vorleserin die die schwierigsten Sätze
völlig fehlerfrei aussprechen kann
französische Namen sprechen Sie doch ganz ausgezeichnet aus
zum Beispiel das Wort oublié
Wie Sie das aussprechen
nicht so schnell
Sie sehen ja daß mir der Handschuh zu klein ist
die sind mir alle zu klein
wirft ein Paar auf den Boden
Johanna hebt sie auf
Die andern die andern
wirft ihr einen Handschuh ins Gesicht
Es ist nicht meine Schuld
es ist fürchterlich einen Satz völlig falsch ausgesprochen
hören zu müssen
wenn Sie wüßten wie mich das schmerzt
Das sind meine Schmerzen Johanna
Wie alt sind Sie
sagen Sie mir wie alt
Sie sind
Sie sagen es mir nicht weil ich Sie jeden Tag frage
wie alt Sie sind
Aber ich will wissen wie alt Sie sind
Nein ich erlasse es Ihnen
Sie brauchen mir nicht zu sagen wie alt Sie sind
Heute nicht
Jetzt nicht
Den weißen den weißen
Johanna zieht ihr einen weißen Handschuh an, setzt ihr einen weißen Hut auf
Ich habe immer wieder die Feststellung gemacht daß Leute
die von dem was sie vorlesen
nicht die geringste Ahnung haben
dieses Vorzulesende ganz ausgezeichnet vorlesen
Einmal haben Sie ein Kapitel gekannt
erinnern Sie sich
Sie wissen was für ein Kapitel
Sie können sich genau erinnern
Sie haben es unerlaubterweise
bevor Sie es mir vorgelesen haben selber gelesen
und es ist unerträglich gewesen

Ihnen zuzuhören
Erinnern Sie sich
wir haben die Vorlesung abbrechen müssen
abbrechen
Wir haben die Vorlesung abgebrochen
Sie brechen mir ja die Finger
Wie Sie mir den Artikel über meinen Besuch bei den Waisenkindern und in den städtischen Hilfsschulen vorgelesen haben
mit einer unglaublichen Sicherheit
Sie haben einen erstaunlichen Sinn
für verbrecherische journalistische Satzgefüge
Erinnern Sie sich
ich denke die ganze Zeit darüber nach
was es ist das eine so große Rolle
zwischen uns beiden spielt
Wenn ich Sie sehe
wenn ich Sie nur höre
Ich brauche Sie nur hören
ich brauche nur an Sie denken
ist es schon da
Wenn ich nur an Sie denke
Warum mißtraue ich Ihnen
Jetzt sind Sie schon drei Jahre im Haus
und ich mißtraue Ihnen
bis in Ihre Gedankengänge hinein
Wie ich Sie zum erstenmal gesehen habe
da war dieses Mißtrauen
setzt einen grünen Hut auf, zieht grüne Handschuhe an
Ein Regentag
ein entsetzlicher Regentag
erinnern Sie sich daß es ein Regentag war
Sie haben mich abgestoßen
Die Wahrheit ist daß Sie mich vom ersten Augenblick an abgestoßen
infiziert haben mit Ihrer Krankheit
Wir stehen in einem Krankheitsverhältnis zueinander
die ganze Welt besteht aus solchen Krankheiten
die alle nicht diagnostiziert sind
lacht
Ich habe gesagt Sie sollen sich umziehen

umziehen
dableiben
Sie sind in meinen Besitz übergegangen
Ziehen Sie sich um und bleiben Sie da
habe ich gesagt
und Sie haben sich umgezogen und Sie sind dageblieben
Ihre Stimme
Ihr Sinn für Kleinigkeiten
reißt sich die Handschuhe von den Händen und den Hut vom Kopf und wirft alles auf den Boden
für die lächerlichen Zusammenhänge
Vor allem hat mich die Art wie Sie die Vorhänge zugezogen haben
abgestoßen
Wie Sie die Vorhänge aufgemacht haben
schaut auf den Boden
Heben Sie sie doch auf
Warum heben Sie sie denn nicht auf
Johanna hebt Hut und Handschuhe auf
Die Gute wirft, nachdem Johanna Hut und Handschuhe aufgehoben hat, alles so weit als möglich weg
Bringen Sie mir alles her
Johanna holt Hut und Handschuhe
Sie ziehen die Vorhänge jetzt anders zu
nicht mehr so abrupt
Das wäre kein Unterschied
Schon am ersten Tag haben Sie sich
in Widersprüche verwickelt
das hat mich sofort
interessiert
Sie haben gesagt Sie hätten als fünfjähriges Kind
Ihre Eltern verloren
Es war gelogen
Ihr Vater war groß
Sie haben ihn klein geschildert
Sie sind in einem engen Zimmer aufgewachsen
Ihre Mutter hat singen können
Sie haben es nur nicht gehört
Sie haben mit einem Hund ein Verhältnis gehabt
Sie haben es nur nicht bemerkt
Die grünen
die grünen

probiert grüne Handschuhe, setzt einen grünen Hut auf
Sie haben das ganze erste Jahr nicht
von meinem verstorbenen Mann gesprochen
als ob Sie gefühlt hätten daß Sie das ganze erste Jahr
nicht von meinem verstorbenen Mann sprechen dürfen
Ihre Feinnervigkeit
Ihr absolutes Gefühl
für das Erhabene
Johanna
Sie haben es gefühlt
aber nach einem Jahr haben Sie mich plötzlich gefragt
und ich weiß sogar noch wo
vor dem Fenster dort
diese Situation
Wir haben von den Zuständen
die im Asyl herrschen gesprochen
und daß ich daran denke
mir einen dieser erbärmlichen Krüppel aus dem Asyl
ins Haus zu nehmen
einen solchen Krüppel zu heiraten
Da haben Sie mich gefragt ob mein Mann
noch etwas gesagt hat
Nein nichts
Sie haben mich immer wieder gefragt ob mein Mann
noch etwas gesagt hat
Ihre Rücksichtslosigkeit
Auf Ihre krankhafte Weise
Sie wollten Einzelheiten erfahren
Mein Mann war sofort tot
Ich war nicht tot
Aber mein Mann war sofort tot
mir fehlten die Beine
Immer wollen Sie etwas in Zusammenhang mit dem Unfall hören
in Zusammenhang mit diesem Abend
Wenn Sie mich gleich was gefragt haben
Wenn Sie mich nach meinem Schlafrock fragen
nach meiner Halskette
Wenn Sie mich fragen ob ich hinaus will oder hinunter
fragen Sie doch nur
wie der Unfall gewesen ist

Dieser Regentag
Ich habe gewußt Sie sind die richtige Person für mich
Einen Krüppel habe ich gesagt
einen Krüppel der wie ich
keine Beine mehr hat
ins Haus
heiraten
Boris
Der ganze Vorgang erinnert mich an den Nachmittag
an dem ich mir den Hund gekauft habe
In dem Augenblick in dem ich gewußt habe
jetzt besitze ich Sie
habe ich den Hund nicht mehr haben wollen
Sie haben selbst den Hund weggeführt
Sie erinnern sich doch daß Sie den Hund weggeführt haben
hinausgeführt
hinuntergeführt
Sie haben den Hund gehaßt
Sie sind froh gewesen daß der Hund nicht mehr da war
Johanna will etwas sagen
Schweigen Sie
Sie haben den Hund vom ersten Augenblick an gehaßt
Sie haben den Hund entdeckt
Sie haben sich selbst entdeckt
und haben ihn gehaßt
und haben sich selbst gehaßt
Sie haben das arme Tier gehaßt
Sie hätten es neben dem Hund nicht ausgehalten
Es ist mir nicht schwergefallen mich von dem Hund zu trennen
Er hat nicht mehr zu mir heraufspringen können
er war alt
Ich habe ihn hier
sehen Sie
hier
auf dem Schoß hier
festgehalten
Der Hund hat mir nicht halb soviel Schwierigkeiten gemacht
Der Hund ist schon an der Leine aber Sie
Bei Ihnen hat es ein Jahr gedauert
aber da ich gewußt habe
daß es schwierig ist

weil Sie so kompliziert sind
Ihre Vorgängerinnen
Nein
Keine so kompliziert wie Sie
Die Schwierigkeit war und ist
daß Sie nicht vom Land sind
Ihre Vorgängerinnen sind vom Land gewesen
das vereinfacht
Es war mir vom ersten Augenblick an klar daß es mit Ihnen
nicht so leicht gehen wird
Sie haben sich gewehrt
Sie haben mich gehaßt
Sie hassen mich
Damals haben Sie mich gehaßt ohne zu wissen
warum Sie mich hassen
Sie haben sich diesen Posten nicht so vorgestellt wie er ist
leichter
Sie haben sich alles leichter vorgestellt
Vorstellungen
falsche Vorstellungen
Dieses Haus und ich
Aber Ihre Komplikationen
sind nicht so schwierig wie meine Komplikationen
Sie sind ungewöhnlich intelligent
und unsinnig
Wenn sich zwei Menschen zur gegenseitigen Gewohnheit machen
und
obwohl sie verzweifeln
diese Gewohnheit zu ihrer Kunst machen
ich sehe Sie noch in Ihren geschmacklosen Strümpfen
diese geschmacklosen Schuhe die Sie angehabt haben
dieser Regentag
Wir haben uns beide zur Gewohnheit gemacht
Wenn man anfängt das auszuhalten
Gewohnheit
Verlogenheit
Meine Gewohnheit wenn sie eine Gewohnheit ist
Mit den Dienstboten ist alles ein Mißverständnis
Zuerst haben Sie sich gewehrt
Sie haben ausbrechen wollen
weg

Ihre Ausbruchsversuche
An jeden Ihrer Ausbruchsversuche kann ich mich erinnern
Sie sind nicht weggegangen
wirft Johanna einen Handschuh ins Gesicht
Sie haben Angst gehabt Angst
und aus dieser Angst
aus unser beider Angst ist dann dieser fürchterliche
Dauerzustand geworden
Sie haben immer mehr Geld verlangt
Ich habe Ihnen immer mehr Geld gegeben
aber schließlich mit Ihren Gefühlen
alles wieder ruinieren müssen
Sie haben mir damals nacheinander die ganzen berühmten
russischen Romane des neunzehnten Jahrhunderts vorgelesen
Sie erinnern sich
Oblomow
Dolgorukij
Verrückt
Ein Krüppel hat Sie
hat uns besiegt
ein Krüppel
Boris
Freilich ich habe einen hohen Preis zahlen müssen
für unser Verhältnis
Dann habe ich Ihnen die Falle gestellt
Ich habe Ihnen gedroht
Sie haben mir gedroht
Wir existieren nurmehr noch in Drohungen
Mit jeder Drohung von meiner Seite ist unser Verhältnis
mit jeder Drohung von Ihrer Seite
geben Sie ihn mir her
geben Sie ihn her
setzt einen schwarzen Hut auf
Herrlich
Schwarze Handschuhe
Johanna gibt der Guten schwarze Handschuhe
Es erinnert mich an das Begräbnis
zieht die schwarzen Handschuhe wieder aus, wirft sie weg,
nimmt den schwarzen Hut herunter und wirft ihn weg
Nicht schwarz
Schwarz nicht

Johanna hebt Hut und Handschuhe auf
Es vergiftet mich
Sie wären immer der ganz gewöhnliche Mensch geblieben
der Sie gewesen sind
Wenn ich denke was Ihre Lebensumstände aus Ihnen gemacht hätten
Sie müssen zugeben
daß Sie es nicht geliebt hätten
Ihr Leben
Sie hätten Ihr gewöhnliches Leben nicht geliebt
Sie sind intelligenter als Sie mir zeigen wollen
Sie zeigen mir nur Ihre oberflächliche Intelligenz
Sie zeigen mir die Intelligenz die ich feststelle
wenn Sie mir ein Glas Wasser holen
den Hut aufheben
wenn Sie mir meine Beinstummel waschen
wenn Sie mich anziehen
ausziehen
kämmen
Mit was für einer hohen Intelligenz Sie mich kämmen
kein Mensch hat mich jemals mit einer so hohen Intelligenz gekämmt
Sie haben diese Art Intelligenz
die mich immer schon interessiert hat
Ach diese Handschuhe
geben Sie her
zieht noch einmal die schwarzen Handschuhe an, setzt noch einmal den schwarzen Hut auf
Es ist wahr Sie wären aus Ihrer Gewöhnlichkeit
nicht mehr herausgekommen
Sie haben keinen Blick
für das menschliche Elend
für das Menschenelend
Es ist ein Unterschied zwischen dem einen
und dem andern Haß
Erinnern Sie sich noch
wie ich Sie jeden Tag tagtäglich
um ein Paar Strümpfe geschickt habe
und jedesmal in ein andres Geschäft
Sie wissen ja auch nichts vom Lord Byron
Ich hab Sie jeden Tag um ein Paar Strümpfe geschickt

obwohl ich keine Beine mehr habe
und obwohl Sie genau gewußt haben daß ich keine Beine mehr habe
Sind Sie weggelaufen um die Strümpfe
jeden Tag und jeden Tag
in ein anderes Geschäft
erinnern Sie sich an den Schuhmacher
von dem ich mir ein Paar Schuhe habe anmessen lassen
und der sie mir angemessen hat
obwohl er gewußt hat
daß ich keine Beine und folglich keine Füße mehr habe
er hat mir die Schuhe angemessen
erinnern Sie sich
zieht die schwarzen Handschuhe aus, nimmt den schwarzen Hut vom Kopf und läßt alles fallen
Dieser Mann
dieser unglaublich geschickte Mann
diese schönen Schuhe
die ich Ihnen oft und oft
immer und immer wieder
geliehen habe
Ihre Intelligenz beruht darauf
daß Sie sehr viel bei mir gesehen haben
Es gibt hochintelligente Menschen die sehen nichts
sehen und das macht sie unglücklich
geben Sie mir die roten die roten
zieht rote Handschuhe an, setzt einen roten Hut auf
Sie tun mir weh
lacht
Die Masse sieht nichts
die Masse ist auch nicht unglücklich
die Masse ist glücklich
In diesem Augenblick habe ich Sie immer gefragt
wie spät es ist
mit weit ausgestreckten Armen
Jeden Tag in diesen drei Jahren
habe ich Sie immer um Punkt drei gefragt
wie spät es ist
und Sie haben mir immer geantwortet
Drei Uhr
Wenn Sie mir einmal nicht geantwortet hätten

wenn Sie mir nur ein einzigesmal nicht geantwortet hätten
Es ist ein Spiel
zieht die Handschuhe aus, wirft den Hut weg, Johanna hebt alles auf
Es ist die Finsternis
Und das Nachdenken
Und das Nichtstun
Weil Sie mich ununterbrochen allein lassen
wenn ich rede
Sie stehen die ganze Zeit da und bewegen sich nur
wenn ich Ihnen befehle bewegen Sie sich
Ich bin überzeugt daß die Bewegungslosigkeit
diese Todeskrankheit
in der Natur
jede Krankheit ist eine Krankheit
der Bewegungslosigkeit
Sie bewegen sich nicht
Sie sehen
Sie denken nach
Sie sehen daß ich tot umfalle
Sie sehen mich tot in meinem Sessel tot
Es ist immer das gleiche Sie sehen mich tot
tot
Sie warten darauf
daß ich tot bin
Eine Tote
Sie sehen es immer
hält ein Paar gelbe Handschuhe in die Luft, lachend
Es sind die Verrücktheiten
sonst nichts
Wie weit bin ich gereist
wohin sind sie alle gereist
wir sind immer alle gereist gereist gereist
wirft die Handschuhe weg, Johanna hebt sie auf
Haben Sie nie das Bedürfnis zu reisen
weit weg einfach wegzureisen
wir sind überall hingereist
probiert einen grünen Handschuh
Aber wenn Sie nach England reisen
und verstehen die englische Sprache nicht
oder nach Rußland und verstehen kein Russisch

Es ist gut
daß ich Schluß gemacht habe
Schluß gemacht
ganz leise
Schluß gemacht
den grünen Handschuh bewundernd
Es war ja nicht so daß ich von dem Unglück überrascht worden bin
so war es nicht
zieht den grünen Handschuh wieder aus
Tot sein
in einen Lichtschacht stürzen
tot sein wie mein Mann
In Wahrheit habe ich schon seit Wochen nicht mehr von ihm geträumt
Jahre nicht mehr
Wenn Sie Ihre Schuhe putzen
denken Sie da nicht an mich
wenn Sie Ihre Beine übereinanderschlagen
Sie fühlen sich wohl in dem Gedanken
der kein Gedanke ist
Sie denken Ich werde hinaufgehen
oder hinuntergehen
hinausgehen
weggehen
weil ich Beine habe denken Sie
S i e haben Beine
Wenn Sie hin und her laufen im Haus
Sie laufen in letzter Zeit so viel hin und her
Sie laufen den ganzen Vormittag hin und her
den ganzen Nachmittag
wenn Sie zu Ihrem Freund gehen
denken Sie da nicht an mich
eine Person ist eine Person
die in eine andere Person verhaßt ist
Wann ist das Fest
Johanna wann ist das Fest
Wann kommen die denn
Wann

JOHANNA
Dienstag

DIE GUTE

Dienstag
Dienstag Boris' Geburtstag
Und wann ist der Ball

JOHANNA

Morgen

DIE GUTE

Dienstag das Fest
Morgen der Ball
Dienstag das Fest
Diese Zustände im Asyl
Dieser Mensch
In Wahrheit hat mich mein ganzes Leben
immer nur das Verhältnis zwischen zwei Menschen interessiert
Wie spät ist es
Nein sagen Sie mir nicht wie spät es ist
Johanna zieht der Guten ein Paar rote Handschuhe über, setzt ihr einen roten Hut auf
Fünfundzwanzig nach drei
bewundert die roten Handschuhe
Es ist gut daß Sie da sind
und daß Sie mir zuhören
Wir sind eine Verschwörung
streckt die Arme so weit als möglich aus
Sagen Sie dem Bibliothekar
daß ich keine Atlanten mehr will
ich will wieder lesen sagen Sie
streckt die Arme noch weiter aus
Mich interessieren jetzt die Romane des Zwanzigsten Jahrhunderts
denken Sie daran sagen Sie dem Bibliothekar
daß mich jetzt die Romane des Zwanzigsten Jahrhunderts interessieren
Durch die Atlanten bin ich die ganze Nacht
verunstaltet
Ich komme mit großen Koffern
und ohne daß mir jemand hilft
ohne daß Sie mir helfen Johanna
in Portugal an
oder in der Schweiz oder in der Türkei

ganz gleich wo
oder ich sehe mich die ganze Zeit
auf dem Trottoir spazieren
Und mit dem Briefträger laufe ich um die Wette

Vorhang

Zweites Vorspiel

Nach dem Ball. Die Gute im Kostüm einer Königin. Johanna schiebt sie immer schneller um den ganzen Raum herum, immer schneller und schneller, ekstatisch

DIE GUTE
Halt Halt
Stehenbleiben
Johanna bleibt mit ihr stehen
Fahren Sie mich zurück
Fahren Sie mich auf meinen Platz zurück
Johanna schiebt sie quer über die ganze Bühne
Ich bin müde jetzt
bin ich müde
jetzt
Wie spät ist es denn
sagen Sie mir nicht wie spät es ist
Ich halte so viel Leute nicht aus
Ich kann so viel Leute nicht mehr aushalten
Wieviel waren es denn
Diese Bälle sind immer dasselbe
Immer dieselben Leute
immer die gleiche schlechte Luft
immer mehr Menschen
Wieviel waren es denn
Keine Königin
Außer mir keine Königin
Die meisten sind lächerlich
phantasielos
Ich habe Angst gehabt daß es mir weh tut

wenn Sie mir das Kostüm ausziehen
es hat mir weh getan
Wie Sie es mir angezogen haben
Ich habe das Ausziehen gefürchtet
Ich fürchte das Ausziehen
Ein fürchterliches Kostüm
Die Musik hat falsch gespielt
kein Mensch kann tanzen
Das Ganze ist
Die Leute glauben es genügt
in einem Kostüm zu stecken
wie haben diese Kostümbälle sich verändert
Das Kostüm hat mir die ganze Zeit
fürchterliche Schmerzen verursacht
Aber ich will heute nicht mehr ins Bett
Dienstag ist das Fest für Boris
Dienstag
Haben Sie den Präsidenten des Verfassungsgerichtshofs erkannt
den Präsidenten des Verwaltungsgerichtshofs
die Frau des Präsidenten des Verwaltungsgerichtshofs
die Frau des Präsidenten des Verfassungsgerichtshofs
Die Politiker
Die Ärzte
Rechtsanwälte
Die Klerikalen
Den Innenminister
Der Mann der gestürzt ist
war der Außenminister

JOHANNA

Der Außenminister

DIE GUTE

Der Herr Ministerpräsident
und die Frau Ministerpräsident
die Frau Arzt
die Frau Außenminister
die Frau Innenminister
Wie sie sich hineingedrängt haben
zum Essen
Wie die Leute essen
Jetzt wissen Sie wie
die Leute essen

wie sie sind
Daß Sie mich nicht mehr allein lassen
Sie waren auf einmal weg
Sie haben getanzt
geben Sie zu daß Sie getanzt haben
Sie dürfen mich nie mehr allein lassen
Sie dürfen sich nicht bereden lassen
Sie haben da zu bleiben
an meiner Seite
zu bleiben
Wie spät ist es denn
Wer ich sei haben sie gefragt
und ich habe gesagt Die Königin
richtet sich die Krone
Ich habe die ganze Zeit Schmerzlosigkeit gezeigt
die ganze Zeit Schmerzlosigkeit
unter dieser Krone
unter dieser schweren Krone
während des ganzen Balls habe ich sie
nicht ein einzigesmal heruntergenommen

JOHANNA

Niemand hat Sie erkannt

DIE GUTE

Niemand kein Mensch
sie haben mich nicht erkannt
mich
die Königin
richtet sich die Krone
Ich will sie auflassen
Dieser Kopf Johanna
Eine Darstellung
unter lauter Darstellungen
Dieses Kostüm ist mir viel zu schwer
S i e haben mir das Kostüm eingeredet
S i e haben mich auf die Idee gebracht
I c h habe nicht auf das Kostümfest gehen wollen
S i e haben mich gezwungen
Fahren Sie mich ein Stück
fahren Sie schnell
Johanna schiebt sie ein Stück
Schnell

schnell
Stehenbleiben
Bleiben Sie stehen
Machen Sie die Vorhänge auf
Auf auf
Johanna macht die Vorhänge auf, die Gute bemerkt, daß
Johanna keine Maske mehr auf dem Gesicht hat
Fahren Sie mich
auf meinen Platz zurück
Johanna schiebt sie zurück
Wo haben Sie denn Ihre Maske
Warum haben Sie denn Ihre Maske nicht mehr auf dem Gesicht
Setzen Sie sie sofort wieder auf
Ich befehle es Ihnen
setzen Sie sofort Ihre Maske auf
Ich habe gar nicht bemerkt daß Sie Ihre Maske
heruntergenommen haben
Wann haben Sie sie denn heruntergenommen
Wie lange haben Sie sie denn schon nicht mehr auf
Sie haben sich die leichteste ausgesucht
Und ich habe diese schwere Krone auf
diese schwere Krone
Ich habe dieses Kostüm an
Ich habe es noch immer an
Sie haben Ihre Maske heruntergenommen
Johanna ab
Die Gute ruft ihr nach
Sie haben sich die leichteste aufgesetzt
die allerleichteste
Johanna kommt zurück, sie hat jetzt einen Schweinskopf auf
Sie haben sie hinter meinem Rücken heruntergenommen
Ich habe Ihnen doch gesagt
daß Sie mich um Erlaubnis bitten müssen
wenn Sie sie herunternehmen wollen
Sie tragen Ihre Maske solange ich mein Kostüm trage
Fahren Sie mich ein Stück
fahren Sie mich ein kurzes Stück
Johanna schiebt sie ein Stück
Sie haben sich Ihre Maske selbst ausgesucht
Die Wahrheit ist daß Sie sich Ihre Maske
selbst ausgesucht haben

während ich von Ihnen gezwungen worden bin
dieses Kostüm
diese Krone
mir diese schwere Kette
um meinen Hals zu hängen
Geweint vor Schmerzen geweint Johanna
lacht
geweint vor Schmerzen
diese Krone
diese Kette
diese Schmerzen
Aber ich habe alles so haben wollen
so eng
so schwer
richtet sich die Krone
Es ist lächerlich
Ich habe geweint
Auf einmal Die Weinende
spielen müssen
Die Weinende die unter ihrer Krone weint
Die ganze Zeit denke ich
soll ich es ausziehen
oder nicht
und ich denke
soll ich sie herunternehmen
oder nicht
Diese Schwäche
ich bin handlungsunfähig
handlungsunfähig
während ich von diesen Gedanken gequält bin
nehmen Sie hinter meinem Rücken heimlich
Ihre Maske herunter
Sie haben mir doch geschworen
daß Sie Ihre Maske so lange auflassen
bis ich Ihnen gestatte
sie herunterzunehmen
Sie haben mich ausgenützt
Ich habe Sie unbeobachtet gelassen
und Sie haben mich ausgenützt
Unbeobachtet
eine ganze Stunde unbeobachtet

ausgenützt
so geschickt daß ich es nicht bemerkt habe
Ihre Maske heruntergenommen
Warum habe ich das nicht bemerkt
Dieser Erschöpfungszustand
Wie
Ihre Maske hinauszubringen
Sie haben sie doch gerade hereingeholt
Johanna schiebt sie ein Stück
Die Leute versuchen es immer wieder
Kostümbälle
Feste Bälle
sind das traurigste
Ich bin hingegangen
diese Bälle ermöglichen es mir
diese Leute zu sehen
alle auf einmal
Eine Königin ohne Beine
einen besonderen Vorteil vorzutäuschen
Glauben Sie daß mich jemand erkannt hat
Der Herr Innenminister
Der Außenminister
Der Kaplan hat mich erkannt
Der Polizeipräsident
Aber ich habe ein paarmal laut gelacht
das müssen Sie zugeben
daß ich laut gelacht habe
eine Königin die keine Beine hat gespielt
ein erbarmungswürdiger Mensch
verfällt auf eine erbarmungswürdige Idee
und verhilft andern erbarmungswürdigen Menschen
Nein
Aber wenn ich in dem Zustand plötzlicher Rücksichtslosigkeit
mich selber gespielt hätte
wenn ich mich so gespielt hätte
wie ich mich zuhause tagtäglich spiele
und Sie hätten mitspielen müssen
ich hätte Sie gezwungen mitzuspielen
Wenn wir beide unsere Glieder
mit der ganzen Niederträchtigkeit unserer Köpfe
und unserer Körper

den Mut gehabt hätten mich zu spielen
und ich Sie gezwungen hätte mitzuspielen
Die ganze Zeit bin ich unbemerkt
in Beobachtung von uns beiden
unbemerkt Johanna
Immer haben Sie weg wollen
zu den Männern
Aber ich habe Sie nicht in den Ballsaal hineingelassen
Meine Qual ist eine viel größere Qual
Meine Krone
Ihr Schweinskopf
Sie haben gehört daß der Ball
einem guten Zweck gedient hat
wie alle Bälle
Erinnern Sie sich an den Affen
an den Affen
mit dem ich gesprochen habe
diese plötzliche Unterhaltung mit dem Affen
Der Affe hat mich erkannt
der einzige der mich sofort erkannt hat der Affe
der Kaplan
der Affe ist unser Kaplan
Ich habe ihm eine hohe Summe versprochen
für einen guten Zweck Johanna
Opfer
Opfer
habe ich gesagt
und er
Opfer
und ich
Diese große Not und
Woher kommt es daß die Not so groß ist
Und er diese Not
alles geflüstert Johanna
für einen guten Zweck
geflüstert
Der Affe und ich
Kaplan habe ich geflüstert Diese Not
und er Diese Not
Die Königin hat mit einem Affen über die Not geflüstert
über den guten Zweck geflüstert

Wenn eine Königin mit einem Affen flüstert
dann kostet das eine hohe Summe
Fahren Sie mich ein Stück
Johanna schiebt sie ein Stück
Wir sind unter die Affen gegangen
Die Königin ist in Begleitung eines Schweins
unter die Affen gegangen
Ich bin müde
Fahren Sie mich auf meinen Platz zurück
Johanna schiebt sie zurück zum Fenster
Machen Sie die Vorhänge auf
Johanna zieht an den längst offenen Vorhängen
Schläft mein Mann
ob mein Mann schläft
schläft Boris

JOHANNA

Ja

DIE GUTE

Wir waren auf dem Ball
er hat geschlafen
Dienstag bekommt er sein Fest
Wecken Sie ihn auf
Johanna ab
Er schläft
ununterbrochen schläft er
ich kann nicht schlafen
ruft hinaus
Er darf nicht herein
Noch nicht
Waschen Sie ihn
Kämmen Sie ihn
zu sich, erschöpft
Ich will nicht
nein
nicht
Dieses unaufhörliche
Essen und Schlafen
laut
Johanna
waschen Sie ihm den Hals
Gesicht und Hals

Ziehen Sie ihm den Schlafrock an
Ich will nicht daß Sie ihn von oben bis unten waschen
es genügt wenn Sie ihn nur mit einem nassen Tuch abwischen
Keine Prozedur
Kommen Sie
Haben Sie ihm das Gesicht abgewischt
Kommen Sie her
zu sich
Ich kann nicht allein sein
Ich kann nicht mehr allein sein
Diese Peinigungen
diese entsetzlichen Peinigungen
ruft
Johanna Johanna
wieder leise
Weil ich jahrelang nicht mehr allein sein kann
Johanna kommt herein
Sie nützen diese Situation aus
Sie nützen das aus
wenn Sie ihn waschen
Fahren Sie mich ein Stück
Johanna schiebt sie ein Stück
Was reden mit ihm
abgesehen davon
daß er keinen Verstand hat
hat er diesen üblen Geruch
Aber ich habe ihn
Ich habe ihn mir ja ausgesucht
zu Johanna
Wir sind ins Asyl und haben ihn uns ausgesucht
Und ich habe ihn geheiratet
ihn
ihn
Sagen Sie daß wir ihn uns ausgesucht haben
Sie haben mich gezwungen
Er fühlt nichts
er ist nichts und er fühlt nichts
Er weiß nichts
Mein Geschöpf
Warum halte ich diese Geschöpfe aus
Sie waren es die mich auf die Idee gebracht hat

Ich höre noch den Kaplan
Nehmen Sie hat er gesagt
den Erbärmlichsten
Häßlichsten
Unser Geschöpf ist mein Mann Johanna
Sie haben ihn mir herausgetragen aus dem Asyl
heruntergetragen
durch den Park in den Wagen
Wie Sie ihn getragen haben
ihn eingewickelt haben in Tücher
frisiert und in den Wagen gesetzt
Diese vielen Geschöpfe
Als ob er Ihr Geschöpf wäre
Er gehört mir allein
Boris gehört mir allein
Johanna ab
Die Gute ihr nach
Hat er sich gewehrt beim Waschen
Ich höre nichts
sonst will er
wenn Sie ihn gewaschen haben heraus
Johanna
zu sich
daß ich nichts höre
laut
Sie haben ihm doch nicht schon in aller Frühe
einen Apfel gegeben
das ist unverschämt
Sie dürfen ihm keinen Apfel geben
während des Vorlesens keinen Apfel
das stört
Geben Sie ihm etwas Geräuschloses zum Essen
etwas völlig Geräuschloses
Fahren Sie mich
fahren Sie mich ein Stück
Johanna kommt herein und schiebt sie ein Stück
Wenn Sie mich jetzt ausziehen
ist alles noch schlimmer
wenn ich jetzt nachgebe
sinkt einen Augenblick unter der Krone zusammen
Wenn ich diesen Augenblick überwinde

plötzlich hoch aufgerichtet
Ist er erschrocken
unter Gelächter
Er ist nicht erschrocken
Er hat Ihren Schweinskopf gesehen
und ist nicht erschrocken
Mich friert

BORIS *hinter der Bühne weinerlich*
Johanna Johanna

DIE GUTE *leise zu Johanna*
Sie dürfen ihn nicht eher herausholen
als bis ich Ihnen die Erlaubnis dazu gebe
Warten Sie
Hören Sie

BORIS
Johanna
Johannaaaaaaa

DIE GUTE
Haben Sie ihm gesagt daß wir auf dem Ball gewesen sind
Er hat Sie nicht gefragt
Er hat nichts gesagt
Er ist nicht erschrocken
Dieser Schweinskopf
Wenn Sie ihn herunternehmen

BORIS
Johannaaaaaaa
Johanna will ihn holen

DIE GUTE
Unterstehen Sie sich
Bleiben Sie da
still
Er bekommt Angst

BORIS
Johannaaaaaaaaaaaaaa

DIE GUTE
Er will daß Sie ihn
herausbringen
Er will beim Fenster sitzen
und hinausschauen
zum Asyl hinüber
Er will das Asyl sehen

Er will auf seinen Fensterplatz
Hören Sie
ist es noch finster in seinem Zimmer

JOHANNA
Sie haben mir ja verboten
die Jalousien aufzumachen
Er fürchtet sich

DIE GUTE
Er fürchtet sich
er fürchtet sich

BORIS *als ob er weinte*
Johannaaaaaaaaaaaaaaa

DIE GUTE
Er ruft nach Ihnen
nicht nach mir
nach Ihnen
Ihnen ruft er
Mir hat er noch nie gerufen
Nicht ein einzigesmal
nicht einmal

BORIS
Johannaaaaaaaaaaaaaaa

DIE GUTE
Holen Sie ihn heraus
Bringen Sie ihn
schieben Sie ihn zum Fenster
Johanna ab
Die Gute lacht
Ich habe den ganzen Park abholzen lassen
damit er das Asyl sieht
aus dem ich ihn herausgeholt habe
Johanna schiebt Boris herein, zum Fenster, durch das er, bis der Vorhang gefallen ist, hinausschaut
Die Gute zu Boris
Siehst du das Asyl
Boris nickt
Du hast dich gefürchtet
Gib zu daß du dich gefürchtet hast
Du hast dich gefürchtet
Johanna sagen Sie ihm daß wir heute nacht
während er fest geschlafen hat

auf dem Wohltätigkeitsball gewesen sind
sagen Sie ihm daß ich in der Maske einer Königin
auf dem Ball gewesen bin
Sie als Schwein
Sagen Sie es ihm

JOHANNA
Aber er hat es doch jetzt gehört
was Sie gesagt haben

DIE GUTE
Ich habe gesagt
daß Sie es ihm sagen sollen
Ich befehle Ihnen es ihm zu sagen

JOHANNA *zu Boris*
Die gnädige Frau sagt
daß wir heute nacht

DIE GUTE
Während er fest geschlafen hat

JOHANNA
Während Sie fest geschlafen haben
auf dem Kostümball gewesen sind
und daß die gnädige Frau

DIE GUTE
Im Kostüm einer Königin

JOHANNA
Im Kostüm einer Königin

DIE GUTE
Und daß Sie

JOHANNA
Und daß ich

DIE GUTE
Als Schwein

JOHANNA
Und daß ich als Schwein

DIE GUTE
Wie Ihre Maske beweist

JOHANNA
Wie es meine Maske beweist

DIE GUTE
Daß Sie als Schwein

JOHANNA
Daß ich als Schwein

DIE GUTE
Auf dem Ball gewesen sind
JOHANNA
Auf dem Ball gewesen bin
DIE GUTE
Auf dem Wohltätigkeitsball
JOHANNA
Auf dem Wohltätigkeitsball
DIE GUTE
Für wohltätige Zwecke sagen Sie ihm
und daß ich auf dem Ball
an ihn gedacht habe
Los sagen Sie es ihm
JOHANNA
Die gnädige Frau hat auf dem Ball
an Sie gedacht
DIE GUTE
Ein einzigesmal
und dieses einzige Mal mit Entsetzen
JOHANNA
Ein einzigesmal
und dieses einzige Mal mit Entsetzen
DIE GUTE *zu Boris*
Siehst du das Asyl
Willst du wieder in das Asyl
Boris verneint
Die Gute zu Johanna
Lassen Sie uns allein
Machen Sie sein Bett
Waschen Sie seine Mützen
Johanna ab
Diese Kostümbälle sind nützlich
Diese Krone die ich trage ist schwer
Dienstag kommen deine Freunde aus dem Asyl herüber
Siehst du das Asyl
Boris nickt
Dein Geburtstag
das Fest für dich
Was sagst du zu meinem Kostüm
diese Krone
Was mich diese Krone gekostet hat

Diese Krone
gefällt dir diese Krone nicht
es ist das teuerste Kostüm das ich jemals
auf dem Wohltätigkeitsball angehabt habe
Siehst du das Asyl
Boris nickt
Johanna kommt mit einem Tablett voll Essen herein und stellt es Boris auf den Schoß, der fängt sofort zu essen an und hört nicht mehr auf
Essen
zu Boris
Jetzt erzählst du mir
was du gelesen hast
ich habe dir doch befohlen das siebte Kapitel zu lesen
Was steht im siebten Kapitel
schieben Sie mich zu ihm hin Johanna
Johanna schiebt sie zu ihm hin
Die Gute ihre Krone haltend
Was steht im siebten Kapitel
Johanna machen Sie die Vorhänge auf
machen Sie sie auf
ganz auf
Johanna zieht an den offenen Vorhängen
Die Gute zu Boris
Ich will dich nicht quälen
Ich sehe ich quäle dich
aber ich sehe auch daß du das siebte Kapitel
nicht gelesen hast
du hast es bestimmt nicht gelesen
Siehst du denn das Asyl nicht
zu Johanna
Sie sollten ihm einen Scheitel machen
Fahren Sie mich auf meinen Platz zurück
Johanna schiebt sie vom Fenster weg
Warum hat er keinen Scheitel
Ich habe Ihnen doch befohlen ihm einen Scheitel zu machen
Warum hat er keinen Scheitel

BORIS
Ich will keinen Scheitel

DIE GUTE *zu Boris*
Ich will daß du einen Scheitel hast

zu Johanna
Machen Sie ihm einen Mittelscheitel

BORIS
Ich will keinen Scheitel

DIE GUTE
Einen Mittelscheitel
Boris holt demonstrativ aus seiner Tasche einen Apfel heraus und beißt hinein
Die Gute entsetzt
Er hat einen Apfel einen Apfel
Johanna nimmt ihm den Apfel weg und steckt ihn ein
Achten Sie darauf
daß er an keinen Apfel herankommt
Ich kann es nicht hören wenn er in einen Apfel hineinbeißt
zu Boris
Schmeckt dir dein Essen Boris
Boris nickt
Machen Sie die Fenster auf Johanna
ich ersticke
Johanna macht alle Fenster auf, dann ab
Die Gute zu Boris
Mit wieviel Jahren hast du zum erstenmal gestohlen
mit drei oder mit vier

BORIS
Mit drei

DIE GUTE
Das ist ein großer Unterschied
ob man mit drei oder mit vier Jahren zum erstenmal stiehlt
stiehlt
sprich mir nach
Du sollst mir nachsprechen
Es ist ein großer Unterschied

BORIS
Es ist ein großer Unterschied

DIE GUTE
Wer in deiner Familie hat noch gestohlen
Ach ja
Der Ball hat mich völlig erschöpft
Diese schwere Krone
Daß ich dich aus dem Asyl herausgeholt habe
lacht

Boris
warst du der einzige in deiner Familie der gestohlen hat
du mußt nachdenken
auch wenn es dir schwerfällt
ich muß es wissen
also warst du der einzige
Warst du der einzige
Boris schüttelt den Kopf
Alle haben gestohlen
Alle stehlen
Sie haben es dir nicht gesagt
Ist es wahr im Asyl
nennen sie mich Die Gute
Ist es wahr
stimmt es daß es wahr ist
Boris nickt
Alle
Boris nickt
Nicht nur du hast gestohlen
alle alle stehlen
Johanna kommt mit einem Buch herein, gibt es der Guten
Die Gute blättert in dem Buch, zu Boris
Erste Prüfung heute
Ich weiß wie weit du gestern gelesen hast
ich kann es riechen Boris
Da ist es
bis zu dieser Stelle bist du gekommen
Du hast behauptet auch das siebte Kapitel gelesen zu haben
Du bist nicht einmal bis zum sechsten gekommen
sag mir was auf der letzten Seite des sechsten Kapitels steht
Du weißt es nicht
Wie kannst du mich
Boris
Dieser bedeutende Schluß
Ich will dir sagen was am Ende des siebten Kapitels steht
Er hat sich umgebracht
Zuerst hat er sie umgebracht
dann hat er sich selbst umgebracht
Wenn du lügst ekelt es mich vor dir
Ich weiß warum ich jedesmal eine Nacherzählung von dir verlange

gibt Johanna das Buch
Morgen kommt um neun Uhr der Schneider
er wird dir eine neue Hose anmessen
und einen neuen Rock
Du mußt einen weißen Rock haben
der zu meinen weißen Handschuhen paßt am Dienstag
eine weiße Hose zu meinem weißen Hut
Daß wir beide zu deinen Freunden aus dem Asyl passen
sie schaut Johanna ins Gesicht
Sie mag dich
Du magst nur sie
Der Schneider mißt dir eine weiße Hose an
einen weißen Rock mit spitzen Knöpfen
die Knöpfe sind schwarz und spitz
zu Boris
Siehst du das Asyl
Möchtest du wieder in das Asyl
Boris schüttelt den Kopf
Die Gute zu Johanna
schreiend
Nehmen Sie Ihre Maske herunter
Nehmen Sie Ihre Maske herunter
Johanna nimmt ihre Maske herunter

Vorhang

Das Fest

Links ein Geschenktisch, darauf deutlich sichtbar: eine Pauke mit Schläger, eine Papierschlange, eine Klarinette, eine Ratsche, eine Flasche Met, ein Hut, ein Buch, ein ausgestopfter Rabe, eine Springschnur, ein Fernglas, eine große Schüssel Äpfel, ein Paar schwarze Offiziersstiefel, zwei lange Unterhosen, eine rote Krawatte. In der Mitte ein langer Tisch, an dem die Gute, Johanna, jetzt auch beinlos, und dreizehn beinlose Krüppel in Rollstühlen sitzen; wenn der Vorhang aufgeht, Boris' Geburtstag feiernd, essend, trinkend, rauchend, lachend. Ein dicker und ein dünner Diener dienend und schweigend, ein dicker und ein dünner Pfleger, aufpassend und schweigend

JUNGER KRÜPPEL
Weiter Weiter
ALTER KRÜPPEL
Schwein
ZWEI KRÜPPEL
Weiter Weiter
DER ÄLTESTE KRÜPPEL *erzählend*
Jetzt kommt die Düsternis
fast singend
Jetzt kommt die Finsternis
die Finsternis
DREI KRÜPPEL
Die Düsternis
Die Finsternis
JUNGER KRÜPPEL
Laß ihn Laß ihn
ALTER KRÜPPEL
Die Finsternis
VIER KRÜPPEL
Die Finsternis
DER ÄLTESTE KRÜPPEL
Große sehr große Köpfe
in der Finsternis
Ihr müßt euch vorstellen
sehr große Köpfe
in der Finsternis
aufeinmal waren die größten Köpfe da
Sechs Krüppel lachen
Warum lacht ihr
Es ist nicht zum Lachen
es ist nichts zum Lachen
Sechs Krüppel lachen
Nichts
Lachen
Es ist nichts zum Lachen
laut
Es ist keine Komödie
Boris lacht
Wer lacht da

Wer hat jetzt gelacht

DREI KRÜPPEL
Boris hat gelacht
Boris

DIE GUTE *zu Boris*
Warum hast du gelacht
Es ist nichts zum Lachen
hast du gehört
es ist nichts zum Lachen
hast du gehört
nichts

DER ÄLTESTE KRÜPPEL
Nichts Nichts

DIE GUTE
Es ist nicht zum Lachen

JUNGER KRÜPPEL
Weiter Weiter

ALLE *durcheinander*
Weiter

DER ÄLTESTE KRÜPPEL
Etwas Düsteres
es ist düster
es ist finster
Die großen Köpfe haben keine Ohren gehabt
die großen Köpfe haben keine Augen gehabt
die großen Köpfe haben keine Nasen gehabt
die großen Köpfe haben keine Füße gehabt
Alle lachen

ALLE *durcheinander*
Keine Augen
keine Ohren
keine Nasen
keine Füße

DER ÄLTESTE KRÜPPEL
Keine Augen
sie haben nichts gesehen
keine Ohren
sie haben nichts gehört
keine Nasen nichts
keinen Verstand
nichts

Und keine Haare
Alle lachen

ZWEI KRÜPPEL
Keine Haare

ZWEI ANDERE KRÜPPEL
Also Glatzköpfe

ALTER KRÜPPEL
Glatzköpfe
Junger Krüppel lacht
Alle lachen

DER ÄLTESTE KRÜPPEL
Aber ein großes Maul haben sie gehabt
die größten Köpfe haben das größte Maul gehabt
Zwei Krüppel lachen
Alle lachen

DER JÜNGSTE KRÜPPEL
Wo war es

DER ÄLTESTE KRÜPPEL
In der Düsternis
In der Finsternis

DIE GUTE
Eßt eßt doch eßt
eßt
ihr müßt alles aufessen
aufessen alles aufessen alles austrinken
eßt essen eßt

KRÜPPEL
In der Finsternis

KRÜPPEL *zu ihm*
Halts Maul

KRÜPPEL
Mir hat geträumt

KRÜPPEL *zu ihm*
Halts Maul

KRÜPPEL
Ich muß alles aufessen
hat mir geträumt

KRÜPPEL *zu ihm*
Halts Maul

KRÜPPEL
Mir hat auch geträumt

ALTER KRÜPPEL
Schwein
Alle lachen
DER ÄLTESTE KRÜPPEL
Drecksau
DIE GUTE *zu Johanna*
Es tut weh
alles tut weh und schmerzt alles
Sie aber spielen das alles nur
Sie spielen ja heute nur
daß Sie keine Beine mehr haben
während ich keine Beine habe
spielen Sie nur
daß Sie keine Beine haben
wenn Sie in Wirklichkeit keine Beine mehr hätten
ich habe Sie angurten lassen
festbinden
angurten und festbinden
damit Sie dazupassen
damit Sie zu uns allen dazupassen
jetzt haben wir alle keine Beine
alle
verstehen Sie
auch Sie haben keine Beine mehr
verstehen Sie
nein
Sie verstehen nicht
Sie verstehen nichts
Sie verstehen alles
und verstehen nichts
heute müssen Sie dazupassen
spielen
daß Sie keine Beine haben
niemand darf auffallen
alle müssen gleich sein
alle gleich
alles gleich
Jetzt haben Sie Beine
und haben doch keine Beine
haben keine Beine
und haben doch Beine

und verstehen nichts
und es tut Ihnen weh
daß Sie keine Beine haben und doch Beine haben
es schmerzt Sie mehr als es mich schmerzt
mehr
Sie empfinden mehr Schmerz
den größten Schmerz
den infamen Schmerz
infam
Ich habe Sie gezwungen
daß Sie Ihre Beine verstecken
Vergessen Sie unsere Abmachung nicht
solange das Fest dauert
haben Sie Ihre Beine zu verstecken
ohne Beine zu sein
verstehen Sie
Sie haben Ihre Beine versteckt
Sie sind angegurtet
erschöpft
alles ist infam
Sie sind angegurtet
Sie können nicht davonlaufen
Sie können nicht
He Diener Diener
eßt eßt trinkt trinkt
trinkt alle eßt alle
essen Sie doch Johanna essen Sie
trinken Sie

KRÜPPEL
Gut

KRÜPPEL
Gut

DIE GUTE
Das Essen ist gut
das Trinken ist gut
alles ist gut

ALLE *durcheinander*
Gut
alles ist gut
gut gut gut

DIE GUTE

Eßt trinkt
trinkt eßt

ALTER KRÜPPEL

Die Gute ist eine Dame

JUNGER KRÜPPEL

Die Dame ist gut

DER ÄLTESTE KRÜPPEL

Aber mir hat nicht nur von den großen Köpfen geträumt
von den größten Köpfen
gelaufen bin ich
und neben mir ist einer dahergelaufen neben mir
und hat gesagt immer wieder hat er gesagt
ich soll von ihm was lesen
ein Schriftsteller
was lesen
immer wieder hat er gesagt ich soll was lesen
von ihm was lesen was lesen von ihm
rücksichtslos
lies hat er gesagt
lies hat er ununterbrochen gesagt
lies lies
die ganze Zeit lies lies
Pause
Da hab ich ihn umgebracht

KRÜPPEL

Wie denn

DER ÄLTESTE KRÜPPEL

Erschlagen

ALTER KRÜPPEL

Erschlagen
er hat ihn erschlagen erschlagen

JUNGER KRÜPPEL

Wo war das

DER ÄLTESTE KRÜPPEL

In der Finsternis

DIE GUTE

Eßt eßt
Diener Diener
Johanna schneiden Sie die Kuchen auseinander
schneiden Sie

Diener Diener
einschenken essen

JUNGER KRÜPPEL

Ich hab von einem Hasen geträumt

ALTER KRÜPPEL

Halts Maul

JUNGER KRÜPPEL *zu ihm*

Laß ihn

ALTER KRÜPPEL *zu ihm*

Halts Maul

JUNGER KRÜPPEL

Von seinen Hasen

JUNGER KRÜPPEL

Meine Hasen

ALTER KRÜPPEL

Halts Maul
auf den ältesten Krüppel zeigend

DER ÄLTESTE KRÜPPEL

Und ich hab
in dem Traum wohlgemerkt
so lange Beine gehabt
daß ich in den dritten Stock hineinschauen habe können
der dritte Stock ist der interessanteste
es gibt welche die glauben
der zweite
und es gibt welche die glauben
der erste
und es gibt welche die glauben
ebenerdig ist es am interessantesten
der dritte Stock ist der interessanteste
auch nicht der vierte
auch nicht der fünfte
der dritte
der Intelligenzlerstock
die Interessantesten wohnen im dritten Stock
hausen
die mit Hirn
die mit Phantasie
so lange Beine daß ich in den dritten Stock habe schauen können
so lange Beine daß sie in diesem Zimmer
nicht einmal in diesem großen herrlichen Zimmer

Platz gehabt hätten
Es sei denn ich hätte sie mir von euch allen
zerbrechen lassen

JUNGER KRÜPPEL
Ich hab geträumt ich sehe einen der gräbt
und ich sage was tust du
und er sagt: graben
und ich sage wie lang denn schon
und er sagt: ich grabe
und ich sage warum denn
und er sagt: ich grabe
und wie tief denn
und er sagt: bis ich durch bin
Alle lachen

DIE GUTE
Eßt eßt
Diese riesigen Kuchen

ALLE *durcheinander*
Die besten Kuchenstücke
die besten

DIE GUTE *zieht ein großes Stück an sich*
Das ist ein Stück
ein besonders großes Stück
Was für ein Stück
Was für ein Kuchenstück Johanna
Halt
Für wen ist dieses große Stück
für wen
ich hab überhaupt noch nie ein so großes Stück gesehen
wer von euch hat schon einmal ein so großes Stück Kuchen gesehen

ALLE *durcheinander*
Ein großes Stück

DIE GUTE
Wir wollen es dem Hungrigsten geben
Wer ist der Hungrigste
Wer hat den größten Hunger
Wer von euch hat den größten Hunger
Ihr eßt zwar schon zwei Stunden lang
aber einer von euch hat noch immer den größten Hunger
großer Hunger großes Kuchenstück

lacht
Nein
nicht der der den größten Hunger hat
soll es haben
der der es verdient
nur der der es verdient
schaut einen nach dem andern an, dann
Keiner
keiner von uns
kein einziger verdient dieses Stück
ich werde es auseinanderschneiden und austeilen
ich mache so viele Stücke aus ihm wie wir sind
Wie viele sind wir denn eigentlich
Alle durcheinander zählend
Halt
ich zähle
zählt
Eins zwei drei vier fünf sechs sieben acht neun zehn
elf zwölf dreizehn vierzehn fünfzehn sechzehn
Mit Johanna und Boris sind wir sechzehn
zu Boris
mit dir Boris sind wir sechzehn
Mit dem Kaplan wären wir siebzehn
aber der Kaplan hat sich den Fuß gebrochen

ALLE *durcheinander*
Den Fuß gebrochen
der Kaplan
den Fuß gebrochen
hat sich

DIE GUTE
Der Kaplan hat sich den Fuß gebrochen
während er mit mir telefoniert hat
Wer einen Fuß hat
kann sich ihn brechen
Wer einen hat
Wer keinen Fuß hat
Wer keinen hat
kann ihn sich nicht brechen
Drei Krüppel lachen

ALTER KRÜPPEL
Das ist ein gutes Essen

DIE GUTE
Den Fuß gebrochen
ALTER KRÜPPEL
Nicht wahr Ludwig Viktor
das ist ein gutes Essen
JUNGER KRÜPPEL *zu seinem Nachbarn*
Iß iß
ZWEI KRÜPPEL
Ist da nicht Fenchel drin
ALLE *durcheinander*
Anis und Fenchel
ALTER KRÜPPEL *auf den jüngsten zeigend*
Er hat heute nacht geträumt
daß er sich seinen Kopf ausgestopft hat
mit Stroh
ALTER KRÜPPEL
Träume sind wichtig
Alle lachen
Mühselig nicht wahr
Karl Ludwig
mühselig
DIE GUTE
Eßt eßt
JUNGER KRÜPPEL
Ich hab einmal mit meinen Füßen
meine Suppe gegessen
im Traum
DER JÜNGSTE KRÜPPEL
Und ich einen langen Brief geschrieben
mit meinen Beinen
die ich nicht habe
ALTER KRÜPPEL
Mit seinen eigenen Füßen
zum jüngsten Krüppel
Oder ist es nicht wahr
daß du heute nacht mit deinen eigenen Füßen
einen langen Brief geschrieben hast
an den Asyldirektor
zur Guten
Einen Beschwerdebrief
zum jüngsten Krüppel

Und was ist in dem Brief gestanden
zur Guten
Er schämt sich
zum jüngsten Krüppel
Du schämst dich
es hier zu sagen
was du in dem Brief an den Asyldirektor geschrieben hast
zur Guten
Einen Beschwerdebrief liebe Dame
Gute Frau
er hat geschrieben
daß ihm das Bett in dem er liegt zu kurz ist
er will ein längeres Bett haben

ALLE *durcheinander*
Ja ja
wir wollen alle längere Betten haben
ein längeres Bett haben

ALTER KRÜPPEL *zur Guten*
Er will ein längeres Bett haben
zum jüngsten Krüppel
Wie lang bist du Ernst August
Sag wie lang du bist

DER JÜNGSTE KRÜPPEL
Einsachtzig

ALTER KRÜPPEL
Einsachtzig m i t Beine
Wie lang bist du o h n e Beine

DER JÜNGSTE KRÜPPEL
Achtzigeins

ALTER KRÜPPEL
Achtzigeins ist er o h n e Beine
Einsachtzig war er m i t Beine
Einsachtzig weniger neunundneunzig
ist achtzigeins
Und wie lang ist dein Bett

DER JÜNGSTE KRÜPPEL
Siebzigeins

ALTER KRÜPPEL *zur Guten*
Das ist eine Tragödie gnädige Frau

KRÜPPEL
Mein Bett ist auch zu kurz

KRÜPPEL
Meins auch
KRÜPPEL
Ich kann mich auch nicht ausstrecken
KRÜPPEL
Ich lieg in einem Bett
das einsvier lang ist
aber ich bin einsacht lang
KRÜPPEL
Ich bin sechzig lang
mein Bett ist achtundfünfzig lang
ALLE *durcheinander*
Wir haben alle zu kurze Betten
Zu lange Körper
für die kurzen Betten
KRÜPPEL
Ich hab noch nie meinen Oberkörper
in meinem Bett ausstrecken können
DIE GUTE
Ich werde veranlassen
daß ihr längere Betten bekommt
jeder muß ein Bett haben in dem er sich ausstrecken kann
das ist doch das mindeste das man verlangen kann
daß man sich in seinem Bett ausstrecken kann
das ist doch zum Lachen daß ihr euch in euren Betten
nicht ausstrecken könnt
Eine Schande
Eine Schande für die Anstalt
eine Schande für das Asyl
eine Schande für den Anstaltsdirektor
eine Schande für diesen Staat
Das ist doch absurd
Alle schauen sich vorwurfsvoll an
Beschweren
Ihr müßt euch beschweren
aufbegehren
auflehnen
protestieren
Boris hat
schaut auf Boris
Boris hat ein langes Bett

in dem er sich ausstrecken kann
das ist doch das mindeste das er von mir verlangen kann
daß ich ihm ein Bett gebe in dem er sich ausstrecken kann
zu Boris
Nicht wahr
du kannst dich in deinem Bett ausstrecken
Boris nickt
Sag deinen Freunden
daß du dich ausstrecken kannst wenn du willst
Er streckt sich nur nie aus
Nie
ich weiß daß er sich nie ausstreckt
aber wenn er sich ausstrecken will
kann er sich ausstrecken
Er hat das Bett meines ersten Mannes
Der war einsneunzig
zu Boris
Sag daß du dich in deinem Bett ausstrecken kannst
wenn du willst
Boris nickt
Er ißt und schläft
sonst nichts
ich kenne keinen Menschen
der so gut schläft
und so viel ißt

KRÜPPEL
Meine Dame sagen Sie selbst das ist doch traurig
wenn man sich in seinem Bett nicht ausstrecken kann

KRÜPPEL
Das ist ein Skandal

KRÜPPEL
Ein Skandal

ALLE *durcheinander*
Ein Skandal

KRÜPPEL
In viel zu kurzen Betten liegen zu müssen

DER ÄLTESTE KRÜPPEL
Liegen zu müssen
zur Guten
und sich nicht ausstrecken können
Sie kennen ja selbst wie es ist

wenn man keine Beine mehr hat
Und wenn man keine Beine mehr hat
und sich in der Nacht nicht ausstrecken kann

KRÜPPEL
Der Asyldirektor spart an uns Holz

KRÜPPEL
Und Nägel

KRÜPPEL
Und Leim

KRÜPPEL
Geld

ZWEI KRÜPPEL
Bettwäsche und Matratzen

KRÜPPEL
Wir liegen in Betten
die uns durchschnittlich um zehn bis zwanzig Zentimeter zu kurz sind

KRÜPPEL
Die zehn bis vierzig Zentimeter kürzer sind
als unsere Körper

KRÜPPEL
Rümpfe

VIER KRÜPPEL
Rümpfe Rümpfe Rümpfe

ALLE *durcheinander*
Ein Skandal

KRÜPPEL
Ich hab immer das Bedürfnis
mich auszustrecken
und kann mich nicht ausstrecken

KRÜPPEL
Wir liegen nicht in Betten
wir liegen in Kisten

DER ÄLTESTE KRÜPPEL *lacht*
Das ist gut: in Kisten

KRÜPPEL
Das ist wahr

KRÜPPEL
Liebe Dame das ist wahr

ALLE
In Kisten in Kisten

KRÜPPEL
Wer das Pech hat
einen zu großen Körper zu haben
und die meisten haben einen zu großen Körper
Mein Freund Ernst August hat einen besonders großen Körper
er hat kurze unansehnliche Beine gehabt
O-Beine im Vertrauen meine liebe Dame
aber einen wie Sie selbst sehen zu großen viel zu großen Körper
genauso ist es mit Karl Ludwig
und mit Ludwig Viktor
und mit Hans Ernst
und mit Ernst Ludwig
und mit Hans Viktor
und mit Karl Ludwig Viktor
DER ÄLTESTE KRÜPPEL
Alle Betten sind gleich groß
KRÜPPEL *verbessernd*
Kisten Kisten
DER ÄLTESTE KRÜPPEL
Alle Kisten sind gleich groß
KRÜPPEL *laut*
Einheitskiste
ZWEI KRÜPPEL
Einheitskiste
ALLE
Wir liegen in Einheitskisten
DER ÄLTESTE KRÜPPEL
Daß ich selber am wenigsten Schmerzen habe beruht darauf
daß ich selbst einen kleinen Körper habe
zur Guten
wie Sie sehen
von Geburt an
Alle lachen
zur Guten
Wie Sie sehen meine Dame
aber ich habe sehr lange Beine gehabt
die längsten Beine in der Familie
Mein Körper ist von einer erschreckenden Kürze
Darunter habe ich immer zu leiden gehabt
als Kind
so lange bis ich auf einmal keine Beine mehr gehabt habe

bis ich ins Asyl gekommen bin
unter meiner Familie habe ich gelitten
unter meinen Eltern und Geschwistern
sie haben alle immer gesagt wenn er nur nicht so lange Beine hätte
wenn er nur nicht einen so erschreckend kurzen Körper hätte
haben sie gesagt liebe Dame
jetzt erleichtert mir mein erschreckend kurzer Oberkörper
mein Leben
alles
Diese kurzen Betten

KRÜPPEL *verbessernd*
Kisten

DER ÄLTESTE KRÜPPEL
Diese kurzen Kisten sind ein Skandal

ALLE *durcheinander*
Ein Skandal

ZWEI KRÜPPEL
Ein Skandal

DER ÄLTESTE KRÜPPEL
Jetzt bin ich in einer viel besseren Lage
ich kann mich ausstrecken
mir ist mein Bett

KRÜPPEL *verbessernd*
Deine Kiste

DER ÄLTESTE KRÜPPEL
Mir ist meine Kiste nicht zu kurz
ich habe den Vorteil eines erschreckend kurzen Körpers
Vor dem Unfall

KRÜPPEL
Erzähl wie es geschehen ist
Er erzählt es so gut

KRÜPPEL
Erzähl

DER ÄLTESTE KRÜPPEL
Ich will nicht

KRÜPPEL
Die Dame will es hören

DER ÄLTESTE KRÜPPEL
Nein

KRÜPPEL
Er erzählt es nur am Freitag

Heute ist Dienstag
Es war im Krieg

DIE GUTE

Im Krieg im Krieg
Aber die andern haben ihre Beine
nach dem Krieg verloren wie ich
nach dem Krieg
Nicht wahr
alle nach dem Krieg
Diener Diener
Wer hat keinen Kaffee mehr

KRÜPPEL

Ich hab keinen Kaffee mehr

DIE GUTE

Johanna
Ludwig August hat keinen Kaffee mehr

KRÜPPEL

Ich nehme ganz einfach diese Schrägstellung ein
zeigt seine Schrägstellung
damit ich in mein Bett

KRÜPPEL *verbessernd*

In deine Kiste

KRÜPPEL

In meine Kiste hineinpasse
Mit dieser Schrägstellung bin ich vollkommen schmerzlos
zeigt noch einmal seine Schrägstellung
Seht her so ist
meine Schrägstellung
Johanna lacht

DIE GUTE

Warum lachen Sie
Warum lachen Sie denn
Pause

KRÜPPEL *heißen Kaffee auf das Tischtuch ausspeiend*

Ist der heiß

ALTER KRÜPPEL

Es gibt viele Methoden
sich das Leben in der Kiste
erträglicher zu machen
Karl Ernst schläft oft im Stehen
Wer das jemals gesehen hat

KRÜPPEL

Im Stehen

ALTER KRÜPPEL

Er hat die beste Methode
Aber es gibt natürlich keine Beste Methode
Ihr könnt eure Körper nicht mehr verkürzen
Wir können auch nicht Selbstmord begehen
wir besprechen das oft
das Wie und Wann
Wann und Wie

DER ÄLTESTE KRÜPPEL

Wir beschäftigen uns immer mit dem Gedanken uns umzubringen

KRÜPPEL

Ich denke immer daran

KRÜPPEL

Immer

KRÜPPEL

Ja

ALTER KRÜPPEL

Aber wir tun es nicht
Wenn so müßten wir es gemeinsam tun
alle zusammen
in einem Augenblick

KRÜPPEL

Im selben Augenblick
mimt Halsabschneiden und Aufhängen

ÄLTESTER KRÜPPEL

Aber wir tun es nicht
Wir denken darüber nach
wir besprechen es
aber wir tun es nicht

DIE GUTE

Ich werde mit dem Asyldirektor sprechen
damit ihr längere Betten bekommt
Zum Geburtstag meines Mannes
spendiere ich euch
längere Betten

ZWEI KRÜPPEL

Kisten Kisten

DIE GUTE

Meine Jahresspende muß in erster Linie

für längere Betten verwendet werden
Abgemacht Johanna
sie bekommen alle längere Betten
Betten in denen sie sich ausstrecken können
zu Boris
hörst du
sie bekommen von mir längere Betten
in denen sie sich ausstrecken können
zu deinem Geburtstag
hörst du
Boris nickt
Also längere Betten
Diener Diener

ZWEI KRÜPPEL
Kisten

DIE GUTE
Betten sind immer Kisten
Diener Diener Die Geschenke
Der Asyldirektor ist ja nicht unzugänglich
Die Diener holen die Geschenke vom Geschenktisch und türmen sie vor Boris auf, vor Staunen murmelnde Krüppel. Sind alle Geschenke vor Boris aufgetürmt, vor ihm die Pauke, nimmt Boris den Paukenschläger und schlägt dreimal auf die Pauke
Die Pauke ist von Ernstludwig
Krüppel nickt
Die Klarinette ist von Ernstaugust
Krüppel nickt
Die Papierschlange ist von Karlernst
Krüppel nickt
Die Ratsche ist von Ernstludwigaugust
Krüppel nickt
Die Flasche Met ist von Karlludwigviktor
Krüppel nickt
Der Hut ist von Karlviktor
Krüppel nickt
Das Buch ist von Karlaugusternst
Krüppel nickt
Der ausgestopfte Rabe ist von Karlviktorernst
Krüppel nickt
Die Springschnur ist von Ernstaugustkarl

Krüppel nickt
Das Fernglas ist von Augustkarlviktor
Krüppel nickt
Die Äpfel sind von Johanna
zu Johanna
Infam
zu Boris
Die Offiziersstiefel die du dir immer gewünscht hast
sind von mir
Die langen Unterhosen sind von mir
Die rote Krawatte ist vom Kaplan
Boris schlägt dreimal auf die Pauke
Natürlich die Pauke
Boris schlägt dreimal auf die Pauke
Die Pauke natürlich
Boris schlägt dreimal auf die Pauke
zu Boris
Schlag nur auf die Pauke
Boris schlägt sechzehnmal auf die Pauke, währenddessen

DER ÄLTESTE KRÜPPEL *zur Guten*
Wir denken fortwährend darüber nach auf welche Weise
der Selbstmord
für uns am erträglichsten ist

KRÜPPEL
Immer mit was
und auf welche Weise

KRÜPPEL
Mit den Leintüchern
mit den Taschenveiteln

KRÜPPEL
Mit den Küchenmessern

KRÜPPEL
Oder aus dem Fenster springen

KRÜPPEL
Wir beschäftigen uns fortwährend mit diesem Gedanken
Wir haben keinen andern Gedanken

KRÜPPEL
Es ist unsre einzige Abwechslung

KRÜPPEL
Wir tun es nicht
aber wir besprechen es

DER JÜNGSTE KRÜPPEL

Mir hat geträumt ich hab es getan
mit der Krawatte

BORIS *trinkt aus der Metflasche*

Mit einer roten Krawatte
und keiner von euch hats bemerkt

DER ÄLTESTE KRÜPPEL

Er träumt nichts anderes

KRÜPPEL

Mir träumt immer
ich bringe euch um
Boris ratscht

KRÜPPEL *zu seinem Nachbarn*

Du ißt zuviel

DIE GUTE

Nehmt nehmt
eßt eßt
Ihr müßt alles aufessen
Boris schlägt sechsmal auf die Pauke
Die Gute zu ihm hinschauend
Die Pauke dann
Wie ich mich auf das Fest freue
Das ganze Jahr freue ich mich auf das Fest
auf Boris' Geburtstag
und auf euch
Diener Diener
Mein Mann erzählt viel von Ihnen
wenn er mir auch das meiste verschweigt
er behauptet daß Sie alle immer wieder
vornehmlich an den Samstagen
ein Lied gesungen haben
das Lied von der Bachstelze
Boris nimmt den ausgestopften Raben und hebt ihn hoch, der Liedtext fällt ihr ein, sie versucht zu singen
Im Finstern im Finstern
sie fliegt schon lang nicht mehr
im Finstern im Finstern
sie fliegt schon lang nicht mehr
plötzlich befehlend
singt es singt das Lied
ich will das Lied hören

Alle schauen sich an
Die Gute singt das Lied
Krüppel fängt zu singen an
Zwei Krüppel singen mit
Sechs Krüppel singen mit
Alle Krüppel singen leise, lauter, dann wieder leise
Im Finstern im Finstern
sie fliegt schon lang nicht mehr
im Finstern im Finstern
sie fliegt schon lang nicht mehr

KRÜPPEL
Halt Halt
nocheinmal von vorn
Boris singt mit und taktiert beinahe unhörbar mit dem Paukenschläger

ALLE
Im Finstern im Finstern
sie fliegt schon lang nicht mehr
im Finstern im Finstern
sie fliegt schon lang nicht mehr
sie saß auf einem Ästchen
sie saß auf einem Ästchen
sie brechen das Lied ab

KRÜPPEL
Mit vollem Magen geht es nicht
Boris schlägt viermal so schnell als möglich auf die Pauke

DER ÄLTESTE KRÜPPEL
Wir sind angefressen
da geht kein Gesang
Boris schlägt viermal so schnell als möglich auf die Pauke

DIE GUTE *summt*
Im Finstern im Finstern
Krüppel summt mit

DER ÄLTESTE KRÜPPEL *zu ihm*
Halts Maul
zur Guten
Er kann nicht singen
er kann überhaupt nicht singen
es gibt einige unter uns
die überhaupt nicht singen können
Wir singen meine Dame

oder wir denken an Selbstmord
Boris schlägt so schnell es geht viermal auf die Pauke

DIE GUTE

Ist es wahr daß in den Asylbetten Ungeziefer ist

DER ÄLTESTE KRÜPPEL

Die Wahrheit liebe Dame
es ist wahr
im Asyl ist Ungeziefer
und in den Asylbetten ist das meiste Ungeziefer
es ist die Wahrheit

DIE GUTE

Ich habe meinem Mann nicht geglaubt
Boris schlägt so schnell als möglich viermal auf die Pauke
Weil er nur die Pauke hat
zu Boris
Nicht wahr ich habe dir
zu den andern
Bei jeder Gelegenheit ißt er
stimmt das daß ihr bestraft werdet
wenn ihr euch beschwert
wenn ihr euch wegen des Ungeziefers beim Asyldirektor beschwert
Alle nicken

DER ÄLTESTE KRÜPPEL

Es stimmt meine Dame
Wir dürfen uns beschweren
aber es nützt nichts

KRÜPPEL

Nichts

DER JÜNGSTE KRÜPPEL

Nichts

DIE GUTE

Mein Mann hat sich nie beschwert
nicht wahr
mein Mann hat sich nie beschwert
er hätte sich lieber auffressen lassen
Boris schlägt viermal so schnell als möglich auf die Pauke
zu Boris
Nicht wahr du hättest dich lieber auffressen lassen
Boris schlägt viermal so schnell als möglich auf die Pauke
Einmal hat er sich aufgelehnt

gegen den Friseur
gegen den Anstaltsfriseur

KRÜPPEL
Das Schwein

ALLE *durcheinander*
Der Friseur ist ein Schwein

KRÜPPEL
Er tut jedem weh
er schneidet jedem ins Gesicht
ins Ohr
in den Hinterkopf
in den Hals
ins Kinn

KRÜPPEL
Wohin er kann
wohin er will

DIE GUTE
Die Friseure sind alle gleich

KRÜPPEL
Wie die Ärzte

KRÜPPEL
Die Ärzte sind Schweine

ALLE *durcheinander*
Die Ärzte sind Schweine
Die Pfleger treten einen Schritt vor

ALLE *durcheinander*
Schweine Scharlatane
Scharlatane Scharlatane
Schweine
die Ärzte sind Schweine und Scharlatane

DER JÜNGSTE KRÜPPEL
Schweine

DIE GUTE
Merkwürdig
das alles
ist merkwürdig

ALLE
Schweine
Scharlatane

DER ÄLTESTE KRÜPPEL
Es gehört schon lange eine neue Asylordnung

ALLE

Eine neue Asylordnung

Boris schlägt sechzehnmal, immer viermal schnell, zweimal langsam und immer lauter auf die Pauke, währenddessen

KRÜPPEL

Allmonatliche gründliche Inspektionen

KRÜPPEL

Von oben

KRÜPPEL

Gründliche Inspektionen

ALLE *durcheinander*

Gründliche Inspektionen
Inspektionen gründliche

DER JÜNGSTE KRÜPPEL

Absetzen absetzen

ALLE *durcheinander immer lauter*

Absetzen absetzen
Die Pfleger treten näher
Absetzen absetzen

DIE GUTE

Ruhe Ruhe
Boris schlägt sechzehnmal, immer viermal schnell, zweimal langsam und immer lauter auf die Pauke, währenddessen
Ruhe Ruhe

ALLE

Absetzen absetzen
ein besseres Essen
frische Bettwäsche
neue Rollstühle
neue Rollstühle
neue Rollstühle

KRÜPPEL

Mehr Schwestern
weniger faule Ärzte

KRÜPPEL

Die Ärzte sind faul

KRÜPPEL

Schweine

ALLE *durcheinander*

Neue Rollstühle
Mehr Bewegungsmöglichkeiten

bessere Medikamente
Bewegung

KRÜPPEL

Ein anderer Friseur muß her
Boris schlägt immer lauter auf die Pauke

ALLE *durcheinander*

Ein neuer Chirurg
ein neuer Chirurg
absetzen

DIE GUTE

Ruhe Ruhe
gibt es denn gar keine Abwechslung im Asyl
kommen denn keine Vortragskünstler
keine Tänzer keine Schriftsteller
Vortragsreisende
Taschenspieler Wahrsagerinnen
engagiert denn das Asyl keine Vortragskünstler
Einer der vorliest genügt oft
der eine Taube oder einen Hund verschwinden läßt
um eine Depression
oder um fürchterliche Depressionen
Boris schlägt noch lauter auf die Pauke
Die Gute schreiend
Mir hilft es über die schwierigsten Situationen
wenn ich meiner Vorleserin
schaut auf Johanna
zuhöre Johanna zuhöre
ich kann mir vorstellen wenn ab und zu
wenn ab und zu ein lustiger Mensch
Boris schlägt noch lauter auf die Pauke
ein besonders lustiger oder besonders gescheiter Mensch
in das Asyl käme

KRÜPPEL

Wir brauchen keine Künstler
Wir brauchen keine Vortragskünstler

DIE GUTE

Ja aber
Boris schlägt noch lauter auf die Pauke

DER ÄLTESTE KRÜPPEL

Wir brauchen besseres Essen
längere Betten

Verbesserungen unseres Allgemeinzustandes
keine Künstler
keine gescheiten Menschen liebe Frau
meine liebe Dame
wir machen uns unsere Späße selbst
und wir entwickeln unsere eigenen Philosophien
Alle nicken
Boris schlägt noch lauter zwölfmal sehr rasch auf die Pauke und fällt, ohne daß es jemand bemerkt, wie tot mit dem Kopf auf den Tisch
Ludwigviktor zum Beispiel
kann sich selber verschwinden lassen
er ist einfach weg
man sieht ihn nicht mehr nichts
er ist einfach verschwunden
wenn er seinen Pfiff pfeift
er nennt ihn den Verschwindepfiff
oder Ernstaugust
der sich einfach verdoppelt
oder wenn es sein muß sich auch verdreifachen kann
Sie trauen Ihren Augen nicht meine Dame
zu Ernstludwigviktor
He Ernstludwigviktor zeig der Dame dein Kunststück
zeig daß du nicht nur einen Kopf auf hast sondern vier
vier gleiche oder jedenfalls zum Verwechseln ähnliche
zeig doch der Dame dein Kunststück
Krüppel schüttelt den Kopf
Er will nicht
es geht nicht wenn er nicht will
er sagt es geht nicht
er empfindet jedesmal wenn er vier Köpfe hat sagt er
was auch verständlich ist
den vierfachen Schmerz sagt er
vier Köpfe tun viermal so weh wie ein Kopf
der einfache Kopfschmerz bringt ihn schon zur Verzweiflung
Und denken Sie meine liebe Dame der vierfache
macht nichts Ernstludwigviktor
wir sind alle immer wieder überrascht daß auf ihm alle vier Köpfe Platz haben
wo ihm einer schon viel zu schwer ist
Er wundert sich selber

Nein meine Dame wir machen uns unsere Späße selber
Aber meine Dame was Ludwigkarlernst macht
das verschweige ich lieber
oder Karlviktorernst
Er schneidet sich völlig schmerzlos
Nein meine Dame nein
oder Karlludwigernst
nein meine Dame nein
Boris gab uns immer ein paar Augenblicke das Gefühl
daß wir Beine haben
aber es gelang ihm nicht immer
dieses Kunststück verlangte von ihm eine übermenschliche Konzentration
Manchmal wenn wir es wünschten
warteten wir auf dieses Gefühl
vergeblich
Karlaugust macht uns vor er sei unser König
wir sehen auf seinem Kopf eine Krone
und finden daß seine Nase gut zu
seinen königlichen Pausbacken paßt
Ernstaugust nennt sich oft Herzog
Karlviktor oft einen Schweinehund
der sein Leben vergrunzt und verbellt
oder wir erzählen uns gegenseitig
wenn wir keine Koliken haben
keine Verdauungsstörungen oder sonstige Körperkomplikationen
die Fehler die wir gemacht haben
die Unvorsichtigkeiten die dazu geführt haben
daß wir keine Beine mehr haben liebe Dame
Karlludwig hat sie in Frankreich
Karlaugust in England
Ernstludwig in Irland verloren
ich selber auf dem Stadtplatz in Paderborn
Ernstludwigaugust wurden sie von den Ärzten
in einer qualvollen Prozedur abgeschnitten
mein Fall ist ein ähnlicher Fall
mir hat ein Hund ein Wolfshund
der einem Nürnberger Gebäudeverwalter gehörte
in beide Beine gebissen
die Ärzte haben sie mir binnen drei Tagen
noch dazu bei Föhnwetter

abnehmen müssen
ich habe es erst drei Wochen später bemerkt
wie ich aufwachte
aus der Narkose

KRÜPPEL

Aus der Narkose

DER ÄLTESTE KRÜPPEL

Ein schönes Spiel ist unser Spiel Gehweitfort
das wir spielen
sind wir in England
sprechen wir englisch
sind wir in Frankreich
französisch
wie auch anders
oder wir machen die Hunde nach
und verbellen unsere Zeit
oder die Kühe
und lassen uns melken
Unser Gebildetster ist ohne Zweifel außer mir Ernstludwigviktor
er zitiert uns die ganze große Literatur
bis herauf an den Jüngsten Tag
bis wir sagen er soll das Maul halten
Aber Karlernst meine Dame macht immer das größte Kunststück
er schneidet sich vor uns den Kopf ab
und ohrfeigt ihn in der Luft
bis wir es nicht mehr aushalten zuzuschaun
er sagt dann wenn er ihn wieder aufsetzt immer
er habe jetzt wieder einen neuen Kopf auf
und verstünde das Leben besser
sieht jetzt, daß alle müde sind
zur Guten
Meine Dame es ist
wie Sie sehen alles aufgegessen
außerdem hat jeden von uns die Müdigkeit
gähnt
die Müdigkeit sehen Sie
ich glaube es ist Zeit daß wir gehen
Alle stoßen sich an

KRÜPPEL

Ein gutes Essen

DER ÄLTESTE KRÜPPEL *zur Guten*

Ein gutes Essen und Trinken meine Dame
ein schöner Geburtstag
Wenn von Ihnen gesprochen wird
ist von der Guten die Rede
immer nur von der Guten
zu allen
Sagt danke schön
sagt danke schön der Dame
sagt der Dame danke schön

ALLE *durcheinander*

danke schön danke schön
danke schön danke schön
Krüppel rüttelt Boris

DER ÄLTESTE KRÜPPEL

Boris
Krüppel rüttelt Boris mehrere Male
Alle schauen auf Boris

JOHANNA *plötzlich*

Er ist tot
schreiend
Er ist tot
zur Guten
Er ist tot
Boris ist tot

Alle mit Ausnahme der Guten entfernen sich, sich selber schiebend oder von den Pflegern und Dienern geschoben, schweigend und mit ihren Rücken zuerst auf den Rollstühlen aus dem Raum. Kaum ist die Gute mit dem toten Boris allein, bricht sie in ein fürchterliches Gelächter aus

Ende

Der Ignorant und der Wahnsinnige

Das Märchen ist ganz musikalisch.

Novalis

Personen

KÖNIGIN DER NACHT
VATER
DOKTOR
FRAU VARGO
KELLNER WINTER

In der Oper

Garderobe der Königin der Nacht
Schminktisch
Rechts und links davon ein einfacher Sessel
Vater auf dem rechten, Doktor auf dem linken Sessel
Kleiderständer

DOKTOR *mit mehreren Zeitungen*
Hören Sie
was über die Premiere geschrieben wird
es handelt sich
um ein unsterbliches Werk
ein Genie etcetera
Vater fast blind, mit Blindenbinden und Blindenstock, trinkt aus einer Schnapsflasche
Die Stimme Ihrer Tochter
die perfekteste einerseits
makellos andererseits
und die Technik
jedes zweite Wort ist das Wort authentisch
jedes dritte Wort das Wort berühmt
Hier
das Wort Koloraturmaschine
wirft eine Zeitung auf den Schminktisch
Da
das Wort phänomenal
das Wort Spitzentöne
wirft eine Zeitung auf den Schminktisch
zwölfmal das Wort Stimmaterial
neunzehnmal das Wort stupend
eine exzellente Partie
Was wir hören
hören Sie
ist nichts als ein Kunstgezwitscher
was wir sehen
Puppentheater
Vater trinkt aus der Flasche
Darf ich Sie darauf aufmerksam machen
daß Sie seit elf Uhr vormittag
ununterbrochen trinken

Sie haben natürlich Grund dazu
natürlich
einerseits hören Sie
Ermüdungserscheinungen in der Rachearie
keinerlei Ermüdungserscheinungen in der Rachearie
andererseits
man muß in erster Linie
das Blutbild heranziehen
aber bis das soweit ist
daß ich alle Befunde habe geehrter Herr
einerseits orkanartig
der Applaus
anerkennend andererseits
überwältigend hören Sie
in der Rachearie von überzeugender
oder
von erregender Durchschlagskraft
wenn sich wie gesagt
die roten Blutkörperchen auf das beängstigendste
verringern
andererseits die weißen
auf das beängstigendste vermehren
einerseits ist die medizinische Wissenschaft
fortgeschritten
andererseits ist sie seit fünfhundert Jahren
stehengeblieben
reden wir nicht von Wissenschaft
wenn wir von der Medizin reden geehrter Herr
hören Sie
was für ein Stakkato

VATER
Was für ein Stakkato

DOKTOR *wirft die Zeitungen weg*
Immer der gleiche Dreck
einen Menschen wie mich ekelt noch immer
vor dem tagtäglichen Empfindungsreichtum
des Feuilletonismus
steht auf und geht hin und her
Hören Sie geehrter Herr
man drängt vorsichtig die Hemisphären
auseinander

zurück
verstehen Sie
wodurch der sogenannte Balken
zur Ansicht gelangt
man zieht nun mit der linken Hand wohlgemerkt
die linke Hemisphäre nach außen
und oben
und ritzt
mit der Spitze des Hirnmessers

VATER
Mit der Spitze des Hirnmessers

DOKTOR
Oberhalb des Balkens
ein
das Wort Präzision ist nicht nur ein Wort
geehrter Herr
und öffnet so
auf das zweckmäßigste
die Cella media des Seitenventrikels
von welcher ich schon gesprochen habe
man beachte den Inhalt
normalerweise Liquor
manchmal auch geehrter Herr
Blut
von der Ventrikelblutung herrührend

VATER
Von der Ventrikelblutung herrührend

DOKTOR
Die Hemisphäre wird angehoben
und eröffnet Hinter- und Vorderhorn
dasselbe auf der anderen Seite
sehen Sie
mit Daumen und Zeigefinger der linken Hand
das Corpus callosum
führt dann das Hirnmesser
mit nach abwärts gerichteter Schneide
sorgfältig
sehr sorgfältig geehrter Herr
bis zu dem sogenannten Foramen Monroi ein
durchtrennt dann Balken und Fornix
und schlägt sie zurück

Vater beide Hände auf die Knie, so daß die Blindenbinden im Vordergrund sind
Jetzt taucht man das Messer
in Wasser
da ein trockenes Messer den Nachteil hat
daß die Schnittflächen
nicht schön aussehen
das soll beim Sezieren des Gehirns
möglichst häufig gemacht werden
man schneidet nun unter einem Winkel von fünfundvierzig Grad
durch die Stammganglien
wobei man aber das Lädieren
der sogenannten Kleinhirnhemisphäre
vermeiden soll
Vater trinkt aus der Flasche
die Schwierigkeit ist
ob eine Anstalt zu empfehlen ist
oder nicht
einerseits in den Anstalten wohlgemerkt
außerordentliche Erfolge
völlige Erfolglosigkeit
andererseits
Hören Sie
bei Ödem Marmorierung
der Stammganglien
geehrter Herr
naturgemäß ist die Aufmerksamkeit immer die größte
die Aufmerksamkeit
wie die Entschiedenheit
wie die Rücksichtslosigkeit
diese drei fortwährend unerläßlich
also wie gesagt
verwaschen begrenzte helle Partien
mit rötlichen abwechselnd
die Blutpunkte betreffend können diese
durch Durchschneiden der Gefäße zustande kommen
sind aber mit dem Messer leicht wegwischbar
bei Stauung
graurote Rinde
viele Blutpunkte in der weißen Substanz
bei Ödem naturgemäß

zerfließen
respektive verschwinden die Blutpunkte

VATER
Verschwinden die Blutpunkte

DOKTOR
Bei der Encephalitis ist aber das Blut
postmortal
durchaus postmortal
aus dem Gefäß ausgetreten
und läßt sich nicht wegwischen
Vater trinkt aus der Flasche
die Feststellung geehrter Herr
daß der Einfluß Ihrer Tochter auf Sie
gleich Null ist
andererseits haben Sie auf Ihre Tochter
nicht den geringsten Einfluß
auf diese Weise entwickelt sich alles
wie wir sehen
mich stoßen die Schnäpse ab
geehrter Herr
aber ich habe Sie noch nicht ein einzigesmal
ohne Flasche gesehen
in den ganzen drei Jahren
in welchen ich mit Ihnen bekannt bin
soviel ich weiß
trinken Sie schon ein Jahrzehnt
und zwar von dem Augenblick an
in welchem Ihre Tochter zum erstenmal
öffentlich aufgetreten ist
Sie müssen zugeben
eine ungeheuerliche Entwicklung
eine ganz und gar erstaunliche Entwicklung
wenn man bedenkt daß die Stimme Ihrer Tochter
ursprünglich
nicht zu der geringsten Hoffnung berechtigt hat
zweifellos ist die Stimme Ihrer Tochter
das Werk des außerordentlichen Herrn Keldorfer
es kommt ja immer darauf an
daß ein Material zu dem richtigen Zeitpunkt
in die richtige Hand kommt
daß es im richtigen Augenblick

mit der richtigen Methode
nicht alle haben dieses unwahrscheinliche Glück
alle diese herrlichen Stimmen
geehrter Herr
die in die falschen Hände gekommen sind
es ist Wahnsinn
wie Hunderte von raffinierten Gesangslehrern
vornehmlich auf unseren Akademien geehrter Herr
Tausende schöner Stimmen ruinieren
skrupellos nützen diese Leute die Stimmen aus
pressen aus Tausenden von Talenten auf das gemeinste
ihren Lebensunterhalt bis zum letzten Groschen heraus
die Akademien sind von akademischen Ausnützern bevölkert
zu einem Großteil von Scharlatanerie durchsetzt
jeder zweite Gesangslehrer ist ein Scharlatan
geehrter Herr
oder sagen wir insgesamt sind die Gesangslehrer
oder die Gesangspädagogen wie sie sich nennen
Scharlatane
setzt sich
man durchtrennt nun den Balken
und schlägt ihn wohlgemerkt nach der linken Seite
wodurch die Glandula pinealis
hinter der Commissura habenularum
zur Ansicht gelangt
Vater zieht die Binden von den Armen herunter und steckt sie ein
machen wir eine Sektion des Kleinhirns
hebt man das Kleinhirn
vorsichtig auf
schiebt die linke Hand wohlgemerkt
unter die Kleinhirnhemisphäre
und kippt sie ein wenig
steht auf und geht hin und her
um bei der darauffolgenden Durchschneidung des Wurms
nicht die sogenannte Rautengrube
oder die Lamina quadrigemina zu verletzen
man faßt das Messer
fiedelbogenartig
zeigt den Vorgang

VATER
Fiedelbogenartig

DOKTOR
Befeuchtet es
und geht median-sagittal so weit ein
bis man in das Fastigium
wie in ein klaffendes Loch schaut
VATER
Wie in ein klaffendes Loch
DOKTOR
Dann dreht man das Messer um
und verlängert den Schnitt
nach vorn
und nach rückwärts
jetzt überblickt man genau
die Rautengrube
geehrter Herr
in diesem Augenblick ist vor allem
auf die Veränderungen des sogenannten Ependyms
zu achten
setzt sich
das hätte man schon an den Seitenventrikeln machen können
erfahrungsgemäß sind aber Ependymveränderungen
hier
in der Rautengrube
stärker
Vater trinkt aus der Flasche
daher auch leichter zu diagnostizieren
Ihre Lebensweise geehrter Herr
ist ansteckend
zwei Stunden Schlaf in der vergangenen Nacht
und den ganzen Tag
überdurchschnittlich viel beschäftigt
wenn man wie ich an einem
sogenannten wissenschaftlichen Werk arbeitet
darf man sich solche Exzesse nicht gestatten
andererseits geht eine unglaubliche Faszination davon aus
sich gehenzulassen
naturgemäß hängt Ihre Schlaflosigkeit
mit Ihrem Geisteszustand zusammen
und Ihr Geisteszustand geehrter Herr
ist die Folge des jahrzehntelangen
unnatürlichen Verhältnisses

zwischen Ihnen und Ihrer Tochter
wenn zwei gänzlich verschiedene Charaktere
noch dazu wenn es sich um Vater und Tochter handelt
ununterbrochen zusammen sind
während jeder von beiden gänzlich für sich allein
existieren müßte
wenn ich denke Ihre Tochter schläft geehrter Herr
denke ich doch nur auf das selbstverständlichste
die Stimme Ihrer Tochter schläft
die Stimme
unaufhörlich geehrter Herr nur die Stimme
während die Stimme Ihrer Tochter schläft
sitzen Sie in den Gasthäusern
andererseits haben Sie eine so ausgezeichnete Konstitution
genau diese Konstitution habe ich nicht

VATER
Sie haben sie nicht

DOKTOR
Im Ependym an der Lichtung des Ventrikels
was die Ependymitis granularis betrifft
feine Granulierung des Ependyms
kleine knöpfchenförmige
grießartige Knötchen

VATER
Feine grießartige Knötchen

DOKTOR *im Aufstehen*
Man schneidet an der größten Zirkumferenz
entlang der Kante der Kleinhirnhemisphäre
wo ein weißer Markstrahl am weitesten
bis an die Oberfläche reicht
ein
und überblickt die Kleinhirnsubstanz
vor allem geehrter Herr
den Nucleus dentatus cerebelli
dasselbe macht man auch auf der anderen Seite
Man klappt nun das Gehirn zusammen
und dreht es um
so daß Basis und die Medulla oblongata
dem Obduzenten zugewendet sind
jetzt geht man unter dem Kleinhirn
das man stützt

ein
und durchschneidet die Hirnschenkel
setzt sich und schaut auf die Uhr
es ist auffallend
daß Ihre Tochter mit jeder Vorstellung
zu einem noch späteren Zeitpunkt
aber in der Schnelligkeit
dann in der Spontaneität
ist die äußerste Konzentration
es ist nicht das erstemal
hören Sie das Orchester ist schon im Graben
und von Ihrer Tochter nichts
die Vargo
nichts
die ganze Zeit horche ich
aber höre keine Schritte
dann
plötzlich
höre ich die Schritte
und alles geht unheimlich schnell
vor der Vorstellung einen Spaziergang machen
die Füße zu rasenden machen
in den Park hinein
unter die Rabatten geehrter Herr
was ihr in letzter Zeit zur Gewohnheit geworden ist
Vater trinkt aus der Flasche
Der Obduzent tritt immer an die rechte Seite
der Leiche
der Kopf der Leiche ist auf einen Holzblock zu legen
um die Haut des Halses gut anzuspannen
die Haut der oberen Halsgegend
geehrter Herr
darf nicht verletzt werden
da die Leichen wegen der Aufbahrung
geschont werden müssen

VATER
Ein rücksichtsloses Kind
ein rücksichtsloses Kind
Haben Sie denn keinerlei Einfluß
auf meine Tochter
in dieser Weise

daß sie

DOKTOR

Damit muß man sich abfinden
daß ein künstlerisches Geschöpf
sich vollkommen selbständig macht
es kann überhaupt nicht mehr mit andern
zusammensein
vor allem was die Verwandtschaft betrifft
aber auch alle übrigen
ein vollkommen künstlerisches Geschöpf
ein solcher zu einem vollkommenen künstlerischen
Geschöpf gewordener Mensch
der ja kein Mensch mehr ist
geehrter Herr
kann von einem bestimmten Zeitpunkt an
überhaupt niemanden mehr
außer sich selbst
sehen
nur sich selbst
es gibt nichts mehr
außer mir
sagt sich ein solches Geschöpf
dann
wenn es sich vollkommen abschließt
und abgeschlossen hat
getrennt hat
für sich ist endgültig
braucht man keine Angst mehr zu haben
geehrter Herr
es ist eine völlig überflüssige Angst
Sie werden sehen gerade zu dem richtigen Zeitpunkt
kommt sie herein
und sie tritt genau zu dem richtigen Zeitpunkt auf
genau dann
wenn Sie es nicht mehr aushalten
und sich Ihren Kopf schon zerbrochen haben
die sogenannten gewöhnlichen Menschen
haben immer vor den Geschöpfen Angst
geehrter Herr
und Menschen und Geschöpfe sind zweierlei
und was erst ein Kunstgeschöpf

VATER
Dem Vater geschieht recht
der was er sich verdient hat
nicht
zu Gesicht bekommt
DOKTOR
Ein solches Geschöpf zu haben
darüber läßt sich nicht streiten
nur die Ahnungslosigkeit der Menge
ist erschreckend
die den künstlichsten aller Mechanismen
nicht anerkennt
Vater trinkt aus der Flasche
das Leben oder die Existenz
sind keine Existenzfrage
geehrter Herr
aber mit der Gutmütigkeit allein
ist auch nichts auszurichten
das Leben ist eine Tortur
wer das nicht begreift
und die Platitüde
nicht wieder gut
und zur Tatsache die schmerzt macht
hat nichts begriffen
andererseits kommen wir
gerade in den Angstzuständen
zu uns selbst
steht auf
das Knorpelmesser in die volle Faust
man nimmt das Knorpelmesser
in die volle Faust
und führt jetzt den Hauptschnitt aus
von der Prominentia laryngea
bis zur Symphyse
sehen Sie
wobei man in der Nabelgegend wohlgemerkt
etwas nach links ausweicht
geehrter Herr
Vater dreht am Lautsprecher. Geräusche aus dem Orchester- und Zuschauerraum von jetzt an zunehmend
im Bereich des Sternum dringt man mit dem Schnitt

sogar bis zum Periost vor
dann den Kreuzschnitt
und durchtrennt Haut
Unterhautzellgewebe etcetera
vordere Bauchmuskulatur samt Faszie
und dringt vorsichtig
bis zum Peritoneum parietale vor
um dieses und den darunter gelegenen Darm
nicht zu verletzen
normalerweise
klare seröse Flüssigkeit geehrter Herr
unter pathologischen Bedingungen geehrter Herr
kann eine Vermehrung der Flüssigkeit
in der Bauchhöhle eintreten
Ascits

VATER
Ascits

DOKTOR
Das gestattet einen Hinweis bei Leberzirrhose
cardialer Stauung etcetera
oder Pfortaderthrombose
es kann sich bei den verschiedenen Formen
der Peritonitis
ein eitriges
fibrinöses Exsudat finden
Haemaskos
Cholaskos etcetera

VATER
Haemaskos
Cholaskos

DOKTOR
Man besichtigt das Omentum majus
dieses zieht von der Taemia omentalis
des Colon transversum
schürzenförmig wohlgemerkt
hinunter ins kleine Becken
bei entzündlichen Prozessen
in der Bauchhöhle geehrter Herr
kommt es zu Adhäsionen mit dem Netz
das Netz ist nach dieser Richtung hin verzogen
ein vollkommen verzogenes Netz

woraus man auf den Ausgangsprozeß schließen kann
man schlägt einfach das Netz nach oben
und betrachtet den Situs der Bauchorgane
ob die Leber weit herunterreicht
zum Vater und tastet ihn ab
hier
sehen Sie
an dieser Stelle
ob die Darmschlingen stark gebläht sind
der Magen weit herunterreicht
drückt ihm auf den Magen
Gastroptose natürlich
und ob die Milz vergrößert ist
schaut auf die Uhr
In letzter Zeit geht sie mit Vorliebe in den Park
auf einmal in den Park
unter das Vogelgezwitscher
verstehen Sie

VATER
Oder sie sperrt sich in ihrem Zimmer ein

DOKTOR
Sagen Sie selbst
diese Gewohnheit ist die merkwürdigste

VATER
Wo sie sich doch früher niemals eingesperrt hat

DOKTOR
In ihrem Zimmer

VATER
Meines Wissens

DOKTOR
Bei zugezogenen Vorhängen
Aber wie sie selbst sagt
ohne sich mit der Partie zu beschäftigen
ganz im Gegenteil lenkt sie sich
durch die verschiedensten selbsterfundenen Methoden
von der zu singenden Partie ab
hin- und hergehend
erledigt sie
in das Magnetophon diktierend
ihre Korrespondenz
oder sie memoriert einen Schauspieltext

ganze Abschnitte aus dem Lear
oder wie ich weiß
neuerdings aus dem Tasso spricht sie
oder sie sitzt am Fenster und legt die Handflächen
auf das Fensterbrett
mit geschlossenen Augen
meine Beobachtungen
geehrter Herr
führen naturgemäß zu Befürchtungen

VATER

Zu Befürchtungen
zu Befürchtungen

DOKTOR

Zu Befürchtungen allerdings
Die Tatsache ist daß Ihre Tochter sich in letzter Zeit
auf das beängstigendste verändert hat
sie ist nicht mehr die gleiche
was wir jetzt sehen
ist etwas ganz anderes
es ist das Entgegengesetzte von dem
das wir noch vor einem Jahr gesehen haben
weil es sich aber um ein Kunstgeschöpf handelt
doch um das gleiche
verstehen Sie
einerseits ist es dieselbe
andererseits nicht
es ist die größte Schwierigkeit
für die Umgebung
daß es sich vor allem um eine Stimme
und zwar um eine ganz bestimmte Stimme
die heute eine der berühmtesten
und wohlgemerkt tatsächlich eine der schönsten ist
nicht aber um einen Menschen handelt
das zu begreifen ist einem Vater natürlich unmöglich
Vater trinkt aus der Flasche
Doktor setzt sich
eine noch größere
eine noch viel größere Wachsamkeit geehrter Herr
dazu Behutsamkeit
empfiehlt sich jetzt
wo es sich um ein perfektes Geschöpf

in einer zweifellos kopflosen Natur handelt
Vater zieht sich blitzartig die Binden auf die Arme
Frau Vargo tritt mit der Krone auf und hängt sie auf den Kleiderständer, bleibt kurz stehen und beobachtet vorwurfsvoll kontrollierend zuerst den Vater, dann den Doktor, wieder ab
natürlich frage ich mich
mit was für einem Menschen ich es zu tun habe
wenn ich diese Person sehe
eine ausgezeichnete Person zweifellos
zweifellos ausgezeichnet
die Vargo ist zweifellos eine ganz und gar
ausgezeichnete Person
Sehen Sie geehrter Herr
Sie können beruhigt sein
ist die Vargo aufgetreten
dauert es auch nicht mehr lange bis Ihre Tochter kommt
das bedeutet daß Ihre Tochter schon im Haus ist
ich verstehe Sie empfinden die Tatsache
daß die Krone jetzt auf dem Kleiderständer hängt
als einen glücklichen Umstand
hätten wir nicht die Fähigkeit uns abzulenken
geehrter Herr
müßten wir zugeben
daß wir überhaupt nicht mehr existierten
die Existenz ist wohlgemerkt immer
Ablenkung von der Existenz
dadurch existieren wir
daß wir uns von unserem Existieren ablenken
zuerst haben Sie Ihre Flasche versteckt
dann haben Sie den Versuch gemacht
die Flasche zu verstecken
jetzt machen Sie schon jahrelang diesen Versuch
nicht mehr
ganz offen
und ohne geringste Skrupel geehrter Herr
trinken Sie
noch dazu in der Garderobe Ihrer Tochter
aus der Flasche
und es ist Ihnen vollkommen klar
daß Sie fortwährend betrunken sind
diesem Unterhaltungsmechanismus

kommt aber dieser Umstand
vollauf zugute
einen Menschen wie Sie
kann man ohne weiteres einer Wissenschaft unterstellen
zugegeben
haben Sie alle Vorzüge eines einer Person
wie der meinigen
ungemein förderlichen Objekts
das ist in der Tat eine Auszeichnung
wenn Sie eine Person
wie die Vargo hassen
damit erreichen Sie nichts
diese Leute beobachten fortwährend
und machen ihre Beobachtung zu einem krankhaften Zustand
von dem sie sich nicht mehr trennen können
weil sie ihren Kopf nicht beherrschen
hier kann nur mit Überraschungseffekten
gekommen werden
damit ist aber nicht eine
äußerliche Überraschung gemeint
ich denke wieder an den Kopf
aber sosehr sich alle diese Leute darum bemühen
und wie nachdrücklich sie auch immer darauf
hinweisen
sie haben keinen Kopf auf
dadurch haben sie naturgemäß
überhaupt kein Beurteilungsvermögen
Sie gehen
einmal folgerichtig einmal nicht
solange Sie gehen
durch eine vollkommen kopflose Gesellschaft
und haben die ganze Geschichte in Ihrem Rücken
tatsächlich schleifen Sie ja Ihr ganzes Leben
die Geschichte hinter sich her
und sehen vor lauter Köpfen keinen einzigen Kopf
und haben dadurch fortwährend Angst
vor einem plötzlich auftretenden Blutgerinnsel
wenn Sie sich alle übrigen Köpfe geehrter Herr
als eine zähe stinkende
oder völlig geruchlose Masse vorstellen
sozusagen

als Wasserkopfspiegel
aus welchem ihr eigener Kopf herausragt
und diesem Kopf ist die ganze Zeit zum Erbrechen
dadurch kann er nur noch Verrücktes
und niemals Geglücktes
zitieren geehrter Herr
Ist ein solcher Kopf unter lauter Köpfen
nicht ein erbarmungswürdiger Zustand
die Frage ist tagtäglich
wie komme ich durch einen Trick
einen tagtäglichen neuen Trick
durch den Tag
das ist beschämend und macht zweifellos krank
steht auf und geht hin und her
Ihre Tochter ist die labilste
zweifellos auch subtilste
in ihrer Entwicklung
für ihre Umgebung beängstigend
alles an ihr ist jetzt anders
Wenn das so leicht wäre
eine Anstalt zu empfehlen
aber es gibt keine Anstalt
die empfehlenswert ist
man steckt die Leute in eine Kur hinein
zur Entziehung einer Übelkeit
sie machen eine sogenannte Entziehungskur
aber dem Menschen kann
nichts entzogen werden
schon gar nicht eine ihn umbringende Veranlagung
trinkt einer
so muß man ihn trinken lassen
zuschauen wie er trinkt
und wohin er damit kommt
wird einer wahnsinnig
können wir nichts dagegen tun
wenn das so einfach wäre
wenn wir einen Trinker
in eine Anstalt stecken
einen Wahnsinnigen
einen Verrückten
geehrter Herr

das ist ein Verbrechen
tatsächlich schämen wir uns
vor der allerhöchsten Instanz der Natur
die sich uns auf dem Gipfel der Verzweiflung zeigt
glauben Sie mir
Ihre Tochter meint es gut
wenn sie sagt
gehen Sie wieder in eine Anstalt
machen Sie eine Entziehungskur
aber kompetent ist sie nicht
Vater dreht am Lautsprecher
Die Musiker
höre ich recht
sind schon im Graben

VATER
Das eigene Kind
ist immer das rücksichtsloseste

DOKTOR
Das ganze Leben
ist das rücksichtsloseste
geehrter Herr
und eine einzige Beschämung
Vater dreht den Lautsprecher wieder
aber Sie werden sehen
wenn die Drei Damen auftreten
und wenn die Schlange erlegt ist
ist Ihre Tochter
schon fertiggemacht
für den Auftritt
das verläßlichste in diesem Haus
sind zweifellos die Inspizienten
diese Feststellung habe ich immer gemacht
herrscht hier auch das Chaos
auf die Inspizienten ist Verlaß
beruhigen Sie sich
denken Sie an die Gefühlskälte
und an die Verstandesschärfe einer Person
wie der Vargo
und berücksichtigen Sie
den Pflichteifer Ihrer Tochter
sie würde sich niemals gestatten

zu spät zu kommen
immer später ja
aber niemals zu spät
im letzten Moment hereinzukommen bei der Tür
ist der größte Vorteil
ganz gleich um was es sich handelt
eine Methode bei Konferenzen geehrter Herr
die beste
im Stiegenhaus ein paar Koloraturen
wie Sie wissen
ein paar Schritte
und Ihre Tochter ist da
und Sie brauchen nicht länger in dem Angstzustand zu sein
in welchem Sie sich immer in diesen Augenblicken
befinden
es ist immer das gleiche
die Vargo hängt die Krone auf den Kleiderständer
und Ihre Nerven geehrter Herr
sind zum äußersten angespannt
die Kunst und alles was damit zusammenhängt
ist als Ganzes genommen
eine ungeheure Nervenanspannung
Vater dreht den Lautsprecher wieder
haßt sie den Kapellmeister
wie diesen
geehrter Herr
singt sie am verläßlichsten
und am besten
und sie haßt keinen mit einem größeren Haß
als den
der die heutige Vorstellung dirigiert
dieser Mann hätte Fleischhauer werden sollen
nicht Dirigent
geehrter Herr
immer hören Sie wenn Sie ihn hören
einen Fleischhauer
wahrscheinlich ist Ihre Tochter
unten in der Kantine
und trinkt einen heißen Tee
aber ich bin sicher sie ist schon im Haus
dieser Besuch letztes Jahr

im Teatro Fenice
in dieser Falstaffvorstellung geehrter Herr
ist es passiert
von da ist in ihr die Veränderung eingetreten
weil sie einmal das schönste Theater der Welt
sehen hat wollen
dazu einen wie ich glaube recht mittelmäßigen Kollegen hören
man muß einfach alles
als Ursache in Betracht ziehen
alles kann Ursache sein
möglicherweise ist es eine Todeskrankheit
geehrter Herr
die sie sich im Teatro Fenice geholt hat
aber ich bin überzeugt
daß diese Krankheit sich nicht
oder noch nicht
wenigstens nicht innerhalb der nächsten fünf oder gar zehn Jahre
auf ihre Stimme auswirken wird
dieses schönste aller Talente geehrter Herr
wird sich noch fünf oder gar zehn Jahre entwickeln
wenn es dann plötzlich abbricht
das ist gleichgültig geehrter Herr
zweifellos es ist
wie wenn eine Maschine abgestellt wird
setzt sich
vorgestern hatte sie eine Auseinandersetzung
mit dem Korrepetitor
diese Auseinandersetzungen schaden
ihrer Stimme
Vater trinkt aus der Flasche
Wir haben
das ist erschreckend geehrter Herr
nur immer Wirkungen vor uns
die Ursachen sehen wir nicht
vor lauter Wirkungen
sehen wir keine Ursachen
Übrigens ist das Wesen der Rokitanskyschen Methode
den normalen physiologischen Zusammenhang
der einzelnen Organe
möglichst zu wahren
weil durch brüskes Durchtrennen

normal bestehender Zusammenhänge
oft wichtige anatomische Befunde
verlorengehen
andererseits
oder wir eviscerieren sämtliche inneren Organe
und sezieren auf einem Tisch
steht auf
oder der Virchowsche gänzliche Verzicht
auf den Zusammenhang
abtrennen
entfernen etcetera
geehrter Herr
um sich vor Infektionen zu schützen
ist es vorteilhaft
Gummihandschuhe zu verwenden
wegen der Beeinträchtigung des Tastgefühls
unterläßt man das aber
wir unterscheiden
die allgemeine
und die Detailbeschreibung
die Erhebungen äußerer Veränderungen
beispielsweise
bei gerichtlicher Obduktion oder an einem
unbekannten
tot aufgefundenen Individuum werden
aufs genaueste ausgeführt
zum Beispiel hat eine genaue Beschreibung
von Tätowierungen Hautnarben
des Gebisses
mit allen seinen Plomben zu erfolgen
wir unterscheiden dann
vor allem
zwischen männlicher und weiblicher Leiche
von großer Wichtigkeit ist die Feststellung
des Gewichts der Leiche
dieses kann unter normalen Verhältnissen
eine große Rolle spielen
zum Beispiel gibt eine ungewöhnlich magere Leiche
schon Hinweise
auf eine durch schlecht aufgenommene Nahrung
entstandene Erkrankung

weil zum Beispiel ein bösartiger Tumor des Oesophagus
diesen verengt
geehrter Herr
und so das Schlucken verhindert hatte
am einfachsten ist es
die Leiche abzuwiegen

VATER

Die Leiche abzuwiegen

DOKTOR

Ansonsten wird das Gewicht
schätzungsweise bestimmt und man gibt an
ob die Leiche kachektisch
mager
oder beleibt ist
Falstafftyp
Reithosentyp etcetera
die Feststellung der Körperlänge ist wichtig
weil sie Hinweise auf eine
abwegige Körperbeschaffenheit
gestattet
die Körperlänge hängt ganz wesentlich
von der mittleren Körperlänge der Bevölkerung ab
in unseren Gegenden ist einmeterfünfundsechzig
die mittlere Körperlänge
von diesem Mittelmaß ausgehend
gibt es gewisse Extreme
ist ein Individuum länger als einsachtzig geehrter Herr
bezeichnet man das als Hochwuchs
während eine Körperlänge von mehr als zwei Metern
als Riesenwuchs bezeichnet wird
geht hin und her
bei einem Individuum unter einszwanzig
spricht man von Zwergwuchs
neben der Feststellung der Körperlänge
muß aber auch auf die Proportionen geachtet werden
insbesondere auf den Knochenbau
der in erster Linie die Körperlänge bedingt
bei manchen sehr großen Individuen ist die Körperlänge nicht gleichmäßig
zum Beispiel sehr lange Beine
Unterlänge

geehrter Herr
ist der Abstand von der Symphyse bis zur Planta pedis
Oberlänge
der Abstand vom Scheitel
bis zum oberen Rand der Symphyse
das allein oft schon Anlaß
für das sogenannte Grundleiden
geehrter Herr
zweifellos ist was ihr das größte Vergnügen gemacht hat
jetzt Ihrer Tochter zur Gewohnheit geworden
daß sie seit Jahren
in den Opernhäusern aus und ein geht
und ihre berühmten Koloraturen singt
ich selbst habe übrigens
wie Sie vielleicht nicht wissen
einmal vor zwanzig Jahren geehrter Herr
in einer nicht unangenehmen Baßstimme dilettiert
und ich habe bei privaten Zusammenkünften
vornehmlich im Hause eines hier in dieser Stadt
sehr angesehenen Spediteurs
unter lauter liebenswürdigen Leuten
die das alles sehr ernst genommen haben
den Sarastro und den Sprecher gesungen
und keine Kirche in dieser Stadt geehrter Herr
in welcher ich nicht
an jedem zweiten Sonntag mindestens
meinen Baß hören habe lassen
die Musik ist erfahrungsgemäß die Kunst
in welche die Mediziner vernarrt sind
und jeder zweite spielt an den Abenden Geige
oder Klavier
und wenn Sie sich in den Wohnungen der Ärzte umsehen
entdecken Sie ganze Galerien von Klavierauszügen
aller möglichen Opern
und wie Sie wissen sind die besten Musiker
aus alteingesessenen Ärztefamilien hervorgegangen
tritt ein Virtuose auf
können Sie mit Sicherheit sagen
er entstammt einer Arztfamilie
oder es handelt sich um die Kinder von Fleischhauern
die sich in den Konservatorien oder Akademien

einschreiben lassen
Vater dreht am Lautsprecher, Applaus aus dem Zuschauerraum, Ouvertüre
Die Ouvertüre
höre ich recht
die Ouvertüre

VATER
Die Ouvertüre

FRAU VARGO
Die Ouvertüre

VATER
Diese fortwährenden
Komplikationen
mit meiner Tochter

DOKTOR
Ein unregelmäßiger Hochwuchs
kommt bei manchen Erkrankungen
der Genitaldrüsen vor
eunuchoider Hochwuchs
ist durch eine zu große Unterlänge charakterisiert
manche Individuen erscheinen beim Sitzen
normal geehrter Herr
stehen sie aber
zu klein
Sie selbst sind dafür das beste Beispiel
Sie haben zu kurze Extremitäten
während Ihr Rumpf normal ist
Das kommt vor allem
bei chondrodystrophischen Zwergen vor
Schritte
Vater steckt sich die Binden ordnungsgemäß an die Arme. Frau Vargo tritt von links auf, hinter ihr die Königin. Doktor ist aufgesprungen, küßt der Königin die Hand, während der Vater apathisch sitzen bleibt. Königin geht zu ihm hin und küßt ihn auf die Stirn

VATER
Spät mein Kind
spät mein Kind
es ist rücksichtslos
Meine große Geduld
aber der Vater verdient

eine rücksichtslose Tochter
Alle Welt bewundert dich
aber ich schäme mich
mich schmerzt die Schizophrenie
meiner Tochter

DOKTOR *zur Königin*
Ihr Herr Vater ist schon
zwei Stunden in der Oper
Sie kennen seine Nervosität
er ist nicht zu beruhigen
da habe ich ihm von meiner Tätigkeit erzählt
ich bewundere die Aufmerksamkeit Ihres Vaters
Königin küßt den Vater noch einmal auf die Stirn, mit Frau Vargo nach rechts ab
Sehen Sie
sie ist da
ist es auch der letzte Moment

VATER
Immer im letzten Moment
das ist rücksichtslos
die Ouvertüre
trinkt aus der Flasche
es ist immer das gleiche

DOKTOR
Sie bedenken nicht
Sie vergessen immer
die Geschicklichkeit der Frau Vargo
das geht alles sehr schnell
ein kurzer Prozeß mit den Kostümen

VATER
Das ist rücksichtslos
zuerst
unter den schwierigsten Umständen
die Tochter studieren lassen
dann unter den fürchterlichsten Umständen
ununterbrochen Zeuge
ihrer Rücksichtslosigkeit

DOKTOR
Das dürfen Sie nicht sagen
geehrter Herr
Ihre Tochter ist die diszipliniertete

Wenn Sie wüßten
was für eine ungeheure Schlamperei herrscht
in diesem Hause
und nicht nur in diesem Hause
es ist ein Wunder
daß Ihre Tochter überhaupt auftreten kann
unter diesen fürchterlichsten Umständen
in diesem Narrenhaus
und daß sie sich durchgesetzt hat
dazu hat sie ins Ausland gehen müssen
jetzt wo sie berühmt ist
kann sie sich
hier
behaupten
wäre sie nicht weggegangen
sie wäre heute nicht
was sie heute ist
wäre sie dageblieben
ihre Kollegenschaft hätte sie zertrampelt
sie wäre in Intrigen erstickt
sie hätte längst aufgegeben
bestenfalls wäre sie
nichts anderes als Operette
oder sie hätte sich zur Geliebten des Intendanten
degradiert
durch Rücksichtslosigkeit vor allem gegen sich selbst
ist sie zu der berühmtesten aller Koloratursängerinnen
geworden
die heutzutage auftreten
bedenken Sie was es sie gekostet hat
die unglaubliche Nervosität zu überwinden
die sie noch vor fünf oder sechs Jahren
an der Ausübung ihrer inzwischen längst erreichten
Künstlerschaft
gehindert hat
natürlich leidet jetzt
ihre Umgebung darunter
an dem
was sie heute ist
aber ihre Umgebung geehrter Herr
das müssen Sie zugeben

hat sie ja zu dem gemacht
das sie ist
ihre Umgebung hat nichts anderes haben wollen
Sie haben eine Tochter
die die berühmtesten Koloraturen der ganzen Welt singt
wenn Ihnen das nicht genügt
müssen Sie verzweifeln
konsequenterweise müssen Sie sich umbringen
Was hier
in nächster Nähe Ihrer Tochter
vor sich geht
ist zweifellos
karg und künstlich geehrter Herr
aber damit hat sich die Umgebung zweifellos abzufinden
wir haben es mit einem erstaunlichen
Theater
mit einer theatralischen Eiseskälte zu tun geehrter Herr
nicht mit einem unterhaltenden elementaren Schauspiel
es ist ganz klar
daß die Umgebung eines solchen Phänomens
handelt es sich noch dazu
um eine Koloratursopranistin
von solcher Berühmtheit
zu Bewegungslosigkeit
und zu Bedeutungslosigkeit
verurteilt ist
natürlich muß man erschrecken
an der Begriffelosigkeit
Tatsache ist
daß Ihre Tochter sich
verändert hat
Ihre Redeweise
ist eine andere
Ihre Bewegungen
andere
aber die Medizin hat damit
nichts zu tun
wie die Medizin ja überhaupt nichts
mit dem Menschen zu tun hat
verstehen Sie
dieser Irrtum geehrter Herr

weil die Medizin überhaupt nichts mit dem Menschen
zu tun haben kann
das wird nicht begriffen
und stößt naturgemäß geehrter Herr
auf vollkommene Ablehnung
der Mensch interessiert die Medizin überhaupt nicht
es handelt sich um eine Wissenschaft
von den Organen
nicht um eine solche
von den Menschen
das Gewebe ist das Interessante geehrter Herr
nicht das darunter
oder dahinter
oder wie immer
die Werkzeuge sind durchaus keine philosophischen
Die Stimme Ihrer Tochter
hat sich allerdings
nicht verändert
jedenfalls hat die Öffentlichkeit
eine solche Veränderung
noch nicht wahrgenommen
die Öffentlichkeit
hält immer den Zeitpunkt für gekommen
wenn er längst vorbei ist
überhaupt hat die Öffentlichkeit kein Ohr
für Veränderungen
aber ich bin sicher Sie sehen was ich sehe
daß die Natur Ihrer Tochter in einem Prozeß
begriffen ist
der sie von Grund auf verändert
verändert hat
Ihr Fehler ist
daß Sie was Sie betrachten
immer als das gleiche anschauen
das ist zweifellos der elementarste Irrtum

VATER

Wenn ich ihr sage
daß ich drei Stunden
ohne Binden gegangen bin
glaubt sie mir nicht

DOKTOR

Zwischen Ihnen geehrter Herr
und Ihrer Tochter
ist nichts als das Mißtrauen
Ursache aller möglichen Krankheiten
geehrter Herr

VATER

Daß ich ohne Binden
durch alle diese Straßen
und an Hunderten und Tausenden von Menschen
vorbei
gegangen bin
allerdings kenne ich diese Wege
als Kind bin ich alle diese Wege gegangen
obwohl alles ganz anders ist heute

DOKTOR

Die Struktur der Wege ist die gleiche

VATER

Ja
die Struktur ist die gleiche

DOKTOR

Wege die man als Kind geht
die man oft geht in der Kindheit geehrter Herr
ganz einfach solche Wege
die man längere Zeit geht
geehrter Herr
kann man auch blind gehn
Wenn Sie mir die Augen zubinden
finde ich durch die ganze Stadt
mein Vaterhaus geehrter Herr
das bereitete mir keinerlei Schwierigkeiten

VATER

Sie glaubt natürlich nicht
was ich sage
sie hat mir noch nie geglaubt
Ihre Mutter und sie
meine Tochter
lieber Doktor
waren nichts anderes als eine Verschwörung
gegen mich
an ein Aufkommen gegen die beiden

war nicht zu denken
dadurch bin ich von Anfang an
geschwächt gewesen
nach dem Tod meiner Frau
ihrer Mutter
glaubte ich
an eine Besserung dieses Zustands
aber dieser Zustand besserte sich nicht
im Gegenteil
eine Verschlimmerung dieses Zustands ist eingetreten
sie glaubt
wenn sie mich auf die Stirn küßt
das sei genug
alle ihre Handlungen
sind gegen mich
der Vater büßt
für die Unsinnigkeiten
Unwahrheiten
Ungeheuerlichkeiten
ihrer Mutter

DOKTOR

Wer die Zeit so stark empfindet
wie Sie geehrter Herr
und alles so ernst nimmt
leidet natürlich
unter jedem Atemzug
das ist eine Veranlagung
die Natur ist dadurch
eine unerträgliche
zweifellos sind solche Menschen wie Sie
zu bedauern

VATER

Der Lohn
ist immer
Verachtung
Daß ich den ganzen Tag
und die halbe Nacht
wie Sie wissen
trinke
hat seine Ursache

DOKTOR
Schließlich muß man
die Beherrschung verlieren
für die Außenwelt
ist eine Komödie
was in Wirklichkeit
eine Tragödie ist
geehrter Herr
VATER
Zwei Flaschen
an einem Tag
DOKTOR
Wenn man Ihnen
die zwei Flaschen entzieht
gehen Sie ganz erbärmlich zugrunde
VATER
Es ist mir zur Gewohnheit geworden
DOKTOR
Man flüchtet
in eine unsinnige Tätigkeit
und sei es
daß man von einem bestimmten Zeitpunkt an
nurmehr noch trinkt
oder auf und ab geht
oder die ganze Zeit
nurmehr noch mit Kartenaufschlagen verbringt
mit Handlesen
der eigenen Hände
geehrter Herr
oder mit Briefeschreiben
oder mit wahnsinniger Lektüre
daß man jedesmal
wenn man aufwacht
wieder ein Medikament einnimmt
um wieder einzuschlafen
und so jahrelang
Jahrzehntelang geehrter Herr
denn manchmal
dauern die verrücktesten Zustände
die einer hat
eine Ewigkeit

einmal glauben wir
die Literatur
einmal glauben wir
die Musik
einmal glauben wir
Menschen
aber es gibt kein Mittel

VATER

Da das bedeutungslos ist
trinke ich jetzt schon die längste Zeit
nur noch den billigsten Schnaps
der Inhalt der Flasche
ist mir gleichgültig

DOKTOR

Andererseits ist die Trunksucht
ein Kunstmittel
Königin mit der Frau Vargo herein. Königin jetzt bereits im Kostüm, aber ungeschminkt, ohne Krone, die von Frau Vargo auf dem Kleiderständer in Ordnung gebracht wird
zum Vater
Zwischen zwei Sätzen erzwingt Ihre Tochter sich
ein Nachdenken
das ist die bemerkenswerteste Neuigkeit
von welcher für mich
geehrter Herr
eine unglaubliche Faszination ausgeht
Königin setzt sich an den Schminktisch. Frau Vargo schminkt die Königin hastig

KÖNIGIN *zur Vargo*

Daß die Krone
nicht wackelt auf meinem Kopf
Die Beschwerden
die Sie haben
sind nichts als Einbildung
Sie sind die gesündeste
allerdings
markiert eine Koloratur
allerdings schämen Sie sich
gesund zu sein
Sie sehen eine Schande darin
markiert eine Koloratur

DOKTOR *zum Vater*
Dann ist sie
geht man längere Zeit mit ihr
schweigsam
es ist auffallend
Ihr Lieblingswort ist das Wort Luft
sehr oft gebraucht sie das Wort Szenenwechsel
auch das Wort selbstherrlich
und die Wörter Umstand und Zustand
kommen alle Augenblicke
in dem was sie spricht vor
auch scheint sie sich auf die deutsche Sprache
nicht mehr zu verlassen
sie gebraucht auffallend viel
englische und französische Wörter
heute singt sie die Königin der Nacht
zum zweihundertzweiundzwanzigstenmal

KÖNIGIN
Ich habe einen Tisch
bei den Drei Husaren reservieren lassen

FRAU VARGO
Das Kostüm ist ausgebürstet worden
die Krone ist poliert worden
Der Regieassistent entschuldigt sich
wegen seiner vorlauten Redeweise
Den Empfang bei den Musikfreunden
habe ich abgesagt

KÖNIGIN
Absagen
absagen
wir müssen alles absagen
in Zukunft alles absagen
verstehen Sie
wir sagen in Zukunft alles ab
nicht wahr Doktor
wir sagen zukünftig alles ab
früher haben wir überall teilgenommen
jetzt sagen wir alles ab
wir gehen nirgends mehr hin
wir haben schon alles gesehen
alles gehört

uns ist alles auf der Welt
vertraut
wir kennen sie
wir brauchen nichts mehr
nichts
nichts
markiert eine Koloratur
Wir haben schon alles gehört
wir haben schon alles gesehen
markiert eine Koloratur
zum Vater
nicht wahr
wir kennen alles
uns ist alles bekannt
Wir kennen alle Opern
alle Schauspiele
wir haben alles gelesen
und wir kennen die schönsten Gegenden auf der Welt
und insgeheim hassen wir das Publikum
nicht wahr
unsere Peiniger
markiert eine Koloratur
wir treten auf
und verabscheuen
was wir kennen

DOKTOR
Es liegt in der Natur der Sache

KÖNIGIN
Sie haben recht Doktor
es liegt alles immer
in der Natur der Sache
Vater trinkt aus der Flasche
Solange ich die Koloraturen herausbringe
trete ich auf
markiert eine Koloratur

DOKTOR
Die zweifellos berühmtesten Koloraturen
Königin markiert eine Koloratur
Ihr Herr Vater
ist drei Stunden
und stellen Sie sich vor

ohne Binden
durch die Stadt gegangen

KÖNIGIN *markiert eine Koloratur*
Glauben Sie ihm kein Wort
alles Lüge was er sagt
ein Blinder
ohne Binden
kommt nicht weit
die Leute stoßen ihn nieder
sie zertrampeln ihn
zum Vater
Lügner
markiert eine Koloratur

DOKTOR
Ihr Herr Vater ist durchaus glaubwürdig

KÖNIGIN
Glaubwürdig
markiert eine Koloratur
glaubwürdig
ja das weiß ich

DOKTOR
Wie ich höre
fahren Sie nicht
mit mir nach Paris

KÖNIGIN *markiert eine Koloratur*
Ich bin erschöpft
tatsächlich
ich bin erschöpft
mein Vater ist trunksüchtig
und ich bin erschöpft

DOKTOR
Eine Reise nach Paris
ohne die geringste Verpflichtung
stellen Sie sich vor
auf einer solchen Reise
regenerieren Sie sich vollkommen

KÖNIGIN *schaut auf den Vater*
Und er

DOKTOR
Meiner Ansicht nach

KÖNIGIN

Ich kann ihn unmöglich allein lassen
Sie sehen ja selbst
daß er nicht zur Vernunft
zu bringen ist
er weigert sich
auf das zu hören
was ihm gesagt wird
jetzt sind es zwei Flaschen
in einem halben Jahr
sind es drei
ich brauche keine Reise
Doktor
das Gegenteil Doktor

VATER

Eines Tages werde ich umsonst warten

KÖNIGIN

Diese fortwährenden Beteuerungen
natürlich
alt werden
markiert eine Koloratur
alt werden
nichts sonst
zur Vargo
mehr Rot auf die Wangen mehr Rot
andererseits
nein
machen Sie die Wangen weiß
ganz weiß
machen Sie sie weiß weiß

FRAU VARGO

Weiß paßt immer

DOKTOR

Natürlich

KÖNIGIN

Natürlich Weiß
Weiß natürlich
Zur Königin der Nacht
paßt Weiß
dickes Weiß
zur Vargo

da haben Sie recht
ganz dickes Weiß
Sie sind ja so schweigsam Doktor

DOKTOR
Ich wiederholte die Leichenöffnung

KÖNIGIN
Setzen Sie sich doch

DOKTOR
Ich wollte gerade
Sigauds Unterscheidungen wissen Sie
Typus respiratorius
Königin markiert eine Koloratur
Typus digestorius
Typus muscularis
Typus cerebralis

VATER
Typus cerebralis
Typus muscularis
Typus digesorius

DOKTOR
Digestorius
geehrter Herr
digestorius

VATER
Digestorius

DOKTOR *zur Königin*
Meine Beschäftigung
interessiert Ihren Herrn Vater
er ist der aufmerksamste Zuhörer
der sich denken läßt
Vater trinkt aus der Flasche
Auf dem Spaziergang
heute nachmittag
wollte er unbedingt
die Zergliederung
des Gehirns erklärt haben
meine Zeit war aber
zu kurz
ich hatte im Institut zu tun
aber ich versprach ihm
vor der Vorstellung

hier
in der Garderobe
einen Kurs zu geben
und da wir so lange
warteten
hatte ich Gelegenheit
mehrere Details
vorzubringen
die ich noch nicht
vorgebracht habe
In der Kantine
wo wir die Flasche kauften
gestand Ihr Herr Vater
seine große Zuneigung
um nicht das Wort Liebe sagen zu müssen
zu Ihnen
er hängt
mit seinem ganzen Wesen
an seiner Tochter

FRAU VARGO
Soll ich die Krone aufsetzen

KÖNIGIN
Nicht jetzt
noch nicht

FRAU VARGO
Den Gürtel

KÖNIGIN
Den Gürtel
Frau Vargo geht zum Kasten und holt einen breiten glitzernden Gürtel mit doppelt so breiter glitzernder Schärpe heraus und hängt ihn auf den Kleiderständer

DOKTOR
Also sagte ich
zu Ihrem Herrn Vater
mehrere Male das Wort Peritonitis
weil er durch ein plötzliches
lautes Durcheinandersprechen
vor der Garderobe
wahrscheinlich handelte es sich um Musiker
um Orchestermusiker
nicht verstand was ich sagte

nach anderer Einteilung
sagte ich
unterscheiden wir
den pyknischen Typus
den leptosomen Typus
den athletischen Typus
beim pyknischen Typus
stark entwickeltes Abdomen
gedrungener Thorax
Fettansatz etcetera
Königin markiert eine Koloratur
eine extreme Form des leptosomen Typus ist
KÖNIGIN *gleichzeitig*
Der Typus asthenicus
KÖNIGIN *allein*
Auch als Habitus phthisicus bezeichnet
DOKTOR
Richtig
das subkutane Fettpolster
zunächst dem Bereich des Abdomens
aber auch im Bereich der Extremitäten
Königin markiert eine Koloratur
ist zu prüfen
bei Leuten mit außergewöhnlich reichem subkutanem Fettpolster
vermuten wir
Königin markiert eine Koloratur
DOKTOR *gleichzeitig mit der*
KÖNIGIN
Daß die eine Erkrankung innersekretorischer Drüsen hatten
KÖNIGIN *allein*
Zum Beispiel der Hypophyse
DOKTOR
Dystrophia adiposogenitalis etcetera
KÖNIGIN *markiert eine Koloratur*
zum Vater
Dieses Trinken
und dieses Herumreisen
dieses fortwährende
beiderseitige Zusammensein
muß ein Ende haben
markiert eine Koloratur

zum Doktor
mein Vater ist
ein völlig heruntergekommener Mensch
markiert eine Koloratur
weil ich nachgegeben habe
markiert eine Koloratur
weil ich schwach geworden bin
und ihn
obwohl ich gewußt habe
wohin das führt
wieder mitgenommen habe
auf meine Reisen
nach Amerika
und nach Australien
der größte Fehler ist gewesen
daß ich ihn nach Skandinavien mitgenommen habe
markiert eine Koloratur
dort hat er sich das Trinken
von Schnaps angewöhnt
seither kein Tag mehr
ohne das unaufhörliche Trinken
aus der Flasche
markiert eine Koloratur

DOKTOR
Gewöhnlich nützt es
nichts
wenn man einem Trunksüchtigen
die Flasche entzieht
ihm die Möglichkeit nimmt
zu trinken
einem Trinker
kann man nicht helfen

KÖNIGIN *markiert eine Koloratur*
zur Vargo
Wenn Sie mir doch die Haare
feststecken
jedesmal glaube ich
selbst unter der Krone
daß ich meine Haare verliere
ein entsetzliches Gefühl
wirklich

ein entsetzliches Gefühl
markiert eine Koloratur

DOKTOR

Wenn Ihr Herr Vater
wenigstens auf mehrere Wochen
ins Gebirge ginge
dort haben Sie doch
dieses schöne einsam
und vollkommen abseits gelegene Haus
in der guten Gebirgsluft
Königin markiert eine Koloratur
Wenn sich Ihr Herr Vater dort
mit einfacher Arbeit
Beschäftigungen beispielsweise
wie Holzhacken
oder Beerenpflücken
die Zeit vertriebe
nichts Intellektuelles
auf keinen Fall
dürfte er sich mit Büchern
oder gar mit Philosophie beschäftigen
denn daran verschlimmerte sich zweifellos
sein Zustand
in frischer Luft gehen
und besondere Sorgfalt
auf die Mahlzeiten legen
und natürlich in dem Bewußtsein
daß Sie immerfort an ihn denken
gleich wo Sie sind
sei es die entfernteste Entfernung

KÖNIGIN *zur Vargo*

Wenn Blumen kommen
schicken Sie sie sofort
in das Altersheim
Wenn jemand nach mir fragt
keine Auskunft
markiert eine Koloratur
Wenn es sich um Einladungen handelt
ablehnen
werden Briefe abgegeben
stecken Sie sie ein

aber belästigen Sie mich nicht damit
ich gebe keine Autogramme mehr
mir ist nichts mehr verhaßt
Außerdem
markiert eine Koloratur
außerdem haben wir keinen Tee mehr
besorgen Sie Tee
und nähen Sie mir die Knöpfe
an meinen Wintermantel
zum Vater
Du bemühst dich
aber es ändert sich nichts
markiert eine Koloratur
wie ich mich bemühe
und sich nichts ändert

DOKTOR
Wenn man sich
ein solches Unglück
leisten kann
eine Verwahrlosung
von innen heraus
nach außen

KÖNIGIN *zum Doktor*
Sagen Sie selbst
ist es nicht fürchterlich
über zweihundertmal
die gleiche Partie zu singen
Gehetztwerden
durch sämtliche Opernhäuser
von den Zauberflötenkoloraturen
getrieben

DOKTOR
Es ist ein Höhepunkt
absolut ein Höhepunkt
zum Vater
ein Höhepunkt
geehrter Herr

VATER
Ein Höhepunkt

DOKTOR
Das Genie

ist eine Krankheit
der ausübende Künstler
eine solche Entwicklung
ist ein Krankheitsprozeß
den die Öffentlichkeit
mit der höchsten Aufmerksamkeit verfolgt
eine Stimme
eine solche Koloraturstimme
wie die Ihrer Tochter
geehrter Herr
beobachtet die Menge
wie auf dem Seil
in ständiger Angst
sie könnte abstürzen
als hätten wir es
mit einem menschlichen Wesen zu tun
alles nichts als
Empfindung
zum Vater
Eine solche Stimme
ist eine Kostbarkeit
geehrter Herr
und durchaus nicht alltäglich
Tausende werden ausgebildet
aber nur eine einzige
bewundern wir schließlich

VATER

Ich selbst habe
eine traurige Kindheit gehabt
während meine Tochter
immer verhätschelt worden ist

DOKTOR

Aber nur bis zu dem Zeitpunkt
in welchem sie in die Akademie
eingetreten ist

VATER

Sie hat einen Freiplatz
bekommen
schon im ersten Jahr
ein Begabtenstipendium
Der Präsident der Akademie

hat erkannt
daß es sich
um ein Talent handelt
bei meiner Tochter
Er trinkt aus der Flasche

DOKTOR

Es müßte doch
eine ungeheure Befriedigung sein
die Gewißheit
einen Mechanismus als Tochter
zu besitzen
oder eine Tochter als Mechanismus
berühmt
und unvergleichlich
der die Theaterwelt
verzaubert
geehrter Herr

VATER

Sie ist ungezogen
und rücksichtslos
und unbelehrbar

DOKTOR

Sehen Sie doch
die Schönheit Ihrer Tochter
wie keine zweite

FRAU VARGO *zur Königin*

Ihr Herr Vater sollte nicht so viel trinken

KÖNIGIN

Davon spricht ja auch
der Doktor
daß die Natur
nicht zu ändern ist
markiert eine Koloratur
alles immer wieder sagen
immer wieder
das gleiche

DOKTOR

Wenn Sie beide sich
entschließen könnten
wenigstens kurze Zeit
auseinanderzugehn

Ihr Herr Vater trennt sich
von Ihnen
seiner Gesundheit zuliebe
Königin markiert eine Koloratur
Sie trennen sich
von Ihrem Vater
Ihrer Kunst zuliebe
denn ständige Nervenanspannung
wenn wir sie als sinnlos bezeichnen müssen
schwächt die Stimme
dann singen Sie auf einmal
die Koloraturen
nicht mehr mit einer solchen
erstaunlichen Leichtigkeit

KÖNIGIN *zur Vargo*
Tragen Sie Weiß auf
viel Weiß
das Gesicht
muß ein vollkommen künstliches Gesicht sein
mein Körper
ein künstlicher
alles künstlich

DOKTOR
Wie Sie wissen Frau Vargo
handelt es sich
um ein Puppentheater
nicht Menschen agieren hier
Puppen
Hier bewegt sich alles
unnatürlich
was das Natürlichste
von der Welt ist
Königin markiert eine Koloratur
Das dickste Weiß
Frau Vargo
sparen Sie nicht
mit Schminke
sparen Sie nicht
Vater trinkt aus der Flasche
dickes Weiß
sehr dickes Weiß

VATER
Das Weiß dick
DOKTOR
Das unterstreicht
die Künstlichkeit
das unterstreicht
die natürliche Künstlichkeit
KÖNIGIN *zur Vargo*
Sind die Nähte fest
ist alles fest angenäht
fortwährend habe ich Angst
daß
wenn ich den Arm hebe
das Kostüm zerreißt
daß nichts auseinanderreißt
Frau Vargo
das ist entsetzlich
plötzlich
zerreißt das Kostüm unter dem Arm
und das Publikum
bricht in Gelächter aus
es reißt
daß nichts auseinanderreißt
plötzlich diese Bewegung
hebt blitzartig den rechten Arm und das Kostüm zerreißt unter dem Arm überlaut
schreit
Es ist schon wieder zerrissen
es ist schon wieder zerrissen
wenn ich den Arm aufhebe
hebe ich den Arm
DOKTOR
Aber Frau Vargo
KÖNIGIN
Sehen Sie Doktor
immer wieder sage ich
alles fest zusammennähen
und es zerreißt
DOKTOR
Das ist ein Unglück
kurz vor dem Auftreten

zerreißt das Kostüm

KÖNIGIN

Es ist immer das gleiche
kurz vor dem Auftritt
zerreißt es
das ist doch unsinnig
das ist gemein
Frau Vargo
immer wieder sage ich feste Nähte
die Nähte fest
dann hebe ich den Arm
und das Kostüm zerreißt

DOKTOR

Unmittelbar
vor dem Auftritt

VATER

Das ist unentschuldbar
Frau Vargo
Frau Vargo bemüht sich so rasch als möglich, den Riß im Kostüm unter dem rechten Arm zuzunähen, wobei ihr der Doktor behilflich ist

DOKTOR

Haben Sie denn
keinen Spezialzwirn
Frau Vargo

KÖNIGIN

Wie oft sage ich
verschaffen Sie sich
einen Spezialzwirn
aber es ist immer das gleiche
das Kostüm wird mit einem ganz gewöhnlichen Zwirn
zusammengenäht
und zerreißt natürlich
an der heikelsten Stelle

VATER

Dadurch wird meine Tochter
so nervös
dadurch verpatzt sie unter Umständen
eine Koloratur

DOKTOR

Und die ganze Vorstellung

ist in Gefahr
Frau Vargo

KÖNIGIN
Warum nähen Sie mir denn nicht
von vornherein das Kostüm so
daß es nicht zerreißen kann
daß ich mich in dem Kostüm bewegen kann
wie ich will
es ist schon hundertmal zerrissen

DOKTOR
Als ob dieses Zerreißen des Kostüms
zur Oper gehörte
zum Vater
das muß Ihre Tochter
ja nervös machen

KÖNIGIN
Immer die gleiche Prozedur Doktor
ich hebe den Arm
und das Kostüm zerreißt
das ist das
was mich verrückt macht
kein Mensch versteht
meine Nervosität
dabei macht mich dieses Zerreißen des Kostüms
verrückt
kein Mensch weiß
was ich mitmache
daß meine Umgebung die unverläßlichste ist
alles ist hier unverläßlich
in diesen Theatern und Opernhäusern wimmelt es
von unverläßlichen Leuten

DOKTOR
Hier herrscht nichts als der Dilettantismus

VATER
Und die Schadenfreude

DOKTOR
Die Schadenfreude natürlich
Frau Vargo ist fertig mit dem Zunähen und die
KÖNIGIN *sinkt verzweifelt vornüber, richtet sich aber sofort wieder auf*
Es ist fürchterlich Doktor

tatsächlich
es ist fürchterlich
hebt blitzartig den linken Arm auf, der laut hörbar zerreißt

DOKTOR
Eine Katastrophe
eine Katastrophe
Frau Vargo
Frau Vargo näht so schnell als möglich den Riß unter dem linken Arm zu
Es eilt
hören Sie Frau Vargo
es eilt
Die Ouvertüre

FRAU VARGO
Die Ouvertüre
so rasch habe ich
die Ouvertüre noch gar nicht gehört
auf einmal die Drei Damen
auf der Bühne

VATER
Immer zu spät
und immer alles im letzten Moment
jedesmal eine Katastrophe
das ist rücksichtslos
mein Kind

KÖNIGIN
Wenn man dazu
einen Vater hat
der nichts versteht
und der insgeheim haßt
was man tut

DOKTOR
Es eilt
Frau Vargo
Königin markiert eine Koloratur
In den heutigen Opernhäusern
ist andauernd
Katastrophenstimmung
in den Theatern insgesamt
funktioniert nichts
schnell Frau Vargo

die Drei Damen
sind schon auf der Bühne

KÖNIGIN

Die Drei Damen
die Drei Damen

VATER

Die Drei Damen
sind schon auf der Bühne
mein Kind

FRAU VARGO *seufzt*

So

DOKTOR

Im letzten Moment

VATER

Im letzten Moment

FRAU VARGO

Jetzt kann nichts mehr
zerreißen
gnädige Frau

DOKTOR

Konzentration
nichts als Konzentration
Konzentration
ist das wichtigste
Königin markiert eine Koloratur
Der Korrepetitor müßte die Nachmittagsstunde
vorverlegen
Königin markiert eine Koloratur
Dann fragt es sich
ob
Königin markiert eine Koloratur

FRAU VARGO *zur Königin*

Heben Sie den Arm
damit Sie beruhigt sind
Königin markiert eine Koloratur und hebt zuerst den rechten,
dann den linken Arm

DOKTOR

Sehen Sie
nichts zerreißt
jetzt ist alles fest
die Frau Vargo

hat alles so fest als möglich
angenäht
ich habe ja beobachtet
wie fest sie die Nähte zugenäht hat

VATER
Die Drei Damen
sind schon auf der Bühne

DOKTOR
Tatsächlich ist die Schlange schon erlegt
Königin markiert eine Koloratur
Diese unangenehme Tenorstimme
ein ganz und gar unerträglicher Tamino
Königin markiert eine Koloratur
ein ganz und gar unerträglicher Tenor
und ein ganz und gar unerträglicher Dirigent
Königin steht auf und tritt vor und hebt so weit als möglich den Kopf
und die bedeutendste Oper
in der Operngeschichte
Königin will zur Tür

VATER
Die Krone
die Krone nicht vergessen

FRAU VARGO *erschrocken*
Die Krone
natürlich die Krone
nimmt die Krone vom Kleiderständer herunter und setzt sie der Königin auf

DOKTOR *zur Vargo*
Befestigen Sie sie so
daß sie nicht herunterfallen kann
Frau Vargo befestigt die Krone und bindet der Königin den Gürtel um
Es ist schon vorgekommen
daß eine Königin der Nacht
die Krone verloren hat

VATER
Mein schönes Kind
Königin mit Frau Vargo ab

DOKTOR
Stellen Sie sich vor

wenn auf der Bühne
wenn mitten auf der Bühne geehrter Herr
das Kostüm Ihrer Tochter
unter dem Arm zerreißt
zuerst unter dem rechten
und dann unter dem linken
zweifellos eine Katastrophe
dieses probeweise Aufheben der Arme
halte ich für eine
unbedingte Notwendigkeit
Vater dreht den Lautsprecher noch lauter auf
In dem
das man haßt
agieren zu müssen
weil man Talent
unter Umständen Genie hat
geehrter Herr
oder weil man dazu
von allen möglichen Umständen
beispielsweise vom eigenen Vater
gezwungen ist
ist fürchterlich
jetzt Rezitativ »O zittre nicht, mein lieber Sohn« aus dem Lautsprecher
Das Theater
insbesondere die Oper
geehrter Herr
ist die Hölle
Arie aus dem Lautsprecher
Doktor und Vater bis zum Ende der Arie unbeweglich

Vorhang

Bei den Drei Husaren

Königin der Nacht, Vater, Doktor an einem runden Tisch
Zwei Serviertische mit Lampen
Winter im Hintergrund

DOKTOR

Eine ausgezeichnete Vorstellung
Die Darstellungsweise
exzellent
Abgesehen vom Dirigenten
Diese Gefühllosigkeit
der Partitur gegenüber
Künstlichkeit
Königin winkt Winter heran
Erstaunlich
die Reaktionsunfähigkeit
des Publikums
Phantasiearmut
Geradezu lähmende Dummheit
Königin zu dem hinter ihr stehenden Winter etwas, das man nicht verstehen kann. Winter ab
Falsche Einsätze
Einen Augenblick Angst
ständig Angst
tatsächlich
ununterbrochen Angst
Wie in Coventgarden
Wie in Coventgarden
Wie man eine Inszenierung
auf unerträgliche Weise
zerrütten kann
keine Exaktheit
geehrter Herr
Vorzüglichkeit der Darsteller
der Sänger
aber keine Exaktheit
Es nützt nichts
es nützt durchaus nichts

KÖNIGIN *zum Vater*

Du hörst

du siehst nicht
aber du hörst

DOKTOR

Und er hört
mit einer unglaublichen Sicherheit
alles
das Unbedeutendste
Wer nichts sieht
hört unglaublich

VATER

Die heutige Vorstellung
war um zehn Minuten kürzer
als die Premiere

DOKTOR

Diese fortwährende Angst
glauben Sie mir
ausgezeichnete Plätze
Natürlich
an Fritz Busch
nein

KÖNIGIN

Jedesmal denke ich
es ist das letztemal
daß ich aushalte
daß ich durchhalte
noch einmal
und noch einmal
und noch einmal
auf einmal nicht mehr
niemehr
Winter mit einer Flasche Wein herein, zum Doktor, schenkt ihm einen Schluck ein, dann der Königin, dann dem Vater, dann das ganze Glas dem Doktor, ab

DOKTOR

Was wir vermissen
ist die Präzision
die Exaktheit
die Rücksichtslosigkeit
die äußerste Künstlichkeit
wir vermissen das äußerste Künstliche
wie die Partitur

aber was wir lesen
in den Zeitungen
ist von einer erschreckenden Einfalt
wie
was einer nicht studiert hat
und also nicht kapiert hat
beschreibt
diese Unverschämtheit
geehrter Herr
Winter herein mit Speisen, die er serviert
Reduktion
geehrter Herr
Kargheit
Künstlichkeit
zu Winter
Wenn Sie Winter
begriffen haben
daß alles
das Bedenklichste ist
daß man sich auf nichts
verlassen kann
daß alles ein Grund
zu Mißtrauen
und zu Verachtung ist
Wenn Sie mit offenen Augen
agieren
und eine rücksichtslose Sektion machen
die Gegenwart
zu einem philosophischen Zustand

WINTER *zur Königin*
Ein ganz außerordentlicher Erfolg
gnädige Frau
Die Zeitungen

DOKTOR *dazwischen*
Lüge Winter
alles Lüge Winter
Organe
der Unzuständigkeit
jede ein Maul
das ununterbrochen
Gemeinheit

Niedertracht
erbricht
zu Winter
Sie wissen
Gevrey Chambertin
nicht zu kalt
nicht zu warm
zur Königin
andererseits eine solche Öde
ohne Zeitungen
zu Winter
bringen Sie dem gnädigen Herrn
das Weißbrot
gebäht
Winter ab
Die Luft
ist in der Oper
zum schneiden

KÖNIGIN
Ich habe immer Angst
daß der Eiserne Vorhang
herunterfällt

DOKTOR
Ihr alter Traum
daß Sie vom Eisernen Vorhang
zerquetscht werden
Winter mit dem Weißbrot herein
Doktor zu Winter
Hören Sie
die gnädige Frau
hat noch immer Angst
daß sie vom Eisernen Vorhang
zerquetscht wird
Sie erinnern sich

WINTER *serviert dem Vater das Weißbrot*
Davon hat die gnädige Frau
immer gesprochen

DOKTOR
In der Metropolitanoper
ist tatsächlich
während der Vorstellung

der Eiserne Vorhang heruntergefallen
aber es ist niemand verletzt worden
Winter ab
ich glaube
während einer Vorstellung
von Fidelio

KÖNIGIN
Mit Kirsten

DOKTOR
Mit Kirsten Flagstad

VATER
Vor zwölf Jahren

DOKTOR
Eine Vorstellung
die Fritz Busch dirigiert hat

VATER
Der für Bruno Walter
eingesprungen ist

DOKTOR
Tatsächlich
ich erinnere mich
Busch ist für Walter
eingesprungen

KÖNIGIN *ruft*
Winter
Winter tritt auf
Bringen Sie Mineralwasser
Winter
Winter ab
jedesmal sage ich
das letztemal
absagen
nicht mehr auftreten
Schluß machen
aus

DOKTOR
Wenn es sich darum handelt
auf dem Höhepunkt
zurückzutreten
Schluß zu machen
auf dem Höhepunkt

der Vitalität
der Kunst
des Ekels vor der Kunst
lacht
Der Zeitpunkt
ist noch nicht da
Winter mit Mineralwasser herein

KÖNIGIN *zu Winter*
Wenn ich vertrauen könnte
aber es ist kein Mensch
dem ich vertraue
vertrauensselig
das ist abgeschlossen
vorbei
zu Winter, der ihr Mineralwasser einschenkt
Daß das Mineralwasser ist
das glaube ich
daß das Mineralwasser ist
Winter
sonst nichts
sonst glaube ich nichts
überhaupt nichts
schaut Winter ins Gesicht
gar nichts
nur
daß das
was Sie mir jetzt einschenken
Mineralwasser ist
Winter ab

DOKTOR
Der Erblindete ermüdet
naturgemäß
rascher
und intensiver
als der andere
Aber die Plumpheit der Menge
ist eine Tatsache
Kein Mensch
der mit einer größeren
Intensität
zur Königin

Zeuge Ihrer Kunst ist

KÖNIGIN

Dann
nach der Vorstellung
wenn alles vorbei ist
dieser grenzenlose Appetit

DOKTOR

Wenn es sich um ein mit Recht
so berühmtes Lokal
wie die Drei Husaren handelt

KÖNIGIN *zu dem unsichtbaren Winter, rufend*

Haben Sie gehört Winter
Wenn es sich um ein so berühmtes
mit Recht so berühmtes Lokal
wie die Drei Husaren handelt

DOKTOR

Es ist kein Essen
es ist Extravaganz

KÖNIGIN

Diese Bemerkung ist
für Sie bezeichnend Doktor

DOKTOR

Die klare Suppe
und ein philosophischer Gegenstand
Das Beefsteak tatar
und
der Gedanke an Selbstvernichtung
beispielsweise

KÖNIGIN

Die Schwierigkeit
unter ganz anderen Verhältnissen
immer exakt zu singen
die gleiche Partie
exakt zu singen

DOKTOR

Temperaturschwankungen
Bewußtseinsschwankungen
natürlich

KÖNIGIN

Bei kaltem Wetter
anstrengender

oder nicht so anstrengend
wie bei warmem
in Paris anstrengender
als in Buenos Aires
oder umgekehrt

DOKTOR
Oder umgekehrt

VATER
Meine Tochter
beherrscht
die Schwankungen
in der Natur

DOKTOR
Ein Schritt zuviel
oder ein zu großer Schritt
eine Unachtsamkeit
lächerlichster Natur
eine Unaufmerksamkeit des Partners
und alles fällt auseinander
geehrter Herr

VATER
Sie stellt sich
auf die verrückteste Situation ein

DOKTOR
Einmal ist es
ein italienischer
einmal ein spanischer
einmal ein englischer
einmal ein deutscher Dirigent
lacht

VATER
Sie hat sich zur Spezialistin
entwickelt

DOKTOR
Spezialistin

VATER
Mit der Angst
und mit der Ungeheuerlichkeit
mit der Geläufigkeit
und mit der Unsicherheit
und mit der Rücksichtslosigkeit

vergrößert sich die Gage
DOKTOR
Natürlich
vergrößert sich die Gage
VATER
Aber jetzt
machen sie die Villen die vielen Häuser
unglücklich
DOKTOR
Was man will
einerseits ist
was man dann gar nicht will
Doktor und Vater lachen
KÖNIGIN
Bei den Drei Husaren
muß man unbedingt
Zwiebelrostbraten oder
ein Beefsteak tatar essen
DOKTOR
Zwiebelrostbraten oder
ein Beefsteak tatar
KÖNIGIN
Es sich selbst
zusammenstellen
selbst mischen/zerquetschen
selbst
Dafür hat Winter
Verständnis
ruft zu Winter hinaus
Nicht wahr Winter
dafür haben Sie
Verständnis
DOKTOR
Ein verläßlicher
nie aus der Rolle fallender Mann
VATER
Auch Skorpion
wie ich
KÖNIGIN
Mein Vater sitzt immer
in der zwölften Reihe

in der Mitte der zwölften Reihe
er sitzt immer
auf dem gleichen Platz

VATER

In der zwölften Reihe
höre ich am besten

KÖNIGIN

Links und rechts von ihm
sitzt niemand
für Arme und Hände
braucht er
die zwei Plätze neben sich
lacht

DOKTOR

Ein solcher Mensch
wie Ihr Herr Vater
hat ein ungemein ausgebildetes Gehör

KÖNIGIN

Er hört alles

DOKTOR

Naturgemäß

KÖNIGIN

Eine nicht exakte Koloratur
schmerzt ihn tagelang
dann spricht er nichts
schweigt

DOKTOR

Wenn man sein ganzes Vermögen
in eine solche Stimme gesteckt hat
und alles
in Erfüllung gegangen ist

KÖNIGIN

Er hat sich immer gewünscht
daß ich in Coventgarden
die Königin der Nacht singe
und jetzt habe ich schon zwanzigmal
in Coventgarden gesungen

VATER

Zwanzigmal

DOKTOR

Wenn wir etwas erreicht haben

und sei es das Höchste
sehen wir
daß es nichts ist

VATER

Nichts
nichts

DOKTOR

Am Ende
nichts
Es ist eine Tortur
geehrter Herr
und die Intelligenz
eine furchtbare

KÖNIGIN

Seit mein Vater
die Binden hat
habe ich keine so große Angst mehr
um ihn

DOKTOR

Die Gesellschaft
ist die rücksichtsloseste
zeigt ein Mensch eine Schwäche
wird diese Schwäche
ausgenützt
darauf beruht alles
zur Königin
Wenn Sie im Park
hin und her gehen
vor der Vorstellung
denken Sie währenddessen nicht
daß Sie einmal
versagen könnten
daß Ihnen plötzlich
die Koloratur
nicht gelingt
Wenn Sie in die Oper hineingehen
daß Sie einen Skandal entfesseln
indem Sie auf einmal
Ihre Kunst
nicht mehr beherrschen
Die Künstler existieren

glaube ich
in ständiger Angst
vor dem augenblicklichen Verlust
Ihrer Künstlerschaft
ein Sänger
daß er plötzlich nicht mehr singen kann
ein Schauspieler
daß er auf einmal
den Text verliert etcetera
zweifellos hätte ich selbst
fortwährend diese Angst
und wäre denkbar ungeeignet
für die Ausübung einer Kunst
Die Wissenschaft
ist
ist sie einem bewußt
beruhigend
die Medizin
kennt den Angstbegriff
überhaupt nicht
zum Vater
Darf ich Ihnen
einschenken
geehrter Herr
schenkt dem Vater ein
Die Medizin
Aber was erklären
wenn doch überhaupt nichts
erklärt werden kann
wenn doch überhaupt

KÖNIGIN

Vor der Vorstellung
gehe ich natürlich
meiner Person aus dem Weg
ich lenke mich ab
ich horche
ich höre
Ablenkung

DOKTOR

Aber natürlich
ist Ablenkung unmöglich

KÖNIGIN *schaut auf den Vater*
Natürlich
gehe ich ihm aus dem Weg
ich entziehe mich ihm einfach
habe ich mich ihm entzogen
beruhige ich mich
zum Vater
Es ist alles vorbereitet
du gehst in die Berge
ich will die Tournee allein machen
zum Doktor
Ist es etwas Wichtiges
hört er nicht
plötzlich verliert er auch
das Gehör
ruft plötzlich
Winter
Winter tritt auf
KÖNIGIN
Ein Telegramm Winter
notieren Sie
Winter nimmt Bleistift und Papier
Königliche Oper Stockholm
Königliche Oper Stockholm
Winter notiert
haben Sie
Winter nickt
Königliche Oper Stockholm
Wegen plötzlicher
wegen plötzlicher
zum Doktor
hören Sie Doktor
Wegen schwerer plötzlicher
zu Winter
wegen plötzlicher schwerer Erkrankung
Einhaltung der Verpflichtung
Einhaltung der Verpflichtung
zu Winter
haben Sie
zum Doktor
Hören Sie Doktor

zu Winter
Einhaltung der Verpflichtung unmöglich
Bedaure Absage außerordentlich etcetera
Das sofort
gleich
jetzt
Winter ab

DOKTOR
Aber Sie sind doch

KÖNIGIN
Überhaupt nicht krank
wollen Sie sagen
natürlich
ich bin überhaupt nicht krank
nicht im geringsten
lacht
aber ich fahre nicht nach Stockholm
nicht nach Stockholm
nicht nach Stockholm
plötzlich
und nicht nach Kopenhagen
auch nicht nach Kopenhagen
ruft
Winter
Winter tritt auf
schicken Sie auch nach Kopenhagen
ein Telegramm
notieren Sie
Winter notiert
Königliche Oper Kopenhagen
Wegen plötzlicher schwerer Erkrankung
Einhaltung der Verpflichtung unmöglich
bedaure Absage außerordentlich etcetera
beide Telegramme sofort
Winter ab
zum Doktor
Ich fahre mit meinem Vater
in die Berge
In die Berge Doktor
keine Koloratur
nichts

Ich weiß daß mein Vater
den unangenehmen Geruch der Leute
die neben ihm in der Oper sitzen
nicht verträgt
er haßt die Ausdünstung der Opernbesucher
sie betäubt ihn
und in so hohem Maße
glaube ich
wegen des Alkoholkonsums

DOKTOR
Naturgemäß
empfindet ein Alkoholiker
die Ausdünstung seiner Mitmenschen
vor allem im Theater
oder in der Oper
als etwas Entsetzliches

KÖNIGIN
Ich habe noch niemals
eine Vorstellung abgesagt
aber auf einmal

DOKTOR
Während es zum erstenmal
die Lüge ist
ist es auf einmal
möglicherweise
eine Todeskrankheit
Königin und Doktor lachen

VATER
Widerspruch duldet sie nicht
sie duldet keinen Widerspruch

DOKTOR
Man muß die Kraft haben
abzusagen
etwas abzubrechen
das zur Gewohnheit geworden ist
eine Vorstellung absagen
oder

KÖNIGIN
Oder

DOKTOR
Oder mitten in der Vorstellung

beispielsweise mitten in der Rachearie
aufhören zu singen
die Arme fallen lassen
das Orchester ignorieren
die Mitspieler ignorieren
das Publikum ignorieren
alles ignorieren
dastehen
und nichts tun
und alles anstarren
anstarren verstehen Sie
plötzlich die Zunge herausstrecken
Königin und Doktor lachen
Zuerst förmlich absagen
mittels eines Telegramms
aber dann
plötzlich
urplötzlich
beispielsweise in der Metropolitanoper
oder in Coventgarden
an der wirkungsvollsten Stelle natürlich
einen Skandal entfesseln
eine Vorstellung platzen lassen
in die Hände klatschen
und die Zunge herausstrecken
und lachend abgehen
lachend
lachend verstehen Sie
lachend
Königin und Doktor lachen laut

VATER
Meine Tochter ist einzigartig
sie singt
die kompliziertesten und die schönsten
Koloraturen der Welt
sie ist mit Recht berühmt

DOKTOR
Daß heißt ja nicht
daß man sich nicht einmal
einen Spaß erlauben kann
Königin und Doktor lachen

Ihre Tochter
ist die berühmteste
neben ihr
keine zweite

KÖNIGIN

Plötzlich
lacht
dem Publikum
lacht
nein
schaut auf den Vater
nicht vor ihm
vor ihm nicht

DOKTOR

Aber sagen Sie doch
was Sie sagen wollen
Ihr Herr Vater
akzeptiert doch
was Sie tun
wo wir doch alle jetzt schon
in ausgelassener Stimmung sind

KÖNIGIN

In ausgelassener Stimmung
ruft
Winter
Winter
Winter tritt auf
Winter
was tun
wenn man etwas sagen will
und nicht sagen kann
weil einem wenigstens einer
leid tut
schaut auf den Vater
Winter
Winter kann keine Antwort geben
Dem Publikum
ins Gesicht spucken
lacht laut auf
Winter
bringen Sie jetzt

Sie wissen
Winter ab
Koloraturmaschine
Koloraturmaschine
hören Sie Doktor
Koloraturmaschine
Doktor lacht
Rücksicht
wo überhaupt keine Veranlassung dazu ist
keinerlei
davon träume ich
das sehe ich immer
mitten auf dem Höhepunkt
einen Skandal entfesseln
das ist ungeheuerlich
aber natürlich Doktor
eine Perversität
aber eine Natürlichkeit
oder plötzlich
auf dem Höhepunkt
verrückt werden
schuld sind die Eltern
nicht vertrauenerweckend Doktor
hineingestoßen worden von den Eltern
in eine einzige
ungeheuerliche Betrugsaffäre
Wenn wir uns zum Opfer
unserer Disziplin gemacht haben
total Opfer sind Doktor
Die Künstlerin auf dem Höhepunkt ihrer Kunst
ich weiß
Was für ein Stakkato
was für ein Stakkato

VATER

Sie hätten meine Tochter
in Florenz hören sollen
Die Zeitungen schrieben
jedesmal wenn sie auftritt
ist ihre Kunst
eine noch perfektere Kunst
die höchsten Ansprüche

Doktor
die allerhöchsten Ansprüche
darum muß sich auch alles und jedes
immer mehr anstrengen
in so hohem Maße anstrengen Doktor
vor allem die Künstler
wie sie sich niemals vorher
angestrengt haben
die Künstler sind heute
auf die Probe gestellt
wie noch nie
jedenfalls darf keine Rücksicht
genommen werden
die Künstler nehmen keine Rücksicht
auf das Publikum
umgekehrt nimmt das Publikum
keine Rücksicht
Wer am Ziel ist
ist naturgemäß
todunglücklich

DOKTOR *zum Vater*
Weil Sie nichts
oder beinahe nichts
sehen
hören Sie um so besser
geehrter Herr
ein Mensch der schlecht sieht
hört gut
wie der der schlecht hört
unter Umständen geehrter Herr
gut sieht
aber gute Ohren
können natürlich niemals
schlechte Augen ersetzen
oder umgekehrt
Königin lacht
Wenn Sie nur Ihre Tochter
sehen könnten
es ist ein schöner Anblick
geehrter Herr
Wenn es sich darum handelt

alle diese Leute
die sie haßt
von Ihrer Tochter fernzuhalten
die Menschenmenge wird immer beängstigender
wir gehen ja schon die längste Zeit
nurmehr noch durch die Hintertüren
gehen wir
gehen wir nicht allein
alles was wir tun ist
unter Kontrolle
nur wenn wir uns in ein Séparée flüchten
in die Drei Husaren zum Beispiel
und hinter verschlossenen Türen sind
aber wir werden immer angestarrt geehrter Herr
Sie selbst bemerken diesen fürchterlichsten aller Zustände
möglicherweise nicht mit einer solchen Deutlichkeit
wir erfinden Schliche
aber das Publikum holt uns immer wieder ein
atmen wir auf geehrter Herr
überrascht uns das Publikum
schon an der nächsten Ecke
Die Stimme Ihrer Tochter
ist heute die vollkommenste gewesen
Hören Sie geehrter Herr
vor allem dürfen wir den Brunettimeißel
nicht vergessen
das Doppelrachiotom
zur Königin
Ich habe Ihrem Herrn Vater versprochen
bei den Drei Husaren
in meiner Erklärung der Leichenöffnung
fortzufahren
zum Vater
nicht zu vergessen
die Durazange
Königin hustet
Vor allem muß sich Ihre Tochter
vor Verkühlungen in acht nehmen
immer an der Grenze
aller Krankheiten
ist der menschliche Körper

in ständiger Furcht
in Todesangst
Königin hustet
Wir wachen auf
und denken
wir sind verloren
ein Schmerz
eine schmerzhafte Bewegung
geehrter Herr
und wir glauben
wir sind am Ende
zum Vater
es ist ein Schritt
Winter mit einer Flasche Champagner herein
der Wunsch
tot zu sein
deshalb die Angst
vor dem Ende
Winter öffnet die Flasche, Knall
Der Zeitpunkt
ist immer der günstigste
der Zeitpunkt ist
immer günstig
Winter schenkt den Champagner ein
Sind wir unter Schauspielern
oder Sängern
geehrter Herr
sind wir unter Intriganten
Es handelt sich darum
ein Geschöpf wie Ihre Tochter
ein solches Kunstgeschöpf
vor der Kunstwelt
in Schutz zu nehmen
Königin hustet
zu Winter
Wie spät ist es denn Winter

WINTER
Halb zwei

DOKTOR
Halb zwei

KÖNIGIN
Halb zwei
Winter ab
DOKTOR
Intensität
Geistesrücksichtslosigkeit
in jedem Fall
ein tödlicher Prozeß
geehrter Herr
alle trinken den Champagner
Wenn wir die Zustände
und Umstände
die längste Zeit empfinden
und plötzlich tot umfallen
VATER
Tot umfallen
DOKTOR
Wir sehen einen theatralischen Künstler
wir hören eine geschulte Stimme
eine Koloratursopranistin
geehrter Herr
auf einem Misthaufen
geehrter Herr
die Kultur ist ein Misthaufen
auf welchem die Theatralischen
und die Musikalischen
gedeihen
aber es ist ein Misthaufen
geehrter Herr
schenkt allen aus der Champagnerflasche ein
Man kann diesen unnatürlichen Zustand
den wir Existenz nennen
oder die menschliche Natur
hinausziehen
künstlich
geehrter Herr
aber dazu besteht keine Notwendigkeit
andererseits will ich meine wissenschaftliche Arbeit
fortführen
die Schrift an welcher ich seit zwanzig Jahren arbeite
abschließen eines Tages

dann ist zweifellos alles zerrissen
die Existenz Ihrer Tochter
Königin hustet
ist gerade diesem
mich vollkommen in Anspruch nehmenden Werk
einer zwölfbändigen Arbeit
über den menschlichen Körper
geehrter Herr
im höchsten Grade nützlich
wahrscheinlich ist es allein die Existenz Ihrer Tochter
die mich die vor Jahren
bevor ich Ihre Tochter
und Sie geehrter Herr kennengelernt habe
schon aufgegebene Schrift
schließlich und endlich doch abschließen lassen wird
Königin hustet
Unsere Handlungsweise ist naturgemäß
eine dilettantische
andererseits zerfällt alles
verschlimmert sich alles
um Ihre Tochter herum
die äußerste Konsequenz duldet nichts
neben sich
gerade jetzt singt sie so
wie noch keine vorher
gesungen hat
Hektik
geehrter Herr
nichts als Hektik
und die mit dieser Hektik
zusammenhängende Verrücktheit
Merken Sie sich
geehrter Herr
man eröffnet den Herzbeutel
indem man nahe der Herzspitze
mit Pinzette und Darmschere
oder mit dem Hirnmesser
einen kleinen Einschnitt macht
den man
V-förmig
geehrter Herr

nach beiden Seiten verlängert
Man achte auf den Inhalt
der Pericardialhöhle
Königin hustet
Normalerweise findet man
eine geringe Menge
trüber Flüssigkeit
pathologisch kann man
seröses oder eitriges Exsudat
Blut
oder Transsudat
Hydropericard
geehrter Herr finden
bei Concretio muß man das Herz
mit dem adhärierenden Herzbeutel sezieren
Als Anhaltspunkt
der Vergleich
mit der rechten Faust
Also der Herzschnitt
geehrter Herr
man faßt die Vorderwand
der rechten Kammer
zieht das Herz
etwas nach abwärts
und bekommt dadurch
eine gerade Linie
Winter erscheint und bleibt im Hintergrund stehen
Der sogenannte Rokitanskyschnitt
dient zur Eröffnung
des linken Ventrikels
geehrter Herr
man faßt den
weiter vorn gelegenen Zipfel
zwischen drittem und viertem Finger
der linken Hand
und fährt mit Zeigefinger und Daumen
in die Öffnung des linken Ventrikels hinein
und zieht das ganze so fixierte Herz
nach abwärts
Die Aorta liegt
unter dem Zipfel unmittelbar

im Septum
Die Rokitanskysche Schnittführung
hat den Vorteil
die Aorta pulmonalis zu erhalten
es wird aber das Septum membranaceum und damit
auch das Reizleitungssystem zerstört
Königin winkt Winter heran. Winter hinter ihr. Königin flüstert ihm etwas ins Ohr. Winter ab
Was die Herausnahme
der Zunge
und des Rachens betrifft
man entfernt den Holzklotz
wodurch der Hals
überstreckt wird
man präpariert zunächst
mit dem Knorpelmesser
das Unterhautzellgewebe
am Hals weitgehend frei
fährt dann mit dem Zungenmesser
unterhalb der Haut ein

VATER
Unterhalb der Haut ein

DOKTOR
Legt es flach auf den Hals
und führt es vorsichtig

VATER
Vorsichtig
Königin hustet

DOKTOR
In der Medianebene vor
bis man auf den Unterkieferknochen stößt
Königin hustet
Dann hebt man das Messer
in seinem Griff
und geht in die Mundhöhle
mit einem deutlich fühlbaren Ruck hinein
geehrter Herr
und durchtrennt den Mundhöhlenboden
entlang des horizontalen
Unterkieferastes
er ist ein Leitgebilde

geehrter Herr
Königin hustet
wohlgemerkt
ein Leitgebilde

VATER

Ein Leitgebilde

DOKTOR

Ebenso geht man
auf der anderen Seite vor
zur Königin
Ihr Herr Vater hat zweifellos das Talent
zu einem hervorragenden Praktiker gehabt
manche Menschen leiden
ihr Leben darunter
daß sie ein vehement angefangenes Studium
plötzlich
abbrechen haben müssen
Zu einem guten Anatomen
gehört eine gesunde Physis
Dann zieht man die Haut des Halses
nach außen und oben
Man faßt die Zunge
mit dem zweiten und vierten Finger
und zieht sie mit Daumen und Zeigefinger
nach abwärts
Winter kommt mit einer Champagnerflasche herein
Die Halsgebilde hängen jetzt nur mehr
an der hinteren Pharynxwand
die jetzt durchtrennt werden muß
Winter öffnet die Champagnerflasche
Man legt zu diesem Zweck das Zungenmesser
flach an
tastet
oder sieht
geehrter Herr
tastet
oder sieht
die Grenze zwischen hartem
und weichem Gaumen
Knall
stößt durch

und dringt bis an die hintere Pharynxwand vor
Königin hustet. Winter schenkt allen Champagner ein
Jetzt führt man den Schnitt
bogenförmig nach außen
und bis an die Wirbelsäule
dann durchtrennt man die Fascia praevertebralis
wobei man die Schneide senkrecht
auf die Wirbelsäule hält
und durchtrennt zuerst links
dann rechts
zu Winter
Winter
das wird spät
wenn Sie uns noch eine Flasche einschenken

WINTER
Die gnädige Frau

DOKTOR
Gut gut Winter
Winter ab
Unter ständigem Zug
an der Zunge
durch den man die Halseingeweide
von der Wirbelsäule abhebt
Königin hustet

VATER
Von der Wirbelsäule abhebt

DOKTOR
Jetzt schneidet man mit der Darmschere
paramedian
oben
den Rachenring durch
und geht in der Medianebene
in den Oesophagus ein
dabei hält man die Schere
etwas geneigt
und dreht sie erst drinnen um
geehrter Herr
und durchschneidet den Oesophagus
in der Medianlinie
Jetzt kann man die ganzen Halsorgane
im Zusammenhang

herausnehmen
Bei lymphatischer Leukämie
können die Tonsillen
mächtig entwickelt sein
zur Königin
Wäre Ihr Herr Vater
nicht erkrankt
tatsächlich viel zu früh
erkrankt
und dann auch noch
beinahe zur Gänze erblindet
hätten wir eine medizinische Kapazität
an unserem Tisch

VATER
Eine medizinische Kapazität

DOKTOR
Ein Kopf wie der Kopf
Ihres Herrn Vaters
ist im Grunde
ein durch und durch medizinischer Kopf
Und sehen Sie selbst
wie groß
sein Interesse
an der Medizin ist
obwohl er doch alles weiß
leistet er sich immer wieder
eine Wiederholung
der Wiederholung
spezieller Vorgänge
auf dem Gebiete der Medizin
Glauben Sie mir
unter den Ärzten
findet sich
ein solches ununterbrochenes Interesse
nicht
hier haben wir es mit nichts
als mit Arroganz zu tun
zum Vater
Bevor man
an die Sektion der Bauchorgane schreitet
sieht man nach

ob nicht eventuell gröbere Veränderungen
im Situs der Bauchorgane vorliegen
wie zum Beispiel Adhäsionen
zwischen Leber und Darm
Königin hustet

VATER
Zwischen Leber und Darm
Winter herein und geht zur Lampe auf dem kleinen Serviertisch rechts und dreht das Licht ab und verschwindet

DOKTOR
Oder zwischen Gallenblase
und Darmschlingen
vor allem ist aber das Verhalten des großen Netzes wichtig
das bei entzündlichen Prozessen
im Bereiche des Magens
Darmes
der Gallenblase
des Uterus etcetera
in der Richtung des Prozesses verzogen ist
schon ein Fingerzeig
gewaltige Ausdehnung des Magens
bei arteriomesenteriellem Darmverschluß
Königin hustet
die so weit gehen kann
daß dabei der Magen
bis zur Symphyse herabreicht
Mächtige Ausweitung des Dickdarms
Megacolon
Hirschsprungsche Erkrankung
geehrter Herr
Recessus duodeno jejunalis
Recessus intersigmoides
Recessus retrocoecalis
Recessus ileocoecalis
Recessus paracolicus etcetera
Königin hustet

VATER
Recessus paracolicus
Königin hustet. Winter herein und dreht die Lampe auf dem Serviertisch im Hintergrund ab und verschwindet. Es wird langsam finster

DOKTOR
Zur Sektion der Leber
hören Sie
geehrter Herr
normalerweise ist die Oberfläche der Leber
glatt
Veränderungen der Oberfläche
können sein
Zahnsche Furchen
Schnürfurchen
Bei Hepar lobatum findet man Furchen
narbige Einziehungen
geehrter Herr
Postpaketform
der Leber
in der Tiefe der Furchen
verkäste Gummen
Höckerung etcetera
VATER
Verkäste Gummen
Postpaketform
DOKTOR
Postpaketform
verkäste Gummen
graurot
bei parenchymatöser Degeneration
dunkelbraun
bei seniler Atrophie
hellgelb bei Fettleber
grün bei Ikterus
muskatnußähnlich bei Stauung
Man nimmt dazu das Hirnmesser
und macht den Hauptschnitt
das heißt man schneidet
an der Stelle der stärksten Wölbung
der Leber
sowohl in den linken
als auch in den rechten Lappen ein
Königin hustet
aber nicht auseinanderschneiden

VATER
Nicht auseinanderschneiden
KÖNIGIN *richtet dem Vater die Binden*
Diese Binden
sind eine Beruhigung
DOKTOR
Tatsächlich
erlaubt das Gesetz nicht
daß einer beiderseits Binden trägt
wenn er nicht völlig erblindet ist
und Ihr Herr Vater ist nicht völlig erblindet
Königin hustet
VATER
Nicht auseinanderschneiden
DOKTOR
Nicht auseinanderschneiden
Die Struktur der Leber
entsteht immer dadurch
daß eine Differenz
zwischen dem Zentrum
und der Peripherie des Acinus besteht
VATER
Und die gewisse Sektion
DOKTOR
Man spreizt die Beine der Leiche
geehrter Herr
nimmt das Knorpelmesser
zieht den Penis mit der linken Hand
etwas nach abwärts
wodurch die Haut der Symphyse angespannt wird
VATER
Angespannt wird
DOKTOR
Und schneidet mit der rechten Hand
von der Symphyse beginnend
links außen bogenförmig
bogenförmig
geehrter Herr
herunter
bis in die Höhe des Mastdarms
und Anus

und zieht Penis und Scrotum
nach links
Königin hustet
Den gleichen Schnitt
auf der rechten Seite
mit kurzen sägenden Zügen
das lockere Zellgewebe
durchtrennt
bis an das freie Ende der Symphyse
sticht dort mit dem Knorpelmesser ein
und durchschneidet bogenförmig
das Bindegewebe des Beckenbodens
In der Mittellinie angelangt
zieht man die gleiche Trennung
auch auf der anderen Seite vor
nicht in einem Schnitt
Königin hustet
um nicht die Urethra
nahe der Symphyse
zu verletzen
durch die so entstandene Öffnung
werden Penis
und Scrotum durchgesteckt
nach oben gezogen
und die beiden bogenförmigen Schnitte
durch einen querziehenden Schnitt verbunden
Das Genitale hängt dann nurmehr
an dem Zellgewebe des Promontoriums
geehrter Herr
von welchem es losgelöst wird
Eine Demonstration
die die größte Sorgfalt erfordert
Was den Magen betrifft
schlägt man die ganzen Dünndarmschlingen
und das Colon transversum nach unten
und betrachtet zunächst den Magen
von außen

KÖNIGIN *zum Vater*
Der Doktor
ist eine Kapazität
in ganz Europa

schätzt man ihn
seine Bücher
und seine Schriften
sind in sämtliche
Sprachen übersetzt
hustet

VATER
Von einer Kapazität
erwartet die Welt
immer etwas
Außerordentliches
es gibt nichts Anstrengenderes
als eine Kapazität zu sein

DOKTOR *zum Vater*
Zeitlebens habe ich mir
eine Aufgabe gewünscht
im Hintergrund
aber meine Natur
ist eine andere

KÖNIGIN
Die ganze Nacht
werde ich wieder
die Koloraturen
nicht aus dem Kopf bringen
die Angst
und die Abneigung
gegen alles
was mit der großen Oper
zusammenhängt

DOKTOR *zum Vater*
Daß alle immer
sind sie intellektuell
oder künstlerisch
die Infamie
zu ihrem Inhalt machen
geehrter Herr
Lange Zeit
gelingt es allerdings
ein Geschöpf wie Ihre Tochter
in Schutz zu nehmen
abzuschirmen

geehrter Herr
Königin hustet
vor einer
schmutzigen Öffentlichkeit
vor ihrer tödlichen
Inkompetenz
Das Theater
insbesondere die Oper
ist nichts
für einen natürlichen Menschen
Königin gähnt
Wenn wir den Schwachsinn
der in dieser Kunstgattung herrscht
geehrter Herr
mit der Gemeinheit
der Zuschauer verrechnen
kommen wir in den Wahnsinn
Königin hustet
und zur Ignoration
geehrter Herr
sind wir zu intelligent
langsam verfinstert sich die Szene
wendet sich dem Vater zu
aber Sie
geehrter Herr
bemerken das nicht
weil Sie unaufhörlich
und schon so lange Zeit
wie ich glaube
ein ganzes Jahrzehnt
oder noch länger
ständig
in solcher Finsternis
wie sie jetzt eintritt
leben
Eine solche Existenz
ist zweifellos
eine kompetente
In solcher Intensität
existieren nicht viele
Das Licht

ist ein Unglück
die Bühne ist vollkommen finster
Wie auf offener Bühne
geehrter Herr
wodurch alles die größte
Unsicherheit ist
Königin plötzlich laut schreiend
Winter
Winter
Winter herein, man sieht ihn aber nicht
Königin nach einer Pause
Haben Sie die Telegramme abgeschickt
die Telegramme nach Stockholm
nach Kopenhagen

WINTER
Natürlich gnädige Frau

DOKTOR
Das ist gut
daß Sie die Telegramme abgeschickt haben
das beruhigt mich
Ich bin beruhigt
ich bin ganz beruhigt

KÖNIGIN *nach einer Pause*
Erschöpfung
nichts als Erschöpfung
Gläser und Flaschen werden auf dem Tisch umgeworfen

Ende

Die Jagdgesellschaft

Für Bruno Ganz

Ich erkundigte mich nach dem Mechanismus
dieser Figuren, und wie es möglich wäre,
die einzelnen Glieder derselben und
ihre Punkte, ohne Myriaden von Fäden
an den Fingern zu haben, so zu regieren,
als es der Rhythmus der Bewegungen
oder der Tanz erfordere.

Kleist

Personen

GENERAL
GENERALIN
ERSTER MINISTER
ZWEITER MINISTER
PRINZ
PRINZESSIN
ANNA, *Köchin*
ASAMER, *Holzknecht*

SCHRIFTSTELLER

Jagdhaus des Generals

Vor der Jagd

Ein großer Kachelofen
Fauteuils, Sessel
Trophäen
Ein Plattenspieler
Ein Spiel Karten auf dem Tisch

SCHRIFTSTELLER *am Fenster*
Fortwährend aufundab gegangen
mit beiden Händen an meinen Schläfen
müssen Sie wissen
ohne das entscheidende Wort
in dem Aphorismus

GENERALIN *am Tisch sitzend, schaut hinaus*
Es schneit

SCHRIFTSTELLER
Durch das ständige Öffnen
und wieder Zumachen des Fensters
war es mir unmöglich
mich zu erwärmen
so daß ich gezwungen gewesen bin
meine Pelzweste anzuziehn
Sie kennen diese Weste
schlägt seine Pelzweste auseinander, wieder zu
meine polnische Weste
Der sofortige Gedanke an Polen natürlich
Drei Tage Krakau
und kein Gespräch
nichts
Generalin nimmt die Spielkarten, als ob sie spielen wollte, Schriftsteller nimmt ihr die Karten weg, die Karten auf den Tisch werfend sagt er
Ich habe Ihnen ja die Skizze der Gobelins geschickt
Das Muffelwild
Ovis musimon
geht zum Fenster
Sie erinnern sich
wie ich in Warschau angekommen bin
tatsächlich sechs oder sieben Schritte vor mir
der heruntergefallene Eiszapfen

tötete plötzlich
ganz plötzlich müssen Sie wissen
die junge Frau
wie sich herausstellte
die Frau eines jungen Agraringenieurs
Die polnischen Jagden sind jetzt sehr beliebt
Wie oft war der General in Polen

GENERALIN
Dreimal

SCHRIFTSTELLER *vom Fenster weg*
Ich liebe das Land
tatsächlich wie kein anderes

GENERALIN
Es schneit
ununterbrochen schneit es
Zuerst kein Schnee
dann schneit es ununterbrochen

SCHRIFTSTELLER
Zuerst glaubte ich
ein warmer
aber es ist ein kalter Winter
klar
und kalt
Fortwährend habe ich gedacht
ich habe ja meine polnische Weste an
diese Weste die ich mir in Krakau gekauft habe

GENERALIN
Und den Lermontow in der Weste

SCHRIFTSTELLER *geht zum Fenster zurück*
Dann erwärmte ich mich naturgemäß
auch im Bett nicht mehr
nimmt EIN HELD UNSERER ZEIT *aus seiner Weste und liest vor:*
Was mich betrifft, so bin ich nur von einer Sache fest überzeugt, sagte der Arzt. Und das wäre? fragte ich, weil ich die Ansicht eines Mannes hören wollte, der bisher geschwiegen hatte. Daß ich, entgegnete er früher oder später an einem schönen Morgen sterben werde.
klappt das Buch wieder zu und steckt es ein

Fortwährend lese ich
wie Sie wissen Lermontow

GENERALIN

Sherry

SCHRIFTSTELLER *schenkt sich ein Glas Sherry ein, auch der Generalin, und geht wieder zum Fenster zurück*

Zwei Stunden Lermontow
und dann wieder zwei Stunden Lermontow

GENERALIN

Oder zwei Stunden Majakowski
und dann wieder zwei Stunden Majakowski

SCHRIFTSTELLER

Oder Puschkin
Auf einmal fiel mir der Aphorismus ein
Die Ruhe macht es wieder gut
Aber ich kam nicht weiter
nur immer Die Ruhe macht es wieder gut
nach einer Pause
Nein die Ruhe macht nichts wieder gut
Aber wieder nicht weiter nicht weiter
Der Aphorismus dachte ich fortwährend Der Aphorismus
Die Ruhe macht es wieder gut
und die Fortsetzung
Nein die Ruhe macht nichts wieder gut
Sondern sondern sondern
verstehen Sie die ganze Zeit
dachte ich
sagte ich mir dann ganz deutlich ganz laut
Sondern sondern sondern
hinundhergehend
immer wieder
machte ich alle Fenster auf
weil ich den Wahnsinn geschlossener Fenster
nicht beherrschte verstehen Sie
Diese Kälte gnädige Frau
und der Gedanke
ersticken zu müssen
und daß es sich um einen Irrtum handelt
Dann ging ich hier herunter
und mischte die Karten
fortwährend mischte ich die Karten

GENERALIN
Die von Ihnen verabscheuten Karten
SCHRIFTSTELLER
Mischte und mischte
so eine Stunde
Dann in meinem Zimmer oben wieder
Die Ruhe macht es wieder gut Die Ruhe
Aber das entscheidende Wort fiel mir nicht ein
Wenn Sie den Kopf mit beiden Händen
zerdrücken wollen
Dann dachte ich wieder daran
selbst einzuheizen
aber ich hatte nicht die Kraft dazu
tatsächlich hatte ich mich in meinem Zimmer eingesperrt
und den Schlüssel abgezogen
Eine große Verunstaltung müssen Sie wissen
ich hatte den Schlüssel abgezogen
und die Fenster aufgemacht
und die Fenster wieder zugemacht
und der Schlüssel war weg
dann suchte ich über eine Stunde lang
den Schlüssel
gleichzeitig dachte ich fortwährend
an den Aphorismus
der Schlüssel einerseits
der Aphorismus andererseits
Was für ein Zustand
Verstehen Sie gnädige Frau wenn man nicht einmal mehr
einen Aphorismus vollständig sagen kann
nicht einmal sagen
so verbrachte ich die ganze Nacht mit dem Gedanken
den Aphorismus nicht mehr zur Gänze sagen zu
können
Durch Lektüre ablenken von dem Aphorismus
habe ich gedacht
fortwährend durch Lektüre ablenken
In der Frühe stand ich
ohne einen Augenblick geschlafen zu haben auf
aber die ganze Zeit
der unvollständige Aphorismus
während ich mich anzog

wusch
anzog
während des Rasierens und Kämmens
diese Quälerei mit den Schuhriemen
Dann aufeinmal während ich auf die Post ging
plötzlich
während ich an etwas ganz anderes gedacht habe
so auf die Post gehend
und so mitten unter allen Leuten auf dem Dorfplatz
mit den Gedanken Unzucht treibend
Unzucht
in dieser kalten Luft
zu dem Bürgermeister der etwas gesagt hatte
etwas sagend
fiel mir der Aphorismus ein
Der Aphorismus lautet korrekt
Die Ruhe macht es wieder gut
Nein die Ruhe macht gar nichts wieder gut
sondern
die günstigere Bewegung
sondern
die günstigere Bewegung
Augenblicklich bin ich erschöpft gewesen
gnädige Frau

GENERALIN

Setzen Sie sich
Schriftsteller setzt sich
Einmal sind Sie aufgeregt
dann beruhigen Sie sich wieder
über eine lange Periode aufgeregt
dann wieder beruhigt

SCHRIFTSTELLER

Etwas Furchtbares ist es
aus der Sprache
aus dem Kopf

GENERALIN

Dann sitzen Sie da
stumpf
stumm
mit herunterhängendem Kopf
Dann ist es das bis an die Grenze des Verrücktwerdens

gehende Schweigen
nichts

SCHRIFTSTELLER
Nichts
Immer wieder nichts

GENERALIN
Und dann kommen Sie auf die Idee
Siebzehnundvier zu spielen
ununterbrochen
tagelang
und reden nichts
und gewinnen
und gewinnen fortwährend
mit erschreckender Sicherheit
Und ich verliere
mit der gleichen
ununterbrochenen
erschreckenden Sicherheit
nimmt die Spielkarten

SCHRIFTSTELLER
Dieses stumpfsinnigste aller Kartenspiele
nimmt der Generalin die Karten aus der Hand und legt sie auf den Tisch
von welchem für mich die größte Faszination ausgeht
allerdings

GENERALIN
Daß ich mich an den Nachmittagen
und an den Abenden
und ganze Nächte
wenn Sie sich Ihrer Arbeit verweigern
zutode mische
lacht und wiederholt
zutode mische

SCHRIFTSTELLER *lachend*
Zutode mische
zutode mische

GENERALIN
Dann
wenn ich vollkommen erschöpft bin

SCHRIFTSTELLER
Apathisch

GENERALIN
Apathisch
erschöpft und apathisch
SCHRIFTSTELLER
Wenn Sie dieses Spiel wie nichts hassen
GENERALIN
Wenn ich vollkommen erschöpft bin
sagen Sie
noch ein Spiel
Und dann immer wieder
noch ein Spiel noch ein Spiel
Sie sagen es drohend
drohend verstehen Sie
alles an Ihnen
in Ihnen
ist drohend
Sie denken gar nicht daran aufzuhören
aufzuhören
weil ich erschöpft bin
wo doch tatsächlich alles in mir
und auch in Ihnen
erschöpft ist
noch eine Partie sagen Sie noch
noch noch noch
wir spielen
wir spielen weiter
wir spielen als ob wir
verrückt werden wollten
SCHRIFTSTELLER
Kein Spiel
von welchem für mich eine größere Faszination ausgeht
und in welchem ich mich
indem ich mich fortwährend errege gnädige Frau
mit einer größeren Sicherheit
beruhige
GENERALIN
Sie quälen mich
indem wir jetzt
nicht spielen
wir spielen nicht jetzt
Sie wollen mich quälen

quälen
quälen
Dann wenn ich Lust habe
zu spielen
spielen Sie nicht
Aber wenn Sie Lust haben zu spielen
spielen wir
dann wird ununterbrochen gespielt
bis zur Bewußtlosigkeit
Spielen wir
eine Partie habe ich gesagt
und Sie wehrten sofort ab
gleich wehrten Sie ab
Ich will spielen
Sie wehren ab

SCHRIFTSTELLER *steht auf, ans Fenster*
Als ob sich ein Zustand
ein innerer Zustand
ein Geisteszustand
durch Kartenspielen
verbessern ließe

GENERALIN
Die Zeit überbrücken
nichts als die Zeit zu überbrücken
schaut hinaus
während es draußen schneit
bis mein Mann kommt

SCHRIFTSTELLER
Dann habe ich
immer die gleichen Kopfschmerzen
immer die gleichen Kopfschmerzen

GENERALIN
Sie lenken auf Ihre Kopfschmerzen ab
Sie redeten plötzlich
wehrten ab
spielen wir sagte ich
spielen wir

SCHRIFTSTELLER
Es ist uns zur Gewohnheit geworden

GENERALIN
Denn wie Sie selbst sagen

ist das Kartenspiel
wie nichts anderes geeignet
den Kopf auszuhalten
nimmt die Karten und legt sie wieder auf den Tisch
Weil ich das Kartenspiel wünschte
spielen Sie nicht
Sie lenkten sofort vom Kartenspiel ab
auf I h r Kopfweh
von m e i n e m Kopfweh
auf I h r Kopfweh

SCHRIFTSTELLER
Man kann nicht ununterbrochen spielen
ohne tatsächlich verrückt zu werden
gnädige Frau
schaut hinaus
Es wird finster

GENERALIN
Durch den Wald
plötzlich
finster
Das ist dann
wenn der Wald gefällt ist
vorbei
endgültig

SCHRIFTSTELLER
Das Verschweigen einer Todeskrankheit
ist eine Ungeheuerlichkeit
Asamer von links mit einem Arm voll Hartholz herein, legt im Kachelofen nach

GENERALIN
Diese plötzliche Finsternis
wissen Sie
abrupt

SCHRIFTSTELLER
Ich weiß jetzt alles
über den Borkenkäfer
alles gnädige Frau
Und über die Augenkrankheit
welche als Grauer Star
bezeichnet wird

GENERALIN
Durch diesen ungeheueren Wald
im Hintergrund
abrupt
SCHRIFTSTELLER
Der Graue Star müssen Sie wissen
und der Borkenkäfer
Das Furchtbare
und das Ungeheuerliche
GENERALIN
Dann
wenn alles abgeholzt ist
tritt die Finsternis nicht mehr
abrupt
ein
dann geschieht sie langsam
SCHRIFTSTELLER
Daß sich der General
mit den Ministern
an einen
noch dazu an seinen eigenen Tisch setzt
GENERALIN
Mein Mann tut
das Richtige
zum Asamer
In einer Viertelstunde den Ofen
absperren
ganz anfüllen
und in einer Viertelstunde absperren
Asamer
Jeden Augenblick kann der General kommen
Sind die Betten für die Minister gemacht
ist in den Zimmern eingeheizt
gut einheizen Asamer gut einheizen
zu sich
zwei Monate
ist nicht mehr eingeheizt worden
alles ist kalt
zum Schriftsteller
Es genügt nicht
daß einen Tag

bevor wir kommen
eingeheizt wird
eine ganze Woche
bevor wir kommen
muß eingeheizt werden
die Wände sind kalt
aus den Wänden kommt die Kälte

SCHRIFTSTELLER

Ich weiß alles
über den Borkenkäfer
gnädige Frau
und über den Grauen Star
bin ich besser informiert
als die Augenärzte

GENERALIN *zum Asamer*

Die Wände brauchen eine ganze Woche
bis sie warm sind
aber mein Mann sagt
das sei zu kostspielig
schon eine Woche bevor wir herkommen
einzuheizen

SCHRIFTSTELLER

Der Borkenkäfer
und der Graue Star
damit er den Borkenkäfer nicht sieht
der Generalin direkt ins Gesicht
und die Erkrankung in der Niere
als abrupten
weniger peinlichen
Lebensabschluß gnädige Frau

GENERALIN

Obwohl wir so viel Holz haben *lacht*
so ungeheuer viel Holz
Wenn erst der Wald gefällt ist
werden wir so viel Holz haben
daß es uns erdrückt
und das Merkwürdige ist
nicht i c h habe an den Borkenkäfer gedacht
mein Mann
nicht i c h
mein Mann

mein Mann hat immer vom Borkenkäfer gesprochen
zum Asamer
soviel Holz als möglich hinein
und dann
nach einer Viertelstunde
absperren

SCHRIFTSTELLER *zum Asamer*
Dann gibt der Ofen die richtige Hitze ab
Asamer

GENERALIN
Zwanzig Jahre
kenne ich die Verhältnisse
aber es ist noch niemals
früh genug eingeheizt worden
Es ist mir niemals gelungen meinen Mann
von der Tatsache zu überzeugen
daß schon eine Woche

SCHRIFTSTELLER
M i n d e s t e n s eine Woche

GENERALIN
Mindestens eine Woche
bevor wir herkommen
eingeheizt werden muß
Asamer ab
Die Angst meines Mannes
diese Leute könnten
mehr Holz als notwendig verheizen
Daß sie etwas tun
was wir nicht wissen

SCHRIFTSTELLER
Asamer
was für ein Name

GENERALIN
Daß wir nicht alles sehen
das sie tun
Und jetzt muß der ganze Wald abgeholzt werden
weil im ganzen Wald der Borkenkäfer ist

SCHRIFTSTELLER
Bostricida
Xylophaga

GENERALIN
Mit seinen Augen
kann er hingehen wo er will
er sieht den Borkenkäfer nicht
den ganzen Befall sieht er nicht
Und wenn ihm niemand etwas davon sagt
weiß er es nicht
SCHRIFTSTELLER
Die Minister kommen
um ihn zu stürzen
und stützen ihn
lacht
der eine Minister stützt ihn
am linken Arm
den er gar nicht hat
und der andere Minister stützt ihn
am rechten
und beide stürzen ihn
GENERALIN
Siebzigmalneunzig Kilometer
rechnen Sie sich aus
wieviel das ist
SCHRIFTSTELLER
Eine ungeheuere Fläche gnädige Frau
Ein richtiger Großgrundbesitz
GENERALIN
Die ganzen Jahre sagt er
den Satz
Den Holzknechten
auf die Finger schauen
den Holzknechten
und den anderen Waldarbeitern
auf die Finger schaun
im Schlaf sagt er das oft
dann schreckt er auf
schwitzend
schwitzend wissen Sie schwitzend
und sagt
Den Holzknechten auf die Finger schaun
SCHRIFTSTELLER
Man muß sich das nur einmal vorstellen

Siebzigmalneunzig Kilometer
und der Borkenkäfer
ist in dem Ganzen
dann haben wir
weil ein solcher vom Borkenkäfer befallener Wald
gefällt werden muß
eine riesige weite vollkommen kahle Fläche
Der Gesetzestext gnädige Frau lautet so
daß ein Baum
der vom Borkenkäfer befallen ist
gefällt werden muß
und ist der Borkenkäfer im ganzen Wald
muß der ganze Wald gefällt werden
Und wenn der Besitzer des vom Borkenkäfer befallenen Waldes
die Mittel nicht hat
den Wald fällen zu lassen
legt der Staat den Wald nieder
aber solange einer die Mittel hat

GENERALIN

Er schreckt auf in der Nacht
und sagt plötzlich
Den Holzknechten auf die Finger schaun
der Gedanke quält ihn immer
daß etwas getan wird
das nicht getan werden darf
Weil er immer von zwei Welten spricht
die eine ist hinter dem Rücken
in welche p l ö t z l i c h geschaut werden muß
wie er sagt
überraschend
Er verläßt sich vollkommen auf den Prinzen
geschieht etwas gegen den Willen meines Mannes
hat der Prinz Meldung zu machen
Der Prinz ist verantwortlich
Mein Mann verläßt sich auf ihn hundertprozentig
Die Prinzessin liebt er
wegen ihres Augenleidens
Wer in solcher Schönheit nichts sieht
sagt er
oder beinahe nichts sieht
Der Prinz ist der Vertrauteste meines Mannes

Der Prinz schützt meinen Mann
vor der immer wiederkehrenden Unverschämtheit der Holzknechte
wie er die Holzknechte
vor der Rücksichtslosigkeit meines Mannes schützt

SCHRIFTSTELLER
Dann wird kein Mensch mehr
im Jagdhaus sein
wenn der Wald liegt

GENERALIN
Wir leben in einer Zeit
in welcher die Forderungen der gemeinen Menschen
erfüllt werden
das hat es nie gegeben sagt er

SCHRIFTSTELLER *nimmt die Karten und mischt sie*
Zutode mischen
zutode mischen
wirft die Karten auf den Tisch
Eine Unterbrechung meiner Arbeit
schadet nicht
wenn man mit dem Kopf
unvorhergesehen
ganz unvorhergesehen gnädige Frau
in eine andere Landschaft geht plötzlich
wie wenn man ihn
in eine Erfrischung eintaucht
Eine Unterbrechung
der Arbeit
und das Geschriebene
vergessen
wenn das möglich wäre

GENERALIN
Fortwährend die Angst
entdeckt zu sein

SCHRIFTSTELLER
Weil hier im Wald
nach dem Krieg
nur der Hunger
und die Denunziation
geherrscht haben
und der strengste aller Winter

GENERALIN *zum Asamer, der nachlegt*
In einer Viertelstunde absperren
SCHRIFTSTELLER
Die Kunst des Ofenheizens
ist die Kunst der Gewissenhaftigkeit
des Nachlegens
und die Kunst der Pünktlichkeit
des Absperrens
Diese Kunst beherrschen die meisten nicht
und daß zu regelmäßigen Zeiten
gekehrt wird
Asamer steht auf und will gehen
GENERALIN *zu ihm*
Daß alle Zimmer gut geheizt sind
einen heißen Ziegel ins Bett des Herrn Generals
und in die Betten der Minister auch heiße Ziegel
Mit dem Essen warten wir
bis die Herrschaften kommen
Die Anna soll das Kompott kalt stellen
plötzlich
Ist alles ausgeschaufelt
schauen Sie Asamer daß alles gut ausgeschaufelt ist
Asamer ab
SCHRIFTSTELLER
Zuschneien
Wenn es alles aufeinmal zur Gänze zuschneit
GENERALIN
Es ist nicht die Morgendämmerung
die Abenddämmerung ist es
während sich am Morgen alles langsam ankündigt
langsam verstehen Sie
tritt am Abend die Finsternis
abrupt ein
es ist plötzlich finster
Lange kein Licht machen
Die Sprechenden hören
aber nicht sehen
Das Feuer im Ofen hören
aber nichts sehen
Das Feuer im Ofen hören
aber nichts sehen

oder wenigstens nur so
daß es nicht schmerzt

SCHRIFTSTELLER
Wenn der Wald abgeholzt ist
ist es nicht mehr dieses schmerzhafte abrupte
Eintreten der Finsternis
wie wenn das Tageslicht
ganz plötzlich ausgelöscht wird

GENERALIN
Zweihundert Holzknechte müssen zusätzlich
aufgenommen werden

SCHRIFTSTELLER
Der Prinz hat von Bestechung gesprochen

GENERALIN
Stellen Sie sich das vor
achtundzwanzig Traktoren
eine Unzahl von Motorsägen

SCHRIFTSTELLER
Wenn sich ein Kopf gestatten kann
einen solchen Lärm auszuhalten

GENERALIN
Er wird nicht da sein
er wird nichts sehen
er wird nichts sehen
und nichts hören
Zuerst habe ich geglaubt
ich bin nicht da
aber jetzt denke ich
ich muß dabei sein
Weil mir allein der Gedanke unerträglich gewesen ist
daß der ganze Wald abgeholzt wird
Zusehen wie sie fallen
Asamer mit einem Zettel zur Generalin
Generalin liest den Zettel, dann
Gut Asamer
Asamer ab
Die Anna
getraut sich nicht herein
sie will morgen heim
auf einen halben Tag
Wenn Sie da sind

getraut sie sich nicht herein
Dann schickt sie einen Zettel
lacht

SCHRIFTSTELLER
Wann war das
Wann haben Sie die Entdeckung gemacht
daß der Borkenkäfer

GENERALIN
Vor eineinhalb Jahren
Aber da war es schon zu spät

SCHRIFTSTELLER
Und seine Krankheit

GENERALIN
Vor einem Jahr

SCHRIFTSTELLER
Die halten das Wasser nicht mehr
die eine solche Erkrankung haben
es ist ein langwieriger
gleichzeitig schmerzhafter Prozeß
Da ist der Graue Star
zur rechten Zeit

GENERALIN
Wie man sich nicht erklären kann
daß an allen Stellen des Waldes

SCHRIFTSTELLER
Eines so riesigen Waldes

GENERALIN
Gleichzeitig
der Borkenkäfer auftritt
das ist unerklärlich
die Professoren der Hochschule für Bodenkultur
greifen sich an den Kopf
Zuerst Das ist unmöglich
ausgeschlossen
es hat überhaupt keine Begründung
daß es auch ganz gegen die Natur sei
Sie können sich nicht vorstellen dieser Zustand
Die Fachleute waren irritiert

SCHRIFTSTELLER
Die Wissenschaft
ist immer eine sprachlose gnädige Frau

GENERALIN
Weil niemand an die Möglichkeit
der Gleichzeitigkeit
glaubte
Weil so etwas ganz einfach
den Gesetzen der Natur widerspricht
SCHRIFTSTELLER
Den Naturgesetzen
GENERALIN
Von allen Bäumen hat sich beinahe gleichzeitig
die Rinde
SCHRIFTSTELLER
Gleichzeitig
tot
dürr
abgestorben gnädige Frau
GENERALIN
Er konnte es nicht mehr sehen
aber alle andern sehen es
umso deutlicher
Es war der Asamer der als erster
die Entdeckung gemacht hat
Zum Glück
hat mein Mann geglaubt
es handelt sich nur um ein paar Stämme
Ich sehe noch meinen Mann
da wo Sie stehen
da am Fenster
ich sitze
wo ich sitze
da kommt der Asamer herein
und legt nach
und sagt
in ein paar Bäumen ist der Borkenkäfer
darauf lacht mein Mann
wie er gelacht hat
Darauf fragt mein Mann den Asamer wo
und der Asamer sagt
gleich hinter dem Jagdhaus
mein Mann hat das Ganze rasch vergessen
Da hab ich schon vom Ausmaß der Katastrophe gewußt

daß der Borkenkäfer
in jedem Baum ist
und die Professoren sind in aller Heimlichkeit gekommen
daß mein Mann davon nichts erfährt
Wenn er den Grauen Star hat
und er hat den Grauen Star
haben sie gesagt
sieht er ja nichts
haben sie gesagt
Da am Fenster sind sie gestanden
wo Sie jetzt stehen
Die ganze Woche haben die Forstleute
Kontrollen gemacht
an allen Ecken und Enden
und überall
war der Borkenkäfer
Stehenlassen
das ganze dürre Holz
stehenlassen habe ich gedacht
der Borkenkäfer soll alles auffressen

SCHRIFTSTELLER

So gesehen
ganz richtig gesehen ist seine Krankheit
ein Glück
und der Graue Star dazu

GENERALIN

Ich habe alle zum Schweigen gebracht

SCHRIFTSTELLER

Ein solcher vom Borkenkäfer befallener Wald
muß zur Gänze abgeholzt werden

GENERALIN

Daß es sich herumspricht
habe ich immer Angst gehabt
und meinem Mann zu Ohren kommt

SCHRIFTSTELLER

Daß er an seiner Schrift arbeitet
an seinem Lebenswerk gnädige Frau
und mit diesem seinem Lebenswerk vollkommen beschäftigt ist
und pausenlos in seinem Stadtzimmer eingesperrt ist
kommt ihm zugute

GENERALIN

Die jungen Offiziere machen seine Arbeit
im Ministerium
Andererseits denkt er nur
an den Wald
es geht ihm nichts über den Wald
wissen Sie
Es hat sich immer alles in ihm
auf den Wald konzentriert

SCHRIFTSTELLER

Dann haben wir es hier
mit einer ungeheueren freien Fläche zu tun

GENERALIN

Hier kam mein Mann immer
auf die besten Gedanken

SCHRIFTSTELLER

Anregungen
Gedanken

GENERALIN

Auf die besten Gedanken
nicht in der Stadt
auf dem Land
im Wald
tagelang konnte er allein sein
selbst die Holzknechte
störten ihn
er wich ihnen aus
in seinen Stiefeln
und mit Bleistift und Papier

SCHRIFTSTELLER

Und mit seinem grünen Hut
auf dem Kopf

GENERALIN

Hörte er die Holzknechte
machte er einen Umweg
Kein Wort mit ihnen
oft jahrelang
kein Wort mit ihnen
außer mit dem Asamer
Wenn ich nur im Wald bin
sagt er immer

Im Wald denke ich
Alle diese Veränderungen
die im Grunde
auf die Spaziergänge meines Mannes
zurückgehen
alles was diesen Staat verändert hat
gefestigt hat
wie er immer sagt
man muß einen solchen Wald haben
um solche Gedanken zu haben

SCHRIFTSTELLER
Ein solcher Charakter
wie der Charakter Ihres Mannes
Im Hintergrund agieren zu können
ist auch von ihm
wie
ein solcher Wald in welchem alles
nur keine Ruhe ist
den General zitierend
Ein solcher Wald
in welchem alles nur keine Ruhe ist
ist alles für meinen Kopf

GENERALIN
Bei Kriegsende
haben wir uns hier versteckt
hätten sie uns gefunden
sie hätten uns umgebracht
Im Wald waren wir
verstehen Sie
nicht im Jagdhaus
ins Jagdhaus getrauten wir uns nicht
Wer ins Jagdhaus gegangen ist
den haben sie umgebracht
sie haben jeden im Jagdhaus umgebracht
Ständig in der Angst
entdeckt zu sein wissen Sie

SCHRIFTSTELLER
Wenn man wie Sie
zu einem so ungeheueren Vermögen gekommen ist
und sich dann
beispielsweise in dem eigenen ungeheueren Wald

verstecken muß
Die Angst umgebracht zu werden
in einem solchen ungeheueren Wald

GENERALIN
Plötzlich
entdeckt zu sein

SCHRIFTSTELLER
In einem solchen Wald
in welchem alles
nur keine Ruhe ist
Wenn zwei riesige Vermögen
zu einem einzigen riesigen Vermögen gemacht werden
gnädige Frau
in welchem man sich
verstecken muß

GENERALIN *schaut hinaus*
Jetzt ist es
vollkommen finster
Asamer kommt herein und sperrt den Ofen ab
Wenn man nurmehr noch Schritte hört
aber nichts sieht
nur noch hört
nichts sieht
Asamer will das Licht aufdrehen
Nicht
Kein Licht Asamer
Ist der Ofen gut abgesperrt
zum Schriftsteller
Wissen Sie
ich habe Angst
vor meinem Mann
und die Minister hasse ich
ich habe diese beiden von Anfang an gehaßt
sie hintergehen meinen Mann
sie haben ihn ausgenützt
jahrelang
jahrzehntelang haben sie ihn ausgenützt
er hat ihnen ihre Stellungen verschafft
den einen hat er schon mit vierundzwanzig
ins Ministerium hineingebracht müssen Sie wissen
die Minister verdanken meinem Mann alles

und jetzt hintergehen sie ihn
sie wollen ihn weghaben
weghaben verstehen Sie
jetzt kommen sie um meinen Mann
zum Rücktritt zu zwingen
Vor den Gemeinen ist man nirgends sicher
Am liebsten
allein
in der Finsternis
zuerst muß man sich dazu zwingen
dann liebt man diesen Zustand
zuerst ist es Zwang
Kein Mensch hält die Finsternis aus
daß nichts geschieht verstehen Sie
zwingen
sich selbst dazu zwingen
dann liebt man diesen Zustand

SCHRIFTSTELLER

Eines Tages haben Sie Ihr Vermögen
mit dem Vermögen Ihres Mannes zusammengetan
um sich in diesem so entstandenen riesigen Vermögen
verstecken zu müssen

GENERALIN

Und jetzt ist Ruhe
kein Krieg
nichts

SCHRIFTSTELLER

Und der Borkenkäfer ist aufgetreten

GENERALIN

Der Borkenkäfer
zum Asamer
Ist der Ofen abgesperrt Asamer

ASAMER

Ja gnädige Frau

GENERALIN

Diese fortwährende Aufmerksamkeit
und Arbeit
ja Angst wissen Sie
bis einem überhaupt warm ist
Asamer ab
Generalin ruft ihm nach

Zünden Sie das Gartenlicht an Asamer
Und alles gut ausschaufeln
gut ausschaufeln alles
zum Schriftsteller
Die Minister haben eine unglaubliche Unterstützung
von kirchlicher Seite
Mein Mann haßt die Kirche

SCHRIFTSTELLER
Er ist der geborene Atheist

GENERALIN *steht auf und dreht das Licht auf, setzt sich wieder*
Bevor er in die Klinik geht
nocheinmal auf die Jagd
Ich habe ihm zugeredet

SCHRIFTSTELLER
Nach und nach
wahrscheinlich unter dem Eindruck der Todeskrankheit
die ihm nicht bewußt ist
hört er auf Sie gnädige Frau

GENERALIN
Ich habe ihm zugeredet

SCHRIFTSTELLER
Jetzt
aufeinmal
wollen Sie ihn nicht mehr verletzen

GENERALIN *pathetisch*
Ich habe eine Mauer des Schweigens
um ihn aufgerichtet
er darf
vom Borkenkäfer
nichts wissen

SCHRIFTSTELLER
Das frage ich mich
ob der General wirklich nichts weiß
ob es so ist daß er nichts weiß
oder ob er nur so tut als wisse er nichts
Das Ende ist es zweifellos gnädige Frau
Verstehen Sie mich gnädige Frau
einem General kann gesagt werden
was gesagt werden muß
offen verstehen Sie gnädige Frau
was sein Zustand ist

GENERALIN
Ihm nicht
nicht ihm
SCHRIFTSTELLER
Einem Manne gegenüber
dessen erstes Kennzeichen
die rücksichtslose Offenheit ist
Denn ein solcher aufgeklärter Mensch
existiert durchaus mit einem andern Verstand
gnädige Frau
GENERALIN
Er weiß es nicht
er darf es nicht wissen
Ununterbrochen
ganz gleich wann und wo
spricht er nur von seinem Wald
SCHRIFTSTELLER
Daß es Ihnen gelungen ist
ihm den Borkenkäfer
zu verheimlichen
Die Förster
und die Holzknechte
alle mit dem Wald Zusammenhängenden
zum Schweigen zu bringen
denn daß das schwierig ist
den Menschen
der zum Reden geboren ist gnädige Frau
zum Schweigen zu bringen
noch dazu über die längste Distanz
eine ganze
fortwährend auf Neugierde
und auf die Vermittlung
von Tratsch bedachte Gesellschaft
Durch fortwährende
und wie ich glaube intelligente Bestechung
ist Ihnen gelungen
was Sie sich vorgenommen haben
GENERALIN
Kein Mensch
niemand
hat etwas gesagt

SCHRIFTSTELLER
Tatsache ist
daß der Borkenkäfer
alles hier
alles mit dem Jagdhaus Zusammenhängende
zerstört
zerfrißt
alles
GENERALIN
Der Arzt spricht
von einer Todeskrankheit
wie Sie
ganz offen
es ist nur eine Frage
der kürzesten Zeit
SCHRIFTSTELLER
Aus diesem Grunde
auch weil es nur eine Frage
der kürzesten Zeit ist
verheimlichen Sie ihm den Borkenkäfer
Und der Graue Star
den er hat
ist Ihr Verbündeter
Die Offenheit verblüfft
mit welcher die Ärzte
unter Umständen
vorgehen
GENERALIN
Ein kleiner Eingriff
glaubt mein Mann
SCHRIFTSTELLER
Dabei hatten Sie schon
bevor die Ärzte darauf gekommen sind
den Verdacht
Ihr Mann leidet
an einer Todeskrankheit
Er sei anders
sagten Sie
schon vor langer Zeit
GENERALIN
Er war plötzlich

anders
Auf dem Bankett
ist es gewesen

SCHRIFTSTELLER

Ich erinnere mich
auf dem Bankett
geht zum Plattenspieler und legt die Suite Nr. 5 für Cembalo von Händel auf
Aber während Sie glaubten
die Krankheit werde erst später
viel später zum Ausbruch kommen
geschah der Zwischenfall mit der Motorsäge
Eine Verletzung
wie die Verletzung mit der Motorsäge
bringt eine Todeskrankheit zum Ausbruch
Und wenn Ihr Mann übermorgen
in der Klinik ist
und vielleicht gerade während an ihm
der Eingriff vorgenommen wird
der ja kein Eingriff ist
denn es handelt sich wie Sie wissen
um eine äußerst komplizierte
und sogar sehr gefährliche Operation
wenn Sie auf das Schlimmste gefaßt sind
gnädige Frau
fallen die ersten Bäume
Dann die Zeit der Rekonvaleszenz
die Zeit am Meer
die Zeit in Rom
die er wünscht

GENERALIN

In Rom wird das Ende sein

SCHRIFTSTELLER

Dann kommen Sie zurück
und die Bäume liegen schon
und möglicherweise ist von dem ganzen Wald
nichts mehr zu sehen

GENERALIN

Natürlich weiß er etwas
aber das Tatsächliche weiß er nicht
Ich habe mit den Ministern gesprochen

Daß er stirbt habe ich gesagt
Mein Mann der General stirbt in der kürzesten Zeit
warten Sie
einer der in der kürzesten Zeit stirbt
braucht nicht zum Rücktritt gezwungen werden
Sie müssen die Entscheidung jetzt haben
jetzt
Mein Mann tritt nicht zurück
Er stirbt
aber er tritt nicht zurück
verstehen Sie
Er denkt auch gar nicht an Rücktritt
Ich habe den Ministern gesagt
daß der Borkenkäfer im Wald ist
und daß der ganze Wald abgeholzt werden muß
Es nützte nichts

SCHRIFTSTELLER

Es kommt vor
unter der Intelligenz gnädige Frau
daß ein Mann zu einer Motorsäge
oder zu einem anderen Werkzeug greift
mit welchem er überhaupt nichts zu tun hat
daß ein Intelligenzler plötzlich urplötzlich
daran denkt
einen Baum zu fällen
aufeinmal hat ein solcher das Bedürfnis
in eine Mauer Nägel hineinzuschlagen
einer der jahrelang und ununterbrochen an einem Schreibtisch sitzt
geht aufeinmal in eine Schottergrube
oder ganz einfach in den Wald
ein solcher glaubt plötzlich
etwas zertrümmern oder etwas umschneiden zu müssen
wie ja Ihr Mann der General auch urplötzlich
in den Wald gegangen ist mit der Motorsäge
plötzlich bricht ein solcher aus seinem Kopf aus
und geht in den Wald
und fällt einen Baum
oder er geht in die Schottergrube
oder er bringt einen Menschen um verstehen Sie
oder er zieht plötzlich

die Unterhosen an
die von den Holzknechten getragen werden
ein solcher der immer nur die feinste Wäsche getragen hat
aufeinmal läuft ein solcher mit derben Schaftstiefeln daher
oder er setzt sich eine Filzkappe auf
wo er doch nur die ausgesuchtesten Hüte gewohnt ist
Dann kommt es zu fürchterlichen
und sehr oft tödlichen Verletzungen gnädige Frau
Der General hat sich mit der Motorsäge ins Bein geschnitten
und diese Verletzung hat seine eigentliche Todeskrankheit
zum Ausbruch gebracht
in einem jeden ist eine Todeskrankheit
und eine kleine oft ganz unbedeutende ja oft gar nicht
wahrgenommene Verletzung
bringt sie zum Ausbruch

GENERALIN
Zum Glück hat er den Asamer mitgehabt
Der hat ihn aus dem Wald herausgeschleppt
ins Jagdhaus
Und daß er in die Hände eines guten Chirurgen gekommen ist
Schritte draußen, Reden, Lachen

SCHRIFTSTELLER
Der General
stellt die Musik ab
Kein Unglück also
General, ohne linken Arm, Minister, Prinz und Prinzessin treten ein, Köchin, Asamer, die ihnen die Mäntel abnehmen und wieder hinausgehen
General umarmt seine Frau
Schriftsteller bleibt im Hintergrund
Prinz und Prinzessin an der Tür

GENERAL
Dieser plötzliche Schneefall
alles eingeschneit
alles eingeschneit
Das letzte Stück zu Fuß

SCHRIFTSTELLER
Ein trockener
kalter Winter Herr General

GENERAL *ruft aus*
Der Herr Schriftsteller

General und Schriftsteller gehen aufeinander zu und schütteln sich die Hände
Damit meiner Frau nicht langweilig ist
Ihre Philosophie
oder besser gesagt Ihre Philosophien
lenken Sie ab
Stellen Sie sich vor
meine Sekretärin
ist in Ihrer Komödie gewesen
mehr eine Operette wie ich glaube
eine ausgezeichnete Vorstellung
Der Geschichtemacher
oder der sogenannte Geschichtemacher in Ihrem Stück
mehr eine Operette
hat ihr ganz ausgezeichnet gefallen
Eine solche Rolle einzustudieren
dazu braucht man einen komödiantischen Kopf nicht wahr
einen Kopf wie eine Maschine
und ein überdurchschnittliches Talent
Talent muß man haben
Die Schauspieler müssen Talent haben
Talent Talent
die Schauspieler müssen Talent haben
und müssen eine Maschine sein
mit einem Theaterkopf
nicht mit einem theatralischen Kopf
muß der Schauspieler auf die Welt kommen
lacht
zu allen
setzen Sie sich
setzen
setzen Sie sich
alle setzen sich

GENERALIN *fragt*
Sherry Schnaps

ALLE *durcheinander*
Schnaps Sherry
Sherry Schnaps

GENERALIN *zum General*
Ich hatte Angst
du kommst nicht

daß etwas passiert ist

GENERAL

Ohne die Hilfe der Minister

GENERALIN

Es war noch nie
so viel Schnee

GENERAL

Der Schriftsteller in seinem Wahnsinn
schreibt eine Komödie
mehr eine Operette
und die Schauspieler fallen
auf diese Komödie
Operette
herein
Und dann glaubt die Welt die gebildete Welt
es handelt sich um etwas Philosophisches
Der Schriftsteller attackiert die Philosophie
oder eine ganze Menge von Philosophien
und setzt den Schauspielern ganz einfach seinen Kopf auf
und handelt es sich um eine Tragödie
behauptet er
eine Komödie sei es
und ist es eine Komödie
behauptet er
eine Tragödie
wo es doch nichts als Operette ist
Die Schriftsteller zwingen die Schauspieler
in einen dramatischen Vorgang
und jedes Mittel ist ihnen recht
in einen dramatischen Vorgang
gegen die Schauspieler
und das Ganze ist nichts als ein Widerspruch
zu den Ministern
Passen Sie auf was Sie sagen
dieser Herr
bringt was er sieht
auf die Bühne
überlegen Sie was Sie zum besten geben
und was Sie verschweigen meine Herren
denn es kommt als etwas Philosophisches
das nichts anderes als eine Gemeinheit ist

auf die Bühne
Dieser Herr macht aus Ihnen auch eine Operette
Minister lachen
Der Prinz ist der Schweigsamste
und die Prinzessin ist die Charmanteste
Der Prinz schreibt Gedichte
die er uns ab und zu vorliest
seine Frau
ist mit ihren beiden reizenden Kindern
beschäftigt
Unser Schriftsteller beobachtet
müssen Sie wissen
aber er beobachtet etwas anderes
als die Wirklichkeit
zu den Ministern
Von der Ballistik meine Herren
versteht er nichts
aber von ihm meine Herren
ist das Wort Staatsintrige
Köchin herein, will etwas sagen

GENERALIN
Das Nachtmahl
bedeutet der Köchin, sie soll gehen
Köchin ab
Generalin steht auf
alle stehen auf

GENERAL
Ich habe einen ungeheueren Appetit
Alle gehen hinaus
General über den Schriftsteller
Ein undurchschaubarer Kopf
ein ganz und gar undurchschaubarer Kopf
alle hinaus

Vorhang

Während der Jagd

Durch das Jagdhaus sieht man ganz deutlich den Wald
Generalin und Schriftsteller kartenspielend, schnapstrinkend, lachend wenn der Vorhang aufgeht

GENERALIN *ihre Karten auf den Tisch werfend, notiert bis zum Ende der Szene auf einem Zettel Gewinn und Verlust*
Gewonnen
gewonnen
nimmt das Kartenspiel und mischt, gibt aus

SCHRIFTSTELLER
Dieses laute Lachen
Ihr lautes Lachen
schaut in die Karten, nimmt sich noch zwei Karten
Es herrscht ein großes Interesse
an Todeskrankheiten
wirklich
wirft die Karten auf den Tisch
gewonnen
an theatralischen Vorgängen
Generalin mischt, gibt aus
Schriftsteller trinkt
Wenn wir beobachten
und nicht in dem Geschehen sind
schaut in die Karten, nimmt sich noch drei Karten
Der Unverstand
und die Zwecklosigkeit
die Mittel mit welchen sich Menschen
die dafür gar nicht gemacht sind

GENERALIN *mit beiden Händen auf den Tisch schlagend*
Gewonnen
gewonnen
gewonnen
trinkt

SCHRIFTSTELLER
Wir müssen nicht teilnehmen
teilh a b e n ja
aber nicht teiln e h m e n
Wenn wir unsere Beobachtungsgabe
wirft seine Karten auf den Tisch

Sie haben gewonnen
mischen Sie
mischen Sie
Generalin mischt schnell
Eine Unsumme
eine Unsumme
wirklich eine Unsumme
nimmt Karten
Möglicherweise
möglicherweise

GENERALIN *nimmt sich ungewöhnlich viel Karten*
Was ist möglicherweise

SCHRIFTSTELLER
Möglicherweise
ist es gar keine Todeskrankheit
lacht
möglicherweise ist es überhaupt keine
Todeskrankheit
Seine beste Geschichte ist die
in welcher er schildert
wie ihm der linke Arm abgerissen worden ist
In Stalingrad
lacht

GENERALIN
Beinahe verblutet

SCHRIFTSTELLER
Immer wenn er das erzählt
sagen Sie am Ende die beiden Wörter
beinahe verblutet
worauf er antwortet
Meinem ärgsten Feind wünsche ich
die sibirische Kälte nicht
beide lachen

GENERALIN
Als erstes hat er sich gewünscht
daß wir auf das Oktoberfest fahren
aber wie es soweit war
sind wir nicht gefahren

SCHRIFTSTELLER
Weil man mit einem Arm
nicht schaukeln kann

GENERALIN

Nicht schaukeln

SCHRIFTSTELLER

Nicht schaukeln
nicht schaukeln
nicht schaukeln

GENERALIN *wirft die Karten auf den Tisch*

Gewonnen
gewonnen
sehen Sie
jetzt gewinne ich
Um dann wieder zu verlieren

SCHRIFTSTELLER

Mischen Sie
Sie müssen schnell mischen
Der ganze Sinn dieses Spiels besteht darin
daß schnell gemischt
und daß sehr schnell gespielt wird
Nach einer Stunde
mischen Sie aufeinmal so langsam
Schnell mischen
schnell verstehen Sie
nimmt ihr die Karten aus der Hand, mischt schnell
So schnell sehen Sie
so muß man mischen
so gehört Siebzehnundvier gespielt
so so
teilt die Karten aus
Mit einem Arm
kann man nicht schaukeln
Man kann so vieles nicht tun
mit einem Arm
Aber die ehrgeizigsten
sind die Krüppel
die Verkrüppelten
nimmt sich fünf Karten
Wir beobachten das
wenn wir hineinschauen
in die Geschichte
wenn wir in die Geschichte zurückgehen
wenn wir uns einlassen

mit dieser Unsinnigkeit
Die Verkrüppelten beherrschten die Welt
nicht die andern

GENERALIN

Meine Schwiegermutter
seine Mutter
hat aus ihm gemacht
was er ist

SCHRIFTSTELLER *wirft die Karten hin*

Gewonnen
Generalin mischend, ausgebend, plötzlich sehr schnell
Es ist ein Diktat
es ist nichts als ein Diktat
nimmt sich sechs Karten
Immer wieder entdecken wir uns dabei
wie wir uns mit dem Abstoßenden einlassen
ist es eine Sache
oder handelt es sich um Menschen
wir verkehren mit einer abstoßenden Sache
immer wieder
immer wieder auch mit abstoßenden Menschen
das Abstoßende zieht uns an
trinkt
Die Jagd beispielsweise
ist abstoßend
mich stößt die Jagd ab
Die Jagd ist abstoßend

GENERALIN

Er haßt Sie
aber nicht so tief
wie Sie ihn hassen
wirft ihre Karten hin
gewonnen

SCHRIFTSTELLER

Da sehen wir einen sogenannten angesehenen Mann
beispielsweise

GENERALIN

Er liest mir
aus seinem Manuskript vor
aber mich ekelt
vor seiner Stimme

und vor allem was er vorliest

SCHRIFTSTELLER

Dabei ist alles stichhaltig
was er schreibt
alles stichhaltig
Und seine Kompetenz
ist die größte
Ein unbestechlicher Mensch
wirft die Karten auf den Tisch

GENERALIN

Jetzt gewinnen Sie wieder
Ein zweimal gewinne ich
und dann gewinnen Sie
dann gewinnen Sie immer
nimmt die Karten, mischt, gibt aus
Auf dem Dachboden
müssen Sie wissen
hat er noch seinen Soldatenmantel
Und unter dem Soldatenmantel
die Uniform
die er getragen hat
wie es ihm den Arm abgerissen hat

SCHRIFTSTELLER

Er wäre beinahe verblutet

GENERALIN

Er hat den Schlüssel
zu dem Kasten
in dem er diese Uniformstücke hat
abgezogen
Es ist sein Wunsch
daß er in dieser Uniform
begraben wird

SCHRIFTSTELLER

Und in einem ungehobelten Weichholzsarg

GENERALIN

Und in einem ungehobelten Weichholzsarg

SCHRIFTSTELLER *wirft die Karten auf den Tisch, trinkt*

Gewonnen
Generalin lacht plötzlich laut auf
Warum lachen Sie
Warum lachen Sie

Ihr lautes Lachen
Generalin gibt die Karten aus
Ein Fasanenjahr
habe ich gelesen
ein Fasanenjahr

GENERALIN
Er haßt das Kartenspiel
Es ist immer so gewesen
ist er auf der Jagd
warte ich hier
immer habe ich hier
allein
gewartet

SCHRIFTSTELLER
Zuerst verursacht der Graue Star
keinerlei Schmerz
plötzlich treten die Schmerzen auf

GENERALIN
Wenn er zielt
sagt er
wie hinter einem Schleier
er schießt
durch einen Schleier
durch einen Schleier

SCHRIFTSTELLER *wirft die Karten hin*
Gewonnen
Generalin nimmt die Karten auf, mischt, gibt
Schriftsteller trinkt, nimmt sechs Karten
Die Förster
und die Holzknechte
ließen Sie schwören
Ihr ganzes Augenmerk
richteten Sie nur darauf
Ihrem Mann
den Borkenkäfer zu verschweigen
Asamer herein, um den Ofen zu kontrollieren

GENERALIN
Es ist gut Asamer
Erst wenn die Gesellschaft zurückkommt
nachlegen
erst dann

ASAMER
Ja gnädige Frau
geht wieder hinaus
GENERALIN
In Wirklichkeit
hat mich die Treue
dieser einfachen Menschen
immer abgestoßen
sie stößt mich ganz einfach ab
trinkt
Schüsse von draußen
SCHRIFTSTELLER
Ein Fasanenjahr
gnädige Frau
GENERALIN
Einundzwanzig
ich habe einundzwanzig
SCHRIFTSTELLER
Ich habe auch einundzwanzig
GENERALIN
Immer wenn ich einundzwanzig habe
haben Sie auch einundzwanzig
nimmt die Karten, mischt, gibt aus
SCHRIFTSTELLER
Wenn wir verdoppeln
ist es Ihre Chance
GENERALIN *nimmt acht Karten*
Drüber
SCHRIFTSTELLER *legt die Karten auf den Tisch*
Einundzwanzig
GENERALIN
Sehen Sie
wirft ihre Karten hin
Mit Ihnen spielen heißt in jedem Fall
verlieren
verlieren
verstehen Sie
verlieren
nimmt die Karten, mischt, gibt
SCHRIFTSTELLER
Eine Unsumme

die Sie an mich
zu bezahlen haben
trinkt

GENERALIN
Es ist so
daß ich oft sage
was nicht gesagt werden darf
Sie sind der rücksichtsloseste Mensch
den ich kenne
es gibt keinen Menschen
mit einer größeren Rücksichtslosigkeit

SCHRIFTSTELLER *legt die Karten auf den Tisch*
Gewonnen
ich habe zwei As

GENERALIN *nimmt die Karten und mischt, gibt aus*
Die Wahrheit ist
Wenn sich ein Anderer
nur das Geringste erlaubte
Andererseits

SCHRIFTSTELLER
Andererseits

GENERALIN
Andererseits
ist es ein Vergnügen
Und das größte Vergnügen ist
mit Ihnen Karten zu spielen
Wenn Sie so laut auflachen
und in Ihrem Kopf
ist es ein philosophischer Gegenstand
oder etwas Unanständiges

SCHRIFTSTELLER *wirft die Karten hin*
Gewonnen

GENERALIN
Haben Sie gehört
etwas Unanständiges
mischt, gibt aus, trinkt
Der Vorzug in dieser Unterhaltung ist
daß Sie ein entsetzlicher Mensch sind

SCHRIFTSTELLER *wirft die Karten hin*
Gewonnen

GENERALIN *nimmt die Karten, mischt, gibt aus*

Dann telefoniere ich
schreibe ich
telefoniere ich
Schüsse
telefoniere ich
Und immer die Ungewißheit
ob Sie überhaupt kommen
beschämend
Denn wie oft sagen Sie
Sie kommen
und kommen dann gar nicht
Wie oft schreibe ich
und bekomme gar keine Antwort
Schon am Vortag wird Ihr Wein
Ihre Spezialmarke
ins Zimmer gestellt
die Mehlspeisen werden kalt gestellt

SCHRIFTSTELLER *wirft die Karten auf den Tisch*
Gewonnen
trinkt

GENERALIN *nimmt die Karten, mischt, gibt*
Ist alles für Sie
das ganze Haus
hat sich auf Sie eingestellt
Und dann kommen Sie gar nicht
Plötzlich
nach acht Tagen vielleicht
wenn ich Glück habe
sind Sie da
Keine Entschuldigung
nichts
als ob nichts gewesen wäre
Sie essen und trinken
und lachen
Und wie Sie lachen
Wie Sie lachen
Wie Sie lachen können

SCHRIFTSTELLER *legt die Karten hin, lacht*
Gewonnen

GENERALIN *nimmt die Karten, mischt, gibt aus*
Dann spielen wir

Siebzehnundvier
und schweigen
Plötzlich gehen Sie

SCHRIFTSTELLER
Wenn wir einen Menschen anschauen
gleich was für einen Menschen
sehen wir einen Sterbenden
ein Sterbender ist es
Und immer sehen wir
genau dann wenn wir aufwachen
Wir sind zur Bewegungslosigkeit verurteilt
Verstehen Sie
wir sind tot
alles ist tot
alles in uns ist tot
alles ist tot
wirft die Karten hin
gewonnen
lachend
gewonnen
gewonnen

SCHRIFTSTELLER und GENERALIN *lachend*
Gewonnen

SCHRIFTSTELLER
Wenn es etwas ist
der Tod ist es
Wir hören eine Stimme
Schüsse draußen
wir fragen
Der Tod ist es
Dieser schöne Mensch sagen wir
Der Tod ist es
Dieses exakte Werk
Der Tod ist es
Generalin mischt die Karten, gibt aus
Schriftsteller nimmt neun Karten
Was wir veröffentlichen
Der Tod ist es
Wir sind einsam
Wir sind abgestorben
Der Tod ist es

Alle diese Gesichter müssen Sie wissen
die plötzlich tot sind
wir sehen sie
und sehen sie plötzlich tot
plötzlich tot
Jedes Gesicht
als ein totes
Die Infamie mit welchen die Menschen
ihr totes Gesicht
Schüsse
Die Mittel die wir
trinkt
Wenn wir Verstand haben gnädige Frau
verfinstert sich alles
Wir zögern
wir v e r zögern
wir hassen
was wir sind
Was wir aufschreiben
ist der Tod

GENERALIN *legt die Karten auf den Tisch*
Sie haben gewonnen
Sie haben gewonnen

SCHRIFTSTELLER
Was wir sehen
der Augenblick
der Endpunkt
der Tod
Ein Freund stirbt
alles ist tot
sehen Sie
legt seine Karten auf den Tisch
Generalin nimmt die Karten, mischt, gibt aus
Gehen wir in unser Zimmer
fragen wir uns
warum
worin befinden wir uns
wenn wir in unserem Zimmer sind
Schüsse
Wir sind allein
oder nicht allein

wir hören Musik
oder wir hören nicht Musik
Jeder Gegenstand gnädige Frau
ist der Tod
Was wir angreifen
ist abgestorben
abgestorben ist es
was wir angreifen
abgestorben
abgestorben gnädige Frau

GENERALIN und SCHRIFTSTELLER *lachend, durcheinander*
Abgestorben
abgestorben
Schüsse

SCHRIFTSTELLER
Wir verachten
was wir hören
Was wir sehen
verachten wir
Dieser Mensch
mit diesem Gefühl sagen wir
dieser Mensch
mit dieser Vergangenheit
dieser Mensch
mit diesem Gesicht
legt die Karten auf den Tisch
Gewonnen
Generalin nimmt die Karten, mischt, gibt
Wir erwarten etwas
einen Menschen
eine Todeskrankheit
ständig gnädige Frau
i n ständig
Dadurch sind wir krank
dadurch haben wir
jeder von uns
eine Todeskrankheit
Immer ist es etwas Anderes
ein Anderer
dadurch sind wir unglücklich
nimmt fünf Karten

Was ist dieser Gedanke
fragen wir uns
von welchem wir ausgegangen sind
Nach der Ursache fragen wir
Ist es das
oder ist es das
fragen wir
Und wenn wir den einen abtöten
ist der andere da
Wo kommen wir hin wenn wir
sagen wir uns
und fortwährend berufen wir uns
auf unseren Charakter
Wir bezichtigen die Individuen
der Charakterschwäche gnädige Frau
und wir berufen uns gleichzeitig
auf die Ungerechtigkeit
wie auf das Recht
aber das Leben
oder besser die Existenz gnädige Frau
ruft aus
Gewonnen
wirft die Karten auf den Tisch
ist ein Alptraum
Generalin nimmt die Karten, mischt, gibt
Sehen wir einen Menschen
müssen wir uns fragen
was alles mit diesem Menschen zusammenhängt
einen Charakter
was mit diesem Charakter
und so mit jeglichem Gegenstand
auf diese Weise
sind wir fortwährend nahe daran
verrückt zu werden
Denn andauernd alles ablehnen
den Kopf verweigern gnädige Frau
ist eine Unmöglichkeit
Die Tatsachen sind immer
erschreckende
und die Gedanken derartig
daß sie die Materie zersetzen

und immer alles in Auflösung begriffen
wissen Sie
wodurch wir verzweifeln müssen
Ein Mensch
ist ein verzweifelter Mensch
alles andere ist die Lüge
Dann verlieren wir aber
weil wir so konsequent sind
alle Augenblicke immer wieder
den Zusammenhang müssen Sie wissen
und alles ist eine grobe Fälschung
Plötzlich denken wir
an der Oberfläche
Schüsse
und greifen uns an den Kopf
Es ist ein großes Ausnützen
sonst nichts

GENERALIN *legt die Karten auf den Tisch*
Schüsse
Sie haben gewonnen

SCHRIFTSTELLER
Gewonnen
Schüsse
Schriftsteller wirft die Karten auf den Tisch
Generalin nimmt die Karten, mischt, trinkt
Schriftsteller trinkt, nimmt fünf Karten
Dann frage ich mich
warum komme ich her
Was habe ich hier
zu suchen
nimmt noch zwei Karten
Was habe ich hier zu tun
Was ist das Herr General
Was ist das Herr Präsident
Schüsse
Er ist ein Idealist
Die Minister werden ihn zwingen
Er wird sich fügen müssen
Wahrscheinlich haben sie schon sein Wort
Diese Leute kenne ich
diese Leute sind unnachgiebig

Was ist das ein Herr Minister
Sehen Sie sich diese Leute an
Aber mit Verachtung allein
ist nichts getan
nichts

GENERALIN
Er ist ein Idealist

SCHRIFTSTELLER *trinkt*
Aber ein Idealist ist ein Dummkopf
wirft die Karten auf den Tisch, ruft aus
Gewonnen

GENERALIN *nimmt die Karten, mischt, gibt aus*
Sie mit Ihrem
kommunistischen Gedankengut

SCHRIFTSTELLER *lacht, nimmt vier Karten*
Einundzwanzig

GENERALIN
Einundzwanzig

SCHRIFTSTELLER
Verdoppeln
Generalin mischt, gibt aus
So wenn ich mit Ihnen
durch den Wald gehe
kreuz und quer
das ist sehr schön
trinkt

GENERALIN
Diese Leute
sagt mein Mann
die nur alles
zerstören wollen
die alles zersetzen
die alles heruntermachen
wirft die Karten hin

SCHRIFTSTELLER *legt die Karten auf den Tisch*
Gewonnen
Ich habe gewonnen

GENERALIN
Ihre Natur ist eine
die immer alles verändern will
Schüsse

SCHRIFTSTELLER
Hören Sie
hören Sie
Schüsse
Wenn wir glücklich sind
beispielsweise hier im Jagdhaus
machen wir uns etwas vor
aber auch wenn wir unglücklich und nichts
als unglückliche Empfindung sind
existieren wir nur in dem Zustand der Täuschung
Was wir sehen
ist etwas Anderes gnädige Frau
Dieser Mensch, sagen wir
und er ist ein Anderer
diese Luft ist eine andere die ich einatme
Diese Karten
hält die Karten in die Luft
sind andere verstehen Sie
Und alles ist so pathetisch
daß wir es kaum ertragen können
Die Vorgänge immer nur täuschend ähnliche
Unser Verstand ein anderer
Aber vollkommene Durchdringung ist der Tod
eine verkrüppelte ist die Welt
und die menschliche Natur eine verkrüppelte
und sprechen wir von der Schönheit
ist es doch nur mikroskopisch gemeint
Was uns am schönsten entgegenkommt
Verstümmelung gnädige Frau
Zwar kommen Menschen
aber es sind andere
verstehen Sie
Diese ganze Jagdgesellschaft
ist eine andere
Ganz plötzlich eine Redewendung gnädige Frau
das ist philosophisch
aber die ganze Philosophie ist ein Unsinn
legt die Karten auf den Tisch
Gewonnen
Generalin nimmt die Karten, mischt, gibt
Schriftsteller trinkt, nimmt fünf Karten

Die Umwelt gnädige Frau
hat ein Ohr
gegen den Kopf
und zur Geisteszerstörung
ist ihr jedes Mittel recht
wirft die Karten auf den Tisch, ruft
Gewonnen

GENERALIN *mit beiden Händen auf den Tisch schlagend*
Sie haben gewonnen
Sie haben gewonnen
Schüsse

Vorhang

Nach der Jagd

General, Generalin, die Minister, Prinz, Prinzessin sowie der Schriftsteller trinkend und rauchend am Tisch
Gegen fünf Uhr früh

GENERAL
Mein lieber Herr Schriftsteller
das Leben in der Generalsuniform
ist zu allen Zeiten
keine Sache für einen sensiblen Menschen
oder gar für einen außerordentlich empfindlichen Charakter
Wenn es sich allerdings um einen freien Menschen handelt
wie Ihre Person
Schriftsteller lacht laut
Die mit ihrer Freiheit machen kann was sie will
Schriftsteller lacht laut
Aber das ist eine andere Sache
Jedenfalls sind Sie ein Mensch
der Augen und Ohren offen hat
und der nichts verschweigt
das ist seine Natur

ERSTER MINISTER
Sechsundzwanzig Hasen

Herr General
vier Fasane
zwei Dachse
Das ist absolut ein Rekord

GENERAL
Meine Herren
allerdings
in dieser kürzesten Zeit
Dabei müssen Sie meine Kurzsichtigkeit
in Betracht ziehen
und den Umstand
daß ich in Stalingrad meinen linken Arm
verloren habe

GENERALIN
Er ist ihm abgerissen worden

GENERAL
Abgerissen meine Herren
abgerissen

GENERALIN
Mein Mann wäre
beinahe verblutet

SCHRIFTSTELLER *zur Generalin*
Beinahe verblutet

GENERAL
Wenn ich Ihnen sage
meine Herren
eingekesselt
ausgeharrt
bis zum Letzten

GENERALIN *zu den Ministern*
Die größte Schlacht
in der Geschichte aller Schlachten

GENERAL
In der Geschichte aller Schlachten
zum Schriftsteller
Zweifellos existieren Sie in einer anderen Welt
Sie sind ein Kommentator
trinkt ein Glas Schnaps vollkommen aus

GENERALIN
Mein Mann hat strengstes
Alkoholverbot

GENERAL
Absolutes meine Herren
absolutes
SCHRIFTSTELLER
Das Unheil kommt
wie wir wissen
aus allen menschlichen Naturen
und die ganze Geschichte
ist nichts als ein Unheil
Und wenn wir in die Zukunft hineinschauen
sehen wir nichts anderes
GENERALIN
Übermorgen geht mein Mann
in die Klinik
sozusagen auf ein paar Tage
GENERAL *zu den Ministern*
Sozusagen auf ein paar Tage
wissen Sie
Mir kommt dieser Klinikaufenthalt
gerade recht
Eine Atempause müssen Sie wissen
in meiner großen Anstrengung
mit meiner Schrift weiterzukommen
GENERALIN
Vorher hat mein Mann nocheinmal
auf die Jagd gehen wollen
ZWEITER MINISTER
Der Herr General
ist als Jäger eine Berühmtheit
zu seinem Kollegen
Der Herr General hat die höchsten Auszeichnungen
die es auf dem Gebiete der Jagd gibt
GENERAL *zu den Ministern*
Wissen Sie
auf der Jagd regeneriere ich mich
Da schöpfe ich Luft
da bin ich ein anderer Mensch
ein neuer Mensch
Meine Frau allerdings verabscheut die Jagd
Sie steht unter dem Einfluß eines künstlichen Gefühls
müssen Sie wissen

welches ihr die Jagd verleidet
Und sie steht unter dem Einfluß
zeigt auf den Schriftsteller
dieses Mannes
zum Schriftsteller
Mit solchen Ideen
wie Sie sie haben
verderben Sie die unschuldigen Köpfe
damit machen Sie die durchaus brauchbaren
zu vollkommen unbrauchbaren
Eine verrückte Gesellschaft
die so etwas duldet
lacht, zu den Ministern dann
Die Komplikationen gehörten abgeschafft meine Herren
abgeschafft

GENERALIN

In ein paar Wochen ist mein Mann wieder im Amt
mit größter Energie
geht er
nach seinem Klinikaufenthalt
wieder an die Arbeit
zu den Ministern
Wenn Sie diese unglaublichen Mengen
von staatspolitischer Lektüre gesehen hätten
die er sich hat kommen lassen
und die ich ihm in die Klinik hineintragen muß
Mein Mann ist sehr aufmerksam
was die Entwicklung betrifft

GENERAL

Die weltpolitische Entwicklung
die sich jetzt immer mehr zuspitzt meine Herren

GENERALIN

Dann bin ich beauftragt ihm tagtäglich
die allerneuesten Zeitungen
und die wichtigsten Zeitschriften
in die Klinik zu bringen
zu den Ministern
Mein Mann hat viel vor
zum Prinzen
Darunter leidet natürlich der Wald
Beschäftigt er sich mehr mit Politik

tritt der Wald in den Hintergrund
zu den Ministern
Aber der Prinz sorgt dafür
daß der Wald nicht vernachlässigt wird

GENERAL *ruft aus*
Einen solchen Heger wie den Prinzen
können Sie suchen

SCHRIFTSTELLER
Wie ich gelesen habe
ist es ein ausgesprochenes Fasanenjahr

GENERAL
Ein Fasanenjahr
ein Fasanenjahr
hören Sie
ruft aus
Und ganze vier Fasane

ERSTER MINISTER
Sehr schöne Fasane

ZWEITER MINISTER
Sehr schöne Fasane

GENERAL
Durch Ablenkung
beispielsweise durch die Jagd
meine Herren
Konzentration
Ablenken
auf die Konzentration
verstehen Sie
zum Schriftsteller
Konzentration ist alles
nicht wahr

GENERALIN *über den Schriftsteller*
Er läßt sich nicht im geringsten stören
er duldet nicht die geringste Irritation
er schließt sich vollkommen ab
er läßt niemand an sich herankommen
Und einer der Sätze meines Mannes ist ja auch
Diese fortwährenden Störungen von außen
müssen ein Ende haben

GENERAL
Der Prinz schirmt mich ab

der hält mir das Lästige vom Leib
und was noch viel wichtiger ist
vom Kopf
und dazu kann ich mit ihm auch noch
über die Natur sprechen
was ich mit keinem Menschen sonst kann

GENERALIN
Nicht irritieren lassen
sagt mein Mann immer
nicht irritieren lassen

GENERAL *zu den Ministern*
Die Zeit ist gekommen
in welcher alles verschärft werden muß
eine Strafverschärfung muß eintreten
es handelt sich wie wir sehen
um eine vollkommen verschlampte Gesellschaft
um eine durch und durch vernachlässigte Welt

PRINZ
Ein paar Wochen Herr General
und wir sehen Sie wieder hier im Jagdhaus
In der schönen Jahreszeit
In der Zwischenzeit ist hier
die Arbeit getan

GENERALIN *zu den Ministern*
Ein derartig großer Besitz
erfordert ständig die größte Aufmerksamkeit
von Hunderten von Leuten
In allen Einzelheiten muß auf einen solchen Besitz
fortwährend das Augenmerk gerichtet werden
Wenn wir diesen Wald nicht hätten
mein Mann wäre nicht
was er ist
Die Armee
und den Wald
die Unruhe in der Stadt
und die Ruhe auf dem Land
abwechselnd wissen Sie
Die Minister nicken

SCHRIFTSTELLER
Das Eine
wie das Andere

GENERAL *zu den Ministern*
Der Prinz ist der vorzüglichste Waldhüter
Absolvent der Hochschule für Bodenkultur in Wien
ein durchaus wissenschaftlicher Charakter
der aber den Boden unter den Füßen
nicht verloren hat
Seine Publikationen
erscheinen regelmäßig in Fachzeitschriften
und erregen in der Fachwelt Aufsehen
Ein solcher fundierter Mensch kann sich erlauben
Gedichte zu schreiben in der Freizeit
GENERALIN
Ohne den Prinzen
nichts
gar nichts
direkt zum Prinzen
Sie genießen das größte Vertrauen
meines Mannes
zu den Ministern
Gehen und Denken
Denken und Gehen
verstehen Sie
Der Wald ist es
GENERAL
Die Tatsache daß auf der Jagd
die Gedanken geschärft werden
Das Einatmen der Luft
das Warten
Vortasten
Abtasten verstehen Sie
Die Stille in die hinein
dann der Schuß fällt
ZWEITER MINISTER
Der Herr General
hat mir erklärt
wie man die Schußwaffe hält
GENERAL *darauf plötzlich*
So
zeigt es
Nicht so
zeigt es und lacht

ZWEITER MINISTER *zur Generalin*
Es ist zehn Jahre her
daß ich zum letztenmal
auf einer Jagd gewesen bin
In den Dolomiten gnädige Frau
GENERAL
Das abwechselnde Gehen
Gehen und Stehen
und Denken
zum Prinzen
Lepus europaeus
Ovis musimon
Cervus sika
Zweiundzwanzig Jäger heute
viel neue Gesichter
zu den Ministern
Bauernburschen
Holzknechte
und die Söhne von Holzknechten
Ein zum Bersten volles Wirtshaus
zum Prinzen
Die höhern Bezüge für die Jäger
sind morgen fällig
Prinz notiert sich alles
die höhern Löhne
für die Holzfäller
Wenn man die Leute
nur halten könnte
zu den Ministern
Sie gehn einfach weg in die Fabrik
oder man zahlt das Doppelte
mir ist es schon gar nicht mehr möglich gewesen
alle zu erkennen
Mit den meisten bin ich
in dieselbe Schule gegangen
Asamer mit einem Arm voll Hartholz herein, um nachzulegen
Asamer
wie gehts
Ist die Frau wieder gesund
zu den Ministern
Beseitigung eines Kropfes

müssen Sie wissen
eine völlig verpatzte Operation
zum Asamer
Wie gehts deiner Frau
was macht ihre Lunge
Einmal ist es besser
einmal schlechter
lacht
plötzlich ist es aus
Im Ernst Asamer
hustet sie noch

ASAMER
Nein Herr General

GENERAL
Nein Herr General
Und die Kinder
zu den Ministern
man muß nach den Kindern fragen
nicht nur bei den einfachen Leuten
zuerst nach der Frau und dann
nach den Kindern
zum Asamer
Alle gute Zeugnisse
die besten Zeugnisse die jemals Kinder
in dieser Dorfschule bekommen haben
zu den Ministern, während Asamer im Ofen nachlegt
Zu Weihnachten lernt meine Frau ihnen allen
ein sogenanntes Weihnachtsspiel ein
Lauter Engel alles weiß wissen Sie
Und von oben herunter hört man
die Stimme des Herrn
zum Asamer
Deine Kinder sagen die Verse
immer so schön auf
keins ist steckengeblieben
zu den Ministern
Dann gibts immer
ein gutes Nachtmahl
und natürlich Geschenke für die Kinder
die meine Frau ausgesucht hat
Sie fährt vor Weihnachten in die Stadt

mit dem Wagen
und kauft für die Kinder ein
zum Asamer
Und was macht das Bein Asamer
gehst du zum Doktor
zu den Ministern
Mit einem Raucherbein
ist nicht zu scherzen
zum Asamer
Mit einem Raucherbein
muß man regelmäßig
zum Arzt gehen
regelmäßig
zum Asamer
Bist du noch Mesner

ASAMER
Ja Herr General

GENERAL
Und Totengräber auch

ASAMER
Ja Herr General
Asamer steht auf und geht hinaus

GENERAL *zu den Ministern*
Einen solchen Menschen
gibt es nicht mehr meine Herren

GENERALIN *zu den Ministern und zu Prinz und Prinzessin*
Essen Sie
essen Sie doch
gibt dem Schriftsteller eine Wurstscheibe

SCHRIFTSTELLER *mit der Wurstscheibe in der Hand*
Eine Idee ist es
an die wir unsere Zeit verschwenden
die in jedem Falle zu nichts führt
Ein Menschenleben gnädige Frau
ist am Ende nichts
als eine menschliche Katastrophe

GENERAL
Der Sohn des Fleischhauers
Der Sohn des Lehrers
Die Söhne des Arztes
Die Söhne der Holzknechte

Die Förstersöhne
die Kinder des Prinzen
alle lernen
die Verse meiner Frau
die sie verfaßt
Ein Weihnachtsspiel meine Herren
durchaus ein Theaterstück
und da
zeigt in die ihm gegenüberliegende Ecke
da in der Ecke
sind die Geschenke ausgebreitet
Und es ist für jedes Kind
etwas Individuelles
etwas ganz und gar Individuelles
Originelles meine Herren
schon vor zwanzig Jahren
ein solches Weihnachtsspiel meine Herren
Der Prinz spielte
in dem Theaterstück
einen Prinzen
und die Prinzessin
eine Prinzessin

GENERALIN

Und mein Mann
hat die Stimme des Herrn gesprochen

GENERAL

Die Verbeugung des Prinzen
vor dem König
ist allen noch als die schönste Verbeugung
in Erinnerung
zum Prinzen
Da waren Sie vierzehn
zu den Ministern
Seine Mutter existierte davon
daß sie bei den verschiedensten Jagdgesellschaften
oder Hochzeitsgesellschaften
oder bei den verschiedensten Begräbnissen aufkochte
Und sie besserte die Wäsche aus in den Gutshöfen
und auf den Schlössern
zum Prinzen
Ein ungeheueres Vermögen

das Ihre Vorfahren in Böhmen verloren haben
Der Vater der Prinzessin
ist Leutnant gewesen
und in Finnland gefallen
Ich kannte ihn wie er noch ein Kind war
ich höre seine Stimme
diese kindliche
diese kindliche Stimme
zur Prinzessin
Zu den Fronleichnamsprozessionen durfte Ihr Herr Vater
das Marienbild tragen
Das war eine besondere Auszeichnung
Einmal stürzte Ihr Herr Vater mit dem Marienbild
und verletzte sich am Kopf
Eine schwere Kopfverletzung müssen Sie wissen
zum Schriftsteller
Die Zeit
ist über alles
weggegangen
weggegangen
weggegangen
Ein Onkel des Prinzen
ist französischer Botschafter in Wien gewesen
und ein anderer Onkel des Prinzen
war Attaché an der französischen Botschaft
zu den Ministern
Der Prinz schreibt
in seiner Freizeit
Gedichte
ab und zu liest er meiner Frau
daraus vor
Alle schreiben hier
alle
Das ist das merkwürdigste
daß hier alle schreiben
zum Schriftsteller
Habe ich recht daß
was Sie schreiben
etwas durchaus Philosophisches ist
Wenn Sie es auch als Komödie bezeichnen
Oder habe ich recht

wenn ich sage
was Sie schreiben ist Komödie
während Sie selbst behaupten
es handle sich um Philosophie
lacht
Wer hier lebt
schreibt
wenn er nicht Holzknecht ist
schreibt er
sogar die Förster schreiben hier
müssen Sie wissen
zu den Ministern
einerseits gehen die Leute viel
andererseits schreiben sie
gehend und schreibend
das ist ihre Abwechslung
zum Schriftsteller
Wie Sie das letztemal dagewesen sind
haben Sie gerade eine Komödie geschrieben
oder sagen wir besser etwas
das Sie selbst als eine Komödie bezeichnen
ich selbst empfinde nicht als Komödie
was Sie als Komödie bezeichnen
Eine Komödie ist ja doch ein ganz und gar feststehender Begriff
damit hat was Sie schreiben nichts zu tun
Was Sie schreiben
hat mit einer Komödie nichts zu tun
unter einer Komödie verstehe ich etwas anderes
aber auch unter einem Schauspiel
Eine Komödie sagen Sie
und das Ganze hat mit einer Komödie nichts zu tun
zu den Ministern
Aber über Begriffe darf man sich nicht
mit dem Schriftsteller unterhalten
Vieles das Sie hier im Jagdhaus beobachtet haben
ist in dieser von Ihnen geschriebenen
und auch aufgeführten
wohlgemerkt auch aufgeführten
Komödie
Ich gehe nicht in Theaterstücke
grundsätzlich nicht

etwas Widerwärtiges ist das Theater
an dieses Widerwärtige bin ich fortwährend erinnert
bin ich im Theater
wenn ich mir auch nicht erklären kann
was dieses Widerwärtige ist
aber es ist widerwärtig
Aber vielleicht beschäftigen Sie sich gerade deshalb mit dem Theater
weil es Ihnen widerwärtig ist
Mir sind die Schauspieler zuwider
spricht ein Schauspieler
habe ich Kopfschmerzen
Auch mein Vater hat die Schauspieler gehaßt
Das Agieren auf einer Bühne
verursacht mir Übelkeit
tatsächlich ist mir nur der Dilettantismus auf dem Theater erträglich
die Vorstadtbühne
Liebhaberaufführungen in geschlossener Gesellschaft verstehen Sie
nicht aber ein Theater
als hohe Kunst
zum Schriftsteller
Mein lieber Herr Schriftsteller
Sie betreiben eine verabscheuungswürdige Kunst
meine Frau bewundert Sie
zu den Ministern
Meine Frau braucht einen solchen Menschen
für die Jagd hat sie nichts übrig
und die Einsamkeit ist eine quälende
zum Schriftsteller
Was Sie hier sehen
bringen Sie auf die Bühne
zu den Ministern
Als Komödie meine Herren
Denn der Herr Schriftsteller ist ein Komödienschreiber
Köchin herein mit mehreren Weinflaschen

GENERALIN

Stellen Sie die Flaschen da hin
zum Ofen
Köchin stellt die Flaschen am Ofen ab und geht wieder hinaus

Generalin zum General
Die Anna braucht einen Mann
einen Mann verstehst du
GENERAL *zu den Ministern*
Gedulden Sie sich meine Herren
gedulden Sie sich
Sie wollen meine Entscheidung
Ich habe mich entschieden
zu den Anderen
Meine Krankheit
sagen die Herren
aber sie meinen natürlich
meine politische Unzuverlässigkeit
Meinen Klinikaufenthalt
Die Rekonvaleszenz
meine Körperschwäche verstehen Sie
und die aus dieser Körperschwäche heraus resultierende Geistesschwäche
sagen sie
aber sie meinen meine politische Unzuverlässigkeit
Daß ich zurücktrete als ein verdienstvoller Mann
der am Tage seines offiziellen Rücktritts
ausgezeichnet wird mit dem höchsten Orden
Ein Bankett beim Kanzler etcetera
Der höchste Orden
zu den Ministern
Gedulden Sie sich
Sie müssen sich gedulden
man muß sich gedulden
trinkt
Alle schreiben
alle schreiben hier
Kartenspielen
oder Nichtstun
oder schreiben
Unser Schriftsteller
schreibt eine Komödie
und alle die wir hier sitzen
kommen in seiner Komödie vor
Der Vorhang geht auf
Da sitzen wir

und sind eine Komödie
zum Schriftsteller
Fortwährend notieren Sie
auch wenn es den Anschein hat
Sie notieren nicht
Sie hören
aufmerksam hören Sie
und selbst wenn Sie wegschauen
zu den Ministern
Sehen Sie diese Innenwände in seinem Gehirn
schreibt er voll
voll
ein vollgeschriebenes Gehirn
ein gänzlich vollgeschriebenes
und dadurch völlig verfinstertes Gehirn
mit einer solchen Geschwindigkeit vollgeschrieben
daß schon alles übereinandergeschrieben ist
wie ein Wahnsinniger
Die ganze Innenseite seines Gehirns
die er selber schon nicht mehr lesen kann
zum Schriftsteller
Dann stellen Sie fest daß Sie selbst
überhaupt nicht mehr lesen können
was Sie in Ihrem Gehirn
aufgeschrieben haben
zu den Ministern
wie ein Wahnsinniger
meine Herren
Und meine Frau verlangt von mir
daß ich den Herrn Schriftsteller
persönlich einlade
Dann schreibe ich dem Herrn Schriftsteller
Kommen Sie Herr Schriftsteller
korrekt meine Herren müssen Sie wissen
Kommen Sie wir veranstalten eine Jagd
müssen Sie wissen
zum Schriftsteller
Mit einer solchen Geschwindigkeit in Ihrem Gehirn
und mit einer solchen Rücksichtslosigkeit
was Sie in Ihrem Wahnsinn geschrieben haben
dadurch ist

wer so handelt
ein unzurechnungsfähiger Mensch meine Herren
zu den Ministern
Eine Komödie hören Sie
Eine Komödie
Und wenn wir das Ganze abreißen
wie ein Stück Papier einfach herunterreißen
abreißen
reißt die Komödie ab
trinkt
Urplötzlich
zum Schriftsteller
Nicht wahr
hat aufgehört
ist abgerissen

SCHRIFTSTELLER, *nachdem der General verstummt ist*
Die Leute die überall anstoßen
weil ihr Kopf eine Linie ist
und die Oberfläche der Welt
eine Verunstaltung
Wir geben ganz plötzlich auf
Wir müssen allein sein
wir sterben ab
wir sind tot
sowie wir einen Menschen anschauen
mit aller Deutlichkeit
sehen wir
daß er tot ist
eine Existenz nach der andern
und was wir hören
ist etwas Totes
Was uns gesagt wird
worin wir uns schulen
fortwährend üben und schulen müssen
so gesehen müssen wir sagen
da geht ein Toter
wenn wir einen Menschen sehen
der vor uns geht
Wenn wir wissen
wissen wir
daß wir tot sind

zur Generalin
Aber natürlich lieben wir
unsere Absterbensmöglichkeiten
wir lieben sie
und notieren sie
und veröffentlichen sie
Wir vertrauen
auf den Tod
Dieser Mensch denke ich
und alles ist tot
so haben wir ständig Angst
diesen oder einen anderen Menschen zu treffen
weil wir dann sehen
wir sind tot
Wenn wir aufwachen sehen wir
daß es nichts ist
woran wir Interesse haben
nichts sagen wir uns nichts
Keine Menschenseele
keine Wissenschaft
und nicht die geringste Natur
Wir gehen in lauter tödliche Beschäftigungen hinein
Prinz steht auf und holt zwei Flaschen vom Ofen, entkorkt die Flaschen und schenkt allen ein
Wir wachen auf und sehen
kein Interesse
wir machen diese Feststellung
interesselos
Weil wir kein Interesse haben können
sagen wir
Und wir frühstücken und ziehen uns an gnädige Frau
und nehmen Kontakt auf
In eine Arbeit flüchten gnädige Frau
nehmen eine Axt in die Hand
oder setzen uns an den Schreibtisch
oder wir hetzen auf den Bahnhof
oder wir verfassen etwas
oder wir nehmen nurmehr noch Medizin ein
fortwährend Medizin gnädige Frau
Wir wachen grundsätzlich in Interesselosigkeit hinein auf
gleich ob wir unter Menschen sind

oder nicht
Prinz setzt sich
ob wir in der Stadt aufwachen oder nicht
in dem immer gleichen Zustand der Interesselosigkeit
diese Feststellung machen wir
weil wir nicht wieder einschlafen können
und weil wir uns nicht umbringen
immer wieder noch nicht gnädige Frau
das ist es
weil wir nicht die Kraft dazu haben
Die gleichen Menschen
die gleichen Bedürfnisse gnädige Frau
die gleichen Verhältnisse und Vorgänge
dadurch sehen wir ganz deutlich gnädige Frau
die Natur
die ganze Natur als Interesselosigkeit gnädige Frau
und Krankheit
genau genommen als Todeskrankheit
Wir wachen tagtäglich in unsere Todeskrankheit hinein auf
wir schlafen ein und wachen
in der immer gleichen Todeskrankheit der Natur auf
und sind immer in Interesselosigkeit gnädige Frau
alles andere Lüge
dieses fortwährende ununterbrochene Gehen
in absoluter geistiger und körperlicher Bewußtlosigkeit
gnädige Frau
ist eine Tatsache
Wir fürchten
was wir tun
wie wir fürchten
was wir nicht tun
Und außerdem existiert alles nur in der Einbildung
daß unsere Existenz eine erträgliche Existenz sei gnädige Frau
dadurch existieren wir
Aber wir reden nicht darüber
und wenn wir darüber reden
reden wir so darüber
als wäre
über was wir reden
nicht wirklich
überhaupt nicht wirklich gnädige Frau

Ununterbrochen reden wir über etwas Unwirkliches
damit wir es ertragen
aushalten
weil wir unsere Existenz zu einem Unterhaltungsmechanismus
gemacht haben
zu nichts als zu einem schäbigen Unterhaltungsmechanismus
gnädige Frau
zu einer Kunstnaturkatastrophe gnädige Frau

GENERAL *unbeweglich zu Boden schauend mit ausgestreckten Beinen wiederholt*
Eine Kunstnaturkatastrophe

SCHRIFTSTELLER
Wenn wir aufwachen
stellen wir fest
wir leiden
an Willensschwäche
weil wir im Grunde aus nichts anderem zusammengesetzt sind
als aus dem Tode
empfinden wir ein erträgliches Leben
Empfindungen gnädige Frau
empfinden wir
Aber die Wahrheit sprechen nur die Verstorbenen
Bin ich mit dem General zusammen
höre ich gern etwas über Waffenkunde
insbesondere über die Ballistik gnädige Frau
er aber klammert sich an einen philosophischen Gegenstand
Unter diesem Umstand
kommt kein Gespräch zustande
Über die Literatur will er sprechen
beispielsweise über Heinrich von Kleist
ich aber
rede nicht gern darüber
Die Kriegswissenschaft interessiert mich gnädige Frau
er aber fragt mich
nach meiner Komödie
auf diese Weise kommen Ihr Mann und ich
gleich in Schwierigkeiten
Bald schweigen wir
Dann kommt es daß der General sagt
ich beobachtete
Diese Art der Beobachtung gnädige Frau

Von welcher nach und nach alle irritiert sind
General steht auf, geht zum Plattenspieler, legt die Haffnersymphonie auf und geht wieder auf seinen Platz zurück, dann in gleicher Stellung wie vorher. Sehr leise Musik
Der Schuldbegriff ist ein Unsinn gnädige Frau
Wenn wir Angst haben
vor Beschreibung
das ist Unsinn
Eine Komödie stellen Sie sich vor
in welcher ein General eine Hauptrolle spielt
und dieser General hat eine Todeskrankheit
in Stalingrad haben sie ihm den linken Arm abgerissen
Und eines Tages geht er in den Wald
und verletzt sich mit der Motorsäge am Bein
und zur gleichen Zeit wird festgestellt
daß er den Grauen Star hat
Dazu zwei Minister gnädige Frau
die den General zum Rücktritt zwingen
eine Jagd stelle ich mir vor
eine Jagdgesellschaft
in einem unserer schönsten Jagdhäuser
in einer gänzlich von der Außenwelt abgeschnittenen Gegend
Eine Privatgegend müssen Sie sich vorstellen
Zwei gutgekleidete Herren
werden von dem General auf die Jagd eingeladen
Dazu ein Prinz
auf der Seite des Generals
die Prinzessin
so charmant wie schweigsam
Und möglicherweise gnädige Frau
gestatte ich mir den Borkenkäfer auftreten zu lassen
zu den Ministern
Das Beschriebene meine Herren
ist etwas Anderes
wie ja schon das Beobachtete etwas Anderes ist
Alles ist anders
zur Generalin
möglicherweise eine Philosophie
würde der General sagen
Kommt ein einarmiger General vor in meinem Stück
ist es ein Anderer

Und möglicherweise gnädige Frau wird gesagt
ich selbst sei in meinem Theater
Aber es ist ein Anderer

GENERALIN *über den General*
Wenn man in so hohem Maße angestrengt ist
wie mein Mann
ein so hohes
ein so wichtiges Amt müssen Sie wissen
in einer derartig rücksichtslosen Zeit
schenkt sich Wein ein, dann auch den andern
Mit Fremdsprachen habe ich es versucht
mit Fremdsprachen
mit naturwissenschaftlichen Studien
verschüttet Wein, wirft ein Glas um, stellt es wieder auf, lacht
Selbst mit Fremdsprachen

SCHRIFTSTELLER
Der Mensch ist in sein Unglück
eingeschlossen
vernarrt
Über den Borkenkäfer weiß ich jetzt alles
Und über den Grauen Star gnädige Frau

GENERALIN *zum Fenster hinausschauend*
Klar
Kalt und klar

SCHRIFTSTELLER
Es ist eine klare Nacht
Alle schauen hinaus, nur der General verändert sich nicht

PRINZESSIN *nach einer Pause und länger als alle Andern zum Fenster hinausschauend*
Schön

SCHRIFTSTELLER
Und alles wegwischen
alles
Nichts auf die Dauer entstehen lassen
Wissenschaften
Freundschaften
Verwandtschaften
wegwischen
wegwischen
So war ich über zwei Jahrzehnte damit beschäftigt
alles wegzuwischen

alles Entstandene gleich wieder wegzuwischen
GENERALIN *noch immer hinausschauend*
Kalt und klar
SCHRIFTSTELLER *zieht den Lermontow aus der Weste, schlägt das Buch auf und liest vor:*
Das Ereignis dieses Abends hatte einen ziemlich tiefen
Eindruck auf mich gemacht
und meine Nerven erregt
Ich weiß nicht genau
ob ich jetzt an Vorherbestimmung glaube oder nicht
aber an diesem Abend glaube ich fest daran
Der Beweis war verblüffend
und ob ich auch über unsere Ahnen und ihre diensteifrige Astrologie spotte
war ich doch selbst unwillkürlich
in ihr Fahrwasser geraten
aber ich machte rechtzeitig auf diesem gefährlichen Weg halt
und da ich es mir zur Regel gemacht habe
nichts bedingungslos zu verwerfen
und mich auf nichts blind zu verlassen
so warf ich die Metaphysik über Bord
und richtete den Blick wieder auf den Boden zu meinen Füßen
Und diese Vorsicht war sehr am Platze
ich wäre fast gefallen
denn ich stieß auf etwas Dickes und Weiches
aber allem Anschein nach nicht mehr Lebendiges
ich bückte mich
das Mondlicht fiel schon gerade auf die Straße
und was sah ich
Vor mir lag ein Schwein
das von einem Säbelhieb mitten entzwei gespalten war
klappt das Buch zu, schenkt sich Wein ein, während er sich Wein einschenkt plötzliches Auflachen aller, außer dem General, Schriftsteller in das fortgesetzte Lachen hinein
Lermontow
zu den Ministern
Lermontow meine Herren
General steht auf und geht in das Nebenzimmer, kaum ist der General im Nebenzimmer, lachen wieder alle laut auf
Herkunft
Ursprung

Abstammung
alles wegwischen
verstehen Sie
alles wegwischen
unterstützt, was er jetzt sagt, mit der rechten Hand
weg
weg
weg
Man muß sich freimachen
Dann aufeinmal
läßt diese Kraft naturgemäß nach
Das Alter verstehen Sie
Die Leute kaufen sich an
sichern sich ab
eine Wissenschaft
eine Partei
eine Kunst ist es
alle suchen aufeinmal Zuflucht
plötzlich werden sie katholisch
oder werden wieder katholisch
um nicht verrückt zu werden
In dem Zustand der Unsicherheit
der Bodenlosigkeit
der Zügellosigkeit zu verharren gnädige Frau
das ist es
diese unverständliche Sprache sprechen
diese einzige gültige unverständliche Sprache
sich gegen Verständlichmachen zur Wehr setzen
Generalin wirft mit einer Handbewegung ein Glas um, läßt das Glas, schenkt sich ein neues ein
Weil wir aufgegeben haben
sind wir menschlich
über den General
In letzter Zeit
erinnert er sich sehr oft
an Paulus
der am Abend vor seiner Gefangennahme
zum Generalfeldmarschall ernannt worden ist
weil Hitler glaubte
Paulus würde sich umbringen
aber auch Paulus hat das Leben

der Unsterblichkeit vorgezogen

GENERALIN

Jedesmal wenn er in den Wald geht
und er findet ein erfrorenes Wild
denkt er an die erfrorenen Soldaten

SCHRIFTSTELLER

An die Tausende und Hunderttausende
Nichts als Erfrorene gnädige Frau
Die Faszination zu hören
was ich damals gehört habe
sagt er
das erfrorene Wild
sagt er
und sofort
alle diese Gesichter
sehe ich einen Ast auf dem Boden
glaube ich
ein Arm
ein Fuß
der Kopf eines Toten
zu den Ministern
Wenn man den General aufmerksam beobachtet
es wird langsam hell
stellt man fest
daß nicht die geringste Resignation
in ihm ist
Und hören Sie
ein General mit sechzig
zur Generalin
Was mich am tiefsten beeindruckt hat
zu den Ministern
und worin sein scharfer Verstand
sich in der ungewöhnlichsten Klarheit ausdrückt meine Herren
ist das Kapitel
in welchem der General die letzte Zusammenkunft
mit dem Generalfeldmarschall Paulus beschreibt
Er hat einen Blick für die Toten
wie ja überhaupt der Tod in seiner Schrift
die größte Rolle spielt
merkwürdigerweise beschäftigt ihn der Tod
am tiefsten

Seine Beschreibung der Erfrorenen
ist die meiner Meinung nach ungewöhnlichste und überzeugendste
Anschauung des Todes
Ein Schuß aus dem Nebenzimmer
Die Generalin springt auf, alle stehen auf, schauen auf die Nebenzimmertür. Der Prinz geht zur Tür und öffnet sie. Man sieht auf den im Nebenzimmer liegenden toten General
Asamer und Köchin herein
Schriftsteller stellt die Musik ab

GENERALIN *zur Köchin*
Bringen Sie die Waschschüssel
schnell
die Waschschüssel
Stille
Hacken und Sägen fangen an, den Wald niederzulegen, immer intensiver, immer lauter

SCHRIFTSTELLER
Hören Sie gnädige Frau
hören Sie

GENERALIN
Die Holzfäller

SCHRIFTSTELLER
Wie gut sie arbeiten

Ende

Notiz zur Jagdgesellschaft

Die Schauspieler als Darsteller tragen, mit Ausnahme des Generals in Generalsuniform und des Schriftstellers, Jagdkostüme. Das Stück ist in drei Sätzen geschrieben, der letzte Satz ist der »langsame Satz«.

Th. B.

Die Macht der Gewohnheit

Ich selbst habe als junger Mensch zwischen der Sorbonne und der Komödie geschwankt.

Diderot

. . . aber das Geschlecht der Propheten ist erloschen . . .

Artaud

Personen

CARIBALDI, *Zirkusdirektor*
ENKELIN
JONGLEUR
DOMPTEUR
SPASSMACHER

Wohnwagen Caribaldis

Erste Szene

Ein Klavier links
Vier Notenständer vorn
Kasten, Tisch mit Radio, Fauteuil, Spiegel, Bilder
Das Forellenquintett auf dem Boden
Caribaldi etwas unter dem Kasten suchend

JONGLEUR *tritt ein*
Was machen Sie denn da
Das Quintett liegt auf dem Boden
Herr Caribaldi
Morgen Augsburg
nicht wahr

CARIBALDI
Morgen Augsburg

JONGLEUR
Das schöne Quintett
hebt das Quintett auf
Ich habe übrigens
den französischen Brief bekommen
stellt das Quintett auf einen der Notenständer
Stellen Sie sich vor
eine Garantiesumme
Die Erfahrung zeigt aber
daß man ein Angebot
nicht gleich
annehmen soll
Das zeigt die Erfahrung
richtet das Quintett auf dem Notenständer
In Bordeaux vor allem
den Weißen
Was suchen Sie denn da
Herr Caribaldi
nimmt das am Notenständer lehnende Cello, wischt es mit dem rechten Ärmel ab und lehnt es wieder an den Notenständer
Verstaubt
alles verstaubt
Weil wir auf einem solchen
staubigen Platz spielen
Es ist windig hier

und staubig

CARIBALDI

Morgen Augsburg

JONGLEUR

Morgen Augsburg
Warum spielen wir hier
frage ich mich
Warum frage ich
Das ist Ihre Sache
Herr Caribaldi

CARIBALDI

Morgen Augsburg

JONGLEUR

Morgen Augsburg
natürlich
Das Cello
auch nur ein paar Augenblicke offen
stehenzulassen
bläst Staub vom Cello ab
Eine Nachlässigkeit
Herr Caribaldi
nimmt das Cello
Das Maggini
nicht wahr
Nein
das Salo
das sogenannte
Ferraracello
lehnt das Cello wieder an den Notenständer und tritt einen Schritt zurück, das Cello betrachtend
Eine instrumentale
Kostbarkeit
Aber es kann natürlich
nicht nur
auf asphaltierten Plätzen
gespielt werden
Nördlich der Alpen
das Salo
das Ferraracello
südlich der Alpen
das Maggini

oder
vor fünf Uhr nachmittag
das Maggini
und nach fünf Uhr nachmittag
das Ferraracello
das Salo
bläst das Cello ab
Ein aussterbender Beruf
plötzlich zu Caribaldi
Was suchen Sie denn

CARIBALDI
Das Kolophonium

JONGLEUR
Das Kolophonium
Natürlich
Das Kolophonium
Immer wieder das Kolophonium
weil sie von der unter Instrumentalisten berühmten
Fingerschwäche befallen sind
Haben Sie denn nicht
ein zweites
ein sogenanntes
Reservekolophonium
Als Kind
Sie wissen ich spielte
die Violine
als Kind
hatte ich zwei smaragdgrüne Schachteln
in jeder dieser smaragdgrünen Schachteln
hatte ich ein Reservekolophonium
Das worauf es ankommt
immer
in Reserve
wissen Sie
Man muß
ist man ausübender Instrumentalist
Kolophonium in Reserve haben

CARIBALDI
Morgen in Augsburg

JONGLEUR
Morgen in Augsburg

Herr Caribaldi

CARIBALDI

Da unter dem Kasten
muß es sein

JONGLEUR *bückt sich und schaut auch unter den Kasten*

Man erwartet mich
in Bordeaux
ein Fünfjahresvertrag
Herr Caribaldi
Meine Tellernummer ist übrigens
eine ausgesprochen französische Nummer
Sechs auf der linken
acht auf der rechten
nach und nach
in Musik gesetzt
müssen Sie wissen
Und Bekleidungszuschuß
extra
Ich habe
einen neuen Anzug an
Herr Caribaldi
Pariser Samt
Pariser Seide
von Alexandre
müssen Sie wissen
eine elegante Fütterung
plötzlich
Aber sehen Sie
da
ist das Kolophonium
steht auf

CARIBALDI

Da ist es
holt das Kolophonium unter dem Kasten hervor

JONGLEUR

Sie sollten sich eine zweite Schachtel
in Augsburg kaufen

CARIBALDI

Morgen in Augsburg

JONGLEUR

Man erwartet mich

in Bordeaux
Sarrasani
das ist immer
ein Triumph
höchste Klasse
Herr Caribaldi
und von Bordeaux
bis hinunter
nach Portugal
Lissabon
Oporto
wissen Sie
Caribaldi mit dem Kolophonium zum Cello, setzt sich und streicht den Bogen mit dem Kolophonium ein
Für einen Jongleur
der die französische Sprache
nicht beherrscht
nicht das Einfachste
aber ich beherrsche
die französische Sprache
Das Französische ist die Muttersprache
meiner Mutter gewesen
Pablo Casals hatte immer
fünf oder sechs Stücke Kolophonium
in Reserve
Morgen in Augsburg

CARIBALDI
Morgen in Augsburg

JONGLEUR
Diese außerordentliche Frau
meine Mutter
ist übrigens in Nantes
aus der Kirche ausgetreten

CARIBALDI *den Bogen gleichmäßig mit dem Kolophonium einstreichend*
Alle Augenblicke fällt mir
das Kolophonium
aus der Hand
und auf den Boden

JONGLEUR
Die Fingerschwäche

Herr Caribaldi
möglicherweise
altersbedingt

CARIBALDI

Eine zweite Schachtel Kolophonium

JONGLEUR

Seit Jahren sage ich
kaufen Sie sich
eine zweite Schachtel Kolophonium

CARIBALDI

Morgen in Augsburg

JONGLEUR

Unter den Kasten
zeigt unter den Kasten
Dahin
Jongleur und Caribaldi schauen unter den Kasten
Immer unter den Kasten
dahin
das ist doch sehr interessant
Die Fingerschwäche
und das Fallgesetz

CARIBALDI

Seit ein zwei Jahren
kann ich das Kolophonium
nur schwer in der Hand halten

JONGLEUR

Ihre Hand
ist an die Peitsche gewöhnt
nicht an das Kolophonium
Herr Caribaldi
Caribaldi öffnet sich die schmutzige Frackbrust
Jongleur springt auf und stürzt auf ein schief an der Wand hängendes Bild zu und richtet es gerade, auch noch ein zweites, und setzt sich wieder
Den ganzen Tag denke ich
wie lange probieren Sie das Quintett
fünfzehn
oder gar zwanzig Jahre
so weit ich zurückdenken kann
von dem ersten Tag an
an welchem ich mit Ihnen zusammen bin

erinnere ich mich
sitzen Sie hier auf dem Sessel
und probieren das Forellenquintett

CARIBALDI

Das Forellenquintett
übe ich
zwanzig Jahre
genaugenommen
das zweiundzwanzigste Jahr
Eine Therapie
müssen Sie wissen
Spielen Sie ein Instrument
ein Saiteninstrument
hat mein Arzt gesagt
damit Ihre Konzentration nicht nachläßt

JONGLEUR

Denn vor nichts hatten Sie mehr Angst
als vor dem Nachlassen Ihrer Konzentration

CARIBALDI

Die Konzentration
darf nicht nachlassen
Damals
vor zweiundzwanzig Jahren
hatte meine Konzentration
plötzlich nachgelassen
Auf den Peitschenknall
keine Präzision
verstehen Sie
keine Präzision
auf den Peitschenknall

JONGLEUR

Die Pferde reagierten nicht mehr

CARIBALDI

Nicht präzise
nicht mit der
erforderlichen Präzision
Und jetzt spiele
oder besser gesagt übe
ich zweiundzwanzig Jahre das Cello

JONGLEUR

Und zweiundzwanzig Jahre

das Forellenquintett
Caribaldi spielt den tiefsten Ton lange
Ein Künstler
der eine Kunst ausübt
braucht eine andere zweite Kunst
die eine Kunst
aus der andern
die einen Kunststücke
aus den andern

CARIBALDI *streckt dem Jongleur die rechte Hand hin*
In dieser Hand
sehen Sie
das Unglück
Ich lasse das Kolophonium fallen
zieht seine Hand zurück
Und der Kopf
ist zur Konzentration
nicht mehr fähig
plötzlich
läßt die Konzentration nach
Die Liebe zur Artistik allein

JONGLEUR
Allerdings
Die Kunst
ist nichts als Wechselwirkung
Artistik
Kunst
Kunst
Artistik
verstehen Sie
Ich bin neugierig ob heute
die Probe zustande kommt
Ihre Enkelin
ist kränkelnd
der Spaßmacher
hat etwas im Hals
und der Dompteur
ist auch heute wieder ein Opfer
seiner Melancholie
Dies ist ein Begriff
Herr Caribaldi

ein medizinischer Begriff

CARIBALDI

Die letzte Probe
ist ein Skandal gewesen
Das möchte ich nicht mehr
erleben
spielt den tiefsten Ton lange
Einen betrunkenen Dompteur
dem es Mühe macht auf den Beinen
einen Spaßmacher dem fortwährend
die Haube vom Kopf fällt
eine Enkelin die mir durch ihre Existenz allein
auf die Nerven geht
Die Wahrheit ist ein Debakel

JONGLEUR

Der Mittwoch ist immer
ein schlechter Tag
Aber auch der Samstag
ist kein guter Tag
Auch die Tiere sind am Mittwoch anders
als am Samstag
am Samstag anders
als am Mittwoch
Aber von den Menschen
noch dazu Artisten
Künstler
Herr Caribaldi
kann man doch
die Beherrschung erwarten

CARIBALDI

Wenn es nur einmal
nur ein einziges Mal gelänge
das Forellenquintett
zu Ende zu bringen
ein einziges Mal eine perfekte Musik

JONGLEUR

Ein Kunstwerk
Herr Caribaldi

CARIBALDI

Diese Übung
zur Kunst zu machen

JONGLEUR
Ohne Zwischenfall
ein so schönes Stück
CARIBALDI
Eine so hohe Literatur
müssen Sie wissen
In diesen zweiundzwanzig Jahren
ist es nicht ein einziges Mal gelungen
das Forellenquintett
fehlerfrei
geschweige denn als ein Kunstwerk
zu Ende zu bringen
Immer ist einer darunter
der alles zerstört
durch eine Unachtsamkeit
oder eine Gemeinheit
JONGLEUR
Konzentrationsunfähigkeit
Herr Caribaldi
CARIBALDI
Einmal ist es die Violine
einmal ist es die Viola
einmal ist es die Baßgeige
einmal ist es das Klavier
Dann wieder bekomme ich selbst
diese fatalen Rückenschmerzen
ich krümme mich vor Schmerz
müssen Sie wissen
und das Musikstück fällt auseinander
Habe ich den Spaßmacher so weit
daß er sein Instrument beherrscht
verliert der Dompteur auf dem Klavier
seinen Kopf
oder meine Enkelin
die ja jetzt schon zehn Jahre
auf der Viola spielt
zieht sich
wie letzten Dienstag
einen Schiefer ein
Mit schmerzverzerrtem Gesicht
kann man nicht Schubert spielen

schon gar nicht das Forellenquintett
Ich habe nicht wissen können
daß der Tonkunst dienen
so schwierig ist
spielt einen langen Ton auf dem Cello
Und allein kann ich das Quintett
nicht spielen
Es ist ein Quintett
streicht wieder mit dem Kolophonium den Bogen ein, während der Jongleur sagt

JONGLEUR

Die große Anhänglichkeit einerseits
die ich empfinde
Bordeaux
Frankreich Herr Caribaldi
andererseits
Kleidung extra
verstehen Sie
und den ganzen Winter
die Riviera auf und ab
und die Möglichkeit
mit meiner Schwester zusammenzuarbeiten
Caribaldi läßt das Kolophonium fallen
der Jongleur hebt es auf
Was alles anders
in Frankreich
Herr Caribaldi
Das Unmöglichste
eine Wohltat
Wie Sie wissen
liebe ich es außerordentlich
an der Atlantikküste
frische Muscheln zu essen
in weißem Bordeaux
gibt Caribaldi das Kolophonium
Die deutsche Sprache
verdummt mit der Zeit
die deutsche Sprache
drückt auf den Kopf
greift sich an den Kopf
Caribaldi zupft am Cello

Jongleur Caribaldi betrachtend
Extra Kleidungszulage
Und die französische Frischluft
Herr Caribaldi
Caribaldi streicht einen langen tiefen Ton auf dem Cello
Jongleur Caribaldi noch intensiver betrachtend
In dieser Haltung
des Oberkörpers
war Casals angelangt
auf dem Höhepunkt
Caribaldi zupft am Cello
Der ständige Luftwechsel
einmal nördlich
einmal südlich der Alpen
schadet dem Instrument
Immer muß es gestimmt werden
und immer nach andern Gesichtspunkten
für jeden Ort
für jede Luft extra

CARIBALDI
Extra

JONGLEUR
Aber die sogenannte Kammermusik
ist in Ihrer Familie
Auch in meiner Familie
Caribaldi streicht einen tiefen Ton auf dem Cello
Und immer ist es
das Forellenquintett
Am besten sagen Sie selbst
in Prag
am allerschlechtesten
auf der Theresienwiese

CARIBALDI
Morgen Augsburg

JONGLEUR
Auf der Theresienwiese
Caribaldi streicht einen tiefen Ton, zupft am Cello
Die Kunst ist ein Mittel
für eine andere Kunst
nachdenklich
Immer ist es

die letzte Vorstellung
Noch während der Tellernummer
wird das Zelt abmontiert
schaut und zeigt in die Höhe
Weil ich hinaufschauen muß
sehe ich
wie das Zelt abmontiert wird
Das Publikum nimmt natürlich
diesen Vorgang nicht wahr
Caribaldi zupft am Cello
Die Konzentration des Publikums
ist auf mich gerichtet
geht und richtet Bilder und Spiegel gerade
Ein Vorteil
wenn man eine französische Mutter hat
Wie Sie wissen
ist mein Vater aus Gelsenkirchen
ein unglücklicher Mensch
eine Zeitlang hat er sich
mit Schiffbau beschäftigt
plötzlich
Bei achtzehn höre ich auf
Achtzehn Teller nicht mehr
Plötzlich hatte ich Angst
Herr Caribaldi
schaut Caribaldi auf die Brust
Ihre Weste ist schmutzig
Herr Caribaldi
Caribaldi streicht einen tiefen Ton auf dem Cello
Ihre Weste ist schmutzig
Herr Caribaldi

CARIBALDI

Wenn man den ganzen Tag
auf dem Boden herumkriecht
auf der Suche
nach dem Kolophonium
nimmt das Kolophonium und streicht den Bogen ein, während der Jongleur sagt

JONGLEUR

Man macht mir das Angebot
in der Kuranstalt von Rouen

einen ganzen Abend
allein zu bestreiten
verstehen Sie
Zur Tellernummer
auch noch die Nummer mit dem Pudel
Mit dem Kunstpudel

CARIBALDI
Ihre Nummer mit dem Kunstpudel

JONGLEUR
Diese Kunstpudelnummer
die Sie mir verboten haben
Zwei Jahre an diese Nummer geopfert
und dann haben Sie sie mir verboten
In Rouen kann ich diese Nummer zeigen
Und meine Schwester als Assistentin
ist akzeptiert
Sarrasani
Herr Caribaldi
Ihr eigener Satz ist der Satz
Weggehn
nicht stehenbleiben
nicht stehenbleiben
weggehn
ruft aus
Ich gehe nach Frankreich
Herr Caribaldi

CARIBALDI *zupft am Cello*
Morgen Augsburg

JONGLEUR
Morgen Augsburg
richtet ein Bild gerade
Sarrasani
Herr Caribaldi
Caribaldi streicht einen tiefen Ton auf dem Cello
In Wirklichkeit
ist es gar nicht die Tellernummer
auch ich bin es nicht
es ist die Violine
Herr Caribaldi
Es ist das Forellenquintett
das ohne mich nichts ist

Sie haben mich gezwungen
Caribaldi zupft am Cello
die Violine zu spielen
weil ich in einer unglücklichen Verfassung
gesagt habe
mich verraten habe
daß ich als Kind auf der Violine gespielt habe
Sie haben mich zur Violine
zurückgezwungen
mit unglaublicher Rücksichtslosigkeit
Caribaldi streicht einen tiefen Ton auf dem Cello
Und Ihrer Enkelin
haben Sie die Viola aufgezwungen
und dem Spaßmacher die Baßgeige
und dem Dompteur Ihrem Neffen
das Klavier
ruft
Aufgezwungen
aufgezwungen
richtet, wie um sich zu beruhigen, einen Spiegel gerade
Dabei ist Ihrem Neffen
das Klavierspielen verhaßt
plötzlich auf die Tür zeigend
Durch diese Tür
kommen Ihre Opfer herein
Herr Caribaldi
Ihre Instrumente
Herr Caribaldi
Nicht Menschen
Instrumente
auf das Klavier zeigend
Ihr Neffe der Dompteur
hatte einmal die Idee
das Klavier zu zertrümmern
mit der Hacke
er hat es nicht getan
obwohl die Hacke schon in der Luft war
Ich habe das verhindert
Sie kennen die Brutalität Ihres Neffen
wie Sie selbst sagen
Das Tier

Nein nicht
so ich
Vielleicht eine sogenannte Sinnesverwirrung
aber allein die Vorstellung
des zertrümmerten Klaviers
und denken Sie
des von Ihrem fleischlichen Neffen
zertrümmerten Klaviers
Kopfschmerz
Kopfschmerz
greift sich an den Kopf
Ich nahm Ihrem Neffen
die Hacke weg
Bei dieser Gelegenheit
behandelte ich Ihren Neffen
wie Ihr Neffe
seine sogenannten wilden Tiere behandelt
Ich ging auf ihn zu
Caribaldi streicht einen tiefen Ton auf dem Cello
Ich redete ihm gut zu
Ich beruhigte ihn
Dann gab ich ihm das Versprechen
Caribaldi aufschauend
Daß ich ihm das Geheimnis
meiner Kunstpudelnummer verrate
So
zeigt es
hatte Ihr Neffe die Hacke über dem Kopf
wie leicht für ihn
das Klavier mit einem einzigen Hieb
zu zertrümmern
Sie kennen seine Kraft
Sie kennen seine Entschlußkraft
nimmt einen Notenständer und bläst den Staub ab
Caribaldi streicht einen langen tiefen Ton auf dem Cello
Aber ich habe mein Versprechen
nicht halten können
Weil Sie mir mit Entlassung gedroht haben
wenn ich Ihrem Neffen
die Schliche
oder sagen wir besser die Kunst

der Kunstpudelnummer klarmache
Ich war auf Ihre Hilfe angewiesen
die Tellernummer ist noch nicht
in der Weise entwickelt gewesen
daß ich mich selbständig hätte machen können
Sie vor den Kopf stoßen
konnte ich nicht
das konnte ich mir nicht erlauben
Ich habe Sie nicht erpressen können
Sie haben mich erpreßt
Ich war Ihnen wieder ausgeliefert
Mein Neffe spielt
solange ich darauf bestehe
auf dem Klavier
haben Sie gesagt
zeigt in die Ecke
Dort in der Ecke
haben Sie das gesagt
Das war endgültig
nimmt ein Notenheft und bläst den Staub ab
Sie beherrschen Ihren Neffen
wie Ihre Enkelin
Der Spaßmacher macht seine Späße nur
weil Sie ihn dazu zwingen
Alle diese Leute
sind Ihnen ausgeliefert
Wenn diese Leute sich einmal unterstehen
nicht zu kommen
das Forellenquintett
nicht zu spielen
Aber sie unterstehen sich
eine solche Ungeheuerlichkeit nicht
Caribaldi zupft am Cello
Diese Leute
sind Ihnen ausgeliefert
besitzen nichts
und sind Ihnen ausgeliefert
Selbst ich habe nie den Mut gehabt
n i c h t zu spielen
setzt sich
Im Gegenteil

feuerte ich die andern noch an
greift sich an den Kopf
An den Kopf damit
für eine solche Inkonsequenz
Konsequenz
Ihr Begriff
Präzision
Konsequenz
diese zwei
Ihre Begriffe
Aber natürlich leiden Sie auch
und zwar in dieser Ihnen eigenen
größenwahnsinnigen Vorgangsweise
an Ihrer eigenen Rücksichtslosigkeit
Herr Caribaldi
Und die Ursachen
sind Ihre Rückenschmerzen
ist Ihr Holzbein

CARIBALDI
Morgen Augsburg

JONGLEUR
Ihre schon von Kindheit an
angegriffene Gesundheit
Ihre Überempfindlichkeit
unter der Schädeldecke
Herr Caribaldi
plötzlich heftig
Der Kranke und der Verkrüppelte
beherrschen die Welt
alles wird von den Kranken
und von den Verkrüppelten beherrscht
Eine Komödie ist es
eine böse Erniedrigung
Caribaldi streicht einen tiefen Ton auf dem Cello
Wenn man wie ich
zugegeben einem Genie
über ein Jahrzehnt lang dient
und alles
Caribaldi lacht laut auf
Und alles mit einem solchen Gelächter
quittiert wird

holt einen Brief aus der Rocktasche
Aber jetzt
habe ich diesen Brief
aus Frankreich
Der Direktor des Zirkus Sarrasani persönlich
schreibt mir
Caribaldi hört auf zu lachen
Jongleur bedeutungsvoll mit dem Brief über dem Kopf
Wer hat in seinem Leben
ein solches Angebot bekommen
wer

CARIBALDI *macht vier kurze Striche auf dem Cello, stößt es von sich, ohne es auszulassen; befehlend*
Das Maggini
nein
das Salo
das Ferraracello
Verstehen Sie nicht
das Ferraracello will ich
Jongleur nimmt ihm das Cello ab
Caribaldi kommandierend
Das Ferraracello
Jongleur mit dem Magginicello zum Kasten, nimmt das sogenannte Ferraracello heraus und stellt das Magginicello hinein
Vollkommenheit
Vollkommenheit
verstehen Sie
nichts sonst
Jongleur gibt Caribaldi das sogenannte Ferraracello
Mein Neffe
Meine Enkelin
was für Menschen
Und Pablo Casals
was für ein Mensch
ruft aus
Was für Menschen
was für Geschöpfe
was für Unsinnigkeiten
jeder einzelne eine unglückliche Natur
für sich
Der Herr Spaßmacher

was für eine Unsinnigkeit
das Fräulein Enkelin
Alle diese Leute
verwandt oder nicht
haben mich nichts als Geld gekostet
Geld
und Geduld
Eine lebenslängliche Nervenprobe
streicht einen tiefen Ton auf dem Cello
Casals
das ist es
streicht den Bogen mit dem Kolophonium ein
sehe ich meinen Neffen den Dompteur
denke ich
da geht die Brutalität mit der Dummheit
sehe ich den Spaßmacher
da geht der Schwachsinn spazieren
der Schwachsinn
verliert die Haube
sehe ich meine Enkelin
ist es die Niedertracht ihrer Mutter
Geben Sie her
reißt dem Jongleur das Cello aus der Hand, das dieser einen Augenblick an sich genommen hatte, damit es Caribaldi nicht auf den Boden fällt
Der Schwachsinn
Ja
Casals
oder Schopenhauer
verstehen Sie
oder Platon
streicht einen langen tiefen Ton
Ich habe einmal geträumt
ich sei in Archangelsk
ohne zu wissen
wie Archangelsk ist
Und ich kenne nichts als Archangelsk
das ist es
sonst nichts
verstehen Sie
Und da glauben Sie

weggehen zu können
ruft aus
Sarrasani
was ist das
Machen Sie hier
in meiner Truppe die Tellernummer
hier auf diesem Platz
Ihre Kunst vervollkommnen
Ach was Vollkommenheit
besser werden
verstehen Sie
sonst nichts
Die Probe
auf das Exempel machen
verstehen Sie
Hier ist alles niederträchtig
streicht einen langen Ton auf dem Cello
Hören Sie
ganz anders
ganz anders
hören Sie
Das Salo
hat einen ganz anderen Ton
als das Maggini
Wie spät ist es denn
Sagen Sie mir nicht
wie spät es ist
streicht einen langen tiefen Ton auf dem Cello
Das Salo
Das Ferraracello
Vor fünf das eine
nach fünf das andere
streicht fünfmal kurz hin und her
Das Salo
hören Sie
Die Feuchtigkeit
nördlich der Alpen
streicht einen tiefen Ton auf dem Cello
Sie müssen genau hinhören
ein ganz anderer Ton
Aber spiele ich das Ferraracello

vormittags
hat es eine verheerende Wirkung
Das mußt du dir einprägen
sage ich immer
vormittags das eine
nachmittags das andere
Wie Casals
nachdenklich
Morgen Augsburg

JONGLEUR

Zwei Schachteln Kolophonium
Herr Caribaldi

CARIBALDI

Aber wenn man fortwährend so wie ich denke denkt
ist es eine Verrücktheit
Das eine Cello am Vormittag
das andere am Nachmittag
verstehen Sie
Das gilt auch für die Geige
Auch für die Viola gilt das
spielt ein paar kurze Töne auf dem Cello
Jongleur holt aus dem Kasten einen Geigenkasten und aus dem Geigenkasten eine Geige und setzt sich und stimmt die Geige
Es ist mir noch nie passiert
die Morgenprobe
auf dem Ferraracello
noch nie
Und südlich der Alpen
genau umgekehrt
Das Talent meiner Enkelin
ist kein großes Talent
aber es ist schön
sie tanzt auf dem Seil
schön
sie spielt die Viola
schön
Ein Kind
Und mein Neffe
ein ausgesprochenes Antitalent
Andererseits ist das Klavierspiel
ein Mittel

für einen Dompteur
Der Umgang mit den Tieren wissen Sie
umgekehrt
Diese fortwährenden Verletzungen
Morgen in Augsburg
muß er einen Arzt aufsuchen
morgen in Augsburg
In Wahrheit hätte mein Neffe
werden sollen
was er ist
eine durch und durch
bürgerliche Existenz
ich habe ihn
in die Truppe hineingezwungen

JONGLEUR
Die tödlichen Bisse
gegen seinen Vorgänger

CARIBALDI
Diese tödlichen Bisse

JONGLEUR
Leopardenbisse

CARIBALDI
Wir haben
die Leoparden
erschießen müssen
Dieser arme
von den Leoparden zerrissene Mensch
streicht einen langen tiefen Ton auf dem Cello
Das Quintett
schien verloren
Da kam ich auf die Idee
meinen Neffen

JONGLEUR
Ihren Neffen
zum Dompteur
und also zum Klavieristen zu machen

CARIBALDI
Wir hatten einen Dompteur
und Klavierspieler

JONGLEUR
Das Quintett war gerettet

CARIBALDI
Das Quintett
war gerettet
streicht einen langen tiefen Ton auf dem Cello
übrigens hatte mein Neffe
nicht nur dieses eine Mal die Idee
das Klavier zu zertrümmern
Immer wieder
hat er den Versuch gemacht
JONGLEUR
Mit untauglichen Mitteln
allerdings
CARIBALDI
Allerdings
Und glauben Sie nicht an die Heuchelei
des Spaßmachers
er haßt die Baßgeige
Meine Enkelin liebt auch die Viola nicht
Geben Sie zu Sie selbst
spielen nur widerwärtig
auf der Violine
Alles nur widerwärtig
alles was geschieht
geschieht widerwärtig
Das Leben die Existenz
widerwärtig
Die Wahrheit ist
Jongleur geht auf ein Bild zu und richtet es gerade
Die Wahrheit ist
ich liebe das Cello nicht
Mir ist es eine Qual
aber es muß gespielt werden
meine Enkelin liebt die Viola nicht
aber sie muß gespielt werden
der Spaßmacher liebt die Baßgeige nicht
aber sie muß gespielt werden
der Dompteur liebt das Klavier nicht
aber es muß gespielt werden
Und Sie lieben ja auch die Violine nicht
Wir wollen das Leben nicht
aber es muß gelebt werden

zupft am Cello
Wir hassen das Forellenquintett
aber es muß gespielt werden
Jongleur setzt sich, nimmt die Violine, spielt darauf
Caribaldi spielt ein paar Töne auf dem Cello
Nichts vormachen
kein Selbstbetrug
vier kurze Striche auf dem Cello
Was hier ohne weiteres
als eine musikalische Kunst bezeichnet werden kann
ist in Wirklichkeit
eine Krankheit
Geben Sie mir das Kolophonium
Jongleur gibt Caribaldi das Kolophonium
Caribaldi streicht den Bogen mit dem Kolophonium ein
Casals
nach einer Pause
Lächerlich
Die Kunst
ist immer
eine andere Kunst
der Künstler
oder sagen wir besser
der Zauberkünstler
es gibt ja nur Zauberkünstler
ein Anderer
täglich
tagtäglich
ein Anderer
Vor allem
darf ein solcher Mensch
die Beherrschung nicht verlieren
Seine Eigenschaft schwindelfrei
mit seiner Verrücktheit
vertraut
Wenn er die Intelligenz
in Person ist
Alles Unwillkürliche
soll in ein Willkürliches
verwandelt werden
Die Denkorgane

sind die Weltzeugungs-
und die Naturgeschlechtsteile
Partielle Harmonien
darauf beruht alles
zupft an den Cellosaiten
es handelt sich hier nicht
um Theosophie
verstehen Sie
zupft an den Saiten
Aber die Verrücktheit dieser Leute
ist eine andere Verrücktheit
wie auch ihre Verachtung
schwindelfrei einerseits
Verachtung andererseits
Krankheitsvorliebe
Überwindung des Lebens
Todesangst
verstehen Sie
das Ohr an den Cellokasten
So macht es Casals
hören Sie
streicht einen langen tiefen Ton auf dem Cello
So macht es Casals
Immer die Neigung zur Unzucht
den Kopf betreffend
In einer Welt
der Intoleranz
streicht einen tiefen Ton auf dem Cello
Jedes Wort
ist ein Wort der Beschwörung
bedeutungsvoll
Welcher Geist ruft
ein solcher erscheint
läßt das Kolophonium fallen, es rollt unter den Kasten; wirft die rechte Hand in die Höhe und ruft
Diese Finger
diese Finger machen mich wahnsinnig
auf den Jongleur blickend
Dieser schöne Anzug
dieser gute Schnitt
dieser vertrauenerweckende Farbton

Jongleur auf den Boden, das Kolophonium suchend
Wie wir unser Denkorgan
in beliebige Bewegung setzen
Magische Astronomie
Grammatik
Philosophie
Religion
Chemie und so fort
Begriff von Ansteckung
Sympathie des Zeichens
mit dem Bezeichneten
Wahrscheinlich ist das Kolophonium
ganz an die Wand geprallt
ganz an die Wand
ganz an die Wand
zupft am Cello
Jongleur auf Caribaldi zurückschauend, während er mit den Händen das Kolophonium unter dem Kasten sucht
Jedes Willkürliche
Zufällige
Individuelle
kann unser Weltorgan werden
horcht am Cellokasten und streicht gleichzeitig einen langen tiefen Ton
So
so Casals
Es ist eine nervöse Gewohnheit
eine Nervenkrankheit
glauben Sie mir
Das Kolophonium
Wahnsinn
verstehen Sie
wirft die rechte Hand in die Luft und bewegt nervös alle Finger und ruft
Plötzlich ist es da
plötzlich
eine Krankhaftigkeit
eine nervöse Krankhaftigkeit
nach einer Pause
Eine Gewohnheit
Und sehen Sie

zeigt unter den Kasten
immer in dieser Richtung
immer unter den Kasten

JONGLEUR
Gemeinschaftlicher Wahnsinn
Herr Caribaldi

CARIBALDI
Man hat mir empfohlen
daß ich es anbinde
an eine Schnur
und mir um den Hals hänge
streicht einen langen tiefen Ton auf dem Cello
Wie Fäustlinge
verstehen Sie
um den Hals
als Kind
Enkelin tritt mit einem Schaff heißen Wassers und mit einem Handtuch auf
Caribaldi schaut auf die Enkelin
Ach ja das Fußbad
Komm mein Kind

JONGLEUR
Ihr Fußbad
Herr Caribaldi
Enkelin stellt das Schaff vor Caribaldi und krempelt ihm die Hosenfüße auf, jetzt sieht man, sein rechtes Bein ist ein Holzbein; sie zieht ihm Schuh und Strumpf aus

CARIBALDI *mit dem linken Bein in das Wasserschaff*
Ah
plötzlich
Wie weit ist die Vorstellung
Waren die Tiere schon
die Affen

ENKELIN
Die Affen

CARIBALDI
Die Affen
die Affen
über den Jongleur, zur Enkelin
Er sucht das Kolophonium
Und du hast schön getanzt

fehlerfrei
fehlerfrei und schön
Enkelin nickt
Es gibt nichts
über ein heißes
Fußbad
Wenn das Wasser
gerade so heiß ist
daß man es
ertragen kann
küßt die Enkelin auf die Stirn
Enkelin tritt zurück
plötzlich
Du frierst ja mein Kind
Morgen sind wir in Augsburg
morgen Augsburg
Du mußt die Übung machen
verstehst du
die Übung
Komm her
mach die Übung
dann wird dir warm

JONGLEUR *der das Kolophonium noch nicht gefunden hat*
Dein Großvater meint es gut
mit dir
Enkelin stellt sich vor Caribaldi auf und macht auf sein Kommando eine Übung, die darin besteht, daß sie einmal auf dem rechten, einmal auf dem linken Bein steht, auf den Fußspitzen; steht sie auf dem rechten, hebt sie das linke Bein usf.; hebt sie den rechten, läßt sie den linken Arm fallen und umgekehrt, exakt wie eine Marionette, mit immer größerer Geschwindigkeit, während der Jongleur vom Boden aus zuschaut

CARIBALDI *mit dem Cellobogen taktierend*
Einszwei
einszwei
einszwei
einszwei
einszwei
einszwei
einszwei
einszwei

einszwei
einszwei
einszwei
einszwei
einszwei
einszwei
einszwei
einszwei
einszwei
So halt
Enkelin hört auf, erschöpft
Caribaldi befiehlt
Äpfel schälen
Schuhe putzen
Milch abkochen
Kleider bürsten
Und pünktlich zur Probe
verstehst du
Du kannst gehen
Enkelin ab
Caribaldi nachdenklich
Morgen Augsburg
zum Jongleur
Haben Sie das Kolophonium gefunden?
Jongleur hat das Kolophonium nicht gefunden und sucht weiter
Ein überflüssiges
ein schönes Kind
zieht, weil er sich unbeobachtet weiß, den rechten Hosenfuß noch höher hinauf und streicht, während der Jongleur das Kolophonium sucht, mit dem Cellobogen über das Holzbein, langsam, wie in großem Genuß und sagt
Casals
Casals
Jongleur hat das Kolophonium gefunden
Caribaldi läßt den rechten Hosenfuß fallen
Jongleur steht mit dem Kolophonium auf
Caribaldi verlegen
Alles ist Musik
alles
Die Welt ist
der Makroanthropos

Jongleur bringt Caribaldi das Kolophonium
Caribaldi nimmt das Kolophonium und streicht den Bogen damit ein, den Jongleur betrachtend
Die Erfahrung zeigt
daß einer
kriecht er längere Zeit
auf dem schmutzigen Boden
schmutzig wird
setzt den Cellobogen am Bauch des Jongleurs an
Die Angst ist es
nichts als die Angst
streicht dreimal ruhig und prüfend einen tiefen Ton auf dem Cello an, plötzlich auffahrend
Ein Brief
und sei er vom Sarrasani
bringt Sie aus der Fassung
plötzlich drohend, forsch
Aber ich kenne das
Jedes Jahr
bekommen Sie mehrere
solcher Briefe
alle diese Briefe
Angebote
Überangebote
zupft mehrere Male am Cello
Ich verstehe
Mehr Geld
Mehr Hochachtung
Der Herr Jongleur
fordert wieder einmal mehr Geld
und mehr Hochachtung
zupft am Cello
Zwei werden
durch den Dritten getrennt
und verbunden

JONGLEUR

Aber

CARIBALDI

Sind Sie ruhig
Es ist immer das gleiche
Wenn die Leute sich einen Namen gemacht haben

verlangen sie Geld
und Hochachtung
immer mehr Geld
und immer mehr Hochachtung
Die Künstler erpressen mit ihrer Kunst
wenn das nicht d i e Perfidie ist
Plötzlich fallen einen die Künstler an
mit ihren Forderungen
zupft kurz zweimal am Cello
Selbst das Genie
wird noch einmal größenwahnsinnig
wenn es ums Geld geht
setzt den Cellobogen am Bauch des Jongleurs an
Hochachtung
bricht in Gelächter aus, bricht das Gelächter aber gleich wieder ab
Die Artisten
aber insgesamt alle Künstler
erpressen mit ihrer Kunst
auf das rücksichtsloseste
Aber mich beeindruckt das nicht
Und Ihr Brief von dem Direktor des Sarrasani
ist einer jener Hunderte von gefälschten Briefen
die Sie mir in den ganzen zehn oder elf Jahren
die Sie bei mir sind
schon immer unter die Nase gehalten haben
Zeigen Sie mir das Angebot
Zeigen Sie mir das Angebot
zupft ein paarmal kurz die Saiten und hält den Cellobogen fest, wie zum Spiel
Jongleur tritt einen, dann noch einen Schritt zurück
Ein Dummkopf
der heute noch einem Künstler glaubt
ein Dummkopf

Vorhang

Zweite Szene

Dompteur mit dick einbandagiertem linken Arm am offenen Klavier, Brot, Wurst und Rettich essend

SPASSMACHER *auf dem Boden rechts, zum Dompteur*

Weh

DOMPTEUR

Nicht der Rede wert

SPASSMACHER

Geht die Probe

DOMPTEUR

Vielleicht
vielleicht auch nicht
haut mit der einbandagierten Hand auf die Tasten

SPASSMACHER

So geht es nicht

DOMPTEUR

So geht es nicht
es geht nicht so
haut noch einmal mit der einbandagierten Hand auf die Tasten
So nicht

SPASSMACHER

So nicht
verliert die Haube, setzt sie gleich wieder auf
Was glaubst du
wenn heute wieder nicht geprobt werden kann

DOMPTEUR

Das Quintett
kann nicht gespielt werden
wenn ich nicht spielen kann

SPASSMACHER

Wenn du nicht spielen kannst
nicht

DOMPTEUR

Nicht
Überhaupt nicht
Es ist ein Quintett
verstehst du

SPASSMACHER

Gehst du mit mir aus

morgen

DOMPTEUR

Morgen in Augsburg
ja
Da gehn wir miteinander aus

SPASSMACHER

Es muß weh tun
Der hat ganz schön
zugebissen

DOMPTEUR

Zugebissen
zugebissen

SPASSMACHER

Es ist nicht meine Schuld
Ich

DOMPTEUR

Schon gut
hör auf

SPASSMACHER

Ich springe

DOMPTEUR

Du springst

SPASSMACHER

Da springt er auch

DOMPTEUR

Max
betrachtet seine einbandagierte Hand
Max
beißt
tief

SPASSMACHER

Es ist nicht meine Schuld
Ich springe
springt auf
siehst du
so
zeigt es, wie er in der Manege gesprungen ist
so
siehst du
Und er springt auch

DOMPTEUR
Max darf nicht gereizt werden
verstehst du
Max versteht
keinen Spaß
Du mußt dich genau an die Abmachung halten
Erst wenn ich dir
das Zeichen gebe
mit dem Daumen verstehst du
springst du
Du bist früher gesprungen
früher gesprungen
Wenn ich sage Max
dreimal Max
dreimal kurz Max
springst du
wie abgesprochen
er muß d i c h anspringen
mich nicht
Du irritierst ihn
du irritierst
das Tier
I c h kann ja den Purzelbaum
nicht machen
verstehst du
Spaßmacher macht einen Purzelbaum und hockt sich wieder auf den Boden
Max versteht
keinen Spaß
Spaßmacher steht auf und zeigt dem Dompteur, wie er den Löwen reizen, und wenn der Löwe Max anspringt, den Purzelbaum machen muß
So
siehst du
so
Die Nummer steht zwei Jahre
wirft dem Spaßmacher ein Stück Wurst, das er gerade abgeschnitten hat, hin, der Spaßmacher fängt es auf, ißt es auf
Immer wieder kommt es zu Pannen
schreit den Spaßmacher an
Keine Panne mehr

verstehst du
keine Panne mehr
Das nächste Mal reißt der mir
noch den ganzen Arm ab
Präzise
Wie mein Onkel immer sagt
Präzise
Die Präzision zur Gewohnheit machen
verstehst du
wirft dem Spaßmacher ein großes Wurststück zu, wie wenn der Spaßmacher ein Raubtier wäre
Intelligenzler
Was mich allein
der zweieinhalbfache Sprung
gekostet hat
ein Jahr
verstehst du
Jetzt beherrscht er
den Sprung
trinkt von jetzt an immer Bier aus Flaschen, die ihm der Spaßmacher auf das Klavier stellt
Man darf ihn nicht
aus den Augen lassen
Morgen in Augsburg
neue Bandagen
verstehst du
Max sagen
ruhig Max sagen
und ihn nicht aus den Augen lassen
Hypnose
verstehst du
Mein Onkel
hat für Hypnose
nichts übrig
Die Tiere gehorchen mir
umgekehrt
gehorche ich den Tieren
verstehst du
Hypnose
plötzlich
Im Ernstfall

sich hinwerfen
Das hast du doch in der italienischen Truppe gelernt
wie man sich hinwirft
Spaßmacher wirft sich wie in der italienischen Truppe hin, steht wieder auf
So
so ist es richtig
Idiotisch
eine Verschwörung
m i t den Tieren einerseits
g e g e n die Tiere
andererseits

SPASSMACHER
Einerseits
andererseits

DOMPTEUR
Zuerst Angst
dann die Vorliebe
für die Angst
sagt mein Onkel

SPASSMACHER
Der Herr
Caribaldi

DOMPTEUR
Der Herr
hat die Bierflasche vom Klavier gestoßen, unabsichtlich oder nicht
Spaßmacher springt auf und wischt mit einem Fetzen das Bier vom Boden auf
Die klassische Musik
bringt mich um

SPASSMACHER
Das Forellenquintett

DOMPTEUR
Die ganze klassische Musik
Spaßmacher stellt dem Dompteur, nachdem er das Bier vom Boden aufgewischt hat, eine neue Flasche Bier aufs Klavier und hockt sich wieder dort auf den Boden, wo er vorher gehockt war
Dompteur trinkt
Seine Tochter

hättest du sehen sollen
eine Schönheit
sie war ganz verstümmelt
Vorher hatte ihr Vater
sie noch die Übung Wie verneigt man sich
üben lassen
vierzehnmal
wie er diese Übung
ja auch seine Enkelin
vierzehnmal
machen läßt
Sie hat einen Fehler gemacht
verstehst du
Das Schlüsselbein
steckte ihr in der Schläfe
zeigt es

SPASSMACHER *macht es nach*
In der Schläfe

DOMPTEUR
Begräbnis dritter Klasse
so liebt der Vater die Tochter
daß die dann verscharrt wird
schon ein Jahr später
wußte kein Mensch mehr
wo
er suchte sie vergeblich
auf dem Friedhof
Seither fährt er nicht mehr
nach Osnabrück
Osnabrück nicht mehr

SPASSMACHER
Nicht mehr Osnabrück

DOMPTEUR
Wie einen Hund
die eigene Tochter
verscharren lassen
verstehst du
Die höchsten Schwierigkeitsgrade
und immer rücksichtslos
immer die gleichen Übungen
immer die gleiche Rücksichtslosigkeit

Er kennt keine Müdigkeit
Er kennt kein Aufhören
Keinerlei Aufmucken
Einmal im Jahr
ein neues Kleid
oder ein Paar Gummistiefel
sonst nichts
Er nennt sie
die einfachen Geschöpfe
Das Genie ist der Vater
mein Onkel
der die Geschöpfe tanzen
oder dressieren
oder jonglieren läßt
der von unten hinaufschaut
ist das Genie
verstehst du
schneidet ein Stück Wurst ab und wirft es dem Spaßmacher zu, der fängt es und ißt es auf
Wenn das Kind einmal länger Toilette macht
Spaßmacher läßt die Haube fallen und setzt sie sich gleich wieder auf
bekommt es eine Ohrfeige
und wird durch Verdoppelung der Übung
bestraft
Wie verneige ich mich
verstehst du
Diese Übungen
einszwei
einszwei
einszwei
verstehst du
und in der Nacht plötzlich aufstehen müssen
und die Übung machen
Wie verneige ich mich
schneidet ein Stück Rettich ab und wirft es dem Spaßmacher zu
Da Rettich
Rettich da
Spaßmacher fängt das Rettichstück auf und verschluckt es
Wenn das Nachthemd naß ist
kein Mitleid

Aber einmal wirft es sich weg
ein solches Geschöpf
stürzt es sich
in die Manege
Die Verrücktheit
eines einzigen Menschen
in welche dieser Mensch rücksichtslos
alle andern hineintraktiert
Der nichts als die Vernichtung
im Kopf hat
Spaßmacher läßt die Haube fallen und setzt sie sich gleich wieder auf
Im Regen die Übung machen
bei drei Grad
Wie verneige ich mich
Das Cello
und die Peitsche
verstehst du
schneidet ein Stück Rettich ab und wirft es dem Spaßmacher hin, der fängt es auf und ißt es
Ich bin ein dummer Mensch
sagt er
vor allen Leuten

SPASSMACHER

Kunststücke machen
Kunststücke machen
Üben
üben
üben
macht einen Purzelbaum vor und einen Purzelbaum zurück

DOMPTEUR

Dafür hasse ich ihn
schneidet ein Stück Wurst ab und wirft es dem Spaßmacher hin
Verachtung für alles
verstehst du
Das Gegenüber
immer
in jedem Fall ein Idiot
Mit seiner Enkelin ist er
in Venedig gewesen
In jedes Schauspiel sind sie gegangen

Auch auf dem Markusplatz
im Regen
bei zwei Grad Celsius
hat sie üben müssen
Wie verneigt man sich
trinkt, ißt
Wenn du Max anschaust
Hypnose mußt du denken
es handelt sich
um Hypnose
Wenn du das vergißt
reißt er dir ein Stück Fleisch
heraus
wie mir

SPASSMACHER
Tuts weh

DOMPTEUR
Mit Schnaps
nicht
zuerst Schnaps
dann Bier
Bier
Bier

SPASSMACHER
Mit Schnaps
mit Bier
mit Bier
Bier
Bier

DOMPTEUR
Hypnose
verstehst du
Dabei kann ich
von Glück reden
Sterbensglück
Aber glaubst du
er hätte die Tiernummer
ausfallen lassen
ruft aus
Ein Stück Fleisch herausgerissen
und die Tiernummer

findet statt
verstehst du
Weil er hinter uns allen
her ist
immer zwei Schritte hinter uns
oder er steht schon vor uns
auch wenn er nicht da ist
ist er da
beobachtet uns
verstehst du
belauert uns
Mit seinem eigenen Holzbein erschlagen
wie einen Hund

SPASSMACHER *läßt die Haube fallen und setzt sie gleich wieder auf*
Wie einen Hund

DOMPTEUR
Wie einen Hund
Und immer pünktlich
das Forellenquintett
hebt den einbandagierten Arm
Hier unter der Achsel
zieht es
ein ziehender Schmerz
trinkt
Und allmählich verliere ich
die Sehkraft
das hat mir der Arzt prophezeit

SPASSMACHER
Die Sehkraft

DOMPTEUR
Morgen in Augsburg
muß ich den Augenarzt aufsuchen

SPASSMACHER
Morgen in Augsburg

DOMPTEUR *trinkt die Flasche vollkommen leer*
Spaßmacher springt auf und stellt eine neue Flasche auf das Klavier und hockt sich wieder auf den Boden
Sich einen Menschen halten
wie ein Tier
verstehst du
Wir sind nichts

als Tiere
Das Klavier
die Viola
die Baßgeige
die Violine
Tiere
nichts als Tiere

SPASSMACHER
Tiere

DOMPTEUR
Absichtlich
läßt er das Kolophonium fallen
Neuerdings auch
vor dem Jongleur
Der Jongleur muß auf den Boden
zeigt unter den Kasten
Da unter den Kasten
schneidet ein Stück Wurst ab und wirft es dem Spaßmacher zu
Der Herr Jongleur kriecht auf dem Boden
und apportiert meinem Onkel das Kolophonium

SPASSMACHER
Der Herr Jongleur
und der Herr Caribaldi

DOMPTEUR
In immer kürzeren Abständen
verstehst du
Apportiert
Manchmal denke ich
beiß zu
Aber er tut es nicht
Er hat mir den Kopf
abgebissen
träume ich
daß er zubeißt
Der Herr Dompteur
ohne Kopf
verstehst du
Spaßmacher lacht in sich hinein
Daß er Ernst macht
verstehst du
Der Kopf sagt Max

und ist schon abgebissen
Spaßmacher lacht
Die Hände
auf den Kopf
aber da ist kein Kopf mehr
Spaßmacher lacht in sich hinein
Der springt mich an
und beißt mir den Kopf ab
trinkt aus der Flasche
Spaßmacher springt auf und verliert die Haube, setzt sie sich gleich wieder auf, erschrocken auf die Tür schauend

CARIBALDI *tritt auf, zum Spaßmacher*
Unglaublich
Hinaus mit dir
In die Manege mit dir
mach deine Späße
Wirds bald
Spaßmacher mit einem Knicks vor Caribaldi ab
Auf dem ganzen Platz
suche ich diesen Menschen
Eine Ungeheuerlichkeit
Morgen Augsburg
Die ganze Zeit
der Jongleur allein
in der Manege
Keine Spur
vom Spaßmacher
Da versteht das Publikum
keinen Spaß
zum Dompteur
Bier
Rettich
Gestank
Für einen Betrunkenen
ist kein Platz hier
Das ist kein Platz hier
für einen Betrunkenen
halte dich an die Regel

DOMPTEUR
Aber

CARIBALDI
Es ist immer das gleiche
man muß hinter euch her sein
forsch
Hinaus mit dir
Die Tiere brüllen vor Hunger
und du frißt dich an
Hinaus
Dompteur steht auf
Caribaldi schreit den Dompteur an
Fauler Hund
Dompteur mit dem großen Rettich ab
Caribaldi hängt den Zylinder an den Haken
An den Nagel hängen
an den Nagel hängen
Notenständer
diese nutzlosen Notenständer
stößt an einen der Notenständer, packt einen der Notenständer
Das Forellenquintett
schlägt sich an den Kopf
Enkelin ist eingetreten
An den Nagel hängen
an den Nagel hängen
ENKELIN
Die Schuhpasta ist ausgegangen
CARIBALDI *imitiert sie*
Die Schuhpasta ist ausgegangen
Morgen in Augsburg
morgen in Augsburg
Diese nutzlosen Notenständer
Das Forellenquintett
An den Nagel hängen
alles
an den Nagel hängen
alles
schlägt sich mit der flachen Hand auf die Stirn
Idiot
ENKELIN
Willst du das Cello
CARIBALDI
Das Cello

das Cello
brüllt die Enkelin an
Das Maggini
oder das Salo
oder das Ferraracello
setzt sich
Komm her mein Kind
Enkelin geht zu ihm hin
Höre
die letzte Phrase leise
Crescendo
sage ich crescendo
Decrescendo
sage ich
decrescendo
sehr leise
die letzte Phrase
sehr sehr leise
berührt die Enkelin an der Schläfe
Wir sind
von Bestien umgeben
von Bestien
decrescendo
decrescendo
crescendo
crescendo
schaut zur Tür
Mit mir allein mein Kind
Morgen Augsburg
schläfst du gut
in der Nacht
Ich schlafe nicht
ich träume nicht
Zeig deine Beine
Enkelin zeigt die Beine
Dein Kapital
Deine Mutter
hatte die schönsten Beine
Übst du
auf das genaueste
Üben

Aufwachen
Aufstehen
Üben
Üben
Üben
zupft am Cello, streicht einen langen tiefen Ton auf dem Cello
Hörst du
Casals
Die Kunst auf dem Seil zu tanzen
ist ein Gottesgeschenk
Und die Zähne
Zeig her
Enkelin macht den Mund auf und zeigt die Zähne
Gute Zähne
das wichtigste
Machst du die Übung
mit dreizehn
Dreizehn auf
dreizehn ab
Und die Übung
mit einundzwanzig
einundzwanzig auf
einundzwanzig ab
Keine Lektüre
mein Kind
Und merke dir
Ballett ist etwas anderes
Kein Ballett
Und höre nicht
was der Dompteur sagt
und höre nicht
was der Jongleur sagt
Es ist ein Mißverständnis
verstehst du
alles ein Mißverständnis
Arme hoch
Enkelin wirft die Arme hoch
Hoch
hoch
Enkelin wirft zweimal die Arme hoch
Und nicht zu den Tieren

schreit
Und nicht zu den Tieren
Deine arme Mutter
Und dann der Absturz
Zeig deine Hände
Enkelin zeigt ihre Hände
Gut
Die fortwährenden Warnungen
ihres Vaters
meiner Person
nutzlos
Kolophonium
hörst du
Kolophonium
Morgen in Augsburg
Eines Tages
ist sie zu den Tieren
und die Tiere haben zugebissen
in das Geschöpf hineingebissen
Sie war tapfer
die Ärzte haben sie
gut zusammengeflickt
kaum war sie zusammengeflickt
ist sie abgestürzt
Unaufmerksamkeit
Einen Augenblick Angst
verstehst du
Ein Fehltritt
Die Arme hoch
Enkelin wirft die Arme hoch
Hoch
hoch
hoch
Enkelin wirft dreimal die Arme hoch
Keine Bibliothek in Augsburg
Kein Buch
nichts
schreit plötzlich
Nicht zu den Tieren

ENKELIN
Nicht zu den Tieren

CARIBALDI
Auf dem Seil tanzen
hoch oben
in höchster Höhe
schaut empor
Ohne abzustürzen
Es ist ein schöner Anblick
plötzlich zu Boden schauend
Dieser Schrei
mein Kind
Sie war sofort tot
Wie du zum erstenmal
auf dem Seil gewesen bist
ich hatte Angst
Todesangst
berührt die Enkelin
Ich habe immer
Angst
schiebt die Enkelin weg
Enkelin dreht sich darauf wie ein Kreisel
Die Musik ist es
und das menschliche Gehör
Die Kunststücke sind es
und die Musik
Jetzt bring mir das Cello
Enkelin zum Kasten, mit dem Magginicello zurück
nicht d i e s e s Cello
Mein Kind nein
Nicht das Maggini
Das Ferraracello
Enkelin mit dem Magginicello zum Kasten zurück, mit dem Ferraracello zu Caribaldi
Einmal
vor aller Öffentlichkeit
In der Manege
Enkelin gibt Caribaldi das Kolophonium, dieser streicht den Bogen mit dem Kolophonium ein, gibt das Kolophonium der Enkelin und streicht zwei lange tiefe Töne
In aller Öffentlichkeit
Vielleicht im Herbst
in Nürnberg

ENKELIN
In Nürnberg
CARIBALDI
Aber Stillschweigen
Stillschweigen
mit dem Zeigefinger vor dem Mund
Stillschweigen
In der Manege
das Forellenquintett
Zuerst tanzt du auf dem Seil
und dann spielst du die Viola
leise
sehr leise
crescendo
decrescendo
Perfektion
Absolut
Die Leute kommen
und sehen
und hören
streicht einen langen tiefen Ton auf dem Cello
Sie kommen
in eine Zirkusvorstellung
und hören das Forellenquintett
Aber bis es soweit ist
bis Nürnberg
muß geübt werden
geübt werden
geübt werden
Schubert
nichts sonst
die Leoparden nicht
die Löwen nicht
die Pferde nicht
Nur du
und Schubert
Die Tellernummer nicht
Nur Schubert
und du
Dann
Es ist keine Probe

es ist ein Konzert
plötzlich heftig
Aber dieser Mensch
mit seinen immer neuen Verletzungen
und der Jongleur
mit seiner Perversität
der entsetzliche Charakter
des Spaßmachers
Diese fürchterlichen Menschen
in Betrachtung des Cellos
Eine Kostbarkeit
Ich habe es in Venedig gekauft
mit dem Erbe deiner Mutter
ihr ganzes Vermögen
hat mich
dieses Cello gekostet
Hier siehst du
zeigt es
ist das Wort Ferrara eingraviert
Das heilige Wort
Ferrara
Ich habe ihn zweimal gehört
mein Kind
einmal in Paris
und einmal in London
Casals
streicht einen langen tiefen Ton und wieder zurück
Es ist ein Unterschied
Hörst du den Unterschied
Kannst du den Unterschied hören
Jeden Tag frage ich dich
ob du den Unterschied hörst
hörst du ihn
Enkelin nickt
Es ist eine hohe Kunst
die Hörkunst
mein Kind
Die Kunst ist
daß man hört
und immer
daß man den Unterschied hört

hörst du den Unterschied
Enkelin nickt
Bring mir das andere
gibt der Enkelin das Ferraracello
Enkelin geht zum Kasten und holt das Magginicello, gibt es Caribaldi und bleibt vor ihm stehen
Caribaldi streicht auf dem Magginicello einen langen leisen Ton
Hörst du den Unterschied
Dieser Unterschied
Casals
Es ist unmöglich
ab fünf Uhr nachmittag
auf dem Magginicello zu spielen
Am Morgen auf dem Maggini
am Abend auf dem Ferrara
Wir befinden uns
nördlich der Alpen mein Kind
auf Antwort wartend
Und

ENKELIN
Wir sind nördlich der Alpen

CARIBALDI
Richtig
wir sind nördlich der Alpen
Nicht auf dem Magginicello
nördlich der Alpen
nicht auf dem Magginicello
plötzlich forsch
Die Probe findet statt
Und wenn ich sie alle mit Fußtritten
an ihre Instrumente treten muß
Der Herr Dompteur glaubt
sich tagtäglich eine Verletzung gestatten zu können
und der Spaßmacher klagt
über seine Nierenschmerzen
und der Herr Jongleur
schützt mir seit Jahren
eine undefinierbare Krankheit vor
Die Probe findet statt
Wer nicht probt erreicht nichts

wer nicht übt
ist nichts
man muß unaufhörlich proben
unaufhörlich
verstehst du
unaufhörlich auf dem Seil
unaufhörlich an der Viola
unaufhörlich
man darf nicht absetzen
man darf nicht pausieren
streicht einen langen tiefen Ton auf dem Cello
Ein Morgeninstrument
kein Abendinstrument
kein Abendinstrument
gibt das Magginicello der Enkelin, die stellt es in den Kasten und kommt mit dem Ferraracello zurück
Caribaldi nimmt das Ferraracello und streicht einen tiefen langen Ton
Hörst du
das ist es
Ja
das ist es
plötzlich laut, die Enkelin anherrschend
Crescendo
wenn ich crescendo sage
Decrescendo
sage ich decrescendo
Hast du verstanden
nichts berechtigt zur Nachlässigkeit
Casals
zupft an einer Saite
Die Kunst
ist eine mathematische Kunst
mein schönes Kind
Gib mir die Hand
Enkelin gibt Caribaldi die Hand
Du frierst ja
mein Kind
Enkelin tritt einen Schritt zurück
Caribaldi hebt den Cellobogen, taktiert mit dem Cellobogen die Enkelin, die widerspruchslos mit der Übung beginnt

Einszwei
einszwei
einszwei
einszwei
einszwei
einszwei
einszwei
einszwei
einszwei
einszwei
einszwei
einszwei
einszwei
Enkelin erschöpft, läßt Arme und Kopf fallen
Jetzt ist dir warm
mein Kind
Und
Wie verneigt man sich
Enkelin verneigt sich
So verneigt man sich
so
prüft das Gesicht der Enkelin
Du beherrschst dein Gesicht nicht
mein Kind
Du mußt dein Gesicht beherrschen
Morgen in Augsburg
streicht einen langen tiefen Ton auf dem Cello
Dieser Ton
ist ganz anders
hörst du diesen Ton
hörst du den Unterschied
Das Ferraracello
Enkelin nickt
Die Weltkörper
sind Versteinerungen
streicht einen langen leisen Ton
Jongleur tritt auf
Caribaldi bemerkt das nicht
Jongleur und Enkelin hören Caribaldis langem Ton zu
wenn der Ton zu Ende ist
Ist es auch ein Unglück

wird es das ganze Leben fortgesetzt
Ein Caribaldi
kein Künstler
Unvorstellbar
zeigt mit dem Cellobogen in die Höhe
Es ist eine Frage der Luftschichten
bemerkt den Jongleur
verstehen Sie
eine Frage der Luftschichten
Metaphysik vielleicht
Starr und flüssig
polare Entgegensetzungen
Vereinigt
in dem Begriff
von Feuer
plötzlich
Wie weit
sind die Leute
Es muß alles rasch gehen
Morgen um sechs
will ich in Augsburg sein
Schon wenn die Vorstellung anfängt
Abbau des Zelts
Die Zuschauer sitzen noch da
aber das Zelt ist nicht mehr da
Weiter weiter
gleich weiter
Wie viele waren denn da
Nichts Deprimierenderes
als die letzte Vorstellung
ich hasse
Ich sehe ja nichts
ich rieche nur
diesen üblen Geruch
den die Zuschauer ausströmen
Es ist lächerlich
immer wieder diese Bemerkung zu machen
aber der Geruch der Zuschauer
ist ein abstoßender
Ich sehe nichts
das ist wahr

aber ich rieche
wo ich bin
Dieser Geruch denke ich
Ah Koblenz
Dieser Geruch
Ah Berlin
dieser Geruch
Nürnberg etcetera
Ich rieche wo ich bin
ruft
Augsburg ist
das schlimmste
Die Tiernummer
verkürzen
die Tellernummer
verkürzen
dem Spaßmacher
die Späße reduzieren
verstehen Sie
Frisches Fleisch kaufen
in Augsburg
Wenn das so leicht wäre
mit dem Frischfleisch
Alle um fünf Uhr früh
in die Freibank
zur Enkelin
Auch du mein Kind
und binde dir den Schal um
Die Freibank
Frischfleisch
hast du gehört
Frischfleisch
zum Jongleur
In der Kindervorstellung
keine Kürzung
Den Spaßmacher extra
immer wieder den Spaßmacher
Keine großen Worte
mein Herr Jongleur
Und alle Tiere
Alle Tiere

Es ist widerwärtig
meine ganze Kindheit
eine Schreckensherrschaft
läßt den Cellobogen fallen, und der Jongleur und die Enkelin stürzen hin und wollen den Cellobogen aufheben; der Jongleur hat ihn aufgehoben und gibt ihn Caribaldi
Man darf die Not nicht vergessen
die die Kindheit gewesen ist
Jede Kindheit
zur Enkelin
Achte auf deinen Rücken
wenn du dich bückst
du bückst dich zu leichtfertig
unbewußt
doch bewußt
verstehst du
zum Jongleur
Immer sage ich ihr das gleiche
wie ich allen Leuten
immer das gleiche sage
alle diese Leute ändern sich nicht
aber es ist unmöglich
damit aufzuhören
mit diesen Ermahnungen
Die Körper
wie die Köpfe betreffend
Körper und Köpfe betreffend
Alles unter ständiger
in ständiger Kontrolle
zur Enkelin
Wie verneigt man sich
Enkelin stellt sich sofort auf
Also
Enkelin verneigt sich
So
gut so
zum Jongleur
Finden Sie
daß sich meine Enkelin
richtig verneigt

JONGLEUR
Sie verneigt sich
richtig
Herr
Caribaldi

CARIBALDI
Kopf und Körper
Körper und Köpfe
unter ständiger Kontrolle
Die Gedankenlosigkeit
ist das abstoßendste
Jongleur zu einem ihm gegenüber hängenden Bild, um es gerade zu hängen
Caribaldi über dieses Bild
Verona
wie man sieht
Sankt Zeno
Mein Vater im Sterben
auf dieser armseligen Bettstelle
wissen Sie
in einem ungeheizten Zimmer
Steinboden
Das Leintuch
als Leichentuch
tödlich
verstehen Sie
alles tödlich
Da auf einem solchen Steinboden
hatte mein sterbender Vater
sein Lager
Unsere Mutter
wer weiß wo sie war
Da sagte mein Vater
sterbend
Laßt es nie
in euerm Leben
so weit kommen
läßt den Cellobogen sinken, zum Jongleur
Ein anderer Nagel
ein anderer Nagel gehört eingeschlagen
Richten Sie es gerade

ist es gleich wieder schief
JONGLEUR
Ein anderer Nagel
CARIBALDI
Es ist noch nicht gerade
Jongleur glaubt, das Bild ist gerade, aber Caribaldi sagt
Es ist noch nicht gerade
noch immer nicht
noch immer nicht
noch immer nicht
noch nicht
jetzt
Ah
Sie hätten das Bild nicht mehr berühren sollen
Jongleur richtet es wieder
Nein
nein
nein
Ja jetzt
jetzt
Jongleur tritt zurück und betrachtet das Bild
Enkelin hat sich genau zwischen Caribaldi und das Bild gestellt
Caribaldi, als wollte er die Enkelin mit dem Cellobogen wegtreiben
Weg
weg mein
So
jetzt ist es gerade
zum Jongleur
Sie hätten das Bild nicht mehr berühren sollen
M i c h irritiert es ja nicht
S i e irritiert es
S i e leiden darunter
i c h leide nicht darunter
Blanke blitzblanke Spiegel
das lieben Sie
Ihre Schuhe im Hochglanz
Jongleur und Caribaldi und Enkelin schauen auf die hochglanzgeputzten Schuhe des Jongleurs
Sie haben
wie ich weiß

immer ein Schuhfetzchen
in Ihrem Hosensack
im Hosensack rechts
rechts ein Schuhfetzchen
links ein Taschentuch
Schuhfetzchen
Taschentuch
Schuhfetzchen
Taschentuch
zum Jongleur befehlend
Ja zeigen Sie
zeigen Sie
fordert den Jongleur mit Bewegungen des Cellobogens dazu auf, seine Hosensäcke umzudrehen
Drehen Sie
Ihre Hosensäcke um
Drehen Sie sie um
Jongleur dreht seine Hosensäcke um, aber es kommt links das Schuhfetzchen und rechts das Taschentuch zum Vorschein, nicht umgekehrt
Sehen Sie
nicht im linken Hosensack
haben Sie das Taschentuch
sondern rechts
links haben Sie das Schuhfetzchen
Auch Sie irren
Herr Jongleur
Stecken Sie alles wieder ein
Jongleur steckt Schuhfetzchen und Taschentuch wieder ein, aber jetzt, wie es sich gehört, das Schuhfetzchen in den rechten, das Taschentuch in den linken Hosensack
Taschenspielerei
Taschenspielerei
zur Enkelin
ein ordentlicher Mensch
hat im rechten Hosensack ein Schuhfetzchen
und im linken Hosensack
ein Taschentuch
Und er verwechselt nicht
linken und rechten Hosensack
Und er hat ein saubereres

weißes Taschentuch
zum Jongleur
Ich frage Sie nicht
wieviel saubere weiße Taschentücher
Sie besitzen
zur Enkelin
Er wäscht die Taschentücher
selbst
er ist unverheiratet
er wäscht sie sich selbst
in einem eigens dafür bestimmten Lavoir
Denn das ginge ja nicht
daß er sich im gleichen Lavoir
in dem er sich die Taschentücher wäscht
und die Schuhfetzchen wäscht
auch Schuhfetzchen müssen ab und zu
gewaschen werden mein Kind
auch das Gesicht wäscht
zum Jongleur
Einmal in Iserlohn
haben Sie sich
in das Schuhfetzchen geschneuzt
und mit dem Schuhfetzchen
die Nase geputzt
Erinnern Sie sich
wie Sie diesen fürchterlichen
langanhaltenden Schnupfen hatten
Enkelin lacht plötzlich laut auf
Caribaldi hämisch
In Iserlohn
Und in Marburg an der Lahn
die Enkelin anschauend
Und das
vor Publikum
Dompteur tritt auf, alle blicken auf den Dompteur, der in der Tür stehenbleibt
Caribaldi zum Dompteur, schreiend
Frischfleisch
morgen in Augsburg
Frischfleisch
zu sich und zur Enkelin

Was für ein abstoßender Mensch
Dompteur geht zum Klavier und nimmt einen großen Rettich an sich und will wieder gehen, aber der Spaßmacher tritt auf; Enkelin blickt auf den Spaßmacher; Caribaldi horcht am Cellokasten und streicht einen langen tiefen Ton, dreimal hin und zurück; Spaßmacher winkt Enkelin zu sich und flüstert ihr etwas ins Ohr und zeigt mit weitausgestreckter Hand unter den Kasten; Enkelin geht zum Kasten und holt das Kolophonium hervor und geht damit zu Caribaldi. Caribaldi hat die Enkelin zuerst nicht bemerkt, streicht einen langen tiefen Ton, setzt ab und nimmt ihr das Kolophonium ab und streicht damit den Cellobogen ein – plötzlich zum Spaßmacher
Hast du deine Späße gemacht
Spaßmacher nickt; Caribaldi zur Enkelin
Wie verneigt man sich
Enkelin verneigt sich

Vorhang

Dritte Szene

Alle, außer dem Dompteur, auf den Sesseln, ihre Instrumente stimmend, die Bogen der Instrumente mit Kolophonium einstreichend

CARIBALDI *zur Enkelin*
Crescendo
wenn ich crescendo sage
Decrescendo
sage ich decrescendo
Es gibt in der Kunst
gar in den Kunststücken
kein Pardon
zum Jongleur
Diese Entwicklung
muß allein gegangen sein
den Schwachsinn
in einem einzigen Augenblick

zum Genie machen
Wenn ein Körper im ganzen
in ein Verhältnis tritt
so treten seine Teile
in ein ähnliches Verhältnis
wie der ganze Körper tritt
In diese Hunderttausende von Richtungen
in die ich hätte gehen können
in eine einzige bin ich gegangen
Aber ich bin kein Beispiel
tatsächlich bin ich
gescheitert
Der Direktor ist immer
gescheitert
Die Versuche die ich
gemacht habe
gescheitert
die Möglichkeiten
die ich gehabt habe
Weil sich ein Mensch wie ich
in fortwährender Beobachtung
der anderen Menschen
vernichten muß
Die andern sich entwickeln lassen
verbietet sich einem solchen Menschen
wie ich
Eine an sich mittelmäßige Verwandtschaft
und die Hohe Kunst
andererseits
Und die fortwährenden Versuche
die Mittelmäßigkeit der Verwandtschaft
in diese Hohe Kunst
oder besser in diese sogenannte Hohe Kunst
hinein
und hinunter zu stoßen
Diese tagtägliche Quintettprobe
ist keine Marotte
zur Enkelin
Die Viola so spielen
wie du auf dem Seil tanzt
zum Jongleur

Die Violine absolut
zu ihrem Kopf machen
und umgekehrt
wissen Sie
zum Spaßmacher
Die Baßgeige
ist dein Unglück
verstehst du
immer wieder
Die Baßgeige
ist dein Unglück
Immer diese Verzögerungen
diese Verletzungen
diese Launen
zur Enkelin
In Augsburg
die E-Saite nicht vergessen
Ein ganz und gar verrückter Musikalienhändler
in Augsburg
Immer ist es der Dompteur
der das Quintett sabotiert
schreit
Sabotage
Sabotage

JONGLEUR

Die Wunde eitert ihm
sagt der Dompteur
mit einer eitrigen Wunde

CARIBALDI

Die Wunde eitert ihm
die Wunde eitert ihm
mit einer eitrigen Wunde
Aber es ist ein Quintett
kein Quartett
Und weil er fortwährend
eitrige Wunden an seinem Körper hat
besauft er sich
und dann ist es ihm unmöglich
sich auf dem Klavier zurechtzufinden
Er findet sich auf dem Klavier nicht zurecht
streicht einen tiefen langen Ton auf dem Cello

Jongleur streicht einen Ton auf der Geige
Enkelin zupft an der Viola
Spaßmacher zupft an der Baßgeige
Casals
streicht einen tiefen langen Ton auf dem Cello
Casals
zum Jongleur
Hören Sie den Unterschied
streicht einen tiefen langen Ton auf dem Cello
Casals
plötzlich befehlend
Den Stimmton bitte
alle streichen einen langen Ton auf ihrem Instrument
Jetzt gelänge
was uns schon lange
nicht gelungen ist
aber der Dompteur
macht alles zunichte
richtet sich den Notenständer mit dem Notenheft
Rettich
überall Rettichgestank
Jongleur bläst den Staub von seinem Notenheft
Die Rücksichtslosigkeit
ist ein Kunstwille
die einzige Möglichkeit
ist die Rücksichtslosigkeit
Aber die Umwelt
ist nichts als Dummheit
und Krankheit
und Unverständnis
Jahrzehnte spiele ich
gegen den Stumpfsinn das Cello
Aber es ist kein Ende abzusehen
kein Ende abzusehen
zupft am Cello
Perfektion
Die Gesellschaft stößt
wer gegen sie verstößt
aus
zur Enkelin
Du mußt die Viola spielen

wie du auf dem Seil tanzt
verstehst du
Zwei Saiten in Augsburg
E E verstehst du
E-Saiten
zum Jongleur
Lebenslänglich
mein lieber Herr Jongleur
lebenslänglich
Sie jonglieren mit Ihren Tellern ja auch
lebenslänglich
gegen die Gesellschaft
Ihr Kopf kommt nicht zur Ruhe
gegen die Gesellschaft
zum Spaßmacher
Melancholiker
Spaßmacher streicht dreimal kurz auf der Baßgeige hin und her
Mit dem Bogen
mit dem Geigenbogen
mit dem Baßgeigenbogen
mit dem Cellobogen
gegen alles
Der Kopf ist von der Kunst
die einer macht
nicht mehr in Ruhe gelassen
hört er auf
ist er tot
sich mit dem Bogen
in den Tod
hineinstreichen
streicht einen langen tiefen Ton auf dem Cello; über den Dompteur zum Spaßmacher
Wie er dir die Wurststücke
und die Rettichstücke
zuwirft
streicht einen langen tiefen Ton auf dem Cello
Enkelin bohrt in der Nase
Caribaldi hat das bemerkt, zum Jongleur
Es ist Ihnen nicht gelungen
meiner Enkelin
das Nasenbohren abzugewöhnen

kaum sitzt sie auf dem Sessel
bohrt sie in der Nase
zur Enkelin
Das ist eine Verunstaltung
mein Kind
auch während du spielst
bohrst du in der Nase
Das ist abstoßend
während des Forellenquintetts
in der Nase bohren
zum Jongleur
Oder diese fürchterliche Gewohnheit
in das Andante hineinzuhusten
ein so ausgezeichneter
geschulter Kopf
und eine solche fürchterliche Gewohnheit
Sie müssen mehr Malz einnehmen
eine größere Menge Malz
verstehen Sie
und wenn Sie die Atemübungen
die ich Ihnen empfohlen habe
auch wirklich machen
Um sechs in der Frühe hinaus
gleich wo
und sei es in Augsburg
eine Stunde oder auch nur
eine halbe Stunde
in der frischen Luft
das Crescendo nicht außer acht lassend
verstehen Sie
Diese Verengung Ihrer angegriffenen Bronchien
Sie erweitern sie
Sie sind in der kürzesten Zeit
beschwerdelos
Aber Sie befolgen nicht
was ich sage
So haben Sie ja auch Schwierigkeiten
mit dem achtzehnten Teller
das gelingt Ihnen nicht
Weil Sie Schwierigkeiten
mit der Atmung haben

Atmungsschwierigkeiten
zu allen
Alle habt ihr Atmungsschwierigkeiten
Die Atmung funktioniert nicht
das ist es
Wenn die Atmung funktioniert
funktioniert auch die Hohe Kunst
Für einen Künstler
für einen praktizierenden Künstler
noch dazu für einen Artisten
oder für einen solchen
der ausübender praktizierender Künstler
und dazu auch noch Artist ist
ausübender Artist
ist die Beherrschung der Atmung
das wichtigste
zum Jongleur direkt
Ihre Sprache ist ja auch
nur aus kürzesten Sätzen zusammengesetzt
nur aus kürzesten Sätzen
besteht Ihre Sprache
während Ihrer ganzen Erscheinung
ordentlich lange
lange ordentliche Sätze entsprächen
Was Sie sagen
ist abgehackt
alles ist abgehackt
was Sie sagen
Das deutet darauf hin
daß Sie die Atmung
nicht beherrschen
das ist eine Schande
für einen Artisten
zu allen
Die Störungen
abschaffen
die Organismusgebrechen
Das ganze Leben
bin ich damit beschäftigt
alle zusammen streichen auf Caribaldis stummes Kommando
einen Ton auf ihrem Instrument

Jetzt
gut so
Aber das Klavier hat uns wieder
im Stich gelassen
Jongleur hustet
Kaum spielen wir ein paar Takte
husten Sie hinein
Spaßmacher läßt die Haube übers Gesicht fallen
Oder dem Spaßmacher fällt die Haube
vom Kopf
Ständig rutscht ihm
die Haube vom Kopf
zum Spaßmacher direkt
Hast du denn keine Haube
die dir nicht fortwährend
herunterrutscht
kaum sitzt er da
rutscht ihm die Haube herunter
Enkelin lacht
Caribaldi zum Jongleur
darüber lacht sie natürlich
schreit die Enkelin an
Lachst du
zum Jongleur
Dieses entsetzliche Lachen
meiner Enkelin
über das Herunterrutschen der Haube
des Spaßmachers
Ist die Haube zu weit
rutscht sie ihm herunter
ist sie ihm zu eng
rutscht sie herunter
Dann sieht er nichts
und ein Mißton ist da
sofort ist ein Mißton da
Ist ein Mißton da
weiß ich
ihm ist die Haube heruntergerutscht
zum Jongleur
Gibt es denn keine Methode
daß ihm die Haube nicht mehr herunterrutscht

An den Kopf anschrauben
Aber man kann sie ihm nicht
an den Kopf anschrauben
an den Kopf
Spaßmacher läßt die Haube übers Gesicht rutschen
Enkelin lacht
Da rutscht die Haube
Spaßmacher setzt sich die Haube wieder auf
Enkelin lacht
Die Haube rutscht
und meine Enkelin lacht
Rutscht die Haube
lacht meine Enkelin

JONGLEUR
Zuerst rutscht
die Haube

CARIBALDI
Dann lacht
meine Enkelin
Spaßmacher bricht in Gelächter aus
Der Spaßmacher
hat nicht zu lachen
er hat nichts
zu lachen

SPASSMACHER *hört auf zu lachen, sagt*
Nichts zu lachen
nichts zu lachen

JONGLEUR *mit dem Geigenbogen gegen ihn*
Der Spaßmacher
hat nicht zu lachen
Er hat nichts zu lachen

CARIBALDI
Der Spaßmacher nicht
zur Enkelin
Dieses Lachen
kommt dich teuer
zu stehen
Vier Tage Kartoffelsuppe
dann vergeht dir
das Lachen
streicht einen Ton auf dem Cello, dann

Oder ich habe diesen
fürchterlichen rheumatischen Schmerz
den ich mir auf dem Stilfser Joch
zugezogen habe
Sie erinnern sich
auf dem Stilfser Joch

JONGLEUR
Auf dem Stilfser Joch

ENKELIN und SPASSMACHER *zusammen*
Auf dem Stilfser Joch

CARIBALDI
Ein Luftzug
Ein Luftzug nur

SPASSMACHER
Ein Luftzug
läßt die Haube fallen und setzt sie sich gleich wieder auf

CARIBALDI *schreit den Spaßmacher an*
Ein Luftzug
zum Jongleur
Dieser fürchterliche Rückenschmerz
Aber ich verliere nicht die Beherrschung
ich gestatte mir
den Schmerz nicht
während des Spiels
streicht einen langen tiefen Ton auf dem Cello, horcht
Die Temperatur sinkt
zum Jongleur
Hören Sie
die Temperatur sinkt
Ich bemerke an dem Celloton
daß die Temperatur sinkt
Morgen in Augsburg
zur Enkelin
Die Wärmflasche
morgen in Augsburg
nicht vergessen
streicht einen tiefen Ton auf dem Cello
Augsburg
ist kalt

JONGLEUR
Kein größeres Vergnügen

als mit dem Quintett
den Schmerz besiegen
Enkelin unterdrückt ein Lachen
Spaßmacher läßt die Haube vors Gesicht fallen; zu Caribaldi
Er wäre nicht der Spaßmacher
wenn er nicht
von Zeit zu Zeit
seine Haube

CARIBALDI
Das ist eine Unverschämtheit
die Haube fallen zu lassen

JONGLEUR
Eine ganz bestimmte Kopfbewegung
und die Haube fällt

CARIBALDI *zeigt mit dem Cellobogen auf den Kopf des Spaßmachers*
Und die Haube fällt
fällt die Haube
Spaßmacher hält sich mit beiden Händen die Haube am Kopf fest
Enkelin und Jongleur lachen laut auf
Eine Unverschämtheit
eine Unverschämtheit

JONGLEUR *zu Caribaldi*
Eine peinliche Situation

CARIBALDI
Eine Unverschämtheit

JONGLEUR
Eine Unverfrorenheit

CARIBALDI *zum Jongleur*
Sie lachen zu sehen
Sie nicht nur lachen
zu hören
Sie lachen zu sehen
bei diesem widerwärtigen Anlaß
Jongleur lacht jetzt vollkommen frei und laut vor sich hin
Es gibt nichts Abstoßenderes
als das unmotivierte Lachen
eines intelligenten Menschen
Spaßmacher läßt die Haube vors Gesicht fallen und setzt sie sich gleich wieder auf und hält sie mit beiden Händen am Kopf fest.

Alle außer Caribaldi lachen laut, hören blitzartig zu lachen auf; Caribaldi will aufspringen, wird aber von heftigem Rückenschmerz zurückgehalten, setzt sich wieder

JONGLEUR

Sie dürfen nicht abrupt
aufspringen
Sie wissen
daß Sie nicht abrupt
aufspringen dürfen

CARIBALDI

Morgen in Augsburg
greift sich an den Rücken
Morgen in Augsburg
Mein ganzes Leben
ist eine Qual
alle meine Vorstellungen
sind zunichte
Aber nicht genug
wird man auch noch
fortwährend aufgezogen
den Jongleur anblickend
desavouiert
den Spaßmacher anblickend
hintergangen
die Enkelin anblickend
ausgelacht
zum Spaßmacher
Du machst mich wahnsinnig
wenn du die Haube
mit beiden Händen
an deinem Kopf festhältst
Spaßmacher nimmt die Hände weg vom Kopf, die Haube fällt
Caribaldi ruft aus
Ein Alptraum
ein Alptraum
Spaßmacher setzt sich die Haube wieder auf
Caribaldi schaut auf die Uhr
Eines Tages
bringe ich diesen Menschen
um
Diesen Neffen

streicht einen langen Ton auf dem Cello und zupft an einer Saite
Obwohl er weiß
wir warten auf ihn
Kommt er nicht
Es ist sein Triumph
streicht sieben kurze kräftige Töne auf dem Cello
Es ist sein Triumph
streicht einen kurzen tiefen Ton, setzt ab
Casals
Wir müssen die Temperaturschwankungen
beachten
zur Enkelin
Den größten Wert auf die Temperaturschwankungen
legen
zum Jongleur
Es ist ein Quintett
kein Quartett
Es heißt nicht
Forellenquartett
es heißt
Forellenquintett
Die eingehen
über den Dompteur
verfüttert er an die andern
zupft am Cello
Immer lungert der Mensch herum
frißt sauft
ruft aus
Ein Zersetzer
Ich bin genug bestraft
bedeutet dem Spaßmacher, ganz an ihn, Caribaldi, heranzukommen
Spaßmacher ganz an Caribaldi heran
Caribaldi, die Haube des Spaßmachers untersuchend, zum Jongleur
Vielleicht ist es
nur eine Frage
des Stoffes
klopft dem Spaßmacher auf den Kopf, fragt ihn
Was ist das für ein Stoff

SPASSMACHER
Seide
Seide ist es
CARIBALDI *zum Jongleur*
Seide
Seide ist es
Es ist Seide
ruft aus
Seide Seide
zum Jongleur
Muß es Seide sein
Es muß nicht Seide sein
Seide muß es nicht sein
Leinen
Leinen
gestärktes Leinen
Jongleur zuckt die Achseln
Caribaldi zur Enkelin
Es muß nicht Seide sein
mein Kind
Leinen
Gestärktes Leinen
ENKELIN
Gestärktes Leinen
CARIBALDI *zum Spaßmacher*
Gib her
zeig her
gib her
Spaßmacher gibt Caribaldi die Haube, dieser betrachtet die Haube
Seide
Seide
die Haube ist ja viel zu bauschig
eine viel zu bauschige Haube
Leinen
Leinen
gestärktes Leinen
Ich kann mir vorstellen
daß eine Haube aus Leinen
aus gestärktem Leinen
auf dem Kopf bleibt

greift dem Spaßmacher auf den Kopf
Auf diesem Kopf bleibt
auf dem Kopf
die Haube
da auf dem Kopf
aus gestärktem Leinen
gibt dem Spaßmacher die Haube zurück
Spaßmacher setzt sich die Haube auf
Eine Leinenhaube natürlich
Spaßmacher im Rückwärtsgang
Eine Leinenhaube
eine gestärkte Leinenhaube
Spaßmacher setzt sich
Morgen in Augsburg
In Augsburg morgen
Leinen
gestärktes Leinen
zur Enkelin
die Haube gestärkt
Morgen in Augsburg
mein Kind
In Augsburg
Spaßmacher verliert die Haube
Caribaldi schreit
Aufsetzen
die Haube aufsetzen
die Haube aufsetzen
Spaßmacher setzt die Haube auf
Caribaldi zum Jongleur
Eine Verrücktheit
eine Marotte
ein Krankheitserreger

JONGLEUR *wiederholt*
Ein Krankheitserreger

CARIBALDI
Ein Krankheitserreger
greift sich an den Rücken
Alles ist gegen
die Probe
gegen mich
ruft aus

Ihr seid alle gegen mich
ich sollte euch alle zum Teufel jagen
greift sich an die Hüfte
Je weiter nach Norden
desto größer die Schmerzen
zum Jongleur
Gibt es denn in Augsburg
überhaupt einen Arzt
einen Rheumaspezialisten
in diesem muffigen verabscheuungswürdigen Nest
In dieser Lechkloake
zur Enkelin
Du mußt mich heute noch einreiben
mein Kind
von unten nach oben
verstehst du
langsam von unten
nach oben
Den Saft schütteln
schütteln den Saft

JONGLEUR *zur Enkelin*
Der Rückenschmerzsaft
gehört gut
geschüttelt

CARIBALDI
Schütteln
schütteln
verstehst du

JONGLEUR *zu Caribaldi*
Diese Rheumatismussäfte
müssen gut geschüttelt sein

CARIBALDI *zum Jongleur*
Oder ich lasse mich doch
von meinem Neffen einreiben
diese großen diese riesigen Handballen
meines Neffen tun mir gut
zur Enkelin
Deine Hände sind
Hühnerknochen
wie Hühnerknochen
nein

zum Jongleur
Diese riesigen Handballen
meines Neffen wissen Sie
Spaßmacher streicht jetzt mehrere lange tiefe Töne auf der Baßgeige
Caribaldi zum Jongleur
Zum Einreiben
ist mein Neffe
gut genug
sonst ist er
für nichts
Enkelin streicht, während der Spaßmacher das gleiche auf der Baßgeige tut, auf ihrem Instrument, der Viola, mehrere Töne
Caribaldi zum Jongleur
Diese großen fleischigen Handballen
müssen Sie wissen
Dieser mißratene Mensch
der die Gewohnheit hat
ständig auf dem Klavier
noch dazu auf dem offenen Klavier
riesige die größten Rettiche
zu essen
Jongleur streicht mehrere Töne auf der Violine, während der Spaßmacher und die Enkelin noch nicht aufgehört haben, ihre Instrumente zu streichen
Caribaldi plötzlich
Das ist ja nicht auszuhalten
dieses verstimmte Klavier
und dieser entsetzliche Gestank
vom Rettich
alle hören auf, ihre Instrumente zu streichen
Streichinstrumente
Streichinstrumente
ruft aus
Gibt es denn in Augsburg
überhaupt
einen Klavierstimmer
Einen solchen durch und durch
unmusikalischen Menschen
an das Klavier zu setzen
weil man dazu gezwungen ist

zum Jongleur
Das Klavier als Biertisch
als Unterlage für das Verzehren
das unaufhörliche Verzehren
von Rettich
streicht einen langen tiefen Ton auf dem Cello; zum Jongleur
Auch Experimentator
ist nur das Genie
Das ist eine bedrohliche Gewohnheit
streicht einen langen tiefen Ton auf dem Cello
Immer ist dieser entsetzliche
dieser grauenhafte Rettichgeruch
in der Luft
Alles stinkt nach Rettich

JONGLEUR
Nach Rettich

SPASSMACHER und ENKELIN
Nach Rettich

CARIBALDI *streicht einen tiefen Ton auf dem Cello*
Er ist ein Tier
ein uneheliches Tier
Weil es sich um Verwandtschaft handelt
Ein Indiz ja
Aufgepäppelt
aus der Strafanstalt
herausgeholt
und aufgepäppelt
zum Jongleur
Das erste ist
sich Rettich
zu verschaffen

JONGLEUR
Diese ungeheuren Mengen
Rettich die er verzehrt

CARIBALDI
Rettich
Spaßmacher und Enkelin streichen wieder auf ihren Instrumenten
Bierrettich
Sodomie
Sodomie

zum Jongleur
Bierrettich
Sodomie
verstehen Sie
streicht einen langen tiefen Ton auf dem Cello in das Instrumentestreichen des Spaßmachers und der Enkelin hinein
Sodomie
Sodomie
plötzlich, am Cello zupfend, ausrufend
Müssen wir uns das gefallen lassen
daß dieser Mensch
tagtäglich die Probe sabotiert
Spaßmacher läßt die Haube ins Gesicht rutschen
Die Idee
ist der Wahnsinn
Spaßmacher setzt sich die Haube wieder auf und hält sie mit beiden Händen fest, die Baßgeige zwischen den Beinen, während der Jongleur von der Enkelin angestarrt wird
Was sitzt du da
und starrst ihn an
zum Jongleur
Das Kind ist
von Ihrer Persönlichkeit
fasziniert
Das schadet seiner Kunst
zur Enkelin
Den Jongleur anstarren
und alles andere vernachlässigen
Keine Disziplin auf dem Seil
aber den Jongleur anstarren
die Viola nichts
aber den Jongleur anstarren
Die Rechenaufgabe nicht lösen
Vergessen die Hosenknöpfe
anzunähen
Ein übles Geschöpf
mein Kind
Morgen in Augsburg
kaufe ich dir die ganze grauenhafte Literatur
und du wirst vor lauter Auswendiglernen
keine Zeit mehr haben

für den Jongleur
zum Jongleur
Und der Herr Jongleur
hat keinerlei Recht
die Dummheit
und die Unsinnigkeit meiner Enkelin
auszunützen
Spaßmacher verliert die Haube
Caribaldi über den Spaßmacher zum Jongleur
Man muß ihm die Haube
an eine Schnur nähen
und die Schnur ihm unter dem Kinn
zuziehen
zum Spaßmacher
Die Haube an eine Schnur
und unter dem Kinn zuziehen
daß die Haube
nicht mehr fallen kann
die Haube

JONGLEUR *zu Caribaldi*
Aber Herr Caribaldi
das ist es ja
worüber die Leute lachen
wenn ihm die Haube
vom Kopf fällt
Spaßmacher lacht laut auf, mit ihm die Enkelin

CARIBALDI
Das ist es
natürlich
das ist es
streicht einen Ton
Jongleur hustet
Caribaldi zum Jongleur
Malz
hören Sie
Malz
Jongleur hustet
Morgen in Augsburg

JONGLEUR *zu Caribaldi*
Ein Kompromiß
ist erforderlich
CARIBALDI
Ein Kompromiß
ein Kompromiß
JONGLEUR
Was für ein Kompromiß
Spaßmacher streicht einen Ton auf der Baßgeige
Enkelin streicht einen Ton auf der Viola, Spaßmacher und Enkelin streichen mehrere Töne auf ihren Instrumenten
Jongleur zu Caribaldi
Es ist ganz einfach
CARIBALDI
Einfach
JONGLEUR
In der Manege
darf er die Schnur
wenn eine solche angenäht ist
CARIBALDI
Wenn eine solche
JONGLEUR
Wenn eine solche wirklich angenäht ist
CARIBALDI
Wenn eine solche
JONGLEUR
Wenn eine solche wirklich angenäht ist
nicht zuziehen
CARIBALDI
Damit die Haube
deutet das Fallen der Haube an
fallen kann
JONGLEUR
Richtig
damit die Haube
fallen kann
SPASSMACHER
Fallen kann

CARIBALDI
Fallen kann
JONGLEUR
Fallen kann
SPASSMACHER
Fallen kann
JONGLEUR
Aber in Ihrer Gegenwart
Herr Caribaldi
hat er die Haubenschnur
festgebunden
zugezogen
und festgebunden
CARIBALDI
Festgebunden
JONGLEUR *zeigt den Vorgang des Haubenfestbindens, Schnurzuziehens*
Festgebunden
sehen Sie
CARIBALDI
Festgebunden
SPASSMACHER
Festgebunden
Enkelin lacht auf
JONGLEUR
Tritt der Spaßmacher auf
hat er die Haube
nicht festgebunden
tritt er nicht auf
tritt er vor Ihre Augen
Herr Caribaldi
hat er sie festgebunden
CARIBALDI
Nicht festgebunden
JONGLEUR
Festgebunden
CARIBALDI
Nicht festgebunden
JONGLEUR
Festgebunden
festgebunden

CARIBALDI
Festgebunden
JONGLEUR
Die Haube ist nicht festgebunden
damit sie fallen kann
CARIBALDI
Fallen kann
SPASSMACHER
Fallen kann
Enkelin lacht
Spaßmacher verliert die Haube und setzt sie sich gleich wieder auf
Enkelin lacht auf
CARIBALDI *zum Spaßmacher*
Natürlich
trittst du auf
hast du die Haube
nicht festgebunden
trittst du nicht auf
hast du sie festgebunden
zum Jongleur
Er hat sie festgebunden
wenn wir das Forellenquintett spielen
zum Spaßmacher
Immer während der Probe
hast du sie festgebunden
JONGLEUR *zu Caribaldi*
Sehen Sie
es ist ganz einfach
tritt er auf
hat er die Haube nicht festgebunden
damit sie fallen kann
tritt er nicht auf
hat er sie festgebunden
CARIBALDI *plötzlich zum Jongleur*
Ich kann es nicht ertragen
wenn ihm die Haube vom Kopf fällt
zum Spaßmacher
Trittst du auf
hast du die Haube festgebunden
JONGLEUR *dazwischen*
Nicht festgebunden

damit sie fällt

CARIBALDI

Damit sie fällt
festgebunden

JONGLEUR

Nicht festgebunden

CARIBALDI

Nicht festgebunden natürlich
trittst du nicht auf
hast du sie festgebunden
zum Spaßmacher
Morgen in Augsburg
eine Schnur

JONGLEUR

Spagat am besten

CARIBALDI

Am besten Spagat
und festziehen
festziehen
unter dem Kinn
unter dem Kinn
zeigt, wie man unter dem Kinn eine Schnur festzieht, damit die Haube nicht herunterfallen kann
So
siehst du
so
fest

JONGLEUR

Fest
sehr fest

CARIBALDI

Fest
fest

JONGLEUR

Fest

CARIBALDI

Damit die Haube nicht
herunterfallen kann

JONGLEUR

Denn dann lacht niemand
Sein ganzer Auftritt

ist darauf aufgebaut
daß ihm die Haube herunterfällt

CARIBALDI *zum Spaßmacher*

Daß dir fortwährend
die Haube herunterfällt
darauf aufgebaut
aufgebaut darauf

JONGLEUR

Und daß er selbst
alle Augenblick
zu Boden fällt
stürzt

CARIBALDI

Stürzt
stürzt
alle Augenblicke

JONGLEUR

Das ist Ihre eigene Erfindung
Herr Caribaldi
daß er die Haube verliert
und daß er alle Augenblicke
selbst hinfällt

CARIBALDI

Hinfällt
die Haube verliert
die Haube
hinfällt

JONGLEUR

Abwechselnd fällt ihm
die Haube vom Kopf
fällt er hin
Es ist Ihr Einfall
Herr Caribaldi
Enkelin streicht einen langen Ton auf der Viola

CARIBALDI

Es ist mein Einfall

JONGLEUR

Es ist nur wichtig
daß die Haube

CARIBALDI

Daß die Haube

JONGLEUR
Daß die Haube zum richtigen Zeitpunkt
vom Kopf fällt
CARIBALDI *schreit den Spaßmacher wütend an*
Das ist wichtig
hast du gehört
droht ihm mit dem Cellobogen
hast du gehört
Spaßmacher läßt die Haube vom Kopf fallen und setzt sie sich gleich wieder auf und hält sie mit beiden Händen fest
Caribaldi mit hocherhobenem Cellobogen
Das ist wichtig
Wichtig
JONGLEUR
Wichtig
CARIBALDI
Sehr wichtig
SPASSMACHER
Wichtig
CARIBALDI *horcht am Cello und streicht einen langen leisen Ton*
Casals
ist nie mehr
nach Spanien zurück
blickt auf den Jongleur
Nie mehr
verstehen Sie
nie mehr
streicht einen langen leisen Ton auf dem Cello
dann zur Enkelin
Und du
hast du dein Instrument gestimmt
Ist es gestimmt
Gerade weil du kein absolutes Gehör hast
Enkelin streicht nach und nach über alle Saiten ihrer Viola
Caribaldi zum Spaßmacher
Und du
Du treibst dich herum
und stimmst dein Instrument nicht
schreit alle an
Kakophonie

zum Spaßmacher
Wie du dir die Zähne nicht putzt
stimmst du auch dein Instrument nicht
zum Jongleur
Dieser üble Geruch
wenn er den Mund aufmacht
Gut daß die Manege
so groß ist
sonst vertriebe er mir mit seinem üblen Geruch
noch die Zuschauer
Wieviel waren es denn
Viele

JONGLEUR
Zwei Dutzend

CARIBALDI
Vor zwei Dutzend Leuten
zu spielen
Morgen Augsburg
Morgen Augsburg
Spaßmacher läßt die Haube fallen und setzt sie sich gleich wieder auf
Caribaldi zum Jongleur
Andere Späße
andere Nummern
andere Tiere
andere Artisten
g a n z andere Artisten
streicht hastig einen hohen Ton auf dem Cello
Enkelin streicht einen tiefen Ton auf der Viola
Spaßmacher zupft mehrere Male an der Baßgeige
Caribaldi zum Spaßmacher
Wie oft habe ich dir gesagt
Zähneputzen
Instrumentstimmen
Mir ist es gleichgültig
ob du dir zuerst die Zähne putzt
oder die Baßgeige stimmst
Gib her
Spaßmacher gibt Caribaldi seine Baßgeige
Caribaldi nimmt die Baßgeige, zupft daran
zum Jongleur

Völlig verstimmt
ein völlig verstimmtes Instrument
versucht die Baßgeige zu stimmen, zupft daran
zum Jongleur
Hören Sie
Sehen Sie
hören Sie
gibt dem Spaßmacher die Baßgeige zurück
zum Jongleur
Verfolgung der Idee
Krankheiten
durch Krankheiten zu kurieren
Durch den Tod wird das Leben verstärkt
Kakophonie
Jongleur zupft an seiner Violine
Caribaldi zupft an seinem Cello
Casals ließ sich Zeit
Casals
Jongleur zupft an seiner Violine
Enkelin streicht drei kurze schnelle Töne auf der Viola
Jongleur zupft die Violine
Man merkt
Ihr Hochschulstudium
Die Akademie merkt man
zu allen
Die Voraussetzung ist natürlich
ein gestimmtes Instrument
Ich bin nicht gewillt
Zeuge einer Kakophonie
zu sein
Ich glaube nicht
daß die Probe zustande kommt
über den Dompteur
Aber soll er nur auftauchen
Soll er nur kommen
mein Neffe
der Herr Dompteur
zur Enkelin
Gib her
Enkelin gibt Caribaldi die Viola
Caribaldi hält die Viola in die Höhe

Die Viola
Viola da braccio
versucht die Viola zu stimmen

JONGLEUR
Auf die Zarge kommt es an

CARIBALDI
Natürlich kommt es
auf die Zarge an
zupft an der Viola und gibt sie der Enkelin zurück
Tagtäglich prüfe ich
eure Instrumente
Kein Mensch kann
sein Instrument stimmen
Wie wenn es unmöglich wäre
die Zunge herauszustrecken
das ist abstoßend
Zwei Schachteln Kolophonium
in Augsburg

JONGLEUR
Einreibemedizin

CARIBALDI
Einreibemedizin
zur Enkelin
Mit dir gehe ich an den Lech
und lasse dich
auf der Lechbrücke
dreihundertmal
Ich muß meine Viola selbst stimmen
sagen
Es gibt natürlich Musiker
tatsächlich sogar Orchestermusiker
und sogar solche in philharmonischen Orchestern
die ihr Instrument nicht selbst stimmen können
sie bilden sich ein
sie können das
aber sie haben überhaupt kein Gehör
Enkelin spielt mehrere Töne auf der Viola
Caribaldi zum Jongleur
Zur Geistesschwäche
dieser Leute
dieser sogenannten Philharmoniker

kommt auch noch die Gehörschwäche
ganze Orchester leiden darunter
Man hört den Dompteur kommen
Spaßmacher verliert die Haube und setzt sie sich gleich wieder auf
Diese Schritte beweisen ja
daß er betrunken ist
lauter
Daß dieser Mensch
betrunken ist
Dompteur tritt auf

JONGLEUR *zu Caribaldi, wie der Dompteur auftritt*
Es ist eine Unglücksreise
nach Augsburg

CARIBALDI
Nach Augsburg
Morgen Augsburg
zum Jongleur über den an der Tür stehengebliebenen Dompteur
Ein betrunkener Neffe
der das Klavier
mit dem Biertisch verwechselt
zum Dompteur
Betrunken
stinkend
Als ob dir immer ein Rettich
im Maul verfault
zum Jongleur
Dieser Mensch tritt nurmehr noch
als Betrunkener auf
Er schützt seine Verletzungen vor
Er haßt nichts tiefer
als das Forellenquintett
Er ist von der Brutalität
besessen
Dompteur nimmt sich vom Klavier einen großen Rettich, der dort die ganze Zeit gelegen war; mit dem Rettich zu Caribaldi
Caribaldi stößt den Dompteur mit dem Cellobogen weg
zum Jongleur
Ein abstoßender Mensch
in der Rolle
eines abstoßenden Menschen

zur Enkelin
Daß wir nur mit dem Abstoßenden verwandt sind
verschwistert und verschwägert
mit dem Abstoßenden
zum Jongleur
Aus einem Ungeheuer
einen Menschen
gar einen Artisten
einen Musikkünstler machen
alle zupfen von jetzt an immer nervös an ihren Instrumenten oder streichen mit der gleichen, sich ständig steigernden Nervosität auf ihren Instrumenten, vor allem der Jongleur
Caribaldi um sich schauend
Als wäre die Probe möglich
ruft aus
Die Probe ist unmöglich
dem Dompteur aufs Gesicht zu
Dieser Mensch
hat sie wieder unmöglich gemacht
immer wieder dieser Mensch
Dompteur zum Klavier, setzt sich hin und haut mit dem einbandagierten Arm auf die Tasten
Die Unverschämtheit
sitzt am Klavier
Der Kunstzertrümmerer
zum Jongleur
Der Kunstzertrümmerer

JONGLEUR
Der Kunstzertrümmerer
Spaßmacher läßt die Haube ins Gesicht rutschen und bleibt mit ins Gesicht gerutschter Haube

CARIBALDI
Der Kunstzertrümmerer
Dompteur schlägt den einbandagierten Arm auf die Tasten
Der Kunstzertrümmerer
der die Kunst zertrümmert
ruft aus
Der Niedrige am Klavier
zum Jongleur
Menschenmöglich
sehen Sie

menschenmöglich
Dompteur haut zweimal mit dem einbandagierten Arm auf die Tasten
Caribaldi pathetisch zum Jongleur
Jahrzehnte
Jahrhunderte
werden auf solche Weise zertrümmert
Der Kunstzertrümmerer

JONGLEUR
Der Kunstzertrümmerer

CARIBALDI
Die Bestien zertrümmern
die Kunst
hören Sie
die Kunst wird zertrümmert
Dompteur haut mehrere Male mit dem einbandagierten Arm auf die Tasten
Das hätte ich wissen müssen
daß es sich um ein Tier handelt
Dompteur haut mehrere Male und immer wuchtiger mit dem einbandagierten Arm auf die Tasten, schließlich wirft er sich immer wieder mit der Schulter auf das Klavier
Enkelin streicht ein paarmal auf der Viola
Spaßmacher zupft an der Baßgeige

JONGLEUR
Zweifellos
eine Ungezogenheit
eine Ungezogenheit
zweifellos
Dompteur trommelt mit beiden Armen auf den Klaviertasten
Spaßmacher verliert seine Haube und setzt sie sich gleich wieder auf
Enkelin streicht die Viola zweimal

CARIBALDI
Das Kind versteht nicht
was hier gespielt wird
zum Jongleur
Sehen Sie
meine Enkelin

JONGLEUR
Ein braves Kind

Dompteur trommelt wieder auf den Tasten herum
Jongleur ruft aus
Eine entsetzliche Szene
Herr Caribaldi

CARIBALDI
Eine entsetzliche Szene

JONGLEUR
Die Zustände
die Umstände
die Zustände
wie die Umstände
sie sind so

CARIBALDI
Umsonst
wieder alles umsonst
wie wenn er völlig erschöpft wäre, streicht er einen langen Ton auf dem Cello
Enkelin begleitet ihn auf der Viola
Caribaldi plötzlich auffahrend, zum Dompteur
Hinaus
hinaus
Er muß hinaus
noch heftiger
Das Tier muß hinaus
hinaus das Tier
Jongleur steht auf
Fort
fort
den Menschen fort
das Tier weg
weg das Tier
Dompteur läßt seinen Kopf auf die Klaviertasten fallen, die Arme fallen
Caribaldi schreit
Weg
weg
weg
will aufspringen, kann aber nicht, setzt sich wieder
Enkelin zupft an der Viola
Das Tier weg
weg das Tier

JONGLEUR *einen Schritt zurücktretend*
Natürlich
Herr Caribaldi
zum Dompteur, den er bei den Haaren packt; dreht sich nach dem Spaßmacher um; Spaßmacher läßt die Haube fallen und setzt sie sich gleich wieder auf, springt auf und zum Dompteur hin. Jongleur und Spaßmacher heben den Dompteur, der volltrunken ist, auf
Er kann nicht mehr
auf den Beinen stehen
Herr Caribaldi
CARIBALDI *nach einer Pause*
Weg
weg
hinaus
JONGLEUR
Das Leben besteht darin
Fragen zu vernichten
CARIBALDI *vom Dompteur, von allem abgestoßen*
Weg
weg
weg
Enkelin läßt die Viola fallen
Jongleur und Spaßmacher mit dem Dompteur ab
Caribaldi nach einer Pause zur Enkelin
Siehst du
hörst du
siehst du
Enkelin stürzt entsetzt, aber wortlos den andern nach. Caribaldi erhebt sich langsam, mühselig und stellt das Cello an die Wand und fängt an, Notenständer, Instrumente und Sessel an die Wände und in die Ecken zu stellen, wie wenn er alles aufräumen wollte – plötzlich, immer schneller, immer hastiger. Hat er alle Sessel und alle Notenständer weggeräumt, läßt er sich in den Fauteuil fallen, läßt den Kopf sinken und sagt
Morgen Augsburg
Er dreht das Radio neben sich auf. Aus dem Radio das Forellenquintett. Fünf Takte

Ende

Der Präsident

Nach dieser Zeit der Erniedrigung kamen
Jahrhunderte der Grausamkeit und der
Anarchie . . . alle Bürger wurden Mörder oder
Ermordete, Henker oder Gehenkte, Erpresser
oder Sklaven im Namen Gottes oder auf
der Suche nach dem Heiland . . .

Voltaire

Personen

PRÄSIDENT
PRÄSIDENTIN
OBERST
SCHAUSPIELERIN
FRAU FRÖLICH
MASSEUR
DIENSTMÄDCHEN
KELLNER
BOTSCHAFTER
LEICHENDIENER

Offiziere
Mitglieder der Regierung
Diplomaten
Volk

Die erste, zweite und fünfte Szene ist im Präsidentenpalast
Die dritte und vierte Szene ist in Estoril

Erste Szene

Schlafzimmer, neun Uhr früh
Zwei Toilettetische
Neben dem rechten Toilettetisch ein leerer Hundekorb
Zwei Kleiderständer, Sessel, Fauteuils
Die Tür zum Badezimmer ist offen
Plätschern des Badewassers
Präsidentin im Négligé am rechten Toilettetisch
Frau Frölich schwarz gekleidet mit einem Haufen schwarzer Kleider für den Präsidenten, der im Bad ist, herein; sie legt die Kleider auf den Sessel neben dem linken Kleiderständer, hängt einen Zylinder auf den Kleiderständer, wieder ab

PRÄSIDENTIN *ihr nachschauend*
Ehrgeiz
Haß
sonst nichts
Frau Frölich mit einem Haufen schwarzer Kleider für die Präsidentin herein, die sie auf dem Sessel neben dem rechten Kleiderständer ablegt, hängt einen schwarzen Schleier auf den Kleiderständer
Präsidentin aufspringend, ein scharzes Kleid an sich reißend
Das Hochgeschlossene
das Hochgeschlossene
hält das Kleid an ihrem Körper fest, schaut in den Spiegel
Es ist aus der Mode gekommen
es ist aus der Mode gekommen Frau Frölich
wirft das Kleid auf den Boden, kommandiert
Heben Sie es auf
Aufheben
Frau Frölich hebt das Kleid auf
Präsidentin schaut auf den Schleier
Es ist aus der Mode gekommen
kein hochgeschlossenes Kleid
schaut in den leeren Hundekorb
Kein hochgeschlossenes Kleid Frau Frölich
Plätschern des Badewassers
Präsident hustet
Frau Frölich und Präsidentin schauen auf die Badezimmertür

FRAU FRÖLICH
Aber es ist Ihr Lieblingskleid Frau Präsident
PRÄSIDENTIN
Es hätte ein Kopfschuß sein können
nimmt der Frölich das Kleid aus den Händen
Es hätte ein Kopfschuß sein können
ein Kopfschuß Frau Frölich
aus dem Hinterhalt
tödlich
ein Kopfschuß Frau Frölich
Das Kleid an den Körper drückend
Es ist mein Lieblingskleid
aber es ist aus der Mode gekommen
Kopfschuß
Kopfschuß Frau Frölich
In Paris habe ich es gekauft
mit meinem Sohn zusammen
drückt das Kleid fester an den Körper
Im Printemps
Frau Frölich
Zum Begräbnis meines Bruders
seines Onkels
vor drei Jahren
Damals ist Carmen gespielt worden
Die Lieblingsoper meines Mannes
schaut auf die Badezimmertür
Die Anarchisten
sind überall
Frau Frölich
und sie schrecken vor nichts zurück
vor nichts zurück Frau Frölich
wirft das Kleid auf den Boden
Sie gehen jetzt
systematisch vor
sagt der Kaplan
daß es sich um Wahnsinnige handelt
Sie hassen meinen Mann Frau Frölich
Haben Sie gelesen
Der Präsident muß weg
haben sie geschrieben
der Präsident muß weg

Plätschern des Badewassers
Niemals hat dieses Land
einen solchen Präsidenten gehabt
einen so guten Präsidenten wie meinen Mann
hat es in diesem Land
niemals gegeben
Frau Frölich hebt das Kleid auf
Es ist gänzlich aus der Mode gekommen
Bringen Sie das mit den vier Knöpfen
Frau Frölich zögert
Gehen Sie
Auf was warten Sie
gehen Sie
Frau Frölich mit dem hochgeschlossenen Kleid ab
Präsidentin ruft ihr nach
Das mit den vier Knöpfen
hören Sie
Plätschern des Badewassers
Das Vierknöpfekleid
Frau Frölich
Wenn es läutet
ist es der neue Oberst
zu sich selbst
Ein Unglück
ein solches Unglück
ruft
Und vergessen Sie die Badetücher nicht
Und lassen Sie den Masseur herauf
Aber nur mit Passierschein
nur mit Passierschein Frau Frölich
Plätschern des Badewassers
Präsidentin setzt sich, schaut in den Spiegel
Kopfschuß
es hätte ein Kopfschuß sein können
Wir hätten nicht zum Denkmal des Unbekannten Soldaten
gehen sollen
nicht mehr zum Denkmal des Unbekannten Soldaten
ruft ins Bad hinein
Nicht mehr zum Denkmal des Unbekannten Soldaten hörst du
Plätschern des Badewassers
Einmal treffen sie

schaut in den Spiegel
er war es nicht
Unser Sohn war es nicht
ruft ins Badezimmer hinein
Blutet die Wunde noch
Ob die Wunde noch blutet
Plätschern des Badewassers
Es ist ganz natürlich
daß sich ihr Sohn
den Anarchisten
angeschlossen hat
ruft ins Badezimmer hinein
Der neue Oberst hat dir aufgesetzt
was du am Grab redest
hörst du
etwas Kurzes für den alten Oberst
zu sich
Nicht zum Denkmal des Unbekannten Soldaten
Daß er sich eines Tages
von einem Augenblick auf den andern
den Anarchisten anschließt
hat der Kaplan schon vor Jahren gesagt
streckt die Zunge heraus, zu sich im Spiegel
Nach dem Begräbnis
sperrst du dich ein
und lernst deine Rolle
verstehst du
du spielst
wie du immer gespielt hast
ruft ins Badezimmer hinein
Die Karten für die Weihnachtsvorstellung
sind ausgeschickt
vierhundertfünfzig Karten
Das Reinerträgnis fließt
den Mongoloiden zu
schaut in den Spiegel
Er war es nicht
Es geht gegen die Köpfe
sagt der Kaplan
gegen die
die Macht haben

Du hast Macht
hörst du
Macht
schaut in den Spiegel
Macht
Nimmt einen Kamm aus der Tischlade und kämmt sich
Wenn er doch im Ausland ist
Plätschern des Badewassers
Mein Kind
in Rom
ruft ins Badezimmer hinein
Im Ausland
hörst du
er studiert die Archäologie
schaut in den Spiegel und streckt die Zunge heraus, dann
Ausgrabungen
Jahrtausendealte Gegenstände
Kunstwerke
Skelette
streckt die Zunge heraus, dann
Weggehen
einfach weggehen in der Nacht
wortlos
mit nichts
Er hat sich den Anarchisten angeschlossen
ruft ins Badezimmer hinein
Es gibt keinen Beweis
daß er sich den Anarchisten angeschlossen hat
in den Spiegel schauend
Archäologe
Naturwissenschaftler
und Archäologe
Plätschern des Badewassers
Mitten in der Nacht weg
wortlos
weg
Er hat alles liegen
und stehen lassen
wirft den Kamm weg
ruft ins Badezimmer hinein
wie kann er auf uns schießen

wenn er in Rom ist
erinnerst du dich
wie wir ihm in Rom
den Tacitus gekauft haben
schaut in den Spiegel
Schliemann
kämmt sich wieder
Das Kind
ruft ins Badezimmer hinein
Wie er die Bekanntschaft
mit dem Schriftsteller gemacht hat
diesem Menschen plötzlich
verfallen ist
Ich habe diesem Menschen
immer mißtraut
schaut in den Spiegel
Hier
aus dem Gebüsch
vor dem Denkmal des Unbekannten Soldaten
wenn er in Rom ist
wirft den Kamm weg, schaut in den Spiegel
Die Intellektuellen
nützen die begabten Unerfahrenen aus
sagt der Kaplan
hetzen sie auf
selbst gegen die Eltern
Frau Frölich mit einem schwarzen Kleid mit vier großen Knöpfen herein
Kein Tag ohne Leichenbegängnis
In zwei Wochen acht Begräbnisse
Frau Frölich
Masseur ist hinter der Frau Frölich eingetreten und stehengeblieben
Präsidentin zum Masseur
Mein Mann wartet schon auf Sie
gehen Sie hinein
Masseur geht, sich einmal kurz vor der Präsidentin verneigend, ins Bad
Präsidentin zur Frau Frölich
Zeigen Sie her
Geben Sie her

kontrolliert das Kleid mit den vier Knöpfen
Haben Sie
die Abnäher gemacht
Legen Sie es hin
da auf den Sessel
auf den Sessel da
da
Frau Frölich legt das Kleid auf den Sessel
haben Sie
die Abnäher gemacht
Zwei Abnäher
Frau Frölich gibt ihr das Kleid
Präsidentin kontrolliert das Kleid
Zwei Abnäher
zieht am Saum
Man muß ziehen am Saum
am Saum ziehen Frau Frölich
ziehen
ganz sanft ziehen
ziehen
ziehen
plötzlich
Ist Ihr Sohn
auch ein Anarchist
hören Sie Frau Frölich
ob er Anarchist ist
Sagen Sie doch
ob Ihr Sohn
Anarchist ist
sagen Sie doch
gibt ihr das Kleid
Frau Frölich legt das Kleid sorgfältig auf den Sessel
Vor solchen unfertigen Menschen
die nichts als die Vernichtung im Kopf haben
muß man Angst haben Frau Frölich
Angst
verstehen Sie
nach einer Pause
Eines Tages habe ich Sie eingeholt
dann ist mein Gesicht
so grau und so alt

wie Ihr Gesicht
Aber Sie haben dieses graue alte Gesicht
schon seit zwanzig Jahren
Sie haben sich die ganze Zeit
nicht verändert
Wenn man immer ein so graues und altes Gesicht hat
geht die Zeit spurlos
vorüber
über ein solches Gesicht geht sie spurlos
Dann habe ich Sie eingeholt
Das geht jetzt rasch Frau Frölich
Jetzt schlagen sie zu
jetzt vernichten sie uns
Dann sind unsere beiden Gesichter
gleich grau
Der Oberst hat sterben müssen
Weil sie meinen Mann nicht getroffen haben
Und hätten sie meinen Mann getroffen
und der Oberst wäre davongekommen
aber der Oberst ist tot
Der Oberst bekommt ein Staatsbegräbnis
alle öffentlichen Gebäude sind beflaggt
Frau Frölich
Mit Kanonenschüssen Frau Frölich
Frau Frölich ab
Präsidentin ruft ihr nach
Ihr Sohn ist immer
sehr intelligent gewesen
Frau Frölich
schaut in den Spiegel
Plätschern des Badewassers
schminkt ihr linkes Augenlid
So
schminkt ihr rechtes Augenlid
So
Aufwachen
aufstehen
Frau Präsident werden
Frau Präsident
kämmt sich
Frau Präsident

Dann sind unsere Gesichter
gleich grau
trägt Schminke auf
In die Rolle der Frau Präsident
schlüpfen
Seufzen und Stöhnen des Präsidenten aus dem Badezimmer heraus
Präsidentin ins Badezimmer hinein
Mein Mann
hat einen Schock erlitten
einen Schock
Der dritte Attentatsversuch
innerhalb von vier Wochen
Aber er liebt es
zum Denkmal des Unbekannten Soldaten zu gehn
schaut in den Spiegel
Frau Präsident
lehnt sich zurück und bricht in Gelächter aus
Frau Präsident
Verstummt plötzlich und schaut in den leeren Hundekorb
Mit dem Hund sprechend
Siehst du
schminkt sich
Ein Rot
Ein Grau
Ein Schwarz
Wieder ein Rot
Ein Grau
Wir machen jeden Tag das gleiche
mein Liebling
Wir stehen auf
Wir waschen uns
Wir ziehen uns an
Dann frühstücken wir
schaut in den leeren Hundekorb
Ein Rot noch
ein Schwarz noch
schaut in den leeren Hundekorb
Wir haben einen Fehler gemacht
Wir hätten nicht
zum Denkmal des Unbekannten Soldaten gehen sollen

Diese fürchterlichen Menschen
Und dann bekommst du
was du dir wünschst
nicht wahr
schminkt sich, kämmt sich
Was du dir wünschst

PRÄSIDENT *aus dem Badezimmer heraus*
Mit wem redest du denn da

PRÄSIDENTIN *als ob sie etwas unter dem Schminktisch suchte*
Mit ihm
mit ihm
in den leeren Hundekorb hinein
Mit dir

PRÄSIDENT *zum Masseur*
Sie redet mit dem Hund
hören Sie
meine Frau
redet mit ihrem Hund
der gar nicht mehr da ist
Gut so
Ahhhh
lacht auf

PRÄSIDENTIN *in den leeren Hundekorb schauend*
Verrückt
Ein Rot noch
Ein Schwarz
in den leeren Hundekorb schauend
Ein unschuldiges Lebewesen
umbringen
umbringen
mit dem Gesicht ganz an den Spiegel heran
Ein unschuldiges Lebewesen
umbringen
schaut in den leeren Hundekorb hinein
Dich
schaut in den Spiegel, plötzlich
Wenn er es war
schaut auf die Badezimmertür
unser Sohn
Frau Frölich mit mehreren Badetüchern für den Präsidenten herein

Etwas Neues
steht etwas Neues
in den Zeitungen
über das Attentat
Frau Frölich mit den Badetüchern ins Bad
Präsidentin in den Spiegel schauend
Sie sind nicht gefaßt
sie haben sie nicht
sie haben sie noch nicht
Eine Polizei
die nicht fähig ist
den Präsidenten zu schützen
Präsident hustet
Präsidentin plötzlich ins Badezimmer rufend
Weg
du mußt weg
ein paar Wochen mußt du weg
Frau Frölich aus dem Bad heraus
Wie ist der Wetterbericht
Frau Frölich
Frau Frölich will etwas sagen
Nein
nichts
Es bleibt so
grau
düster
schaut in den Spiegel
Leichenbegängnisse
In einem jeden ist ein Anarchist
Frau Frölich
Präsident hustet
Auf Ihren Sohn
ist der Verdacht gefallen
der Verdacht gefallen
Frau Frölich
Frau Frölich ab
Präsidentin ihr nachschauend
Der Verdacht gefallen
schaut in den Spiegel
Als ob wir nur noch
Feinde hätten

Präsident hustet
Jeder Kopf
ist ein anarchistischer Kopf
sagt der Kaplan
jeder Kopf ist ein Anarchist
Präsident hustet
Wenn er es war
er war es nicht
kämmt sich
Frau Frölich mit einem Paar schwarzer Schuhe herein, die sie am Toilettetisch abstellt
Es gibt
keinen Beweis
Nicht einen Beweis Frau Frölich
Frau Frölich ab
Präsidentin zu sich
Ganz deutlich
habe ich ihn gesehen
sein Gesicht
im Gebüsch
im Traum
pudert sich das Gesicht
ruft ins Badezimmer hinein
Unser Sohn ein Anarchist
lächerlich
Frau Frölich bringt schwarze Strümpfe herein
Präsidentin läßt sich den linken Strumpf anziehen
Unter Aufsicht
Weil wir ihn verhätschelt haben
Frau Frölich
weil er alles gehabt hat
Weil wir uns unterdrücken haben lassen
Aber der Kaplan sagt
er ist kein verkommener Mensch
streckt das linke Bein ganz aus, daß ihr die Frau Frölich den linken Strumpf leichter anziehen kann
Ganz deutlich
sein Gesicht Frau Frölich
immer wieder
sein Gesicht
und das Denkmal des Unbekannten Soldaten

Und dann der Schuß
Stellen Sie sich vor
mein Mann wäre tot
Frau Frölich
Frau Frölich zieht ihr den rechten Strumpf an
Präsidentin streckt das rechte Bein ganz aus, daß ihr die Frölich den rechten Strumpf leichter anziehen kann
Unser Sohn ein Anarchist
lächerlich
Weil in unserem Haus
jahrzehntelang die zwielichtigen
die chaotischen Köpfe
ein und aus gegangen sind Frau Frölich
sagt der Kaplan
Hier haben immer nur die gefährlichsten Köpfe verkehrt
schaut in den leeren Hundekorb
Wenn er es war
aber er war es nicht
Präsident hustet
Präsidentin zur Frölich
Kämmen Sie mich
Frau Frölich kämmt sie
Präsidentin schaut in den leeren Hundekorb
Das arme Tier
was kann das arme Tier
dafür
Anarchisten sind Verrückte
sagt der Kaplan
ruft ins Badezimmer hinein
Was ist das für eine Leibwache
was ist das für eine Leibwache
zieht ihr rechtes Bein zurück
Frau Frölich steht auf
Präsidentin in den leeren Hundekorb hineinschauend
Und dich
armes Tier
wo ich mich vollkommen an dich gewöhnt habe
Siebzehn Jahre
war das arme Tier
in dem Korb Frau Frölich
mein Kleines

mein kleines Geschöpf
Die Anarchisten nehmen uns
alles weg
alles
Plötzlich
aus dem Hinterhalt Frau Frölich
töten
Präsident hustet
Präsidentin in den leeren Hundekorb hinein
Töten
dich
in den Spiegel schauend
Was ist das für eine Polizei
die mit solchen Elementen nicht fertig wird
plötzliches Brauserauschen aus dem Badezimmer
Mörder
der Frölich ins Gesicht
Mörder
Mörder
Frau Frölich ab
Präsidentin in den leeren Hundekorb hineinschauend
Weil du ein so schwaches Herz
gehabt hast
ein so schwaches Herz
Präsident hustet
Präsidentin in den Spiegel hinein
Diese Zustände
ganz nahe an den Spiegel heran
Zustände
Zustände
Frau Frölich tritt mit einem großen Hundebildnis ein
Stellen Sie es da hin
zeigt auf den Toilettetisch
Dahin
Frau Frölich stellt das Hundebildnis auf den Toilettetisch
Präsidentin schaut in den leeren Hundekorb, nimmt das Hundebildnis
Das schöne Tier
Diese Augen
Frau Frölich
Sie haben ihn ganz gemein

erschossen
aus dem Hinterhalt
dreht sich nach der Frölich um
Die Kugel
die zweite Kugel Frau Frölich
war für mich bestimmt
Wie kommt das Tier dazu
entdeckt, daß die Frölich schwarz gekleidet ist
Schwarz
Sie sind schwarz gekleidet
Frau Frölich
Ziehen Sie sofort Ihr schwarzes Kleid aus
Sie nicht
Sie nicht Frau Frölich
Sie nicht in Schwarz
Sie haben kein Recht
schwarz gekleidet zu sein
ziehen Sie sofort Ihr schwarzes Kleid aus
Präsident hustet
Sie haben kein Recht dazu
Frau Frölich ab
Präsidentin ruft ihr nach
Sie nicht Frau Frölich
schaut in den Spiegel
Ich trage Schwarz
Wir tragen Schwarz
Sie nicht

PRÄSIDENT
Nein nein
der Oberst hat nicht gelitten
der erste Schuß hat den Oberst
tödlich getroffen

MASSEUR
Und jetzt die andere Seite
Herr Präsident
so
sehen Sie Herr Präsident

PRÄSIDENTIN
Der Oberst hat nicht gelitten
Ich fahre weg
weg

weg
ins Gebirge
ins Hochgebirge

PRÄSIDENT *zum Masseur*

Meine Frau fährt
ins Hochgebirge
Ich selbst fahre ein paar Tage
nach Portugal
nach Estoril

PRÄSIDENTIN *schaut in den leeren Hundekorb*

Wer weiß
was die Anarchisten im Kopf haben
Das unschuldige Leben
töten
voll Abscheu
Töten
Präsident hustet
Präsidentin kämmt sich, schaut in den Spiegel
Gleich nach dem Begräbnis
studiere ich
mit dem Kaplan
das Drama

PRÄSIDENT *zum Masseur*

Meine Frau
hat sich bereit erklärt
in dem Weihnachtsspiel des Kaplans
die Hauptrolle zu spielen
Sie ist aufrichtig an der Schauspielkunst
interessiert
Dieses Drama
lenkt sie ab
von dem Attentat
überhaupt ist dieses Drama geeignet
meine Frau abzulenken
von dieser düsteren Jahreszeit

PRÄSIDENTIN *sich im Spiegel anstarrend*

Daß ich Angst habe
Angst
streckt die Zunge heraus
Retten
retten

schaut in den leeren Hundekorb hinein
Der dritte Tag
Was wir lieben
wird uns weggenommen
erschossen
erschlagen

PRÄSIDENT *zum Masseur*
Um Verrückte
es handelt sich um Verrückte
Meine Frau hat im Traum gesehen
daß unser Sohn
auf uns geschossen hat
stellen Sie sich vor
unser eigener Sohn
auf uns
aus dem Hinterhalt
dieser unglaublich sensible Mensch

PRÄSIDENTIN *hörend, was ihr Mann sagt*
Dieser unglaublich sensible Mensch

PRÄSIDENT
Dieser hochgebildete Charakter

PRÄSIDENTIN
Hochgebildete Charakter
plötzlich ins Bad hinein schreiend
Der Korb muß weg
schaut in den leeren Hundekorb
Der Hundekorb muß weg
Ich will den Hundekorb nicht mehr sehen
hinaus mit dem Hundekorb
Frau Frölich in einem roten Kleid herein
Präsidentin zu ihr
Der Korb muß weg
weg der Hundekorb
den Hundekorb weg
bringen Sie ihn weg
hinaus
weg
weg
Frau Frölich will den Hundekorb wegnehmen
Nein nicht
nicht

nicht weg
Ich bin verrückt
verrückt
Lassen Sie den Korb
den Korb da
da
nicht weg
Frau Frölich läßt den Hundekorb
Solange der Korb da ist
plötzlich zur Frölich
Betten Sie ihn auf
betten Sie ihn doch auf
aufbetten
hören Sie
aufbetten
aufbetten
Frau Frölich bettet den leeren Hundekorb auf
Präsidentin die Szene anstarrend
Aufbetten
aufbetten
Präsident hustet
Präsidentin zur Frölich
Jeden Tag aufbetten
den Hundekorb
täglich
tagtäglich aufbetten hören Sie
weich
die Polster weich
Frau Frölich
weichrütteln
Frau Frölich rüttelt die Polster weich
die Polster weichrütteln
So
Jetzt
Frau Frölich tritt zurück
Präsident hustet
Locker
aufgebettet
Er liebte es so
locker
weich

locker Frau Frölich
bedeutet der Frölich, sie kann gehen
Frau Frölich will gehen
Nein
bleiben Sie da
Das ist ja noch eine Falte
zeigt in den Hundekorb
eine Falte ist da
eine Falte Frau Frölich
Frau Frölich glättet die Falte im Hundekorb
Glatt
schön glatt muß es sein
Er hat es gern schön glatt
Frau Frölich steht auf, will gehen
Präsidentin ihr ins Gesicht
Sprechen Sie nie wieder
von ihm
nie mehr
nichts
kein Wort
Präsident hustet
Präsidentin schaut auf die Badezimmertür, dann
Kein Wort
aufbetten ja
aber kein Wort
nichts
verstehen Sie
Wir lassen den Korb da
verstehen Sie
wir betten ihn auf
wir lassen ihn da
sieht plötzlich, daß die Frölich ein rotes Kleid anhat
Rot
Ein rotes Kleid
lacht auf
Ein rotes Kleid
der Frölich ins Gesicht
Das ist niederträchtig
schminkt sich wieder
Frau Frölich ab
Präsident hustet

Kein Mensch versteht
sie verstehen nicht
über die Frölich
Diese Menschen
verstehen nichts
als die Niedertracht
Ehrgeiz
Haß
sonst nichts
schaut in den leeren Hundekorb
Ich kann dich sehen
beugt sich zum leeren Hundekorb hinunter
sehen kann ich dich
mein Liebling
plötzlich leise
Wir bleiben zusammen
für immer
verstehst du
für immer
steht auf und richtet die Hundetuchent im Hundekorb
So
so ist es richtig
setzt sich wieder an den Toilettetisch, um gleich wieder in den leeren Hundekorb hineinzuschauen
Du und der Oberst
Mit den Anarchisten wird jetzt
kurzer Prozeß gemacht
Präsident hustet
kurzer Prozeß
Präsident und Masseur lachen laut auf
Präsidentin schaut auf die Badezimmertür
kurzer Prozeß
Präsident und Masseur lachen auf
Das muß gesühnt werden
Frau Frölich kommt mit einem Haufen Post herein und legt die ganze Post auf den Toilettetisch
Sind auch alle
diese Briefe kontrolliert
ist alles geöffnet
Frau Frölich
von Ihnen aufgemacht

und kontrolliert
Die Anarchisten verschicken
explodierende Briefe Frau Frölich
Der einen solchen Brief aufmacht
dem werden die Hände abgerissen
oder der ganze Mensch wird zerrissen
Frau Frölich
die Briefe anstarrend, fragend
Alle Briefe

FRAU FRÖLICH
Alle Briefe

PRÄSIDENTIN
Die ganze Post

FRAU FRÖLICH
Die ganze Post
Präsident und Masseur lachen laut auf
Präsidentin und Frau Frölich schauen auf die Badezimmertür

PRÄSIDENTIN
In aller Heimlichkeit
wenn er meinen Mann massiert
erzählt der Masseur ihm
Witze
Witze
Präsident und Masseur lachen laut auf
Präsidentin nimmt einen Brief
Ein Mann wie mein Mann
ist in jedem Augenblick
darauf gefaßt
daß auf ihn ein Attentat verübt wird
Präsident und Masseur lachen laut auf
Der Masseur
massiert meinen Mann
seit einundzwanzig Jahren
Der Masseur war schon da
da waren Sie noch nicht da
wirft den Brief weg
Heuchelei
nichts als Heuchelei Frau Frölich
nimmt einen zweiten Brief und wirft ihn weg
Der Finanzminister
der sich an meinen Mann herangemacht hat

ihn ausgenützt hat
nimmt einen dritten Brief, liest
Die Leute schreiben von Armut
aber sie wissen nicht
was Armut ist
ich weiß was Armut ist
mein Mann weiß es auch
Der Präsident weiß auch
was Armut ist
Präsident und Masseur lachen auf
Präsidentin wirft den Brief weg
Wir wissen
was Armut ist
Mein Mann
kommt von ganz unten
herauf Frau Frölich
alle diese Bittschriften
und Bettelbriefe
gehören auf den Misthaufen
nimmt einen vierten Brief, liest
Präsident lacht auf
Die Frau Oberst
bittet
für ihre Kinder
sie will alle fünf Söhne
auf die Militärakademie schicken
legt den Brief auf den Toilettetisch, plötzlich zur Frölich
Wo haben Sie denn die Binde
Haben Sie die Binde gebügelt
Frau Frölich geht und holt eine schwarze Binde herein
Zu den Begräbnissen
kann mein Mann
nur mit einer schwarzen Binde gehn
Frau Frölich hängt die schwarze Binde über die Sessellehne links und bleibt stehen
Ein Zentimeter
und der Präsident wäre
mit Sicherheit
tot gewesen
Kämmen Sie mich doch
Frau Frölich kämmt die Präsidentin

Wenn wir dastehen
und hinunterstarren
und nichts empfinden
weil wir so oft dastehen
und hinunterstarren
plötzlich
wenn es sich um einen
uns Nahestehenden handelt
Der Tod komplettiert
das Leben
sagt der Kaplan
schaut in den leeren Hundekorb hinein
Verscharren
oder verbrennen
verscharren
oder verbrennen
ruft plötzlich ins Badezimmer hinein
Daß ihm das Blut nicht zu Kopf steigt
Herr Masseur
zu sich selbst
Herr Masseur

MASSEUR
Ich massiere
den Herrn Präsidenten
ganz vorsichtig
Der Kopf
des Herrn Präsidenten
blutet nicht mehr

PRÄSIDENTIN
Blutet nicht mehr

MASSEUR
Nur eine ganz vorsichtige Massage

PRÄSIDENTIN *den Kopf beinahe auf dem Toilettetisch, zur Frölich*
Sehen Sie
in dieser Stellung
wenn ich den Kopf
beinahe auf dem Toilettetisch habe
schmerzt es mich
richtet sich auf
Weil ich stundenlang
mit gesenktem Kopf

am Grab stehe
Frau Frölich massiert die Präsidentin an Hals und Schultern
Ganz leicht
vom Hals weg
in die Schultern hinein Frau Frölich
mein Sohn
haßt seinen Vater
Trainieren wir den Kopf nicht
stirbt er ab
sagt der Kaplan
Er ist ein Abtrünniger
beinahe schon
exkommuniziert
Frau Frölich
Zuerst war es
der Innenminister
dann war es der Außenminister
dann der Kanzler
dann der Vorsitzende des Vereins
der Inlandspresse
dann der Korrespondent des Corriere della Sera
Lassen Sie mich nachdenken
der Operndirektor
schließlich haben sie den Bankdirektor Merz erschossen
und nach Merz Honsig
und nach Honsig Taus
und nach Taus Müllner
und nach Müllner Helmreich
und nach Helmreich Friedrich
und nach Friedrich Wallner
und nach Wallner Peter
Sie haben neunzehn Leute umgebracht Frau Frölich
und vor dem Oberst
wen haben sie vor dem Oberst erschossen
sagen Sie
vor dem Oberst
Präsident hustet
Präsident und Masseur lachen laut auf
Wen haben sie vor dem Oberst erschossen
Sie haben zwei Tage vor dem Oberst
den Generaldirektor der Eisenbahn erschossen

Den Generaldirektor der Eisenbahn
schaut in den leeren Hundekorb
U n d d i c h
mein Liebes
Das alles
hat sich schon viele Jahre vorbereitet
sagt der Kaplan
es ist von den Universitäten ausgegangen
die Hochschulen sind die Keimzelle Frau Frölich
Plötzlich sind ein paar hundert Studenten
verhaftet worden
dann wieder ein paar hundert
sie haben aufbegehrt
aufbegehrt Frau Frölich
sind gegen den Präsidentenpalast gezogen
Sie tun mir ja weh
passen Sie auf
gezogen
zum Palast
deutet auf das Fenster
von diesem Fenster habe ich gesehen
wie sie hergezogen sind
Hunderte zuerst
dann Tausende
Zehntausende Frau Frölich
Dann ist Gewalt angewendet worden
Gewalt angewendet
Und unter den Verhafteten
war unser Sohn
Der Kaplan hat mit ihm gesprochen
er ist nach Amerika
wir haben ihn in ein Flugzeug
nach Amerika
von Amerika ist er wieder nach Europa zurück
schon nach sechs Wochen
In Paris ist er gesehen worden
Präsident und Masseur lachen laut auf
Dann nach Rom
Weil er doch Archäologe ist Frau Frölich
Er schreibt ein Buch
er ist gescheiter als sein Lehrer

er ist heute so weit wie sein Lehrer
niemals gekommen ist
in der Archäologie
schaut in den leeren Hundekorb, dann zum Fenster
Die Massen
Die Massen sind hermarschiert
auf den Palast zu
Hinter den Vorhängen habe ich beobachtet
wie die Massen hermarschiert sind
Mit Steinen haben sie uns die Fenster eingeschlagen
Viele sind hingerichtet worden Frau Frölich
hingerichtet
Dann war Ruhe
Lange Zeit war Ruhe
aber seit einem Jahr
fangen sie wieder an
sie marschieren nicht Frau Frölich
aber sie sprengen Gebäude in die Luft
und sie bringen wichtige Menschen um
die wichtigsten für den Staat bringen sie um
die Fachleute die die in ihrem Fach die Ersten sind
Frau Frölich
rücksichtslos
Es wird noch eine Zeit dauern sagt der Kaplan
dann schlägt der Präsident wieder zu
schaut auf die Badezimmertür
Mein Mann schlägt zu
Frau Frölich kämmt die Präsidentin
Dann kennt er keine Gnade
Frau Frölich
Dann gibt es an jedem Tag Hunderte Exekutionen
Frau Frölich
Diese Unmenschen Frau Frölich
die dieses schöne ruhige Land vernichten
es mutwillig zerstören
mutwillig
mutwillig
schaut in den leeren Hundekorb
Und das unschuldige Leben töten
töten
hinmorden

Aber vielleicht
beruhigen sich die Terroristen
aber die Terroristen beruhigen sich nicht
Der Kaplan sagt
daß alles noch viel schlimmer wird
Die Rücksichtslosigkeit des Terrorismus nimmt zu
nimmt zu Frau Frölich
das Elend nimmt zu
die Angst
Haben Sie denn nicht Angst vor den Terroristen
Daß Ihnen ein Anarchist auflauert
Sie glauben Sie machen ein Buch auf um zu lesen
und werden in Stücke gerissen
haben Sie nicht Angst davor
Alle haben Angst
alle
alle
in diesem Staat herrscht nurmehr noch die Angst
Die Kirche beschwichtigt
sie beschwichtigt
aber sie ist unfähig
die Kirche hat keinen Kontakt mehr
zu niemandem
nicht zu den einen
nicht zu den andern
die Kirche ist parasitär
parasitär Frau Frölich
Ich weiß alles über die Kirche
Der Kaplan verheimlicht mir nichts
In der Kirche selbst herrscht das Chaos Frau Frölich
Die Korruption
Ehrgeiz
Haß Frau Frölich
sonst nichts
schaut auf die schwarzen Kleider
Daß wir alle schon so lange Zeit nurmehr noch
in Schwarz gehen
Aber Sie selbst haben noch keinen Verwandten verloren
nicht einen
Sie haben nichts zu trauern Frau Frölich
einerseits wie infam

andererseits steht Ihnen was Sie anhaben gut
sehr gut
Rot sehr gut
Rot und lang
schaut auf ihre Knöchel
Bis zu Ihren Knöcheln hinunter
rot
Wenn ich nicht wüßte
daß dieses Kleid einmal mir gehört hat
mir Frau Frölich
stellen Sie sich vor
mir hat dieses lange rote Kleid gehört
ich habe es oft getragen
wenn ich das nicht wüßte
müßte ich glauben Sie erlaubten sich eine Ungeheuerlichkeit
indem Sie sich ein solches Kleid anziehen
von oben bis unten rot Frau Frölich
eine Ungeheuerlichkeit
eine Unverschämtheit
aber ich selbst habe Ihnen das Kleid geschenkt
ich habe es Ihnen aufgezwungen
denn sagen Sie ich habe es Ihnen aufgezwungen
aufgezwungen
Ihnen befohlen es anzuziehn
Und Sie haben es angezogen
Unter Qualen allerdings
unter den größten Qualen
Damals waren Sie noch jung
Sie hatten noch nicht diese graue Gesichtsfarbe
Die graue Gesichtsfarbe haben Sie zwanzig Jahre
also habe ich Ihnen das Kleid vor zwanzig Jahren geschenkt
Erinnern Sie sich
aufgezwungen
aus dem Kasten herausgenommen
und auf den Boden geworfen
deutet auf den Boden
Dahin Frau Frölich
Sehen Sie
Und Sie haben es aufgehoben
und angezogen
widerspruchslos

Präsident und Masseur lachen laut auf
In Wahrheit hat mein Mann Angst
die größte Angst Frau Frölich
aber er zeigt es nicht
während wir unsere Angst zeigen
auch Sie haben Angst
und zeigen sie
obwohl Sie wie Sie wissen
keine Angst haben brauchen
er zeigt sie nicht
allerdings läßt er sich ablenken
durch das strikte Einhalten der Masseurstunde beispielsweise
durch Hinundhergehen im Palast
währenddessen ihm die Gedanken kommen
oder er liest in seinem Metternich
nichts als Metternich
Metternich
Metternich Frau Frölich
oder er sitzt mit dem Oberst und spielt Schach
lacht auf
Mit dem Oberst
Dem Oberst tut nichts mehr weh
zur Frölich intim
Glauben Sie mir
der Tod des Oberst geht ihm am nächsten
die beiden waren aneinandergekettet
nicht nur im Schachspiel
nicht nur im Schachspiel
Die Zeit nimmt was man liebt Frau Frölich
es wird einem das Liebste
aus dem Herzen gerissen
schaut in den leeren Hundekorb
Rücksichtslos
erbarmungslos
Nach dem Begräbnis
gleich nach dem Begräbnis
bevor ich mich mit der Rolle beschäftige
meinen Text lerne Frau Frölich
lasse ich mich
ins Gerichtsmedizinische Institut bringen
schaut in den leeren Hundekorb

Ich will ihn noch einmal sehen
Dann muß ich mich entschließen
ob verbrennen oder nicht
verscharren oder nicht
schaut der Frölich ins Gesicht
Präsident und Masseur lachen laut auf
Was sagen Sie
sagen Sie etwas
sagen Sie doch etwas
Frau Frölich tritt einen Schritt zurück
Sie peinigen mich
Sie sind nur da
um mich zu peinigen
die einzige Aufgabe solcher Leute wie Sie ist
andere zu peinigen
ein jeder von dieser Ihrer Art hat einen
den er peinigt
Sie peinigen mich
Sagen Sie doch etwas
so sagen Sie
sagen Sie
Frau Frölich
ich befehle Ihnen
schaut in den Hundekorb
Verbrennen
ich werde ihn verbrennen lassen
der Frölich ins Gesicht
Ich muß ihn noch einmal sehen
Sie haben das Tier gehaßt
Sie haben es immer gehaßt
tief Frau Frölich
sehr tief
am tiefsten
und Sie wissen warum
Sie waren eifersüchtig
und jetzt
wo er tot ist
wo das arme Tier weg ist tot ist
hassen Sie es noch immer
Ihr Haß
Ehrgeiz

Haß
sonst nichts
Wenn Sie ihm zu essen gegeben haben
haben Sie ihn gehaßt
Wenn Sie ihn hinuntergeführt haben
haben Sie ihn gehaßt
Wenn Sie ihm den Riemen festgemacht haben
gehaßt
Wenn Sie ihm aufbetten haben müssen
gehaßt
Ehrgeiz
Haß
sonst nichts
Präsident und Masseur lachen laut auf
Auch mein Mann
hat das Tier gehaßt
aber es war ein anderer Haß
ein anderer Haß
als Ihr Haß
Und jetzt wo er tot ist
beschäftigt er sich nicht mehr mit ihm
Das wundert ihn
daß ich mit ihm noch immer spreche
schaut in den leeren Hundekorb
während er gar nicht mehr da ist
weg ist
tot ist
das wundert meinen Mann
Präsident lacht laut auf
Die Selbstgespräche
habe ich mir angewöhnt
habe ich von ihm
aber ich führe keine Selbstgespräche Frau Frölich
ich spreche mit ihm
alles bespreche ich mit ihm
Haben wir nicht alles zusammen besprochen
Zuerst habe ich i h n gefragt
War etwas zu tun
ihn gefragt
zuerst
meine allerhöchste Instanz

schaut in den leeren Hundekorb
Ich habe nichts getan
ohne ihn zu fragen
habe ich ihn nicht gefragt
ein Unglück Frau Frölich
Mein Mann hat immer den Oberst gefragt
ich habe i h n gefragt
mein Mann hatte den Oberst
ich hatte ihn
die erste Instanz meines Mannes war der Oberst
schaut in den leeren Hundekorb
meine erste und letzte Instanz
war mein Hund
schaut auf die Badezimmertür
Und jetzt haben sie uns beide weggenommen
Niedergeschossen
der Frölich ins Gesicht
Plötzlich habe ich in seinen Augen gesehen
daß er tot ist
Herzschlag Frau Frölich
Herzschlag
Das Tier hatte bei dem Schuß auf den Oberst
der Herzschlag getroffen
Diese starren fragenden Augen Frau Frölich
da habe ich ihn weggeworfen
weggeworfen
fallen lassen Frau Frölich
auf den Boden
da fiel er auf den Boden
schaut in den Spiegel
ich begriff nicht
Da war mein Mann längst weg
Da waren die Terroristen
Die Anarchisten Frau Frölich weg
ganz allein war ich dagestanden
hatte mich zu ihm hinuntergebeugt
Aber mein Mann wollte zum Denkmal des Unbekannten Soldaten gehen
es war sein tagtäglicher Spaziergang
mit mir
mit uns

aber nicht zweimal denselben Weg gehen
sagt der Kaplan
nicht zweimal
jeden Tag
immer um die gleiche Zeit
wir hatten die Gefahr nicht erkannt
Und da wie er
mein Mann
die Schwalbe gesehen hat auf dem Denkmal des
Unbekannten Soldaten
zeigte er mir die Schwalbe
indem er den Stock hob
den Stock hob Frau Frölich
das hat ihm das Leben gerettet
denn hätte er den Stock nicht gegen das Denkmal des
Unbekannten Soldaten gehoben
wäre er das Opfer gewesen
so war der Oberst das Opfer
Sekundenschnelle Frau Frölich
Sekundenschnelle
Und der zweite Schuß in die Luft
wahrscheinlich hatten die Anarchisten Angst
weil sie den Präsidenten nicht mit dem ersten Schuß
getroffen hatten
schaut in den leeren Hundekorb
Der Verdacht
ist auf Ihren Sohn gefallen
Frau Frölich
der Frölich ins Gesicht
Ihr Sohn ist doch an der Universität inskribiert
nicht wahr
nicht wahr Frau Frölich
Präsident und Masseur lachen laut auf
Ein Staat
voller Angst Frau Frölich
schaut auf die Badezimmertür
Ehrgeiz
Haß
sonst nichts

Vorhang

Zweite Szene

Präsidentin mit dem Schleier über dem Kopf am Toilettetisch sitzend, Frau Frölich hinter ihr

PRÄSIDENTIN

Ich sehe
aber ich werde nicht gesehen
Ich kann alles sehen
ich sehe mich selbst
mich selbst Frau Frölich
im Spiegel
selbst
Ich sehe auch Sie
Sie stehen mit Ihrem immer gleichen grauen Gesicht
hinter mir
Bald habe ich Sie eingeholt
Dann sind wir gleich Frau Frölich
dreht sich nach dem Badezimmer um
Präsident und Masseur lachen laut auf
Dieses Lachen
hat mich schon immer abgestoßen
in sich hinein
wie mich an diesem Menschen schon immer alles
abgestoßen hat
alles
Verstehen Sie Frau Frölich
alles
Weil ich ihn gehaßt habe
weil er mich abgestoßen hat
Ehrgeiz
Haß
sonst nichts
Auf ihn haben es die Anarchisten abgesehen
aber sie haben niemals getroffen
noch nicht
hören Sie Frau Frölich
Präsident und Masseur lachen laut auf
noch nicht
Dann stehe ich da
Dann bin ich die Präsidentenwitwe

Ich frage mich ja
wer ist der nächste
ist es der Präsident des Verfassungsgerichtshofs
ist es der Außenminister
ist es vielleicht der neue Außenminister
oder der neue Innenminister
Bald gibt es in diesem Staat
keinen klaren Kopf mehr
keinen klaren und keinen außerordentlichen Kopf mehr
sagt der Kaplan
hören Sie Frau Frölich
der Erzbischof wird von einer eigenen bewaffneten Leibwache
geschützt
Der Erzbischof hat seinen Spaziergang
im erzbischöflichen Palais eingestellt
er geht nicht mehr aus seinem Zimmer heraus
er hat auch Angst
Sie haben alle Angst
alle Angst hören Sie
zuerst hatten sie keine Angst
aber jetzt haben auch alle kirchlichen Würdenträger Angst
Vielleicht ist der Erzbischof der nächste
Die Anarchisten gehen nach einem genauen Plan vor
und werden die einen liquidiert Frau Frölich
schlagen die andern wieder zu
bis sie ihr Ziel erreicht haben
der Frölich ins Gesicht
Auf Ihren Sohn ist der Verdacht gefallen
Die Philosophiestudenten
sind die gefährlichsten
sagt der Kaplan
und die Theologen
die Philosophie und die Theologie
sind das Gift
vergiften den Staat
bringen ihn um
indem sie uns umbringen
Präsident und Masseur lachen laut auf
Die Freiheit
ist zu groß gewesen
sagt der Kaplan

die Zügel lockern
bedeutet Anarchie Frau Frölich
schaut in den Spiegel, mit dem Gesicht ganz an den Spiegel
Ich sehe
aber die andern sehen mich nicht Frau Frölich
Die Künstler
die ich immer unterstützt habe
die Maler die Bildhauer
die Dichter Frau Frölich
die Konzertmusiker
sie danken es nicht
Mäzenatentum ist ein Unsinn
eine Dummheit
einen Künstler zu unterstützen
Die Künstler gehören mit Füßen getreten
sagt der Kaplan
Mit Füßen getreten
die Künstler die Künste
mit Füßen getreten Frau Frölich
nach einer Pause
so
hätte mich der Professor malen sollen
so
so Frau Frölich
reißt sich den Schleier vom Kopf
nicht so
der Frölich ins Gesicht
nicht so
wirft den Schleier auf den Boden
Präsident lacht laut auf
Präsidentin kommandiert der Frölich
Heben Sie ihn auf
heben Sie den Schleier
auf
Frau Frölich hebt den Schleier auf
Nehmen Sie den Schleier
nehmen Sie den Schleier
Frau Frölich wirft sich den Schleier über
Präsidentin lacht laut auf, ruft plötzlich
Sie haben kein Recht
den Schleier zu tragen

Sie haben kein Recht dazu
kein Recht
Nehmen Sie den Schleier herunter
herunter den Schleier
herunter
ab
Frau Frölich nimmt den Schleier ab
Sie müssen Ihr wahres Gesicht tragen Frau Frölich
deutet auf den Kleiderständer
Dahin
hängen Sie den Schleier dahin
Frau Frölich hängt den Schleier auf den Kleiderständer
Präsidentin kommandiert
Kämmen Sie mich
Präsident und Masseur lachen laut auf
Präsidentin schaut auf die Badezimmertür
Dieses Lachen
daß dieser Mensch
immer lacht
immer lacht er
schaut in den leeren Hundekorb
wir haben ihn gehaßt
er hat uns gehaßt
wir haben ihn gehaßt
Ehrgeiz
und Haß
sonst nichts
Frau Frölich kämmt sie
Ihr Geruch
ist dieser Geruch
der mich an die Armut erinnert
aber Sie atmen vertrauenerweckend Frau Frölich
gleichmäßig
und vertrauenerweckend
dann wieder völlig ungleichmäßig
gehetzt
und ich weiß nicht
was in Ihnen vorgeht
Körper und Kopf beherrschen
sagt der Kaplan
Körperdisziplin

Kopfdisziplin
zur Philosophie machen
verstehen Sie
pathetisch
Ich bin von der Kopfdisziplin
des Kaplans fasziniert
Die Köpfe in der Kirche
sind anarchistische Köpfe
hat der Kaplan gesagt
Mein Mann mißtraut
der Kirche
Einen solchen fortwährend alles denkenden Kopf
aufhaben
sagt der Kaplan
einen solchen alles sezierenden Kopf
aufhaben
Er ist ein Abtrünniger
beinahe schon
exkommuniziert
Ursprünglich habe ich gegen den Kaplan
nichts als Abneigung empfunden
Nur seine Kenntnisse der französischen Sprache
bewundert
Wie er mir Zola vorgelesen hat Flaubert
schaut in den leeren Hundekorb
daß es selbst ihn gefesselt hat
dieses aufmerksame Wesen
neben mir
und Goethe hören Sie
und Marcel Proust
und schließlich Voltaire
immer wieder Voltaire
Voltaire
Voltaire
Wenn er
Voltaire
seinen Esel an der Gartenpforte antraf
auf seinem Landsitz in Ferney Frau Frölich
den Esel an der Gartenpforte antraf
sagte er
Ich bitte Sie haben den Vortritt Herr Präsident

Frau Frölich lacht laut auf
Präsidentin sie anherrschend
Sind Sie ruhig
Sie haben kein Recht
darüber zu lachen
S i e nicht
Ich bitte Sie
sagte Voltaire zu seinem Esel
wenn er ihn an der Gartenpforte antraf
Sie haben den Vortritt mein Herr Präsident
Die Aussprache des Kaplans
gerade wenn er Voltaire las
exzellent
exzellent
Er hat einen Lehrstuhl an der Sorbonne ausgeschlagen
für mich Frau Frölich
Frau Frölich massiert die Präsidentin am Hals
Die Wärme steigt
ganz leicht
nach dem medizinischen Gesetz
in den Kopf
ganz leicht
plötzlich über den Kaplan
Stellen Sie sich vor
seine Mutter hat ihn
wie er drei Jahre alt gewesen war
verstoßen
verstoßen
In Rotterdam auf einem Fischkutter
ist er in einer Hängematte gelegen
bei Pflegeeltern
in die ärmlichsten Verhältnisse hinein
hat ihn seine Mutter gestoßen
aber nur so
von ganz unten herauf
wird etwas aus einem Menschen
Aus der Armut heraus wachsen dann diese Köpfe
die die hervorragendsten Köpfe sind
Eine solche grauenhafte Kindheit
die auf einmal zum Genie wird Frau Frölich
Wie der Kaplan Marcel Proust sagt

ist genial
Die fürchterlichste Kindheit
ist das größte Kapital Frau Frölich
Das ist auch von ihm
jeden Tag sagt er wenigstens
einen bedeutenden Satz
Aber wenn er alle diese Sätze
die die bedeutendsten Sätze sind
nicht aufschreibt
gehen sie verloren
Was der Geschichte verlorengeht
Frau Frölich
wenn der Kaplan nichts aufschreibt
Zu einem späteren Zeitpunkt sagt er
schreibt er dann alles auf
was ihm bedeutend genug erscheint
aufgeschrieben zu werden
zu einem späteren Zeitpunkt
Der Zeitpunkt ist noch nicht gekommen
Und ich mache mir Mühe
Notizen zu machen über das
was er sagt
aber ich verliere diese Notizen
Das Genie sagt der Kaplan
kommt von ganz unten herauf
Und Pascal sagt
es genügt zu sein
plötzlich kommandierend
Jetzt die Beine
massieren Sie mir die Beine
streckt das rechte Bein aus
Frau Frölich massiert ihr rechtes Bein
Man muß schon so weit gekommen sein
wie der Kaplan
der alle Erdteile kennt
alle Erdteile Frau Frölich
um in dieser bedeutenden Weise
denken zu können
Die äußeren Erdteile
wie die inneren Erdteile
Das was außen ist

und das was innen ist
die ganze äußere Geographie kennen
und die ganze innere
Und denken wie ein Chirurg
verstehen Sie
Eine Professur aufgeben an der Sorbonne
um mir Zola vorzulesen
und Flaubert
und Marcel Proust
Mein Mann haßt ihn
Auch von Geschichte
versteht er am meisten
Das ist kein hinausgeworfenes Geld
sich einen solchen bedeutenden Geist zu engagieren
schaut in den leeren Hundekorb
Und ihn liebte er
über alles
Er brachte ihm immer etwas mit
Selbst Schinken
selbst Schinken Frau Frölich
Erdnüsse
Bananen
Sandwiches Frau Frölich
Sandwiches
nach und nach
hat er ihm einmal
streckt ihr linkes Bein zum Massieren aus
Frau Frölich massiert ihr linkes Bein
die zwölf Sandwiches
die kostbarsten Sandwiches
die ich jemals gemacht habe
ihm in den Mund gesteckt
ihm
schaut in den leeren Hundekorb
ihm
nach und nach
ganz musikalisch Frau Frölich
ganz nach dem musikalischen Gesetz
daß ich gestaunt habe
Was der Kaplan über Pascal sagt
trifft auf ihn selbst zu

Seine eigenen Gedanken
haben die Qualität der Pensées
Aber was rede ich für Zeug mit Ihnen
Ich rede mit Ihnen
und Sie verstehen nicht
was ich mit Ihnen rede
Präsident und Masseur lachen
Soviel Sicherheit
andererseits Unsicherheit
ist in der Nähe
eines Genies
Ein denkender Kopf wie der Kopf des Kaplans
beruhigt einerseits
beunruhigt andererseits
Das ist das Schöpferische
zieht das linke Bein ein
Frau Frölich steht auf
Und dazu ist ein solcher Mensch auch noch vornehm
Wenn Menschen
oder besser wie er sagt Köpfe Frau Frölich
nur antippen brauchen a n e i n T h e m a
und sie begreifen
Präsident und Masseur lachen laut auf
Ich habe überlegt
ob ich die Zuwendungen an die Künstler
streiche
weil die Künstler auch Keimzelle der Anarchie sind
wie mein Mann sagt
und der Kaplan bestreitet das nicht
aber ich streiche die Zuwendungen nicht
Die Zuwendungen an die Künstler
werden nicht gestrichen
Wo haben Sie denn die Rede
die der neue Oberst für meinen Mann aufgesetzt hat
Frau Frölich ab und kommt mit der Rede herein
Präsidentin nimmt die Rede, liest
und daß dieses Verbrechen gesühnt werden muß
wo wir jetzt hier
am offenen Grabe stehen
Ein guter Freund
ein treuer Bürger

zur Frölich
Ist es nicht grotesk
daß der neue Oberst
die Grabrede für seinen Vorgänger schreiben muß
hat das nicht tragische Züge an sich
Frau Frölich
liest vor
stehen wir am offenen Grabe
dieses uneigennützigen Menschen
dieses tapferen Offiziers
der für sein Vaterland
Vaterland
Vaterland
Vaterland
legt die Rede auf den Toilettetisch, streckt die Zunge heraus
Vaterland
zur Frölich
Wenn Sie meinem Mann den Hustensaft geben
geben Sie mir auch von dem Hustensaft
merken Sie sich
zwei Löffel für meinen Mann
zwei Löffel für mich
vielleicht hilft es mir
im Erlernen der Rolle
für die Kindervorstellung
Wie Sie wissen spiele ich seit zwanzig Jahren
die Hauptrolle
widerwillig in den letzten Jahren
widerwillig
aber man bestürmt mich
und ich spiele wieder
Ich frage mich
ob es sich schickt
daß ich jetzt
in dieser fürchterlichen Zeit
in welcher soviel Leid geschieht
mitspiele
Was sagen Sie
Daß ich mitspiele
wo wir doch eine solche grauenhafte Zeit haben
In einem Theaterstück spiele

während ich jeden Tag auf den Friedhof gehen muß
um am Grabe eines teuren ermordeten Menschen zu stehn
Es fällt mir schwer
am offenen Grabe zu stehen Frau Frölich
und stehe ich am offenen Grabe
sehe ich selbst mich nicht am offenen Grabe
sondern auf der Guckkastenbühne
und ich spreche meinen Text
diesen lustigen Kindertext Frau Frölich
Und ich frage mich
wann ich die Beherrschung verliere
Und wie leicht ist es möglich
daß ich auf einmal am offenen Grabe
anstatt in Trauer versunken zu sein
meinen Text spreche
diesen lustigen Text Frau Frölich
diesen lustigen Text
Präsident und Masseur lachen laut auf
Ich frage mich
warum ich Sie
in die Kunst der Massage eingeweiht habe
Frau Frölich massiert die Präsidentin wieder am Hals
Von innen nach außen
Frau Frölich
Immer an Drainage denken
Und so zaghaft wie selbstsicher
Die Krankheitserreger aus einem Körper
wie dem meinigen
hinausmassieren
Diese Bilder
diese Ideen die ich habe
wenn Sie mich massieren
Ich frage mich
was sehen Sie
was denken Sie
wenn ich Sie massiere
Plötzlich wird soviel Verschüttetes freigelegt
Präsident und Masseur lachen
Natürlich
Sie brauchen keinerlei Angst zu haben
Die Anarchisten tun

Ihnen nichts
Aber es könnte ja sein
irrtümlich
irrtümlich
wenn Sie irrtümlich
schaut in den leeren Hundekorb
Wie er getötet worden ist
tot
Wenn ich denke wie er den Kopf
auf den Korbrand gelegt hat
Das treue Tier
hat mich stundenlang beobachtet
wenn ich Flaubert gelesen habe
oder Zola
oder Albert Camus verstehen Sie
die großen Franzosen
von welchen für mich immer
die größte Faszination ausgegangen ist
Was in einem solchen
unschuldigen Geschöpf
vor sich geht
wir wissen es nicht
Er hat sein Geheimnis
mit ins Grab genommen
schaut auf die Badezimmertür
Ihn hätten sie töten wollen
Ihn zu töten
ist ihre Absicht gewesen
schaut in den leeren Hundekorb
Das arme Tier
haben sie getötet
Der Kaplan sagt
es handelt sich
um Verrückte
junge Menschen
die in einer ausweglosen Situation sind
in ihrem Kopf
Frau Frölich
Das Proletariat ist es nicht
Frau Frölich
die Intellektuellen sind es

Präsident lacht laut auf
Mein Mann
hat auch Angst
aber er zeigt es nicht
er darf die Angst nicht zeigen
Ich darf die Angst zeigen
wir ja
Und wie
der Frau Frölich ins Gesicht
Und wie Sie Ihre Angst zeigen
die Sie gar nicht haben brauchen
Sie brauchen keine Angst haben
Ich muß Angst haben
Sie nicht
Es ist alles darauf angelegt
daß ich Angst haben muß
sagt der Kaplan
und in Ihnen
alles
daß Sie nicht die geringste Angst
haben müssen
ihr ins Gesicht
Nur irrtümlich
Frau Frölich
Meine Strümpfe sind locker
streckt das rechte Bein aus und die Frölich zieht an ihrem rechten Strumpf und streckt das linke Bein aus und die Frölich zieht an ihrem linken Strumpf
Aber daß mir die Anarchisten
mein Liebstes genommen haben
Aber die Welt versteht nicht
sie will nicht verstehen
sie kann nicht verstehen
Frau Frölich steht auf, nachdem die Präsidentin ihre Beine zurückgezogen hat
Wie viele Leichenreden
der alte Oberst geschrieben hat
in letzter Zeit
nicht fehlerfrei Frau Frölich
nicht ohne Phrase
nur seine eigne nicht

Er hätte seine eigne schreiben können
seine eigne Frau Frölich
nimmt die Rede vom Toilettetisch, liest vor
Und diesen treuen Menschen
übergeben wir der Heimaterde
die wir um ihn herumstehen
und trauern fragen uns
wofür dieser treue Diener des Staates
sein Opfer gebracht hat
aber wir wissen wofür
er sein Opfer gebracht hat
wirft die Rede auf den Toilettetisch
zur Frölich
Wissen Sie wofür
der Oberst sich selbst geopfert hat
Wissen Sie es
Ich frage Sie
wissen Sie es
sich selbst geopfert
hat der Oberst sich selbst geopfert
schaut auf die Badezimmertür
Präsident lacht
Sie denken seit mehreren Jahren
an nichts anderes
als ihn zu beseitigen
plötzlich laut
Schonungslos gegen die Anarchisten vorgehen
schonungslos
kurzen Prozeß machen
den kürzesten Prozeß
sagt der Kaplan
andererseits
sucht etwas
Wo habe ich nur die Haarnadel
die lange Haarnadel Frau Frölich
Präsident dreht die Brause auf
Die Haarnadel
Frau Frölich
Frau Frölich bückt sich und sucht die Haarnadel
Der Kaplan ist für den kürzesten Prozeß
einerseits

andererseits
Aber der Kaplan ist nicht die Kirche
Präsident hustet
Frau Frölich hat die Haarnadel gefunden, steht auf
Präsidentin nimmt die Haarnadel in den Mund
Frau Frölich zieht ihr die Haarnadel aus dem Mund
Sie haben recht
erinnern Sie mich nur immer wieder
an diese Unart
Die Haarnadel in den Mund stecken
eine solche Unart
eine solche weitverbreitete entsetzliche Unart
die Haarnadel in den Mund stecken
der Frölich direkt ins Gesicht
diese Unart
Dann muß ich
gleich nach dem Begräbnis
in die Firma Frau Frölich
erinnern Sie mich
Frau Frölich will etwas sagen
Sagen Sie nichts
Gleichzeitig muß ich
in die Firma
und in das Gerichtsmedizinische Institut
schaut in den leeren Hundekorb
und meine Rolle lernen
meinen Text
für die Kindervorstellung
plötzlich
Wo ist der Oberst eigentlich aufgebahrt

FRAU FRÖLICH
Im Heeresmuseum

PRÄSIDENTIN
Im Heeresmuseum
von dort
der Kondukt
auf den Zentralfriedhof

FRAU FRÖLICH
Auf den Zentralfriedhof

PRÄSIDENTIN
Das wird eine gewaltige Demonstration

gegen den Anarchismus Frau Frölich
sagt der Kaplan

PRÄSIDENT *zum Masseur*
Reiben Sie mich gut ab
gut abreiben
gut
so
lacht

PRÄSIDENTIN
Wenn die Firma so groß ist
wie meine Firma
die ich so wie sie ist
in die Ehe mitgebracht habe Frau Frölich
verliert man den Überblick
zeitweise Frau Frölich
Kursschwankungen
Pensionierungen
Ehrungen
Und die Diebstahlsaffairen Frau Frölich
Frau Frölich bückt sich
Präsidentin schaut zu Boden
Da muß sie sein
da
da
Frau Frölich steht mit einer Haarnadel auf
Und nicht in den Mund stecken
nicht in den Mund stecken
Eine solche Firma wie die unsrige
verführt die Leute naturgemäß zum Diebstahl
Wenn Sie wüßten wieviel Angestellte
schon beim Diebstahl ertappt worden sind
Oft kommen wir erst nach Jahren darauf
aber wir kommen auf diese Diebstähle
Daß sie gefaßt werden die Diebe
schaut in den leeren Hundekorb
Was hast du mit allen diesen weltpolitischen Unsinnigkeiten
zu tun
neigt sich zum Hundekorb hinunter
Du
mein Liebes
was hast du damit zu tun

zur Frölich
Daß Sie mir das Halsband
nicht mit verbrennen
Sie müssen das Halsband zurückbringen
Das Halsband
das schöne Halsband
mit den zwei Goldknöpfen
in den leeren Hundekorb hinein
Sie haben dich mir weggenommen
mir weggenommen
die Anarchisten
dich
zur Frölich
Haben Sie gehört
D a s H a l s b a n d
und nehmen Sie es ihm vorsichtig ab
mit gesenktem Kopf
Mir graut vor dem
was ich in den Gerichtsmedizinischen Instituten
gesehen habe
der Frölich ins Gesicht
Stellen Sie sich vor
den Oberst haben sie
schaut in den leeren Hundekorb
mit ihm
zusammen
ins Gerichtsmedizinische Institut gebracht
Präsident kommt aus dem Bad herein, hinter ihm der Masseur
Präsidentin plötzlich, so, daß es alle deutlich sehen, die Frölich am Handgelenk packend und das Handgelenk der Frölich fest drückend, zu ihrem Mann
Wenn ich Sie nicht hätte
läßt das Handgelenk der Frölich aus
Präsident hat nur ein Handtuch um den Bauch gewickelt
Frau Frölich mit einer langen Unterhose zum Präsidenten
MASSEUR *verneigt sich vor dem Präsidenten und sagt*
Ich danke Herr Präsident
auf Wiedersehen Herr Präsident
verneigt sich vor der Präsidentin
Auf Wiedersehen Frau Präsident
ab

PRÄSIDENT *ruft ihm nach, während die Frölich dem Präsidenten in die lange Unterhose hineinhilft*
Vergessen Sie nicht
den Melissensaft mitzubringen morgen
Den Melissensaft
Präsident setzt sich an den Toilettetisch
PRÄSIDENTIN *zur Frölich*
Zeigen Sie meinem Mann
die Rede
nimmt die Trauerrede, die der neue Oberst geschrieben hat, vom Toilettetisch, gibt sie der Frölich, die gibt sie dem Präsidenten
Ein guter Stil
glaube ich
was der neue Oberst schreibt
dein neuer Beschützer
Adjutant
nur die Alten
die kurz vor der Pensionierung stehen
werden zu dir abkommandiert
zum Präsidenten
PRÄSIDENT *liest die Rede durch*
Hoffentlich erschöpft sich die Arbeit
des neuen Obersten nicht
im Abfassen von Grabreden
Frau Frölich zieht dem Präsidenten, während er die Rede liest, zuerst den linken, dann den rechten Strumpf an
Die Frölich hat dir die schwarze Binde gebügelt
Blutet die Wunde noch
Präsident greift sich an den Kopf
Präsidentin steht auf und geht zu ihm hin
Die Wunde blutet nicht mehr
Ein Streifschuß
kaum ein Streifschuß
küßt ihn auf die Stirn
zeigt auf den Redetext
Da siehst du
gesühnt werden
muß gesühnt werden
lacht laut auf und geht zum Toilettetisch zurück, setzt sich
Gesühnt werden

sagt der Kaplan
ist eine ganz und gar
dumme Formulierung
Präsident nachdem ihm die Frölich beide Strümpfe
angezogen hat
Die Umstände haben es nicht gestattet
daß ich mich meiner Lieblingsbeschäftigung gewidmet habe
der Naturwissenschaft
mein Sohn widmet sich
nein
nein nein

PRÄSIDENTIN

Sag doch zur Frölich
daß du im Jahre vierunddreißig
die Wahl gehabt hast zwischen zwei Gesandtschaftsposten
es interessiert sie nicht
nicht mehr
wie es mich nicht mehr interessiert
Weil du im entscheidenden Moment
in die Hauptstadt gegangen bist
und alles in die Hand genommen hast
Frau Frölich kämmt dem Präsidenten das nasse Haar
Eine zufällige Bekanntschaft
eine einflußreiche Persönlichkeit
nach dem unglücklichen Ausgang des Krieges
kopiert ihren Mann
Dann habe ich angefangen
mich nurmehr noch mit Metternich zu beschäftigen
und nurmehr noch Metternich zu lesen
Über den dynastischen Charakter
Über den slawischen Bundesstaat etcetera
Über Doppelmächte
Über Wesen mit zwei Köpfen
wovon einer immer
der aktivere Teil ist etcetera
Über den Geschichtseinschnitt
Identität etcetera
Ich halte dafür
daß man die Leute ruhig reden lassen solle
was sie wollen
solange sie uns machen lassen

was wir wollen etcetera
vorsichtig und
pessimistisch
zur Frölich
Hören Sie meinen Mann
er sagt immer das gleiche
ich höre was er sagt
immer höre ich was er sagt
seit dreißig Jahren höre ich
immer das gleiche
Herrschaftsvölker
Reichshälften
Konzessionen
und dann
Die verhängnisvollste Tat etcetera
und dann
gegen vier Uhr nachmittags
während er vorgibt
sich mit mir zu unterhalten
mich zu unterhalten
über den Staatskanzler Kaunitz
Frau Frölich zieht dem Präsidenten das Unterhemd an, dann das Überhemd, bürstet den Cut aus, während der Präsident sein Überhemd zuknöpft
Präsidentin sich schminkend, in den Spiegel schauend
Bald haben sie alle
guten und klaren Köpfe
umgebracht

PRÄSIDENT
Der neue Oberst
ist ein hervorragender Offizier

PRÄSIDENTIN
wie der alte Oberst
der unfähig gewesen war
dich zu schützen
Er hätte dich warnen müssen
Er hätte sagen müssen
nicht mehr zum Denkmal des Unbekannten Soldaten
denn er hätte sich ausrechnen müssen
daß die Anarchisten
zuschlagen

in den leeren Hundekorb hineinschauend
Bald haben sie alle guten
und klaren Köpfe umgebracht
sagt der Kaplan
blickt zum Fenster
Hinunterschauen
und Angst haben
in den Spiegel schauend
Das letztemal
daß ich in der Kindervorstellung mitspiele
Plötzlich ist mein Kopf leer
ich weiß kein Wort
da stehe ich
und weiß kein Wort
nichts
und die Schauspieler starren mich fragend an

PRÄSIDENT

Mir hat immer gefallen
wenn du in dem Kinderstück aufgetreten bist
Du hast dein Talent
nicht entwickelt
Du hättest es zu einer großen Schauspielerin bringen können
Wohlgemerkt
Frau Frölich zieht dem Präsidenten die Cuthose an
Mich haben die Frauen
mit schauspielerischem Talent
immer angezogen
die von Shakespeare begeistert sind
von Molière
Mich selbst interessiert nur die Oper
ruft aus
Schauspiele

PRÄSIDENTIN

Wo triffst du sie

PRÄSIDENT

In Madrid

PRÄSIDENTIN

In Madrid
Ist das nicht umständlich
sie in Madrid zu treffen
Du könntest sie gleich mitnehmen

PRÄSIDENT
Kein Aufsehen mein Kind
nur kein Aufsehen
streckt das rechte Bein aus und läßt sich von der Frölich den rechten Schuh anziehen
Nur kein Aufsehen
streckt das linke Bein aus
Frau Frölich zieht ihm den linken Schuh an
Sie ist schon in Madrid
Wenn ich nicht auf das Begräbnis müßte
wäre ich auch schon dort
eine elegante Stadt
zur Frölich
Da sollten Sie einmal hinfahren
und sich ein Paar Schuhe kaufen
Frau Frölich
die elegantesten Schuhe
bekommen Sie in Madrid
und in Lissabon
Frau Frölich richtet dem Präsidenten das Überhemd
Präsident zur Frölich
Sie tragen noch immer
die Schuhe
Ihrer verstorbenen Mutter
Frau Frölich
schaut auf ihre Schuhe
Die sind schon ganz aus der Mode gekommen
Da fahren Sie einmal hin
nach Madrid
PRÄSIDENTIN *in den Spiegel schauend*
Einmal noch
dann nicht mehr
niemehr
das letztemal
daß ich mitwirke
mitwirke
das letztemal
in den leeren Hundekorb schauend
Aber wenn man einmal angefangen hat
sich in eine solche Sache einzulassen
kann man nicht mehr heraus

PRÄSIDENT
Hast du gewußt
daß das Drama
auf einer Idee des Erzbischofs beruht
Die erste Skizze dazu
war vom Erzbischof

PRÄSIDENTIN *in den leeren Hundekorb schauend*
Mein kleiner Theaterkritiker du
mein armes Kleines
Immer hast du zugeschaut
wenn ich
vor dem Spiegel
die Rolle einstudierte
hast zugeschaut
und zugehört
er hatte ein so feines Gehör
zum Präsidenten
dann sah ich sofort
es ist etwas falsch
Der Tonfall
oder die Ausdrucksweise
In einer solchen Rolle
ist alles Psychologie
sagt der Kaplan
schaut in den leeren Hundekorb
Weil du so ein schwaches Herz hattest
Die Anarchisten
haben dich getötet
Die Staatsfeinde
Wenn sie ihn getroffen hätten
dich haben sie getroffen
den Oberst und
weil du ein so schwaches Herz hattest
dich
aus dem Hinterhalt
Ehrgeiz
Haß
sonst nichts
zur Frölich
Wickeln Sie die Binde vorsichtig
um den Kopf meines Mannes

vorsichtig

PRÄSIDENT

Sehr vorsichtig
Frau Frölich

PRÄSIDENTIN

Sofort tot
Der Schuß
und er war tot
Das arme Tier
ich habe gar nicht gesehen
daß der Oberst getroffen war
ich glaubte
das Tier sei erschossen worden
Herzschlag
schaut in den leeren Hundekorb
mein Liebes
in meinem Arm
dreht sich um und zeigt es
so
habe ich ihn fallen lassen
so
auf den Boden
das Tier ist tot
habe ich bemerkt
und habe das Tier fallen lassen
zur Frölich
Verstehen Sie
zu Boden geworfen
wie er tot war
leblos
zeigt noch einmal den Vorgang
So
so
schaut wieder in den Spiegel
Er war noch ganz warm
Wir sind mit dem Schrecken davongekommen

DIENSTMÄDCHEN *tritt ein*

Der Herr Oberst

PRÄSIDENTIN

Der Herr Oberst soll hereinkommen
schaut auf die Uhr

Gleich zehn
Dienstmädchen ab
Wann ist das Begräbnis Frau Frölich

FRAU FRÖLICH
Um elf
Frau Präsident

PRÄSIDENT
Alle Begräbnisse
sind um elf
jedes Staatsbegräbnis
Oberst tritt mit einer Aktenmappe ein, verneigt sich vor der Präsidentin, dann vor dem Präsidenten
Kommen Sie Herr Oberst
Kommen Sie

PRÄSIDENTIN *zum Oberst*
Haben Sie die Attentäter

OBERST
Nicht Frau Präsident

PRÄSIDENTIN
Nicht
nicht

PRÄSIDENT
Noch nicht
Präsident bedeutet dem Oberst, er solle die Akte zeigen

OBERST
Begnadigungen
Herr Präsident
Drei Begnadigungen
Der Kanzler hat die Begnadigungen
schon unterzeichnet

PRÄSIDENTIN *sich schminkend*
Der Kanzler hat unterzeichnet
Der Kanzler hat unterzeichnet
aber der Präsident unterzeichnet nicht
mein Mann unterzeichnet nicht
zum Präsidenten heftig
Keine Begnadigung
Keine Begnadigung
Frau Frölich mit dem schwarzen Kleid vor der Präsidentin
Keine Begnadigung
Was sind das für Leute

OBERST *während der Präsident die Akten durchsieht*
Sogenannte Lebenslängliche
Frau Präsident
sogenannte Lebenslängliche

PRÄSIDENTIN
Also schwere Fälle

OBERST
Sehr schwere Fälle

PRÄSIDENTIN
Diese Weihnachtsamnestien
sind mir immer verhaßt gewesen
Kaum ist es November
kommen diese Begnadigungsvorschläge
zum Präsidenten
Unterstehe dich
und unterschreibe
Niemand wird begnadigt
Keine Begnadigung
Oberst klappt die Aktenmappe zu
Das ist nicht der richtige Zeitpunkt
für Begnadigungen
keine Gnade
keine Gnade
zur Frölich
Was stehen Sie da
ziehen Sie mir doch das Kleid über
Frau Frölich zieht der Präsidentin das Kleid über,
währenddessen Präsidentin
Die Begnadigungen habe ich immer gehaßt
Jetzt nicht
nicht jetzt
in den Spiegel hinein
Niemals
hat sie das Kleid an, dreht sie sich zum Präsidenten um
Keine Begnadigung
Unglaublich
dreht sich nach dem leeren Hundekorb um und schaut hinein
Wo man mir
mein Liebstes genommen hat
zum Oberst
Sie können gehen

Gehen Sie
Und übrigens
Ihre Rede ist ein Meisterwerk
die Rede auf Ihren Herrn Vorgänger
ein Meisterwerk
Oberst geht, während er sich immer wieder verneigt, ab
Präsidentin ihm nachrufend
Ein Meisterwerk
ein Meisterwerk
in den Hundekorb hinein
ein Meisterwerk
zum Präsidenten
Diese Begnadigungen sind ein Anachronismus
ein Anachronismus
ein Anachronismus
streckt das rechte Bein aus
Frau Frölich zieht ihr den rechten Schuh an
Ein Anachronismus
streckt das linke Bein aus
Frau Frölich zieht ihr den linken Schuh an
Wir hätten nicht
zum Denkmal des Unbekannten Soldaten gehen sollen
zum Präsidenten direkt
Dich aufzufordern
Lebenslängliche zu begnadigen
zu diesem Zeitpunkt
schaut in den leeren Hundekorb
ist eine Geschmacklosigkeit
Präsident strafft sich die Hosenträger über die Schultern
Weil mir
der Einfall gekommen ist
zum Denkmal des Unbekannten Soldaten zu gehn
hinunter
schaut zum Fenster hinüber
während ich doch eigentlich
die Absicht gehabt habe
mir einen neuen Hut zu kaufen
zur Frölich
Keinen schwarzen Hut Frau Frölich
glauben Sie nicht
einen schwarzen Hut

nichts Schwarzes
In die Stadt zu gehen
in das Hutgeschäft
aber anstatt in das Hutgeschäft
bin ich in die Präsidentschaftskanzlei
zum Präsidenten
und habe dich in den Park mitgenommen
zum Denkmal des Unbekannten Soldaten
schaut in den leeren Hundekorb
Wie sich das Tier gefreut hat
ausgelaufen ist er
gleich ausgelaufen weit
um das Denkmal herum
Plötzlich der Schuß
Ich habe das Tier weggeworfen
zeigt es
so habe ich das Tier weggeworfen
so

PRÄSIDENT

Der Oberst ist
auf der Stelle
tot gewesen
nur zwanzig Schritte von dem Punkt
an welchem vor zwanzig Jahren
der Kanzlermord geschehen ist

PRÄSIDENTIN

Der Zeitpunkt ist da
in welchem alles umgedreht wird
sagt der Kaplan
In einem jeden Menschen
ist ein Anarchist
ist der Kopf ein klarer Kopf
ist er ein anarchistischer Kopf
Vielleicht
sagt der Kaplan
ist es schon die Revolution
zur Frölich
Überziehen Sie das Bett meines Mannes
es muß täglich frisch überzogen sein
er macht alles blutig
In der Nacht

ohne Binde
zum Präsidenten
Nur eine leichte Schramme
am Kopf
so leicht
daß man sie gar nicht mehr sehen kann
aber
Präsident feilt sich die Fingernägel und schmiert sich dann das Gesicht mit einer Hautcreme ein
Frau Frölich kämmt die Präsidentin
Sie haben mich beobachtet
wie ich mit dem Fleischhauer
Das haben Sie gesehen
auf einmal reden Sie
zu dem richtigen Zeitpunkt reden Sie
bis jetzt
aber dann
mein Mann weiß von dieser Geschichte
und um ganz ehrlich zu sein
es ist die Idee des Kaplans gewesen
Wenn sich mein Mann
mit drittklassigen Schauspielerinnen herumtreibt
in der Nacht
Er weiß was ich tue
wir haben keine Geheimnisse
hüten Sie sich aber meinem Mann
auch nur die geringste Andeutung zu machen
Wie gut Sie in diesem Kleid aussehen
Wie ein Kind der Revolution
Was ich ablege
steht Ihnen ausgezeichnet
Sie tragen meine abgelegten Kleider so gut
zum Präsidenten
Findest du nicht
daß sie in meinen abgelegten Kleidern
ganz ausgezeichnet aussieht
zur Frölich
Es ist Ihr Los
in abgelegten Herrschaftskleidern
aufzublühen Frau Frölich
Was für eine ungeheure Differenz zwischen uns

schaut in den leeren Hundekorb, dann
Keinen Hund mehr
kein Hund mehr
Sie haben so feine Hände Frau Frölich
packt die Frölich plötzlich an der Hand und tut ihr weh
Präsident dreht sich nach der Szene um
Präsidentin läßt die Frölich wieder los
Ein so hartes Gesicht
und so feine Hände
Wie eine Herrschaft
Aber es ist etwas Abstoßendes in der Art
wie Sie mich kämmen
wie Sie mir beim Anziehen behilflich sind
Wie Sie bei der Tür hereinkommen
Wenn Sie hereinkommen
denke ich jedesmal
Warum kommt sie jetzt herein
Sie erklären aber nichts
zwanzig Jahre
haben Sie nichts erklärt
nimmt immer wieder Schmuckstücke und legt sie zurück auf den Toilettetisch
Sie quälen mich
wie ich Sie quäle
dreht sich nach dem Präsidenten um
und beide quälen wir ihn
Sie tun es unbewußt
ich bewußt
nach einem ganz bestimmten Plan
Und er quält alle
nimmt das Hundebildnis und stellt es wieder auf den Toilettetisch
alle verstehn Sie
er hat die Macht
alle zu quälen
Alles Qual
Ehrgeiz
Haß
sonst nichts
Der Kaplan sagt
es ist nichts

als die Absurdität
zwischen den Menschen

PRÄSIDENT
Der Oberst
bekommt ein Ehrengrab

PRÄSIDENTIN
Wie sonst nur Künstler
Dichter Tonsetzer
weltberühmte Künstler
streckt die Zunge heraus
Präsident hustet
Die Straßen
durch die der Kondukt geht
sind abgesperrt
und aus allen öffentlichen Gebäuden
hängen die schwarzen Fahnen
Und es ist schulfrei
Frau Frölich

PRÄSIDENT
Um ein Haar

PRÄSIDENTIN
Um ein Haar
und der Präsident wäre tot gewesen
Theatralisch
pathetisch
politisch
zur Frölich
Ich bin ermattet
ermattet
Die Rücksichtslosigkeit des Protokolls
Es ist nicht leicht
die Frau des Präsidenten zu sein
Und erst der Präsident selbst
Präsident hebt seinen Kragen vom Boden auf und befestigt ihn am Hemd
Seit Mitte Oktober
haben wir nurmehr noch schwarze Kleider an
und jeden zweiten Tag sind die Hauptstraßen
für einen Staatskondukt gesperrt
Und bald sterben sie zu Hunderten
sagt der Kaplan

die weltlichen
und die kirchlichen Würdenträger
Weil die Natur ihr Recht fordert
Erntezeit
sagt der Kaplan
Erntezeit
richtet sich vor dem Spiegel auf
Aber Schwarz steht mir gut
gut
sehr gut

FRAU FRÖLICH
Schwarz steht Ihnen
Frau Präsident

PRÄSIDENTIN
Sie wissen genau
was ich hören will
Das sind S i e
daß Sie mir immer sagen
was ich hören will
und daß Sie mich quälen
packt eine Hand der Frau Frölich und hält sie fest
man kann
läßt die Hand der Frölich los
aber nicht immer
in Trauerkleidung herumrennen

PRÄSIDENT
Der Oberst war ein feiner Mann
alle fünf Söhne
hat er zu mir gesagt
schickt er auf die Militärakademie

PRÄSIDENTIN *nimmt eine Eintrittskarte vom Toilettetisch*
Die Gesellschaft der Musikfreunde
schickt mir immer noch Karten
für die Philharmonischen Konzerte
Die Kunst der Fuge Frau Frölich
Johann Sebastian Bach
gibt der Frölich die Karte
Die Proletarierin
die auf dem Präsidentenplatz sitzt
Aber verlieren Sie die Karte nicht
Eine Ihrer Kolleginnen

hat einmal eine Karte verloren
Frau Frölich steckt die Karte in ihr Kleid
Die Leute kommen
vom Land
in die Stadt
weil sie sich eine Erfrischung erhoffen
aber die Stadt erfrischt nicht
sie erfrischt nicht
zum Präsidenten
sie erfrischt nicht die Stadt
zur Frölich
Sie sehen ja selbst
wie traurig es jetzt
in den Städten ist
Und bald herrscht tatsächlich
Anarchie
sagt der Kaplan
Sie erinnern sich
es hat eine Zeit gegeben
da haben Sie abwechselnd
mich
und den Hund gekämmt
auf meinen Befehl

PRÄSIDENT
Ein riesiges Papierkomplott
haben wir gegen uns
alle Zeitungen
einfach alle
ein ungeheures Papierkomplott
Frau Frölich bürstet den Zylinder des Präsidenten

PRÄSIDENTIN *schaut in den leeren Hundekorb*
Jetzt fehlst du mir
aber dein Geruch ist noch da
ich kann dich riechen
zur Frölich
Ihr Erzfeind
ist tot
tot
schaut in den Spiegel
meine Stimme ist schon wieder
ganz ausgetrocknet

Hustensaft
Hustensaft
zur Frölich
Wenn Sie meinem Mann Hustensaft geben
geben Sie mir auch Hustensaft
zum Präsidenten
Von den vielen Leichenreden
hast du die heisere Stimme
zu sich in den Spiegel hinein
Und dann
plötzlich
den Text verlieren
Wozu diese Kindervorstellungen
aber alle werden wir
alt
und weich
zum Präsidenten
Von dem Erlös werden vier Krankenstühle gekauft
fahrbare
Frau Frölich wickelt von jetzt an dem Präsidenten langsam die schwarze Kopfbinde um den Kopf
aus Deutschland
In Deutschland sind die Krankenstühle
am allerentwickeltsten
Die Kinderlähmung
kommt wieder
und die Lungentuberkulose
plötzlich
nimmt das Hundebildnis und stellt es wieder auf den Toilettetisch zurück
werden sie wieder alle
von der Lungentuberkulose
und von der Kinderlähmung befallen
Die Heilstätten sind überfüllt
Deine Schauspielerin
das Fräulein Gerstner
hat habe ich gehört
eine Rolle bekommen
in einem klassischen Stück
eine Nebenrolle allerdings
streckt die Zunge heraus, hängt sich eine Perlenkette um

Jetzt ist wieder Lustspielzeit
Kaum werden die Tage düster
spielen die Theater Lustspiele
Aber man sollte ihnen verbieten Lustspiele zu spielen
in einer Zeit wie der jetzigen
Hätte der Oberst nicht in aller Stille begraben werden können
Ein Staatsbegräbnis
Weil es dem Staat so paßt
Der Kaplan sagt
es gibt nichts Peinlicheres als Staatsbegräbnisse
oder überhaupt solche pompösen Begräbnisse
wie sie die Prominenz veranstaltet
In aller Stille
nimmt die Perlenkette wieder ab und legt sie auf den Toilettetisch
Jetzt kenne ich bald
alle Friedhöfe
Und alle Reden
Die Rede des neuen Oberst
ist wie die Reden vom alten Oberst
Glaubst du nicht
die Anarchisten
sollen nur abwarten
untätig zusehen
weil die die sie umbringen wollen
von selbst absterben
sterben ab
sterben ab
hält die Perlenkette wieder an sich
Reihenweise
stirbt die politische Prominenz
man braucht sie nicht mit Gewalt umbringen
sie stirbt von selbst
legt die Perlenkette endgültig auf den Toilettetisch
Frau Frölich hat dem Präsidenten die Weste und den Rock angezogen, der Präsident steht auf, die Frölich bürstet ihn von oben bis unten ab, setzt ihm den Zylinder auf

PRÄSIDENT
Wo ist die Rede
Frau Frölich
Frau Frölich gibt ihm die Rede, er steckt die Rede ein

PRÄSIDENTIN *steht auf, nach einem Blick in den leeren Hundekorb*
Reihenweise
stirbt die Prominenz
sie stirbt von selbst
Präsident und Präsidentin in die Mitte
Frau Frölich holt den Schleier vom Kleiderständer und legt ihn über die Präsidentin
Präsident und Präsidentin umarmen sich
Mit einem großen Stein wird ein Fenster eingeworfen
Alle erschrocken stehenbleibend
Die Tür wird aufgerissen
OBERST *tritt ein und sagt*
Der Kondukt wartet
Herr Präsident

Vorhang

Dritte Szene

Hotel Inglaterra
Präsident und Schauspielerin an einem Tisch lachend
Kellner tritt auf und serviert ab
Präsident und Schauspielerin lachen auf
PRÄSIDENT *wischt sich mit der Serviette den Mund ab*
Wie du gelaufen bist
barfuß
über Stock und Stein
Unten im Tal hat der Oberst
auf uns gewartet
er glaubte ein Unglück
Erinnerst du dich
auf der Bank bei den Steinzwergen
hast du deine Rolle aufgesagt
aufgesagt
SCHAUSPIELERIN *schlägt mit der Hand auf die Tischplatte*
Aufgesagt

aufgesagt

PRÄSIDENT *zigarrerauchend*

Memoriert
Meine Füße
du kannst dir nicht vorstellen
meine Füße
aber ich habe die Schuhe nicht ausgezogen
nicht

SCHAUSPIELERIN

Wer immer Stiefel anhat
und Schuhe nicht gewohnt ist
den schmerzen die Schuhe
wenn er über Stock und Stein geht

PRÄSIDENT

Gehen muß
muß
muß mein Kind
gehen muß
Präsident und Schauspielerin lachen auf
Kellner öffnet eine Flasche Champagner, nachdem er mehrere solcher Flaschen unter den Tisch gestellt hat
Die Zeit mein Kind
kann man nicht zurückdrehen
zitiert Voltaire
Nichts ist länger
als die Zeit
denn sie ist das Maß
der Ewigkeit
Nichts ist kürzer
denn sie fehlt uns
bei allen unseren Unternehmungen
nichts vergeht langsamer für den
der wartet
und nichts schneller für denjenigen
der genießt
Kellner schenkt der Schauspielerin, dann dem Präsidenten ein
sie kann sich bis ins unendlich Große ausdehnen
und läßt sich bis in das unendlich Kleine teilen
alle Menschen halten sie
für unwichtig
jedoch bedauern alle

ihren Verlust
nichts kann ohne sie geschehen
sie läßt alles in Vergessenheit versinken
was der Nachwelt nicht würdig ist
mit hocherhobenem Kopf
aber allem Großen
verleiht sie Unsterblichkeit
zum Kellner
Sie können gehen
Lassen Sie uns jetzt allein
allein
Kellner mit dem abgeräumten Geschirr ab
Präsident küßt die Schauspielerin auf die Wange
Erinnerst du dich
dann sind wir nach Estoril
zu Fuß
Der Oberst
hatte sofort an ein Unglück gedacht
Diese Leute denken sofort an ein Unglück
bin ich nicht pünktlich
denken sie
ein Unglück
darauf sind sie gedrillt
der alte Oberst
hat sich in Oporto verliebt
der Alte
der neue Oberst war noch nie am Atlantik
Diese Leute die zum erstenmal
den Atlantik sehen
hier an der Südwestküste Portugals
sind sofort überwältigt
von dem Anblick
hebt plötzlich das Tischtuch auf
Es ist derselbe Tisch
Hier
siehst du
es ist derselbe Tisch
zeigt der Schauspielerin eine Stelle der Tischplatte
Hier habe ich
etwas eingeritzt
Unsere Initialen

das letztemal
Du warst betrunken mein Kind
da habe ich
dich beobachtend
wie du eingeschlafen warst
schlafend mein Kind
du warst eingeschlafen
vor Müdigkeit
wie wir von Sintra gekommen sind
unsere Initialen eingeritzt
tatsächlich
es ist derselbe Tisch
läßt das Tischtuch fallen
Ich habe gesagt
es muß derselbe Tisch sein
Sie hätten ja behaupten können
es sei derselbe Tisch
ist aber nicht derselbe Tisch
es ist derselbe Tisch
Diese Hotels sind die vorzüglichsten
in ganz Europa
straff und streng geführt
Dieser Luxus mein Kind
Wozu leben wir
wenn wir diesen Luxus nicht
genießen können
immer wieder einmal mein Kind
einen solchen Luxus
ungestört
beide trinken
Ich wünschte mit dir
in dem gleichen Appartement
lacht
und an demselben Tisch
mit dir zu essen
Die eingeritzten Buchstaben beweisen
es ist derselbe Tisch
ruft gegen die Tür
Herr Oberst

OBERST *erscheint in der Tür*
Herr Präsident

PRÄSIDENT
Gehn Sie schlafen
Herr Oberst
Ich brauche Sie nicht mehr
wir brauchen Sie nicht mehr
zur Schauspielerin
Nicht wahr mein Kind
wir brauchen den Oberst nicht mehr
Gute Nacht Herr Oberst
Morgen um neun beim Präsidenten
hören Sie
klopfen Sie um halb acht
Sie werden staunen Herr Oberst
über das portugiesische Protokoll
gute Nacht Herr Oberst
OBERST *verneigt sich*
Gute Nacht Herr Präsident
ab
PRÄSIDENT
Und so etwas nennt sich
Leibwache
Leibwache
Schauspielerin lacht
Und wie wir zum Stierkampf sind
nicht in die Stadtarena
aufs Dorf
Die töten den Stier nicht
in Portugal
und sie kämpfen vom Pferd herunter
nicht zu Fuß wie in Spanien
Ich habe dem Protokoll
ein Schnippchen geschlagen
der Präsident hat sehr gelacht mein Kind
wie ich ihm von meiner Eskapade
von unser beider Eskapade berichtet habe
der portugiesische Staatspräsident mein Kind
hat sehr darüber gelacht
küßt sie auf die Wange
Das Kind vom Land
das in die Stadt kommt
und den Präsidenten glücklich macht

das kleine Landkind
das Landkind das kleine
aus dem kalten finsteren Gebirgsdorf
Weil es Talent hat
und Energie
Wie ich auch Talent gehabt habe
und Energie
Das wichtigste ist
daß der Mensch im entscheidenden Augenblick
früher oder später
aber niemals zu spät
Talent hat
und daß er
das ist das wichtigste mein Kind
nicht über dem einundzwanzigsten Jahr erkennt
daß er Talent hat
und daß ihm bestätigt wird
daß er Talent hat
auch die Außenwelt muß das Talent sehen
mein Kind
daß ein solcher talentierter Mensch
ein ganz bestimmtes Talent hat
denn er hat sich
auf ein ganz bestimmtes Talent
zu konzentrieren
Und daß ein solcher Mensch
mit Energie alles daran setzt
um sein gerade erkanntes und bestätigtes Talent
zu verwirklichen
Auf die Verwirklichung kommt es an
Keine Prozeduren mein Kind
fortwährend nur darauf bedacht
das Talent zu verwirklichen
kommt ein solcher Mensch weiter
Nur nicht und niemals irritieren lassen
muß ein solcher sich sagen
der sein Talent erkannt hat
gar ein Menschenkind wie du
das als erstes zu erkennen hat ich muß weg
weg von den Eltern
weg aus dem Gebirge

weg in die Stadt
und möglicherweise gleich auf die Bühne
dahin wo sich ein solches Talent entwickeln kann
Die Schauspielkunst
ist eine Kunst
die sich nicht langsam entwickelt mein Kind
sie ist eine Kunst ohne Umschweife
Das Talent ist erkannt und verwirklicht
alles andere Unsinn mein Kind
Ich selbst komme
wie alle Welt weiß
von ganz unten herauf
wenn auch nicht vom Land
aber von ganz unten herauf
Wie du von ganz unten herauf
ich habe schon weit unter zwanzig erkannt
worin ich Talent habe
und nicht nur Talent mein Kind
politisches Talent mein Kind
ich bin noch keine zehn gewesen
da habe ich erkannt
ich bin eine politische Begabung
ein durch und durch politisches Talent
Während in dir schon das Künstlertum gewesen war
und du hast dieses Künstlertum in dir
rechtzeitig erkannt
Die Energie aufgebracht die Widerstände
aus dem Weg zu räumen
mit der dir angemessenen Methode
Zuerst muß der Kopf klar sein
Klarheit in den Kopf verstehst du
Und die Rücksichtslosigkeit die notwendig ist
um die Klarheit im Kopf haben zu können
vor allem die Rücksichtslosigkeit gegen sich selbst
Trennung von den Gewohnheiten
von dem Althergebrachten
es ist kein Tempelhüpfen
von allem was das Talent hindert
sich zu entfalten
zur Kunst zu werden
Kunst zu werden mein Kind

Denn das Talent darf von dem Augenblick
in welchem es erkannt ist
keine Zeit verlieren in der Entfaltung des Talents
Und der Mut
die Umwelt vor den Kopf zu stoßen
alles vor den Kopf zu stoßen
ist die unerläßliche Notwendigkeit
Du mußt auf einmal
wozu du vorher nicht imstande gewesen bist
über Leichen gehn
für dein Talent
für die Erschaffung deiner Kunst
Und keine Sentimentalität mein Kind
Und keine Ruhe mein Kind
Und keine Zauberei
Keine Zauberei
trinkt das Glas leer und schenkt sich ein
Und es muß einem solchen Menschen alles gleich sein
was sonst um ihn herum vorgeht
alles
verstehst du
alles
Und die Willenskraft
Wie ich auf einmal die Idee gehabt habe
politisch
ein politischer Mensch zu werden
und mit dieser Idee in die Menschen hinein gegangen bin
und mit nichts als mit dieser Idee allein unter die Menschen
Und du hast dir gesagt
ich werde Schauspielerin
naturgemäß eine große eine berühmte eine weltberühmte Schauspielerin
die Wege in der Politik sind die gleichen Wege
wie die Wege in der Kunst
sie sind mit Rücksichtslosigkeit
und mit Brutalität gepflastert
und du kommst an das größte und an das berühmteste und
an das angesehenste Theater mein Kind
küßt ihre Wange
Das Ziel kann nicht hoch genug gesteckt sein
immer das höchste Ziel

kein Ziel unter dem höchsten Ziel mein Kind
immer das höchste
Wenn Politiker
dann Präsident
Staatspräsident
Diktator
Wenn Schauspielerin
dann die größte
die größte
die größte
diese Faszination
die eine tödliche Faszination sein kann
diese Ungeheuerlichkeit für die Umwelt
diese Unbegreiflichkeit für die Umwelt
aber was sind Menschen
was ist Umwelt
muß ein solcher Mensch denken
was ist das alles gegen mein Talent
und gegen meine Willenskraft
was ist das alles was um mich herum ist
und sei es die ganze Welt
gegen mein Ziel
trinkt das Glas aus, steht auf und öffnet eine Flasche
Staatspräsident
mein Kind
schenkt sich und der Schauspielerin ein
Die eigene Fähigkeit feststellen
und sie gegen die eigene Unfähigkeit einsetzen
mit der eigenen Fähigkeit die eigene Unfähigkeit zerstören vernichten
und immer die Fähigkeit gegen die Unfähigkeit
Durch den politischen wie durch den künstlerischen Unrat gehen
immer durch den Unrat gehen
Die Welt ist ein Unrat
sonst nichts
Und durch diesen Unrat gehen wie durch eine große Bewußtlosigkeit
gehen und gehen und gehen mein Kind
Daß ich in so jungen Jahren
Minister geworden bin
Offizier

Minister
und diese wohlhabende Frau geheiratet habe
gefunden und geheiratet habe
und mit ihr ihre Gesellschaftskreise geheiratet habe
Das war nur eine Vorstufe
eine Vorstufe war das
und dann bekommt das Leben einen immer schwierigeren
Schwierigkeitsgrad mein Kind
Ich selbst habe mit dem Kassieren von Mitgliedsbeiträgen
unserer Partei angefangen
wie du in der Operette angefangen hast
auf dem Provinztheater
auf welchem das Genie
sich erkennt
Und dann Metternich
Metternich
Metternich
Und du Shakespeare
und immer wieder Shakespeare
und Goethe
In einem ungeheizten Zimmer
immer das Ziel vor Augen
zehn Jahre Schlaflosigkeit
und gegen alle Welt mein Kind
Das Talent
oder gar das Genie
sei es ein politisches oder ein künstlerisches
hat immer die ganze Welt gegen sich
und es handelt immer gegen alle Vernunft
es hört was gesagt wird
aber es tut etwas anderes
es hört
und es sieht
und es geht immer
in die andere Richtung
Wie du selbst ja auch gegen alle Vernunft gehandelt hast
küßt ihre Wange
Alle haben dich gewarnt
wie sie mich fortwährend gewarnt haben
trinkt sein Glas aus
Wenn du auch nicht hundertprozentig anerkannt bist

für mich bist du die Größte
Du bist die Duse unserer Zeit
Darauf trinken wir
darauf daß du die Duse unserer Zeit bist
schenkt beiden ein
hebt sein Glas
Austrinken
austrinken
austrinken mein Kind
trinken ihre Gläser aus
schenkt beide Gläser ein
Auf die Duse unserer Zeit
Und ich selbst darf mich ja auch
als einen nicht unbedeutenden Mann bezeichnen
Ich habe alle oder fast alle Orden die es gibt
Ich habe den päpstlichen Sylvesterorden
ich habe alle päpstlichen Orden

SCHAUSPIELERIN
Du bist der größte
unter allen Staatsmännern
Politikern

PRÄSIDENT
Staatsmännern
Politikern

SCHAUSPIELERIN
Der Größte

PRÄSIDENT
Und du bist die größte Schauspielerin
unserer Zeit
Wenn dieses Land
nur größer wäre als es ist
dann wäre dieses Land
dann wäre dieser Staat
meiner Kapazität angemessen
hebt sein Glas und trinkt

SCHAUSPIELERIN
Du hast alles erreicht
was auf deinem Gebiet zu erreichen ist

PRÄSIDENT
Die Politik
ist die höchste Kunst mein Kind

sie ist höher als alle anderen Künste zusammen
man sieht sie nicht
aber sie verändert die Welt ununterbrochen
Gleich darauf kommt die Schauspielkunst

SCHAUSPIELERIN
Und darauf

PRÄSIDENT
Darauf kommt die Malerei
Rembrandt
Rubens
Delacroix

SCHAUSPIELERIN
Und darauf

PRÄSIDENT
Die Dichtung mein Kind
die Dichtung
Und die Musik
die Musik mein Kind
Aber ich habe
in den Künsten
keinerlei Kompetenz
Was mich betrifft
ist die höchste und größte Kunst
die politische Kunst
Caesar
Napoleon
Metternich mein Kind
hebt sein Glas
Metternich
auf Metternich
Schauspielerin hebt ihr Glas
Auf Metternich
trinken
Und man muß mein Kind
immer und immer gleichzeitig
Praktiker und Theoretiker sein
Was mich betrifft
so hätte ich zweifellos
in eine ganz andere Epoche gehört
in eine Zeit
in welcher ich hätte verwirklichen können

wozu ich bestimmt bin
in dieser Zeit kann ich nicht verwirklichen
was in meinem Kopf ist

SCHAUSPIELERIN

Du bist ein Diktator

PRÄSIDENT

Ein Diktator
ein Diktator
Das Land ist mir zu klein
der Staat ist mir zu klein
alles ist mir zu eng und zu klein
da tritt eine Kapazität wie ich auf der Stelle
Alles in meinem Kopf
muß verkümmern

SCHAUSPIELERIN

Diktator

PRÄSIDENT

Dieses Land verdient meinen Mann gar nicht
hat meine Frau
zu dem mexikanischen Botschafter gesagt
Ich wünschte ich wäre
in ein ganz anderes Land hineingeboren
und in einem ganz anderen Land Präsident geworden
trinkt
Aber jetzt
plötzlich
Die Anarchisten mein Kind
Auf der Hut sein
Ich lebe lebensgefährlich
alle leben lebensgefährlich

SCHAUSPIELERIN

Lebensgefährlich

PRÄSIDENT

Weil ich die Zügel
zu locker gelassen habe
Die Kirche
Die Pfaffen
Das Gesindel
Das Volksgesindel mein Kind
Wie leicht hätte der Oberst davonkommen
ich aber das Opfer sein können

Viele Versuche mein Kind
mich zu beseitigen
Aber bevor sie mich beseitigen
werden noch viele von den Anarchisten beseitigt
Beseitigt
beseitigt
trinkt aus, schenkt sich wieder ein
Die Gesellschaft schreit förmlich
nach einem solchen Mann
der Ordnung macht
Ordnung mein Kind Ordnung
das ist es
nichts als Ordnung mein Kind
aus dieser ungeheueren Unordnung
die jetzt um sich greift
und alles vergiftet
alles vergiftet
Ordnung machen
Andererseits
sind wir glücklich
küßt ihre Wange
daß wir jetzt Ruhe haben
Hier haben wir Ruhe
Die atlantische Küste
und die atlantische Küstenluft
plötzlich
Sie haben die Attentäter noch immer nicht
Was ist das für eine Polizei

SCHAUSPIELERIN
Immer mehr Terrorakte

PRÄSIDENT
Verstehst du mein Kind
das ist eine Fatalität
Was ist das für ein Innenminister
Sind die Attentäter nicht bis morgen früh dingfest gemacht
dingfest mein Kind dingfest
werde ich den Innenminister und den Polizeipräsidenten
auswechseln lassen
auswechseln

SCHAUSPIELERIN
Auswechseln

PRÄSIDENT
Auswechseln
die ganze Regierung auswechseln
Eine andere Regierung
eine neue Regierung
hebt sein Glas
fordert die Schauspielerin auf, ihr Glas zu heben
beide heben das Glas
Um ein Haar mein Kind
und ich wäre jetzt nicht in Estoril
Das Attentat ist der Grund
warum ich da bin
Du hast einen Schock erlitten
hat meine Frau gesagt
fahr nach Estoril
hat sie gesagt
Und sie hat es nur gesagt
damit ich wegfahre
damit sie selbst in die Berge kann
mit ihrem Fleischhauer
Oder sie fährt mit dem Kaplan in die Berge
Mit dem Fleischhauer
oder mit dem Kaplan
es ist mir ganz gleich mit wem sie in die Berge fährt
die Hauptsache ich bin mit dir in Estoril mein Kind
trinkt
Zweitausend Polizisten allein zur Bewachung
meiner Person
Und du mein Kind
meine kleine Schauspielerin
mit dem Diplomatenpaß
und unter dem ausdrücklichen Schutz des Präsidenten
Übermorgen fahren wir nach Sintra
hochoffiziell
ergötzen uns
Wie ich dem Kellner in Sintra voriges Jahr
die Leviten gelesen habe
die Leviten
zuerst auf französisch
was er nicht verstanden hat
dann auf englisch

was er auch nicht verstanden hat
schließlich auf portugiesisch
In der Nacht schlafen wir
meine Frau und ich
nicht miteinander
seit zwanzig Jahren nicht
liegt sie in ihrem Bett
denkt sie an ihren Fleischhauer
an den Fleischhauer einerseits
an den Kaplan andererseits
die gehen beide in der Nacht durch ihren Kopf
und lassen sich in ihrem Kopf nicht vereinigen
aber sie kann auch nicht verrückt werden
in diesem Zustand
Und ist sie einmal mit mir zusammen
ist sie doch mit dem Fleischhauer
oder mit dem Kaplan zusammen
Das erklärt ihre zunehmende Nervosität
Darauf beruhen auch ihre Peinigungen
gegen die Dienerschaft
Ehrgeiz
Haß
Angst
sonst nichts
Auch der Hund ist in letzter Zeit
verstört gewesen
denn wenn sie in ihrem Kopf
den Fleischhauer und den Kaplan nicht mehr ausgehalten hat
ist sie zu ihrem Hund geflüchtet
dann sagte sie von den beiden Liebhabern
von dem Geistesliebhaber und von dem Körperliebhaber
ihr Hund sei ihr ein und alles
In diesem Alter mein Kind
ist es ein gefährliches Jonglieren mit der Perversität
und am ausgeprägtesten in einem solchen Menschen wie
meiner Frau
Jetzt ist ihr der Hund genommen
Ich habe das nutzlose Tier
immer gehaßt
ich hasse nutzloses Leben
Ich bin auch kein Tierliebhaber

weder Menschenliebhaber noch Tierliebhaber
Diese Tierkörper
die schon das Bellen verlernt haben
und nur mehr noch als Ziergegenstände herumliegen
die man füttern muß
für nichts
ruft aus
Den Hund hat der Schlag getroffen
Der Herzschlag
wie der erste Schuß gegen mich
den Oberst getroffen hat
der gleich tot gewesen war
hat ihn der Herzschlag getroffen
Zwei unschuldige Opfer
den Oberst und den Hund
ruft aus
Sie ist ins Gerichtsmedizinische Institut gelaufen
zu ihrem Hund
den Oberst
der neben dem Hund auf dem Seziertisch gelegen ist
hat sie gar nicht beachtet
Dieser widerliche Geruch
den das Tier immer ausgeströmt hat
Das Schlafzimmer ist von diesem Hundegeruch verpestet gewesen
der ganze Palast
von dem Hundegeruch
Dieser üble Geruch
Klein und nutzlos
und ohne Stammbaum
diese widerliche Rasse
Aus dem Tierheim herausgenommen
und im Präsidentenwagen in den Palast gefahren
und tagelang und wochenlang und monatelang nur der Hund
Die ganze Küche traktiert
wegen der Hundemahlzeit
Ein Findelhund mein Kind
ein Findelhund hat zeitweise
im Präsidentenpalast geherrscht
Ihrem Mann machte sie die Hölle
aber ihren Hund verhätschelte sie

Der Tod des Oberst hat sie nicht getroffen
das erschütterte sie nicht
Wir alle müssen sterben ja
aber der Hund
Widerwillig ist sie auf das Oberstbegräbnis gegangen
in ihrem Kopf war nur die Feierlichkeit
der Hundebestattung
verbrennen
oder verscharren
ihr Problem
In dem Bewußtsein
allein gelassen zu sein unter allen Umständen
hatte sie sich mit der Zeit
ganz dem Hund
und dem Geld ausgeliefert
Und der Kaplan hat dazu Hilfestellung geleistet
mit seiner unsinnigen Philosophie
Der hat es notwendig immer
von unschuldigen Lebewesen zu sprechen
von Tragödie und Geistesgröße
und sie plappert es nach was er spricht
sie versteht nicht was er sagt
aber sie plappert es nach
sagt der Kaplan ein Hund ist ein unschuldiges Wesen
plappert sie es nach
sagt der Kaplan alle Menschen sind gleich
plappert sie es nach
sagt der Kaplan das Wort Geistesgröße
plappert sie es nach
alles was er über Sozialismus sagt
plappert sie nach
was er über Religion sagt
über Philosophie
Wissenschaft
Und steigt er auf die Berge und steht oben und schaut herunter
steigt sie mit ihm hinauf und schaut herunter
Aber zum Spion ist er zu dumm
ein kirchlicher Dummkopf
der die Weiber verrückt macht
Der Fleischhauer zieht sie mit seiner ganzen Gewöhnlichkeit an
ich habe ihn einmal gesehen

wie er durch die Hintertür
über die Diplomatenstiege hinaus ist
wie ich herein bin
um halb drei Uhr früh
nach der Ballettvorstellung

SCHAUSPIELERIN

Nach der Ballettvorstellung

PRÄSIDENT

Schwanensee
Schwanensee
es war Schwanensee
Der hatte die Fleischerjacke an
in der Fleischerjacke war er
in den Präsidentenpalast gekommen
man stelle sich vor
ins Präsidentenpalais in der Fleischerjacke
Wenn sie so langsam ißt
und fortwährend über meinen Kopf weg auf Lucas Cranach
der hinter mir hängt schaut
denkt sie immer nur an den Fleischhauer
in der Fleischerjacke
In Gesellschaft ist sie geistesabwesend
weil sie fortwährend nur den Fleischer im Kopf hat

SCHAUSPIELERIN

Oder den Kaplan

PRÄSIDENT

Oder den Kaplan
Sie weiß ich hasse den Kaplan
darum sitzt der Kaplan alle Augenblicke bei uns zum Mittagessen
Komme ich zum Essen
sitzt der Kaplan schon da
immer ein Buch an der Brust
woraus er dann vorliest
und immer ist es eine Gemeinheit
eine kirchliche Frivolität
Dann gibt es das Ausgesuchteste Beste
Es macht sich gut
wenn am Ende der Tafel
der schwarze kirchliche Klecks sitzt
Ab und zu ist ganz unterhaltsam

was er sagt
über die Mission zum Beispiel
über den Nonnenmord in Äthiopien zum Beispiel
Ein ganz guter Überbrücker
wenn das Gespräch eingeschlafen ist
Er geht niemals
ohne von meiner Frau insgeheim einen Scheck
zugesteckt zu bekommen
Wenn ich ihm die Hand hinhalte
gebe ich ihm die Hand
knistert in seiner Brust ein Scheckpapier
Eine vier- oder fünf-
oder gegen Weihnachten sechsstellige Summe
Ein raffinierter Kerl
der noch immer mit der Armut der Kirche hausieren geht
Im Winter ist er in Sankt Moritz und mischt sich
in Zivil natürlich
penetrant unter die mondäne Welt
und meine Frau ist auch dort
und läßt sich von ihm die Skier wachsen
mit dem Kaplan einerseits
mit dem Fleischhauer andererseits
Zwischen meiner Frau und mir ist längst
alles erkaltet
pathetisch
Es ist die menschliche
die zwischenmenschliche Eiseskälte mein Kind
Alles nurmehr Fassade
und der Kaplan und der Fleischhauer
sind nichts
als Fassadenkletterer
Schauspielerin lacht laut auf
Beide lachen und wiederholen
Fassadenkletterer
Präsident steht auf und öffnet eine Flasche Champagner und schenkt ein
In Estoril ist alles erträglich
mein Kind
Den Kaplan verehrt sie
mit dem Fleischhauer legt sie sich ins Bett
Dem Kaplan hat sie

schon Hunderttausende hingeblättert
Hunderttausende
Selbst gibt sie
beinahe nichts aus
aber dem Kaplan Hunderttausende
pathetisch
Die Frau des Präsidenten der Republik
ist eine Hure
eine Hure
nach einer Pause
Eine Hure die jetzt nurmehr noch
in den leeren Hundekorb hineinstarrt
hineinstarrt verstehst du
starrt
hineinstarrt
in den leeren Hundekorb
beide trinken ihre Gläser aus
Es ist ein Spiel mein Kind
in welchem abwechselnd
die unmöglichsten Leute und Konstellationen auftreten
und möglicherweise
ist es schon die Revolution
wie der Kaplan sagt
nach vierzig Jahren
muß Revolution sein
muß sein mein Kind
Revolution
alles niedermachen
vernichten
langgezogen
vernichten
verstehst du
Ein Spiel
auf welchem gegen Abend immer
der Abschaum der Menschheit steht der sogenannte
der Abschaum
wirft sein Glas um, hebt es wieder auf
der Menschheit
schenkt sich wieder ein, plötzlich
Durchgreifen
Liquidieren

Unser Schicksal
ist ein ähnliches Schicksal
Wir wissen beide wie ein solches Leben gemacht wird
weil wir es uns selbst gemacht haben
selbst
stumpfsinnige niederträchtige Eltern einerseits
eine stumpfsinnige und niederträchtige Umwelt andererseits
Und absolute Lieblosigkeit
absolute Lieblosigkeit mein Kind
Nur ein einziges Paar Strümpfe in zwei Jahren
und jahrelang nicht das Geld
um dem Christkind schreiben zu können verstehst du
Und wie du selbst einmal gesagt hast
hebt sein Glas
sie hebt ihr Glas
wie du selbst einmal gesagt hast
an den Festtagen
an den geraden wie an den ungeraden
den Bratengeruch der Wohlhabenden
nur aus den Fenstern
Die Welt ist ein Sauhaufen
mein Kind
ein Sauhaufen
nichts als ein Sauhaufen
Schweinerei
nichts als Schweinerei
Der Mensch wird hart
und der Menschencharakter wird hart
der einen solchen Weg gegangen ist
wie wir beide gegangen sind
Und was hat der Theaterdirektor mit dir vor
eine Hauptrolle oder eine Nebenrolle
Auf die Hauptrolle kannst du verzichten mein Kind
die spielst du bei mir
spiel du im Theater nur deine Nebenrollen
küßt sie auf die Wange
bei mir spielst du die Hauptrolle
plötzlich pathetisch, hebt das Glas
Du bist die größte Schauspielerin
die ich kenne
und deshalb spielst du bei mir auch die Hauptrolle

du spielst die größte Rolle die jemals eine Schauspielerin
an irgendeinem unserer Theater gespielt hat
Duse
Duse du
Duse
schüttet ihr sein Glas ins Gesicht
Du Duse
Schauspielerin hebt ihr Glas noch höher und schüttet es ihm ins Gesicht
Meine Duse
meine Duse du

Vorhang

Vierte Szene

Nebenzimmer des Casinos
Präsident, portugiesische Offiziere, Botschafter am Tisch, der Oberst an der Tür, durch die der Spielbetrieb hörbar ist
PRÄSIDENT *mit den andern trinkend, rauchend*
Wenn Sie sich vorstellen
plötzlich neben mir
ist der Oberst weg
weg
weg
der Mensch ist weg
aus dem Spielsaal Geräusche
Nur weil ich den Stock gegen das Denkmal
des Unbekannten Soldaten gehoben habe
Um meiner Frau eine Schwalbe zu zeigen
die auf dem Denkmal des Unbekannten Soldaten gesessen ist
Eine Rarität in dieser Jahreszeit meine Herren
Da fällt der Schuß
in die Unsicherheit hinein
verstehen Sie
Südwind
starker Südwind

überall die Atemschwäche meine Herren
Und in dem Augenblick bricht der Oberst zusammen
mein Adjutant
den Sie von vielen Besuchen hier kennen
Ein grauer Tag meine Herren
Südwind
starker Südwind
Ein zweiter Schuß in die Luft
Die Anarchisten sind weg
zieht an der Zigarre
Weg
Der Schuß aus dem Gebüsch
Und der erste Schuß
der den Oberst getroffen
und der mir gegolten hat
tötet den Hund meiner Frau
das Tier ist vom Schlag getroffen
in ihren Armen
Sie läßt sofort das Tier fallen
es ist tot
ein totes Tier im Arm haben
Geräusche aus dem Spielsaal
Augenblicklich drehe ich mich um
keine Spur von den Attentätern
Wir leben gefährlich
wir leben lebensgefährlich meine Herren
Da läuft meine Frau
und zerreißt sich im Laufen durch das Gebüsch
das Kostüm
Dann kommen die Wachen
Nur hundert Schritte vom Präsidentenpalast meine Herren
Der Oberst ist sofort tot gewesen
Herzschuß
Der Hund war vom Herzschlag getroffen
der Oberst ist mit einem Herzschuß zusammengebrochen
Der Attentäter muß aus dem Gebüsch geschossen haben

OFFIZIER

Bei uns gibt es keine Anarchisten Herr Präsident

PRÄSIDENT

Wie sie den Oberst hereingeschleppt haben in den Palast
seine blutende Leiche

man muß sich vorstellen alles voller Blut
habe ich gesehen
dem Mann ist die Brust durchschlagen
zum Botschafter
Die Brust durchschlagen diesem Mann
der einmal Ihr Attaché gewesen ist
in Ankara

BOTSCHAFTER
In Ankara Herr Präsident

PRÄSIDENT
Sie erinnern sich
eine unbestechliche Persönlichkeit
Ein Verwandter des Erzbischofs von Trier

BOTSCHAFTER
Und des Gurker Erzbischofs

PRÄSIDENT
Und des Erzbischofs von Gurk
Die Kugel meine Herren
in den Körper hinein
und durch das Herz
und wieder aus dem Körper hinaus
zieht an der Zigarre
Ich habe viele sterben gesehen
aber
Dann haben sie auch den Hund
in den Präsidentenpalast getragen
und den toten Hund
neben den toten Oberst gelegt
bis die Gerichtsmediziner gekommen sind
Meine Frau hat einen Schock erlitten
Der Gerichtsmediziner
hat zuerst den Oberst
und dann den Hund untersucht
aus dem Spielsaal Geräusche
Meine Frau hat sich mehrere Stunden
in ihrem Zimmer eingesperrt
Nicht eine halbe Stunde nach dem Attentat
habe ich mit dem Kanzler verhandelt
Wie ich vom Kanzler weggegangen bin
waren die schwarzen Fahnen aufgezogen
Ich bestimmte ein Staatsbegräbnis für den Oberst

Aber bis zur Stunde sind die Attentäter nicht gefaßt

OFFIZIER

Hier in Portugal gibt es keine Attentäter

ANDERER OFFIZIER

Anarchisten und Attentäter
gibt es hier nicht

PRÄSIDENT

Für meine Frau war das Attentat
naturgemäß ein Schock
Sie hatte die Idee
ich solle nach Estoril gehn
eine gute Idee nicht wahr meine Herren

BOTSCHAFTER

Eine ausgezeichnete Idee Herr Präsident

PRÄSIDENT

Du fährst nach Estoril
habe ich mir gesagt
ein paar Tage ins Inglaterra
meine Herren ich sage Ihnen
da können Sie hingehen wo Sie wollen
das Inglaterra ist das beste Hotel
auf der ganzen Welt
Wir haben jetzt
jeden zweiten Tag
das ist nicht übertrieben
ein Begräbnis
und jede Woche
ein Staatsbegräbnis
Um ein Haar
und es hätte mich erwischt
Und bring mir eine Flasche Portwein mit
hat meine Frau gesagt
zum Botschafter
Und der Herr Botschafter hat alles
zu meiner größten Zufriedenheit arrangiert
zu den Offizieren
Der Botschafter ist
einer unserer besten Männer
ich denke oft
einen solchen Mann
kann man nicht an der atlantischen Küste

verkommen lassen
Schauspielerin kommt aus dem Spielsaal herein
Du hast doch nicht etwa verspielt
mein Kind
zu den andern
Sie gewinnt immer
Sie ist eine große Schauspielerin
eine Heroine meine Herren
Schauspielerin küßt den Präsidenten auf die Stirn
und eine große Schauspielerin
alle lachen
Nur der Direktor Ihres Theaters
ein ziemlich ungebildeter
ein ziemlich beschränkter Geist
weiß davon nichts
daß sie ein so großes Talent hat
Immer spielt sie Rollen
die ihr nicht liegen
sie ist fortwährend
falsch besetzt
garantiert ist sie wenn sie der Direktor besetzt
falsch besetzt
Die Dramaturgie ist schuld sagt sie
Königinnen soll sie spielen
raffinierte schöne Königinnen
oder eine perverse Hure
eine perverse Hure
lacht
alle lachen
Eine Tragödin
meine Herren
in einer klassischen Tragödie
oder eine perverse Hure
in einer modernen Komödie
holt die Brieftasche aus dem Rock und nimmt mehrere Geldscheine für Jetons heraus, die er ihr gibt
Da mein Kind
nimm mein Kind
vielleicht hast du jetzt Glück
zu den andern
Ein Glückskind meine Herren

sie ist ein Glückskind
ein Findelkind aus den Alpen
Schauspielerin küßt dem Präsidenten die Stirn
Präsident steckt die Brieftasche wieder ein
Ein Alpenfindelkind
groß meine Herren
groß
in jeder Hinsicht groß
zur Schauspielerin
Wie schön du bist
je weiter die Zeit fortschreitet
um so schöner bist du
während die andern häßlicher werden
immer häßlicher und häßlicher
in vorgerückter Stunde immer häßlicher
wirst du immer schöner
ein schönes Gesicht
nicht wahr meine Herren
ein schönes Gesicht
ganz einfach eine schöne Natur
Schauspielerin drückt die Geldscheine an ihre Brust
Autodidaktin
meine Herren
Autodidaktin
Sie hat die Schauspielkunst nicht studiert
aber wer von den großen Schauspielern
wer von den größten Darstellerinnen
hat die Schauspielkunst studiert
zur Schauspielerin
Du bist Autodidaktin
Autodidaktin bist du
zu den andern
alles an ihr ist Rhythmus
Musik
Tanz
Die Schauspielakademien ersticken die Talente im Keim
ein großes Talent wird in der kürzesten Zeit
in den Schauspielakademien erstickt
erstickt meine Herren
erstickt
Schauspielerin ab in den Spielsaal

Präsident ihr nachschauend
Ein Kunstgebilde
durchaus ein Kunstgebilde
ein sehr kunstvolles Stimminstrument meine Herren
mit einer absolut kunstvollen Technik
Voriges Jahr hat sie eine Gastspielreise nach England gemacht
und alle diese kalten und harten und tödlichen Städte
in ganz Großbritannien bezaubert
bezaubert ist das richtige Wort bezaubert
Eine Autodidaktin müssen Sie wissen
die aus den kleinsten Verhältnissen stammt
Ihr Großvater ist ein Ziegeleiarbeiter gewesen
und ihr Vater noch Ziegelei v o r arbeiter
Und ihre Mutter stammte
aus einer Kochlöffelschnitzerfamilie
lacht
Eine Kochlöffelschnitzerfamilie im Hochgebirge meine Herren
Heute ist sie
eine richtige Primadonna
Weil sie ihm einen Korb gegeben hat
hat sie der Direktor kaltgestellt
kaltgestellt meine Herren
kaltgestellt
Der Direktor unseres größten Theaters
des angesehensten Theaters in Europa hat sie kaltgestellt
kaltgestellt
Sie ist zur Untätigkeit verurteilt
weil der Direktor sie kaltgestellt hat
Nur weil der Direktor sich falsche Hoffnungen gemacht hat
auf ihren wie Sie sehen
bezaubernden Körper
Theaterkörper meine Herren
Theaterkörper
Für mich ist die Instinktlosigkeit des Direktors
ein Vorteil
spielt sie nicht auf dem Theater meine Herren
fährt sie doch mit dem Staatspräsidenten um die Welt
um die Welt meine Herren
um die Welt
Geräusche aus dem Spielsaal
Jetzt nimmt sie

an meinen Vergnügungen teil
Wir sind ja nicht hierhergekommen
auf einen staatspolitischen Disput
außerdem gibt es zwischen unseren Ländern
keine offenen Fragen
Die frische Atlantikluft ist es
Ich darf nur hoffen
die Polizei ist in der Zwischenzeit nicht untätig gewesen
Meine Frau meine Herren
liebt das Hochgebirge
ich bin in den Atlantik vernarrt
sie liebt das klassische Lustspiel
ich ziehe die große Oper vor
Carmen
und stellen Sie sich vor
meine Frau
hat in selbstgestrickten Strümpfen
ihr Geld aufbewahrt
zieht an der Zigarre
Das war immer so
in ihrer Familie
die aus der Schweiz
eingewandert ist
Sie lebt jetzt
in ständiger
und wie ich glaube
inständiger Angst vor den Anarchisten
Mit Ärzten und Geistlichen
umgibt sie sich
und glaubt auf diese Weise
der Gefahr verrückt oder krank
oder krank u n d verrückt zu werden
zu entkommen
Geräusche aus dem Spielsaal
als ob es etwas nützte
die Bekanntschaft mit Ärzten
und Geistlichen zu pflegen
in dieser Gesellschaft führt der Weg
um so schneller in die Hölle
radikaler und lächerlicher
in das Ende hinein

Mein Mißtrauen gegen die Ärzte
und gegen die Geistlichen
diese großen Spielverderber des Lebens
an welchem doch alles hängt meine Herren
ist immer das größte gewesen
Und gegen die Wissenschaft überhaupt
ganz zu schweigen von der Philosophie
falls es so etwas gibt
bin ich von Anfang an gewesen
noch dazu wenn es sich
wie das so oft und beinahe immer der Fall ist
um einen medizinischen Geistlichen
oder besser um einen Arzt als Geistlichen
und um einen Geistlichen als Arzt handelt
zieht an der Zigarre
denn tatsächlich behaupten die Ärzte
sie seien die eigentlichen Geistlichen
wie die Geistlichen behaupten
sie seien die wahren Ärzte
die Welt ist auf diese Verrücktheit gestellt
meine Herren
In Wahrheit sind diese beiden Kategorien
nichts anderes als die Zerstörer
der Körperlichkeit und der Geistigkeit
Geräusche aus dem Spielsaal
vor nichts mehr in acht nehmen
als vor Ärzten und Geistlichen
meine Herren
und das Mißtrauen das größte Mißtrauen als Brücke
zu diesen Herrschaften
ist noch eine Dummheit
Die Frauen fallen
darauf herein
und setzen sich tagtäglich
einen Kaplan ins Zimmer
und suchen wöchentlich mindestens einmal
einen Arzt auf
und nicht von dem Arzt lassen sie sich
die eigne Person zu einer verrückten Heilanstalt machen
und nicht von einem Geistlichen die Religion eintrichtern
nein

sie nehmen die Medikamente
von den Geistlichen ein
und lassen sich Himmel und Hölle
von den Ärzten beschreiben
und von beiden haben sie nichts
als die fortwährende Angst vor dem Ende
Nichts Unerträglicheres als eine alternde Frau
die mit ihrem Altern nichts anfangen kann
und andauernd Zuflucht
bei Geistlichen und bei Ärzten sucht
deren Kopf mit Heilkräutern angestopft ist
und von medizinischen Litaneien
und geistlichen Spirituosen übergeht
und die die ganze Woche die Geistlichen und die Ärzte abrennt
in der Hoffnung
den Prozeß der Zerstörung
dem sie von Natur aus unterworfen ist
und der ihr auf einmal bewußt geworden ist
gegen die eigne Natur aufzuhalten
deutet auf die Tür zum Spielsaal
Da ist so ein junges Ding
oder ein solches Wesen wie dieses
das ich aus der Tiefe von ganz unten
zu mir heraufgezogen habe
erfrischend
eine Erfrischung meine Herren
eine Erfrischung
eine Erfrischung
Geräusche aus dem Spielsaal
Höre ich etwas Unglaubliches
denke ich
es ist ein Hörfehler
aber es ist die Wahrheit
Ein solcher Mensch wie ich denkt oft
er wäre am liebsten der Unscheinbarste
er hätte nichts zu tun mit dem
mit dem er zu tun hat
mit dem was er ist
es geht ihn alles nichts an
daß er ist wovon alle sprechen
ist ihm das Fürchterlichste

aber in den Kopf zurückziehen
aus dem er einmal herausgegangen ist
kann ein solcher nurmehr noch
die allerkürzeste Zeit
er läuft gleich wieder
aus deinem eigenen Kopf davon
zieht an der Zigarre
Oder denken Sie an einen großen Künstler
oder an einen hervorragenden Wissenschaftler
auf den alle Augen gerichtet sind
aber wir haben uns
zu einem solchen gemacht
der auf dem Argwohn
und auf dem Gespött der Menge balanciert meine Herren
Da ich nicht länger
wenigstens nicht länger als auf die kürzeste Zeit
in meinem Kopf verschwinden kann
fahre ich ab und zu weg
weg
weg meine Herren
beispielsweise nach Portugal
das ich liebe
das kündigt sich schon wochenlang vorher an
Ein Gedanke ist es
weg
weg
dann auf einmal ganz vehement
an die atlantische Küste
in eine angenehme Umgebung
wenn alles das Unangenehmste ist
wo es sich gefahrlos
ohne fortwährend mit dem Erschießen
rechnen zu müssen
gehen und essen läßt
gut essen und gut trinken
trinkt
und unter Umständen aus der Gegenwart
auch noch ein hochpersönliches Lustspiel zu ziehen ist
Was haben Sie hier noch
für unbeschwerte Landstriche meine Herren
von dem politischen Massenwahnsinn

ganze unbeschmutzte Stadtviertel
während ganz Mitteleuropa
auf den philosophisch-politischen Kopf gestellt ist
amüsieren Sie sich hier noch auf die Weise
wie man sich vor fünfzig Jahren auch noch in Mitteleuropa
amüsiert hat
meine Herren
Geräusche aus dem Spielsaal
amüsiert meine Herren
amüsiert
da wo ich herkomme meine Herren
hat man vergessen
daß das Leben sehr wohl
mit der großen Oper zu tun hat
die Welt ist nicht philosophisch meine Herren
ich höre Stimmen von der Bühne herunter
ich sehe ganz große Auftritte
Chöre meine Herren
und einige wenige nennenswerte Solisten
und ich denke
der Hintergrund der Welt
ist ein durchaus widerstandsfähiger Schnürboden
Ein Mensch in einer solchen ganz ausschließlichen
Geistesverfassung
ist für überhaupt nichts mehr
nurmehr für sich selbst meine Herren
der Politiker ist wie der Künstler
nurmehr für sich selbst
nur seinen eigenen Weg gegangen
wo er durchgegangen ist
weiß er nicht mehr
Geräusche aus dem Spielsaal
Dem über seinen eigenen Weg Erschrockenen
ist nicht zu helfen
Er hat so viele mitgerissen
daß er es gar nicht sagen kann
mitgerissen meine Herren
mitgerissen
mitgerissen
Weil es in diesem Land
überhaupt keinen Krieg gegeben hat meine Herren

eruptionslos meine Herren
absolut eruptionslos
Und weil Sie hier alles
so gut in der Hand haben
Sie leisten sich keine Anarchisten meine Herren
Schauspielerin kommt aus dem Spielsaal herein, zeigt mit den Händen, daß sie alles verloren hat
Präsident zieht sofort die Brieftasche und nimmt ein Bündel Geldscheine heraus und hält sie in die Luft
ruft aus
Mein ganzes Vermögen meine Herren
Schauspielerin zu ihm hin, nimmt ihm die Geldscheine ab, küßt ihn auf die Stirn, ab in den Spielsaal
Sie leisten sich keine Anarchisten
meine Herren
Die große Anzahl Ihrer Gefängnisse
garantiert Ihnen
Ruhe und Ordnung
Geräusche aus dem Spielsaal
Wenn es dem Volk zu gut geht
wird es größenwahnsinnig
und die Verrückten
zünden den Staat an
Das Volk wird größenwahnsinnig
und verliert den Verstand
Dann kann man es nicht mehr eindämmen meine Herren
und a l l e s begünstigt das Chaos
Die Geschichte beweist alles
meine Herren
das muß dem dümmsten Dummkopf klarwerden
daß die Geschichte alles beweist
aber was beweist die Geschichte
Das Volk meine Herren
muß von der Geschichte abgelenkt werden
damit es keine Beweise in die Hände bekommt
Geräusche aus dem Spielsaal
Ein Dilettant
der das nicht begreift
meine Herren
ein Dilettant
und dann hat sie

meine Frau
fortwährend Angst
ihr eigener Sohn
erschießt mich
oder er erschießt die eigene Mutter
Ja unser Sohn
ist unter die Anarchisten gegangen
und einer von den gefährlichsten
tatsächlich muß ich fürchten
daß mich mein eigener Sohn
eines Tages
zu einem bestimmten Zeitpunkt meine Herren
niederknallt
oder erschlägt meine Herren
In der Nacht spricht meine Frau davon
daß unser Sohn
unser Mörder ist
sein ganzes Leben war nichts anderes
als diese Drohung
Die Eltern machen einen Sohn
und ziehen ihn auf
und erkennen
sie haben ihren Mörder aufgezogen
Ein Mensch der solche exakte Kenntnisse
seiner Eltern hat
und der naturgemäß meine Herren
seine Erzeuger haßt
Unser Sohn ist prädestiniert
prädestiniert dazu
uns umzubringen
zieht an der Zigarre
Was ist in einem solchen Menschen
frage ich mich
daß er sich plötzlich vernichten will
daß er sich nicht entwickeln
sondern vernichten will
indem er weggeht
und es ist ihm gleich wohin
er bringt sich urplötzlich um
aus Angst
oder er bringt die Eltern um

aus Angst
oder er taucht unter
um vernichtet zu werden
denn in jedem Falle wird ein solcher vernichtet
dem nicht zu helfen ist
Wenn wir selbst die Kraft haben
unser Sohn hat sie nicht
wenn wir selbst Ordnung gemacht haben
unser Sohn hat sie nicht gemacht
wenn wir selbst glücklich gewesen sind
mit der Zeit
denke ich
unser Sohn ist es nicht geworden
Wenn wir selbst alles nach und nach in den eigenen
schmerzhaften Kopf genommen haben
unser Sohn hat es nicht getan
Wenn wir selbst aufgewacht sind
unser Sohn hat nichts dazu getan
wie ein solcher weggeht
und untergeht
denke ich in der Nacht
und wir wissen nicht wo
plötzlich ist er da
und vernichtet uns
und vernichtet sich selbst
in der Nacht denke ich
er wird es tun
er wird es tun
er wird es tun meine Herren
steht auf und sagt
Zurückgewinnen
In den Spielsaal meine Herren
ruft aus
zurückgewinnen
zurückgewinnen was ich verloren habe
wirft sein volles Glas an die Wand und geht in den Spielsaal hinein, alle schauen ihm nach

Vorhang

Fünfte Szene

Große Halle
Trauermusik von Beethoven
Der Präsident ist aufgebahrt
Sein Gesicht ist in einem großen Sargfenster zu sehen
Zwei Leichendiener unter Aufsicht eines Offiziers stellen zwei Leuchter am Katafalk ab

EINER DER LEICHENDIENER *zieht noch am schwarzen Tuch*
So
so

DER ANDERE
So
so
beide Leichendiener ab

OFFIZIER *laut, pathetisch*
Die Aufbahrung ist freigegeben
Die Tür wird aufgemacht
Die Präsidentin, verschleiert, gestützt auf den Kaplan, kommt herein und bleibt vor dem Präsidenten stehen und schaut hin und geht nach links ab
Nach der Präsidentin die Regierung
Nach der Regierung die Diplomaten
Nach den Diplomaten das Volk

Ende

Die Berühmten

BASSIST

Ich habe alles erreicht
ich habe alle großen Partien
an allen großen Opernhäusern gesungen
Den Ochs unter Kleiber
mit der Schwarzkopf als Marschallin

Die Puppen

RICHARD MAYR
RICHARD TAUBER
LOTTE LEHMANN
ALEXANDER MOISSI
HELENE THIMIG
MAX REINHARDT
ARTURO TOSCANINI
ELLY NEY
SAMUEL FISCHER

Die Schauspieler

BASSIST, *ein Baron*
TENOR
SOPRANISTIN
SCHAUSPIELER
SCHAUSPIELERIN
REGISSEUR
KAPELLMEISTER
PIANISTIN
VERLEGER
ERSTER DIENER
ZWEITER DIENER

Sommersitz des Bassisten

Erstes Vorspiel
Die Perfidie der Künstler

Kalte weiße Halle
Alle, jeweils ein Schauspieler und das dazugehörige Vorbild als Puppe, bis auf die Sopranistin, deren Sessel neben der Lotte Lehmann leer ist, um einen großen runden Tisch sitzend, gebratene Fasane und Enten essend und trinkend
Erster Diener links, zweiter Diener rechts servierend
Ein Bösendorferflügel
Eine Standuhr
Lautes Gelächter, wenn der Vorhang aufgeht, dann

BASSIST
Kopfüber
kopfüber

KAPELLMEISTER
Kopfüber

ALLE *durcheinander*
Kopfüber

VERLEGER
Kopfüber

BASSIST
In den Orchestergraben

SCHAUSPIELER und SCHAUSPIELERIN
Kopfüber
Bassist läßt sich vom ersten Diener einschenken
In dem Augenblick
in welchem er den Taktstock hebt
kopfüber

SCHAUSPIELERIN und PIANISTIN
Kopfüber

BASSIST
Und ausgerechnet
Falstaff
Stellen Sie sich vor
Falstaff
Alle lachen laut auf
Falstaff
kopfüber in den Orchestergraben

Das war das Ende seiner Karriere
natürlich

ERSTER DIENER *zum Bassisten*
Kann noch gegeben werden Herr Baron

BASSIST
Aber natürlich
selbstverständlich
Die Diener servieren noch einmal Fasanen- und Entenbraten
Das war das Ende seiner Karriere
natürlich
Eine Begabung erster Klasse
die sich nicht durchsetzen konnte

KAPELLMEISTER
Eine unerhörte Begabung

VERLEGER
Ein wahrer Künstler

REGISSEUR
Aber ein Unglücksrabe

BASSIST
Ein Unglücksrabe
wahrhaftig ein Unglücksrabe

KAPELLMEISTER
Und ein ehrenwerter Mann
ehrenwert

REGISSEUR
Ehrenwert

BASSIST
Durchaus ehrenwert

TENOR
Lebenslänglicher Diabetiker

BASSIST
Das kommt noch dazu
daß er lebenslänglich Diabetiker gewesen ist
Eine Unglücksnatur
ausgesprochen eine Unglücksnatur
schaut auf die Uhr
Die liebe Gundi
hebt sein Glas und läßt sich vom ersten Diener einschenken
und ich
haben unter ihm
Maskenball einstudiert

Maskenball stellen Sie sich vor
unter ihm
in Antwerpen
Das letztemal habe ich unter ihm
in Glyndebourne gesungen
eine verunglückte Vorstellung
nimmt sich ein großes Fasanenstück
Der alte Klemperer
hat von ihm gesagt
er sei so musikalisch wie eine Milchkuh
trinkt
eine Milchkuh
Das war das letztemal
daß ich Schuricht gesehen habe
Ebert das letztemal
Auch eine Unglücksnatur wie unser lieber Freund
Siebenunddreißig
der Höhepunkt

KAPELLMEISTER
Der absolute Höhepunkt

REGISSEUR
Ebert Schuricht Busch Kleiber Klemperer
Das ist durchaus unwiederholbar
zur Pianistin
Haben Sie damals nicht auch
einen Mozartabend gegeben
Das war der Abend vor der Unwetterkatastrophe
Bassist hält sein Glas hin und der erste Diener schenkt ihm ein
Die Cosi ist buchstäblich ins Wasser gefallen

KAPELLMEISTER
Da hat es die Helletsgruber erwischt
Lungenentzündung aus

BASSIST
Vor Hitler
alles vor Hitler

VERLEGER
Nietzsche hat das alles vorausgesehen
Auf Sils Maria hätte die Menschheit hören müssen

REGISSEUR
Heute ist auch Glyndebourne
nurmehr noch eine Musikfabrik

wenn auch nicht ganz so gigantisch

BASSIST

Heute wird vom Fließband gesungen
alle singen und schauspielern vom Fließband
nimmt einen Fasanenknochen in die Hände
eine einzige riesige Massenfabrikation
pseudomusikalisch
schaut auf die Uhr
Die Gundi läßt mich sitzen
Eine Aufsehenerregerin
Man singt nicht ungestraft
zum zweihundertstenmal den Ochs
zum zweihundertstenmal
Zwischen Salzburg und Bayreuth
wird alles langsam aber sicher
kaputtgemacht
Ich sag ja immer zur Gundi
sei vernünftig
aussteigen aus dem Vertrag
auf einmal ist die Stimme kaputt
aber die ist unbelehrbar

VERLEGER

Und eine charmante Person

BASSIST

Eine durch und durch
krankhafte Natur
Und je größer das Talent
desto totaler seine Vernichtung
nimmt einen zweiten Fasanenknochen und nagt ihn ab
Die Menschheit hat es
auf das Genie abgesehen
Schauen Sie sich alle diese Talente an
hochbegabte Talente
so hochbegabte Talente wie niemals vorher
alle kaputtgemacht
die vor zehn Jahren aufgetaucht sind
Keine Ausdauer
keine Ökonomie
kein Ethos

TENOR

Disziplin ist heute ein Fremdwort

BASSIST

Absolut

VERLEGER

Ein Fremdwort Herr Baron
Das Wort Disziplin ist heute ein Fremdwort

BASSIST *zur Elly Ney*

Meine liebe Elly Ney
wohin wären Sie gekommen
wenn Sie nicht täglich
Ihre acht bis zehn Stunden geübt hätten
zu Toscanini
Mein hochverehrter Maestro Toscanini
wem sage ich das
Überhaupt die ganze Auffassung von Musik
Heute wissen die jungen Leute ja nicht einmal mehr
was Musik ist
Sie machen ein Musikstudium
und schließen es ab
aber sie wissen überhaupt nicht
was Musik ist
Fühlen Sie einmal einem von den jungen Karrieristen auf den Zahn
Sie erleben Ihre Wunder
alle sind sie perfekt
perfekt

REGISSEUR

Heute ist alles perfekt

BASSIST

Perfekt
aber von Musik haben die keine Ahnung
zu Tauber
Mein lieber Tauber
Hand aufs Herz
schaut in die Runde
aber ich will niemanden beleidigen
Schubert singen
na ja
Die Sänger singen sich ihre Noten auf ihr Bankkonto
und die Instrumentalisten genauso
Aber es könnte sein daß die Gesellschaft
diesem Zustand

dieser perversen Vermögensbildung auf dem Konzertpodium
und auf dem Theater
daß die Gesellschaft diesem Spuk
über kurz oder lang
ein Ende macht
Ein Ende meine Damen und Herrn
trinkt aus und läßt sich gleich wieder einschenken
ein plötzliches Ende
Die Kunst insgesamt ist heute
nichts anderes
als eine gigantische Gesellschaftsausbeutung
und sie hat mit Kunst so wenig zu tun
wie die Musiknoten mit den Banknoten
Die großen Opernhäuser wie die großen Theater
sind heute nur große Bankhäuser
auf welchen die sogenannten Künstler tagtäglich
gigantische Vermögen anhäufen

VERLEGER

Ein wahres Wort Herr Baron

BASSIST

Aber ein ungeheuerlicher Bankkrach
also ein ungeheuerer Opernhäuserkrach und Theaterkrach
steht unmittelbar bevor
nimmt sich einen neuen Fasanenknochen
Aber die sogenannten großen Protagonisten ahnen das
weil sie in Wirklichkeit nichts anderes als Spekulanten sind
und bringen ihre Schäfchen ins trockene
Das Volk ist ein einziger aufgeblähter Dummkopf
zu Toscanini
mein lieber Maestro Toscanini
ich habe mir heute Ihre Cosiaufnahme
aus dem Jahr siebenunddreißig angehört
und habe sie mit der Aufnahme die unser unglücklicher
verunglückter Freund gemacht hat verglichen
ich muß sagen
Aber die Toten sollen ruhn
hebt sein Glas und läßt sich vom ersten Diener einschenken
Das Engagement in Buenos Aires
ist sein erstes Engagement gewesen
nach seinem fürchterlichen Autounfall bei Barcelona
Knappertsbusch vermittelte es noch

der alte Knappertsbusch
Er hatte sich darauf verlassen
daß er sich auf einen Sessel
oder wenigstens auf einen Hocker setzen kann
der Arme
weil er nach der Rückgratverletzung
nicht mehr stehend dirigieren konnte
er war ja auch schon viel zu schwer gewesen
viel zu schwerfällig
nagt auffällig am Knochen

KAPELLMEISTER
Das hat man seinen Tempi angemerkt
schwerfällig
sehr schwerfällig

BASSIST
Mozart ist das nicht gut bekommen
Aber ich habe im Jahr zweiundfünfzig
eine gute Zauberflöte von ihm gehört
in Mannheim
trinkt
Glatteis bei Barcelona
eine Seltenheit
nagt auffällig am Knochen

PIANISTIN
Ich selbst habe einmal
Glatteis erlebt in Barcelona

BASSIST
Da gibt es ja auch
macht einen kräftigen Schluck
so eine Gesellschaft der Musikfreunde
Spanien hat mich nie gereizt
Ich hätte schon oft nach Madrid fahren können
und dort den Ochs singen
Mit Spanien ist das so eine Sache

VERLEGER
Wo Sie doch ein solcher Kunstfreund
und Kunstkenner sind

BASSIST
Die Alhambra wäre fällig ich weiß
nagt auffällig am Knochen
Der Wagen rutschte ab

und überschlug sich
und stellen Sie sich vor
beide Taktstöcke waren
in der Mitte auseinandergebrochen
er hatte immer zwei Taktstöcke mit

REGISSEUR

Ein böses Omen

BASSIST

Seine Frau
eine Pschorr
wie die Frau von Richard Strauss
ist mit einer Gehirnerschütterung davongekommen
Er versuchte es halt
mit zwei Taktstöcken
Spaß beiseite
der Mann mußte zweieinhalb Jahre in den Gips
nagt auffällig am Knochen
Das hat natürlich sein ganzes Vermögen verschlungen
von sich aus reiche Leute
Wiener Cottage
Geblieben ist ihnen nur die kleine Holzmühle
am Wallersee
die Sie ja alle kennen
wir haben schon als Kinder immer gesagt
Die Kunstmühle
weil in dieser Holzmühle
immer Künstler Kunst gemacht haben
zu Toscanini, nachdem er ausgetrunken hat
In dieser Holzmühle mein lieber Maestro
habe ich Sie kennengelernt
ich war zweiundzwanzig
Auch Georges Szell war da
Sie erinnern sich
Sie haben unserem Unglücksraben
nagt auffällig am Knochen und wirft ihn in den Teller
vorgemacht
wie man Macbeth dirigiert
Ich hatte unserem Freund
einen Rosenkavalierauszug zurückbringen wollen
ein trüber gewittriger Nachmittag
Szells Rolls Royce stand vor der Mühle im Moor

nimmt sich ein Stück Fasan
Die Vorhänge waren zurückgezogen
ich traute meinen Augen nicht
der große Toscanini machte unserem Freund
Macbethtempi vor
Diese kleinen vergitterten Mühlenfenster

PIANISTIN
Ist das hübsch auf dem Land

BASSIST
Sie können sich vorstellen
ich war wie vor den Kopf gestoßen
Toscanini in der Mühle
Sie zeigten ihm die Macbethtempi
es war mir sofort klar gewesen
daß es sich um Macbeth handelt
Mehrere Male stampften Sie auf dem Mühlenboden auf
weil Sie unser Freund nicht begriffen hat
Er dirigierte ja dann Macbeth an der Oper
er versuchte nachzumachen
was Sie ihm vormachten
aber er machte alles fortwährend falsch nach
einmal war er zu schnell
dann wieder zu langsam
Sie stampften tatsächlich mehrere Male auf dem Mühlenboden auf
nagt auffällig am Knochen
Die ganze Mühle erzitterte
wie der große Toscanini aufstampfte
Aber er begriff nichts
Ich beobachtete jede Einzelheit durch das Mühlenfenster
Am Ende gaben Sie auf
Sie schleuderten den Taktstock
offensichtlich war es der Taktstock unseres Freundes
auf die Ofenbank
und setzten sich auf die Ofenbank
und Sie zerrauften sich die Haare
trinkt
Zuerst hatte ich Scheu gehabt einzutreten
In diese Szene hinein
aber dann hatte ich Mut und trat ein

PIANISTIN
In diese entzückende kleine Mühle

BASSIST

Toscanini kennenzulernen
eine Ungeheuerlichkeit

SCHAUSPIELERIN

Ein Höhepunkt

BASSIST

Ein absoluter Höhepunkt
zweifellos
Und noch etwas ist mir in Erinnerung
wie Szell der große Georges Szell
zu Toscanini
wie Sie unserem Freund die Macbethtempi vormachten
im Hintergrund
neben dem Kachelofen in der Ecke steht
vollkommen unbeweglich im Hintergrund
schleckt sich die Finger ab
Toscanini und Szell
und unser Freund
und ich
trinkt
Szell rührte sich einfach nicht
Da trat ich ein
und es war etwas Merkwürdiges eingetreten
zu Toscanini direkt
Sie haben mich überhaupt nicht zur Kenntnis genommen
mein hochverehrter Maestro Toscanini
Sie haben zum Fenster hinausgeschaut
Sie waren vollkommen erschöpft
mit Ihren zerrauften Haaren
schaut in die Runde und lacht und nagt wieder am Knochen
Und dann verabschiedeten Sie sich
aber Sie würdigten mich keines einzigen Wortes
Das war der Beginn unserer Freundschaft
mein lieber Maestro
zu Richard Mayr
Am Abend berichtete ich Richard Mayr
von meinem Erlebnis
Er sang damals den Ochs zum letztenmal
zu Richard Mayr direkt
Ihr letzter Sommer
zu Toscanini direkt

Sie haben sich mit unserem Freund wahrlich Mühe gegeben
aber ein originaler Kapellmeister
ist aus ihm doch nicht geworden
Zweifellos hatte Szell
von Ihrer Unterweisung in Macbeth profitiert
nagt am Knochen

VERLEGER
Das Genie soll sich hüten
der Mittelmäßigkeit etwas beibringen zu wollen

REGISSEUR
Da haben Sie recht
da haben Sie vollkommen recht
Verleger lacht
Bassist nagt am Knochen
Nach der Rückgratverletzung
hat er nicht mehr stehen können beim Dirigieren
nur sitzend

SCHAUSPIELERIN
Der Arme

BASSIST
Aber da war kein Sessel
nicht einmal ein Hocker war da
nichts

PIANISTIN
Er hätte sich selbst vergewissern müssen

TENOR
Natürlich selbst

BASSIST
Selbst
selbst
man muß sich immer selbst vergewissern
Und gar in Südamerika
Er wollte den Taktstock heben
und sich hinsetzen
das heißt er hat den Taktstock gehoben
und sich hingesetzt
und ist kopfüber in den Orchestergraben gefallen
kopfüber

REGISSEUR *laut auflachend*
Kopfüber

VERLEGER
Kopfüber
TENOR *auflachend*
Kopfüber
ALLE *zusammen auflachend und rufend*
Kopfüber
BASSIST *in das Lachen hinein*
Der erste Auftritt nach drei Jahren
davon zweieinhalb Jahre in Gips
von Knappertsbusch vermittelt
Regisseur lacht laut auf
Verleger lacht laut auf
Pianistin lacht laut auf
Alle lachen
Bassist in das Lachen hinein brüllend
und da fiel der Mann in den Orchestergraben
bei Falstaff
KAPELLMEISTER
In Südamerika aufzutreten
ist immer ein Risiko
BASSIST *zum Kapellmeister*
Da könnte ich Ihnen viele Geschichten erzählen
trinkt aus und läßt sich sofort wieder einschenken
alle
oder wenigstens die meisten
mit tödlichem Ausgang
schaut auf die Uhr
Da singe ich zum zweihundertstenmal den Ochs
und alle feiern wir diesen Umstand
und wer nicht da ist
ist sie
REGISSEUR
Ein typisches Kind unserer Zeit
hochtalentiert
BASSIST
Aber vollkommen undiszipliniert
KAPELLMEISTER
Aber was für eine Fiordiligi
Sie ist meine Entdeckung
ich habe sie als ganz junges Mädchen
in der Wallfahrtskirche zu Mariazell gehört

Meerstern ich dich grüße
eines der schönsten Marienlieder hat sie gesungen
Da war ich wie elektrisiert
ich schickte sie auf meine eigenen Kosten zuerst
zu unserer verehrten Hilde Güden
Das Weitere wissen Sie
eine unglaubliche Karriere

BASSIST
Aber gefährdet
das müssen Sie zugeben
nagt am Knochen

KAPELLMEISTER
Allerdings
Bassist trinkt aus und läßt sich einschenken

VERLEGER *zu Samuel Fischer*
Mein lieber Kollege Samuel Fischer
ist ein Onkel von ihr

REGISSEUR
Sie sehen die bedeutenden Künstler
sind alle untereinander verwandt
die berühmtesten
mit allen andern berühmtesten
Die Ausnahmen bestätigen die Regel

VERLEGER
Im übrigen ist unsere verehrte Abwesende
auch eine Verwandte von Thomas Mann
und dieser ist
wie ich gerade herausgefunden habe
mit James Joyce verwandt

PIANISTIN *ausrufend*
Mit Joyce
mit Joyce
was Sie nicht sagen

SCHAUSPIELERIN *fast hysterisch*
Tatsächlich mit Joyce

VERLEGER
Tatsächlich mit Joyce
Joyce und Mann
sind Verwandte
Und Joyce habe ich entdeckt
ist mit Rilke verwandt

PIANISTIN
Dann ist ja auch Mann
mit Rilke verwandt
wenn Joyce mit Mann verwandt ist
und Rilke mit Joyce
VERLEGER
Das ist eine Sensation
SCHAUSPIELERIN
Eine Sensation
REGISSEUR
Sensationell
KAPELLMEISTER
Unglaublich
VERLEGER
Und mit Rilke sind so viele verwandt
daß gar nicht gesagt werden kann
mit wie vielen Rilke verwandt ist
zum Bassisten
Jedenfalls kommt Ihre Freundin
in unserer neuen Rilkebiografie vor
die ich für den Herbst plane
und in der neuen Joycebiografie auch
und auch in der neuen Wittgensteinbiografie
die ich plane
Ich selbst schreibe an einem Buch
über die berühmtesten Künstler
meiner Zeit
BASSIST
Die Schriftsteller
auch wenn sie Wissenschaftler sind
sind Übertreibungsspezialisten
Übertreibungsspezialisten
hebt sein Glas und schaut auf die Uhr und läßt sich das Glas anfüllen
Es gibt Künstler
vornehmlich Musikkünstler
oder Theaterkünstler
die im Grunde ja alle Tonkünstler sind
die stürzen von einem Unglück in das andere
wie unser lieber Kollege

KAPELLMEISTER

Nehmen Sie Patzak
erinnern Sie sich an Patzak
ein absoluter Publikumsliebling
eine Stimme

REGISSEUR

Wie ein krächzender Hahn

VERLEGER

Was ist das Kriterium für Berühmtheit

REGISSEUR

Eigentlich eine einschneidend häßliche Stimme

KAPELLMEISTER

Aber eine solche Faszination
ist von Patzaks Stimme ausgegangen
wie von keiner zweiten

REGISSEUR

Patzak und die Ferrier
ein absoluter Höhepunkt

KAPELLMEISTER

Natürlich unter Walter

REGISSEUR

Faszination geht immer
von den Verkrüppelten aus

VERLEGER

Das absolut Schöne fasziniert nicht

REGISSEUR

Von dem Verkrüppelten geht immer
eine Faszination aus
in jeder Kunstgattung
ist es die Malerei
ist es die Literatur
ja selbst in der Musik
fasziniert uns das Verkrüppelte

VERLEGER

Sehen Sie
Patzak mit seiner Verkrüppelung
die tatsächlich häßliche einschneidende krächzende Stimme
einerseits
gleichzeitig die geschulteste perfekteste faszinierendste Stimme
andererseits

REGISSEUR
Diese häßliche krächzende Stimme
und diese verkrüppelte Hand
da ist einem kalt über den Rücken gelaufen
KAPELLMEISTER
Mit Patzak Fidelio zu machen
das war schon ein Vergnügen
und mit der Flagstad
Patzak hatte die außerordentlichste Stimme
die ich jemals gehört habe
aber nicht die schönste
nicht die schönste
TENOR
Die exakteste
BASSIST
Die exakteste
KAPELLMEISTER
Patzak war der exakteste Sänger überhaupt
Der exakteste Sänger mit der exaktesten Stimme
und mit dem exaktesten musikalischen Gehör
REGISSEUR
Der exakteste zweifellos
VERLEGER
Seine verkrüppelte Körperhaltung
Bassist winkt den ersten Diener heran und läßt sich einschenken
hervorgerufen von seiner verkrüppelten Hand
hat Patzak zu der außerordentlichsten Künstlerschaft befähigt
Bassist schaut auf die Uhr
REGISSEUR
Immer ist es eine Verkrüppelung
die den Anstoß gibt
für die Faszination
VERLEGER
Das Genie
ist eine Verkrüppelung
Bassist nagt an einem Knochen
Über Patzak
und vornehmlich über Patzaks Verkrüppelung
ist ein zwanzig Seiten langer Aufsatz von Adorno
in dem Buch von Adorno

das ich im Herbst herausbringe
die Musikgeschichte aller Musikgeschichten
Adorno untersucht die Verkrüppelung Patzaks
und die geistige Beschränktheit Patzaks
und kommt zu fulminanten Ergebnissen
Die Verkrüppelung
der Hand Patzaks
ist notwendig gewesen für Patzaks Künstlertum
Patzak wäre nichts gewesen
ohne seine verkrüppelte Hand
ruft aus
Kein Großer etwas ohne seine Verkrüppelung
ist sie nun sichtbar oder nicht
Alle Großen sind verkrüppelt
alles Große ist verkrüppelt

REGISSEUR
Die Kunst der Verkrüppelten ist die höchste
die außergewöhnlichste

KAPELLMEISTER *ruft dazwischen*
Die Verkrüppelten haben ein hohes Harmonieverhältnis

REGISSEUR
Wie sie ein außergewöhnliches Verhältnis
zur Natur haben

VERLEGER
Und also ein ungeheueres Kunstverhältnis und
Kunstverständnis

REGISSEUR
Die Großen die Bedeutenden die Berühmten
sind immer Verkrüppelte gewesen

VERLEGER
Adorno weist diesen Tatbestand nach
Bassist wirft seinen Knochen in den Teller
Es kann sich
wie Adorno nachweist
um eine Körperverkrüppelung
aber auch um eine Geistesverkrüppelung handeln
Goethe Schiller Heine Schopenhauer Kant
alles Verkrüppelte durch und durch Verkrüppelte
auch das politische Genie verkrüppelt
das Genie immer verkrüppelt
Bassist läßt sich einschenken

Denken Sie nur an Shakespeare
an Dostojewskij
an Flaubert Proust etcetera

BASSIST

Beethoven

VERLEGER

Beethoven selbstverständlich
Mozart Bach Händel Wagner

REGISSEUR

Aber auch alle großen Interpreten
denken Sie an Paderewski Paganini Chopin
Furtwängler Casals Cortot

KAPELLMEISTER

Nikisch Walter

VERLEGER

Die größten Kapellmeister immer Verkrüppelte
Geisteskrüppel oder Körperkrüppel

KAPELLMEISTER

Furtwängler ist ein Musterbeispiel dafür
seine Interpretationen alle aus seiner Verkrüppelung heraus

REGISSEUR

Das ist klar
nur dem Verkrüppelten öffnet sich der wahre Genius

VERLEGER

Es kann gesagt werden die Künstler
die größten Künstler sind unter sich
wenn wir sagen die größten Krüppel sind unter sich
Eine einzige Notenschrift der Verkrüppelung
wenn wir die Notenschrift der Genies verfolgen

REGISSEUR

Bach ist man darauf gekommen
war verkrüppelt

VERLEGER

Leonardo war es

KAPELLMEISTER

Wenn diese Verkrüppelungen auch nicht sofort gesehen werden
sie sind da
Der Außerordentliche ist immer verkrüppelt
Was in ihm vorgeht
eine Verkrüppelung

VERLEGER

Das ist keine These
das ist eine Tatsache
Die Ursache des Schöpferischen überhaupt
eine Körperverkrüppelung oder eine Geistesverkrüppelung

BASSIST

Wann kann man denn Adornos Buch lesen

VERLEGER

Ich bringe es noch diesen Herbst auf den Markt
Ein Opus magnum
es ist das Opus magnum der zweiten Hälfte dieses Jahrhunderts

BASSIST *klatscht den ersten Diener herbei, ruft aus*

Wenn die Frau Kammersänger kommt
möglicherweise durch den Garten
führen Sie sie sofort herein
sofort
Diener schenkt dem Bassisten ein
Sie sägt an dem Ast
auf dem sie singt
sie sägt auf dem Ast
auf dem sie singt

VERLEGER

Sie ist bewunderungswürdig

BASSIST

Die Gundi hat sich sicher
etwas ausgedacht
zu dieser kleinen Feier
etwas ausgedacht sicher
trinkt
Aber es war i h r e Idee
Sie alle heute einzuladen
zur Feier meines zweihundertsten Ochs
Zweihundertmal der Ochs
Aber es ist eine schöne Partie

VERLEGER

Der Faust Hofmannsthals
Hofmannsthals Faust

BASSIST

In Amerika ist der Ochs am beliebtesten
Sie hat sich etwas ausgedacht
etwas Raffiniertes

etwas Absonderliches sicher
etwas Außergewöhnliches die Gundi
Hoffentlich ist sie nicht wieder betrunken
Dann betrinkt sie sich
wenn sie nicht mehr auftreten muß
wenn die Oper abgespielt ist
Eine raffinierte Person

VERLEGER
Und ebenso charmant

BASSIST
Eine kleine Katze
Sie kennen sie nicht ganz
nicht ganz meine Herrschaften
eine Katze ist sie eine Katze
Sie hat sich sicher
nagt auffällig an einem Knochen
etwas Raffiniertes ausgedacht
Unser Unglücksrabe ist ihr nach
aber sie hat ihm einen Korb gegeben
einen Korb
trinkt
einen Korb
diesem hochmusikalischen Unglücksraben
Das Rückgrat gebrochen in Barcelona

KAPELLMEISTER
Das Erstaunliche dieser Karriere ist gewesen
daß sie immer wieder ein neues Unglück heraufbeschworen hat
und immer ein größeres Unglück

BASSIST
Man hätte meinen können
der Mann ist immer nur engagiert worden
um in ein neues Unglück hineinzustürzen
aber gerade diese Unglücksnaturen
geben nie auf

REGISSEUR
Ein wahres Wort

BASSIST *trinkt*
Ich habe eine Kollegin gekannt
die hat sich immer wieder die Finger gebrochen
Raten Sie was sie war
Pianistin natürlich

Schauspielerin lacht
Spielen Sie doch nicht immer Bach
Sie hatte es mit der Kunst der Fuge
hatte ich immer zu ihr gesagt
aber sie war die Hartnäckigste
Da brichst du dir immer wieder die Finger
Und sie hat sich immer wieder die Finger gebrochen

VERLEGER
Manche Künstler gehen mit offenen Augen
auf den Abgrund zu
und stürzen hinein

KAPELLMEISTER
Diese Leute ziehen das Unglück an
Von allen Seiten werden diese Leute gewarnt
aber sie tappen immer hinein

BASSIST
Für die Witwe war es das Katastrophalste
Er hatte den Wunsch
in Henndorf am Wallersee begraben zu sein
und Buenos Aires ist schließlich nicht die kürzeste Entfernung
Aber er ist schließlich doch
in nächster Nähe seiner kleinen Holzmühle begraben worden

REGISSEUR
Wir alle haben es ermöglicht

SCHAUSPIELER
Wir alle

ALLE *durcheinander*
Wir alle

KAPELLMEISTER
Ich hielt die Grabrede
Es ist nicht leicht
das richtige Wort zu finden

Vorhang

Zweites Vorspiel
Die Künstler entledigen sich ihrer Vorbilder

Wie vorher

BASSIST *ruft aus*

Es gibt keine Zufälle
läßt sich vom ersten Diener einschenken

REGISSEUR

In einer mathematisch vollkommen ausgeklügelten Welt
die dazu auch noch durch und durch die Natur ist
kann es keinen einzigen Zufall geben

VERLEGER

Wo wir doch fortwährend
von Zufällen überrascht
um nicht sagen zu müssen
überrannt sind

KAPELLMEISTER

Der schöpferische Mensch
der zeitlebens nur in der Einbildung leben muß
Aber die Wahrheit ist eine andere
Die Witwe weiß
was sie tat
indem sie ihren Mann
über den Atlantik schickte
zur Elly Ney
Aber kannten Sie den Kollegen nicht viel besser
als ich
liebe Elly Ney

TENOR

Was macht sie denn überhaupt
die Witwe
Hat sie nicht auf der Harfe dilettiert

KAPELLMEISTER *bricht in Gelächter aus*

Auf der Harfe
auf der Harfe
Sie spielte sogar einmal
im Großen Musikvereinssaal
unter ihrem Mann

REGISSEUR

Es gibt nichts Fürchterlicheres

Abstoßenderes
als die Künstlerehe

BASSIST *nagt an einem Knochen*
Ein wahres Wort

REGISSEUR
Der eine
vernichtet den andern
Der Stumpfsinn geht mit dem Schwachsinn
die Ehe ein

KAPELLMEISTER
Lauter gescheiterte Künstlerehen
Lauter von ihren Frauen lächerlich gemachte Größen

REGISSEUR
Sind es zwei Talente
wie groß immer
vernichten sie sich
zuerst das eine das andere
und dann umgekehrt
Entweder die Frau unterwirft sich
oder sie wird vernichtet
oder der Mann unterwirft sich
oder er wird vernichtet
in jedem Fall sind die Partner vernichtet
Beide erreichen immer
was sie vorgehabt haben
die Vernichtung des Ehepartners
die Bloßstellung die Verleumdung der Kunst

VERLEGER
Die Selbstvernichtung der Künstlerehen
ist eine totale

BASSIST *ausrufend*
Ein wahres Wort

REGISSEUR
Der Künstler hat allein zu sein
gegen alle Welt allein
einsam zu sein
gegen alle und gegen alles

VERLEGER
Er muß sich ununterbrochen verletzen lassen

KAPELLMEISTER
Aber Künstler die sind am verletzbarsten

BASSIST
Ein wahres Wort
REGISSEUR
Künstler sind die wahren Gesellschaftsopfer
VERLEGER
Und die Künstlerehe
das lächerlichste
REGISSEUR
Die Künstlerehe
ist ein Talentbegräbnis
KAPELLMEISTER
Der Tod des Genies
BASSIST
Schaljapin mußte wegen der vielen Darmverschlüsse seiner Frau
andauernd absagen
KAPELLMEISTER
Ich hatte einen Kollegen
der hat eine Kollegin geheiratet
wir waren zusammen auf der Akademie
Diese Kleinstädte vernichten die jungen Menschen
treiben sie zuerst in Verzweiflung
und dann in eine Ehe hinein
und vernichten sie
Der Mann der mit zweiundzwanzig Jahren
an der Oper Cenerentola dirigiert hat
eine Sensation
Er verehelichte sich
und von da an ist es bergab gegangen mit ihm
Meistens eine Krankheit
eine Todeskrankheit
als Folge der Verrücktheit der Verehelichung
alles unglücklichste Verhältnisse
die aber nicht eingestanden werden
Darüber wird nicht gesprochen
über die Fürchterlichkeit
In Bad Segeberg
zwischen Hamburg und Kiel
treffe ich den Kollegen nach Jahren
er suchte einen Evangelisten für die Passion
tatsächlich gab es seinerzeit nur einen einzigen Evangelisten in Europa

den Helmut Krebs
will schon herauslachen und unterdrückt es
stell dir vor
sagte der Kollege ganz aufgeräumt
gerade habe ich den Krebs engagieren wollen
und der Arzt sagt mir ich hab ihn schon
Alle lachen auf
Hab ihn schon
hab ihn schon
Alle lachen

BASSIST
Sagt der Arzt

KAPELLMEISTER
Sagt der Kollege

BASSIST
Hab ihn schon
schaut auf die Uhr
Unser schönes Kind
ist unerhört

KAPELLMEISTER *zu Toscanini*
Plötzlich verlangsamen
ganz plötzlich verlangsamen wissen Sie
urplötzlich wissen Sie Toscanini

VERLEGER *zitierend*
Der Ernst muß heiter
der Schmerz ernsthaft schimmern wissen Sie
Hat die Musik nicht etwas
von der kombinatorischen Analysis
und umgekehrt
Zahlenharmonien
Zahlenakustik
gehört zur kombinatorischen Analysis

BASSIST
Ich kenne keinen Menschen
der ehrgeiziger ist als die Gundi

KAPELLMEISTER
Die Eigenwilligste zweifellos

BASSIST
Die Gundi ist eigenwillig

KAPELLMEISTER
Und die Begabteste

Sie erreicht
was sie will
Sie hat eine ganz genaue Vorstellung von dem
das sie will

BASSIST *zur Lotte Lehmann*
Immer sagt sie
daß Sie verehrte Lotte Lehmann
Ihr Vorbild sind
Jeden Tag mindestens einmal
hört sie eine Schallplatte
mit Ihrer Stimme
Ihre Verehrung für Sie
ist die höchste

REGISSEUR
Was für den Schriftsteller
zweifellos Shakespeare
Dostojewskij
Heinrich von Kleist
ist für den Interpreten
immer der höchste schöpferische Interpret
der jeweilige höchste

KAPELLMEISTER
Der jeweilige höchste

BASSIST
Für die Gundi war
und ist
Lotte Lehmann die höchste
zur Lotte Lehmann direkt
Selbst im Schlaf
im Traum
redet sie von Ihnen Verehrteste

VERLEGER
Während dem gewöhnlichen Menschen
sein Erkenntnisvermögen
die Laterne ist
die seinen Weg beleuchtet sagt Schopenhauer
ist es dem Genialen die Sonne
welche die Welt offenbar macht

BASSIST
Sicher hat sie sich
etwas Raffiniertes ausgedacht

für diesen Tag
KAPELLMEISTER
Harmonie
in einer Welt voller Disharmonie
BASSIST *zu den Dienern*
Auftragen
einschenken
Die Diener tragen auf und schenken ein
REGISSEUR
Die Schönste
zugleich die Kunstvollste
VERLEGER
Die Zähler
sind die mathematischen Vokale
die Zahlen
sind Zähler
an alle
Novalis
Die kombinatorische Analysis
führt auf das Zahlenphantasieren
und lehrt die Zahlenkompositionskunst
den mathematischen Generalbaß
Pythagoras
Leibniz
Die Sprache ist ein mathematisches Ideeninstrument
Der Dichter
Rhetor und Philosoph
spielen und komponieren grammatisch
BASSIST
In zehn Jahren
habe ich alles erreicht
was Sie hier sehen
ausschließlich
mit meinem Talent
und mit meiner Ausdauer
und mit meiner Unnachgiebigkeit
zu den Dienern
Bedienen Sie die Herrschaften
Die Diener bedienen
Mit meinem Talent
mit meiner Energie

zu Richard Mayr
Von einem Bassisten
noch dazu wenn er ein schwarzer Baß ist
wird das Höchste gefordert
Ich habe alles erreicht
ich habe alle großen Partien
an allen großen Opernhäusern gesungen
Den Ochs unter Kleiber
mit der Schwarzkopf als Marschallin
schaut auf die Uhr
Die Gundi hats in sich
die laßt mich sitzen

KAPELLMEISTER
Eine angestrengte Person
hypernervös
in der höchsten
in der allerhöchsten Konzentration

REGISSEUR
Ein paar Gläser Wein
weil die Oper abgespielt ist

BASSIST
Abgespielt
abgespielt

KAPELLMEISTER
Sie müssen ihr
einen Umweg gestatten Herr Baron
ein kleines Auslassen Nachlassen Gehenlassen

VERLEGER
Die Künstler müssen
vor allem die angestrengtesten
immer wieder eine Zeit allein sein

REGISSEUR
Möglicherweise schreibt sie jetzt den Brief
an ihre Mutter

BASSIST
Die Gundi hat immer eine Ausrede
Aber heute
wo ich mich so auf diese kleine Feier gefreut habe
Das ist nicht alltäglich
daß einer den zweihundertsten Ochs singt

KAPELLMEISTER
Den besten Ochs
den allerbesten Ochs
BASSIST
Sie beschämen mich
schaut auf die Uhr
KAPELLMEISTER
Wahrscheinlich macht sie ihren obligaten Umweg
BASSIST
Den obligaten Umweg
REGISSEUR
Sie hat sich für heute
etwas Besonderes ausgedacht Herr Baron
BASSIST
Ausgedacht
ausgedacht
KAPELLMEISTER *klopft mit einem Messer an sein Glas und steht auf und hebt sein Glas auf den Bassisten*
Also noch einmal Baron
mein lieber Freund
zu Ihrem zweihundertsten Ochs
Zweihundertmal den Ochs
Alle heben ihr Glas
Er lebe hoch
hoch
ALLE
Hoch
Alle durcheinander
hoch
hoch
hoch
Alle trinken aus
KAPELLMEISTER
Sie sind nicht nur der Berühmteste
Sie sind auch der Größte
REGISSEUR
Der Größte
VERLEGER
Zweifellos
BASSIST
Sie beschämen mich

KAPELLMEISTER

Keine Worte mehr
Es ist nicht leicht
das richtige Wort zu finden
zum Bassisten direkt
Die Welt der Oper
kann sich glücklich schätzen
mit Ihnen

BASSIST

Sie beschämen mich
zu Lotte Lehmann und Richard Mayr
Aber der absolute Höhepunkt
was den Rosenkavalier betrifft
sind doch Sie beide gewesen
Lotte Lehmann und Richard Mayr
Das hat sich nicht wiederholt
Aber ich kann sagen
daß ich mein bescheidenes Talent
ganz gut entwickelt habe
zu Mayr direkt
Unter einem solchen großen Vorbild zu singen wie Sie
verehrtester Richard Mayr
Ich stamme ja auch aus einer Bierbrauerfamilie
Mein Großvater ist vierspännig
in die Oper nach München gefahren
vierspännig
Wagnerianer natürlich
er war ein Vetter der Frau von Richard Strauss
auch ein Pschorr
ein Opernnarr
Wagnerianer natürlich
Keine zweite Woche
in welcher er nicht
vierspännig vierspännig in die Oper gefahren wäre
Zuerst hatten wir Kinder keinen Geschmack an der Oper
aber ich wäre nicht der Enkel meines Großvaters gewesen
und nicht aus einer Bierbrauerfamilie
wenn nicht eines Tages die Leidenschaft für die Oper
aus mir herausgebrochen wäre
im wahrsten Sinne des Wortes
aus mir herausgebrochen

zu dem gleichen Zeitpunkt natürlich
in welchem ich meine Stimme entdeckt habe
während eines Sonntagsausfluges am Starnbergersee
am Starnbergersee
so war es
Mein Großvater hat davon Strauss erzählt
und Strauss hat ihm gesagt
mein Großvater solle mich zu ihm schicken
und so bin ich zu Strauss
zu Mayr direkt
Und Strauss hat mich Ihnen empfohlen
und Sie haben aus mir gemacht was ich heute bin
Ich glaube ich habe
einiges erreicht

KAPELLMEISTER und REGISSEUR *zusammen*
Das kann man wohl sagen

TENOR
Selbst ein Vorbild
Der Herr Baron ist selbst ein Vorbild

VERLEGER *ruft aus*
Ein Vorbild Herr Baron ein Vorbild

KAPELLMEISTER
Ich kenne keinen besseren Figaro

REGISSEUR
Und Ihr Jago

TENOR
Und sein Rocco

KAPELLMEISTER
Besser als Edelmann

BASSIST
Edelmann habe ich gut gekannt
durch Emmanuel List habe ich Edelmann kennengelernt
bei Frieda Leider in Berlin
ich glaube es war neunundfünfzig
Die einzige wirklich gelungene Oper nach Mozart
ist doch der Rosenkavalier

VERLEGER
Ein musikalisches Opus magnum
ein Opus magnum der Musik
zum Kapellmeister
Habe ich nicht recht

KAPELLMEISTER
Das kann man wohl sagen
BASSIST
Aber man darf nicht zu alt sein
für den Ochs
nicht zu jung
aber auch nicht zu alt
zu Richard Mayr
Da waren Sie fünfunddreißig
auf dem Höhepunkt
wie Sie den Ochs gesungen haben
auf dem Höhepunkt
VERLEGER
Das Talent fordert von der Gesellschaft
die höchste Aufmerksamkeit
wie die Gesellschaft die höchste Aufmerksamkeit
vom Talent
BASSIST *ruft pathetisch aus*
Aber Talent ist nicht alles
KAPELLMEISTER
Mit dem Talent ist es so eine Sache
BASSIST
Knappertsbusch hat gesagt
Talent hat jeder
talentiert ist ein jeder
VERLEGER
Im Gegenteil muß zuerst
das Talent vernichtet werden
damit der Künstler entstehen kann
Die Vernichtung des Talents im Künstler
ist seine Voraussetzung
REGISSEUR
Das Talent hindert
das Talent v e r hindert
VERLEGER
Ein wahres Wort
BASSIST
Bei meinem ersten Vorsingen
hier
im Festspielhaus
Neunundfünfzig stellen Sie sich vor

alle waren da
alle
Krauss Szell Klemperer Krips undsoweiter
Da habe ich zum erstenmal die Lisa della Casa gehört
da bin ich so beeindruckt gewesen
Das war mein Olympia müssen Sie wissen
mein Olympia
nach den ersten zwei Takten bin ich ohnmächtig geworden
Zauberflöte
In diesen heiligen Hallen stellen Sie sich vor
schon nach den ersten zwei Takten ohnmächtig
ich weiß gar nicht mehr
wie ich hinausgekommen bin
Da habe ich hinaufgeschaut in den Schnürboden
und die Bühnenarbeiter haben auf mich heruntergeschaut
von ganz hoch oben Sie kennen das
die haben alle auf mich heruntergeschaut
da bin ich ohnmächtig geworden
Das war ja auch wahnsinnig
vor diesen berühmten Leuten vorzusingen
und vollkommen unausgegoren
unausgegoren
plötzlich habe ich meinen Begleiter nicht mehr gehört
der saß an die dreißig Meter weit weg am Flügel
nicht mehr gehört nichts mehr gehört
und ich habe hinaufgeschaut
und die Bühnenarbeiter haben heruntergeschaut
da bin ich ohnmächtig geworden
Alles war aus aus aus aus
Draußen vor der Tür da sagte der Krips zu mir
junger Mann werdens Fleischhauer
Fleischhauer Fleischhauer
Als ob ich jetzt hörte Fleischhauer Fleischhauer
Der vernichtete mich total damit
total
einem jungen Menschen zu sagen
er solle Fleischhauer werden
in einem solchen Augenblick
der sensible Mozartdirigent
suspekt
suspekt

So vernichtet man Talente meine Damen und Herren

KAPELLMEISTER

Aber Ihr Talent konnte Krips nicht vernichten
das Ihre nicht Herr Baron

BASSIST

Niedergeschlagen war ich
vernichtet

VERLEGER

Sie selbst sind der Beweis
wie unrecht Krips hatte

BASSIST

Der ging über Leichen
zum Kapellmeister
Da hat mich dann Ihr unglücklicher Kollege
Gott hab ihn selig
beiseite genommen und zu mir gesagt
ich solle zum Trost in seine Mühle hinauskommen aufs Land
in die kleine Holzmühle

PIANISTIN

In die Mühle mit den hübschen kleinen Fenstern

BASSIST

Es sei alles halb so schlimm
und ich bin in die Mühle hinaus mit ein paar Klavierauszügen
und er hat einen ganzen Nachmittag mit mir
die Winterreise musiziert
Er war ja wirklich ein hervorragender Begleiter

KAPELLMEISTER

Er wäre einer der besten Korrepetitoren gewesen
einer der allerbesten

BASSIST

Entgegen der Meinung des Herrn Krips
sei ich ein ganz und gar außerordentliches Talent
hat Ihr Herr Kollege zu mir gesagt
Wenn es nach ihm ginge
sei ich vom Fleck weg engagiert
aber er hätte keinerlei Einfluß auf irgendein Opernhaus
Damals hatte er sich gerade ein Bein gebrochen
in Sankt Moritz

VERLEGER *ruft aus*

In Sankt Moritz

BASSIST

Und stellen Sie sich vor
hat er damals zu mir gesagt
der Unglücksrabe
ich habe mir vor dem Nietzschehaus in Sils Maria
das linke Bein gebrochen
vor dem Nietzschehaus

VERLEGER

Vor dem Nietzschehaus
vor dem Nietzschehaus

BASSIST

Er hätte mich sofort engagiert
zu Richard Mayr direkt
Sie werden lachen hat er zu mir gesagt
Sie sind der ideale Ochs
zum Kapellmeister
Also ganz hatte mir Krips die Oper
und die Singerei nicht austreiben können
ich bin wochenlang
der deprimierteste Mensch gewesen
Immer wenn ich Krips höre denke ich
der hätte bald dein Leben vernichtet
Und stellen Sie sich vor meine Herrschaften
zwei Tage nachdem Krips in Genf gestorben war
überholte ich ihn auf der Autobahn
auf einmal überholte ich einen Luxusleichenwagen aus Genf
und in dem Luxusleichenwagen war Krips
der tote Krips
der tote Krips
Das kann doch kein Zufall sein
durchaus kein Zufall
kein Zufall

VERLEGER

Wo wir doch fortwährend
von Zufällen überrascht
um nicht sagen zu müssen
überrannt sind

BASSIST

Ob es nun Krips gepaßt hat
oder nicht
ich bin berühmt geworden

KAPELLMEISTER
Das kann man wohl sagen
VERLEGER
Berühmt
tatsächlich berühmt
REGISSEUR
Eine Berühmtheit
BASSIST *lacht auf*
Ich bin eine Berühmtheit
lacht auf
REGISSEUR
Aber natürlich
gibt es auch Verkrüppelte
deren Künstlerschaft nicht die höchste ist
VERLEGER
Naturgemäß
REGISSEUR
Die mit ihrer Verkrüppelung
nicht über die Mittelmäßigkeit hinauskommen
die mit ihrer Verkrüppelung nichts anfangen können
VERLEGER
Die kein Kapital aus ihrer Verkrüppelung herausschlagen können
wie unser Freund der zeitlebens
mittelmäßig geblieben ist
zu Toscanini
Auch die Unterweisung
die Sie verehrter Maestro unserem Freund in der alten kleinen Holzmühle gegeben haben
hat ihm nichts genützt
offensichtlich
REGISSEUR
Die Mittelmäßigkeit ist eine Zwangsjacke
in welcher die Mittelmäßigen zeitlebens eingesperrt sind
wie das Genie zeitlebens
in die Zwangsjacke des Genies
BASSIST *zu Toscanini*
Und Sie mein verehrtester Maestro Toscanini
alle diese Höhepunkte an der Scala
und in Amerika
von den Höhepunkten hier in Salzburg ganz zu schweigen

sind Ihnen ja auch nur unter den größten Schmerzen
möglich gewesen
blickt um sich
Jeder von uns hat seine Verkrüppelung
Die Künstler schweigen sich über ihre Verkrüppelung aus
aber ohne Verkrüppelung keine Kunst
keine Musikkunst keine Theaterkunst jedenfalls

VERLEGER
Und keine Literatur ohne Verkrüppelung

BASSIST *zu Max Reinhardt*
Und Sie lieber Reinhardt
zu Helene Thimig
Und Sie liebe Helene Thimig
zu Alexander Moissi
Und Sie mein lieber Moissi
zu Lotte Lehmann
Und Sie meine verehrteste Lotte Lehmann
Alle verkrüppelt
jeder hat seine Verkrüppelung
Nur wird sie nicht zugegeben
der Künstler gibt seine Verkrüppelung nicht zu
aber er schlägt Kapital aus seiner Verkrüppelung
Ganz abgesehen von unserer verehrten Elly Ney
und von unserem verehrten Richard Mayr
unserem unvergeßlichen Ochs von Lerchenau
zu Samuel Fischer
Sie können ein Lied singen über das
wovon ich spreche

REGISSEUR
Wenn die Künstler
gleichgültig ob es sich um die
sogenannten schöpferischen
oder die sogenannten interpretierenden
die ja im Grunde auch schöpferische sind handelt
tot sind
tot sind meine Herrschaften
wenn sie tot sind
kommt zum Vorschein
was sie zeitlebens verschwiegen haben verheimlicht haben
ihre Verkrüppelung
im Geiste oder im Körper das ist gleich

Das Genie ist ein durch und durch krankhafter und
verkrüppelter Mensch
und ein durch und durch krankhafter und
verkrüppelter Charakter
ruft aus
Fragen Sie die Ärzte
was zum Vorschein kommt
wenn sie an die Leiche eines Künstlers gehen mit
dem Skalpell

BASSIST *schaut auf die Uhr*
Die Gundi
läßt uns alle sitzen
Die berühmtesten Leute
läßt sie sitzen

VERLEGER
Sie ist ein Star Herr Baron
der jüngste absolute Star Herr Baron

BASSIST
Sie hat mir versprochen
pünktlich zu sein
Zum zweihundertstenmal den Ochs singen
das ist doch etwas

KAPELLMEISTER
Sie haben keine Ahnung von Sopranistinnen Baron
die ein Star sind

BASSIST
Wahrscheinlich betrinkt sie sich mit ihrem Impresario
nachdem die Cosi abgespielt ist

VERLEGER
Ein Star
spannt alle Welt auf die Folter
damit müssen Sie sich abfinden Herr Baron

BASSIST *schaut auf die Uhr und sagt dann zur Elly Ney*
Jetzt darf ich aber
auch wenn die Gundi nicht da ist bitten
unsere hochverehrte Künstlerin Elly Ney bitten
Es ist der Wunsch aller Anwesenden
steht auf
Elly Ney zu hören
hebt sein Glas auf Elly Ney
ruft aus

auf Elly Ney
auf Elly Ney
Alle trinken auf Elly Ney
Bassist ruft aus
Ein langes Leben
unserer Elly Ney
unserer größten Klavierkünstlerin
trinkt sein Glas aus und geht zur Elly Ney und hilft ihr aus dem Sessel und führt sie vorsichtig und langsam an den Bösendorferflügel und man sieht, daß Elly Ney eine Puppe ist, während er sagt
Unser größtes Vorbild
ist immer
die Elly Ney gewesen

PIANISTIN *hysterisch aufschreiend*
Mein größtes Vorbild

BASSIST
Wie Richard Mayr mein größtes Vorbild

TENOR
Wie Richard Tauber mein größtes

REGISSEUR
Wie Max Reinhardt mein größtes

SCHAUSPIELER
Wie Alexander Moissi mein Vorbild

SCHAUSPIELERIN
Wie Helene Thimig mein Vorbild

VERLEGER
Wie Samuel Fischer mein Vorbild

KAPELLMEISTER
Mein Vorbild war immer Toscanini

BASSIST *legt die Hände der Elly Ney auf die Klaviertasten und sagt*
Schumann
natürlich Schumann

VERLEGER
Schumann natürlich

PIANISTIN *pathetisch*
Eine Sternstunde
daß ich das noch erleben darf
Elly Ney spielt leise Schumanns Fantasie opus 17

VERLEGER
Es ist
wie wenn Schumann selbst
mit den Händen der Elly Ney spielte
Das Genie Schumanns
mit den Händen der größten Klaviervirtuosin aller Zeiten
REGISSEUR *zu Max Reinhardt*
Eine ergreifende Szene Herr Reinhardt
nicht wahr
VERLEGER
Wenn das Hofmannsthal sehen könnte
wenn Hofmannsthal das erleben könnte
SCHAUSPIELERIN *zu Helene Thimig*
Frau Thimig
ist das nicht der Höhepunkt
KAPELLMEISTER
Der Höhepunkt
SCHAUSPIELER
Absolut
VERLEGER *zu Lotte Lehmann*
Ganz wie Sie es in Ihren Memoiren beschreiben
ein Jahrhundertbuch
ein Opus magnum
PIANISTIN
Ganz anders als Clara Haskill
SCHAUSPIELERIN
Schumann ist immer
meine große Liebe gewesen
Sopranistin kündigt sich polternd und laut schreiend an
BASSIST *erschrocken*
Die Gundi
Alle, während die Elly Ney ungehindert weiterspielt, erschrocken auf die Tür schauend
Die Gundi
SOPRANISTIN *mit halbvoller Champagnerflasche laut, drohend in der Tür*
Wo ist sie
wo
wo denn
entdeckt die Lotte Lehmann am Tisch
Da sitzt sie ja

die Lotte Lehmann
Mein großes Vorbild Lotte Lehmann
lallend
Mein Vorbild
Lotte Lehmann
Die Marschallin
ruft aus
Die Marschallin
Da sitzt sie ja
geht auf die Lotte Lehmann zu und schlägt der Lotte Lehmann die Champagnerflasche auf den Kopf, der knallend auf die Tischplatte fällt, und schlägt mehrere Male mit der Champagnerflasche auf den auf der Tischplatte liegenden Kopf der Lotte Lehmann
Da hast du die Marschallin
da hast du die Marschallin
Alle zutiefst erschrocken, während die Elly Ney gleichmäßig und ruhig weiterspielt
Sopranistin alle musternd
Was wartet ihr
was wartet ihr
schreit
Auf was wartet ihr
Die Berühmten
Ihr Scheusale
holt zu einem neuen Schlag gegen den Kopf der Lotte Lehmann aus und ruft ermunternd
Schlagt doch zu
zuschlagen
schlagt zu
Erschlagt sie
eure Vorbilder
schlagt sie zusammen
zusammen
schlägt auf den Kopf der Lehmann und schreit
so
so
Schauspielerin nimmt einen großen Kerzenleuchter vom Tisch und erschlägt damit wortlos die Helene Thimig
Alle getrauen sich plötzlich, ihr Vorbild zu erschlagen
Zuschlagen

zuschlagen
schlagt zu
Los schlagt zu
schlägt auf den Kopf der Lotte Lehmann
Regisseur zieht blitzartig ein Messer und stößt es Max Reinhardt in den Rücken
Tenor würgt und erwürgt den Richard Tauber
gleichzeitig erschlägt der Kapellmeister mit einem einzigen Faustschlag Toscanini
Verleger zieht eine Pistole und schießt Samuel Fischer in das Genick
Pianistin springt auf und bekommt einen Schreikrampf und stürzt sich auf die immer noch gleichmäßig spielende Elly Ney und packt ihren Kopf von hinten und schlägt ihn mit beiden Händen mehrere Male auf den Bösendorferflügel, während der

BASSIST *schlägt auf Richard Mayr und sagt dann*
Du Hund
Die Diener an der Wand, die Szene anstarrend
Bassist zum ersten Diener, ihn mit beiden Händen am Hals packend
Kapellmeister zum zweiten Diener, ihn am Hals packend
Weg mit den Zeugen
die Zeugen weg
Weg mit ihnen
Bassist und Kapellmeister würgen die Diener so lange, bis sie zusammenbrechen
Verleger ist aufgesprungen und zur verschlossenen Tür, dreht sich um und starrt auf die Szene, macht dann ein paar Schritte zu Samuel Fischer zurück, dessen Kopf auf der Tischplatte liegt und gibt ihm noch einen Genickschuß

Vorhang

Erste Szene
Die Perfidie der Künstler

Salon, große offene Terrasse
Die Vorbilder als Gemälde an den Wänden
Alle Schauspieler, jeder unter dem Portrait seines Vorbildes, in Fauteuils
Erster und zweiter Diener treten ein

ERSTER DIENER
Es kommt Regen Herr Baron

BASSIST *mit umgehängtem Fernglas*
Regen
Achwas Regen

ZWEITER DIENER
Ein Gewitter

BASSIST
Achwas
ist doch der schönste Tag draußen
schaut hinaus
Diese Helligkeit
Windstille
Nichts rührt sich
in der Natur
nichts

ERSTER DIENER
Das ist es ja gerade Herr Baron

BASSIST
Achwas
zu den andern
Immer diese Schwarzmacherei
Schon in aller Frühe
die Unkenrufe dieser Leute
steht auf und geht auf die Terrasse hinaus und streckt den Zeigefinger in die Luft
ruft herein
Nichts
absolut nichts
Die Vorstellung findet statt
Ich habe mich selten geirrt
selten

Wenn sich jemand irrt
dann irren sich die Meteorologen
Die Meteorologen irren sich immer
Sagen die Meteorologen
es wird regnen
kann man sicher sein daß die Sonne scheint
Das ist Wahnsinn
auf die Meteorologen hören
zu den Dienern
Bringen Sie doch meinen Gästen
etwas zum Trinken
die sitzen ja alle ohne Getränke da
Ein so schöner Tag
und nichts zu trinken
das muß ja traurig stimmen
Also machen Sie schon
klatscht in die Hände und atmet tief ein
Sommerluft
beinahe schon Herbstluft
die Sommerluft
die beinahe schon die Herbstluft ist

KAPELLMEISTER
Wir sind alle ziemlich erschöpft
Sechs Konzerte in vier Tagen

BASSIST
Und erst die Gundi
geht zur Gundi und küßt sie auf die Stirn
Mein armes Kind
Aber jetzt
nichts wie weg
weg
Ortswechsel

SOPRANISTIN
Ich bin den Betrieb gewöhnt
Übermorgen ist alles vorbei

BASSIST
Noch die heutige Vorstellung
dann ist alles vorbei
An einem solchen herrlichen Tag
findet die Vorstellung natürlich statt
Ich hasse diese Freiluftopern

SOPRANISTIN
Palmen Zypressen Bauern Esel
sonst nichts
und vor den Fenstern die unendliche Weite des Ozeans
BASSIST
Das wird dir guttun Gundi
setzt sich
Wenn ich die Augen zumache
glaube ich
ich bin schon da
Meeresluft
Keine Oper
kein Operndirektor
keine Statisten
kein Publikum
zum Kapellmeister
Und Sie sind wieder in Sankt Moritz
KAPELLMEISTER
Heuer nicht
ich muß mich einer Rückgratoperation unterziehn
BASSIST
Ihr altes Leiden nicht wahr
KAPELLMEISTER
Einmal kriegen einen die Ärzte
Ein Zürcher Spezialist
Rückgratspezialist
VERLEGER
In Zürich sind die Rückgratspezialisten zuhause
KAPELLMEISTER
Und die Nierenspezialisten
VERLEGER
Die Nierenspezialisten
und die Rückgratspezialisten
KAPELLMEISTER
Dann mache ich Plattenaufnahmen
Rheingold in Berlin
gleichzeitig Cosi in Paris
und gleichzeitig Maskenball in Chikago
SOPRANISTIN
Wenn das aufgeht

KAPELLMEISTER
Es wird ja tatsächlich
überall alles kaputtgemacht
SOPRANISTIN *zum Kapellmeister*
Haben Sie denn momentan Schmerzen
KAPELLMEISTER
Ich bin keinen Augenblick schmerzfrei
Der Arzt sagt
dirigieren sei Wahnsinn für mich
BASSIST
So deutlich habe ich die Berge
noch nie gesehn
zeigt hinaus
Sehen Sie
da
der Untersberg
jeder Felseinschnitt ist zu sehen
man meint man könne
die Bäume zählen
schaut durchs Fernglas
Mit dem Fernglas kann ich sehr gut
die Gemsen beobachten
stundenlang
dann sitze ich hier im Ohrensessel
ein Erbstück meiner Großmutter mütterlicherseits
und beobachte die Gemsen
dazu heißen Tee
dabei vergesse ich alles andere
Zu keiner Gelegenheit
regeneriere ich mich besser
als in Beobachtung der Gemsen
An diesem Platz leben zu können
ist ein Gottesgeschenk
Aber natürlich verdirbt eine solche schöne Gegend
den Verstand
Und das Genie wird in solcher Landschaft verstümmelt
nimmt das Fernglas ab
VERLEGER *mit geschlossenen Augen*
Körper Seele Geist
sind die Elemente der Welt
wie Epos Lyra und Drama die des Gedichts

BASSIST
Von Schopenhauer
wenn ich nicht irre
VERLEGER
Das sagt Novalis
BASSIST
Natürlich Novalis
natürlich
steht auf und geht auf die Terrasse hinaus und schaut durchs Fernglas und nimmt das Fernglas wieder ab
Bei einiger Anstrengung
ist es durchaus möglich
die Gemsen mit freiem Auge zu sehn
Da gehn Bauersleute
Ich kann Bauersleute am Fuß des Untersbergs sehn
Sie haben Rucksäcke
Stöcke und Rucksäcke
Zwei Marmorbrucharbeiter sehe ich
mit ihrem Werkzeug
Eine Gemse
streckt die Hand aus und zeigt in die Ferne
Alle schauen hinaus
Da
da
die Gemse
da
jetzt ist sie weg
schaut wieder durchs Fernglas
Erster und zweiter Diener treten mit Getränken ein und bedienen
Es ist schon ein Hochgefühl
jeden Morgen
die Milch von den Kühen vor dem Hause zu trinken
von völlig unverpatzten Kühen
eine vollkommen unverpatzte Milch trinken
und Käse und Brot dazu essen von den Bauern vor mir
atmet tief ein
Ich genieße diesen Zustand
die Lungenflügel brauchen diese Luft
die Lungenflügel von einem Bassisten
die gehn ohne diese Luft vor die Hunde

atmet tief ein
Es ist wie wenn ich mit jedem Atemzug
die ganze Natur einatmete
hebt den Zeigefinger in die Luft
Vollkommene Windstille
tritt in den Salon
zur Sopranistin
Ich bin sicher
die Vorstellung findet statt
Die Spekulation mit dem Unwetter
geht heute nicht auf
Ich hasse nichts so sehr
als diese Freiluftopern

KAPELLMEISTER
Die sind überall in Mode gekommen

BASSIST
Abgesehen davon
daß sich über die Freiluftmusik
streiten läßt
sie ist in jedem Fall minderwertig
der Wind zerzaust die Musik in der Luft

KAPELLMEISTER
Immer wieder nur der krankhafte Wille
originell sein zu wollen
Es gibt schon bald keinen Hinterhof mehr in dieser Stadt
in welchem nicht eine Oper aufgeführt wird

REGISSEUR
Im Freien ist es kein Kunstwerk

KAPELLMEISTER
Es hat sich eingebürgert
jeden Winkel der Stadt zu bespielen
Erster und zweiter Diener servieren Sandwiches

BASSIST *zum ersten Diener*
Was haben wir denn da
nachdem er sich ein Sandwich genommen hat
Die besten Sandwiches
die es gibt
von der Gräfin persönlich gemacht
jeden Tag frisch gemacht von der Gräfin

KAPELLMEISTER *nachdem er sich ein Sandwich genommen hat*
Großartig

BASSIST
Eine Gewohnheit
am Nachmittag Lachssandwich
Lachssandwich am Nachmittag
Das war mein letzter Ochs gestern abend
Emmanuel List hat ihn fünfhundertmal gesungen
Ich habe den Ochs allein an der Metropolitan
einhundertdreißigmal gesungen
mit den berühmtesten Partnerinnen
Reining Schwarzkopf etcetera
KAPELLMEISTER
Bing sagte
Sie seien der beste Ochs gewesen
den er je an der Met gehört habe
Und Bing ist unbestechlich
der beste Operndirektor den es je gegeben hat
zum Verleger
Bings Memoiren sind ein Standardwerk
Verleger zuckt die Achseln
Kapellmeister zum Bassisten
Wenn man selbst ein Baron ist
ein echter Baron wie Sie
und den Ochs singt
das ist Authentik
REGISSEUR
Ein echter Baron
der noch dazu in allem dem wirklichen Ochs von Lerchenau
der tatsächlichen historischen Figur
vollkommen und durch und durch verwandt ist
KAPELLMEISTER *zum Bassisten*
Tatsächlich ist es eine ganz und gar verblüffende
Ähnlichkeit
zwischen Ihnen Baron
und der historischen Figur
BASSIST
Es heißt ja
ich sei mit dem echten Lerchenau verwandt
aber bewiesen ist nichts
es heißt so
die Historiker sind sich nicht einig
Der Lerchenau war ja auch aus einer Bierbrauerfamilie

wie ich
der Lerchenau ist keine Erfindung Hofmannsthals
er ist echt historisch bewiesen durch und durch

KAPELLMEISTER *zum Bassisten*
Wie haben Sie denn diesen herrlichen Sommersitz gefunden
Wann haben Sie sich hier angekauft

BASSIST
Neunundsechzig
Damals ging das noch
mit der Gage
für achtunddreißigmal Ochs an der Met
Ein Glücksfall
Aber vergessen Sie nicht
das Ganze war wie ich es gekauft habe
eine Ruine
eine Ruine
sinniert
Von Siepi weiß ich
daß er für einen einzigen Abend
zwanzigtausend Dollar bekommen hat
hier
in Salzburg
Die Direktion hat es ihm bar ausbezahlt
er hat es so verlangt
Der konnte leicht locker singen
Aber das war ja auch einmalig

REGISSEUR
Der bescheidene Künstler
ist ein Volksmärchen
Der große Künstler fordert
und er kann nicht genug fordern
denn seine Kunst ist absolut unbezahlbar
Es ist keine Summe zu hoch
um einen bedeutenden Künstler zu honorieren
ganz zu schweigen von den größten
von den bedeutendsten von den außerordentlichsten
von den berühmtesten
Der Staat jammert
Aber was ist der Staat ohne die Kunst
ohne die hohe Kunst
Dreck ganz einfach Dreck sonst nichts

VERLEGER *zitierend sinnierend*
Im Staat ist alles Schauhandlung
im Volk alles Schauspiel
Das Leben des Volkes ist ein Schauspiel

BASSIST
Man braucht nur einen Verleger im Haus haben
und sofort wird die Welt zur Geisteswelt

REGISSEUR
Der Staat existiert
aber er lebt nur durch seine Künstler

KAPELLMEISTER
Ein schönes Wort

REGISSEUR
Aber die politischen Dummköpfe
und die journalistischen Querulanten
begreifen das nicht
oder wollen es nicht begreifen

KAPELLMEISTER
Die politischen Dummköpfe begreifen nichts

REGISSEUR
Die Politiker die den Staat beherrschen
sind ganz eigentlich die Totengräber des Staates
Die Abgeordneten bringen den Staat um
das ist die Wahrheit
Das Volk wählt alle vier Jahre
seine Totengräber ins Parlament
es wählt brav Dummköpfe als Totengräber ins Parlament
Die höchstbezahlten Totengräber
sitzen im Parlament

KAPELLMEISTER
Die Politiker sind von Natur aus
gegen die Künstler
eine lebenslängliche Feindschaft von innen heraus
müssen Sie wissen
Die Künstler durchschauen die Politiker
und durchschauen nichts als Dummköpfe
aufgeblähte Dummköpfe

VERLEGER
Aber die Macht haben die Politiker

REGISSEUR
Die Politiker haben die Macht

den Staat zu ruinieren
die Politiker ruinieren den Staat wer sonst
Jede dieser Kreaturen wird Politiker
um den Staat zu ruinieren
Das Parlament ist eine Mördergrube
eine Mördergrube
Wo ein Politiker auftritt
tritt ganz eigentlich ein Totengräber des Staates auf
Was die Künstler und die Wissenschaftler aufgebaut haben
ruinieren die Politiker
Die Künstler erschaffen an jedem Tag die Welt
und die Politiker ruinieren sie

BASSIST
Ein wahres Wort

VERLEGER *zitiert*
Nur ein Künstler kann
den Sinn des Lebens erraten

BASSIST *zum Verleger*
Novalis nehme ich an

VERLEGER
Natürlich Novalis
wer sonst

BASSIST *durch das Fernglas schauend*
Diese stillen lautlosen Nachmittage
in welchen sich absolut nichts rührt
sind ganz für die Meditation
streckt die Beine aus
Die Beine ausstrecken
ganz ausstrecken
nimmt das Fernglas ab und schließt die Augen
und das Leben
oder die Existenz rekapitulieren
ein durch und durch mathematischer Vorgang
Und die Kunst
mit geschlossenen Augen
sich selbst Musik zu machen
alles spielen und singen lassen
das ganze Instrumentarium

REGISSEUR *mit geschlossenen Augen*
Das Schließen der Augen bewirkt oft
eine vollkommene Durchdringung der Welt

der ganzen Materie
VERLEGER *mit geschlossenen Augen*
Den Mut haben
alles zu durchdringen
das ganze Schauspiel
BASSIST
Von meinem Großvater
den ich wie keinen andern Menschen geliebt habe
und der mir zeitlebens der wichtigste Mensch geblieben ist
habe ich die Fähigkeit
mich von Zeit zu Zeit abzusetzen
von der Welt
Ich bin ganz einfach weg
SOPRANISTIN
Wenn er seinen Großvater nicht gehabt hätte
was wäre unser Freund für ein natürlicher Mensch
BASSIST
Das Talent
die Mathematik
die Physik
die Geophysik
die ganze Natur
von ihm
SOPRANISTIN
In unserem Haus am Meer
redet er selbst in der Nacht
von seinem Großvater
REGISSEUR
Er ist eben
aus einer durch und durch schöpferischen Familie
KAPELLMEISTER
Die Bierbrauerfamilien sind die schöpferischsten
Denken Sie nur an die Familie Strauss
oder an Richard Mayr
Beinahe alles dankt die Musikgeschichte
den Bierbrauern
BASSIST *steht auf und geht auf die Terrasse*
Da hätten sie mir voriges Jahr
beinahe ein Hochhaus hingebaut
Die Stadt hätten sie gerade hier
vor meinem Haus erweitert

Im letzten Augenblick habe ich
die Katastrophe verhindern können
Da waren schon Vermessungsleute da
dreht sich um
Ein Hochhaus stellen Sie sich vor
zweiundvierzig Stockwerke hoch
zwischen meinem Sommersitz und dem Untersberg
Noch heute wache ich oft auf in der Nacht
von diesem Alptraum
Ich war gerade an der Met
mein erster Jago mit der Freni
da schreibt mir der Hausmeister
daß ein Hochhaus gebaut werden soll vor meinen Fenstern
Sechs Wochen in New York festgehalten
und ununterbrochen
auch während meiner Auftritte die Vorstellung
vor meinen Fenstern wird ein zweiundvierzigstöckiges Hochhaus gebaut
bei meiner Rückkehr
habe ich alles verhindern können
zeigt hinaus
Ich habe den Bürgermeister
und das Stadtratskollegium bestechen können
auch den Bundeskanzler habe ich eingeschaltet
selbst den Bundespräsidenten
Ich habe die Festspieldirektion erpreßt
wenn das Hochhaus gebaut wird habe ich klargemacht
singe ich keinen Ton mehr
Das Hochhaus ist nicht gebaut worden
Da habe ich in aller Deutlichkeit gesehen
wie mächtig ein Künstler sein kann

KAPELLMEISTER
Was wären die Festspiele ohne Sie Herr Baron

REGISSEUR
Nur die Mittelmäßigkeit wäre möglich

BASSIST *plötzlich, durch das Fernglas schauend*
Da da
da
zeigt mit der Hand in die Ferne
Alle blicken hinaus, stehen auf und gehen auf die Terrasse
Bassist in die Ferne zeigend

Der Adler
da dort der Adler
der Adler kreist
sehen Sie da
der Adler
Alle sehen den Adler

KAPELLMEISTER
Tatsächlich

REGISSEUR
Das ist ja ein riesiger Vogel

SCHAUSPIELER und TENOR *gleichzeitig*
Der König der Lüfte

SCHAUSPIELERIN
Wirklich ein Adler

SOPRANISTIN
Daß es noch Adler gibt

VERLEGER
Zum erstenmal sehe ich
einen Adler
ich kannte den Adler bis jetzt nur
aus dem Naturgeschichtsbuch
Alle schauen zum Adler in die Höhe

BASSIST
Bei Windstille
kreist der Adler
vor dem Untersberg
hebt den Zeigefinger in die Luft
Windstille
absolute Windstille

KAPELLMEISTER
Wie deutlich man alles sieht

SCHAUSPIELERIN
Jeden Baum

SOPRANISTIN
Alles ist deutlich

REGISSEUR
Überdeutlich

BASSIST
Ich bin lange genug herumgefahren
um diesen Platz zu finden
zuerst habe ich daran gedacht

selbst zu bauen
aber dann
wegen meiner Verpflichtungen
habe ich mich entschlossen
ein altes Gebäude zu kaufen
Da habe ich dieses Schloß gefunden
Es war einmal fürsterzbischöflicher Besitz
aus dem achtzehnten Jahrhundert
allergrößte Tradition
der Besitz steht unter Denkmalschutz
blickt sich um
Und mit allen diesen Kunstwerken hier
die Sie sehen Kostbarkeiten
hat es mich nur eine durchschnittliche Halbjahresgage gekostet
Aber diese Zeiten sind jetzt vorüber

VERLEGER *zitierend*
Wer jetzt kein Haus hat

BASSIST
Unser Verleger
unser Zitator

KAPELLMEISTER
Ist das der einzige Adler
den es hier gibt

BASSIST
Der einzige
er zieht immer dieselben Kreise

REGISSEUR
Immer dieselben Kreise
wie der große Künstler
immer dieselben Kreise zieht

VERLEGER
Der wahre Künstler
ist immerfort Schöpfer einundderselben Kunst
Denken Sie nur an Mozart

KAPELLMEISTER
Zwei Takte und es ist Mozart
Oder Beethoven
es ist immer dasselbe
nur ganz leicht verändert

VERLEGER
In sich verändert

Diese Beobachtung machen Sie
an allen bedeutenden Künstlern
sie schaffen alle immer nur ein einziges Werk
und verändern es immer in sich ununterbrochen unmerklich

REGISSEUR

Genau das ist ihre Größe

VERLEGER

Nur der Zweitrangige verändert sich ununterbrochen
offensichtlich
und hüpft einmal dahin und einmal dorthin
Das Genie ist immer dasselbe unnachgiebig
Unbeirrbar nach außen
unnachgiebig nach innen und nach außen

BASSIST

Wie ich das Schloß gekauft habe
habe ich von der Existenz des Adlers nichts gewußt
daß hier ein Adler haust
Es ist mir von Anfang an klar gewesen
daß ich einen Landsitz haben muß
lange bevor es Mode geworden ist
auf dem Land zu leben
habe ich auf dem Land gelebt
jedenfalls sooft es mir möglich gewesen ist
Auch solche nicht umzubringenden Lungenflügel wie die meinigen
verkommen in der Großstadt
Der Baß schöpft abwechselnd die gute Luft auf dem Land
und läßt seine Stimme in den großen Opernhäusern der Welt verströmen

KAPELLMEISTER

Was für ein Panorama
Als ob es schon Geschichte wäre

BASSIST

Emmanuel List hat zu mir gesagt
gehen Sie das halbe Jahr auf das Land
und singen Sie das andere halbe Jahr in der Großstadt
um Geld zu scheffeln
Aber setzen wir uns doch wieder
Alle gehen in den Salon zurück und setzen sich
Am schönsten ist es hier
nach dem Ende der Festspiele

wenn der ganze Rummel vorbei ist
Wenn ich mit meinen Dienern allein bin
hier kann ich ungestört meine Partien einstudieren
auf und ab gehen hier im Salon und auf der Terrasse
Die schwierigsten Partien ganz leicht in dieser Umgebung
sehen Sie
zeigt auf die Gemälde der Vorbilder
Hier unter allen diesen Vorbildern an der Wand
zeigt auf das Portrait Richard Mayrs
Der bedeutendste Ochs
und der bedeutendste Bassist seiner Zeit
zeigt auf Lotte Lehmann
Lotte Lehmann
die größte Marschallin aller Zeiten
Berlinerin Deutsche
wie alle Wiener Opernlieblinge

REGISSEUR

Auch die großen Burgschauspieler
waren Deutsche

BASSIST

Auch unsere verehrte liebe und jüngste Kammersängerin
ist Deutsche
wenn auch nicht aus Berlin
so doch aus Küstrin
zur Pianistin
Und unsere reizende Klaviervirtuosin
ist ja auch Deutsche
aus Mecklenburg
schaut auf die Terrasse hinaus
Dreizehn Millionen
hat man mir geboten
ein amerikanischer Millionär
wollte das Ganze absolut kaufen
Aber dieser Besitz ist unverkäuflich
Während der Adler über mir kreist
gehe ich im Marmorsteinbruch hin und her
und studiere meine Partie
oder ich spaziere an die Salzach hinunter

REGISSEUR

Diese Stadt hat ganz einfach
eine magische Anziehungskraft

VERLEGER
Magisch
KAPELLMEISTER
Es ist das Fluidum
BASSIST
Eigentlich habe ich
Schauspieler werden wollen
und ich habe ja auch mit der Schauspielerei angefangen
auf dem Theater in der Josefstadt
Aber dann
REGISSEUR
Dann waren Sie ganz einfach zu intelligent
um sich als Schauspieler entwickeln zu können
Der Schauspieler hat intelligent zu sein
aber er darf nicht z u intelligent sein
Ist er
was er unter Umständen nicht verhindern kann
plötzlich
aufeinmal Wissenschaftler
ist er als Schauspieler nicht mehr gut genug
Der gute Schauspieler ist zeitlebens ein Naturtalent
verliert er sein natürliches Talent
sein Naturtalent
ist er als Schauspieler verloren
Dann versuchen Sie sich als Regisseure wie ich
Wenn der Schauspieler seine Unschuld verloren hat
versucht er sich als Regisseur
Die größten Schauspieler haben bis ins hohe Alter
ihre Unschuld nicht verloren
BASSIST
Die Schauspieler verachten die Opernsänger
und umgekehrt
gleichzeitig bewundern die Einen die Andern
SCHAUSPIELER
Ganz ohne Vorurteil hinein in einen poetischen Text
wie in einen unbekannten Wald hinein
in eine solche geheimnisvolle Natur hinein
auf der Suche nach der Lichtung
REGISSEUR
Das ist eine ganz feine Charakterisierung
Wer die Natur aufgibt

entfernt sich auch von der Kunst
der hochkünstlerische Mensch ist ein ganz natürlicher
Das Genie kann nicht erklären was es ist
Wir hören und fühlen gleichzeitig
und von dem Einen mehr als von dem Andern

KAPELLMEISTER
Ganz früh habe ich Schauspieler werden wollen
aber mein Vater der Arzt
hat es nicht erlaubt
selbst daß ich mich für die Musik entschieden habe
hat er zeitlebens nicht überwinden können
Musik hat mein Vater immer gesagt
ist kein Hauptberuf
ist eine Nebenbeschäftigung
eine Nervenberuhigung

SCHAUSPIELER
Berühmt sein
das ist es

BASSIST
Alle die wir hier sitzen
sind berühmt
wir sind vielleicht sogar die Berühmtesten
wir s i n d die Berühmtesten

VERLEGER *zitiert*
Alles ist Zauberei
oder nichts
Vernunftmäßigkeit der Zauberei

BASSIST
Ein jeder von uns
hat das Höchste erreicht

ERSTER DIENER *eintretend*
Telefon Herr Baron

BASSIST *steht auf*
Entschuldigen Sie
geht hinaus

SOPRANISTIN *mit geschlossenen Augen*
Unter uns gesagt
eine Neuigkeit
die ich heute erfahren habe
Er ist zum Professor ernannt worden
Vom Bundespräsidenten zum Professor ernannt

Er darf es nicht wissen
Heute noch nicht
Er regt sich zu sehr auf
das ist die größte Überraschung
nach einer Pause
Alles hat er
aber Professor ist er noch nicht

KAPELLMEISTER
Ehrenhalber

REGISSEUR
Seit wann wissen Sie das

VERLEGER
Ehrenhalber

SOPRANISTIN
Seit gestern

REGISSEUR *zum Kapellmeister*
Sind Sie nicht schon vor drei Jahren
Professor geworden

SOPRANISTIN
Und wie ich weiß
ernennt ihn der Bürgermeister
zum Ehrenbürger

VERLEGER
Ehrenbürger dieser Stadt
die ihm so viele Höhepunkte verdankt

SOPRANISTIN
Aber bitte
nur unter dem Siegel der Verschwiegenheit
schaut auf das Portrait der Lotte Lehmann
Die Lotte Lehmann hat mir einmal gestanden
ihr größter Stolz sei es
schon mit fünfzig zum Professor ernannt worden
zu sein
ehrenhalber

TENOR
Ich bitte Sie
jeder bessere Mensch
ist in diesem Land Professor

VERLEGER
Professor ehrenhalber

SOPRANISTIN *legt den Zeigefinger auf den Mund*
Pssssst
BASSIST *kommt zurück*
Es war nur der Dachdecker
setzt sich und streckt die Beine aus
nach einer Pause
Die Leute werfen mir vor
das sei Luxus
Aber für einen weltberühmten Bassisten
Denken Sie an Reinhardt
der sich Leopoldskron gekauft hat
sinniert
Da auf der Terrasse sitzend
Milch trinkend Brot essend
mit einem guten Buch
zum Verleger
Ich bin ein guter Abnehmer Ihrer Erzeugnisse
Ich habe fast alle Ihre Veröffentlichungen gelesen
Joyce Heinrich Mann etcetera
Ich habe schon eine Ahnung von der Weltliteratur
KAPELLMEISTER
Das ist außergewöhnlich
daß ein Sänger
noch dazu ein Bassist
ein Vertrauter der Literatur ist
BASSIST
Denken Sie nur an Proust
Das muß man gelesen haben
Ich habe alles von Proust gelesen
zur Sopranistin
Die Gundi versorgt mich mit dem Wichtigsten
KAPELLMEISTER
Denken Sie an Walter an Nikisch
die haben alle viel gelesen
hochgebildete Leute
Schuricht zum Beispiel
BASSIST
Die Unbildung ist eine Voraussetzung
für den Sänger wird gesagt
VERLEGER
Aber die Ausnahme bestätigt die Regel

REGISSEUR
Alle kochen mit Wasser
Es wird dunkel
Ganz zu schweigen von den Theaterdirektoren
die gebildeteren sind zweifellos die Operndirektoren
Nichts fürchten die Schauspieldirektoren mehr
als wenn man sie in ein literarisches Gespräch verwickelt
und die Dramaturgen sind insgesamt Dummköpfe

VERLEGER
Die Statistik beweist
daß die Theaterdirektoren im Jahr
nur drei oder vier Bücher lesen
ein Buch auf ein Vierteljahr
das beweist die Statistik

BASSIST
Und unter diesen drei Büchern
zuerst das Kursbuch und das Grundbuch
Manchmal schicke ich die Dienerschaft weg
dann bin ich allein mit der Gundi
wir lesen jeder ein Buch
und machen Pläne
Am Abend den Geruch des Moores unten auf der Terrasse
Es fängt leicht zu regnen an
und einen guten Aphorismus
auf der Zunge zergehen lassen
zum Verleger direkt
sei es ein Aphorismus von Novalis
oder von Schopenhauer
Die deutsche Philosophie
ist eine unendliche Fundgrube für einen denkenden Menschen
Und die Gundi kocht
Sie können sich gar nicht vorstellen
was das heißt
angekommen aus New York
und hinein in die Lederhose
ein kleiner Spaziergang ein bißchen Gartenarbeit
Der Kontrast ist es
der mich am Leben hält der Kontrast

REGISSEUR
Alles ist der Kontrast

KAPELLMEISTER
Der Kontrast ist alles
BASSIST *zur Pianistin*
Ab und zu ein Besuch im Hause unserer Pianistin
ich klopfe an ihr Fenster
ein bißchen Schumann ein bißchen Romantik wissen Sie
Die Welt ist hier alles in allem
eine recht schöne angenehme Natur
schaut auf die Terrasse hinaus
Es überzieht sich
VERLEGER
Ich bringe im Herbst ein Buch heraus
von einem amerikanischen Professor
der in Wirklichkeit Wiener ist
Eine phänomenale Schrift
Die ganze Zeit denke ich jetzt schon
wer von uns welcher Charakter ist
nach Sontheimer
so der Name des Wissenschaftlers
Ein Opus magnum
es ist alles sehr schlüssig in diesem Buch
das ich in einer Startauflage von achtzigtausend herausbringe
Die Leute lesen heute solche Erkenntnisse
Bassist nimmt das Fernglas und schaut bis zum Ende der Szene unbeweglich hinaus
Mit diesem Werk
das als ein Opus magnum bezeichnet werden muß
wird die Reihe Geschlecht und Charakter fortgesetzt
Übrigens hat mich Weininger auf die Idee gebracht
diese Reihe ganz einfach mit Geschlecht und Charakter zu bezeichnen
Weininger war wie alle großen Charakterforscher Wiener
Freud Weininger Sie wissen wovon ich rede
zum Bassisten
Als unser Gastgeber vorhin auf die Terrasse hinaustrat
um uns den Adler zu zeigen
habe ich gedacht daß wir auch einen Adler unter uns haben
oder jedenfalls einen Hahn
einen Hahn hören Sie
Hahn oder Adler
und eine Reihe anderer Tiergeschöpfe

denn auf jeden von uns paßt ein Tiergeschöpf
Da saß ich und dachte die ganze Zeit
wer unter uns was für ein Tier ist im Grunde
Es ist ein Buch das mehr Aufschluß gibt über die Menschen
als je ein anderes
Freud war durchaus nur eine Vorstufe
die ganze bisherige Geschlechts- und Charakterforschung
nur eine Vorstufe
Wenn ich Ihnen allen jetzt sagte
stark einsetzender Regen
welchen Tierkopf Sie aufhaben
noch stärkerer Regen
Sie müssen sich das Buch kaufen
Trieb und Raum
haben viel Ähnlichkeit
sagt Novalis
Es wird einer unserer allergrößten Verkaufserfolge
noch stärkerer Regen

ERSTER DIENER
Es regnet Herr Baron

SOPRANISTIN *entzückt*
Es regnet

BASSIST
Es schüttet ja

PIANISTIN
Wie es schüttet
Starker Donner

REGISSEUR
Die Meteorologen haben recht

BASSIST
Manchmal haben die Meteorologen recht
noch stärkerer Donner

Vorhang

Zweite Szene
Die Offenbarung der Künstler

Halle
Alle mit Tierköpfen, angeheitert, um den runden Tisch sitzend, essend, trinkend
Die Diener mit Rattenköpfen servieren

BASSIST *mit Ochsenkopf*
Dann ist er Hofrat geworden
Hofrat
stellen Sie sich vor Hofrat
und Mozartinterpret dazu
ein ausgesprochener Festspielkünstler
Alle lachen

KAPELLMEISTER *mit Hahnenkopf*
Eine Meisterklasse
an der Akademie als Ausgedinge

VERLEGER *mit Fuchskopf zum Kapellmeister*
Verehrtester
ist es nicht so
daß die Künstler
die Stiefkinder der Gesellschaft sind
Die Stiefkinder

BASSIST
Nehmen Sie sich doch
nehmen Sie
es ist alles da
alles ist da
alles

VERLEGER
Wissen Sie Böhm
nicht alles was Böhm macht
ist hervorragend

KAPELLMEISTER
Die außerordentlichsten Talente
sind die indischen
Ich habe einen Burmesen als Schüler
ein Genie sage ich Ihnen
Überhaupt ist Asien
ein ungeheures Talentreservoir

ganz ungewöhnliche musikalische Begabungen
sage ich Ihnen
der ganze Orient ist noch unentdeckt

BASSIST *zur Schauspielerin mit Kuhkopf*
Nehmen Sie sich doch
nehmen Sie
greifen Sie zu
klatscht die Diener herbei
Und im richtigen Moment
die Mehlspeisen
zur Pianistin mit Ziegenkopf
Das waren noch Zeiten
wie die Clara Haskill
auf Ihrem Platz gesessen ist
Auf diesem Sessel hat sie immer gegen neun
ihren Migräneanfall bekommen

KAPELLMEISTER
Die Katastrophe der Instrumentalisten
ist ihre Krankheitsanfälligkeit
immer ist es irgendeine Krankheit
die sie an der totalen Ausübung
ich sage totalen Ausübung ihrer Kunst hindert
Um wie vieles besser wäre beispielsweise Arrau
wenn er nicht immer diese Nackenschmerzen hätte

BASSIST *lachend*
Die Pianisten
vornehmlich die Pianistinnen
bekommen Fingerkrämpfe
Die Cellisten Gelenksentzündungen

VERLEGER
Und die Geiger wie ich weiß
haben es im Ellenbogen

KAPELLMEISTER
Ganz recht
im Ellenbogen

TENOR *lacht auf*
Im Ellenbogen

BASSIST
Was sie im Geigenbogen nicht haben
haben sie im Ellenbogen

KAPELLMEISTER
Und die Kapellmeister
haben es im Rückgrat
BASSIST
Die Sänger haben es in der Lunge
und wenn nicht in der Lunge
so direkt im Hals
reißt seinen Mund weit auf
Sehen Sie
zeigt in seinen Rachen hinein
Da an der Basis
da
Das sogenannte Gold in der Kehle
ist oft nichts anderes
als der Kehlkopfkrebs
klatscht die Diener herbei
Was gibt es denn zur Nachspeise
ERSTER DIENER
Eis Herr Baron
BASSIST
Eis
für mich kein Eis
Eis wo wir fast lauter Stimmbandkünstler sind
Stimmbandkünstler
REGISSEUR
Eine ausgezeichnete Bezeichnung
für die Sänger und Schauspieler
Stimmbandkünstler
Stimmbandkünstler
BASSIST
Eis für die Stimmbandkünstler
Bringen Sie Eis
Tragen Sie Eis auf
viel Eis
Die Damen essen gern Eis
nicht wahr
ZWEITER DIENER
Und Topfenstrudel
BASSIST
Meine Herrschaften
Topfenstrudel

Topfenstrudel
von der Gräfin persönlich gemacht
mit ihren eigenen Händen gemacht der Topfenstrudel

KAPELLMEISTER

Also ein gräflicher Topfenstrudel
Diener wieder weg vom Tisch

BASSIST

Es ist erwiesen
daß Schaljapin
jeden Tag Eis gegessen hat
Caruso wiederum hat einer Portion Eis wegen
die er einmal auf dem Wiener Naschmarkt gegessen hat
ein Jahr pausieren müssen
und das auf dem Höhepunkt seiner Karriere

REGISSEUR

Es wird behauptet
er sei an dieser Eisportion gestorben
indirekt

BASSIST

Eis ist der Feind
des Sängers
zur Pianistin
Meine Liebe
wie geht es denn Ihrem linken Bein
zu den andern
Sie kann kein Pedal treten
Sie spielt schon wochenlang ohne Pedal
Sie hat unserem verehrten Claudio Arrau
nachgegeben
und ist mit ihm ins Engadin
prompt hat sie sich das Bein gebrochen beim Schifahren

REGISSEUR

Schifahren ist der Feind der Bühnenkünstler

KAPELLMEISTER

Wem sagen Sie das
wem sagen Sie das
Wo es doch nichts Stumpfsinnigeres gibt als Schifahren
ein Massenwahnsinn das Schifahren
ein Massenwahnsinn
aber alles pilgert mit den Schiern auf dem Rücken
in die Berge

um sich die Beine zu brechen

PIANISTIN

Die Schwierigkeit ist
dann nicht aus der Übung zu kommen

KAPELLMEISTER

Alles kann man schließlich
nicht ohne Pedal spielen
So sind Sie also jetzt schon die längste Zeit
eine Pedallose
Alle lachen

BASSIST

Hoffen wir Ihre Pedallosigkeit
hält nicht solange an

KAPELLMEISTER

Gerade sie ist berühmt
für ihr Pedal

BASSIST

Wir halten Ihnen die Daumen
alle Daumen
ganz fest
Regisseur hebt die rechte Hand und hält der Pianistin den Daumen
Dem Künstler müssen alle immer Daumen halten
ununterbrochen Daumenhalten
Daumenhalten
bricht in Gelächter aus
Daumenhalten

SOPRANISTIN *mit Katzenkopf*

Die Beine der Pianistin
sind wenigstens so wichtig
wie ihre Finger
Die Diener servieren Topfenstrudel

BASSIST

Der wahre Künstler
ist fortwährend in Konflikt
mit seiner Kunst

VERLEGER *zitierend*

Echt tätige Menschen sind die
die Schwierigkeiten reizen

BASSIST

Ein wahres Wort

Der echte Künstler geht den Weg
den sonst niemand geht
den allerschwierigsten

SCHAUSPIELER *mit Hundekopf*
Er ist fortwährend
in einer Konfliktsituation

BASSIST
Da ist es nur recht und billig
daß er sich dafür gut bezahlen läßt
Aber die Steuer frißt ja alles
alles frißt die Steuer
Wenn ich Ihnen sage was mir die Steuer
allein im letzten Jahr abgenommen hat
Wenn es hoch kommt ein Zehntel
das mir bleibt
So ist es ganz natürlich
daß die Forderungen der Künstler
ins Gigantische steigen

REGISSEUR
Der Künstler ist der ideale Künstler
wenn er auch ein guter Geschäftsmann ist
denn sonst geht er ja alle Augenblicke
unweigerlich in die Falle
Die Opernhäuser sind Fallen

BASSIST
In die die Künstler hineingehen
überhaupt alle großen Theater
Wer das weiß sichert sich ab
durch horrende Forderungen
Emmanuel List hat einmal zu mir gesagt
fordern Sie immer dreimal die Höchstsumme
das heißt mindestens immer dreimal soviel
wie Ihr Vorgänger bekommen hat
Also habe ich wie ich an der Met den Ochs gesungen habe
dreimal soviel verlangt wie List
dreimal soviel wie List
und List hat die Höchstsumme bekommen
die höchste Summe die jemals an der Met bezahlt worden ist
Der teuerste Ochs
der je an der Met gesungen hat

REGISSEUR
Die Direktionen versuchen mit allen Mitteln
die Künstler zu drücken
die Künstler wiederum sind von den Erpressungen
der Direktoren
eingeschüchtert
BASSIST
Tatsächlich kann Singen in der Oper
ein großes Geschäft sein
Die Direktoren geben nach
sie bezahlen die geforderte Summe
Die Direktoren erpressen die Künstler
warum erpressen nicht auch die Künstler die Direktoren
Die Künstler müssen sich schadlos halten
Die Theater insbesondere die Opernhäuser
werfen Millionen zum Fenster hinaus alljährlich
Die Gesangskunst ist noch niemals so hoch
im Kurs gestanden
Meine Taktik die verdanke ich List
Aber dieser Idealzustand
geht seinem Ende zu
bald werden die Hähne zugedreht
Jetzt heißt es herausholen
was noch herauszuholen ist
trinkt sein Glas aus, es wird ihm sofort nachgeschenkt
zum Kapellmeister
Mein Verehrtester
gegen Sie bin ich nur ein kleiner Fisch
schaut sich um
Das bißchen Luxus
wenn ich mir das bißchen Luxus nicht mehr leisten kann
List hat über Nacht aufgehört
nicht weil ihm die Ärzte empfohlen hätten
aufzuhören
List wollte ganz einfach nicht mehr
plötzlich ist ihm die ganze Singerei zum Hals herausgewachsen
im wahrsten Sinne des Wortes zum Hals herausgewachsen
Ohne Ankündigung aus
nichts mehr
ab von der Bühne

KAPELLMEISTER
List hatte einen sehr hohen Intelligenzgrad
Ich erinnere mich
wie ich einmal mit List in Covent Garden
Fidelio gemacht habe
mit der Helena Braun und mit Frantz
plötzlich
vor der großen Arie
BASSIST
Die Sie nicht wie das üblich ist gestrichen haben
KAPELLMEISTER
Nein niemals
ich streiche die Arie nicht niemals
plötzlich vor der großen Arie
BASSIST *markiert*
Hat man nicht auch Gold beineben
KAPELLMEISTER
Ja sehr schön sehr schön
BASSIST
Plötzlich war seine Stimme weg nicht wahr
ich weiß
markiert
Traurig schleppt sich fort
das Leben
KAPELLMEISTER *zum Bassisten*
Mit Ihnen hätte ich gern Fidelio gemacht
aber es ist nicht dazu gekommen
BASSIST
Schade
sehr schade
Aber vielleicht ergibt sich noch die Gelegenheit
KAPELLMEISTER
Die Vorstellung mußte abgebrochen werden
Aber als ich zu List in die Garderobe gegangen bin
um mich zu erkundigen
sagte mir List
die Stimme sei wieder da
lachend sagte mir List
jetzt sei seine Stimme wieder da lachend
verstehen Sie lachend
Aber da war dann das Publikum schon weg

REGISSEUR
Ein medizinisches Phänomen
KAPELLMEISTER
Urplötzlich weg die Stimme
urplötzlich wieder da
List führte alles darauf zurück
daß er am Vortag eine Beruhigungstablette genommen hatte
es war der Tag an dem List geadelt worden ist
übrigens mit Bing zusammen
vor dieser Zeremonie im Buckinghampalast
Die Ärzte bestritten diesen Zusammenhang
VERLEGER
Die Ärzte bestreiten jeden Zusammenhang
zitierend
Die Arzneikunst sagt Novalis
ist allerdings die Kunst
zu töten
BASSIST *zum Tenor*
Herr Kollege
Kennen Sie das denn auch
daß die Stimme plötzlich weg ist
und plötzlich wieder da ist
TENOR *stimmlos auf seinen Kehlkopf deutend, heiser*
Ich habe heute keine Stimme
verkühlt
vielleicht verkühlt
vielleicht
ich weiß es nicht
BASSIST
Dann dürfen Sie doch kein Eis essen
das ist ja verrückt
Hat am Abend zu singen
und ißt Eis
ruft aus
Das ist eine Verrücktheit
eine komplette Verrücktheit
zum ersten Diener
Nehmen Sie dem Herrn Kammersänger das Eis weg
Nehmen Sie es ihm weg
Das ist ja total verrückt
Eine Verrücktheit

Schauspielerin lacht laut auf
Pianistin lacht auf
Alle brechen in Gelächter aus, während der erste Diener dem Tenor das Eis wegnimmt
Bassist zum Tenor
Nehmen Sie von dem Topfenstrudel Herr Kollege
der ist stimmbandfreundlich
Essen Sie
essen Sie
zu den andern
Er ist ein Routinier
aber ohne Stimme kann der größte Routinier nicht singen
zum Tenor
Essen Sie denn oft Eis
Tenor schüttelt den Kopf
Denken Sie an Caruso
denken Sie an Caruso
zu den andern
Die jungen Leute denken
sich alles leisten zu können
Die Diener servieren Kaffee
Die jungen Künstler
hängen alle an einem Faden

REGISSEUR
Was rede ich auf sie ein
alle diese hochtalentierten Schauspieler

BASSIST
Nehmen Sie sich meine Herrschaften
nehmen Sie sich

REGISSEUR
Mit welchen ich meine Stücke einstudiere
gehen mit ihren Talenten auf das unsinnigste um
die einen versaufen
die andern verhuren sich
und die Talentiertesten versaufen und verhuren sich am totalsten
Da glaube ich
da ist ein Talent
mit diesem Talent kann ich Homburg machen
oder Hamlet
und dann stellt sich heraus
daß auf der Probe ein Wrack ist

Mit einem Wrack kann ich weder Homburg
noch Hamlet machen
Die Begabtesten hängen sich irgendeiner mittelmäßigen
Schlampe an
die für die Vorstadtbühne noch viel zu schlecht ist
und ruinieren sich in der kürzesten Zeit
Nicht einmal das Genie ist davor gefeit
an einer solchen Schlampe zugrunde zu gehen
Da höre ich eine herrliche Stimme und ich schwöre mir
mit dieser Stimme
zu welcher dieser ganz und gar außerordentlich schöne und
begabte Mensch gehört
studiere ich den Hamlet ein
und ein halbes Jahr später kommt eine Ruine
auf die Verständigungsprobe
Das ist Wahnsinn was alle diese jungen Leute

KAPELLMEISTER
Ist man einmal vierzig
ist man hinübergerettet
dann hängt man nicht mehr an einem Faden

BASSIST
Sie meinen
dann hängt man schon
an einem Kälberstrick

SOPRANISTIN *rügend*
Aber aber

BASSIST
Die jungen Leute
werden von ihren skrupellosen Lehrern
von allen diesen skrupellosen Gesangslehrern
in den Fleischwolf hineingestoßen
alle diese Opernhäuser sind
ein einziger gigantischer melodramatischer Fleischwolf

REGISSEUR
Die Künstler sind die anfälligsten
eine kleine Halsentzündung
wirft eine ganze Opernsaison über den Haufen

KAPELLMEISTER
Da haben Sie recht
Bing hat mir einmal erzählt
wie er glücklich gewesen ist

nach drei Jahren Vorbereitung
seine allerbeste Saison starten zu können
da hatte es plötzlich
am Abend der ersten Vorstellung
die Nielsson im Hals
und die ganze Saison ist zusammengebrochen
ein solches Mißgeschick bringt eine ganze Opernsaison zum Einsturz

BASSIST

Mir ist es einmal passiert
daß ich eine Vorstellung geschmissen habe
Das hat Schlagzeilen gemacht
Ich hätte in Paris den Ochs singen sollen
während ich gleichzeitig völlig ahnungslos
in Venedig im Cavaletto gesessen bin
Edelmann ist für mich eingesprungen
Das habe ich ihm nie vergessen
Aber man muß schon weltberühmt sein
um sich so etwas leisten zu können
In der Pariser Oper den Ochs
und darauf vergessen
lacht laut auf, ruft
Diener Diener
zu den andern
Eine Delikatesse
sich von Ratten bedienen zu lassen
zum Kapellmeister
Unter uns
die ganze Zeit glaube ich
wir alle sind Tiere
Ich sitze einem Hahn gegenüber glaube ich
als ob Sie einen Hahnenkopf aufhätten
Und die Gundi hat einen Katzenkopf auf
einen richtigen Katzenkopf
lacht auf
Und unsere Pianistin einen Ziegenkopf
einen Ziegenkopf
lacht auf, dann zum Verleger
Schlauer Fuchs
zu den andern
Sie sind mir nicht böse

daß ich nicht sage
als was alles ich Sie jetzt sehe

VERLEGER *mit erhobenem Zeigefinger zitierend*
Bestandteile eines Märchens
Abstraktion schwächt
Reduktion stärkt

BASSIST *zu den Dienern*
Nun schenken Sie uns den Champagner ein
Diener holen Champagnerflaschen und öffnen sie
Hier wird Champagner getrunken
kein Sekt
Champagner
Champagner
Ich bin kein Sektierer
schaut um sich, niemand lacht
Der Champagner macht alles erträglich
schaut in die Runde
Alle brechen in lautes Gelächter aus, das augenblicklich abbricht, wie der erste Pfropfen knallt
Die Ratten schenken Champagner ein
Die Ratten schenken Champagner ein
trinkt
Eine Delikatesse
Alle trinken
Bassist zur Sopranistin
Miau
miau
bellt den Tenor an
grunzt gegen den Regisseur
meckert gegen die Pianistin
muht gegen die Schauspielerin
hebt sein Glas
Auf die Direktion
auf die Direktion

ALLE *heben ihr Glas*
Auf den Präsidenten
Auf den Festspielpräsidenten
Er lebe
hoch
alle durcheinander
Hoch

hoch
hoch

BASSIST
Ein originaler Tropfen
Nun was sagen Sie

KAPELLMEISTER
Exzellent

REGISSEUR
Exzellent

TENOR
Exzellent

VERLEGER
Phänomenal
Ich glaube Sie alle
sind heute durchaus internationale Figuren
auf dem Höhepunkt der Internationalität Ihres Ruhmes

BASSIST *ruft aus*
Fabelhaft
das ist fabelhaft
eine ganz und gar ausgezeichnete Formulierung

REGISSEUR
Unser Herr Verleger
ist eine stilistische Fundgrube
alles was er sagt
ist ein Zitat
Er ist ein Zitator
hebt das Glas und ruft aus
Auf den Zitator
auf unseren Zitator
hebt das Glas höher

ALLE *heben ihre Gläser und rufen*
Auf unseren Zitator

REGISSEUR
Von der Berühmtheit geht
die größte Faszination aus
man kann sagen
von diesem Tisch hier
Der Opernkünstler
ist der eigentliche Herrscher der Kunstgesellschaft
und der Bassist an sich
ist ihr König

hebt das Glas, alle ermunternd
Auf den König aller Opernkünstler
Auf den König der Oper
Alle heben ihr Glas und trinken es aus
Die Diener schenken ein

BASSIST
Aber was es mich gekostet hat
zu werden
was ich bin
Der junge Mensch glaubt ja nicht
daß er den Gipfel erreicht
er glaubt es so lange nicht
bis er den Gipfel erreicht hat

VERLEGER
Sie sind ja heute zweifellos
auf dem Gipfel Herr Baron

REGISSEUR
Die berühmteste Opernfigur
die allerberühmteste

KAPELLMEISTER
Ich erinnere mich noch
an Ihren ersten Abend Baron
ich hatte das Glück
diese Vorstellung zu dirigieren
Ein völlig unbekannter Sänger
betritt die Bühne
meine Angst war die größte
Das können Sie sich vorstellen
denn der junge Mann war ein völlig unbeschriebenes Blatt
Es ist ja doch eine Zumutung
einem hochberühmten Kapellmeister
einen völlig unbekannten Sänger unterzuschieben im letzten Moment
nur damit die Vorstellung gerettet ist

REGISSEUR
Ein Verbrechen der Direktion

KAPELLMEISTER
Ein Verbrechen der Direktion allerdings
Und nicht einmal eine einzige Probe
stellen Sie sich vor
nicht eine einzige Probe

Aber da sang plötzlich ein Figaro
wie ich noch nie einen singen gehört habe
zum Bassisten
das war der Anfang Ihrer Karriere
der Anfang Ihres Ruhms Herr Baron

BASSIST *zum Kapellmeister*
Ein Glück meine Herrschaften
an den Größten seiner Zeit zu kommen
um selbst groß zu werden

VERLEGER
Da kann der Verleger
nur Zaungast sein
Zaungast
Zaungast

BASSIST
Haben Sie das gehört
Zaungast Zaungast
hebt sein Glas und sagt
Trinken wir auf den Zaungast
auf unseren Zaungast
auf unseren Verleger als Zaungast

VERLEGER
Absolut
absolut ein Zaungast der Künste
Alle heben ihr Glas und trinken es aus

BASSIST
Wo ein solcher wie der Verleger
es doch die meiste Zeit
mit den wahren Schöpfungsspezialisten zu tun hat
mit der absolut hohen Kunst
als welche ich die Dichtung bezeichnen möchte
zum Verleger direkt, während ihm sein Glas eingeschenkt wird
Ein ganzer Kopf voller Dichtung
die ganze poetische Geschichte in einem einzigen Kopf
Ich frage mich
wie kann das ein Mensch aushalten
daß einem solchen der Kopf doch
von einem Augenblick auf den andern
explodieren müsse denke ich

Alle diese Tausende und Hunderttausende von
Werken
in einem einzigen Kopf
Das wäre doch nichts für mich
zu den Dienern plötzlich in die Hände klatschend
Die Diener öffnen Champagnerflaschen
Bassist befehlend
Champagner meine Herrschaften
Champagner ihr Ratten

VERLEGER
Die Dichtung
ist dem interpretierenden Volk
unerreichbar

BASSIST *mit beiden Fäusten auf die Tischplatte schlagend*
Champagner
Champagner
Champagner

Vorhang

Dritte Szene
Die Stimmen der Künstler

Alle wie in der vorangegangenen Szene mit ihren sich mehr und mehr steigernden, bald unerträglich lauten Tierstimmen aus vielen Lautsprechern von allen Seiten aufstehend von ihren Sesseln und sich zutrinkend und über allen diesen Tierstimmen das dreimalige schneidende Kikeriki des Hahns

Ende

Minetti

Personen

MINETTI, *ein Schauspielkünstler*
EINE DAME
EIN MÄDCHEN
DER LIEBHABER *des Mädchens*
PORTIER
LOHNDIENER
EIN ALTER HINKENDER MANN
EIN ALTES EHEPAAR
EIN LILIPUTANER
EIN BETRUNKENER
EIN KRÜPPEL
EIN KELLNER
MASKIERTE

Erste, zweite und dritte Szene: ein altes Hotel in Oostende
Nachspiel: Atlantikküste bei Oostende

Erste Szene

Halle
Ein alter englischer Aufzug links
Portierloge, Portier in alten Hotelbüchern blätternd, rechts
Eine (rotgekleidete) Dame auf einem alten Sofa, Virginier rauchend und trinkend im Hintergrund
Ein Lohndiener kommt von links mit einem riesigen alten Koffer herein und stellt ihn vor der Portierloge ab

PORTIER *aufblickend*
Was ist das

LOHNDIENER *leise zu ihm*
Ein komischer Herr
Portier und Lohndiener schauen in die Richtung, aus welcher der Lohndiener gerade den riesigen Koffer hereingetragen hat

DAME *trinkend, dann zum Portier*
Durchstehen
allein sein
Vergessen Sie meinen Champagner nicht
Wenn notwendig zwei Flaschen
ich will ihn allein trinken
allein
lacht auf und schaut in dieselbe Richtung wie die andern
es ist ja gleichgültig
ich muß mich wehren wissen Sie
mit Nachdruck
Wehren
Die Welt ist tatsächlich
von Verrückten bevölkert
unglaublich
Die Verkommenheit ist typisch
zum Portier gewendet
Ein Schneesturm
tatsächlich ein Schneesturm
in die Richtung, in welche die beiden andern schauen
Dann setze ich mir die Maske auf
Mit Silvester werde ich fertig
ich habe meine Methode

trinkt
ich gehe mit meiner Affenmaske ins Bett
und warte
mit der Maske auf dem Gesicht auf dem Kopf
die ganze Champagnerflasche in einem Zug
Das ist schon das dritte Jahr
daß ich Silvester auf diese Art praktiziere
als ob sie einen merkwürdigen Menschen beobachtete
unter Umständen
zwei Flaschen
eine Finte natürlich
die Koketterie mit dem Ersticken
Eine Perversität
Ich bin dicker geworden
schon dreimal die Affenmaske zugeflickt
trinkt
zugeflickt
Mit gefalteten Händen unter der Affenmaske
Aber nicht zuhause
im Hotel wissen Sie
hier im Hotel
wie sich befehlend
Bis elf ausharren
und dann hinauf
aufs Zimmer
und die Maske aufgesetzt
und den Champagner ausgetrunken
und ins Bett
Die Maske auf dem Kopf
und die Strümpfe an den Beinen
lacht laut auf
Und funktionierts nicht
dann noch eine Flasche
trinkt und schaut auf den Koffer, dann wieder in die entgegengesetzte Richtung
Zweifellos der Herr
der zu dem Koffer gehört

MINETTI *tritt auf in einem knöchellangen alten Wintermantel, schwarzen Lackschuhen mit Gamaschen, einem breitkrempigen Hut und einem Regenschirm auf dem linken Arm, ein offenes Unterhosenband hängt ihm bis auf den Boden, und*

geht langsam, sich nach allen Seiten umschauend, bis in die Mitte der Halle und sagt zum Portier
Minetti
holt eine Geldbörse aus einer seiner Rocktaschen und sucht eine angemessene Münze, hat er die Münze gefunden, will er sie dem Lohndiener geben, indem er blitzschnell die Hand mit der Münze nach dem Lohndiener ausstreckt, aber der Lohndiener rührt sich nicht
Da
Lohndiener nimmt die Münze
Minetti schaut auf die Decke und auf alle Wände und in alle vier Ecken der Halle
Wie es sich verändert
wie es sich langsam verändert
zur Dame
vor dreißig Jahren
vor zweiunddreißig Jahren genau
das letztemal
zum Portier
Zimmer vierundsiebzig
vierundsiebzig
schaut wieder auf die Decke
Gänzlich verändert
Die Veränderung ist fortschreitend
Es ist alles nur eine Frage der Zeit
Dame trinkt
Eine Frage der Zeit
Der Aufzug wird von oben geholt
Minetti stellt sich der Dame vor
Minetti
der sich der klassischen Literatur
verweigert hat
schaut wieder auf die Decke
Den Fortschritt hassen
den Fortschritt hassen
zur Dame
Meinen Sie nicht
daß man den Fortschritt hassen muß
von einem bestimmten Zeitpunkt an
klopft sich mit beiden Händen den Mantel ab
Ein Schneesturm in Oostende

das ist eine Ungeheuerlichkeit
zur Dame
Ich habe hier
eine Verabredung
mit dem Schauspieldirektor
von Flensburg
Ich bin Schauspieler
schaut auf die Decke
Wie es sich verändert hat
Ich liebe Oostende
Das Grau
Die Küste
Die Atlantikküste
Der Aufzug kommt mit einer größeren Gruppe Maskierter herunter, die lachend und schreiend in die Halle stürzen und, ihn beinahe umwerfend, an Minetti vorbei ins Freie
Minetti ihnen nach
Unerhört
unerhört
Dame entdeckt, während sie trinkt, Minettis Unterhosenband
Minetti zum Portier
Ich erwarte den Schauspieldirektor von Flensburg
Zur Zweihundertjahrfeier des Theaters in Flensburg
spiele ich den Lear
Shakespeare
Ich habe dreißig Jahre nicht mehr gespielt
ich bin dreißig Jahre nicht mehr aufgetreten
zur Dame
Lear wissen Sie
King Lear
Das bedeutendste dramatische Werk
der gesamten Weltliteratur
zitiert, zurückschauend in die Richtung, aus der er gekommen ist
Thou think'st 'tis much that this contentious storm
Invades us to the skin
so 'tis to thee
but where the greater malady is fix'd
the lesser is scarce felt
Du glaubst es ist viel
daß dieser streitsüchtige Sturm

uns bis auf die Haut dringt
so ist es für dich
aber wo die größere Krankheit festsitzt
wird die kleinere kaum gefühlt
schaut auf die Decke
Lear
zeigt mit dem Regenschirm in die rückwärtige rechte Ecke
Hier in dieser Ecke
habe ich mit Ensor gesprochen
mit Ensor persönlich
zeigt auf seinen Koffer
In diesem Koffer
ist Lears Maske
von Ensor persönlich
Diese Maske
des Lear
ist das Kostbarste
das ich besitze
zur Dame
Die Maske ist Lear
zeigt wieder mit dem Regenschirm in die Ecke
In dieser Ecke
Eine philosophische Abrechnung zweifellos
eindringlicher
James Ensor
Ich wollte die Learmaske
von Ensor
und Ensor
hat mir die Maske gemacht
laut
Eine ungeheure Perversität
die ganze Weltliteratur
auf dem Kopf
und vor dem Gesicht zu tragen
zeigt wieder in die Ecke
Ich glaubte plötzlich
er sei Shakespeare
während ich doch mit Ensor gesprochen habe
Das Theater ist eine ungeheuere Kunst
habe ich zu Ensor gesagt
machen Sie mir die Maske

für meinen Auftritt als Lear
habe ich gesagt
Dame trinkt
Aber Shakespeare war dem Mann kein Begriff
Er wollte den Lear
studieren
aber ich habe zu ihm gesagt
studieren Sie den Lear nicht
vergessen Sie die ganze klassische Literatur
die ganze verstehen Sie
Der Mann hatte keine Ahnung von Shakespeare
und überhaupt keine Ahnung von Lear
und überhaupt keine Ahnung von der Weltliteratur
Aber Ensor machte die Maske
für mich
die ungeheuerlichste Maske
die jemals gemacht worden ist
Mit dieser Maske spiele ich
zur Zweihundertjahrfeier des Theaters in Flensburg
Der Schauspieldirektor hat mein Wort
Ein solcher Künstler wie ich
kann einen Schauspieldirektor
nicht im Stich lassen
schaut auf die Decke
Lear
in Ensors Maske
Dame trinkt
Ein alter hinkender Mann tritt von rechts auf
und läßt sich vom Portier einen Zimmerschlüssel geben
und hinkt nach links ab
Minetti zum Portier
Hat denn der Schauspieldirektor
keine Nachricht hinterlassen
Wie spät ist es denn

PORTIER
Halb zehn mein Herr

MINETTI *schaut auf seine Taschenuhr*
Halb zehn
Ich habe mich verspätet
im Schneesturm
klopft seinen Mantel noch einmal ab, dann

Hat denn überhaupt niemand
nach mir gefragt

PORTIER

Nein mein Herr
Dame trinkt

MINETTI

Kein Telefonat

PORTIER

Nein mein Herr
Kein Telefonat mein Herr

MINETTI

Das wird sich aufklären
aufklären
an die Dame
aufklären
zum Portier
Ich werde warten
hier warten
hier in der Halle warten
zur Dame
Möglicherweise kennen Sie den Schauspieldirektor
aus Flensburg
er kommt alljährlich
um diese Zeit
Eine telegrafische Abmachung
hier im Hotel
um neun
schaut auf die Decke, dann
Das ist eine Überwindung
daß ich den Lear spiele
noch einmal spiele
und ein Höhepunkt
Nur ein einziges Mal meine Dame
dann nicht mehr
Das habe ich mir geschworen
niemehr
nur ein einziges Mal
Dreißig Jahre auf keiner Bühne
dreißig Jahre nichts
Ich habe mich der klassischen Literatur verweigert
den Lear ausgenommen

Jetzt noch einmal den Lear
in Ensors Maske
Es sind die Nerven
das entsetzliche Klima wissen Sie
Dame trinkt
Minetti ganz leise zur Dame
Er hat von Shakespeare
nichts verstanden
nichts
als ob er
nie etwas von Shakespeare
gehört hätte
und dann
dreht sich um und zeigt mit dem Regenschirm
auf den Koffer
diese Maske
Ich habe diese Maske
immer bei mir
in diesem Koffer meine Dame
keine Reise ohne diesen Koffer
und in dem Koffer ist Ensors Maske
Ich begehe den Verrat nicht
noch einmal Lear
Es ist der Wunsch des Schauspieldirektors
daß ich den Lear spiele
zur Zweihundertjahrfeier des Theaters in Flensburg
schaut in die Ecke und zeigt dann mit dem Regenschirm
in die Ecke
Ein schüchterner Mensch meine Dame
gleichzeitig fürchterlich
Ich hatte Angst
Die Künstler haben alle Angst
Angst
Angst
Kunst und Angst
Diese Menschen bestimmen den Gang der Geschichte
Gegenseitige Verletzungen wissen Sie
laut deklamierend
Was ist
die sogenannte Bildende Kunst
habe ich Ensor gefragt

ihm ins Gesicht
Er erwiderte nichts
Die sogenannte Schauspielkunst
fragte er
Nichts
Der Aufzug wird von oben geholt
Ein Zufall
eine Gastspielbesprechung
Eine Dame aus Rotterdam
mit einem fürchterlichen Schnupfen
mit welcher ich meinen Auftritt in Rotterdam besprochen habe
als Lear
Da habe ich Ensor getroffen
und mich mit Ensor verabredet
in diesem Hotel
wie ich mich jetzt
mit dem Schauspieldirektor verabredet habe
Und Ensor hat mir die Maske gemacht
und ich habe in Ensors Maske den Lear gespielt
ganz leise
Manchmal verfügen wir
über alles
Ein altes Ehepaar kommt von rechts in die Halle herein, läßt sich vom Portier einen Zimmerschlüssel geben und geht zum Aufzug, der, vollbesetzt mit jungen lachenden Maskierten heruntergekommen ist. Die Maskierten, mit Gläsern und Flaschen lachend und schreiend durch die Halle ins Freie, das alte Ehepaar besteigt den Aufzug und fährt hinauf
Minetti nachdem er das alte Ehepaar beobachtet hat
Lear
in Ensors Maske
schaut auf die Decke
Die Zufälle
sind das Erschreckende
DAME *plötzlich*
Ihr Unterhosenband mein Herr
ihr Unterhosenband ist offen
trinkt
Minetti bückt sich und sieht das offene Unterhosenband
und versucht, das Unterhosenband zuzubinden,
aber es gelingt ihm nicht

Zuerst geht das Unterhosenband auf
geht auf zuerst
trinkt und lacht
zuerst
das Unterhosenband
das Unterhosenband

MINETTI
Das Unterhosenband natürlich
natürlich das Unterhosenband
gibt seine Bemühung um das offene Unterhosenband auf
Lohndiener versucht das Unterhosenband zuzubinden,
was ihm schließlich gelingt
Die Zeiten ändern sich
zieht am Hemdkragen
Das Unterhosenband
Dame trinkt
Zunehmende Erschöpfung
Erschöpfung zunehmend
Lohndiener zurück an die Portierloge
Weil ich mich
der klassischen Literatur
verweigert habe

PORTIER *fragend*
Ein Zimmer mit Bad
Herr Minetti

MINETTI *abwehrend*
Kein Zimmer
kein Zimmer
Ich warte hier
schaut auf die Uhr
möglicherweise logiere ich
wer weiß
bin ich Gast des Schauspieldirektors
zeigt mit dem Regenschirm auf den Koffer
Wenn er hier stört
stellen Sie ihn weg
Lohndiener nimmt den Koffer und will ihn wegtragen
Minetti mit dem Regenschirm gegen den Lohndiener
Dalassen
stehenlassen
da stehenlassen

Lohndiener stellt den Koffer wieder ab, einen Meter von dem Platz weg, auf dem er bis jetzt gestanden war
Da
da
Lohndiener hebt den Koffer wieder auf
Minetti zeigt mit dem Regenschirm an,
wo er will,
daß der Lohndiener den Koffer abstellt
Da
da
hierher
Lohndiener stellt den Koffer an der bezeichneten Stelle ab
Ensors Maske
Lohndiener zur Portierloge zurück
Die klassenlose Gesellschaft
versteht nichts
versteht nichts
Wir entwickeln fortwährend
eine Tragödie
oder eine Komödie
wenn wir die Tragödie entwickeln
im Grunde doch nur eine Komödie
und umgekehrt
mit dem Mittel der Zurechnungsfähigkeit
müssen Sie wissen
Immer wieder nur die Schauspielkunst
Dame trinkt
Existenz
Schauspielkunst
müssen Sie wissen
Die Konstruktion ist eine dramatische theatralische
Das Mittel immer wieder ein theatralisches
Der Gedanke
Schauspielkunst
Theater
Existenz
indem wir der Schauspielkunst dienen
eine ungeheuere Konstruktion
in welcher wir alles sind
Mein Bruder der Mathematiker
mit welchem ich vor dreiunddreißig Jahren

in diesem Hause
über das Integral gesprochen habe
ist den einen Weg gegangen
ich den andern
er den Weg der Wissenschaft
ich den Weg der Kunst
den Kunstweg meine Dame
Ich bin einer wahnsinnigen Idee verfallen
indem ich der Schauspielkunst verfallen bin
rettungslos verloren
in der Materie der Schauspielkunst
verstehen Sie
führte ich selbst die Existenz meines Bruders
die Mathematik ad absurdum
Die Schauspielkunst als Existenzzweck meine Dame
was für eine Ungeheuerlichkeit
Die Verdüsterung
die Verfinsterung
des Gemüts
Die Verhöhnung und Verspottung
nicht gescheut
Mit den Menschen gebrochen
mit allem und jedem gebrochen
zum Portier
Mit der Materie gebrochen mein Herr
für die Schauspielkunst
gegen das Publikum
gegen
gegen
gegen
immer wieder nur gegen
Mein Bruder ist dahin
zeigt mit dem Regenschirm in die eine Richtung
Ich selbst bin
zeigt in die entgegengesetzte Richtung
dorthin gegangen
Wenn wir unser Ziel erreichen wollen
müssen wir immer in die entgegengesetzte Richtung
zur Dame
In die entgegengesetzte Richtung meine Dame
zum Portier

Immer größere Einsamkeit
immer größeres Unverständnis
immer größeres Mißverständnis
immer tiefere Ablehnung
Haben wir unser Ziel erreicht
sind wir hinausgegangen
über unsere Idee hinausgegangen
aus der ganzen Menschengesellschaft hinausgegangen
aus der Natur hinausgegangen
schaut auf die Uhr
Wir haben die Materie verlassen
ein Augenblick ist es
ein kurzer Augenblick
der kürzeste Augenblick
wir sind tot
Das Schneiden einer Grimasse ist zurückgeblieben
nichts sonst
Eine Handbewegung
Der erschrockene Kopf
nichts sonst
zeitlebens machen wir
etwas vor
das kein Mensch versteht
Aber wir gehen diesen Weg
keinen andern
diesen einzigen Weg
bis wir tot sind
und wir wissen lebenslänglich nicht
ist es die Mathematik
ist es die Schauspielkunst
zur Dame
Es ist der Wahnsinn meine Dame
glaubt, der Schauspieldirektor tritt ein, und will ihm entgegen, aber es ist ein Liliputaner in einem Matrosenanzug, der sich an der Portierloge den Zimmerschlüssel geben läßt und durch die Halle zum Aufzug geht und mit dem Aufzug hinauffährt
Minetti einen Schritt zurücktretend, dann zur Dame
Ich habe geglaubt
der Schauspieldirektor
ist eingetreten
Lohndiener will Minettis Koffer aufheben

Minetti stürzt hin und klopft dem
Lohndiener mit dem Regenschirm auf die Finger
Der Koffer bleibt da
da
da
Lohndiener zurück an die Portierloge
Vielleicht
kann sein
ich bleibe nicht
Daß ich weiterreise
zurückreise
nach Dinkelsbühl
nach einer Pause
In einem fürchterlichen Augenblick
habe ich die Maske aufgesetzt
lebenslänglich
die Gesellschaft ist erschrocken
Ich selbst bin lebenslänglich erschrocken
wir fürchten
was wir nicht sehen
Dame trinkt
Minetti zur Dame, mit dem Regenschirm hin und her fuchtelnd
Der Schauspieler
der Künstler
der Wahnsinnige verstehen Sie
Der Bankrotteur
der Bühnensensibilist
der Gewalttäter
der Kunstgewalttäter
Dame trinkt
Der Schauspieler kommt an den Schriftsteller
und der Schriftsteller vernichtet den Schauspieler
wie der Schauspieler den Schriftsteller vernichtet
auslöscht verstehen Sie
Rechnung machen
Rechnung machen
Wenn wir die Rechnung machen
machen wir die Rechnung ohne den Schriftsteller
der Schriftsteller macht die Rechnung ohne den Schauspieler
In jedem Fall

kommen wir in den Wahnsinn
Und wenn der Schauspieler mit dem Schriftsteller abrechnet
und wenn der Schriftsteller mit dem Schauspieler abrechnet
ist die Natur verrückt
dann ist es Kunst meine Dame
Künstlerschaft
Diese Hunderte und Tausende und Hunderttausende
Bemühungen
Anstrengungen zunichte gemacht
uns alle nur möglichen Verhetzungen und Verletzungen
zugefügt
und uns erschlagen
vernichtet
wir können tun was wir wollen
zeigt mit dem Regenschirm in das Publikum
Da
muß sich ein solcher Verrückter als Wahnsinniger sagen
von da unten
wirst du umgebracht
zur Dame
Verstehen Sie meine Dame
die Welt ist angefüllt mit vernichtenden Kunstexistenzen
wie zu sich selbst
Verspottung
Verhöhnung
Vernichtung
schaut auf die Uhr
Wie er sich immer wieder
zu reden getraut der Verrückte
denken Sie
bückt sich, um zu sehen, ob das Unterhosenband wieder aufgegangen ist oder nicht
Es ist nicht wieder aufgegangen
das Unterhosenband meine Dame
nicht wieder aufgegangen
Wie er sich immer wieder zu reden getraut
wo er schweigen sollte
immer nahe daran
tödlich zu verletzen meine Dame
in den Abgrund zu stürzen meine Dame
der Liliputaner von links durch die Halle gehend und ab

Minetti dem Liliputaner nachschauend
Wo alle schweigen
ist er der
der redet
so ist seine ganze Existenz immer
eine andere Existenz
sein Kopf ein anderer
was er verschweigt selbst
etwas anderes
er handelt anders
tippt sich an den Kopf
stirbt anders
zum Portier, sich an den Kopf tippend
In diesem Kopf mein Herr
ist alles anders
Alles ist anders mein Herr
andere Bücher gelesen
andere Philosophien studiert
völlig andere Menschen angetroffen zeitlebens
ein gänzlich anderes
ja ein gänzlich entgegengesetztes Naturverhältnis
betrachtet seine Schuhe
und alles ist nichts als ein Irrtum
zu der Dame, die trinkt
nicht wahr meine Dame
dadurch zerstört auch ein solcher wie ich
etwas anderes
als was ihm die Umwelt vorwirft
während er in die Katastrophe hineingeht
schaut auf die Decke
Dieses Hotel
ist voller Mißverständnisse
die einen Menschen wie mich
wahnsinnig machen müssen
wie die ganze Welt einen solchen wahnsinnig machen muß
Dame trinkt
Dann kommt es mir vor
als handelte es sich um nichts als um den Geistesunrat
wie zu sich
Empfindung
Zerstörung

Geistesunrat
will sich setzen und setzt sich erschöpft zur Dame auf das Sofa
Und nichts als Zweckmäßigkeit meine Dame
in welcher wir alle umkommen
umkommen meine Dame
schaut auf die Uhr
Der Geisteskünstler
der sich als Kopfkünstler tödlich verletzt hat
der in die Katastrophe hineingegangen ist

Zweite Szene

Wie vorher

MINETTI *wieder mit offenem Unterhosenband*
Plötzlich der Absturz
in die Bequemlichkeit
entsetzlich
verantwortungslos
Die Welt will unterhalten sein
aber sie gehört verstört
verstört verstört
wo wir hinschauen nichts
als ein Unterhaltungsmechanismus heute
In die Kunstkatastrophe meine Dame
in die unglaublichste aller Kunstkatastrophen
gehört alles hineingestoßen
hineingestoßen hören Sie
hineingestoßen
nach einer Pause
Der junge Mensch
der ich gewesen bin
der in die tödliche Schauspielkunst hineingegangen ist
und sich tödlich verletzt hat
Kein Mensch heute
der sich tödlich verletzt
wir existieren in einer abstoßenden Gesellschaft

die es aufgegeben hat sich tödlich zu verletzen
vor sich hinstarrend
Lear
auf der Suche
nach dem Kunstwerk
immerfort nach dem Geistesgegenstand
gegrübelt und gegraben
nach dem Kunstwerk
Dame trinkt
Kopfüber in das Kunstwerk
meine Dame
kopfüber
Mit dem Geistesgegenstand
gegen den Geistesunrat
mit dem Kunstwerk
gegen die Gesellschaft
gegen den Stumpfsinn
mit dem Regenschirm in die Luft schlagend plötzlich
Verjagen
mit gesenktem Kopf
Dem Stumpfsinn
die Geisteskappe aufsetzen
laut, empört
mit der Geisteskappe
den Stumpfsinn erdrücken
die Gesellschaft
alles
unter der Geisteskappe erdrücken
Ein Schauspiel anzetteln
und dem Stumpfsinn die Geisteskappe aufsetzen
Hören Sie meine Dame
Der Schauspieler reißt
dem Schriftsteller die Maske herunter
und setzt sie sich auf
und verjagt das Publikum
indem er dem Publikum die Geisteskappe aufsetzt
Wir dürfen nicht kapitulieren
nicht kapitulieren
wenn wir nachgeben
ist alles zu Ende
Wenn wir nur einen Augenblick nachgeben

ruft aus
Nicht einen Augenblick
leise, ruhig
Auf der Lauer
dem Stumpfsinn
die Geisteskappe aufsetzen
immer wieder
jeden Tag
rücksichtslos
gegen jeden
gegen alles
lebenslänglich
lebenslänglich verstehen Sie
Dame trinkt
Minetti zum Portier
Nicht beirren lassen
mein Herr
nicht beirren lassen
leise, mit dem Regenschirm den Horizont beschreibend
Dann herrscht plötzlich
Stille
vor dem gesprochenen Wort
ganz langsam und leise vor sich hin
Hören Sie
Das Meer
Die Mathematik
Die Mühsal
Das Entsetzen
Der Ehrgeiz
Die Verlassenheit
Wind
Küste
Dieses Wort Küste
beinahe singend
Küste
Küste
und dann
Nebel
Wahrnehmung
Eifersucht
plötzlich laut schreiend

Hilfe
ganz leise
Mord
zur Dame direkt
Wenn nurmehr noch das O herrscht
oder nurmehr noch das U
oder das I
wie wenn er krähte
Kikeriki
Kikeriki
Kikeriki
nach einer Pause
Blasphemie
zur Dame direkt
Überlegungen
Bewegungen meine Dame
Nachdenklichkeit
Wortlosigkeit
Lautlosigkeit meine Dame
Es ist ein Verspottungsprozeß
ein Verhöhnungsprozeß
und ein Verspottungsprozeß lebenslänglich
vor sich hinstarrend
Die Wissenschaft vom Kopf
und von den Beinen
bemerkt das offene Unterhosenband, winkt den Lohndiener heran und zeigt mit dem Schirm auf das Unterhosenband
Da
da
Lohndiener bückt sich und bindet das Unterhosenband
Dame trinkt und lacht
Minetti zum Portier
Die Harmonie
Die Disharmonie
Kunstkörper mein Herr
Kunstkörper
alles Kunstkörper mein Herr
zum Lohndiener, mit dem Regenschirm nachhelfend
genug
genug
Lohndiener springt auf und zurück zur Portierloge

Ohr
Auge
Wahnsinn
Körperbeherrschung
Geistesbeherrschung
zur Dame
Magnetismus meine Dame
In einem einzigen Augenblick
die ganze klassische Literatur zeigen
wahrnehmen
und zerstören
vernichten
gleichzeitig
in einem einzigen Augenblick
Die ganze Geschichte auf den Kopf stellen
oder den Kopf auf die ganze Geschichte meine Dame
schaut auf die Uhr
In Flensburg meine Dame
Zur Zweihundertjahrfeier
mit gesenktem Kopf
Immer kränkelnd
immer verkühlt
sind diese Leute
die widerstandsfähigsten
die sich denken lassen
zur Dame direkt
Der Schauspieldirektor
ist ein Jugendfreund von mir
entfernt verwandt
sehr entfernt
in Flensburg
Die Erschöpfung
nicht aufkommen lassen
unterdrücken
mit dem Verstand
Dame trinkt
Minetti zum Portier
Nur die jungen Leute
haben zum Wahnsinn
eine Beziehung
eine Naturbeziehung

nur die jungen Leute
haben ein Verstandesmotiv
Der Aufzug kommt herunter und eine größere Gruppe lachender und schreiender junger Maskierter kommt heraus und eilt durch die Halle hinaus
Minetti ihnen nachschauend
Fanatismus
Intelligenz
und Fanatismus
zur Dame
Silvesterfanatismus
Silvester
die gleiche Menschengruppe wieder in die Halle herein und in den Aufzug und fahren hinauf
Silvesterfanatismus
Die Jugend getraut sich
schaut auf die Uhr
Theaterdirektoren
sind die Unverläßlichkeit selbst
die Unpünktlichkeit
Ein Schauspieler hat niemals
mit der Pünktlichkeit des Theaterdirektors zu rechnen
zur Dame
In Lübeck
in der Hansestadt Lübeck
vor vierzig Jahren müssen Sie wissen
wo ich Theaterdirektor gewesen bin
bevor ich mich endgültig
der klassischen Literatur verweigert habe
Ich habe es gehaßt
immerfort klassische Stücke zu spielen
Ich hasse die klassische Literatur
ich hasse die klassische Kunst
alles Klassische
Den Lear ausgenommen
Abgesetzt müssen Sie wissen
von den Senatoren verjagt
nach Dinkelsbühl
Früher oder später
werden alle Schauspieldirektoren verjagt
Aus dieser grauenhaften Stadt Lübeck

Alle diese am Meer gelegenen Städte stinken
aber in Lübeck stinkt es am mitleidlosesten
zur Dame direkt
Ich hasse die Ostsee
Ich liebe die Nordsee
Oostende verstehen Sie
Dünkirchen
schicksalhaft
sehr schicksalhaft
plötzlich
Aber meine ganze Vorliebe gilt England
England
von allen Ländern liebe ich England am meisten
Shakespeare und Scotland Yard
oder umgekehrt
als ob er den Regenschirm auf seiner rechten Schuhspitze balancierte
Scotland Yard und England
Aber ein kontinentaler Schauspieler in England
ist eine Unmöglichkeit
Ein Mensch wie ich
ist absolut
zur Kontinentexistenz verurteilt
lebenslänglich meine Dame
Hier in Oostende glaube ich
die englische Luft einzuatmen
die englische Luft
Eine absolute Kontinentexistenz meine Dame
ist ein Unglück
zur Dame direkt
Einmal bin ich in
der Nähe von Folkestone
von einem Gastwirt
in den Ärmelkanal geworfen worden
zu Silvester
Angeklammert an eine Wochenendausgabe der TIMES
habe ich mich aus dem Wasser herausziehen lassen
insofern verdanke ich meine weitere Existenz
der TIMES
Ich habe mich oft gefragt
allerdings meine Dame

ob es nicht besser gewesen wäre
die TIMES außer acht zu lassen
Ich hätte mir viel erspart
zum Portier
Keinerlei Nachricht
Um neun verabredet
und keinerlei Nachricht

PORTIER
Keinerlei Nachricht
Herr Minetti

MINETTI *zur Dame, mit dem Schirm in die Ecke zeigend*
James Ensor und Shakespeare
Sie hätten sie sehen müssen die beiden
Da in der Ecke
schaut auf den Koffer
Seit dreißig Jahren
trage ich diesen Koffer mit mir
und in dem Koffer ist die Maske des Lear
von Ensor
und mehrere Zeitungsausschnitte
mich betreffend
Rezensionen
Artikel über mich
Vor allem alle Artikel
meinen Prozeß betreffend
den Prozeß betreffend
den die Stadt Lübeck gegen mich angestrengt hatte
weil ich mich der klassischen Literatur verweigert habe
Tatsächlich habe ich
den Prozeß verloren
Naturgemäß
ein Mensch wie ich
verliert jeden Prozeß
die korrupte Gesellschaft
gewinnt jeden Prozeß
Ich bin im Recht gewesen
aber die Stadt Lübeck hat den Prozeß gewonnen
Ich habe den Prozeß verloren
weil ich mich der Klassik verweigert habe meine Dame
Der einzelne
ist er noch so im Recht

verliert jeden Prozeß
Ein Betrunkener tritt ein und holt sich vom Portier den Zimmerschlüssel und geht zum Aufzug und fährt hinauf
Alles was ich gehabt habe
hat mich dieser Prozeß gekostet
ganz leise
Weil ich mich der klassischen Literatur
verweigert habe
Ich habe mich daraufhin selbst
zu dreißig Jahren Einzelhaft in Dinkelsbühl verurteilt
Ich weiß wovon ich rede meine Dame
Das Leben ist eine Posse
die der Intelligente Existenz nennt
Ich bin aus Lübeck verjagt worden
seitdem hasse ich Lübeck
Die Heimatstadt
Ich habe mich dreißig Jahre geweigert
in einem klassischen Stück aufzutreten
Den Lear hätte ich gespielt
mit dem Lear ist es etwas anderes
Dadurch bin ich naturgemäß heruntergekommen
dreißig Jahre Dinkelsbühl
Selbstjustiz meine Dame
Ich habe nichts als diesen Koffer
Der Schauspieldirektor
Der Jugendfreund
Friese
Friese meine Dame
Friese
plötzlich pathetisch
Ganz Deutschland war gegen mich
und hat mich vernichtet
Wehe wenn es einer wagt
gegen die Gesellschaft
oder gegen die öffentliche Meinung
seinen Kopf durchzusetzen
Dreißig Jahre Dinkelsbühl
Alles was auch nur den Anschein hat
klassisch zu sein
verabscheue ich
ich fliehe das Klassische meine Dame

Ein bedeutender Künstler hat die Klassik zu fliehen
Dreißig Jahre beschäftigungslos in Deutschland
in Dinkelsbühl
weil ich mich der Klassik verweigert habe
Er springt auf, weil er glaubt, der Schauspieldirektor ist eingetreten, aber eingetreten ist nur ein Krüppel mit einer Hundemaske auf dem Gesicht, der auf Krücken seinen Zimmerschlüssel verlangt und durch die Halle zum Aufzug geht und mit dem Aufzug hinauffährt
Minetti dem Krüppel nachschauend
Lear
und Andere
nach einer Pause
Wer konsequent ist
fällt der Gesellschaftsvernichtung anheim
setzt sich wieder
Dame trinkt
Ich habe alle Möglichkeiten gehabt
aber ich habe keine dieser Möglichkeiten
ausnützen können
Wahrheitsfanatismus
Verfolgungswahn
Hypersensibilismus meine Dame
Dame trinkt
Es ist ein Gelübde
ein Gelübde ist es
zieht eine Fotografie aus der Rocktasche und gibt sie der Dame
Hier auf diesem Bild
sehen Sie mich
als Lear
Meine Abschiedsvorstellung in Lübeck
Die Dame betrachtet die Fotografie, vergleicht die Fotografie mit Minetti
Lear
in Ensors Maske
geradeaus blickend
Ein Portrait des Künstlers
als junger Mann
Die Dame gibt die Fotografie zurück
Ich habe den Lear

in ganz Norddeutschland gespielt
aber kein Mensch
hat den Lear verstanden
Shakespeare nicht
Lear nicht
nichts
direkt zur Dame
Das ist deprimierend meine Dame
steckt die Fotografie wieder ein
Wenn Sie umherreisen mit dem Lear
und kein Mensch versteht den Lear
und kein Mensch versteht Shakespeare
und kein Mensch versteht den Schauspieler
der den Lear spielt
greift sich mit beiden Händen an den Kopf
das ist Wahnsinn
nach einer Pause
Dann ist mir der Prozeß gemacht worden
dann bin ich abgesetzt worden
dann bin ich zu meiner Schwester nach Dinkelsbühl
nach Dinkelsbühl
wenn Sie wissen
wo das ist meine Dame
und habe mich versteckt
habe Gemüse gepflanzt
Kraut eingewintert
Zwiebelzöpfe geflochten
laut, aufbrausend
Lear hat sich versteckt
auf den Regenschirm gestützt, geradeaus blickend
Und jetzt werde ich den Lear spielen
nach dreißig Jahren
in Flensburg
steht auf und geht zum Koffer und zeigt mit dem Regenschirm auf den Koffer und sagt zur Dame
Weil ich konsequent gewesen bin
konsequent meine Dame konsequent
Der Aufzug kommt herunter mit Lachenden und Schreienden, die aus dem Aufzug herausstürzen

Dritte Szene

In der Bar. Minetti und Mädchen auf einem Sofa
Der Koffer im Vordergrund auf dem Boden
Mädchen mit einem kleinen Transistorradio neben sich,
daraus leise Jazzmusik

MINETTI
Du glaubst es nicht
Ich bin berühmt
ich war berühmt
Minetti
der sich der klassischen Literatur verweigert hat
Ich spielte den Lear in Lübeck
Shakespeare
Die Schauspielkunst
ist eine hinterhältige Kunst mein Kind
zeigt auf den Koffer
In diesem Koffer
habe ich die Beweise
Zuerst habe ich
mit ganz einfachen Tricks angefangen
mit den einfachsten Tricks
wie man Menschen verschwinden läßt
zum Beispiel
Zauberkünstler
nichts als ein Zauberkünstler verstehst du
durch ganz Norddeutschland
bis nach Biarritz hinunter die ganze Küste
mit meinem Vater
aber plötzlich im Handgelenk
hier siehst du
zeigt sein rechtes Handgelenk, schüttelt es
eine Entzündung
meine Karriere war zu Ende
Mein Vater war verzweifelt
Die ganze Familie ist vor dem Ruin gestanden
Ich habe Menschen verschwinden lassen mein Kind
auf der Bühne
drei Menschen gleichzeitig
oder vier

oder fünf
plötzlich die Gelenksentzündung
verstehst du
schüttelt sein Handgelenk
Da erinnerte ich mich
meiner ursprünglichen Begabung
und ich wurde Schauspieler
ein absoluter Diener der dramatischen Literatur
Ich habe die Zauberkunststücke aufgegeben
für die dramatische Kunst mein Kind
für die dramatische Literatur
Shakespeare Strindberg verstehst du
plötzlich
Wie lange wartest du schon

MÄDCHEN
Nicht lange

MINETTI
Wir warten beide
Mädchen stellt die Musik lauter ein
Du wartest auf deinen Liebhaber
ich warte auf den Schauspieldirektor
Ich habe mit dem Schauspieldirektor von Flensburg
hier eine Verabredung
er hat mich eingeladen
in Flensburg den Lear zu spielen
Du weißt nicht was das heißt
Lear Shakespeare mein Kind
schaut um sich
Bei diesem Sturm
Du gehst wahrscheinlich auf einen Ball
mit deinem Geliebten
Was für eine Maske trägst du
Du trägst doch eine Maske nicht wahr
Mädchen schüttelt den Kopf
Keine Maske
Keine Maske mein Kind
Dreißig Jahre
habe ich den Lear nicht mehr gespielt
auf der Bühne nicht mehr gespielt
auf einer ordentlichen Bühne
Ich habe mich der klassischen Literatur verweigert

Aber ich brauche ja nur die Maske aufzusetzen
Die Maske ist von Ensor persönlich
Ich habe Ensor
zusammen mit Shakespeare gesehen
Da
zeigt in die Halle
Eine unglaubliche Begegnung
Warte
holt die Fotografie aus der Rocktasche und zeigt sie dem Mädchen
Das bin ich
Lear
in der Maske von Ensor
zeigt auf das Bild
Als ganz junger Mann
Mädchen nimmt die Fotografie
Eine Sensation mein Kind
steht auf und zitiert
O reason not the need
our bases beggars are in the poorest thing superfluous
allow not nature more than nature needs
man's life is cheap as beast's
O erörtre nicht das Brauchen
unsere niedrigsten Bettler
haben in der ärmsten Sache Überfluß
erlaube nicht der Natur mehr
als die Natur braucht
des Menschen Leben ist billig wie das des Tiers
plötzlich
Wir dürfen uns nicht demütigen lassen
nicht demütigen mein Kind
Aber es gibt kein Lebensrezept
Jetzt zeige ich dir die Beweise
öffnet den Koffer und entnimmt ihm verschiedene alte Zeitungen
Hier
liest aus einem Blatt vor
Hatte dieser bedeutende Künstler
dem das Theater so viele Höhepunkte verdankt
auch an diesem Abend in der Rolle des Lear
und in Ensors Maske

alles andere in der gesamten dramatischen Literatur
in den Schatten gestellt
In den Schatten gestellt
in den Schatten gestellt mein Kind
liest aus einer anderen Zeitung
Die Kunst dieses Schauspielers
ist auf dem Höhepunkt
Auf dem Höhepunkt
auf dem Höhepunkt mein Kind
liest aus einer anderen Zeitung
Einer unserer größten Schauspieler
der sich an diesem Abend wieder
ein Denkmal gesetzt hat
plötzlich
Genug
ekelhaft ekelhaft ekelhaft
es ist ekelhaft mein Kind
nimmt die Zeitungen und stopft sie wieder in den Koffer hinein und holt einen Pack anderer Zeitungen heraus
Kurze Zeit später ist mir der Prozeß gemacht worden
aus Lübeck verjagt verstehst du
ich
aus Norddeutschland verjagt
weil ich mich der klassischen Literatur verweigert habe
Als Direktor
und als Schauspieler verjagt
In Dinkelsbühl bin ich wieder aufgewacht
in Dinkelsbühl
mit dem Zeitungspack zum Sofa, er kniet sich vor das Sofa hin und blättert in den Zeitungen
Alles
was über den Prozeß geschrieben worden ist
Verleumdungen
Verdrehungen und Verleumdungen
nichts als Gehässigkeiten
Daß ich das Theater zugrunde gerichtet habe
Daß ich die Leute vor den Kopf gestoßen habe
daß ich
indem ich mich der klassischen Literatur verweigert habe
das größte Theaterverbrechen begangen habe
Daß ich das Theater lächerlich gemacht

und schließlich vernichtet habe
das Publikum betrogen
belogen und betrogen habe
nimmt eine Zeitung und liest
Hier da steht
Herr Minetti ist eine Schande für die Stadt Lübeck
Was war dein Vater

MÄDCHEN
Eisenbahnmaschinist

MINETTI
Eisenbahnmaschinist
Wo

MÄDCHEN
In Lüttich

MINETTI
In Lüttich
in dieser häßlichen Stadt Lüttich
mein armes Kind
setzt sich zum Mädchen auf das Sofa
da bist du eines Tages davon
Mädchen nickt
Du hast recht gehandelt
Wo man her ist
muß man so bald als möglich weg
weil man sonst zugrunde geht
schaut in die Halle hinaus, ob der Schauspieldirektor kommt, dann auf die Uhr
Daß ich selbst nicht Lübeck
den Rücken gekehrt habe zeitgerecht
das hat sich gerächt
Wer den Posten eines Schauspieldirektors annimmt mein Kind
begeht Selbstmord
Wenn wir nicht etwas gelernt hätten
und wenn wir nicht unsere Kunst hätten
müßten wir jeden Tag immer tiefer verzweifeln
schaut in die Halle, ob der Schauspieldirektor kommt, dann
Zuerst sind sie alle pünktlich
aber dann
sind sie die Unpünktlichkeit selbst
Beinahe glaube ich
er kommt nicht mehr

aber letzten Endes will er etwas
nicht ich ich nicht
Es ist eine Ungeheuerlichkeit
einen Menschen
mit welchem man verabredet ist
sitzenzulassen
Minetti läßt man nicht sitzen
Aber die Schauspieldirektoren sind größenwahnsinnig
es hat eine Zeit gegeben
da haben die Leute gesagt
außer ihm gibt es keinen zweiten
Dann haben sie mir den Prozeß gemacht
weil ich mich der klassischen Literatur verweigert habe
Die Stadt Lübeck ist vertragsbrüchig geworden
Die Stadt Lübeck hat mich auf dem Gewissen
Die Heimatstadt hat ihre Söhne auf dem Gewissen
Der Geburtsort ist der Mörder des Menschen
plötzlich
Willst du sie sehen
Mädchen weiß nicht, was er meint
Die Maske
Ensors Maske
Die Learmaske
die mir Ensor gemacht hat
Ich zeige dir die Maske
versucht den Koffer zu öffnen, aber es gelingt ihm nicht und er gibt auf
Es soll nicht sein
mein Kind
Später
vielleicht
dann
endgültig
In Flensburg setze ich die Maske wieder auf
und spiele den Lear
den ich dreißig Jahre
nicht mehr gespielt habe
zuletzt vor den Senatoren
vor niemand sonst
eine sogenannte geschlossene Vorstellung
Kein Applaus

nichts
mein Kind
Vollkommene Stille
nach dem Fallen des Vorhangs
nichts
sie rührten keine Hand
Eine Ungeheuerlichkeit
Dann haben sie mir den Prozeß gemacht
Der Schauspieler
ist das Opfer seiner fixen Idee einerseits
andererseits vollkommenes Opfer des Publikums
er zieht das Publikum an
und stößt es ab
in meinem Fall habe ich das Publikum
immer abgestoßen
je größer der Schauspieler
und je höher die Kunst des Schauspielers
desto heftiger ist das Publikum abgestoßen
Das Publikum strömt zu dem großen Schauspieler
und ist in Wirklichkeit abgestoßen von seiner Kunst
und je unglaublicher seine Kunst
desto heftiger ist das Publikum abgestoßen
Die Leute applaudieren
aber sie sind abgestoßen
Oder die Leute sind so abgestoßen wie die Senatoren in Lübeck
die so abgestoßen gewesen sind von meiner Kunst
daß sie überhaupt keine Hand mehr gerührt haben
Die Leute kommen in das Theater
um einen großen Schauspieler zu sehen
und sie sind gleich abgestoßen von seiner Unheimlichkeit
Zeigt der Schauspieler Unheimlichkeit
und er muß sie zeigen
ist das Publikum abgestoßen
Der Schauspieler hat sie zu zeigen
Unheimlichkeit sonst nichts
überdeutlich
nichts als Unheimlichkeit
Das Publikum strömt von allen Seiten
strömt strömt von allen Seiten
um den Schauspieler zu sehen
und der Schauspieler begegnet dem Publikum mit nichts

als mit Unheimlichkeit
Das Publikum wird auf die Probe gestellt
Das Publikum muß von dem Schauspieler entsetzt sein
Zuerst hat er es zu hintergehen
und dann hat er es zu entsetzen
Die großen Schauspieler haben ihr Publikum immer entsetzt
zuerst haben sie es hintergangen
und dann haben sie es entsetzt
in die Geschichtsfalle gelockt
in die Geistesfalle
in die Gefühlsfalle
hineingelockt in die Falle
und entsetzt
Der größte Feind des Schauspielers
ist sein Publikum
Wenn er das weiß
steigert er sich in seiner Kunst
In jedem Augenblick muß sich der Schauspieler sagen
das Publikum stürzt auf die Bühne
In diesem Zustand hat er zu spielen
gegen das Publikum
gegen die Menschenrechte verstehst du
Zeitlebens habe ich
gegen das Publikum gespielt
um die Anspannung auszuhalten
um nicht geschwächt zu sein
Mein Vater der Zauberkünstler
war mein Lehrer
mein einziger Lehrer verstehst du
der rücksichtsloseste
Der Verstandesmensch
von ihm lernte ich
hören
und sehen
zu verstehen mein Kind
Die Menschen haben kein Ohr
um zu hören
sie haben keine Augen
um zu sehen
sie haben keinen Verstand
Wir leben in einer vollkommen verstandeslosen Gesellschaft

wer das nicht begreift mein Kind
schaut auf die Uhr
zu sich
Nur ein einziges Mal
zur Zweihundertjahrfeier
ganz leise
Die Fahrkarte
von Dinkelsbühl nach Oostende
hat mich mein ganzes Geld gekostet
Wenn er nicht kommt
steht auf und geht bis zur Halle,
kommt enttäuscht wieder zurück
zum Mädchen
Du kennst die Menschen nicht
sie sind nur dazu da
sich gegenseitig hineinzulegen
zu sich
möglicherweise
ist das Ganze
eine Mystifikation
eine Mystifikation
Ich glaube
der Schauspieldirektor ist es
aber ein Liliputaner kommt herein
oder ein Verkrüppelter
Jedesmal wenn die Tür aufgeht glaube ich
es ist der Schauspieldirektor
zum Mädchen
Ich habe das Beweismittel verloren
das Telegramm
in welchem mich der Schauspieldirektor auffordert
nach Oostende zu kommen
setzt sich zum Mädchen
Dreißig Jahre
habe ich jeden Tag in der Frühe
die Learmaske aufgesetzt
vor dem Spiegel mein Kind
dreißig Jahre jeden Tag in der Frühe ein paar Augenblicke Lear
in Dinkelsbühl
Ich habe in Berlin gespielt
in Moskau

in Minsk
in Konstantinopel
Ein Schauspielkopf wie kein zweiter
Heuchelei
nichts als Heuchelei
plötzlich in einem einzigen Augenblick
habe ich mich der klassischen Literatur verweigert
haßte ich die Klassik
alles Klassische
in diesem Augenblick hatte ich die ganze Welt gegen mich
Die Künstler hängen zeitlebens
ob sie es wahrhaben wollen oder nicht
von der sogenannten Gebildeten Welt ab
und verweigert sich ein Künstler der klassischen Kunst
läßt ihn die sogenannte Gebildete Welt fallen
er ist ein toter Mann mein Kind
schaut auf die Uhr
Zuerst glaubte ich
ich ziehe mich enttäuscht
naturgemäß enttäuscht
nur auf die kürzeste Zeit nach Dinkelsbühl zurück
in dieses kleine verschlafene Nest
in welchem sich die Krautköpfe Gutenacht sagen
aber ich bin ganze dreißig Jahre
in Dinkelsbühl geblieben
dreißig Jahre mein Kind
in welchen ich die gesamte klassische Literatur studiert habe
damit ich am Ende gewußt habe
warum ich mich ihr verweigere
Den Lear ja
aber die ganze übrige klassische Literatur nein
In der Dachkammer meiner Schwester in Dinkelsbühl
spielte ich an jedem Dreizehnten des Monats
vor dem Spiegel den Lear
immer pünktlich um acht am Abend
in Ensors Maske mein Kind
um nicht aus der Übung zu kommen
Und an jedem gewöhnlichen Tag
eine angemessene Deklamation mein Kind
Learsätze
immer die gleichen Learsätze

und an jedem Dreizehnten den kompletten Lear
einmal in Englisch
und einmal in Deutsch
in meiner eigenen Übersetzung natürlich
Der Künstler ist erst der wahre Künstler
wenn er durch und durch wahnsinnig ist
wenn er sich in den Wahnsinn hineingestürzt hat
bedingungslos
sich zur Methode gemacht hat
Der wahre Künstler mein Kind hat sich den Wahnsinn
seiner Kunst zur Methode gemacht
mag die Welt denken und schreiben was sie will
Er darf nur kein Angsthase sein
Der Künstler darf kein Angsthase sein natürlich
Die Gesellschaft hat mir den Boden entzogen
indem sie mir die Bühne entzogen hat
und die Senatoren haben mir den Prozeß gemacht
und meine Existenz ruiniert
aber meine Künstlerschaft hat unter dieser Gemeinheit
nicht gelitten
im Gegenteil
Aber welche Anstrengung mein Kind
vehement
In Dinkelsbühl in der Dachkammer meiner Schwester
Künstler sein
Niemals die Frage
ob etwas statthaft ist oder nicht niemals
Jeder Tag bringt nichts als Beweise
für die Niederträchtigkeit und die Unverschämtheit
und für die Unzurechnungsfähigkeit der Menschen
die sich die menschliche Gesellschaft nennt mein Kind
Die Menschheit flüchtet tagtäglich
in die klassische Literatur
denn in der klassischen Literatur ist sie unbehelligt
und in die klassische Malerei
und in die klassische Musik
daß es zum Kotzen ist
In der Klassik ist die Gesellschaft unter sich
unbehelligt
Aber ein Künstler hat sich dem Vorgang
dieser Schamlosigkeit zu verweigern

zum Mädchen direkt
Aber was geht ein solches schönes Kind wie dich an
was ein solcher Verrückter denkt
plötzlich aufgebracht
Ich bin der aufgebrachte Künstler
zum Unterschied von dem andern
der entsetzte
zum Unterschied von dem andern
zum Mädchen direkt
Warten mein Kind
Je länger du wartest
desto schöner bist du
zu sich
Es ist ein Märchen
ein Märchen ist es
schaut in die Halle hinaus, dann zum Mädchen
Der Schauspieldirektor
ist ein alter Freund von mir
wir sind zusammen
in die Schule gegangen
er ist schon zwanzig Jahre
Schauspieldirektor in Flensburg
Friese verstehst du
Friese
er ist Friese
Weißt du wie klein Dinkelsbühl ist
Man merkt daß ich dreißig Jahre
in Dinkelsbühl gelebt habe
schaut sich von oben bis unten an
So sieht ein Mensch aus
der dreißig Jahre in Dinkelsbühl gelebt hat
existiert hat
Diese alte Hose
dieser alte Rock
diese alten Schuhe
dem Mädchen ins Gesicht
Nicht nach Dinkelsbühl gehen
nicht nach Dinkelsbühl
leise
Du liebst ihn nicht wahr
wie alt ist er

MÄDCHEN
Siebzehn
MINETTI
Siebzehn
Wie ich siebzehn gewesen bin
habe ich angefangen
mich mit Shakespeare zu beschäftigen
Nicht mit dem Lear
Aber mit achtzehn
habe ich schon den Lear gespielt
schon mit achtzehn
Wenn er siebzehn ist dein Liebhaber
hat er viel vor
sehr viel vor
Ist er aus Oostende
Mädchen nickt
Minetti bestimmt
Geht nicht weg aus Oostende
meine ganzen Ersparnisse
habe ich für die Reise geopfert
Die Rückreise könnte ich
nicht bezahlen
eine Gruppe Lachender und Schreiender durch die Halle,
die man nicht sieht
Die Leute retten sich
durch diesen Tag
indem sie sich betrinken
Masken aufsetzen
Die längste Zeit starre ich
auf die Tür
aber er kommt nicht
zitiert Lear
Thou wert better in a grave
than to answer with thy uncover'd body
Du wärst besser in einem Grab
als mit deinem unbedeckten Körper
zum Mädchen
Hast du Geschwister
MÄDCHEN
Ja

MINETTI
Brüder
MÄDCHEN
Zwei Brüder
MINETTI
Wo leben die Brüder
MÄDCHEN
In Lüttich
MINETTI
In dieser fürchterlichen Stadt Lüttich
Geschwister
ist etwas Schönes
Ich hatte einen Bruder
er ist in Lübeck begraben
jedes Jahr bin ich
an das Grab gegangen
an die Stelle
wo er begraben ist
Jetzt dreißig Jahre nicht mehr
plötzlich aufgebracht
Man hat mich aus Lübeck verjagt
endgültig
für immer
zitiert Lear
Thou wert better in a grave
than to answer with thy uncover'd body
Mädchen dreht das Transistorradio lauter auf
Es ist ein Unglück
daß ich nach Oostende gefahren bin
Ohne etwas zu sagen
bin ich weg
Sie werden mich suchen
Der Süden Deutschlands ist fürchterlich
aber noch fürchterlicher
ist der Norden
Habe ich dir gesagt daß mir Ensor
für den Prospero
die Maske versprochen hat
Wenn ich Prospero spiele
habe ich zu ihm gesagt
Prospero hätte ich spielen sollen

Prospero
zeigt in die Halle hinaus
Ein Sturm kommt auf
Dort in der Ecke
hat mir Ensor die Maske für Prospero versprochen
Ich sagte
ich hätte Zeit
In zwanzig Jahren vielleicht
sagte ich
Den Lear jetzt
den Prospero in zwanzig Jahren
Zwanzig Jahre nach dem Lear Prospero
Aber Ensor ist tot
Ich habe Prospero nie gespielt
immer nur davon geträumt
ihn zu spielen
In Dinkelsbühl habe ich immer davon geträumt
den Prospero zu spielen
in Dinkelsbühl
in der Dachkammer geträumt
mein Kind
Dreißig Jahre lang
aufgestanden
und vor den Spiegel getreten
und den Lear gespielt
Die Leute sagten
ich sei verrückt
Mädchen dreht das Transistorradio leiser
aber ich dachte
die Leute sind verrückt
Immer wieder Lear Lear Lear
Während ich längst für verrückt erklärt worden bin
aufundabgehend
den Lear
Der Sturm wird heftiger
Bis ich ein Angebot bekomme
den Lear
auf einem richtigen Theater zu spielen
aufgefordert den Lear zu spielen auf dem Theater
Die Kunst verkommt leicht mein Kind
wenn der Künstler nachläßt

sich beirren läßt
auch nur einen einzigen Augenblick nachläßt
heftig
Nicht nachlassen mein Kind
nicht nachlassen
Die Verhöhnung ertragen
die Verspottung
Dreißig Jahre bin ich verhöhnt
und verspottet worden in Dinkelsbühl
steht auf und stülpt zuerst die rechte, dann die linke Manteltasche um
Ich habe es verloren
das Telegramm
das Beweismittel
Zur Zweihundertjahrfeier
den Lear spielen
in Flensburg
schaut auf die Tür
Plötzlich verfallen wir
einer Idee
und wir verfolgen diese Idee
und wir können gar nicht mehr anders
als diese Idee verfolgen
horcht
zum Mädchen
Hörst du den Sturm
Die ganze Küste tobt
wie die Küste tobt
sie tobt die Küste
Oostende im Schneesturm mein Kind
Eine größere Gruppe lachender und schreiender Maskierter kommt von der Halle herein
ein paar machen vor Minetti halt

DER ERSTE *zeigt auf Minetti mit einer Flasche*
Dieser Mann wartet
schon zwei Stunden auf den Schauspieldirektor

DER ZWEITE
So sagt es der Portier

DER DRITTE
Und die rotgekleidete Dame sagt es

DER ERSTE
Sagt es
DER ZWEITE
Sagt es
DER DRITTE
Sagt es
Alle lachen laut auf und ziehen ab
MINETTI *bebend vor Wut, ihnen nachrufend*
Unerhört
unerhört
ganz leise
Unerhört
Das Mädchen dreht das Transistorradio leiser
Die Unverschämtheit dieser Leute
kennt keine Grenzen
Die klassenlose Gesellschaft
ist verrückt geworden
Er setzt sich erschöpft auf das Sofa
Mädchen stellt das Transistorradio wieder lauter
Minetti zum Mädchen
Nicht weg aus Oostende
Mädchen schüttelt den Kopf
Nicht weg aus Oostende
aus Oostende nicht
nach einer Pause
Ich hätte nicht nach Dinkelsbühl
gehen sollen
leise
Ich habe mich nicht mehr weggetraut
Dreißig Jahre
hatte ich Angst
fortwährend Angst
meinen Text zu verlieren
Daß ich den Lear
nicht mehr spielen kann
setzt sich neben das Mädchen und schaut auf den Koffer
Wir sind dreißig Jahre
zusammengeblieben
der Koffer und ich
Eine Verschwörung
steht auf und geht zum Koffer und öffnet ihn und nimmt eine

Zeitung heraus und setzt sich wieder neben das Mädchen und liest dem Mädchen aus der Zeitung vor
Heute hat der abgesetzte Schauspieldirektor Minetti
die Stadt Lübeck verlassen
Die Bürger atmen auf
faltet die Zeitung zusammen und steht auf und drückt sie in den Koffer hinein und macht den Koffer zu, indem er mit dem rechten Knie nachhilft, und setzt sich wieder neben das Mädchen und schaut auf die Uhr
Punkt elf

MÄDCHEN *stellt das Transistorradio lauter und fragt*
Magst du Musik
Minetti streckt die Beine ganz aus und nickt nach einiger Zeit

DAME *kommt, beinahe im Marschschritt, aber nicht völlig betrunken, aus der Halle und geht mit hocherhobenem Kopf an Minetti und dem Mädchen vorbei, während sie sagt*
Gute Nacht mein Herr
und schlafen Sie gut
Ein Kellner mit zwei Flaschen Champagner auf einem Tablett hinter ihr nach

MINETTI *den beiden nachschauend, dann lauschend*
Ich mag Musik
sehr gern
Liebhaber erscheint in der Bar und das Mädchen springt auf und zu ihm hin, die beiden küssen sich, das Mädchen entdeckt, daß es das Transistorradio auf dem Sofa stehengelassen hat und will es mitnehmen, dreht es aber nur ein wenig lauter auf und geht zu seinem Liebhaber zurück und schaut noch einmal auf Minetti. Dann beide ab.
Minetti mit weit ausgestreckten Beinen und mit geschlossenen Augen nachdenklich, horchend.

Nachspiel

Atlantikküste bei Oostende. Minetti auf einer Bank. Vor ihm sein Koffer. Immer heftiger werdendes Schneetreiben. Der Verkrüppelte mit der Hundemaske von rechts immer schneller an Minetti vorbeihumpelnd, links verschwindend

MINETTI *schaut dem Verkrüppelten nach*
dann nach einer Pause zu sich
Weg
Steht auf und forscht, ob er unbeobachtet ist, und öffnet den Koffer und nimmt die Learmaske heraus und macht den Koffer wieder zu, wobei er mit dem rechten Knie nachhelfen muß, und forscht wieder, ob er unbeobachtet ist, und setzt sich wieder auf die Bank und legt die Learmaske neben sich auf die Bank und holt aus seiner linken Manteltasche eine kleine silberne Dose, aus der Dose nimmt er mehrere Tabletten, die er blitzartig schluckt. Dann setzt er ebenso blitzartig die Learmaske von Ensor auf und stellt den Mantelkragen hoch und steckt die Hände in die Manteltaschen und bleibt so starr geradeaus blickend längere Zeit hocken und sagt dann
Schnell weg
Von links nähert sich die Gruppe der Maskierten, die vorher in der Bar an ihm vorbeigezogen ist, noch betrunkener, laut lachend und schreiend und zieht an ihm vorbei.

DER LETZTE *der Maskierten bleibt einen Augenblick stehen und erkennt Minetti und zeigt mit dem Zeigefinger auf ihn und ruft*
Der Künstler
Der Schauspielkünstler
und läuft weg
Minetti bleibt bewegungslos, bis er vollkommen zugeschneit ist

Ende

Immanuel Kant

. . . das soll nicht heißen,
daß man im Theater Leben darstellen soll. . .

Antonin Artaud

Personen

KANT
KANTS FRAU
ERNST LUDWIG
FRIEDRICH, *ein Papagei*
MILLIONÄRIN
KAPITÄN
ADMIRAL
KUNSTSAMMLER
STEWARD
SUBSTEWARD
KOCH
SCHIFFSOFFIZIERE
MATROSEN
PASSAGIERE
ÄRZTE
PFLEGER
MUSIKER

Auf Hoher See

Vorderdeck

Zwei Klappstühle, sechs Sessel
Steward hinter dem rechten Klappstuhl salutierend
Kant, seine Frau, dahinter Ernst Ludwig (den zugedeckten Käfig mit Friedrich in der rechten, einen Sack mit Körnern in der linken Hand haltend) treten auf
Dampfpfeifen pfeifen

STEWARD *Haltung annehmend*
Guten Morgen, Herr Professor Kant
Kant vortretend, den Klappstuhl begutachtend
Wind West
Nordwest
Herr Professor Kant

FRAU KANT
Es ist kühl heute
zum Steward
Sie müssen meinen Mann heute
besonders gut zudecken

STEWARD
Wind West Nordwest
Ausgezeichnete Wetterbedingungen
ausgezeichnete Herr Professor
Dampfpfeifen pfeifen
Frau Professor
Ich habe den Chefmeteorologen persönlich befragt
zu Kant gewendet
in Ihrem Auftrag Herr Professor Kant

KANT
Alle möglichen Stufen
der Exzentrizität
von den Planeten
bis zu den Kometen

FRAU KANT
Mein Mann hat in der Nacht
eine zweite Bettdecke verlangt
aber kein Mensch hat ihm
eine zweite Bettdecke gebracht
Er leidet seit seinem sechsten Lebensjahr
Dampfpfeifen pfeifen

an Verkühlungen

KANT

Die Natur wirkt hier
wie anderwärts
durch unmerkliche Abfälle
unmerkliche
Steward und Frau Kant richten Kants Klappstuhl
Dampfpfeifen pfeifen
Kant die beiden beobachtend
Ich spreche von der genauen Zirkelbewegung
der Partikel
des Grundstoffes
wiewohl von der Zwecklosigkeit
der Natur
meine Herrschaften
plötzlich, während Frau Kant und der Steward den Klappstuhl Kants richten, zu Ernst Ludwig
Nicht abrupt die Decke abnehmen
nicht abrupt
Friedrichs Augenlicht
ist das kostbarste
Die sogenannten Schriftgelehrten
und die Papageien
haben das empfindlichste Augenlicht
Der wahre Philosoph
in sich selbst
Langsam
ganz langsam
nur nach und nach
ziehst du ihm die Decke ab
befehlend
Stell ihn hin
Ernst Ludwig will den Käfig auf einen Sessel stellen
Nicht d a h i n
nicht auf d i e s e n Sessel
auf den Sessel neben meinem Klappstuhl
Friedrich in nächster Nähe
zeigt mit dem Stock auf den Sessel neben seinem Klappstuhl
d a h i n stellst du

FRIEDRICH

Dahin dahin

KANT

Natürlich dahin
Ernst Ludwig stellt den Käfig auf den Sessel neben Kants Klappstuhl

FRAU KANT

Ein so intelligentes
ein so hochphilosophisches Tier

KANT

Psittacus erithacus
der Philosoph an sich
in sich selbst
an sich

FRIEDRICH

Psittacus erithacus

FRAU KANT

Er sah ganz leblos aus
in der Frühe
aber dann nannte mein Mann seinen Namen
Mein Mann sagte Friedrich Friedrich Friedrich

KANT

Friedrich

FRIEDRICH

Imperativ Imperativ Imperativ
Ernst Ludwig will an der Käfigdecke ziehen

KANT *klopft ihm mit dem Stock auf die Finger*

So nicht
nicht so
Zaghaft
nach und nach

FRIEDRICH

Nach und nach
zaghaft

KANT

Alle machen sie solche
plumpen Handbewegungen
und verstören
und erschrecken ihn

FRAU KANT *zu Kant*

Willst du dich nicht setzen

KANT *als ob er nicht gehört hätte*

Spezifisch

mit Leichtigkeit
Sensibilität
zieht leicht an der Käfigdecke
zu Ernst Ludwig
So mußt du
vorsichtig
äußerst vorsichtig
an der Decke ziehen
so vorsichtig
nur nach und nach
kann das Licht
in den Käfig eindringen
der psittacus erithacus
ist der empfindlichste

FRAU KANT *zu Ernst Ludwig anklagend*
Ernst Ludwig
jetzt sind Sie schon fünfundzwanzig Jahre bei uns
und können noch immer nicht
die Decke vom Käfig abnehmen
Ernst Ludwig zieht mit Kant an der Käfigdecke

KANT
So
nach und nach
Ernst Ludwig zieht etwas schneller
Kant klopft ihm auf die Finger
Langsam sage ich
Beide ziehen an der Käfigdecke
Kant plötzlich
Noch nicht
noch nicht

FRAU KANT *zu Kant*
Setz dich doch

KANT *geht zu seinem Klappstuhl*
Je weiter
die ausgebreiteten Teile des Urstoffs
von der Sonne entfernt sind
desto schwächer ist die Kraft
die sie zum Sinken bringt
setzt sich in den Klappstuhl
Achnein
will wieder auf, es gelingt ihm aber nicht allein

Frau Kant und der Steward helfen ihm
Manchmal scheint mir
ich höre auch schon schlecht
Andererseits höre ich
je schlechter ich sehe
desto besser
Ein einziger Wettlauf
um das Augenlicht
Amerika
meine einzige Hoffnung
zum Steward
Alles in Ordnung
Dampfpfeifen pfeifen
auf Hoher See

STEWARD *Haltung annehmend*
Alles in Ordnung
auf Hoher See

KANT *setzt sich wieder, nachdem sein Klappstuhl gerichtet worden ist, dann*
Ich muß
die Ideallinie haben
befeuchtet seinen rechten Zeigefinger und hält ihn hoch in die Luft
West Nordwest
Ideallinie

STEWARD *Haltung annehmend*
West Nordwest
Ideallinie

FRIEDRICH
Ideallinie Ideallinie

FRAU KANT *zu Ernst Ludwig*
Rücken Sie Friedrich
ganz nahe an meinen Mann heran
Ernst Ludwig rückt Friedrich ganz an Kant heran
Erst wenn Friedrich
ganz nahe an ihn herangerückt ist
findet mein Mann die Ideallinie

KANT *als ob er die Ideallinie suchte, mit ausgestreckten Armen*
Die Ideallinie
jetzt habe ich die Ideallinie

FRIEDRICH
Imperativ Imperativ Imperativ

KANT *sich zurücklehnend*
Zu den Anfängen der Himmelskörper
zurück
in den Urstoff
Mein Name ist Leibniz sagte er
In den Geschichtsfundus
hinunter
Möglicherweise
ist die Verengung der Pupille
auf Überanstrengung zurückzuführen
Steward wickelt Kant oben und unten in jeweils zwei Decken ein
Der Blick
auf die Ursachen
plötzlich
Die Columbiauniversität
verleiht mir den Ehrendoktor
v e r l e i h t
zum Steward
Es gibt keine besseren
Augenprofessoren
als die Augenprofessoren
von der Columbiauniversität
Es ist kein Zufall, daß ich ausgerechnet
von der Universität eingeladen worden bin
die die besten Augenprofessoren der Welt hat
Kant verliert sein Augenlicht nicht
Meine Frau liest mir
zwischen ein und zwei Uhr früh
meine Neue Schätzung der lebendigen Kräfte vor
Eine Absurdität
auf Hoher See
aber dadurch ertrage ich die Turbinen besser
Diese Vorlesestunde ist unentbehrlich geworden
Die Gesetze gelten nicht
über alle Bewegungen
ohne Betrachtung ihrer Geschwindigkeit
ruft aus
Exzentriker
Luxusfanatiker
plötzlich

Es ist zu tief
viel zu tief
Steward und Frau Kant richten Kants Klappstuhl
Die Exzentrizität
ist das vornehmste Unterscheidungszeichen
der Kometen
zieht langsam zum Erstaunen von Ernst Ludwig die Käfigdecke ab
Psittacus erithacus
kontrolliert Friedrich
Alles in Ordnung

FRIEDRICH
Imperativ Imperativ Imperativ

KANT *zu Friedrich*
Das Verfahren ist eröffnet

FRIEDRICH
Das Verfahren ist eröffnet

KANT *zu Ernst Ludwig*
Setz dich
du Tolpatsch
zu Frau Kant
Setz dich doch meine Liebe
deckt, assistiert von Ernst Ludwig, Friedrich wieder zu plötzlich, den rechten Zeigefinger befeuchtend und hochhaltend
West Nordwest
Volle Fahrt voraus

STEWARD *Haltung annehmend*
West Nordwest
volle Fahrt voraus
Frau Kant und Ernst Ludwig setzen sich

KANT
Jupiter
Mars
Merkur
Zentralkraft
Ernst Ludwig steht auf und richtet die Käfigdecke und setzt sich wieder
Exzentrizität
weil die Sonne in ihrer Achsendrehung
der Geschwindigkeit des Merkurs

noch lange nicht gleichkommt
horcht auf Friedrich

FRIEDRICH

Noch lange
nicht gleichkommt

KANT

Approximativ
Umschwunggeschwindigkeit
Hitze
zu Frau Kant
Du hättest die dicke Suppe
nicht essen sollen gestern abend
zu Ernst Ludwig
Das Weltgewissen
ist in dir tot
endgültig tot

FRAU KANT

Ernst Ludwigs Schwester
ist tot
schreibt ihr Mann

KANT *zu Ernst Ludwig*

Sei froh
auf Hoher See
keine Möglichkeit
für einen Begräbnisbesuch
Wie alt war deine Schwester

ERNST LUDWIG

Siebenunddreißig

KANT

Siebenunddreißig
Eine Katzenzunge lang
eine Katzenzunge lang
horcht auf Friedrich

FRIEDRICH

Eine Katzenzunge lang
eine Katzenzunge lang
Frau Kant winkt den Steward zu sich und flüstert ihm etwas ins Ohr

KANT *zu Friedrich gleichzeitig*

Die Dämonen
die der Natur gemäß sind

Der Widerstand aller Teile
die Partikel des Urstoffes
West Nordwest

FRIEDRICH
West Nordwest

FRAU KANT *zum Steward*
Bringen Sie uns den Speisezettel
Steward will gehen
Frau Kant ruft ihn zurück
Hören Sie Steward
Steward macht kehrt zu Frau Kant
Frau Kant während Kant etwas zu Friedrich flüstert
Mein Mann wünscht sich Kuttelflecke
Kuttelflecke
verstehen Sie
flüstert dem Steward etwas ins Ohr

KANT *sagt gleichzeitig, von Friedrich wieder abgewendet, aufs Meer hinausschauend*
Der Erblindende
hört immer ausgezeichneter

FRIEDRICH
Ausgezeichneter ausgezeichneter

KANT
Leibniz
mein Name ist Leibniz
sagte Leibniz
Steward ab

FRAU KANT
Heute abend
gibt es eine Verlobung an Bord

KANT
Eine Verlobung

FRAU KANT
Die Millionärin
spendiert eine Marzipantorte
mit drei Meter Durchmesser

KANT
Ich habe die Ideallinie

FRAU KANT
Drei Meter Durchmesser
genau einssechsundsiebzig groß

wie der Verlobte
weißt du wer der Verlobte ist

KANT
Der optische Schein
der neunzehn Kometen trügt

FRIEDRICH
Trügt

FRAU KANT
Der Mineraliensammler aus Gelsenkirchen
ist der Verlobte
Und weißt du
wer sie ist

FRIEDRICH
Eine Baronesse aus Clairvaux
aus Clairvaux

KANT
Die spezifische Dichtigkeit des Stoffes
ist immer die gleiche

FRAU KANT
Die Millionärin fährt
zum drittenmal nach Amerika
sie betreibt seit zwanzig Jahren
die Hebung der Titanic
Ihre Großmutter ist
mit der Titanic untergegangen
und mit der Großmutter
der ganze Familienschmuck
Die Millionärin ist aus Ludwigsburg

FRIEDRICH
Ludwigsburg Ludwigsburg Ludwigsburg

KANT *fragend*
Aus Ludwigsburg

FRAU KANT
Kohle Koks Metall

KANT *zu Friedrich*
Psittacus erithacus

FRIEDRICH
Psittacus erithacus

FRAU KANT
Sie macht Linolschnitte
sie hat schon einmal in Amerika

eine Ausstellung ihrer Linolschnitte gemacht

KANT

Der optische Schein
der neunzehn Kometen trügt

FRAU KANT

Sie sagt
sie kennt dich
Übrigens hat der Kapitän
deine Exzentrizität der Planetenkreise gelesen
Am letzten Abend
vor unserer Ankunft in Amerika
sind wir seine Gäste
am Lampionfest
an seinem Tisch
mit dem Kardinal
mit dem Admiral
und Friedrich natürlich
und Ernst Ludwig natürlich

KANT

Und Ernst Ludwig natürlich
Steward kommt und gibt der Frau Kant den Speisezettel
Kant plötzlich, sich aufrichtend
Das ist zu tief
viel zu tief
Dampfpfeifen pfeifen
Ich muß die ideale Linie haben
Steward richtet Kants Klappstuhl
fährt Ernst Ludwig an und klopft ihm mit dem Stock auf die Knie
Was sitzt du da
und starrst
hilf dem Steward

FRIEDRICH

Hilf dem Steward hilf dem Steward
Ernst Ludwig springt auf und hilft dem Steward

KANT

Glaubst du
ich bezahl dich umsonst
Ernst Ludwig vor Kant auf den Knien, Kants Füße in die Decken einwickelnd
Kant mit dem Stock Ernst Ludwig berührend

Alle diese Kreaturen wie du
werden für die Faulenzerei bezahlt
Wir haben dich als Diener verpflichtet
ich und Friedrich
wir beide
aber wir bezahlen einen Dummkopf
du bist nicht einmal die Kopfstücke wert
die ich dir in den fünfundzwanzig Jahren gegeben habe
die du bei uns bist
zu Frau Kant
Wie lang ist Ernst Ludwig in meinen
und in Friedrichs
in unseren Diensten wie lang

FRAU KANT
Fünfundzwanzig Jahre

KANT *ausrufend*
Fünfundzwanzig Jahre
zu Ernst Ludwig
Du bist genauso stumpfsinnig wie am ersten Tag
Du kannst mir noch immer nicht
die Füße einwickeln
und wenn ich sage
du sollst meinen Brei umrühren in der Frühe
kannst du es nicht
ganz zu schweigen von allen andern Verrichtungen
Friedrich hätte einen anderen Diener verdient
zu den andern
Fortwährend muß ich Angst haben
der Dummkopf
der jetzt schon fünfundzwanzig Jahre meinen
kostbaren Friedrich hinter mir her trägt
läßt meinen Friedrich fallen
und mein Friedrich ist tot
Eines Tages
wird er ihn fallen lassen
schlägt Ernst Ludwig auf den Rücken und herrscht ihn an
Dann wird abgerechnet
abgerechnet mit deinesgleichen
Noch ist die Zeit für dich
aber der Zeitpunkt ist abzusehen
in welchem alles gegen dich

und überhaupt gegen den Stumpfsinn ist
befeuchtet sich den rechten Zeigefinger und hebt ihn hoch
West Nordwest
tatsächlich West Nordwest

STEWARD
West Nordwest Herr Professor Kant

KANT
Kant
auf Hoher See
Kant ist
aus Königsberg
nie hinausgekommen
sagt man
Wo Kant ist ist Königsberg

STEWARD *mit einer Nackenrolle*
Die Nackenrolle auch
Herr Professor

FRAU KANT
Geben Sie ihm die Nackenrolle

FRIEDRICH
Nackenrolle Nackenrolle Nackenrolle

KANT
Geben Sie mir die Nackenrolle
Steward legt die Nackenrolle unter Kants Nacken
Die Erde hat etwas an sich
was man mit der Ausbreitung der kosmischen Dünste
und ihren Schweifen vergleichen kann
wendet sich zu Friedrich und flüstert ihm etwas ins Ohr

FRAU KANT *gleichzeitig*
Manchmal leidet mein Mann
ganz plötzlich an der Verdünnung der Luft

KANT *mit erhobenem Kopf*
Der Stichtag
wird ein Dienstag sein

FRIEDRICH
Dienstag sein

FRAU KANT *in den Speisezettel vertieft*
Dienstag laufen wir ein

STEWARD *nimmt Haltung an*
Wenn alles gutgeht
laufen wir Dienstag ein

KANT *befeuchtet den rechten Zeigefinger und hebt ihn hoch*
West Nordwest nicht wahr
STEWARD
West Nordwest Herr Professor Kant
geht ab
KANT *zu seiner Frau*
Du hättest die dicke Suppe
nicht essen sollen
Jeder vernünftige Mensch
ißt auf Hoher See
Hochseekost
Du ißt die kontinentale Kost
zu Ernst Ludwig
Das fette Essen
ist dein Übel
horcht am Käfig
Der psittacus erithacus
ist der intelligenteste
Vor siebzehn Jahren
habe ich ihm
beispielsweise
den Satz gesagt
Einen einzigen unbedingt ersten
allgemeinen Grundsatz für alle Wahrheiten
gibt es nicht
Gestern hat er mir diesen Satz
korrektest
korrektest gesagt
Steward kommt mit einem Pack alter Zeitungen
Wie alt sind die Zeitungen
STEWARD
Sechs Wochen Herr Professor Kant
KANT
Dann ist es gut
ich lese grundsätzlich nur Zeitungen
die mindestens vier Wochen alt sind
sechs Wochen alt
noch besser
Steward gibt die Zeitungen der Frau Kant
Diese alten Blätter
haben eine nützliche Wirkung

sie verursachen keinerlei Erregungszustand
Natürlich
was die Außenwelt anbetrifft
bin ich
je nach dem Alter der Zeitungen
vier oder fünf oder sechs Wochen zurück
Das Allerneueste
ist längst vergessen
zum Steward
Zuerst
vor dreißig Jahren
hat meine Frau mir
nur französische Blätter vorgelesen
vor zwanzig Jahren auf einmal nurmehr noch englische
jetzt lese ich nur noch die deutschen Zeitungen
Ich hatte niemals den Ehrgeiz
portugiesische Blätter zu lesen
beispielsweise
zu Ernst Ludwig
Hast du die Körner gut gemischt
zeig her
Ernst Ludwig springt auf und zu Kant hin
Kant auf den Sack zeigend
Mach auf
ich will sehen
ob du die Körner gut gemischt hast
psittacus erithacus

FRIEDRICH
Psittacus erithacus

KANT
Wenn er mehrere Sätze
unausgesprochen
unausgesprochen wohlgemerkt zusammenfaßte
täuschte er den Schein
eines einfachen Grundsatzes
nur vor
Ernst Ludwig öffnet den Sack und läßt Kant hineinschauen
Kant fragend
Halbhalb

ERNST LUDWIG
Halbhalb

KANT

Professor Drahtgut
behauptete
die Körner sollten gequetscht sein
Er irrte
der psittacus erithacus
muß ganze unverletzte Körner zu sich nehmen
Die sogenannten Tierwissenschaftler
haben bereits die ganze Tierwelt degeneriert
zum Steward
An Sonntagen
bekommt mein Friedrich
eine geröstete Frühstückssemmel
er verzehrt sie mit größtem Vergnügen
Ich habe das einmal dem Professor Drahtgut gesagt
Mein psittacus erithacus
verzehrt zum Frühstück
eine geröstete Semmel habe ich gesagt
Drahtgut hat mir nicht geglaubt
Daraufhin habe ich den Professor Drahtgut
eingeladen zum Frühstück
er hat sich höchstpersönlich davon überzeugen können
daß Friedrich imstande ist
eine geröstete Semmel zu verzehren

FRIEDRICH

Drahtgut Drahtgut Drahtgut

KANT

Das war das einzige Mal
daß ich Friedrich
einem Professor ausgesetzt habe
Dieser Mann hatte sich naturgemäß
auf Friedrich verheerend ausgewirkt
zu Ernst Ludwig
Du mußt die Körner für Friedrich
kontrollieren
jedes einzelne Korn genauestens kontrollieren
ruft aus
Daß er mir keinen Stein verschluckt
In Höchst
du erinnerst dich
hast du ihm einen Stein

ERNST LUDWIG

Ein Steinchen

KANT

Achwas einen Stein
in den Sack gegeben
Ob aus Unaufmerksamkeit
und also völlig unabsichtlich
oder vorsätzlich
weiß ich nicht
zum Steward
Friedrich wäre
beinahe
daran erstickt

FRIEDRICH

Erstickt erstickt erstickt

KANT *zum Steward*

Sie hätten die Blässe
Friedrichs Blässe sehen sollen
Ernst Ludwig will den Sack zumachen
Kant hindert ihn daran und entnimmt dem Sack eine Körnerprobe
zum Steward
Ich entnehme dem Sack
immer eine Körnerprobe
seit Ernst Ludwig Friedrich
einen Stein in den Sack gegeben hat
steckt das Korn in den Mund und zerkaut es
zu Ernst Ludwig
Sind es die brasilianischen
oder die aus Guatemala

ERNST LUDWIG

Die aus Guatemala

KANT

Also die guatemaltekischen
Ernst Ludwig nickt
Tatsächlich sind die Körner
aus Guatemala
bekömmlicher
als die brasilianischen
bekömmlicher und billiger
zum Steward direkt

Das kommt sehr oft vor
daß etwas bekömmlicher
und gleichzeitig billiger ist
Nicht immer ist das Teuerste
auch das Beste
kaut wieder deutlich sichtbar
Korn aus Guatemala
für Friedrich
plötzlich ausspuckend, laut
Auf einem Luxusdampfer
Schließlich sind wir
auf einem Luxusdampfer
zum Steward
Zuerst habe ich mich
nicht entscheiden können
entweder ich entschließe mich
für den coracopsis vasa

FRIEDRICH
Coracopsis vasa

KANT
Oder für den psittacus erithacus

FRIEDRICH
Psittacus erithacus

KANT
Der coracopsis vasa
lebt noch länger
Verschiedene Exemplare
sind über siebzig geworden
zu Friedrich
In zwei Jahren
feiern wir deinen fünfzigsten Geburtstag
Möglicherweise
auf Hoher See
wer weiß
blickt um sich
dann miete ich
ein noch viel größeres Schiff
nur für diesen Geburtstagszweck
zum Steward über Friedrich
Am liebsten hat er es
wenn meine Frau mir

und also auch ihm
aus den Nürnberger Nachrichten vorliest
das erheitert ihn
da lacht er sich beinahe zu Tode
Je ernster der Inhalt
desto größer die Gefahr
daß er sich zu Tode lacht
befeuchtet den rechten Zeigefinger und hebt ihn in die Luft
West Nordwest
volle Fahrt voraus

STEWARD *Haltung annehmend*
West Nordwest
Volle Fahrt voraus

KANT *zu Frau Kant*
Wir können anfangen
horcht am Käfig
über Friedrich
Seine Aufmerksamkeit
ist die größte
Kein Mensch
mit einer solchen Aufmerksamkeit
Dampfpfeifen pfeifen
Meine bedeutendsten meine wichtigsten Vorlesungen
habe ich vor Friedrich gehalten
Ich weiß warum Friedrich
halte ich eine Vorlesung
immer den ersten Platz hat
noch vor dem Professorenkollegium
Dampfpfeifen pfeifen
zum Steward
Deshalb ist Friedrich auch
der Meistgehaßte
am meisten hassen ihn die Universitätsprofessoren
denn er sitzt immer
an erster Stelle
Die Professoren beneiden ihn
um seine Aufmerksamkeit
Es entgeht ihm nichts
während den Gelehrten
beinahe alles entgeht
Ich bin von Anfang an

nur mit Friedrich gereist
heimlich
naturgemäß
durch ganz Deutschland
Kant ist aus Königsberg
nicht hinausgekommen
wird gesagt
aber wo Kant ist
ist Königsberg
Königsberg ist
wo Kant ist
zu Friedrich
Wo ist Königsberg

FRIEDRICH
Wo Kant ist

KANT
Und wo ist Kant

FRIEDRICH
Kant ist wo Königsberg ist

KANT *ausrufend*
Psittacus erithacus
Die Menschheit
ist die Einsilbigkeit
an sich
Wenn das Gegenteil von etwas
bejaht wird
wird es selbst verneint
Wenn das Gegenteil von etwas
wahr ist
ist dieses selbst falsch
Leibniz sagte er
Professor Leibniz

FRIEDRICH
Leibniz Leibniz

KANT
Leibniz fürchtete sich
vor Friedrich
Leibniz weigerte sich
in Königsberg eine Vorlesung zu halten
weil er es nicht vertragen konnte
daß Friedrich anwesend ist

Leibniz hat
wegen Friedrich
abgesagt
Ein Seekranker wird von einem Steward an Kant und seiner Gesellschaft vorbeigeführt
Die Seekrankheit ist
der Beweis
für alles
zu Ernst Ludwig
In Zukunft kaufst du
nurmehr noch
die guatemaltekischen Körner
keine brasilianischen mehr

ERNST LUDWIG
Keine brasilianischen

KANT *hebt den Kopf*
Als ob der Wind
sich drehte
befeuchtet den rechten Zeigefinger und
hebt ihn hoch in die Luft
Wind West Nordwest

STEWARD
Wind West Nordwest
volle Fahrt voraus
Herr Professor

KANT
Es heißt
an einem Dienstag in Amerika an Land gehen
bedeutet Unglück

FRAU KANT *auflachend*
Für dich
bedeutet es Glück
Immanuel
für dich Glück
Was für die andern ein Unglück
ist für dich nur ein Glück

KANT *nachdenklich*
Sicher erwarten mich die Professoren
in Schwarz
Aber ich gehe weiß
von Bord

zu allen Anwesenden
Wir gehen alle
weiß von Bord
weiß
weiß
Mit Ausnahme von Ernst Ludwig
der schwarz von Bord gehen muß

FRAU KANT
Ernst Ludwig schwarz
wieso denn
ausgerechnet Ernst Ludwig

KANT
Weil seine Schwester gestorben ist

FRAU KANT
Aber Immanuel
deswegen
muß er doch nicht in Schwarz von Bord gehn

KANT
Möglicherweise genügt
in diesem Fall
eine schwarze Binde
am rechten Arm

FRAU KANT
Wo sollten wir für Ernst Ludwig
einen schwarzen Anzug hernehmen

KANT
Auf einem solchen Hochseeluxusschiff
wird sich auch
ein schwarzer Anzug in jeder Größe
auftreiben lassen
auf einem solchen Luxusschiff
ist nichts unmöglich
zu Frau Kant direkt
Aber du hast recht
es tut auch die schwarze Binde
nähst du ihm eine schwarze Binde

FRAU KANT
Aber natürlich Immanuel

KANT
Der Tod der Schwester
verpflichtet zum Tragen

der schwarzen Binde wenigstens
wenigstens
zu Ernst Ludwig
wenigstens
wenigstens

ERNST LUDWIG
Wenigstens

KANT *zu Ernst Ludwig*
An was ist sie denn gestorben

ERNST LUDWIG
An der Gartenschaufel

KANT
An der Gartenschaufel

ERNST LUDWIG
Die Gartenschaufel
hat ihr den Kopf zertrümmert

KANT
Ein absurder Tod
an der Gartenschaufel
den Kopf zertrümmert
Eine Ungeschicklichkeit
und die Gartenschaufel
zertrümmert den Kopf
zum Steward
Wir reisen
wie Sie wissen
zum erstenmal
nach Amerika
Ich hatte niemals das Verlangen
nach Amerika
Eine Amerikareise ist eine Perversität
Ich reise im Grunde nur
meiner Frau zuliebe
Sie hatte schon immer
diesen lebenslänglichen Wunsch
Jetzt wo dich die Columbiauniversität
zum Ehrendoktor ernannt hat
mußt du nach Amerika
hat sie zu mir gesagt
und ohne zu zögern willigte ich ein
Stellen Sie sich vor

ich habe ohne zu zögern eingewilligt
Ich wollte mit nichts
nur mit meinem Kopf und mit Friedrich
und mit Ernst Ludwig natürlich reisen
aber jetzt haben wir ein solches großes Gepäck
die Frauen reisen immer mit großen Koffern
Eine Geschmacklosigkeit natürlich
Was mich persönlich betrifft
genügt es mir
meine Kleider
jeden zweiten Tag
wechseln zu können
Alles was nicht ist
ist nicht
alles was ist
ist
Der Satz der Identität
müssen Sie wissen
horcht am Käfig
Manchmal glaube ich
er ist schon tot
aber dann entdecke ich
daß seine Intensität die größte ist
zum Steward
Höre ich nichts
überhaupt nichts
ist seine Intensität am größten
Meiner Frau mißtraut er
das weibliche Geschlecht
verabscheut er
Tatsächlich war es meiner Frau vorbehalten
sich abfällig über Friedrich zu äußern
Kein Mensch hat sich das jemals getraut
meine Frau getraute sich Friedrich
herabzusetzen
In Zoppot hat meine Frau
Friedrich herabgesetzt
aber ich habe meine Frau
vor Friedrich
zur Rechenschaft gezogen
sie mußte sich bei Friedrich entschuldigen

seither ist es meiner Frau nicht mehr gestattet
Friedrich zu kämmen
ein Privileg
das meine Frau dreißig Jahre innehatte
Nur Ernst Ludwig darf Friedrich kämmen
Friedrich wird jeden Tag
zwischen fünf und halb sechs Uhr früh gekämmt
Meine Frau wollte ihm einmal die Nägel lackieren
das hätte mich beinahe wahnsinnig gemacht
nur eine Frau kann
auf eine solche Perversität kommen
In der Nacht
versperre ich Friedrichs Zimmer
höchstpersönlich versperre ich
Friedrichs Zimmer in der Nacht
und Ernst Ludwig bewacht es
Hier auf dem Schiff
haben wir natürlich Schwierigkeiten
in unserer Generalordnung
Ich hätte die ganze Reise nicht gemacht
wenn ich nicht eine Extrakabine
für Friedrich bekommen hätte
eine beinahe völlig geräuschlose Extrakabine
denn Friedrich verträgt absolut keinen Lärm in der Nacht
der psittacus erithacus
braucht absolute Nachtruhe
das Schwierigste auf einem Ozeanschiff
Meine Frau hatte sich in Friedrich verliebt
vor dreißig Jahren
ich habe ihr ein Ultimatum gestellt
entweder oder
sie hatte auf Friedrich verzichten müssen
In Königsberg hatte sich
diese Liebschaft herumgesprochen gehabt
Ich habe meine Frau auf ein Jahr nach Zoppot geschickt
in dieser Zeit bin ich mit Friedrich allein gewesen
das war meine schönste Zeit
zum Steward plötzlich
Volle Fahrt voraus
STEWARD *Haltung annehmend*
Volle Fahrt voraus Herr Professor

KANT
Eine Operation
bewiese natürlich alles
eine Operation die es mir ermöglichte
das Kopfinnere Friedrichs zu sehen
ich hätte den vollkommenen Beweis
zum Steward direkt
Dieser Kopf speichert alles
was ihm jemals gesagt worden ist
ein solcher vollkommen geordneter Kopf wie kein zweiter
Wenn ich das Kopfinnere sehen könnte
und festhalten könnte
ich hätte den vollkommenen Beweis

FRIEDRICH *plötzlich aufgeregt*
Imperativ Imperativ Imperativ

KANT
Ich habe mir diese Amerikareise mit Friedrich
sehr lange und sehr gründlich überlegt
Tatsächlich es ist
kein Risiko
Friedrich allein
in die Universitäten der Welt
zu schicken er könnte alles
was ich jemals gedacht habe
auf das vorzüglichste referieren
horcht am Käfig
Es ist nur der Dünkel der Wissenschaft
daß sie sich auf ein solches Abenteuer
nicht einläßt
Im Auftrage Kants
referiere ich
beispielsweise
über den Satz des Widerspruchs
so höre ich Friedrich
zu Friedrich
Was sagst du
wenn die Vorlesung abgeschlossen ist

FRIEDRICH
Ich danke für Ihre Aufmerksamkeit

KANT
Alles was ist

ist
alles was nicht ist
ist nicht
Die Welt ist die Kehrseite
der Welt
Die Wahrheit die Kehrseite
der Wahrheit
zum Steward über Friedrich
Er lebt ganz
in meiner Begriffswelt
Er verabscheut
was ich verabscheue
Er zieht zur Rechenschaft
was ich zur Rechenschaft ziehe
plötzlich
Von wann sind denn die Zeitungen

STEWARD
Vom fünfundzwanzigsten

KANT
Also vom fünfundzwanzigsten August

STEWARD
Naturgemäß Herr Professor Kant

KANT
Denn wir haben heute
den fünfundzwanzigsten September
zu Frau Kant
Wie ersehnen meine Augen
das nächste Regenwetter
Diese fortwährende Sonne
blendet mich beinahe gänzlich
Wenn es nach meinen Augen ginge
müßte ich mich die ganze Seereise lang
unter Deck aufhalten
in der Kabine
Aber in der Kabine glaube ich
ersticken zu müssen
Auch Friedrich leidet
in der Kabine
unter der Angst ersticken zu müssen
zu Ernst Ludwig
Siehst du nicht

daß mich an den Füßen friert
zu den Umsitzenden und zum Steward
Er sieht es nicht
Er hat die besten Augen
und sieht nichts
Ernst Ludwig springt auf und wickelt
Kants Füße noch fester in die Decken ein
Die Diener
leiden an absoluter Blindheit
während sie
nachgewiesen
die besten Augen haben
alles sehen
und nichts
stößt mit den Beinen gegen die Decke und Ernst Ludwig muß
Kants Füße von neuem einwickeln

FRIEDRICH *laut*
Imperativ Imperativ Imperativ

KANT
Ich habe nicht denken können
einmal in meinem Leben
eine solche Seereise zu machen
Es geht um mein Augenlicht
Frau Kant flüstert dem Steward etwas ins Ohr
Ein kleiner Schnitt
in die Iris
ein winziger Eingriff

FRAU KANT
Du bringst Amerika die Vernunft
Amerika gibt dir das Augenlicht

KANT
Kant geht
nach Amerika
um sein Augenlicht zu retten

FRAU KANT
Ganz Amerika
wartet auf dich
Die Zeitungen sind voll
von Berichten über dich

KANT
Columbus hat Amerika entdeckt

Amerika hat Kant entdeckt
Frau Kant flüstert dem Steward etwas ins Ohr
Tatsache ist
daß Ernst Ludwigs rechter Arm
dicker ist
als sein linker
weil er schon dreißig Jahre
Friedrichs Käfig trägt
Frau Kant lacht laut auf
Kant befeuchtet den rechten Zeigefinger
und hält ihn hoch
West Nordwest
volle Kraft voraus

STEWARD *nimmt Haltung an, salutiert*
Wind West Nordwest
volle Kraft voraus

FRIEDRICH
Volle Kraft voraus

KANT
Der Präsident der Vereinigten Staaten
besucht meine erste Vorlesung
Ich glaube er versteht
viel von Musik
einer der wenigen musikalischen Persönlichkeiten
Amerikas
zum Steward
Ich verwende naturgemäß
immer die indirekte Schlußart

FRAU KANT *zum Steward*
Wir haben
hinter unserem Haus
für Friedrich ein eigenes Haus gebaut
in welchem alles tropisch ist

KANT
Tropisch
subtropisch

FRAU KANT
Jeden Samstag
ist Friedrich in den Tropen

KANT *zum Steward*
Die Urheimat

des psittacus erithacus
Guinea Angola
der Victoriasee wissen Sie
zu Friedrich
Deine Urheimat

FRIEDRICH
Urheimat Urheimat

KANT
Alles
dessen Gegenteil falsch ist
ist wahr

FRIEDRICH
Ich danke für Ihre Aufmerksamkeit

KANT *plötzlich zum Steward*
Sind hier Eisberge

STEWARD
Kein Eisberg
Herr Professor Kant
Frau Kant flüstert dem Steward etwas ins Ohr

KANT
Wer sagt
daß nicht da
wo gesagt wird
kein Eisberg
ein Eisberg ist
Denken Sie nur an die Titanic

FRIEDRICH
Titanic Titanic

KANT *horcht am Käfig*
Alle diese Leute
mit ihrem Luxus
untergegangen
Die Konzertkapelle hat gespielt
während alles untergegangen ist
zum Steward
Haben Sie nie Angst gehabt
unterzugehen
Sind Sie Schwimmer

STEWARD
Ich bin Nichtschwimmer
Herr Professor Kant

KANT *ruft aus*

Nichtschwimmer
Er ist Nichtschwimmer
Da hätte ich Tag und Nacht
keine Ruhe
Ich bin Schwimmer
Ich bin immer ein guter Schwimmer gewesen
Meine Frau ist Nichtschwimmerin
Ernst Ludwig schwimmt auch
zu Friedrich
Und Friedrich kann fliegen
wenn es sein muß
er überflügelt uns alle
Frau Kant flüstert dem Steward etwas ins Ohr
Der erste hier
der untergeht
ist Ernst Ludwig
zu Frau Kant
Ich sehe wie du dich
an Ernst Ludwig klammerst
und wie Ernst Ludwig dich hinunterzieht
Was für ein tragisches Ende
zum Steward
Sagen Sie
wie viele Rettungsboote
stehen hier zur Verfügung

STEWARD

Zweiundzwanzig Rettungsboote
Herr Professor

KANT *ruft aus*

Kinder und Frauen zuerst
Ach
deckt sich beide Augen zu
mich schmerzen meine Augen
Tatsächlich
ich habe das Glaukom
nicht verdient
Das Augenlicht
ist das Wichtigste
ohne Augenlicht
ist auch mein Kopf verloren

treibt dahin

FRAU KANT *hat längere Zeit den Speisezettel studiert zum Steward*

Meinem Mann zerkleinern Sie das Kalbfleisch
Keine Sauce
kein Salat

KANT *nimmt die Hände von den Augen und schaut aufs Meer hinaus*

Alles ist trüb
trüb
trüb
trüb

FRAU KANT

Mir geben Sie das Steak wie es ist
gepfeffert

FRIEDRICH

Gepfeffert

Ernst Ludwig ist aufgestanden und will die Käfigdecke abnehmen

KANT *aufgebracht*

Unterstehe dich
und nimm die Decke ab
Sogar ich
leide unter dem grellen Licht
wie erst Friedrich

Ernst Ludwig setzt sich wieder, nimmt den Körnersack zwischen die Knie

Auf Hoher See
ganz andere Gedanken
als auf dem Festland

Frau Kant flüstert dem Steward etwas ins Ohr

Der Kopf bejaht
was er verneint hat

horcht lang am Käfig, dann

Dienstag mein Schicksalstag
der auch dein Schicksalstag ist

Frau Kant flüstert dem Steward etwas ins Ohr

Steward mit dem Speisezettel ab

Kant zu Friedrich

Wir gehören zusammen
gleichgültig

was die Welt denkt
die Welt denkt
nur Unverschämtes

FRAU KANT *zu Ernst Ludwig*
Richten Sie meinem Mann
den Kopf
Ernst Ludwig springt auf und richtet Kant den Kopf

KANT *zu Frau Kant*
Ich glaube
ich komme
zu dem richtigen Zeitpunkt
nach Amerika
Im Grunde bin ich
ein Feind des Amerikanismus
Ich habe Amerika immer gehaßt
Jahrzehntelang habe ich mich geweigert
jetzt gehe ich nach Amerika
In diese Falle geht jeder
Der Amerikanismus
ist schuld am Weltende
auffahrend zu Ernst Ludwig
Du verletzt mich ja
Habe ich dir nicht
alle diese Kopfgriffe gelehrt
dreißig Jahre
und ein so katastrophales Ergebnis
Deine Schwester habe ich
einmal gesehen
ein hübsches Kind
Unvorstellbar
daß sie deine Schwester gewesen ist
Die Grazie selbst
und du
alles an dir ist tölpelhaft
Deine Schwester
so ungemein feinnervig
und du das Gegenteil
stößt ihn weg
zu Friedrich
Wir haben keinen Bessern gefunden
als diesen Tölpel

Entweder
er gibt dir die Körner zu früh
oder zu spät
Menschen dieser Art
Ernst Ludwig setzt sich
haben kein Zeitgefühl
sie sind total antisensibilistisch
antisensibilistisch

FRAU KANT *in den Zeitungen lesend*
Wieder neue Morde
hörst du
Der Ministerpräsident von Kambodscha
ist ermordet worden

KANT
Zeitlebens bin ich gegen die Zeitungen
zeitlebens habe ich sie in mich hineingefressen
Frau Kant lacht laut auf
Warum lachst du

FRAU KANT
Diese Karikatur

KANT
Alles ist Karikatur

FRAU KANT *lacht laut auf*
Eine vollkommen falsche Wetterprognose
Für den Monat August
ist schlechtes Wetter vorhergesagt

KANT *lacht laut auf, dann*
Die Kette der Wahrheiten
bis zum letzten Glied verfolgen
Der Sturz aller Regierungen
steht unmittelbar bevor
Leibniz sagte Leibniz
mein Name ist Leibniz
zu Ernst Ludwig
Kennzeichen von deinesgleichen
ist der Ungehorsam
mit welchem die die dich
und die deinesgleichen bezahlen
fertig zu werden haben
Der Sozialismus
ist tödlich

Die Gesellschaft hat den Selbstmord
begangen
indem sie den Weg des Sozialismus gegangen ist
die Gesellschaft hat den Sozialismus
vollkommen mißverstanden
Ich bin Sozialist
der wahre der tatsächliche Sozialist
alles andere ist ein Irrtum
Und der Kommunismus
ist eine Modetorheit
Marx ein Tunichtgut
Der arme schwachsinnige Lenin
hat mich total mißverstanden
Alle diese Leute
waren nichts als geborene Romanschriftsteller
die ihr Talent
die ihr eigentliches Genie nie ausgeübt haben
plötzlich laut
Kann ich den Koch sprechen
Ich muß den Koch sprechen
zu Frau Kant
Der Koch muß her
her der Koch

STEWARD *tritt auf, salutiert*
Sie wünschen Herr Professor Kant

KANT
Ich muß den Koch sprechen
den Chefkoch
Ich vertrage keinen Kümmel
in der Kümmelsuppe
Holen Sie augenblicklich den Koch
Frau Kant flüstert dem Steward etwas ins Ohr
Steward ab
Kant zu Ernst Ludwig
Diese Schiffsköche sind hinterhältig
es gibt nichts Hinterhältigeres
als die Schiffsköche
Auf Hoher See muß man sich in acht nehmen
vor der Kost
die die Schiffsköche kochen

FRAU KANT

Aber du hast doch gestern
mit dem Schiffskoch gesprochen
mit dem Chefkoch

KANT

Ich muß täglich mit ihm sprechen
Ich will ihn täglich sehen
in allen diesen Menschen
geht unaufhörlich eine gefährliche Veränderung vor
und sie tun plötzlich was sie wollen
Steward kommt mit dem Schiffskoch
Kant zum Schiffskoch
Sind Sie der Chef
der Chefschiffskoch

SCHIFFSKOCH

Zu Diensten Herr Professor Kant
Kants Frau winkt dem Steward und steckt ihm einen Geldschein zu

KANT *schaut auf seine Taschenuhr*

zum Schiffskoch
Mit den Suppen
ist es eine Fatalität
finden Sie nicht auch
Eine Suppenfatalität
tatsächlich eine Suppenfatalität

SCHIFFSKOCH *um sich schauend, dann wiederholend*

Eine Suppenfatalität

KANT

Ich kenne einige Könige
die an zuviel Kümmel in der Suppe
gestorben sind
Sie wissen
wo ich hinauswill
horcht am Käfig
zu Friedrich
Gut daß du aus Ernst Ludwigs Sack versorgt wirst
zum Schiffskoch
Bevor ich einen Löffel esse
muß meine Frau einen Löffel essen
so halte ich es
seit fünfzig Jahren

droht mit dem rechten Zeigefinger
Die Köche sind die gefährlichsten
Kein Kümmel in meiner Suppe
nach einer Pause, während welcher sich alle anschauen
und kein Haar
Sie können gehen
Schiffskoch ab
Kant ruft ihm nach
Schiffskoch
Schiffskoch
Schiffskoch dreht sich um, bleibt stehen
Wie viele Kümmelkerne geben Sie gewöhnlich
in eine Suppe

SCHIFFSKOCH *fragend*
In eine Suppe

KANT *abwehrend*
Sagen Sie nicht
wieviel
Kochen Sie ruhig weiter
Bald sind die Atlantikfische
überhaupt nicht mehr zu genießen
zum Steward
Wissen Sie daß
je mehr gefangen werden
desto giftiger sind sie
Meine Frau findet gar nichts daran
daß die Aale schon nicht mehr genießbar sind
Die Heringe sind absolute Existenzverkürzer
Frau Kant flüstert dem Steward etwas ins Ohr
Kant zum Steward
Das Problem
waren zu allen Zeiten
die Löcher in den Netzen
Ein Vetter von mir
hat die Seefische
in den Alpen eingeführt
Er war der Erfinder des Kühlwagens
Sein Denkmal steht in Innsbruck
plötzlich
Aber es ist noch nicht enthüllt worden
schaut um sich

Jeden Augenblick denke ich
das Schiff birst
bricht auseinander ganz einfach
und wir alle fallen durch
auf den Meeresgrund

FRIEDRICH

Imperativ Imperativ Imperativ

KANT

Jedes einzelne Leben
ist von der größten Tragweite
schaut um sich

FRAU KANT *zum Steward*

Vielleicht ist es besser
er ißt ein Mus
Dampfpfeifen pfeifen
feingerührtes Mus

KANT

Die Logik lehrt
daß nichts leichter zu verdauen ist
als ein Mus
oder Kuttelflecke
Sekundärsteward tritt auf und flüstert dem Steward etwas ins Ohr
Frau Kant lacht laut auf und klappt eine Zeitung zu
Dampfpfeifen pfeifen

STEWARD *zu Kant*

Es ist angerichtet Herr Professor Kant
Alle erheben sich und gehen zum Essen
Ernst Ludwig packt den Käfig und geht hinterher

KANT *auf halbem Weg stehenbleibend, den rechten Zeigefinger befeuchtend und hochhebend*
Dampfpfeifen pfeifen
West Nordwest

FRIEDRICH

West Nordwest

STEWARD *salutierend*

Wind West Nordwest
volle Fahrt voraus

Mitteldeck

Mehrere Klappstühle und Sessel
Frau Kant und die Millionärin promenierend

MILLIONÄRIN

Es ist viel Prominenz
an Bord
Den Leuten nützt
ihr Inkognito nichts
Es hat sich herumgesprochen
daß Kant an Bord ist
lacht
Wenn diese Reise nicht zielführend ist
ist es die nächste
Meine Großmutter
eine geborene Litfaß
Kohle Koks Metall wissen Sie
mit pianistischen Ambitionen
reiste mit dem ganzen Familienschmuck
auf der Titanic
Die Dampfpfeifen pfeifen dreimal
Sie hatte immer davon gesprochen
daß sie auf Hoher See sterben wird
Tatsächlich hat der Eisberg die Titanic
vollkommen aufgeschnitten
Lloyds muß ganz einfach die Titanic heben
ich werde alles daransetzen
daß die Titanic gehoben wird
Mein verstorbener Mann
hat mir auf dem Totenbett den Schwur abgenommen
daß ich alles unternehmen werde
daß die Titanic gehoben wird
Lloyds hat schließlich eine große Verpflichtung
Kant an Bord
ist das nicht eine Ungeheuerlichkeit
Man sagt er sei aus Königsberg nie herausgekommen
Alles sehr witzige Leute
Die Dampfpfeifen pfeifen dreimal
Ich habe mit dem Steward gesprochen
Wir sitzen am Kapitänstisch

Mit dem Kardinal mit dem Admiral
am Lampionfest
Schrecklich
ich denke immerzu an die Eisberge
ich habe die ganze Nacht nicht geschlafen
nach der Erzählung des Kardinals
einerseits habe ich zugehört
andererseits fortwährend Whisky getrunken
Ein paar Gläser am Abend meinte der Bordarzt
schaden mir nicht
Auf einer solchen Reise
muß man sich ganz einfach
den angebotenen Genüssen hingeben
plötzlich, Frau Kants Kleid kontrollierend
Was für ein hübsches Kleid
ein richtiges Bordkleid
Ich bin jeden Morgen in der größten Verlegenheit
wenn ich denke
was ich wieder anziehen werde
Die Dampfpfeifen pfeifen dreimal
einerseits ist es an Deck doch sehr windig
andererseits unter Deck ziemlich heiß
Aber ich habe noch niemals auf Hoher See
ein und dasselbe Kleid zweimal getragen
Es muß interessant sein
mit einem so berühmten Mann wie Professor Kant
verheiratet zu sein
Der Steward sagt der Professor ist
zehnfacher Ehrendoktor
Sie hätten Ihren Mann auf dem Tristachersee kennengelernt
Eine Seeehe
lacht laut auf
Eine Seeehe

FRAU KANT

Ja auf dem Wasser

MILLIONÄRIN

Ihre erste Hochseereise
und zu einem so hohen Anlaß
Ehrendoktor von New York
was für ein Höhepunkt

FRAU KANT

Mein Mann ist Ehrendoktor der Columbiauniversität

MILLIONÄRIN

Aber das ist doch gleichgültig
Mit einem Ehrendoktor
an einem Tisch
mit Kant persönlich
Jetzt weiß ich erst was das bedeutet
Der Kardinal ist ganz außer sich
daß er auf demselben Schiff reist wie Kant
Kant und der Kardinal
Ich liebe Amerika über alles
Sie nicht

FRAU KANT

Wir reisen das erstemal nach Amerika

MILLIONÄRIN

Daß es das heute noch gibt
zum erstenmal nach Amerika
schaut auf das Meer hinaus
Diese Weite
diese Unendlichkeit
Nun gut
ich glaube fest
Lloyds hebt den Schatz
dann habe ich erreicht
was ich wollte
Das bin ich doch meinem Mann schuldig
Er hatte immer Schiffsbauingenieur werden wollen
ein richtiger Schiffsbauingenieur
Ach wissen Sie er stammte
aus einer richtigen Proletarierfamilie
Kant persönlich
Es muß wunderbar sein
mit einer Weltberühmtheit verheiratet zu sein
mit Kant
Gehen Sie auch jeden Tag zum Masseur
Ich lasse mich täglich vom Schiffsmasseur massieren
ein so schöner Körper
eine elegante Erscheinung
er hat mir gesagt
im Grunde sei er Arzt

er habe sein Doktordiplom wegen einer verschleppten Rippenfellentzündung
seiner Mutter nicht machen können
Achja die Krankheiten zerstören alles
da ist man auf dem besten Weg
ein Talent zu entwickeln
ein Genie zu werden
und plötzlich ist alles zunichte
weil eine Krankheit auftritt
Jeden Morgen kommt der Schiffsarzt
und mißt mir den Blutdruck
Ich habe meinen eigenen Blutdruckmesser mit
wohin ich auch fahre
immer habe ich meinen Blutdruckmesser mit
Die Ärzte behandeln mit ganz und gar unzuverlässigen Apparaten
Haben Sie auch solche absurden Träume
Ich glaube ich gehe durch die Fifth Avenue
und rede einen Mann an und frage wie spät ist es
und es stellt sich heraus es ist der Schah von Persien
lacht laut auf
und er sagt
meine Liebe
Ihr Strumpfband hat sich gelöst
Mein Strumpfband frage ich mein Strumpfband
Allerdings meine Liebe Ihr Strumpfband sagt er
darauf bücke ich mich
und tatsächlich
hat sich mein Strumpfband gelöst
Ach sage ich
wie kommen Sie denn hier auf die Fifth Avenue
Aber wie ich mich wieder aufrichte
bin ich auf dem Großglockner
wirklich
Auf Hoher See haben die Leute die absurdesten Träume
oder sie leiden an Schlaflosigkeit
Der Kardinal hat schon zweimal erbrochen
Die Seekrankheit ist etwas Fürchterliches
Haben Sie wenigstens eine gute Kabine
Früher hatte ich Angst allein zu reisen
eine Seereise allein macht ganz einfach Angst

mit meinem Mann bin ich um die ganze Welt gereist
und immer zu Schiff
grundsätzlich nur zu Schiff
flüstert der Frau Kant ins Ohr
Er war Epileptiker
wieder laut
Ich hasse das Fliegen
Ach mir gefällt es hier auf dem Schiff
und mir schmeckt es hier auf dem Schiff
Wenn ich schlecht träume
gehe ich an Deck
und denke an Panama
verstehen Sie Matrosen Liebe achja
Und wenn mir die Kleider zu eng werden
haben wir schließlich einen Schneider an Bord
einen richtigen böhmischen Schneider
ein Genie auf seinem Gebiet
In ein paar Tagen habe ich Lloyds so weit
daß sie die Titanic heben
Ein Perlenkollier denken Sie
das die Maria Theresia um den Hals gehabt hat
und eine Menge erzherzöglicher Ringe
Brillanten Diamanten aus allen Kaiserhäusern
Finden Sie nicht
daß der Kardinal sehr gut aussieht
Ein schöner Papst wäre das
Ich bin sicher er wird eines Tages Papst
Dann kann ich sagen
ich bin mit dem Papst zu Schiff nach Amerika
Es gibt natürlich größere Schiffe
aber keins ist angenehmer
Luxus ist angenehm
der Hochseeluxus ist angenehm
Ich verstehe nichts von Philosophie
aber sagen Sie mir bitte was philosophiert Ihr Mann denn
Ist es tatsächlich unverständlich
Ich würde so gern etwas von Ihrem Mann lesen
haben Sie für mich etwas übrig
Ich möchte doch nicht mit Kant bekannt sein
und nichts von Kant kennen
schaut aufs Meer hinaus

Meine Mutter hat immer gesagt
rede nicht soviel mein Kind
das schwächt deinen Organismus
plötzlich
Angeblich hat die Titanic den Anwälten
die die Hinterbliebenen vertreten haben mehr gebracht
als das Ganze auf dem Schiff wert war
Sind Sie auch bei Lloyds versichert
Achja
was für ein schöner Nachmittag
plötzlich neugierig
Worauf gründet sich denn die Philosophie Ihres Mannes
Achja
Denken Sie wie ich in die Kabine komme
habe ich die Bescherung
Ich habe den Wasserhahn laufen lassen
entsetzlich
zwei Uhr früh und ich stehe im Wasser
Bis vier Uhr früh hat es gedauert
daß ich zu Bett gehen konnte
Die Nervosität der Leute ist auffallend
es liegt ein Wetterumschwung in der Luft
Haben Sie schon Ihre Lampions

FRAU KANT

Welche Lampions

MILLIONÄRIN

Na für das Lampionfest

FRAU KANT

Daran habe ich noch gar nicht gedacht

MILLIONÄRIN

Ich hatte immer nur gelbe Lampions
Gelb ist meine Lieblingsfarbe müssen Sie wissen
schon als Kind
Ich liebe diese Bordfeste
Einmal auf der Fahrt nach Jamaika
mit meinem Mann
hat es einen Zwischenfall gegeben
Das Bordfest war schon in Gang
da gab es eine Explosion
Das Schiff ist explodiert habe ich gedacht
Eine Panik eine richtige Panik stellen Sie sich vor

Aber es ist nur ein Knallkörper explodiert
Das wird Ihrem Mann gefallen das Bordfest
Da brauchen Sie mindestens sechs Lampions
Jeder hat zwei Lampions
Ihr Mann Sie und der Begleiter Ihres Mannes

FRAU KANT
Ernst Ludwig

MILLIONÄRIN
Ernst Ludwig richtig
Drei mal zwei ist sechs

FRAU KANT
Sie haben Friedrich vergessen

MILLIONÄRIN *fragt*
Friedrich

FRAU KANT
Der Papagei meines Mannes

MILLIONÄRIN *lacht auf*
Achja der Papagei
Das ist ja eine Unglaublichkeit
wenn der Papagei mit zwei Lampions hereinkommt
eine Unglaublichkeit
schaut aufs Meer hinaus
Ich liebe diese Augenblicke
in welchen ich hier stehe
und hinausschaue
Bleiben Sie länger in New York
Da müssen Sie länger bleiben
Sie müssen in den Centralpark
Ach und die vielen schönen Blusen auf der Achtunddreißigsten Straße
Der Broadway ist nicht mehr
was er einmal war
das ist alles vorbei alles tot
Die großen Schauspieler sind alle auf dem Friedhof
und die lebenden sind nichts
Aber Sie haben sicher kein Interesse für Theater
Ich gehe nicht mehr ins Theater
es hat nichts mehr zu bieten
das Theater ist ein Anachronismus
Ein Bekannter von mir
Schriftsteller

auch ein Philosoph wie Ihr Mann
hat ein Buch herausgegeben
in welchem er beweist daß das Theater
ein Anachronismus ist
Kennen Sie Strindberg
Das ist ein Mann
alles andere ist nichts
da ist es besser ich nehme ein heißes Fußbad
als daß ich ins Theater gehe
zieht plötzlich ihren Rock hinauf
Sehen Sie
Frau Kant schaut auf das rechte Knie der Millionärin
Meine Kniescheibe ist künstlich
Eine lange Geschichte
Das ist ganz plötzlich passiert
Ich gehe drei Tage nach unserem Hochzeitstag
auf die Straße
vor zweiundvierzig Jahren
um einen Serviettenring abzuholen beim Juwelier
den Serviettenring habe ich meinem Mann geschenkt
eine Gravur wissen Sie
mit dem Hochzeitstagdatum
Wie ich in das Juweliergeschäft eintreten will
tritt ein Mann vor mich hin und sagt Vorsicht
Vorsicht hören Sie Vorsicht
Ich denke ein Verrückter und lache
In diesem Augenblick schlägt mir der Mann
mit einem Metallstock auf das Knie
und zerschlägt mit einem einzigen Schlag die Kniescheibe
Es ist alles so schnell passiert
daß der Mann unerkannt entkommen konnte
Der Fall ist nie aufgeklärt worden
Zuerst haben mich die Ärzte verpfuscht
in Europa praktizieren ja wirklich nur Stümper
Dann bin ich
nach mehreren mißlungenen Operationen in Wiener und Schweizer Kliniken
nach Amerika
ich hatte mich schon damit abgefunden gehabt
daß mein Bein steif bleibt
aber an der Columbiauniversität

haben sie mir diese künstliche Kniescheibe eingesetzt
sehen Sie
bewegt ihr Bein in der Luft hin und her
Es ist ganz normal
obwohl die Kniescheibe künstlich ist
ganz normal als ob nichts gewesen wäre
Die amerikanischen Ärzte sind Genies sage ich Ihnen
läßt den Rock fallen und steht wieder auf beiden Beinen
Natürlich habe ich keine Kosten gescheut
Die Könner sind immer kostspielig
wäre ich in Europa geblieben
ich würde noch immer mit einem steifen Bein herumlaufen
beide setzen sich
aber wahrscheinlich hätte ich mich längst umgebracht
denn ich bin nicht der Mensch
der zeitlebens als Krüppel herumläuft

FRAU KANT

Wir haben große Hoffnung
daß meinem Mann geholfen wird
in Amerika

MILLIONÄRIN

Amerika hat schon vielen geholfen
Zuerst sind die Leute skeptisch
Wer Amerika nicht kennt haßt es
Bevor ich in Amerika gewesen bin
habe ich es auch gehaßt

FRAU KANT

Die Augen meines Mannes
verschlechtern sich täglich
der Zeitpunkt
ist abzusehen
in welchem er nichts mehr sieht
Er hat den Grünen Star müssen Sie wissen

MILLIONÄRIN

Gerade was den Grünen Star betrifft
kommt Ihr Mann in die besten Hände
Da kenne ich einen Professor in Chikago
der macht einen kleinen Schnitt in die Iris
und Ihr Mann sieht wieder wie er vorher gesehen hat
der Grüne Star ist heute kein Problem mehr
das Glaukom hat seinen Schrecken verloren

FRAU KANT
Mein Mann setzt alle Hoffnung
auf Amerika
auf die amerikanischen Ärzte
MILLIONÄRIN
Ich bewundere Ihren Mann
ein Mensch der mit so schlechten Augen
so viel sieht
Der Kardinal sagt Ihr Mann hat bis jetzt schon
viel mehr und viel tiefere Gedanken gedacht
als alle andern
Ich hätte nie gedacht
daß ich Kant persönlich kennenlernen würde
Das wird mir auch niemand glauben
FRAU KANT
Zieht es auch so in Ihrer Kabine
MILLIONÄRIN
Natürlich
In allen Kabinen zieht es
Ich setze in der Nacht eine Strickmütze auf
FRAU KANT
Das ist eine gute Idee
MILLIONÄRIN
Meine Großmutter
hatte schon unter der Zugluft
auf den Hochseeschiffen gelitten
sie war eine leidenschaftliche Seereisende
jedes Jahr mindestens eine Seereise
und möglichst um die ganze Welt
das war eine Ungeheuerlichkeit zu ihrer Zeit
Meine Großmutter war niemals
ohne Strickmütze an Bord
Mein Kind hatte sie immer gesagt
wenn ich diese Strickmütze nicht hätte
Wer keine Strickmütze hat auf Hoher See
holt sich alle möglichen Krankheiten
die zuallererst als ganz harmlose Verkühlungen auftreten
die aber schließlich alle chronische Krankheiten werden
Eine einzige Nacht ohne meine Strickmütze
und ich hätte mich zu Tode verkühlt
Ich nehme an meine Großmutter hatte ihre Strickmütze auf

wie sie mit der Titanic untergegangen ist
es ist mir nicht anders vorstellbar
lacht
Achja man kann sich nicht genug schützen
Stricken Sie sich doch eine solche Strickmütze

FRAU KANT
Sicher wäre eine solche Strickmütze
für meinen Mann günstig

MILLIONÄRIN
Eine solche Strickmütze
ist der beste Schutz
Ich muß mich natürlich
mit einem größeren Betrag
an der Hebung der Titanic beteiligen
Lloyds hat mich übers Ohr gehauen bis jetzt
es ist ein pausenloser Kampf
will man zu seinem Recht kommen
Es ist meine dritte Amerikareise
in Sachen Lloyds
aber ich gebe nicht auf
ich habe es meinem Mann versprochen
auf dem Totenbett
in die Hand
Zwei Lampions für jeden
merken Sie sich das
Ein Papagei mit zwei Lampions

FRAU KANT
Ernst Ludwig muß Friedrichs Lampions tragen

MILLIONÄRIN
Ein urkomischer Mensch
Wo haben Sie denn den aufgetrieben

FRAU KANT
Ohne Ernst Ludwig
wäre mein Mann verloren
Er könnte Friedrich
nicht selbst tragen

MILLIONÄRIN
Ein urkomischer Mensch
Ein Geistestrio
lacht laut auf
Ein Geistestrio

FRAU KANT

Da haben Sie recht

MILLIONÄRIN

Man steckt ein Vermögen
in einen Kopf
wie Kants Kopf nicht wahr
Da weiß man wenigstens wofür
Die Geisteswelt ist
eine ganz andere Welt
Ich bin in der kapitalistischen aufgewachsen
Ich bin ein echtes Kind des Kapitalismus
Mein Mann hat mit mir immer nur per
mein kapitalistisches Kind gesprochen
Die erste Nacht auf See
hatte er immer Durchfall
Tagelang beobachte ich Ihren Mann
es ist faszinierend
Was mir auffällt
ist
daß Ihr Mann zweifellos
eine hohe Schuhgröße hat

FRAU KANT

Sechsundvierzig

MILLIONÄRIN

Das ist ungewöhnlich

FRAU KANT

Im Ausverkauf
ist das ein Vorteil

MILLIONÄRIN

Ja die ungewöhnlichen Größen
sind absolut ein Ausverkaufsvorteil
Kant und die andern kommen

FRAU KANT

Mein Mann kommt

MILLIONÄRIN

Diese Schritte kündigen Kant an
Beide wenden sich um
Kant mit Schriften, Ernst Ludwig mit Friedrich und der Steward mit Decken erscheinen
Frau Kant und die Millionärin stehen auf

KANT *sofort auf einem der Klappstühle Platz nehmend, zur Millionärin*
Meine Frau schätzt eine universelle Unterhaltung wie die Ihrige
MILLIONÄRIN *lachend*
Wir verstehen uns
Herr Professor Kant
wir verstehen uns ausgezeichnet
Frau Kant und der Steward richten Kants Klappstuhl
Ernst Ludwig hat den Käfig mit Friedrich und den Körnersack abgestellt und wickelt Kants Füße ein
FRAU KANT *zu Kant*
Nimmst du die Kopfstütze
KANT
Natürlich die Kopfstütze
zu Mittag nehme ich selbstverständlich
die Kopfstütze
zur Millionärin
Die Wetterlage verschlechtert sich
befeuchtet den rechten Zeigefinger und hebt ihn in die Luft
West Nordwest
STEWARD *nimmt Haltung an*
West Nordwest Herr Professor Kant
Kant richtet sich die Brille und öffnet die Schriften
MILLIONÄRIN
Meine schönste Seereise
Herr Professor Kant
Ein so hochgestellter Geisteskopf auf dem Schiff
ich bin entzückt
Ich habe Ihrer Frau empfohlen
eine Strickmütze aufzusetzen gegen Verkühlungen
Ich habe meine Mütze selbst gestrickt
Aber man kann sich auch Mützen kaufen unter Deck
FRAU KANT *zu Kant*
Höher den Kopf
KANT
Den Kopf höher
Frau Kant und der Steward rücken an Kants Kopfstütze
Halt halt
so ist es richtig
schaut geradeaus

Jetzt habe ich die ideale Linie
zur Millionärin
Kennen Sie Joseph Conrad

MILLIONÄRIN
Wer ist das

KANT
Einer unserer größten Schriftsteller
Pole

FRAU KANT *zur Millionärin*
Wollen Sie sich nicht setzen

KANT *zur Millionärin*
Setzen Sie sich doch
Ernst Ludwig rückt den Käfig mit Friedrich ganz an Kants Klappstuhl heran und wickelt Kants Beine in die Decken ein
Steward wickelt Kants Körper in die Decken ein
Auch auf Hoher See
herrscht der Dünkel
Die Gemütslage verändert sich
Die Exzentrizität
Die Natur
ist die größte Künstlichkeit

MILLIONÄRIN *zu Kant*
Ich habe Ihrer Frau
mein Knie gezeigt
die künstliche Kniescheibe
die amerikanische Kniescheibe
wie mein Mann immer gesagt hat
entblößt ihr Knie
Sehen Sie Herr Professor Kant
hier ist meine künstliche Kniescheibe

FRAU KANT
Amerikanische Chirurgen
haben sie ihr eingesetzt
die amerikanischen Ärzte
sind die besten

MILLIONÄRIN
Die weltbesten
zweifellos

KANT *auf das Knie der Millionärin schauend*
Ich sehe nichts
Wissen Sie ich habe den Grünen Star

ich sehe nichts
beinahe nichts mehr
ein paar grundlegende Sätze vielleicht
dann herrscht Finsternis

FRAU KANT *zur Millionärin, die ihren Rock wieder hinunterzieht*
Er kann Ihr Knie sehen
aber er sieht nicht
daß die Kniescheibe künstlich ist

MILLIONÄRIN
Die Angst vor Erblindung ist
handelt es sich um einen Geistesmenschen
die entsetzlichste Angst
Ich habe immer gedacht
lieber ein Bein weniger
als ein Auge
lacht laut auf
Die Augen sind noch immer nicht ersetzbar
Spaß beiseite
die Columbiauniversität ist ja gerade
was die Augenärzte betrifft
die berühmteste
zur Frau Kant
Ich hatte eine Nichte
die erblindete binnen weniger Tage
rettungslos
das arme Kind
Einmal bin ich mit ihr Himbeeren pflücken gegangen
im Schwarzwald
aber das arme Kind fand keine einzige Beere
Frau Kant winkt den Steward heran und flüstert ihm etwas ins Ohr
In den europäischen Blindenanstalten herrschen
so unbeschreiblich entsetzliche Zustände
Sagen Sie Herr Professor Kant
worauf begründet sich die mehr oder weniger permanente Todesfurcht
die Angst vor dem Ende

KANT *aufbrausend*
Sagen Sie nicht das Wort Ende

MILLIONÄRIN *ratlos*
Achja ein jeder Mensch hat sein Ziel

nach einer Pause
Sind Sie seekrank Herr Professor

KANT
Das sehen Sie ja daß ich sehkrank bin
das sehen Sie ja an meiner Brille

MILLIONÄRIN
Ich meine seekrank
nicht sehkrank

FRAU KANT
Mein Mann ist nicht seekrank
er ist niemals seekrank

MILLIONÄRIN
Gerade solche Geistesköpfe leiden mitunter
an fürchterlicher Seekrankheit
Kant blättert in seinen Schriften

FRAU KANT *zu Kant*
Ich werde dir eine Mütze stricken

MILLIONÄRIN
Stricken Sie Ihrem Mann
eine rote Mütze
zu seinem Gesicht paßt eine rote Mütze
keine blaue
keine grüne
eine rote Mütze
dick gestrickt
lacht
eine Mütze nur mit
Augen- und Nasenlöchern
zu Frau Kant
Ich weiß gar nicht
warum mir jetzt
das Märchen vom Rotkäppchen einfällt
zum Steward
Ach bringen Sie mir doch
einen doppelten Whisky
es ist zu schön hier
man muß solche Gelegenheiten nützen
zu Kant und Kants Frau
Darf ich Sie beide nicht
auf einen Whisky einladen

FRAU KANT

Mein Mann trinkt nicht

MILLIONÄRIN

Das ist aber schade
Steward ab
Bald regnet es wieder
und alles ist trostlos
Kant macht Notizen in seine Schriften
Künstler habe ich immer gesagt
oder Wissenschaftler muß mein Mann sein
ein Künstler oder ein Philosoph
Dann habe ich plötzlich Richard geheiratet
aus dem Schmutz gezogen sozusagen
Aber das Leben an meiner Seite
war ihm entschieden zu anstrengend
Ich habe ihn kaputtgemacht
Für die Proletarier
ist die Luxusluft zu dünn
hat mein Vater immer gesagt
Achja jetzt bin ich schon so lange allein
Steward mit einem doppelten Whisky für die
Millionärin zurück
Millionärin macht einen großen Schluck
Das Leben ist zu kurz
um es laufenzulassen
finden Sie nicht auch Herr Professor
Ich bin immer ein glücklicher Mensch gewesen
im Grunde
Es ist eine Platitüde was ich sage
aber ich bin wirklich glücklich
Mit Kant persönlich
auf einem Schiff
nach Amerika
macht noch einen Schluck
Für die einen ist es immer eine Katastrophe
und für die andern ein großes Glück
hebt das Glas in die Runde
Ich trinke auf Ihr Wohl
Herr Professor Kant Sie sollen leben

KANT *horcht an Friedrichs Käfig*
zu Ernst Ludwig

Nichts es rührt sich nichts

ERNST LUDWIG

Vielleicht schläft er

KANT

Es ist spät geworden gestern abend
Kant ist der eine
der psittacus erithacus der andere
Wahrscheinlich hat ihn die Prozedur des Arztes erschöpft
Ich habe den Arzt gerufen
und ihm den Kopf abhorchen lassen
Der Arzt hat sich nicht geäußert
horcht wieder am Käfig
zur Millionärin
Sie gestatten doch
daß ich Sie der Einfachheit halber
Millionärrin nenne
Sie sagen ja auch Professor zu mir

MILLIONÄRIN

Sie schmeicheln mir Professor Kant
Wie haben Sie es nur fertiggebracht
so berühmt zu werden
Wie merken Sie sich alle Ihre Philosophien in Ihrem Kopf

KANT

Ich habe alles
was ich jemals gedacht habe
in Friedrich gespeichert
verliere ich Friedrich
habe ich alles verloren

MILLIONÄRIN

Ich habe Leute
die Bücher geschrieben haben
immer bewundert
natürlich die philosophischen
auf das höchste

KANT

Auf die Wirkung kommt es an
Wer durch die ganze Geschichte wirkt
in der einen
wie in der anderen Richtung

durch die ganze Geschichte durch
verstehen Sie

MILLIONÄRIN

Ach ist das aufregend
macht einen kräftigen Schluck
Frau Kant winkt den Steward zu sich und flüstert ihm etwas ins Ohr

KANT

Jeder Gedanke
ist die ganze Geschichte
ist Vergangenheit und Zukunft
ist alles
verstehen Sie
Ein Patriarchat naturgemäß
horcht an Friedrichs Käfig
Die Ärzte machen
alles in einem Menschen verrückt
töten alles in einem Menschen
und erst in Friedrich
zu Ernst Ludwig
Hat er gegessen
Ernst Ludwig nickt
Wieviel
Ernst Ludwig zeigt die Menge am Körnersack an
Wenn die Bildung eines Körpers selber
die Achsdrehung hervorbringt
so müssen sie billig alle Kugeln des Weltbaues haben
aber warum hat sie der Mond nicht
schaut bedeutungsvoll in die Runde
plötzlich zur Millionärin
Sagen Sie
spielen Sie auch Klavier

MILLIONÄRIN

Wie kommen Sie darauf

KANT

Es ist nur eine Frage
alles an Ihnen spricht dafür
daß Sie Klavier spielen

MILLIONÄRIN

Ich höre gern Musik
ist es das

KANT
Das ist es
Ich sehe sofort
das ist es
MILLIONÄRIN
Wo kann man denn Ihre Bücher kaufen
Ich möchte mir gleich alles von Ihnen kaufen Herr
Professor Kant
FRAU KANT
Überall
auf der ganzen Welt
MILLIONÄRIN
Ich kann es gar nicht glauben
ein Ereignis
ein Jahrhundertereignis
KANT
Leibniz sagte Leibniz
Ich sagte Kant Kant
Die Ursache sind die Himmelskörper
Planeten
Kometen
MILLIONÄRIN
Das Wichtigste
das gedacht worden ist
ist in Ihrem Kopf gedacht worden
sagt der Kardinal
Ach wäre das schön
wenn der Papst würde
einen so schönen Papst
hat die Welt noch nicht gehabt
plötzlich zu Kant
Was denken Sie über die Kirche
KANT *notiert*
Die Ekliptik
ist eine andere
Die Richtung als Fläche
ist eine andere
MILLIONÄRIN *macht einen kräftigen Schluck*
Ein ganz neues Denksystem
denke ich
Kant horcht am Käfig und winkt Ernst Ludwig zu sich

Kant und Ernst Ludwig horchen zusammen am Käfig
Diese Tiere
sind sehr sensibel
Ich hatte eine Meise
die verstand alles was ich sagte
plötzlich fiel sie vom Stäbchen
vor meinen Augen
das hat mich doch recht traurig gemacht
Ich hab die tote Meise noch heute
in Spiritus
vielleicht eine ganz kleine Perversität
macht einen kräftigen Schluck

KANT *zu Frau Kant*
Die Ärzte verursachen
nur Verschlimmerungen des Zustands
Flattergeräusche aus dem Käfig

MILLIONÄRIN
Hören Sie
Kant stößt Ernst Ludwig weg und horcht
Er ist aufgewacht

KANT
Er ist aufgewacht
aus einer Ohnmacht möglicherweise

FRIEDRICH
Ohnmacht Ohnmacht
Kant zieht an der Käfigdecke und schaut kurz hinein

MILLIONÄRIN
Der Vogel ist das Wichtigste
das Sie haben Herr Professor Kant
Das Allerwichtigste

KANT *läßt die Käfigdecke los*
zur Millionärin
Das System ist ein falsches System
das System ist immer ein falsches System
Steward will gehen

FRAU KANT
Warten Sie
Bringen Sie das Stehpult
Mein Mann will die Vorlesung j e t z t halten
Steward, nachdem er der Millionärin eingeschenkt hat, ab

FRIEDRICH
Jetzt jetzt jetzt
KANT
Gegen die Ekliptik
naturgemäß
senkrecht
FRIEDRICH
Senkrecht senkrecht
FRAU KANT
Mein Mann hält
urplötzlich
zu einem ganz bestimmten
unvorhergesehenen Zeitpunkt
seine Vorlesung
Millionärin macht einen kräftigen Schluck
In Würzburg hatte er nur einen Hund
als Zuhörer
KANT *zur Millionärin*
Eine glänzende Vorlesung
möglicherweise meine glänzendste Vorlesung
überhaupt
Kant sei aus Königsberg nie hinausgekommen
diese Lüge ist weit verbreitet
FRAU KANT *zur Millionärin*
Mein Mann hat in seinen Schuhen
Asbesteinlagen
er hat Angst
er verbrennt
wenn er diese Einlagen
nicht in seinen Schuhen hat
wenn er vorliest
MILLIONÄRIN
Ich habe auch immer Angst gehabt
vor der Elektrizität
Man greift hin
und ist verkohlt
lacht laut auf
verkohlt
zu Frau Kant
verkohlt

FRIEDRICH
Verkohlt verkohlt verkohlt
MILLIONÄRIN *zu Kant*
Sind Sie nicht auch bei Lloyds Herr Professor Kant
FRIEDRICH
Lloyds Lloyds
MILLIONÄRIN
An Ihrer Stelle
hätte ich für den Papagei längst
eine hohe Versicherung abgeschlossen
Lloyds versichert doch alles
Zwei drei Millionen
für das eingetretene Ereignis Herr Professor Kant
Oder versichern Sie doch
Ihren eigenen Kopf
Ihr Hirn Herr Professor Kant
auf eine Million
was sage ich
auf zehn Millionen
macht einen Schluck
zu Frau Kant
In Duisburg haben sie mir eine Kniescheibe eingesetzt
die nicht rostfrei gewesen ist
Immer habe ich davon geträumt
mit einer Kapazität zusammenzusein
auf engstem Raum
ruft aus
Das Augenlicht
für das Licht der Vernunft
FRAU KANT
Wo ist denn Ihr Mann begraben
MILLIONÄRIN
In New York
Noch am Abend nach der Ankunft
bin ich bei ihm
mein erster Weg in New York
ist der Weg zu ihm auf den Friedhof
Steward und Substeward bringen ein Stehpult an Deck
FRAU KANT *ausrufend und aufspringend*
Das Stehpult
Millionärin macht einen Schluck

Frau Kant zeigt in Richtung hinter Kant
Stellen Sie es da hin
Steward und Substeward stellen das Stehpult hinter Kant auf
Immanuel
das Stehpult

KANT
Das Stehpult
steht auf
Ernst Ludwig ist Kant behilflich

FRIEDRICH
Meine Damen und Herren

KANT *will, daß die Klappstühle und Sessel weggerückt werden*
Weg
alles weg
Weg weg
Steward und Substeward räumen die Klappstühle und Sessel aus dem Umkreis des Stehpults weg
Kant beobachtet, wie Steward und Substeward und Ernst Ludwig das Stehpult auf den von Kant gewünschten Platz stellen
Gut
gut
Alle treten zurück
Millionärin ist aufgestanden
Kant stellt sich hinter dem Stehpult auf und ist bald in seine Schriften vertieft
Ernst Ludwig stellt den Käfig mit Friedrich neben Kant auf
Merkwürdige Akustik auf Hoher See
Kardinal tritt im Hintergrund auf, mehrere Passagiere nach und nach
Setzen Sie sich
setzen Sie sich doch
Frau Kant setzt sich
Millionärin setzt sich
Alle setzen sich nach und nach

FRIEDRICH
Meine Damen und Herren
Meine Damen und Herren
Meine Damen und Herren
Ernst Ludwig öffnet den Körnersack, deckt Friedrich vollkommen ab und füttert Friedrich

Meine Damen und Herren
Millionärin macht einen großen Schluck
Zwei Passagiere treten auf
Die Dampfpfeifen pfeifen dreimal
KANT *aufgeregt*
Setzen Sie sich
so setzen Sie sich doch
Die Dampfpfeifen pfeifen dreimal
ruft zornig aus
Setzen
Die Passagiere setzen sich
FRIEDRICH
Setzen setzen
Die Dampfpfeifen pfeifen dreimal
KANT *nach einer längeren Pause*
Unmöglich von Vernunft zu sprechen
auf Hoher See
Die Dampfpfeifen pfeifen dreimal

Hinterdeck

Kleiner Salon
Tanzmusik aus dem großen
Kant, Kants Frau, die Millionärin, Kardinal und Admiral an einem Tisch soupierend
Ernst Ludwig mit Friedrich im zugedeckten Käfig an einem kleineren Tisch rechts
Steward und Substeward tragen auf
Tanzmusik wird lauter
Steward mit einer Champagnerflasche zum Kapitän
KAPITÄN *liest auf der Flasche*
Château Maginot
Neunzehnhundertsiebzehn
Alle begeistert
MILLIONÄRIN *ruft aus*
Aber Sonnenschein fehlt
Sonnenschein fehlt

KAPITÄN
Sonnenschein fehlt
Wie immer der Kunstsammler
Steward öffnet die Flasche und schenkt ein
Kapitän zu Kant
Die besten Wetterbedingungen
Herr Professor Kant
MILLIONÄRIN
Ein so schönes Lampionfest
ADMIRAL
Ich genieße diese Lampionfeste
KAPITÄN *auf Ernst Ludwig zeigend*
Eine fürsorgliche Natur
diese Menschenart
beinahe ausgestorben
MILLIONÄRIN
Ein echter Vogelschützer
Er widmet sein Leben vollkommen
dem Tier
FRAU KANT
Friedrich ist beinahe fünfzig
ADMIRAL
Ein erstaunliches Alter
für einen Vogel
FRAU KANT
Der psittacus erithacus
wird unter Umständen
ein Jahrhundert alt
KARDINAL
Die Urheimat des psittacus erithacus
ist Guinea
wenn ich nicht irre
MILLIONÄRIN
Da waren Sie doch Nuntius
nicht wahr
KARDINAL
Sehr richtig
KANT
Ich habe Friedrich ein Schlafmittel gegeben
die bewußte Teilnahme
an diesem Lampionfest

würde ihn allzusehr irritieren

ADMIRAL

Der typische Speicherkopf

KANT

Oder Kopfspeicher

FRAU KANT

Mein Mann könnte ohne Friedrich
nicht existieren

ADMIRAL

Es ist keine Frage
daß man sich an ein solches Tier gewöhnt

FRAU KANT

Mein Mann ist kein Tierliebhaber
das ist etwas anderes

MILLIONÄRIN *laut*

Ich liebe die Tiere
über alles
Ich habe die Tiere
immer geliebt

KARDINAL

In Amerika ist die Geschöpfliebe
die intensivste

KAPITÄN *zu Kant*

Die besten Wetterverhältnisse
Herr Professor Kant
hebt sein Glas und blickt in die Runde
Herr Sonnenschein fehlt noch
ein alter Freund dieses Schiffes
Schon siebenunddreißig
war Sonnenschein auf diesem Schiff
Der berühmteste Kunstsammler
aller Zeiten
Goyaspezialist
Anthroposoph
Menschenkenner
Kosmopolit
schaut die Runde ab
Mein lieber Herr Professor Kant
es ist ein erhebender Augenblick
mit Ihnen hier
auf meinem Schiff

auf der Prätoria
und mit allen meinen Gästen heute abend
das Glas zu erheben
Alle heben ihr Glas und trinken
Ich muß es sagen
es ist das schönste Lampionfest
das ich jemals gefeiert habe
schaut in den großen Salon hinein, in welchem die Musik jetzt noch lauter ist, dann
Dieses Lampionfest geht
in die Geschichte ein
nicht nur in die Seegeschichte
auch in die Philosophiegeschichte
Frau Kant klatscht dem Kapitän zu

MILLIONÄRIN *schließt sich ihr an und ruft aus*
Daß ich dabeisein darf
ruft laut aus
Philosophiegeschichte

KAPITÄN
Morgen früh
exakt elfuhrzwanzig
amerikanischer Zeit
laufen wir in New York ein
Schiffsoffizier tritt auf und überbringt dem Kapitän eine Nachricht
Kapitän nachdem er die Nachricht gelesen hat
Der Maschinenschaden ist repariert
Wir hatten einen Maschinenschaden
Alle einen Augenblick vollkommen bewegungslos

MILLIONÄRIN
Davon habe ich gar nichts bemerkt
Kant aufblickend
Davon habe ich ja gar nichts bemerkt
Schiffsoffizier ab

KAPITÄN
Es ist alles in Ordnung
Es ist alles in Ordnung

FRAU KANT
Deine Vermutung
dieses merkwürdige Geräusch
zu Kant

Siehst du
es war doch etwas
über Kant zu den andern
Mein Mann hat ein ganz außerordentliches Gehör
er vermutete einen Maschinenschaden

KAPITÄN

Aber beruhigen Sie sich
es ist alles in bester Ordnung
hebt sein Glas
Alle heben ihr Glas und trinken
Die Tanzmusik wird lauter

MILLIONÄRIN

Das ist meine aufregendste Amerikareise

FRAU KANT

Mein Mann irrt nie

KARDINAL

Das ist kein angenehmer Gedanke
unterzugehn

MILLIONÄRIN

Ein Schutzengel
ist an Bord
Wir haben einen Schutzengel an Bord
trinkt ihr Glas aus, der Steward schenkt sofort nach

ADMIRAL

Es ist absolut unmöglich
daß ein solches Schiff untergeht
Es ist so gebaut
daß es selbst auf einen Eisberg auffahren kann
ohne unterzugehn
Es ist nicht mehr die Zeit der Titanic
hebt sein Glas in die Runde
Meine Verehrung Herr Professor Kant
Alle heben zu Ehren Kants ihr Glas und trinken es aus
Steward schenkt allen ein

KAPITÄN

Passagierschiffe
sind heute
das sicherste Verkehrsmittel

MILLIONÄRIN

Erinnern Sie sich
wie das ganze Philharmonische Orchester von Manchester

vor der argentinischen Küste untergegangen ist
Seither gibt es in Manchester
keine Philharmonie mehr
Mein Schwager war an Bord
er hatte sich retten können

KAPITÄN
Die Seefahrt kennt schon seit Jahrzehnten
kein solches Unglück mehr

FRAU KANT
Mein Mann fürchtete sich
Steward öffnet eine zweite Flasche Champagner
vor dieser Seereise
Aber ich habe ihn beruhigen können

MILLIONÄRIN
Die Sterne stehen günstig

ADMIRAL *zu Kant*
Sind Sie sich dessen bewußt Herr Professor
daß Ihre Philosophie die einzige ist
von welcher die Welt sagen muß
daß sie sie von Grund auf bewegt hat
alles andere ist doch nichts

KANT
Die Ekliptik beweist
wider die Vernunft
alle Gesetze

ADMIRAL
Das Erstaunliche ist doch
die ungeheuerliche Wirkung
aber natürlich ist diese Wirkung
überhaupt nicht erstaunlich
zum Kardinal
Die Kirche nimmt natürlich immer
ihren kirchlichen Standpunkt ein

MILLIONÄRIN *zum Kardinal*
Eminenz ich habe eine Frage an Sie
ist es wahr daß
wenn ein Papst gewählt ist
weißer Rauch aufsteigt
Alle schauen sich gegenseitig an
In dem Augenblick
in welchem ein neuer Papst gewählt ist

KARDINAL
Ja
weißer Rauch
tatsächlich weißer Rauch
MILLIONÄRIN
Glauben Sie
daß bei der nächsten Papstwahl
ein Römer
oder ein Nichtrömer Papst wird
plötzlich enthusiastisch
Sie wären der ideale Papst
einen so hocheleganten Papst
hat es noch niemals gegeben
Kunstsammler tritt auf
KAPITÄN *ruft aus*
Sonnenschein unser Kunstsammler
begrüßt den Kunstsammler und führt ihn an den Tisch
Kunstsammler setzt sich, nachdem er sich nach allen Seiten verneigt hat
Unser Kunstsammler
sammelt nur die wertvollste Kunst
ADMIRAL
Das ist allerdings
Auslegungssache
KARDINAL
Allerdings
KAPITÄN
Goyaspezialist
Velasquez
Rembrandt
MILLIONÄRIN
Rembrandt
ich liebe Rembrandt
KAPITÄN *zum Kunstsammler*
Haben Sie die Zeichnungen kaufen können
zu den übrigen
Er ist ein Kubinnarr
Sie wissen wer Kubin war
KUNSTSAMMLER
Die einzige Ausnahme die ich mache
ist Kubin

sonst sammle ich nur alte Kunst
MILLIONÄRIN *zum Kunstsammler*
Sagen Sie Herr Sonnenschein
kenne ich Sie nicht aus Brüssel
Lassen Sie mich nachdenken
ruft plötzlich aus
Natürlich
aber natürlich
Sie sind ein Vetter dritten Grades von mir
sagt Ihnen Monfalcone etwas
KUNSTSAMMLER
Von da sind meine mütterlichen Vorfahren
MILLIONÄRIN
Sehen Sie
Sie sind ein Verwandter
trinkt ihr Glas leer
Ich kann hinkommen wo ich will
ich treffe auf Verwandte
Noch jedesmal wenn ich nach Amerika gefahren bin
habe ich auf dem Schiff einen Verwandten getroffen
Achja die Zufälle sind der Reiz des Lebens
KUNSTSAMMLER
Wo es schön ist
und wo es interessant ist
sind die Verwandten
KAPITÄN
Herr Sonnenschein
ist Italiener
aber er hat einen amerikanischen Paß
Steward öffnet eine dritte Flasche Champagner
und wenn ich nicht irre
auch einen portugiesischen
KUNSTSAMMLER
Und einen deutschen
ADMIRAL
Sind Sie mehr auf Ölgemälde
oder auf Zeichnungen spezialisiert
KUNSTSAMMLER
Öl Öl
ich sammle vor allem Öl
mit ganz wenigen Ausnahmen

Toulouse Kubin wie gesagt
Kapitän steht auf und bittet Frau Kant um einen Tanz und führt Frau Kant in den großen Salon

MILLIONÄRIN *zum Admiral*
Wie war es in Persien
erzählen Sie
fragt
Ihre erste Persienreise

ADMIRAL
Meine erste Persienreise

MILLIONÄRIN
Persepolis
hat Sie das nicht sehr beeindruckt
Ich bin eine Säulenfanatikerin
In Persien habe ich
die schönsten Säulen gesehen
Aber schade
daß ich nicht lesen konnte
was darauf steht
Sind Sie auch zu den Felsengräbern
Admiral verneint schweigend
Die hätten Sie sehen sollen
in den Felsen hineingehauen
direkt hineingehauen
Sprechen Sie Persisch
Admiral verneint
Millionärin trinkt ihr Glas leer
Man kann ja nicht alles können
an Kant
Nicht wahr Herr Professor Kant
man kann ja nicht alles können
Wenn das Leben nicht so kurz wäre
Das Leben ist viel zu kurz

ADMIRAL
Da haben Sie vollkommen recht meine Liebe

MILLIONÄRIN
Was man nicht alles
sehen sollte
Mich haben diese Lepragesichter in Schiraz
doch sehr beeindruckt
diese beinahe zur Gänze

abgefressenen Gesichter
Ich habe gar nicht gewußt
daß in Persien die Lepra herrschte
Einerseits
dieser überschwengliche Luxus
andererseits
diese fürchterliche Armut

ADMIRAL
Ein Land der Gegensätze

MILLIONÄRIN
Man hat fortwährend Angst
vor einer Todeskrankheit in Persien

ADMIRAL
In Teheran herrschen absolut
chaotische Verhältnisse

MILLIONÄRIN
Eine schreckliche Stadt
zum Kardinal
Waren Sie nie in Persien Eminenz

KARDINAL
In Afghanistan ja
in Persien nein

MILLIONÄRIN
Natürlich
in Persien ist ja kein Christentum
Seit ich in Persien gewesen bin
kann ich keinen Perserteppich mehr sehen
Ich hatte schon immer eine Abneigung
gegen Perserteppiche
zum Admiral
Als Admiral hat man doch
die ganze Welt gesehen
wenigstens die Küstenwelt

ADMIRAL
Die Küstenwelt wenigstens
Die Seeleute
sind überall herumgekommen
tatsächlich
Sie kennen alles

MILLIONÄRIN
Nur die Alpen kennen Sie nicht

Im Emmental sind Sie doch sicher verloren
ADMIRAL
Da haben Sie recht meine Liebe
das Emmental macht mir zu schaffen
MILLIONÄRIN
Ich rede soviel Unsinn
und Professor Kant sitzt mir gegenüber
Achja
so interessant bin ich noch nie
nach Amerika
KANT *winkt Ludwig heran*
ruft ihn
Ernst Ludwig
Ernst Ludwig richtet die Käfigdecke und kommt an den Tisch
Kant zu Ernst Ludwig
Komm
dein Glas
Ernst Ludwig holt von seinem Tisch sein Glas
Hörst du etwas
von Friedrich
Ernst Ludwig schüttelt den Kopf
Kant winkt den Steward heran und bedeutet ihm, er solle
Ernst Ludwig Champagner in sein Glas einschenken
Schenken Sie ihm
Champagner ein
KARDINAL
Ein treuer Diener
seines Herrn
ADMIRAL
Seinesgleichen
stirbt aus
unwiderruflich stirbt seinesgleichen aus
KANT *zu Ernst Ludwig*
Wenn Friedrich aufwacht
nimmst du die Decke ab
Die Herrschaften sollen ihn sehen
über den Kapitän
Sie sollten Friedrich hören
wie er das Wort Kapitän sagt
unübertrefflich
zum Kardinal

Und das Wort Kardinal
und zum Admiral
und das Wort Admiral
und zur Millionärin
Und das Wort Millionärrin
zu Ernst Ludwig
Setz dich
iß dich an
und setz dich
hebt sein Glas und prostet Ernst Ludwig zu, der zurückprostet
Ernst Ludwig geht auf seinen Platz zurück und ißt und trinkt weiter und beobachtet die Tischszene, ab und zu horcht er am Käfig und schaut unter die Käfigdecke
Der psittacus erithacus
braucht sehr viel Schlaf

MILLIONÄRIN *ausrufend*
Sie sind ja auch Tierforscher
Herr Professor Kant
das habe ich gar nicht gewußt
Philosoph und Tierforscher
in einem
zum Admiral
Sie halten die Gabel aber merkwürdig
Admiral
merkwürdig

ADMIRAL
Das kommt von einer Schußverletzung
die ich mir in den Ardennen zugezogen habe
auf einer Geheimkonferenz

MILLIONÄRIN *fragend*
Ein Attentatsversuch

ADMIRAL
Ein Attentat
auf den tunesischen Botschafter
der getötet worden ist
ich selbst bin nur
an der linken Hand
verletzt worden
Dieser Verletzung verdanke ich
den Orden der Ehrenlegion erster Klasse

MILLIONÄRIN *beugt sich neugierig zum Admiral vor*
Achja
der Ehrenlegionorden
Wie kommen Sie denn in die Ardennen
ADMIRAL
Eine Geheimbesprechung
der französischen mit der englischen Regierung
MILLIONÄRIN
Waren Sie denn in der Regierung
ADMIRAL
Ich war Ratgeber Ihrer Majestät
MILLIONÄRIN
Der englischen Königin
ADMIRAL
Ja natürlich
ich bin sechs Jahre
in dieser Position gewesen
MILLIONÄRIN
Wie aufregend
ehrlich gesagt
ich bin eine Kriegsgegnerin
Ich bin gegen den Krieg
ich bin gegen alles Kriegerische
blickt in die Runde
Man muß gegen den Krieg sein
zum Kardinal
Und Sie Eminenz
was führt Sie nach Amerika
KARDINAL
Ich weihe einen neuen Lehrstuhl
für Equilibristik ein
Kapitän und Frau Kant kommen zurück und setzen sich
in Chikago
ein Freundesdienst
Im übrigen schätze ich
die amerikanischen Ärzte
MILLIONÄRIN
Alle Kranken zieht es
nach Amerika
die amerikanischen Ärzte
haben den besten Ruf

In Europa gibt es
keinen guten Arzt mehr

ADMIRAL

Die europäische Medizin
ist nichts mehr wert
Steward öffnet die vierte Flasche Champagner

FRAU KANT *zu ihrem Mann*

Siehst du
die Hoffnungen aller Kranken
richten sich auf Amerika

KANT

Ein Körper kann
in Ansehung vieler schiefer Flächen
weit mehr ausrichten
als gegen diejenige
die er in gerader Richtung
perpendikular anstößt

FRAU KANT *über ihren Mann*

Mein Mann ist immer
an die Grenzen seiner Kräfte gegangen
das hat sein Glaukom ausgelöst
wenn Sie wissen was das bedeutet
ein Glaukom
der Begriff des Grünen Stars

MILLIONÄRIN

Man kann nicht ungestraft
jahrzehntelang so tief denken wie Kant
trinkt ihr Glas aus

KARDINAL

Der gefürchtete Grüne Star
führt heute nicht mehr zu totaler Erblindung
der sogenannte okulare Druck
kann von der Medizin heute durchaus
in Grenzen gehalten werden

FRAU KANT

Das sagte mir der Schiffsarzt auch

KARDINAL

Übrigens ein ausgezeichneter Mann

MILLIONÄRIN

Ein typischer Schiffsarzt

ADMIRAL
Die Ärzte sind die wahren Exzentriker
dieser Geschichtsepoche
KARDINAL
Da kann ich nur zustimmen Admiral
FRAU KANT
Mein Mann hat die Ärzte immer verachtet
KARDINAL
Die Ärzteverachtung
ist eine weitverbreitete
unter den Denkern
MILLIONÄRIN *zu Kant*
Wer war eigentlich dieser Leibniz
von dem Sie so oft sprechen
Immer wieder erwähnen Sie seinen Namen
KANT
Herr von Leibniz
Ein guter Bekannter von mir
mit welchem ich ausgedehnte Spaziergänge machte
wir ermüdeten niemals
wir verstanden uns
von Anfang an
wie keine zweiten
Frau Kant winkt dem Steward und flüstert ihm etwas ins Ohr und steckt ihm dann einen Geldschein zu
Mit Leibniz
ein Herz eine Seele meine Liebe
zwei fortwährend
aufeinander zugehende Größen
Wir hatten uns in Zoppot kennengelernt
Newton
war unser Brotgeber
wenn Sie wissen wer Newton gewesen ist
MILLIONÄRIN
Ich glaube ich muß passen
Herr Professor Kant
zum Kunstsammler
Goya war ein Genie nicht wahr
Haben Sie ihn gekannt
KUNSTSAMMLER
Nicht persönlich

MILLIONÄRIN
Von Rembrandt geht für mich
so eine unglaubliche Faszination aus
Wie er die Farbe verteilt
er weiß immer
wohin mit der Farbe
hält dem Steward ihr Glas hin, der Steward füllt es und sie trinkt es aus
Wissen Sie
ich plane eine Nordkapreise
es wäre zu schön
wenn Sie alle mit mir zum Nordkap
zeigt auf Ernst Ludwig
zu Kant
Er sieht Ihrem Friedrich ähnlich
er hat im Grunde
die gleichen Gesichtszüge
Professor Kant
FRAU KANT *über Ernst Ludwig*
Er ist als Kind
vom Baum gefallen
da war er dumm
Man hört den Donauwalzer aus dem großen Salon
MILLIONÄRIN *begeistert ausrufend*
Mein Lieblingswalzer
Ich liebe den Donauwalzer
Admiral steht auf und bittet die Millionärin um einen Tanz
Millionärin am Arm des Admirals im Hinausgehen
Mein Lieblingswalzer
der Donauwalzer wird lauter
KANT *dreht sich nach Ernst Ludwig um, flüstert ihm zu*
Hörst du etwas
schläft er noch
Ernst Ludwig schaut unter die Käfigdecke und schüttelt den Kopf
Kant zum Kardinal
Friedrich zeigt keinerlei
Interesse an Lustbarkeit
Steward öffnet die fünfte Flasche und schenkt ein
Auf diese Tablette schläft
er zwei Stunden

Ich kann Friedrich doch nicht
dieser ganzen Situation ausliefern
Ich habe diese Reise gefürchtet
überall wo ich hinkomme heißt es
Der Professor Kant
der aus Königsberg nicht hinausgekommen ist
Die Menschheit ist verrückt geworden
Die Unsicherheit hat zugenommen
Frau Kant flüstert dem Steward etwas ins Ohr
Die Menschheit fürchtet nichts mehr
als sich selbst
Sicherheit ist immer nur
tödliche Sicherheit
Ich begreife erst jetzt
wohin ich abziele
das Glaukom hat mir
die Augen geöffnet
Die Menschheit hat den Verrat begangen
zum Kardinal
Die Equilibristik hat mich
zeitlebens interessiert
Mein Talent ist einmal ein ganz anderes Talent gewesen
Ich hatte das größte Talent zum Equilibristen
Sicher haben Sie sich die längste Zeit
mit Equilibrismus beschäftigt
Die Wahrheit ist im Equilibrismus
In Chikago sagen Sie
ein Lehrstuhl für Equilibristik
Das ist eine Ungeheuerlichkeit
Mich hat zeitlebens
die Methode des Equilibrismus interessiert
Zeitlebens leide ich
unter Equilibrismusschwäche wissen Sie
Untergangsmenschen
Equilibristen
Komödienschreiber
Bevor die Verfinsterung vollkommen eintritt
zur Strafe ein paar Aufhellungen für die Leute
Verhexungen
Geistesvollstreckungen
Meine Methode ist die totale Methode wissen Sie

Die Angst das Augenlicht zu verlieren
hat mir die Augen geöffnet
Es ist nichts als ein Wettlauf mit dem schwindenden Augenlicht
Ich hasse Amerika
alles Amerikanische ist mir verhaßt
In Wahrheit haben mich alle Universitäten Amerikas eingeladen
aber ich habe keine dieser Einladungen angenommen
Meine Frau hat herausgefunden
daß es in Amerika Ärzte gibt
die auf das Glaukom spezialisiert sind
Glaukomspezialisten wissen Sie
Das Glaukom ist noch vollkommen unerforscht
Die Glaukomwissenschaft tappt noch immer völlig im dunkeln
Nichts weiß man über das Glaukom
Aber es hat sicher mit der Zerstörung der Seele zu tun
Im Grunde ist es allein meine Frau
die mich auf dieses Schiff gebracht hat
gezerrt hat in Wahrheit gezerrt gezerrt gezerrt
Freiwillig bin ich nicht auf das Schiff gegangen
Ich habe mich immer davor gefürchtet
Auf Hoher See
was für ein tödlicher Begriff meine Herren
was für eine Ungeheuerlichkeit
Der Donauwalzer wird lauter
Wenn ich eine Vorlesung mache
ist es immer eine Vorlesung vom Tode
von der Krankheit zum Tode wissen Sie
von diesem Prozeß
der in die Unendlichkeit hinein unerforscht bleiben wird
Die Gesundheit ist eine Anmaßung meine Herren
Die Gesundheit ist eine Unzucht
Das Integral ist die Hölle
Schiffsoffizier kommt mit einem Telegramm herein
Steward nimmt ihm das Telegramm ab

FRAU KANT *winkt den Steward zu sich, nimmt ihm das Telegramm ab und liest*
zuerst leise, dann laut
Immanuel ein Telegramm

KANT *fragend*
Ein Telegramm
FRAU KANT
Ein Telegramm
von der Columbiauniversität
KANT
Tatsächlich
FRAU KANT
Soll ich vorlesen
KANT
Von der Columbiauniversität
Ich sehe ja beinahe
überhaupt nichts mehr
ich habe überhaupt nicht gesehen
daß jemand ein Telegramm gebracht hat
FRAU KANT *hält das Telegramm in die Luft*
Hier ist das Telegramm
hier ist es
KANT
Ein Telegramm von der Columbiauniversität
FRAU KANT *zu allen andern*
Darf ich es vorlesen
liest das Telegramm vor
Wir begrüßen Kant
in Amerika
das Ereignis des zwanzigsten Jahrhunderts
Alle klatschen darauf
KANT
Ich bringe Amerika die Vernunft
Amerika gibt mir mein Augenlicht
Alle klatschen noch einmal
FRAU KANT
Columbus hat Amerika entdeckt
Amerika hat Kant entdeckt
KAPITÄN
Das müssen wir feiern
das verleiht dem Lampionfest die Größe
hebt sein Glas
Auf Kant
KARDINAL
Und auf Amerika

alle aufstehend und durcheinanderrufend
Auf Kant und auf Amerika
auf Amerika und auf Kant

KANT
Ich danke für Ihre Aufmerksamkeit
Wenn die Intension
wie die Linie ist
so ist die Kraft
wie das Quadrat
Alle setzen sich wieder
Das Integral ist die Hölle
in welcher wir alle umkommen verstehen Sie
Steward öffnet die sechste Flasche und schenkt ein
Wer es auch ist
mit wem wir es zu tun haben
es ist ein tödlicher Prozeß
Aber die Geschichte ist eine Augenweide
Eine Augenweide
steht auf und steht einen Augenblick vollkommen reglos
Eine Augenweide meine Herren
setzt sich wieder
Meine Frau
ist das Opfer dieser tödlichen Wissenschaft
und Friedrich
dreht sich um und zeigt auf Friedrich
der Vollstrecker
Millionen von Eselsohren
in meinen Schriften
Millionen von Eselsohren meine Herren
manchmal glaube ich
ich bin verrückt
Eine Umweltstrafe natürlich
Ein Exzeß
eine totale Lieblosigkeit
Meine Vorlesungen enden immer mit dem Satz
Ich danke für Ihre Aufmerksamkeit
Diesen Satz beherrscht Friedrich wie keinen andern
Ich danke für Ihre Aufmerksamkeit
zum Kardinal
Die Kirche ist die Nutznießerin meiner Errungenschaften
Die Kirche ist der Mord der Natur

Wo nichts als Künstlichkeit herrscht
ist die Kirche
Es ist ein ungeheurer Verleumdungsprozeß
Ich mache diese Reise
um mein Augenlicht wiederzufinden
denn ich bin schon beinahe erblindet
Wo beinahe nichts ist als Schatten
hat die Vernunft keinerlei Begründung
Ich danke für Ihre Aufmerksamkeit

FRIEDRICH

Ich danke für Ihre Aufmerksamkeit
ich danke für Ihre Aufmerksamkeit

KANT *dreht sich nach Friedrich um*

Hören Sie
wie er mir nachfolgt
er hat sich alles gemerkt
psittacus erithacus
das Zahlen- und Zifferngenie
das gefiederte Gewissen meiner Erkenntnisse
der einzige Mensch
den ich jemals zur Gänze gehabt habe
kommandiert
Ernst Ludwig
bring ihn her
Er gehört hierher
Er ist aufgewacht und gehört hierher
Friedrich gehört hierher
Frau Kant flüstert dem Steward etwas ins Ohr
Kardinal flüstert Frau Kant etwas ins Ohr
Kunstsammler flüstert der Frau Kant etwas ins Ohr
Kant zum Kunstsammler, während Ernst Ludwig Friedrich zum Tisch heranträgt
Kunstsammler
Steward öffnet die siebente Flasche
Sie sind doch Kunstsammler
hören Sie
nimmt Ernst Ludwig den Käfig ab und hält den Käfig mit Friedrich hoch in die Luft
Hier mein Herr Kunstsammler
haben Sie das größte Kunstwerk der Welt
läßt den Käfig sinken

mein Friedrich

FRIEDRICH

Friedrich Friedrich Friedrich

Ernst Ludwig nimmt Kant den Käfig mit Friedrich ab

KANT *erschöpft*

Das größte Kunstwerk der Welt
Friedrich
mein Friedrich

Frau Kant steht auf und räumt mit dem Steward den Tisch so weit ab, daß der Käfig auf den Tisch gestellt werden kann

Ernst Ludwig stellt den Käfig mit Friedrich auf den Tisch

Kant zum Kunstsammler

Hier haben Sie
was Sie Ihr ganzes Leben lang gesucht haben
Meinen Friedrich

reißt blitzschnell die Käfigdecke herunter

FRIEDRICH

Friedrich Friedrich Friedrich

Frau Kant flüstert dem Steward etwas ins Ohr und steckt ihm einen großen Geldschein zu

KANT *zum Kapitän*

Mein Kapitän
mein Friedrich

befeuchtet den rechten Zeigefinger und hebt ihn in die Luft

Wind West Nordwest
volle Fahrt voraus

STEWARD *nimmt Haltung an, salutierend*

Wind West Nordwest
volle Fahrt voraus Herr Professor

Admiral und Millionärin kommen aus dem großen Salon zurück, in welchem laut Walzer gespielt wird

Admiral an den Tisch und setzt sich

MILLIONÄRIN *geht beinahe vollkommen betrunken auf Kant zu und breitet die Arme aus*

Damenwahl Professor Kant Damenwahl

FRIEDRICH

Damenwahl Damenwahl Damenwahl

MILLIONÄRIN

Damenwahl Herr Professor Kant

Kant steht vom Tisch auf

Millionärin nimmt ihn in die Arme

Damenwahl Professor Kant
kommen Sie

FRAU KANT

Nun geh schon
geh schon

KARDINAL

Kant tanzt
Kant tanzt

ADMIRAL

Das ist ja unfaßbar

KUNSTSAMMLER

Unfaßbar

KARDINAL

Kant tanzt
Millionärin führt Kant in den großen Salon
Alle schauen den beiden nach

FRIEDRICH *laut schreiend*

Kant tanzt Kant tanzt Kant tanzt

Landung

Kapitän, Steward, Substeward, Schiffsoffiziere, Matrosen an Bord zur Verabschiedung der Passagiere angetreten
Dampfpfeifen pfeifen
Wartende an Land, darunter Ärzte und Pfleger eines New Yorker Irrenhauses
Kardinal erscheint als erster und wird vom Kapitän verabschiedet
Matrosen folgen mit dem Kardinalsgepäck über die Landungsbrücke herunter
Zweimaliges Pfeifen der Dampfpfeifen
Kunstsammler Sonnenschein hinter ihm
Andere Passagiere
Dreimaliges Pfeifen der Dampfpfeifen
Millionärin mit Gefolge folgt
Kant mit Frau Kant, dahinter Ernst Ludwig mit Friedrich im Käfig, während die Dampfpfeifen dreimal pfeifen

Steward und Matrosen tragen Kants Gepäck

FRAU KANT *auf halber Höhe der Landungsbrücke stehenbleibend mit ausgestrecktem rechtem Arm an Land zeigend*

Da
die Abordnung der Columbiauniversität

Eine Kapelle an Land spielt auf
Steward tritt zu Frau Kant und stützt sie

KANT

Tatsächlich
eine Abordnung der Columbiauniversität

Kant und Gefolge gehen an Land

EINER DER BEIDEN ÄRZTE *tritt zu Kant und fragt*

Professor Kant

KANT *hochaufgerichtet um sich schauend, stolz und deutlich*

Sie haben mich erkannt

Die Dampfpfeifen pfeifen dreimal
Der Arzt greift Kant unter den Arm und führt ihn ab
Die Pfleger folgen

Ende

Vor dem Ruhestand

Was ist Charakter anderes als die Determinierung des Ereignisses, der Handlung?

Henry James

Personen

RUDOLF HÖLLER,
Gerichtspräsident und ehemaliger SS-Offizier
CLARA *und*
VERA, *seine Schwestern*

Im Haus des Gerichtspräsidenten Höller

Erster Akt

Großes Zimmer im ersten Stock
Zwei hohe Fenster im Hintergrund, auf den Seiten zwei Türen
Verschiedene Sitzmöbel, eine Kommode, ein Kasten, ein Bügelbrett am Fenster, ein Flügel
Ein Barometer, ein Spiegel an der Wand
Später Nachmittag des siebten Oktober
Himmlers Geburtstag

VERA *schließt die Tür links*
Sie ist weg

CLARA *im Rollstuhl, Strümpfe ihres Bruders Rudolf stopfend*
Bist du auch sicher

VERA
Sie fährt zu ihrer Großmutter
und bleibt bis morgen
Das arme Kind
mit seinem Hustenreiz
Wenn wir sie in eine Anstalt geben
verkommt sie
hier hat sie es gut
hier ist sie gut aufgehoben
fährt mit dem rechten Zeigefinger über eine der Fensterbänke
alles staubig
schmutzig
schaut auf das Barometer
Es fällt
schaut durchs Fenster hinaus
Ein bißchen Sonne hätte sie nötig
aber wenn sie zur Großmutter fährt
ist das auch egal
es ist auch für mich nicht leicht
mit einer Analphabetin
Es ist schon eine Kunst
mit einer Taubstummen umzugehn
in diesem Alter sind sie renitent
wenn sie noch dazu vom Land sind
und nichts wissen
zieht an einem Vorhang

sie hat bei uns eine ganz und gar
behutsame Behandlung
schaut durchs Fenster hinaus
An diesem Tag ist es immer trüb
Aber das gibt ihm doch eine gewisse Feierlichkeit
Ich habe schon drei Flaschen Sekt eingekühlt
Fürst Metternich den Rudolf so liebt
fängt an, den Richtertalar Rudolfs zu bügeln, der an der Wand hing die ganze Zeit
Er hat das Höchste erreicht
er hat Angst vor dem Ruhestand
Auch für ihn ist unsere Olga gut
er sieht es gern
schließlich ist sie lieb anzuschaun
Wenn du wüßtest
aus was ich sie herausgeholt habe
daß es solche ärmlichen und armseligen Verhältnisse
überhaupt noch gibt
Die Leute sind allerdings selbst schuld
an ihrem Elend
Armut ist nicht mehr notwendig
Wer arm ist
ist selbst daran schuld
nur den Armen nicht helfen
hat unser Vater immer gesagt
Man zieht sie aus ihrem Sumpf heraus
und es nützt nichts
Ich habe ihr zwei hübsche Kleidchen anmessen lassen
sie wollte ein lichtblaues
das konnte ich nicht gestatten
ein schwarzes und ein dunkelbraunes
sehr hübsch sehr hübsch
Ich habe ihr die Zöpfe genauso gebunden
wie ich sie gehabt habe
Erinnerst du dich
wie uns die Mutter die Zöpfe gebunden hat
sehr langsam
und immer mit guten Ratschlägen
Manchmal sehe ich mich
wenn ich das Kind beobachte
Wenn sie allein ist und sich unbeobachtet glaubt

sitzt sie auf dem Boden und spielt mit den Händen
abwechselnd mit den Händen und mit den Zöpfen

CLARA

Wir nützen sie nur aus
es ist ein Unglück für sie
daß sie hier ist
wir ruinieren das Kind nur
Eines Tages bricht sie dir zusammen
Du hast gewußt
warum du dir ein taubstummes Mädchen
ausgesucht hast
für deine Zwecke

VERA

Du denkst immer nur das Schlechteste
von mir
das ist deine Gewohnheit
das ist deine Waffe gegen mich
schaut hinaus
Eine Hörende und eine Redende
wäre natürlich besser einerseits
aber andererseits ist es gut
daß sie nicht hören
und nicht reden kann
darauf beruht ja alles
daß sie nicht hört
und nicht redet
stell dir vor sie redete
und sie hörte

CLARA

Aus Mitleid
sagst du immer
aber auch das ist eine Perversität

VERA

Vielleicht
vielleicht hast du recht
Sehr oft werde ich den Talar
nicht mehr bügeln
Dann fahren wir weg
ans Meer
alle drei

CLARA
Du hast alle ausgenützt
bis sie zusammengebrochen sind
weggeworfen
stumm und taub
das ideale Instrument
für deine Gefühls- und Geisteskälte

VERA
Wenn ich dich so ansehe
hast du ein Recht
so mit mir zu sprechen
jahrelang lasse ich mir alles was du sagst
gefallen

CLARA
Sie ist vor allem für d i c h da
d u beanspruchst sie täglich
sie weiß genau
würde sie plötzlich hören
und reden
du würdest sie sofort umbringen

VERA
Manchmal habe ich Lust
dich an die Mauer zu fahren
wo es sehr steil ist
und dich hinunterzustoßen
ins Wasser
mit deinem ganzen Jammer

CLARA
Du denkst beinahe ununterbrochen daran
du beherrschst dich nur
Beherrschung ist alles für dich
wie Vater
existierst du nur aus der
Beherrschung
du lebst gar nicht wirklich
du lügst dir alles nur vor

VERA
Wenn sie bei ihrer Großmutter ist
ist sie gut aufgehoben
ich habe keine Angst um sie
ich weiß

wenn sie bei ihrer Großmutter ist
ist alles in Ordnung

CLARA

Am liebsten würdest du hinter ihr her sein
sie beobachten
ob sie auch wirklich
bei ihrer Großmutter ist

VERA

Wo sollte es sonst hinfahren
das arme Kind

CLARA

Wenn sie einmal nicht
zu ihrer Großmutter fährt
und plötzlich reden kann

VERA

Deine Phantasie ist so bösartig

CLARA

Du hast immer Glück gehabt
mit deinen Mädchen
alle waren vom Land
armer Leute Kind wie gesagt wird

VERA

Was wärst du ohne sie
solange ich es will
und solange sie kann
ist sie zu unserer Verfügung
was vor allem heißt
zu d e i n e r Verfügung
Es ist nicht so schlimm mit ihrer Krankheit
ab und zu ein Anfall
psychische Ursachen
sie beruhigt sich ja immer mehr hier
wenn man sie richtig beschäftigt
wer arbeitet wird nicht krank
man muß ihr fortwährend
etwas zu arbeiten geben
sie ununterbrochen beschäftigen
dann wird sie gesund
und nicht krank

CLARA

Sie ist ganz verschreckt

VERA *lacht auf*
Verschreckt
was du nicht sagst
sie war ja gar kein Mensch
bevor sie hierher gekommen ist
nichts
ein Bündel Nichts
Dein Mitleid mit ihr ist mehr
eine Waffe gegen mich
Die Solidarität mit den Dienstboten
hat schon unser Vater als das durchschaut
was sie ist
eine Niederträchtigkeit
Ich will dein Bestes
Solange sie da ist
funktioniert der Haushalt
alles fiele auseinander
und du müßtest sofort in eine Anstalt
daß du da bist ist ja nur möglich
weil wir sie haben
vergiß das nicht
sie ist ja richtig aufgeblüht
seit sie da ist
Du hast immer verrückte Ideen gehabt
wie deine Mutter
die schließlich in ihren verrückten Ideen
erstickt ist
in ihren Komplexen
hebt den Talar auf und hält ihn gegen das Licht und legt ihn wieder auf das Bügelbrett
Dieses Grübeln immer
und Bohren in sich selbst hinein
das bringt den Menschen um
dann macht er Selbstmord
weil er keinen Ausweg mehr hat
du bohrst immer
in dir
und in den andern
eines Tages wirst du gänzlich verrückt sein
weil du dich immer mit deinem Unglück beschäftigst
Weit und breit ist niemand

der ihre Stelle einnehmen könnte
schließlich habe ich sie schon einiges gelehrt
Das Landkind
das ich aus den allerwidrigsten Verhältnissen
herausgerissen habe
weil ich einen Blick habe für Menschen
die herausgerissen gehören
Anstatt mir dankbar zu sein
peinigst du mich

CLARA

Du treibst dein Spiel
gegen uns
auch gegen Rudolf

VERA

Was wäre das Kind
wenn es nicht bei uns wäre
es existierte schon gar nicht mehr
ohne meine Gutmütigkeit
Ich bin seine Lehrerin
und ich bezahle es auch noch sehr gut
ich bezahle ihm mehr als es verdient
aber das ist es nicht
Hier hat es alles was es braucht
Zu Hause hat es nichts
Überall dieses sozialistische Gerede
und geändert hat sich nichts im Grunde
Eine primitive ordinäre Mutter
die in Lumpen herumrennt
und ein versoffener Vater
acht Geschwister die in ihrem eigenen Schmutz ersticken
weil sie zu faul sind sich zu reinigen
Wo soviel Körperschmutz ist
muß die Seele ersticken
wie Vater sagte
Ich habe das Kind aus dem Dreck herausgeholt
und es hat sich zu seinem Vorteil entwickelt
hineingeboren in den Proletenschmutz
wäre es darin erstickt
sehr früh sehr früh
kannst du mir glauben
wenn ich nicht aufgetaucht wäre

Die Eltern waren glücklich
daß ich sie mitgenommen habe
die Mutter hat mir im Hinausgehen
die Wange geküßt
es war abstoßend
Das Kind war glücklich
als es hier hereingekommen ist
in dieses Haus

CLARA
In dieses schreckliche Haus

VERA
Sie empfindet es nicht als schrecklich
sie ist dankbar
wo sie herkommt
ist es menschenunwürdig
Du mußt dich in einen solchen einfachen Menschen hineindenken
Hier ist für einen solchen Menschen das Paradies

CLARA
In dieser schauerlichen Atmosphäre

VERA
Deine Menschenkenntnis
ist nicht die beste
Du hast ja alles nur aus den Büchern
und aus den Zeitungen
du hast im Grunde nichts erlebt
Das Kind ist hier gut aufgehoben
und es ist gut
daß es taubstumm ist unheilbar
damit bleibt ihm
und uns natürlich
viel erspart
Es hat schon viel gelernt hier

CLARA
G e s e h e n meinst du

VERA
Du bist wirklichkeitsfremd
zersetzend
undankbar
Taubstumm
was für ein Glück

Was sie sieht
ist mir gleichgültig
wenn sie nur nichts ausplaudert
und das kann sie nicht
Zwei Kleider für sie
und sehr teure Stoffe
gute haltbare Stoffe natürlich
und ich selbst habe mir seit acht Jahren
kein neues Kleid gekauft
Die Schwester des Gerichtspräsidenten Höller
läuft jahrlang in demselben Kleid herum
ich weiß was die Leute reden
Es ist klar daß sie mich beneiden
sie neiden Rudolf alles
sie neiden mir alles
und sie wünschen dir dein Unglück
heuchlerisch sprechen sie von dir
wie von einer Heiligen
es ist widerwärtig
Übrigens habe ich ihr für ihre Großmutter
den Schlafrock mitgegeben
den mit den roten Borten

CLARA

Meine Schwester die Wohltäterin

VERA

Sag was du willst
du darfst es
ich liebe und ich beschütze dich
aber es ist schwierig mit einem Menschen
der einen unnötig verachtet
und der glaubt
alles besser zu wissen
Unser Schicksal ist nicht das schlechteste
Was wäre wenn Rudolf im Krieg geblieben wäre
wenn sie ihm einen Prozeß gemacht hätten
wenn sie ihn
wie schön daß alles so gut gegangen ist
Wir sind doch angesehene Leute
und es geht uns gut
Wenn wir Wünsche haben
werden sie uns erfüllt

wo so viel Unheil ist in der Welt
wir haben es gut
wir brauchen keine Angst zu haben
nur du bist unzufrieden
und fortwährend von Komplexen geplagt
Ich könnte nicht für dich sorgen
dich jeden Tag dreimal ankleiden und auskleiden
wo denkst du hin
Rudolf spricht oft davon
ob es nicht besser wäre
du wärst in einem Sanatorium
Keine Angst
wir getrauen uns nicht
Wir sind ja eine Verschwörung
Du hast es hier am besten
es fehlt dir nichts
du hast alles was du brauchst
eine schöne Umgebung
hilfreiche Menschen
die dich lieben
äußerst du einen Wunsch
wird er dir erfüllt
das sind wir uns alle schuldig
daß wir uns gegenseitig alle Wünsche erfüllen
Im Grunde ist es ein idealer Mechanismus
du und ich und Rudolf
Wie schlimm könnte alles sein
hebt den Talar auf und hält ihn gegen das Licht
Wir sind voller Zuneigung füreinander
schaut hinaus
Es geht uns nicht schlechter
im Ruhestand
Wenn wir erst Reisen machen
Rudolf will nach Ägypten
wir werden schon einen Weg finden
daß du mitkommen kannst
alle vier fahren wir weg
die Olga ist ganz für dich da
Wer hat es schon leicht
zu Clara direkt
Neinnein das Kind ist hier gut aufgehoben

du darfst es nur nicht auseinanderbringen
du verstörst es richtig
laß sie in Ruhe
und sei glücklich daß es sie gibt
sie macht ihre Arbeit
das ist alles
Du zerbrichst dir immer über das Unwichtigste
den Kopf
Du hast dich nicht geändert
wie immer
wir brauchen keine Zeugin am siebten Oktober
nimmt den Talar und hängt ihn an die Wand und begutachtet ihn
Tagelang vor dem siebten
verändert er sich
alles in Rudolf ist auf den siebten konzentriert
sie nimmt den Talar wieder von der Wand und legt ihn auf das Bügelbrett und bügelt weiter
Er hat mit Himmler nur ein einziges Mal gesprochen
ein Mann der keinen Widerspruch duldete
solange er lebt hat Rudolf geschworen
wird er Himmlers Geburtstag feiern
Daß er allein geblieben ist
hängt auch damit zusammen
keiner von uns kann ausbrechen
plötzlich zu Clara direkt
Kurz vor dem siebten Oktober
hast du auch diese merkwürdigen Träume
fragend
Immer bevor er dich erdrückt
wachst du auf

CLARA

Zuerst dachte ich
ein Tier
aber dann war es doch ein Mann

VERA

Bedenke doch deine Lage mein Kind

CLARA

Ein großes Tier verstehst du
wild
vollkommen behaart

immer größer immer erdrückender
ich kann mich nicht wehren
ich habe Angst daß es mich erdrückt
In dem Augenblick in welchem er mich erdrückt
wache ich auf

VERA

Du träumst immer
daß dich ein Mann erdrückt
das ist deine Situation mein Kind
am schlimmsten ist es immer vor dem siebten Oktober
das ist ganz klar daß du Angst hast
daß dich der Mann erdrückt

CLARA

Ich werde ohnmächtig und dann wache ich auf

VERA

Du hast ihn wieder nicht gefragt
wie er heißt
das ist das wichtigste
daß du ihn fragst wie er heißt

CLARA

Nein

VERA

Du mußt fragen
du mußt ihn sofort fragen

CLARA

Ja

VERA

Du mußt fragen
ansprechen mußt du ihn
Dein Ungeheuer
bevor es dich erdrückt
Wenn es zum Mann geworden ist
wie er heißt

CLARA

Ja

VERA

Das schlimmste ist
daß du nicht fragst wie er heißt
Du mußt wissen wie er heißt
Wir sind ganz einfach in diese Situation hineingekommen
Du mußt deine Rolle spielen

im Rollstuhl verstehst du
Vor dem siebten Oktober ist es am schlimmsten
aber es ist auch sehr schön
findest du nicht
lacht
Die Natur kannst du nicht hintergehen
Wir machen immer wieder entscheidende Fehler
wir klügeln uns ein System aus
und machen immer wieder die gleichen Fehler
plötzlich
Soll ich dich hinausfahren
bevor Rudolf kommt
Nachher ist es zu spät du weißt
Der siebte Oktober
ist der Höhepunkt des Jahres
schaut hinaus
Es ist trüb
man sieht nichts
nicht einmal den Baum sehe ich
solange wir es hier warm haben
und zu essen haben
und die Olga haben
sollten wir zufrieden sein
Daß es schon wieder ein Jahr ist
seit acht Jahren kein neues Kleid
wenigstens am siebten Oktober
um Rudolf eine Freude zu machen
aber ich bin zu schwach dazu
schaut hinaus
Ein gefährlicher Nachmittag
Auf der Hut sein
sagte Vater immer
er hatte recht
er wäre stolz auf Rudolf
sie hängt den fertiggebügelten Talar an die Wand,
begutachtet ihn, dann
Und jetzt mache ich uns Kaffee
Du trinkst doch mit mir eine Tasse Kaffee

CLARA

Ja natürlich

VERA *im Hinausgehen*
Unser Vater hat uns das Mißtrauen gelehrt
wie gut
daß wir auf ihn gehört haben
CLARA *zu sich*
Das Mißtrauen niemals unterdrücken
dem Mißtrauen gehorchen
den Menschen immer nur mit Mißtrauen begegnen
der Natur alles a b horchen
VERA *von draußen*
Wie recht er gehabt hat
wir hätten in a l l e m auf ihn hören sollen
möglicherweise lebte er heute noch
wie alt wäre Vater heute
CLARA *ruft*
Das hätte er nicht haben wollen
was nachher geschehen ist
VERA *ruft zurück*
Wie meinst du das
CLARA
Du und Rudolf
VERA
Das verstehst du nicht
Es hat sich so ergeben
Es vereinfacht so vieles
Du hast kein Recht
darüber zu urteilen
es ist alles zu deinem Glück
wenn es anders wäre
wenn Rudolf geheiratet hätte
so ist er bei uns
alles bleibt unter uns
CLARA
Dich hat er immer gelobt
mich hat er gehaßt
Dich hat er geliebt
mich hat er gehaßt
VERA
Wie gut
daß du nicht gehen kannst
du wärst schon im Gefängnis

mit deinen verrückten Ideen
du säßest in irgendeiner Haftanstalt
Der Rollstuhl bewahrt dich
vor dem Kerker
Der Vater hat schon immer gesagt
daß du gefährlich bist
als Familienmörderin hat er dich bezeichnet
es ist was Wahres dran
Unsere Sozialistin kann von Glück reden
daß sie sich nicht rühren kann
dich hätten sie längst verhaftet
eingesperrt abgeurteilt
du wärst verschwunden

CLARA
Von Natur aus
sei ich schlecht
hat Vater gesagt
Dich hat er immer geliebt

VERA
Draußen wärst du gefährlich
ich kenne dich
du hättest schon Bomben geworfen
und Leute umgebracht
alle die du haßt
du haßt sie alle
weil du verrückt bist
fanatisch
kommt mit Kaffee auf einem Tablett herein und
setzt sich neben Clara
Dein Unglück hat dich gerettet mein Kind
du verdankst alles dem Bombenangriff
das sagt Rudolf auch
daß aus dir eine Terroristin geworden wäre

CLARA
Was versteht ihr davon

VERA
Von gleichen Eltern
so grundverschiedene Kinder
sei froh daß du hier bist
in Schutzhaft sozusagen
bei uns

es ist ein großes Glück
wenn sich auch alles auflehnt in dir immer
das liegt in der Natur der Sache
so bist du darauf beschränkt ab und zu
einen bösartigen Leserbrief zu schreiben
Die Welt ist in Wirklichkeit ganz anders mein Kind
schenkt Clara und sich selbst Kaffee ein
Das gefiel dem Vater
wenn wir in unseren weißen Kleidern
in den Park gegangen sind
er ließ uns spielen
und beobachtete uns
manchmal hat er ausgerufen Meine Geschöpfe
Die Mutter wollte immer wieder nach Paris
das war ihre fixe Idee
er haßte diese Idee unserer Mutter
er hat ihr immer wieder versprochen
daß sie nach Paris fahren werden
aber er hatte nicht die Absicht nach Paris zu reisen
Glaubst du er hat sie geliebt
Euer Vater hat mich immer nur mißbraucht hat sie gesagt
Euer Vater ist ein Unmensch
ich schäme mich für ihn
schaut auf die linke Tür
Wie schmutzig die Türen sind
alles ist schmutzig
Wenn Olga morgen zurückkommt ist das erste
daß die Türen gewaschen werden
und die Fenster
soviel Staub liegt auf den Fensterbänken
Du kannst das alles nicht sehen
aber mich macht es verrückt
Wie es in der Küche aussieht
gerade heute
Im Grunde stößt auch mich alles ab hier
aber die Vorstellung
etwas ändern zu müssen
es gehörte ausgemalt
schaut umher
siehst du die Risse in der Decke
sie werden immer größer

es ist ein altes Haus
Die Vorhänge grau
alles grau und schmutzig
seit Jahren haben wir keinen Besuch
weil Rudolf es wünscht
Es schadete nicht
wenn ab und zu jemand zu Besuch käme
andererseits
auf wen legten wir Wert
Rudolf hat sich ganz und gar abgeschlossen
seiner Stellung wegen
und weil er im Grunde immer ein einsamer Mensch gewesen ist
er haßte Gesellschaften immer
obwohl er so charmant sein kann in Gesellschaft
die Leute sind ganz erstaunt
wenn sie sehen wie er eine ganze große Gesellschaft
die sonst in Langeweile ertrinken würde
völlig ungezwungen und leicht ganz allein unterhält
das hat er von Vater
der zu Hause vollkommen verschlossen und diktatorisch
gewesen ist
und in der Gesellschaft der charmanteste
darunter hatte die Mutter zu leiden
Außer es kommt der stellvertretende Ministerpräsident
oder der Professor Wackernagel
mir liegt nichts an dem langweiligen Menschen
der nur über seine Forschungen etwas zu sagen hat
das kein Mensch versteht und das sicher nichts wert ist
es gibt nichts Langweiligeres als solche Wissenschaftler
und mit dem Doktor Fromm hat er sich gestritten
das ist schade
der Doktor hat die Stimmung immer aufgelockert
Wenn der Doktor gekommen ist
war sofort eine gehobene Stimmung im Hause
aber das ist zwei Jahre her
daß der Doktor zum letztenmal da war
er hat sich ein schönes Haus gekauft
Die Ärzte schwimmen in Geld
wenn sie erst einmal Lunte gerochen haben
die einzigen die heute in Luxus leben sind die Ärzte
die wahren Heiligen wie unser Vater immer gesagt hat

vielleicht sollte ich mit Rudolf reden
daß er sich mit dem Doktor wieder versöhnt
findest du nicht daß es schade ist
daß der Doktor nicht mehr zu uns kommt
Rudolf war eifersüchtig das stimmt
aber jetzt hat er keinerlei Grund mehr dazu
und dir hat der Doktor doch auch sehr gefallen

CLARA
Vielleicht

VERA
Solche Leute können ein Haus bewohnbar machen
die Welt in der man lebt

CLARA
Aber auch diese Leute gehen ihren Weg
normalisieren sich sind abgedroschen

VERA
Du hättest den Doktor sehen sollen gestern vormittag
Ich bin ihm auf dem Hauptplatz begegnet
wie er aus dem Juweliergeschäft getreten ist
er erschien mir noch eleganter als früher

CLARA
Ich weiß was dir gefällt

VERA
Alles ziehst du in den Schmutz

CLARA
In den Schmutz den es verdient

VERA
Du bist zu bedauern mein Kind
Was hast du immer für verrückte Ansichten
wenn du doch nur einmal n o r m a l empfinden würdest
Dein Revolutionär hat dich ruiniert
Manchmal denke ich wie gut das ist
daß er aus deinem Leben verschwunden ist
Es ist immer entscheidend an wen man kommt
Du bist an den Teufel gekommen
manchmal denke ich es ist gut
daß er tot ist
er hat dich zerstört so ist es doch
er hat dich zuerst zersetzt und dann zerstört
er hat dich mit widerlicher Literatur überfüttert
und dich zerstört vollkommen zerstört

für immer
er hat es sich leicht gemacht
eine Kugel in den Kopf
und kein Gedanke an dich
Aber stell dir vor du wärst

CLARA

Nicht gelähmt willst du sagen

VERA

Natürlich
wie schrecklich wäre alles mit dir
Aber es ist eben so wie es ist
Inzwischen bist du auch alt geworden
es ist besser du läßt dich von mir an sein Grab fahren
als du wärst tot
Die Unmenschen ziehen die andern hinunter
hat Vater gesagt
Wie gut daß ich schon gestern
alles vorbereitet habe
wir können uns ruhig verplaudern
Der Gerichtsrat Rösch
kommt heuer nicht
er ist erkältet
Es ist auch besser Rudolf ist allein
ich mag diesen Menschen nicht
Die Kollegen sind immer gefährlich
Vielleicht ist es auch eine Ausrede
Vor einem Jahr ist er auf dem Weg zu uns
angesprochen worden
angerempelt stell dir vor
um ein Haar hätten ihn ein paar junge Männer
in ein Lokal gezerrt
die ihn erkannt haben
zum Glück hat er sich losreißen können
Wenn die ihm den Mantel vom Leib gerissen hätten
und er wäre in der SS-Uniform dagestanden
Möglicherweise ist es ihm heuer zu gefährlich
er hat angerufen und gesagt er sei erkältet
er fühle sich todkrank und könne nicht kommen
er werde Himmlers Geburtstag zu Hause und mit sich allein feiern
Ein widerlicher Mensch im Grunde nicht wahr
Aber ein treuer Freund Rudolfs

Keine undichte Stelle verstehst du
Ich weiß daß du mich haßt
wenn ich so mit dir rede
Aber ich bin ganz aufgeregt
wenn der siebte Oktober kommt
Es ist Rudolfs Wahn
den Tag zu feiern
Schließlich es war sein Höhepunkt
Es kommt die Zeit sagt Rudolf
wo er nicht mehr gezwungen ist Himmlers Geburtstag in seinem Hause versteckt feiern zu müssen
sondern offen ganz offen mein Kind offen
vor allen Leuten
Natürlich ist es eine Verrücktheit
daß er daran festhält
aber warum sollte ich ihm das Spiel verderben
Wir müssen zu ihm halten
wer weiß was noch kommt
Wir sind eine Verschwörung
Wenn es ihm so viel gibt
Ich bin dir ewig dankbar
daß du uns in Ruhe läßt
ich weiß was das bedeutet für dich
Andererseits
was bleibt dir übrig
Dafür lege ich dir morgen wieder
alle deine linken Bücher auf den Tisch
und alle Zeitungen die du dir wünschst

CLARA

Mich ekelt vor dir
aber ich höre dir zu
ich habe es versprochen
und du hast recht
was bleibt mir übrig
ich bin euch ausgeliefert
Es ist ganz klar
daß ihr auch an Himmlers Geburtstag
miteinander ins Bett geht
nach der zweiten Flasche Sekt
Ich schäme mich nicht einmal
Meiner armen Schwester bleibt gar nichts anderes übrig

als sich dem Wahnsinn des Gerichtspräsidenten
ihres Bruders zu fügen
Du bist ja noch viel ärmer als ich
und nur weil du so verlogen bist
hältst du es aus
noch perverser als dein Bruder
noch niederträchtiger als er
noch viel gemeiner
Vera steht auf und geht mit dem Kaffeegeschirr hinaus
Alles was du machst
ist bewundernswert
Ich bewundere dich
ich habe dich immer bewundert
ruft ihr nach
meine große Schwester
die ich immer bewundert habe
zu sich selbst
Wir sind zur Gemeinheit verurteilt
nimmt das Paar Strümpfe wieder in die Hände, stopft weiter und ruft hinaus
Wir verdienen alle nichts anderes
Aber die Perversität von dir ist viel größer
als die Rudolfs
Vera kommt herein und öffnet den Kasten
Ich bewundere dich
ich bewundere dich wirklich
aber ich verachte dich auch

VERA

Das muß so sein
Du hast dich nicht geändert
nimmt eine gerahmte Fotografie Himmlers aus dem Kasten heraus und geht damit zum Fenster und poliert sie

CLARA

Die Schuld liegt nicht an dir
es gibt überhaupt keine Schuld

VERA

Was redest du immer daher
hör endlich auf damit
ich weiß ja was du denkst
haucht auf das Bild
Die Menschen sind wie sie sind

und sie müssen miteinander auskommen
Das ist ja auch deine Erfahrung
schaut hinaus
Alles grau und schmutzig
so war es schon
wie wir Kinder gewesen sind
nichts hat sich verändert
Der Vater duldete nicht die geringste Veränderung
Wir sind eine richtige Juristenfamilie
mit allem Drum und Dran verstehst du
das ist nicht einfach
Die Juristenkinder haben die Leute gesagt
wenn wir durch die Stadt gegangen sind allein
haucht auf das Bild
Das Bild ist gemacht worden
wie Himmler das Lager besucht hat
Rudolf hat mit ihm allein gegessen
einen Tag nach seinem neununddreißigsten Geburtstag
Es hat nichts Schwierigeres gegeben
als Lagerkommandant zu sein
Kommandant das war etwas Furchtbares
Es hat Rudolf sehr imponiert
was Himmler gesagt hat
stellt das Bild auf die Fensterbank und schaut es an
Himmler war es ja schließlich auch
der ihm den falschen Paß gegeben hat
mit dem Rudolf untergetaucht ist
Rudolf verdankt ihm
daß er noch lebt
Und wir verdanken Rudolf
daß wir noch leben
Wenn sie ihn erwischt hätten
sie hätten ihn sofort umgebracht
so war er ungeschoren
Und dann
zehn Jahre später
fragte niemand mehr danach
So ist es
nimmt das Bild und geht damit hinaus und kommt ohne Bild wieder herein, geht zum Talar und begutachtet ihn
Rudolf ist ein anständiger Mensch

das weißt du
Wäre er das nicht
wir lebten nicht so wie wir leben
Die Leute applaudieren ihm
wenn er von Vaterlandsliebe spricht
so wie vorgestern im Juristenklub
jedesmal wenn er das Wort Vaterlandsliebe sagt
wird applaudiert
Sie wollen ihn gar nicht weglassen
aber der Ruhestand ist unaufschiebbar
schaut umher
Der Vater duldete nicht die geringste Veränderung
die Mutter fügte sich
die Frauen fügen sich eben
das ändert sich nicht
sie geben es nicht zu
aber sie fügen sich
und sie fügen sich gern
zuerst wehrte sich die Mutter das ist wahr
dann hat sie aufgegeben
plötzlich
von einem Augenblick auf den andern
sie hat früh aufgegeben findest du nicht
daß sie mit dreißig schon alt und grau gewesen war
und häßlich in Wahrheit
Dann ging es ganz schnell
Paris hat sie immer wieder gesagt
bis sie es nicht mehr gesagt hat
Zuerst hat der Vater es überhört
dann hat sie es nicht mehr gesagt
zieht an den Vorhängen
wie sie tot war hat er gesagt
ich hätte mit ihr nach Paris fahren sollen
was hätte es geändert
Ich finde Paris abscheulich
alle Welt will nach Paris
für mich war Paris immer die häßlichste Stadt die ich kenne
eine verstaubte Wüste
sie sehen alle ein Paris
das es gar nicht gibt
lieber sterben als in Paris leben

Die Heimat ist etwas Schönes
Aber alle wollen nach Paris
weil es seit zweihundert Jahren Mode ist

CLARA

Häßlich war sie nicht

VERA

Die Mutter

CLARA

Ja

VERA

Und wie
an ihrem dreißigsten Geburtstag
ein schrecklicher Anblick mein Kind
Du hast es gut
weil du dich nicht mehr daran erinnerst
häßlich und verbittert war sie
alt und verlassen
obwohl sie mitten unter uns gelebt hat
und unser Vater war niederträchtig und gemein zu ihr
ich schäme mich so über ihn zu sprechen
aber es ist die Wahrheit
hebt den Talar in die Höhe
Ein halbes Jahr noch
dann zieht er den Talar nicht mehr an
der Herr Gerichtspräsident
das wird ihm schwerfallen
je älter sie sind die Herren
desto eitler werden sie
er sagt zwar er freut sich auf den Augenblick
in welchem er den Talar zum letztenmal anzieht
aber es wird ihm schwerfallen
Der Herr Gerichtspräsident
ein mühseliger Aufstieg
Der schöne Gerichtsmensch
wie gesagt wird
geht mit dem Talar hinaus

CLARA

Ich habe mich heraufexistiert
hat der Vater gesagt
Und dabei habe ich mir die Hände
nicht schmutzig gemacht

zum Unterschied von den andern
Wenn wir ausgegangen sind
mußten wir vor ihm hergehen
dabei haben wir immer Angst gehabt
ruft hinaus
Es ist gut daß die Mutter
nicht mehr mitgemacht hat
Rudolf schämte sich
ihres Selbstmords
Was ist das für eine Juristenfamilie
wenn die Mutter sich umbringt
Bringst du mir die Zeitungen
zu sich
Wir erben die Unsicherheit
die unser Leben in die Länge zieht
Vom Vater gehaßt
weil nicht gewollt
und von der Mutter

VERA *kommt mit einer SS-Uniform und mit Zeitungen herein, die sie ihrer Schwester gibt*
Tagtäglich steckst du deinen Kopf
in diesen gedruckten Schmutz
sie geht mit der Uniform zum Bügelbrett und fängt an, die Hose zu bügeln, während sie den Rock am Fenster aufhängt
Wir alle haben die Mutter umgebracht
sie hatte nicht standgehalten
wie Vater gesagt hat
sie war aus dem zerbrechlichen Material
das nicht für die gemeine Welt ist
es brauchte nicht viel
um sie zu zerbrechen
zu Clara direkt
Dich hat er nicht haben wollen
und er hat dich auch nicht geliebt
er war mit Leib und Seele Jurist
und er wäre stolz wenn er Rudolf sehen könnte
Wenn er wüßte daß seine Kinder
allein geblieben sind
er hatte etwas übrig
für das Zeremoniell
er war gern Soldat Offizier

Die Mutter hat alles vorausgesehen
deshalb ist sie zerbrochen
Und unter welchen Umständen allein geblieben
jeder für sich
allein und alt geworden wir drei
keine Frage
es ist kein Zufall
Clara liest in den Zeitungen
Du bist ganz gierig
auf die Widerwärtigkeiten
du steckst deinen Kopf in den Zeitungsschmutz
und lebst auf
Es ist die einzige Leidenschaft die du hast
Du hast keine andere
Du lebst aus den Zeitungen
aus nichts sonst
du denkst aus den Zeitungen
du hast dein ganzes Urteilsvermögen aus den Zeitungen
Nichts ist niederträchtiger sagt Rudolf
als mit Zeitungen sein Geschäft zu machen
den Menschendreck an die Leute zu verkaufen
die ihn gierig an sich reißen
die Herausgeber der schmutzigsten Zeitungen
sind die Juden
Ich weiß daß du das nicht gerne hörst
aber es ist die Tatsache
Dein Vater war ein Judenhasser
wie achtundneunzig Prozent unseres Volkes
nur die wenigsten geben es zu
daß sie Antisemiten sind
die Deutschen hassen die Juden
auch in dem Augenblick in welchem sie das Gegenteil behaupten
so ist die deutsche Natur
die kann man nicht verfälschen
weil man die Natur nicht verfälschen kann
auch in tausend Jahren werden die Juden in Deutschland gehaßt
in Millionen Jahren
wenn es dann noch Deutsche und Juden gibt
das sagt Rudolf

nach einer Pause
Immer ist es ein Tier zuerst
dann ein großer gewalttätiger Mensch
der dich erdrückt
du hast genau die Träume
die deinem Zustand entsprechen
du kannst keine andern haben
Meine Lage ist nicht viel besser
schaut hinaus
Die Tage sind schon so kurz
dreht sich wieder nach Clara um
Oder denkst du meine Lage ist eine bessere
ich habe das große Los gezogen
du weißt genau das ist ein Irrtum
Wenn ich mit Rudolf ins Bett gehe
so ist das doch das Nächstliegende
ich empfinde es als das Natürlichste
Wir sind eine Verschwörung
Wir ziehen die Vorhänge zu wenn es Zeit ist
Kein Mensch weiß was wir tun
kein Mensch weiß was wir denken
kein Mensch weiß was wir sind
Wir haben kein Geheimnis vor uns nicht wahr
plötzlich forsch
Ich fahre dich hinaus wenn du willst
schaut hinaus
Aber es wäre unsinnig
es ist kalt und schon beinahe finster
So viele Jahre spielen wir unsere Rolle
wir können nicht mehr heraus
Die Eltern sind tot
wir können sie nicht mehr zur Verantwortung ziehen
vielleicht wenn sie lebten
erschlügen wir sie wer weiß
ich habe die Mutter oft umgebracht im Traum
erwürgt erschlagen erstochen
Du versteckst deinen Kopf in der Zeitung
aber ich weiß wie du aussiehst
ich kenne dein Gesicht
Du lebst ganz in deiner Zeitungswelt
du läßt dich nicht stören

nicht durch die größte Ungeheuerlichkeit
nicht einmal wenn ich dir sage
daß ich meine Mutter umbringen würde
wenn sie noch da wäre
Damit bestrafst du mich
so hat jeder von uns die Möglichkeit
den andern zu bestrafen
Wie ich die Zeitungen immer gehaßt habe
alle Schriften die ich dir besorgt habe
weil ich gesehen habe
wie sie dich nach und nach ruinieren
du bist ja schon ganz zersetzt von der Lektüre
Man sieht daß du deinen Kopf immer in den
Zeitungsschmutz steckst
Aber es geht darum
die Rolle die wir spielen
zu perfektionieren
manchmal verstehen wir das selbst nicht
dann ist es uns unheimlich
aber wir wissen ganz deutlich was wir zu tun haben
Du hast es mit dem Rollstuhl
das ist mindestens so grausam
wie ich es mit Rudolf habe
Wir können nicht anders
wir belügen uns
aber wie schön ist letzten Endes das
was wir tun
indem wir es spielen
und das was wir spielen
indem wir es tun
Gegen unsere Gesetze verstoßen
geht nicht mehr
geht vom Bügelbrett weg auf Clara zu und schlägt ihr mit einem kräftigen Schlag die Zeitung vom Gesicht
Du hast schon ein ganz zerstörtes Gesicht
von den Zeitungen
Du bist noch viel häßlicher
als unsere Mutter
Es ist alles entschieden mein Kind
Clara versucht, die ihr vom Gesicht geschlagene Zeitung zu glätten und wieder zu lesen

Vera geht zum Bügelbrett zurück
Die Kunst besteht darin
den Gehaßten
nicht g a n z zu töten
ihn immer wieder zu peinigen
aber nicht g a n z zu töten
bügelt die Hose
Ich weiß gar nicht
wie ich dazu gekommen bin
mich so zu vergessen
er hat sich nicht dagegen gewehrt
dein Bruder
es ist ganz natürlich mein Kind
Clara versteckt ihr Gesicht wieder hinter der Zeitung
Du hast geschworen
daß du die Namen Rosa Luxemburg und Clara Zetkin
nicht mehr erwähnst
du hat dich daran gehalten
Du bist schon eine von uns
und w i e von uns
schaut hinaus
Wir haben unser Theaterstück einstudiert
seit drei Jahrzehnten sind die Rollen verteilt
jeder hat seinen Part
abstoßend und gefährlich
jeder hat sein Kostüm
wehe wenn der eine in das Kostüm des andern schlüpft
Wann der Vorhang zugemacht wird
bestimmen wir drei zusammen
Keiner von uns hat das Recht
den Vorhang zuzuziehen wann es ihm paßt
das verstößt gegen das Gesetz
Zu gewissen Zeiten sehe ich mich tatsächlich
auf einer Bühne
und ich schäme mich nicht vor den Zuschauern
nicht wie du die sich schämt
die vor Scham schon beinahe verrückt ist
ich schäme mich nicht
Wir existieren nur
weil wir uns gegenseitig die Stichwörter geben
weiter

du und ich und Rudolf
solange es uns paßt
wir werden sehen
Es ist so künstlich und kalt manchmal
tagelang
dann löst es sich wieder
horcht
Ich dachte schon Rudolf kommt
Er wird plötzlich schweigsam dasitzen
und das heißt
er will
daß ich ihm das Fotoalbum bringe
ich muß es umblättern
und ich muß es mit ansehen
Bild für Bild
wie jedes Jahr
er hat alles so schön geordnet
der ordentliche Mensch
zu jedem Bild hat er etwas zu sagen
etwas Furchtbares
als ob seine Erinnerung
nur aus Haufen von Toten zusammengesetzt ist
Vor dem Fotoalbum fürchte ich mich
vor sonst nichts
Letztes Jahr hat er verlangt
daß ich dir die Haare schere
und dir die KZ-Jacke umhänge
Wir müssen tun was er verlangt
wir müssen alles tun was er verlangt
Natürlich er ist auch ein kranker Mensch
Oder glaubst du das nicht
Du steckst deinen Kopf in die Zeitung
weil du nicht davonlaufen kannst
schaut auf die Uhr
Willst du etwas essen
ich denke wir warten
sonst haben wir keinen Appetit auf das Geburtstagsessen
Ich habe gar nicht gewußt
daß Himmler nur vierzig Jahre alt geworden ist
ein junges Idol findest du nicht
Ich wäre gern in Hamlet gegangen

ich verstehe nicht daß du auf Shakespeare verzichten kannst
Hamlet
Unser Bruder der Gerichtspräsident
spendiert uns die Mittelloge
und du sagst nein
ein ganz neuer Hamlet
ein berühmter Schauspieler
der schon den Prinzen Homburg gespielt hat
mir hätte es gefallen
was hätten die Leute gesagt
wenn ich allein in der Loge gesessen wäre
ohne dich
Wo haben Sie denn Ihre arme Schwester gelassen
sagen sie dann
das hab ich schon einmal erlebt
das arme Kind
das von einem Deckenbalken erschlagen worden ist
von einer amerikanischen Luftmine
querschnittgelähmt entsetzlich
Die Leute sagen immer dasselbe
Ich weiß was jeder sagt
gehe ich allein fragt mich jeder nach dir
Die arme Schwester wo ist sie
die Bewegungslose
die Glücklose
die Ärmste
Im Grunde hänge ich ganz von dir ab
Gehst du nicht in den Hamlet
kann ich auch nicht hingehen
gehst du nicht in das Konzert
kann ich auch nicht gehen
wenn du die Kunst nicht willst
habe ich auch keine
und du weißt wieviel mir am Kunstgenuß liegt
Wenigstens einmal im Monat
wenn schon nicht wöchentlich
ein Kunstgenuß
Die Theaterliebe habe ich von unserem Vater
die Musikliebe von Mutter
du verwehrst mir das Schauspiel wie die Musik
Früher habe ich jedes Kammerkonzert besucht

natürlich wie wir noch Cello gespielt haben
CLARA *lacht auf*
Cello
wie wir noch Cello gespielt haben
wie falsch wir doch gespielt haben
wie dilettantisch wie grauenhaft
VERA
Findest du
das finde ich nicht
hält die Hose gegen das Licht
Es war doch schön
wie wir noch Musik gemacht haben
blickt auf den Flügel
Ich glaube es ist Jahre
daß ich nicht mehr Klavier gespielt habe
In diesem schrecklichen Haus
Musik zu machen
die kalten Wände anfüllen mit Musik
sie mit Musik lebendig machen
CLARA *zynisch*
Anfüllen mit Musik
das glaubst du doch selbst nicht
daß dir das gelungen ist
dieses schauerliche Haus lebendig zu machen
dieses Totenhaus
VERA
Ich habe es so empfunden
Auch als wir Kinder waren
und Mutter hat gespielt
die schönen langen Winterabende
Schade daß Rudolf
das Violinspiel aufgegeben hat
ich vermisse es sehr
er hatte einen so weichen Ton
Der Krieg hat ihm das Violinspiel verleidet
Es war ganz anders hier
als wir alle Musik gemacht haben
geht zum Flügel, klappt ihn auf und will etwas spielen
Achnein
es ist keine Zeit mehr um Musik zu machen
dreht sich nach Clara um

Die Kunst ist ein Mittel
sich zu erretten
aber du lehnst ja alles was schön ist ab
klappt den Flügel zu und steht auf und geht wieder zum Bügelbrett
Jede Rettungsmöglichkeit lehnst du ab
Alles was ein Vergnügen sein könnte
Du bist schon ganz verfinstert

CLARA

Wie du lügst
wie du so lügen kannst
alles an dir ist Lüge und falsch
Es ist immer schauerlich gewesen
wie die Eltern noch gelebt haben
und am schauerlichsten war es
wenn sie Musik gemacht haben
und seit sie tot sind
hat sich nichts geändert
nur ihr seid noch gemeiner und niederträchtiger geworden
ihr wißt ja gar nicht
was Musik ist
und was Kunst ist
unter eueren Händen ist die Musik
immer etwas Entsetzliches geworden
Wenn der Vater Gedichte vorgelesen hat
war es das Entsetzlichste das man sich vorstellen kann
ihr habt euch so oft an Musik vergriffen
an Dichtung an Poesie
ihr habt sie immer mißbraucht die Kunst
Du sagst immer
solange die Eltern gelebt haben
aber es hat sich nichts geändert
wie du lügst
wie du immer gelogen hast
du hast dir immer alles nur vorgelogen
dir und Rudolf und allen andern
Cello das war doch nichts
das war unter eueren Händen doch nur eine Gemeinheit
und Rudolf auf der Violine
es gibt kaum eine größere Perversität
Das war doch nur die verrückte Idee unseres Vaters

und die verrückte Idee unserer unglücklichen Mutter
die wollten daß wir Musik machen
weil die Kinder ihrer Kategorie immer Musik gemacht haben
Gedichte gelesen haben Poesie gelesen haben
Der Vater haßte in Wirklichkeit die Musik
und er hatte keine Ahnung von Dichtung
Poesie verabscheute er
Eines Tages hat er sich auch nicht entblödet
den Bösendorferflügel zu kaufen
es wäre besser gewesen er hätte mir früh genug eine Pistole gekauft
um ihn niederzuschießen
euch alle niederzuschießen

VERA
Du bist verrückt
wie dein Vater
du wirst ihm mit jedem Tag ähnlicher
mich friert
wenn ich dich höre
wie ähnlich du ihm bist
jetzt weiß ich genau warum er dich gehaßt hat
und umgekehrt

CLARA
Musik in dieses kalte Haus
in diese grauenhaften Winkel

VERA
Wenn er uns vorgelesen hat
durften wir uns nicht rühren
er hat uns immer Schriften vorgelesen
die wir nicht verstanden haben
mit Schopenhauer hat er uns gepeinigt

CLARA
Und mit Nietzsche

VERA *hält die Hose gegen das Licht und bügelt weiter*
Aber wenn Strindberg gespielt wird
gehst du dann

CLARA
Nein

VERA
Seit Monaten kein Theater
kein Konzert

ich fühle mich eingekerkert
plötzlich forschend
Wofür bestrafst du mich
Was habe ich getan
Wenn wir wenigstens wieder einmal ins Gericht gingen
um uns zu unterhalten
Nicht wenn Rudolf verhandelt natürlich
in ein Schwurgericht
zu Rösch
Ich glaube Rudolf hat nichts dagegen
wenn ich sage
daß wir hinaus müssen
du bist ganz bleich mein Kind siehst krank aus
Wir sind immer nur mit uns beschäftigt
ich mit dir
du mit mir
und mit Rudolf
Du sollst mich nicht hassen mein Kind
das habe ich nicht verdient
Jetzt kommen die interessanten Prozesse
Früher hattest du immer Lust dazu
Kein Mordprozeß ohne dich
du warst ganz gierig danach
Laß uns hingehen
wenn wir schon sonst nichts unternehmen
es kostet nichts
und ist die aufregendste Unterhaltung
sie haben Bretter legen lassen
damit die die an den Rollstuhl gefesselt sind hineinkönnen
ich kann dich jetzt bis in den Schwurgerichtssaal hineinfahren
Laß uns doch hingehen
Was ist das Theater
gegen ein Schwurgericht
geht zum Schreibtisch und sieht in einem Kalender nach
Am dreizehnten
gegen Amon
am zweiundzwanzigsten gegen Harreiter
Amon der die Industriellenwitwe umgebracht hat
du erinnerst dich doch

CLARA

Natürlich erinnere ich mich

VERA

Gegen Harreiter verhandelt auch Rösch und nicht Rudolf
Wir gehen hin einverstanden wir gehen hin
zu Mittag essen wir mit Rudolf am Gerichtsbuffet
wenn er da ist
legt den Kalender ab und geht wieder zum Bügelbrett zurück, um weiterzubügeln, schaut durchs Fenster
Zweimal in der Woche durch den Park
das ist zuwenig
Der Arzt sagt täglich
Du mußt es wollen mein Kind
du mußt es zwingen
es genügt nicht daß ich dich vor das offene Fenster stelle
und du atmest die frische Luft ein
das genügt nicht
das wichtigste ist der Ortswechsel
Mein Kind glaube mir
ich will dein Bestes
Das Telefon läutet draußen
Vera geht hinaus
Clara schaut ihr nach
Vera spricht draußen, aber man versteht sie nicht, sie kommt mit einer gestreiften KZ-Häftlingsjacke herein
Rudolf
ob alles in Ordnung ist
er ist schon auf dem Weg
die Häftlingsjacke betreffend
Vielleicht will er
daß du sie anziehst
möglicherweise
sie hängt die SS-Hose an die Wand und bügelt die Häftlingsjacke
Plötzlich fällt ihm ein
du sollst sie anziehen
und er verlangt daß ich dir die Haare schere
Du wirst dir die Augen verderben mein Kind
geht zu Clara hin und dreht ihr ein Licht auf
Komm gib mir die Zeitungen
Rudolf ist gleich da
er mag es nicht
wenn du Zeitungen liest

nimmt den ganzen Pack Zeitungen und geht damit hinaus
Morgen früh kannst du sie wieder lesen
Clara begutachtet das Paar Strümpfe das sie gestopft hat
Vera kommt wieder herein
Wenn er dann nicht mehr im Gericht ist
und den ganzen Tag zu Hause ist
Und er ist kein Spaziergeher wie du weißt
Dann sitzt er den ganzen Tag
und wartet
geht zum Bügelbrett und hält die Häftlingsjacke vor das Licht
Manchmal denke ich
er ist viel zu gutmütig
er hat ein viel zu schwaches Urteil gefällt
er hat den Strafrahmen nicht ausgenützt
wo er doch auszunützen gewesen wäre
dann ist er wieder so hart was ich nicht verstehe
geht mit der Häftlingsjacke hinaus

CLARA *ruft ihr nach*
Ich werde sie nicht anziehen
auch wenn er es wünscht
heute nicht

VERA *kommt mit Rudolfs Schaftstiefeln herein, setzt sich und wichst sie*
Du wirst sehen
wie sich alles entwickelt
wir dürfen ihn nicht irritieren
du mußt dich beherrschen
Wenn er den Wunsch hat
ziehst du die Jacke einfach an
es muß sein du weißt
steht auf und nimmt die SS-Uniform von der Wand und trägt sie hinaus

CLARA
Heute nicht
ich kann nicht
ich will nicht

VERA *kommt zurück und wichst die Stiefel weiter*
Es ist ja nur dieser eine Abend
laß ihm die Freude
jeder von uns

hat seine Narretei
Aber ihm ist es etwas Ernstes
vollkommener Ernst
steht auf und setzt sich vor den Spiegel und kämmt sich
Zuerst hatte ich selbst gedacht
es ist eine Marotte
aber dann habe ich eingesehen
daß es ihm ernst ist
mit diesem Geburtstag
Ich hatte mich nie dagegen gewehrt
Dir ist nichts anderes übriggeblieben
als dich zu fügen
jetzt nach dreißig Jahren
kann nichts mehr geändert werden
Du weißt ja wie Rudolf ist
Ich bin froh
daß der Gerichtsrat Rösch heute nicht kommt
daß wir allein sind
einerseits
dreht sich nach Clara um
Aber für dich wäre die Anwesenheit
des Gerichtsrats Rösch eine willkommene Abwechslung
beginnt, einen Zopf zu flechten
Ich kann mich sehr gut zurückversetzen
hebt den Kopf hoch und schaut in den Spiegel
Natürlich ich bin nicht mehr das Zopfmädchen
aber er will es so
Warum sollte ich nicht tun was er will
Wenn ich ehrlich bin ich finde es schön
daß du mitmachst
auch wenn du alles haßt was hier vorgeht
Ich bewundere dich

CLARA

Du siehst jetzt aus wie vor vierzig Jahren
aber auch vor vierzig Jahren
habe ich dich nicht leiden mögen
Du hast mich immer nur gequält
du hast keine Gelegenheit ausgelassen mich zu quälen
als ob du nur immer nachgedacht hättest
wie du mich quälen kannst
Immer neue Methoden

immer neue Demütigungen
daß mein Vater
gar nicht mein Vater sei
du hast es mir oft gesagt
du hast mich belogen
du hast mich gedemütigt
wo du nur konntest
In der Nacht wenn ich geschlafen habe und du nicht
hast du mich an meinen Zöpfen aus dem Bett gerissen
Du hast mich in den Keller gesperrt
du hast heimlich meine Kleider zerrissen
fängt an, sich zu kämmen
Du machtest dich an Rudolf heran nicht wahr
Du hast diese Situation ausgenützt
es ist widerlich

VERA

Du weißt ganz einfach nicht
was in den Menschen vorgeht
du weißt nicht einmal was in dir selbst vorgeht
du grübelst nur immer
und ziehst alles in den Schmutz
Was zwischen Rudolf und mir ist
ist vollkommen sauber es ist rein
Man müßte dich ununterbrochen ohrfeigen
aber du bist meine Schwester
ich kann nichts dafür daß ich gehen kann und du nicht
ich bin auf andere Weise gestraft
streckt die Zunge vor dem Spiegel heraus
Es hat sich alles so ergeben
Du siehst nur immer ein Komplott gegen dich
es ist nichts Unmoralisches mein Kind
Mein Gott wie du dich aufspielst
anstatt daß du froh bist
daß dir nichts weh tut
Was wäre denn wenn du die ganze Zeit Schmerzen hättest dazu
du sitzt da und es geht dir gut
alles wird dir von den Augen abgelesen
aber daß du nicht gehen kannst und nicht davonlaufen kannst
dafür gibt es keine Schuldigen
Du siehst in uns die Schuldigen
in Rudolf und mir

ich kann dir diesen Wahnsinn nicht austreiben
Wie schön könntest du es haben
wärst du ganz einfach zufrieden
Rudolf und ich wir leiden mehr unter dir als du selbst
das ist die Wahrheit
er ist ein herzensguter Mensch
der seine ganze Kraft für dich einsetzt
und ich stehe dir ja auch Tag und Nacht zur Verfügung
aber das siehst du nicht
du willst es nicht sehen
obwohl du es ganz genau weißt
Man haßt die die einem helfen
flicht sich den zweiten Zopf
Die Wahrheit ist
daß wir uns für dich aufgeopfert haben
Wir hätten ja weggehen können
wir gehen nicht weg
um dich nicht allein zu lassen
wir hätten das Haus verkaufen können
wir haben es nicht getan
dir zuliebe
Wir könnten dich in einer Anstalt unterbringen
dann wären wir allein
wie schön wäre das manchmal
und wie sehr wünsche ich oft
du wärst in einer Anstalt
und ließest mich zufrieden und in Ruhe
Glaubst du Rudolf ist glücklich
das ist keine Konstellation
die einen Mann in seinem Alter und in seiner Position
glücklich machen kann
Rudolf hätte eine ganz andere zweite Lebenshälfte verdient
wir haben sie d i r aufgeopfert
streckt die Zunge heraus
und der Dank ist dein ununterbrochener Haß gegen uns
gegen mich und gegen Rudolf
Du bist unsere Feindin
als wärst du nicht unsere leibliche Schwester
Die Krüppel peinigen ihre Pfleger
hat Vater immer gesagt
bis sie zusammenbrechen tot sind

Im Grunde bist du die Stärkste von uns
Du überlebst uns alle
Ich bin sicher
du überlebst uns alle
Wie lange hat Rudolf mit seinem kranken Herzen
noch zu leben
Du bist die Gesündeste
das macht alles nur noch grotesker
als es schon ist
Du beherrschst uns
nicht umgekehrt
wir sind die Hilfsbedürftigen
nicht du
du befiehlst was zu geschehen hat
ob ich ins Theater komme oder nicht
ob ich in ein Konzert gehe oder nicht
Du sitzt in deinem Rollstuhl wie in einem Thron
und gibst Befehle
das war schon immer so
Der Terrorangriff hat dich an die erste Stelle gesetzt
Deine Querschnittlähmung hat in Wirklichkeit uns gelähmt
Rudolf und mich
Ich fürchte mich vor dem Tag
an welchem er den Talar auszieht
um ihn nie mehr anzuziehen
Der Ruhestand ist es
vor dem ich Angst habe
dann sitzen wir alle drei hier
in diesem Zimmer
und warten nur darauf tot zu sein
Aber wer weiß wie lange der Absterbensprozeß dauert
Dann wirst du Gericht halten über uns
davor fürchte ich mich
Rudolf ahnt natürlich was ihm bevorsteht
aber er hat nicht die Kraft es auch auszusprechen
schaut sich um
Wie ich alle diese Gegenstände hasse
Ich bin nie allein
ich bin dauernd von dir beobachtet
Gehe ich weg ist es eine Hetzjagd nach Hause
zu meiner armen Schwester

Die Leute können nicht wissen was es heißt
ununterbrochen von einem Menschen wie du
beobachtet zu sein
und abgeurteilt zu werden
Du sprichst mir ein Herz ab
und hast selbst nur Eiseskälte in deiner Brust
steht auf und geht zu Clara hin und kämmt sie
Wie widersprüchlich wir alle sind
wie gemein wir sein können
Wenn ich dich kämme beruhige ich mich
gibt Klara den Kamm und geht zum Spiegeltisch zurück
und setzt sich
Dein Unglück ist ja nicht nur d e i n Unglück
es ist auch u n s e r Unglück
vor allem u n s e r Unglück
Wenn Rudolf im Ruhestand ist
ändert sich vieles vielleicht
Wir machen Reisen
Du wirst sehen Rudolf fährt mit dir weg
jeden Tag mit Rudolf hinaus in den Park
in die Stadt
Dann hat er Zeit mit dir im Park zu sein
bindet sich die Zöpfe auf den Kopf
Er ist ein guter Mensch
Das sagen alle
Wer ihn kennt weiß er ist gut
Diese unverschämten Gerüchte
ruft aus
Und wenn es wahr ist
was gesagt wird
es ist schon lange her
Ich glaube nicht daß Rudolf ein Verbrechen auf dem
Gewissen hat
e r nicht
dreht sich nach Clara um und zeigt ihr die auf den Kopf
gesteckten Zöpfe
S o hat er mich gern
genau so
Erinnerst du dich
so sind wir als Mädchen herumgelaufen
im Kriege

in der Nazizeit
dreht sich nach dem Spiegel um, schaut hinein und zerstört ihre Frisur wieder, kämmt die Zöpfe aus
Zuerst geht Rudolf ins Bad
Was wäre
wenn Rudolf nicht mehr aufgetaucht wäre
wenn er mit falschem Namen weitergelebt hätte
Zehn Jahre im Untergrund der Arme
Danach fragte kein Mensch mehr was war
jetzt fangen sie wieder an im Schmutz zu wühlen
trachten anständigen ordentlichen Menschen nach dem Leben
dreht sich nach Clara um
Rudolf ist ein sehr guter Mensch
Du kannst es beweisen
Was vorher war interessiert niemanden
Und wer weiß wie alles w i r k l i c h war
Jetzt wühlen sie wieder im Unrat
Du hättest sehen sollen
wie ihn die Kinder lieben
Er kann mit Kindern umgehen
sie lieben ihn alle
Wer Gutes tut wird angefeindet so ist es
Tue nichts Gutes und du hast Ruhe
sagte Vater
Im Krieg sind alle Gesetze aufgehoben
sagte Vater
horcht
Hörst du nichts
Ich dachte Rudolf ist es
Wenn er nur den richtigen Übergang findet
Wenn er sich nur nicht fallen läßt
Der Staat schickt seine tüchtigsten Leute
automatisch in Pension
die besten viel zu früh
Aber der Staat hat es ja
Wie gern wäre Rudolf noch Richter
aber nein die Behörde hält sich an das Geburtsdatum
und schickt ihn nach Hause
Sie haben nie einen besseren Richter gehabt
Hätte der Staat nur lauter solche Richter

Wie schnell alles vergangen ist
als ob es gestern gewesen wäre
daß Rudolf Gerichtspräsident geworden ist
Es ist das schwierigste Amt
im Staate sagt Rudolf
das verantwortungsvollste das Richteramt
Richter sein heißt absolut Vorbild sein
Unser Kränklichster ist er gewesen
erinnerst du dich
alle Augenblicke eine Verkühlung
und wenn er übermütig aus dem Fenster gesprungen ist in den Garten
dann auf eine Konservenbüchse
alle Augenblicke hinkte er
lag er im Bett
die Mutter liebte ihn
er war ihr der liebste
sie nahm ihn vor uns in Schutz
steht auf und geht zum Fenster und nimmt die Uniform vom Haken
Er ist der einzige
der sich um uns gekümmert hat
ohne Rudolf wären wir gar nicht mehr da
nimmt eine Kleiderbürste und bürstet die Uniform aus
Rudolf hat bewiesen
wer er ist
Wir kennen unseren Bruder
und lieben ihn
Er ist noch immer das Kind
das er einmal gewesen ist
schaut durchs Fenster
das zaghafte das scheue Kind
Wir müssen zu ihm halten verstehst du
ganz fest zu ihm halten
bürstet die Uniform aus
er braucht uns
sucht in den Taschen etwas und holt schließlich ein Eisernes Kreuz erster Klasse hervor
Unser Held
steckt das Eiserne Kreuz an den Uniformrock
Ich bitte dich

nimm dich zusammen
du mußt dich beherrschen
mir zuliebe
uns zuliebe
versprich es mir
vielleicht ist es das letztemal
Ich habe immer Angst vor diesem Tag
Er muß diesen Tag feiern
auf seine Weise verstehst du
du mußt dich beherrschen
schaut durchs Fenster, plötzlich
Rudolf kommt
Wie gut daß ich alles gerichtet habe
sogar die Azaleen habe ich bekommen
Rudolfs Lieblingsblumen
sie geht mit der Uniform hinaus

Zweiter Akt

Zehn Minuten später
Rudolf ziemlich erschöpft auf einem Sessel
Clara Rudolfs Strümpfe stopfend
Vera tritt mit Rudolfs Wintermantel ein

RUDOLF
Hier ist der Knopf hier
sucht in seinem Rock nach einem Mantelknopf und zieht ihn schließlich hervor
Da
Sie haben mich wieder angerempelt
bei der Schule
wie ich mit Rösch vorbeiging

VERA
Die Judenbuben

RUDOLF
Ich werde einmal mit ihrem Vater reden
das geht sicher von Herrn Schwarz aus
Immer an der gleichen Stelle

zu Clara
Jetzt rennen die Judenbuben da herum
wo dich das Unglück ereilt hat
Wärst du damals nicht in der Schule gewesen
wäre alles anders gekommen
Ein Volltreffer mitten auf die Schule
Und nur zwei Tage vor dem Ende

VERA
Der hat es notwendig der Herr Schwarz
Was sind das für Leute
daß sie sich soviel herausnehmen
Rudolf gibt Vera den Mantelknopf und
Vera näht den Knopf an
Ich bin froh wenn du im Ruhestand bist Rudolf
Dann hat alles Lästige ein Ende
Aber vielleicht denken sich die Buben gar nichts dabei

RUDOLF
Gerade am heutigen Tag
Es besteht ein Zusammenhang
zwischen dem heutigen Datum
und der Art und Weise
wie mich die Buben angerempelt haben

VERA
Vielleicht bildest du dir alles nur ein
Zu mir ist Herr Schwarz immer sehr liebenswürdig
Ich werde immer zuvorkommend bedient

RUDOLF
Vielleicht hast du recht
vielleicht bilde ich mir alles nur ein
ich bin doch ein wenig erschöpft
Aber warum ausgerechnet mich
Herrn Rösch haben sie nicht angerempelt
An derselben Stelle
wo sie mich auch vor einem Jahr angerempelt haben

VERA
Es sind doch Kinder Rudolf
die wissen nicht was sie tun
Ungezogen undiszipliniert wie alle heute
Es hat sich alles geändert
die Kinder können heute tun was sie wollen
Und im Alter vertragen wir Kinder ganz einfach nicht mehr

Du hättest Kinder nie vertragen
Wenn ich mir vorstelle Du und Kinder
hat den Knopf angenäht und beißt den Zwirn ab
Wir sind noch erzogen worden
Heute sind alle Kinder verwildert
Die totale Verwilderung ist aus Amerika gekommen
Die Kinder beherrschen mit ihrer Wildheit die Welt
Es ist ja überall nur das Chaos
Rudolf steht auf und schlüpft in den Mantel
Vera hilft ihm dabei
Wohin das noch führt
wenn alles den chaotischen Weg geht

RUDOLF *knöpft sich den Mantel zu*
Seit zehn Jahren trage ich diesen Mantel
Ich sollte mir einen neuen machen lassen
Aber bevor ich nicht im Ruhestand bin nicht mehr
Zehn Jahre in einem einzigen Mantel
das ist einmalig unter den Kollegen
geht zum Fenster und schaut hinaus
Sie sind auf einmal da und rempeln mich an
und zerren an mir und der Knopf ist ab
zieht den Mantel wieder aus
Es besteht ja zwischen allem ein Zusammenhang

VERA
Du bist überanstrengt Rudolf das ist alles
du hast dir in letzter Zeit zuviel zugemutet
Du bist nichts als Pflichterfüllung
Und wer dankt es dir
Ich bin froh wenn alles vorbei ist
Als Gerichtspräsident bekommst du eine schöne Pension
dann geht uns alles nichts mehr an
dann sind wir nurmehr noch für uns da

RUDOLF *gibt den Mantel Vera und setzt sich*
Wir können nicht klagen natürlich
Es hätte alles ganz anders sein können
Alle sind von ihrem Unglück gezeichnet
zu Clara
Unser Opfer wie geht es ihm
Hast du Schmerzen
Das quält mich den ganzen Tag zu denken
daß du zu Hause sitzt und Schmerzen hast

Aber denke nur bald fahren wir weg nach Ägypten
wir alle drei
zu Vera
Wir packen unsere Sachen ein und fahren weg
nach Genua und von dort mit dem Schiff nach Alexandria
Das wünsche ich mir seit Jahrzehnten
Ich kann es schon nicht mehr erwarten
steht auf und geht zu Clara hin
Es soll dir immer gutgehn mein Kind
Wir können von Glück reden
Andere sind längst verfault
geht zum Fenster und schaut hinaus
Die Fabrik ist abgelehnt worden
Ich habe mich durchgesetzt
Es wäre ja auch unerträglich
von hier aus auf eine Fabrikmauer zu schauen

VERA

Siehst du wie einflußreich du bist
du brauchst nur etwas wollen
und du erreichst es

RUDOLF

Sie wird am andern Ende der Stadt gebaut
da stört sie uns nicht
Das wäre ein trostloser Anblick
anstatt auf Bäume
auf eine Mauer zu schauen
hinter welcher Gift erzeugt wird
zu Clara
Dir zuliebe habe ich mich dafür eingesetzt
daß die Fabrik nicht gebaut wird
Die Entscheidung ist heute um elf gefallen

VERA

Das müssen wir auch feiern Rudolf

RUDOLF

Ich habe mir natürlich jetzt Feinde gemacht

VERA

Jetzt können sie dir nicht mehr schaden
Du hast alles erreicht was du wolltest

RUDOLF

Die Natur zerstören
Bäume umschneiden

diese schönen alten Bäume umschneiden
wegen einer chemischen Fabrik
in welcher nur Gift erzeugt wird
Überall sind die Geschäftemacher am Werk
Die Welt ist heute die brutalste
das Geschäft lenkt und regiert alles
Wo noch ein schönes Stück Erde ist
wird Industrie ansässig
Aber hier nicht habe ich gesagt
hier nicht
vor meinen Fenstern nicht
hier wo die Natur noch unberührt ist
Ich liebe diesen Blick

CLARA

Aber du siehst doch gar nichts

RUDOLF

Jetzt nicht
aber das ändert nichts daran daß dieser Blick
mein Lieblingsblick ist
Wenn der Nebel weg ist
im Winter selbst
wenn die Äste aus Eis sind
und der ganze Blick weiß wie aus Glas
dreht sich um und geht zu Clara hin
Rösch hat mich gefragt
warum wir dich nicht in eine Anstalt geben
Aber ich habe ihm gesagt
daß wir niemals auch nur einen Augenblick daran gedacht haben
daß du in eine Anstalt gehst
Wir und das heißt Vera und ich und du
wir werden zusammenbleiben
ganz gleich wie lange
das habe ich geschworen
Wir müssen uns aushalten mein Kind
Wenn ich erst zu Hause bin wird alles besser sein
dann kann ich Vera etwas Arbeit abnehmen
wir können jeden Tag in den Park
und vielleicht zweimal in der Woche in die Stadt
Dein Bruder sieht es gern wenn du glücklich bist
Wenn ich mein Amt nicht mehr ausübe
bin ich frei

und das bedeutet daß wir alle drei frei sind
geht zu Vera
Jetzt denke ich sehr oft
daß es Zeit ist aufzuhören
es geht alles schon über meine Kräfte
andererseits wenn ich Rösch betrachte
verheiratet
setzt sich
zwei Kinder
was so Familie genannt wird
er ist nicht so gut beisammen wie ich
und ist wesentlich jünger
Das Familienleben verbraucht ganz rapide
wir haben uns ganz gut durchgebracht
wir können nicht klagen
Wie gut daß wir das Haus eingedeckt haben
jetzt haben wir Ruhe
Eine Ehe ist etwas Entsetzliches
die Leute rennen blind hinein
sie sind ganz gierig nach dem Eheunglück
sie können es nicht erwarten
kaum sind sie siebzehn oder achtzehn
machen sie schon ein Kind
und verheiraten sich
Wir haben es besser gehabt wir drei
Eine höhere Art von Lebensweise
Vera setzt sich
Ein höherer Schwierigkeitsgrad
nicht ohne Mühe natürlich
nicht ohne Verzweiflung wie Vater sagte
Die Umstände waren ganz einfach so
zu Clara, die die Strümpfe weggelegt hat und in einem Buch liest
Wenn du nicht zerstört worden wärst
du verzeihst das harte Wort
wenn du nicht zerstört worden wärst
du hättest geheiratet
du wärst weg
längst weg
wer weiß wo
du hättest auf alle Fälle geheiratet

dich selbständig gemacht
aber wahrscheinlich wärst du gar nicht mehr am Leben
du hättest dich vernichtet
dein Unglück hat dich vor der Vernichtung bewahrt
die Luftmine die in die Schule gefahren ist
nur mit deiner Verkrüppelung
hattest du eine Überlebenschance
zu Vera gewandt
habe ich nicht recht
so sind wir erst das geworden was wir sind
eine Verschwörung wider den Ungeist des Lebens
schaut auf zu Clara
Sie gibt vor zu lesen
in einem dieser verlogenen Bücher
und verachtet uns
zu Vera
Wir verdienen alle das was wir sind
schaut auf die Uhr
Sechs
Vera steht auf und geht zum Flügel
Das ist eine gute Idee
spiel etwas
ich habe dich lange nicht spielen gehört
vielleicht geht es gar nicht mehr
es ist schon so lange her
Früher war die Musik hier so sehr im Vordergrund
Vera fängt an zu spielen, phantasiert etwas über die Kleine Nachtmusik von Mozart
Rudolf zu Clara
Das habe ich immer geliebt
wenn sie sich hingesetzt hat und spielte
etwas zur Abenddämmerung
wie in alten Zeiten
Wie ich im Untergrund gelebt habe
versteckt hinter zugezogenen Vorhängen
in meiner Kellerexistenz
da habe ich mich gegen neun am Abend heraufgetraut
und habe ihr zugehört
da hat sie für mich gespielt
Und du bist genau da gesessen wo du jetzt sitzt
und hast mich beobachtet

Dein Haß war damals wie heute auf mir
Ich habe mich daran gewöhnt
Ich bin auch hart geworden wie du
wir sind alle hart geworden
Zehn Jahre habe ich mich verstecken müssen
dann war es Zeit wieder ans Tageslicht zu gehn
Wer hätte das gedacht
daß ich meine Karriere als Gerichtspräsident endige
und mit einer sehr hohen Pension in den Ruhestand gehe
blickt auf Vera
Wer hätte das gedacht Vera
So ändern sich die Zeiten
Zuerst zehn Jahre im Kellerloch versteckt
von dir und von Clara versteckt
und dann auf einmal dieser Aufschwung
Ich habe kein schlechtes Gewissen
Ab und zu wird mir die Luft zu dick das ist wahr noch heute
aber ich habe kein schlechtes Gewissen
da müßten alle andern zuerst ein schlechtes Gewissen haben
Ich habe nur meine Pflicht getan
und ich habe mir nichts geschenkt
ich bin an die Arbeit gegangen und habe mehr geleistet
als man von mir verlangen konnte
Ich habe mir nichts geschenkt
Ich habe mir nichts vorzuwerfen
blickt um sich
Heute an diesem Rechenschaftstag
Ich habe es geschworen
ihn zu gehen auf meine Weise
zu Clara
Für dich ist das immer sehr abstoßend
aber für mich ist es eine Notwendigkeit
auch für Vera ist es eine Notwendigkeit
diese Geburtstagsfeier begehen wir ja auch ganz schlicht
ganz für uns und im stillen
Wenn Himmler nicht gewesen wäre
stünde da wo unser Haus steht
eine Giftgasfabrik
Ist es nicht merkwürdig Vera daß ich heute
selbst verhindern habe können
daß eine Giftgasfabrik hier gebaut wird

vor unsern Fenstern
Vor vierzig Jahren hat es Himmler verhindert
heute habe i c h es verhindert
es gibt keine Zufälle
Wenn ich hätte sagen können vor dem Stadtrat
was ich gedacht habe
wie der Stadtrat das Projekt abgelehnt hat
Ich war natürlich zum Schweigen verurteilt
Ich habe meine Macht ausgeübt
tatsächlich
vielleicht zum letztenmal
mit Entschiedenheit
Der Herr Gerichtspräsident Höller hat sich durchgesetzt
sein Wort hat Gewicht
alle haben auf mich gehört
alle haben meine Argumente akzeptiert
jetzt habe ich natürlich den anderen Teil der Stadt gegen mich
Wenn erst dort mit den Bauarbeiten begonnen wird
Aber d i e s e r Stadtteil der schönere kostbarere
wird es mir danken
Noch in hundert Jahren
wenn wir gar nicht mehr am Leben sind
Dann wird von dieser Stadtratssitzung noch gesprochen werden
in welcher der Gerichtspräsident Höller
das Schlimmste das diesem Stadtteil passieren hätte können
durch sein Machtwort verhindert hat

VERA

Du genießt es richtig
Du bist ganz in deinem Element
Gerade heute

RUDOLF

Der Zufall den es nicht gibt
will es daß gerade heute diese Sitzung stattgefunden hat
und die Entscheidung getroffen worden ist
Die Leute wissen ja gar nicht
wie dankbar sie mir sein müssen
Für Generationen habe ich die Natur gerettet in diesem Stadtteil

VERA

Eines Tages werden sie dir ein Denkmal setzen Rudolf
ein richtiges Standbild

RUDOLF

Mehr konnte ich nicht tun
blickt zu Clara hin
Und dabei habe ich die ganze Zeit nur an uns gedacht
daß wir uns den Blick aus unserem Fenster
nicht zerstören lassen dürfen
Nicht von dieser barbarischen Industriegesellschaft
die schon neunzig Prozent der Erdoberfläche vernichtet hat
Im Kriege gab es die Kriegsgewinnler
im Frieden sind die Geschäftemacher noch viel schlimmer
die Juden zerstören und vernichten die Erdoberfläche
und werden sie eines Tages endgültig und total zerstört haben
Die Juden verschachern die ganze Natur
Die Demokratie ist ein Schwindel
Aber wehe wer heute die Stimme erhebt
und solche Wahrheiten ausplaudert
dem wird die Existenz einfach abgeschnitten
blickt auf Clara
Aber das ist ganz klar
daß Ausnahmen die Regel bestätigen
und ich selbst habe ja Hunderte und Tausende
von anständigen Juden getroffen
von diesen rede ich nicht
ich rede von den verbrecherischen
von dem unverschämten Juden rede ich
der unter dem Deckmantel der Demokratie
die Natur ausbeutet und die Erdoberfläche zerstört
skrupellos
Vera klappt den Flügel zu
Wir leben in einer schrecklichen Zeit
wir Europäer haben alles falsch gemacht
wenn diese Einsicht da ist ist es zu spät
der Amerikanismus hat uns vergiftet
Die die Demokratie an die große Glocke hängen
sind in Wirklichkeit ihre Mörder
Aber wir leben in einer durch und durch opportunistischen Welt
in welcher nur durch den Mund der Heuchelei geredet wird
kein wahres Wort kommt dem einzelnen über die Lippen
so treiben wir einem entsetzlichen Zustand zu
steht auf und geht zum Fenster und schaut hinaus

Die größte Verwahrlosung haben wir heute
auf allen Gebieten
Manchmal wünschte ich ich lebte gar nicht mehr
wenn es draußen so grau ist und kalt
und man mit niemandem reden kann was man will
fortwährend mit gelähmter Zunge agierend
voller Lüge und durch und durch schamlos
Wir lebten in einer völlig anderen Zeit
wäre unsere Rechnung aufgegangen
Es kommt schon wieder anders
aber wir erleben es nicht mehr
die Jugend wird aufstehen und sich das was heute geschieht
eines Tages nicht mehr gefallen lassen

VERA *geht zu Rudolf hin*
Was grübelst du
es hat ja doch keinen Sinn
dieser Tag bringt dich natürlich
auf diese Gedanken
Es geht uns doch ganz gut
persönlich sind wir doch ungeschoren
küßt ihn auf die Stirn
Denke doch w a s du bist
und w e r du bist
Der ganze Schmutz hat dir nichts anhaben können

RUDOLF
Eines Tages werden die Deutschen darauf kommen
was die Amerikaner mit ihnen gemacht haben

VERA
Wir machen ein schönes Fest
und niemand kann es uns verwehren
niemand
dreht sich nach Clara um

RUDOLF *auch zu Clara gewandt*
Wir werden siegen
die Feinde werden sich selbst vernichten

VERA *nimmt Rudolfs Hände und führt ihn zum Fenstersessel zurück, beide nehmen Platz*
Ich bin stolz auf dich
daß du dich durchgesetzt hast
Der Gerichtspräsident Höller
hat die Giftgasfabrik vor unseren Fenstern verhindert

RUDOLF

Ich wußte natürlich
daß die entscheidende Sitzung am siebten Oktober ist
ich habe alles auf eine Karte gesetzt
ich habe mich gegen alles und für die Verhinderung der Fabrik verschworen
zuerst hatte ich die meisten Stimmen gegen mich
aber dann fühlte ich
wie meine Argumente von großer Durchschlagskraft waren
und bald hatte ich die Mehrzahl der Stimmen auf meiner Seite
selbst Rösch der am Anfang gegen mich gewesen war
stimmte schließlich gegen den Bau der Fabrik an diesem Standort
Ich dankte dem Bürgermeister
ich ging noch während der Sitzung durch den ganzen Saal
und dankte ihm
selbst die Sozialisten hatte ich überzeugt

VERA

Du bist wieder ganz der alte Rudolf
den ich immer bewundert habe
und den ich liebe
zu Clara, während sie Rudolf am Handgelenk festhält
Nicht wahr
Rudolf ist wieder ganz der alte
willensstark unbeugsam hart
Die Straße die wir gegangen sind
ist steinig gewesen
aber sie hat sich gelichtet
Das Gute in jedem Menschen
setzt sich eines Tages immer durch
und du bist gut Rudolf
mit einem Blick auf Clara
wir wissen es
Es ist oft sehr schlimm gewesen
Du bist ganz Vater nachgeraten
wenn er dich sehen könnte
was du erreicht hast
Er mußte so früh sterben
bevor er noch eine Ahnung hat haben können
was aus dir geworden ist

RUDOLF

Ich verdanke euch beiden soviel

VERA

Deiner Energie Rudolf
Weil du niemals nachgegeben hast
und weil du dich um die Meinung der andern
nicht gekümmert hast
Wehe wenn du auf sie gehört hättest
du wärst untergegangen
sie hätten dich zertreten
Lange Zeit hat es schlimm ausgesehen
Rudolf streckt die Beine von sich und
Vera zieht ihm die Schuhe aus
Es ist entsetzlich zu denken
daß es nach ihrem Willen gegangen wäre
wenn sie dein Versteck entdeckt hätten
Beinahe zehn Jahre hast du dich nicht
auf die Straße getraut
Es ist eine Schande für das Vaterland
mit einem Blick auf seine Füße
Du hast geschwollene Füße Rudolf
Bald hat das Stehen in dem kalten Schwurgerichtssaal ein Ende
Alles ist unmenschlich dort
Was hat es denn heute gegeben

RUDOLF

Die Mordsache Meissner
Ein kaltblütiger Mensch
Es war von Anfang an alles klar
aber die Gesetze erfordern
daß man sich mit solchen Tieren auseinandersetzt
ein halbes Jahr lang
Was nützt eine lebenslängliche Bestrafung
wenn diese Leute nach fünfzehn Jahren
schon wieder frei herumlaufen

VERA

Man müßte andauernd Angst haben
mit einem Blick auf Clara
Clara hat dir die Strümpfe gestopft
Fünf Paar heute
sie ist fleißig
Ich versuche sie durch meine Tricks mit den Wollstrümpfen
abzulenken von ihrer Lektüre
Jeden Tag ein Dutzend Zeitungen

und die Bücher dazu
Was das Geld kostet
Aber davon reden wir ja nicht
Sie hat schon einen ganz und gar
verunstalteten Kopf
Was es mich gekostet hat
sie heute
an diesem Tag abzuhalten von den Zeitungen
Ich hab sie ihr einfach weggenommen
Kaum ist sie mit dem Strümpfestopfen fertig
steckt sie den Kopf schon wieder in ein Buch

RUDOLF *zu Clara*
Und an welche Zeitung hast du heute geschrieben
Deine Leserbriefe übertreiben immer
Weil du so viele schreibst
nimmt sie kein Mensch mehr ernst

VERA
Sie hat sich in diesen politischen Fanatismus verrannt
ausweglos
wir müssen unsere Schwester verloren geben
Stell dir vor wir hätten unseren Feind nicht
sie zieht Rudolfs Strümpfe aus
Es wird gut sein
wenn du aus dem Amt bist
Mein Herr Gerichtspräsident

RUDOLF *zieht sich den Rock aus und Vera hilft ihm dabei*
Es ist viel zu heiß hier

VERA *die ihm ein Paar Hausschuhe angezogen hat*
Es ist wegen Clara
wenn sie den ganzen Tag im Rollstuhl sitzt
und sich nicht bewegt

RUDOLF
Aber es ist nicht gesund
in solchen überheizten Räumen
Vera steht auf und öffnet ein Fenster
Ich werde viel in freier Natur sein
und mich wieder der Musik widmen
Du kannst dich um meine Geige kümmern
sie abstauben
Glaubst du ich kann noch spielen

VERA

Das verlernst du doch nicht Rudolf
Ein Meister wie du

RUDOLF

Es wird nicht mehr gehen

VERA

Kein Mensch hat jemals so gut Violine gespielt wie du
ein richtiger Solist bist du

RUDOLF

Ich kann nicht einmal mehr Noten lesen

VERA

Im Schlafe kannst du es

RUDOLF

Im Schlafe
Was wir alles im Schlaf können
Wir glauben gar nicht
was wir alles im Schlaf können
Ohne Musik ist es so leer hier
findest du nicht
zieht auch die Weste aus und streift die Hosenträger ab
mit einem Blick auf Clara
Man hat es nicht gern
wenn ich so herumsitze ich weiß
aber ich halte es sonst nicht aus
Wo sonst wenn nicht zu Hause
kann ich mich gehenlassen

VERA

Den ganzen Tag allerstrengste Disziplin

RUDOLF

Mit der Würdemaske auf dem Gesicht
der Herr Gerichtspräsident
Du hast keine Ahnung
wie unverschämt heutzutage die Leute sind
wie gefinkelt
atmet tief ein
Nein wir müssen zusammenhalten
es wird nicht leicht sein
blickt auf die Decke
Dann werden wir ausmalen lassen
und vielleicht auch die Möbel anders stellen
vielleicht die Kommode d a h i n

und die beiden Sessel dorthin
Der Flügel gehört mehr ins Licht
Und andere Vorhänge
die sind ja schon von den Großeltern

VERA

Ja wie gut das alles gemacht war
es wird nicht kaputt
Alles was jetzt gemacht wird
ist nichts wert
bis man sich daran gewöhnt hat
ist es kaputt

RUDOLF

Sie können Ihre Fabrik hier in diesem Viertel bauen
habe ich gesagt
sehr laut und deutlich habe ich das gesagt
aber dann haben Sie das Bild dieser Stadt
die unsere Heimatstadt ist völlig zerstört
für immer
nur um eines augenblicklichen Geschäfts wegen
Darauf ist eine Pause eingetreten
Darauf habe ich gesagt
was dieses Viertel für die Stadt bedeutet
Was es für mich immer bedeutet hat
man muß persönlich werden wenn man überzeugen will
ich habe ein paar Kindheitseindrücke geschildert
aus unserer Kindheit das und jenes
wie wir im Park gespielt haben mit den Eltern
solche glückliche Eltern und solche glückliche Kinder
habe ich gesagt
Sie zerstören das alles
wenn Sie für die Fabrik stimmen
die ganze Stadt ist ruiniert
Überdenken Sie was Sie tun
Darauf haben sie gegen die Fabrik gestimmt

VERA

Das ist doch schön Rudolf
eine solche Zustimmung
eine solche Solidarisierung mit dir
steht auf und küßt ihn auf die Stirn
Sie wissen schon was sie an dir haben
sie geht mit den Schuhen hinaus

RUDOLF *zu Clara*
Ab und zu hat der Denkende die Pflicht
in das Weltgeschehen einzugreifen
und ist es nur
daß er eine Gasfabrik verhindert dort
wo sie nicht hingehört
VERA *kommt mit der Himmlerfotografie herein*
Siehst du ich habe den Reichsführer SS neu rahmen lassen
das ist mein Geschenk zum heutigen Tag
zu Himmlers Geburtstag
schweres Silber
nimm es doch
Rudolf nimmt die Fotografie
Wenn der Juwelier gewußt hätte
was für ein Bild in den Rahmen kommt
Gefällt es dir
RUDOLF
Sehr kostbar sehr kostbar
VERA
Ich habe lange gesucht
nach einem solchen Rahmen
nimmt das Bild und geht wieder hinaus damit
RUDOLF *zu Clara*
Ihr seid so aufmerksam
Wenn wir älter werden und älter
nimmt die Aufmerksamkeit zu
Vera kommt herein und setzt sich
Übrigens habe ich den Doktor Fromm getroffen
zu Clara
er erkundigte sich nach dir
Ich sagte es ginge dir gut
keinerlei Komplikationen
er meinte aber doch
du solltest in eine Anstalt
ich versicherte ihm aber
daß wir entschlossen sind
dich niemals in eine Anstalt zu geben
obwohl es wahrscheinlich
so sagte ich
gesundheitlich besser wäre für dich
wir können hier nichts tun für dich medizinisch

Ja sagte ich
weil es ja doch der siebte Oktober ist
ohne das zu erwähnen
aber ich dachte es bei mir
wenn die Amerikaner die Schule nicht bombardiert hätten
Zwei Tage vor Kriegsende
unschuldige Menschen
dieses arme hilflose Kind sagte ich
ich hatte das Wort Terrorangriff gesagt
darauf reagierte er aber nicht
zweiundneunzig tote Kinder sagte ich und er darauf
Was zweiundneunzig
das hatte ich ganz vergessen
Ja sagte ich
man vergißt sehr leicht diese schreckliche Zahl
Wenn meiner Schwester Clara
die intelligenteste von uns sagte ich zu ihm
der Deckenbalken nicht auf den Rücken gefallen wäre
Achja sagte der Doktor Fromm der Deckenbalken
Ein Terrorangriff noch zwei Tage vor dem Ende sagte ich
Ob er uns nicht besuchen wolle
nicht zu einem medizinischen Zweck sagte ich
medizinisch hätte er nichts zu tun in unserem Hause
auf einen Plauderabend sagte ich
meine Schwestern Vera und Clara freuten sich sicher
ein Mann mit solchen außerordentlichen Fähigkeiten
Kenntnissen mit so großer Bildung
und mit einem solchen außergewöhnlichen Charme sagte ich
aber er verabschiedete sich
er war sichtlich erregt weil ich das Wort Terrorangriff
gesagt hatte
Man merkte da gleich daß er Jude ist
Die Mediziner sind eine eigenartige Rasse
Ich habe mich nie mit ihnen verstanden
Wenn man sie etwas fragt
geben sie eine ausweichende Antwort
nicht nur wenn man etwas Medizinisches fragt
sie antworten nie direkt
alles ist eine ausweichende Antwort
sie können einem nicht ins Gesicht blicken
Die Ärzte haben ein schlechtes Gewissen

seit Jahrhunderten sagte Vater er hatte recht
Wer einem Arzt glaubt ist verloren
sagte Vater
sich mit einem Arzt einzulassen
bedeutet nichts weniger als sich mit dem Tode einlassen
Wenn wir uns den Ärzten ausliefern
sind wir dem Tode geweiht
Ist es ein Arzt der uns begegnet
so ist es am besten wir gehen ihm gleich aus dem Wege
wir ersparen uns dann entsetzliche und zumeist
lebenslängliche Leiden
und entkommen in den meisten Fällen auch dem Tode
Die Ärzte sind die Zulieferer des Todes sagte Vater
Ja wenn wir sie nur zu dem Zwecke brauchen
daß sie uns auf unseren Befehl sozuagen
den Blinddarm herausschneiden oder ein Bein absägen
weil wir sonst auf alle Fälle zugrunde gingen
aber sonst
der Umgang mit den Ärzten ist der gefährlichste
da ist es schon besser den Ersten Geiger
des philharmonischen Orchesters einzuladen wie Vater sagte
das schadet in keinem Falle
wenn wir es nur einmal oder zweimal im Jahr tun
Und wißt ihr was er gesagt hat der Herr Doktor Fromm
bevor er sich verzogen hat
nachdem ich in der anständigsten Weise mich mit ihm
unterhalten hatte
Waren Sie nicht stellvertretender Kommandant in dem
Lager
stellvertretender hat er sehr stark betont
bevor mir noch zu Bewußtsein gekommen ist
was das Ganze bedeutete
war er auch schon weg
Die Leute haben wieder angefangen
in der Vergangenheit zu wühlen
es ist etwas in Gang gekommen
es ist nicht schwer zu erraten von welchen Leuten
es ist gut daß wir den Verkehr mit allen diesen Leuten
eingestellt haben
wir brauchen ja niemanden

VERA

Dir kann nichts passieren Rudolf
zehn Jahre im Keller was das heißt
mit den Ratten unten

RUDOLF *mit einem Blick auf Clara*

Ich kann mir vorstellen was in deiner Schwester Clara vorgeht
aber lassen wir das
Die Tatsache ist doch daß wir alles Menschenmögliche
für das Vaterland getan haben
daß wir uns das ganze Leben abgemüht haben für die Menschen
in diesem Lande
Zersetzung und Zerstörung sind Trumpf
aber das wird sich ändern
steht auf und geht zum Fenster, Vera zu ihm
Irgend etwas zieht sich zusammen
ganz in unserem Sinne
ich täusche mich doch nicht in den Menschen
die meisten sind gute Deutsche
die mit dem das jetzt vor sich geht
nichts zu tun haben wollen
Der gute Deutsche verabscheut was hier in diesem Land vorgeht
Verkommenheit Verlogenheit allgemeine Verdummung
Das Jüdische hat sich überall festgesetzt
es ist schon wieder überall und in jedem Winkel

VERA

Du mußt dich schonen du mußt auf dich aufpassen Rudolf

RUDOLF

In jedem von uns ist der Verbrecher
man muß ihn nur aufrufen
das war schon immer so
das wird immer so sein
holt ein Taschentuch aus dem Hosensack und wischt sich die Stirn ab, zeigt mit dem Taschentuch in der Hand hinaus
Da an dieser Stelle
eine riesige Mauer
hinter welcher Gift erzeugt wird
Insektenausrottungsgift Gas
setzt sich

VERA

Das ist ein großer Tag heute für dich
an welchem du ein großes Unglück verhindert hast

RUDOLF

Es ist unvorstellbar
Mitten in diese herrliche Natur
Die Industrie gibt den Ton an
Die Industrie nicht die Demokratie
Demokratie ist der größte Unsinn
der jemals existiert hat
Demokratie ist das größte Geschäft für die
die die Demokratie beherrschen
zu Clara
Immer schweigsam
Vera setzt sich
Und erbarmungslos
Von ihrem Beobachtungsstand aus beobachtet sie uns und wartet
bis sie eines Tages zuschlägt
aufspringend wütend
Wo habt ihr nur eueren Haß her
Was gibt euch das Recht

VERA *ihn besänftigend*

Setz dich Rudolf setz dich
Rudolf setzt sich
Es ist ja nur ein Spiel
es ist nicht ernst
es k a n n nicht ernst sein
Es ist eine richtige Komödie
manchmal vergessen wir das
warum sollten wir gerade heute
diese Komödie n i c h t spielen
Ich bewundere Clara
sie spielt den schwierigsten Part
Wir sind nur die Stichwortgeber
Indem sie schweigt
hält sie die Komödie in Gang
stellt sich hinter Rudolf und berührt ihn am Nacken

RUDOLF

Jetzt erschöpft mich das Amt
schon ziemlich
Wir haben gesagt wir werden alt
jetzt s i n d wir es schon
Vera fängt an, ihn am Nacken und dann den ganzen Rücken hinunter zu massieren

Eines ist sicher
verlassen kann man sich auf keinen Menschen
alle sind sie Spione
Dem Mißtrauen nachgeben
sagte Vater
Das ganze Leben allein
jeder für sich allein
Wozu das Ganze
Manchmal glaube ich es wäre besser
wie unser Vetter in Sibirien umgekommen zu sein
das alles nicht mitgemacht zu haben
wie mühselig doch alles ist
wie es sich in die Länge zieht
wir müssen es leben und wollen es gar nicht haben
die paar Stunden die wir an einer Hand zählen können
Woher wir so viel Energie genommen haben
Wenn ich es mit Musik versucht hätte
oder mit Mathematik
Aber da darf man nicht Sohn sein einer Juristenfamilie
zuckt vor Schmerz zusammen

VERA

Da ist es

RUDOLF

Ja an dieser Stelle
Ab drei Uhr nachmittags tut mir alles weh
aber das tut gut
Vera öffnet ihm das Hemd und massiert ihn weiter hinunter
Wenn du geheiratet hättest einen Mann genommen hättest
möglicherweise einen Rechtsanwalt wen sonst
Mit Vermögen
aus einer wohlhabenden Familie
in ein modernes Haus gezogen wärst Kinder gehabt hättest
Jetzt wärst du doch allein
im Alter sind alle allein
zuerst bekommen sie Kinder damit sie nicht allein sind
und sind dann vollkommen allein
ich sehe ja wie sie um mich herum altern und allein sind
was den Menschen bleibt ist das Alleinsein
und das Altsein

VERA

Welchen Mann hätte ich heiraten sollen

Kein einziger fällt mir ein
Du vielleicht

RUDOLF
Wenn ich nicht gewesen wäre
wenn die Umstände andere gewesen wären
Du mußtest ja in den Keller steigen
und mich versorgen
Und Clara dazu
Du bist ein tapferes Mädchen Vera
wie anders als deine Mutter
du hast alles durchgehalten
sie hat aufgegeben
ein kleiner Wirbelwind und sie war weg
Vera will ihm das Hemd ganz ausziehen, dazu muß Rudolf die Hose aufknöpfen
Du bist die Tapferste von uns allen
die Verläßlichste
Zuerst haben sie mir den Prozeß machen wollen
und haben mich nicht gefunden
weil du mich versteckt hast
und dann ist Gras darüber gewachsen
zehn Jahre lang
und dann war alles ganz schnell gegangen
Vera zieht ihm das Hemd ganz aus und legt es ihm auf die Schulter
Ich bin in das Amt hineingewachsen wie gesagt wird
der Mensch nimmt ganz die Züge seines Amtes an
er verschmilzt mit seinem Amt
ich hatte keine andere Wahl
was ich getan habe dazu war ich gezwungen
und ich habe nichts getan
das ich nicht verantworten könnte im Gegenteil

VERA
Du zerbrichst dir ganz unnötig den Kopf
das sind alles ganz inkompetente Leute
die in der Vergangenheit wühlen
Wer ehrlich handelt und nach reinem Gewissen
setzt sich schließlich durch sagte Vater

RUDOLF
Ich habe kein schlechtes Gewissen

VERA

Natürlich nicht
Eines Tages kannst du ganz offen
darüber reden worüber du jetzt schweigen mußt
Die Zeit dorthin vergeht schneller als du glaubst

RUDOLF

Wenn es sich einrichten läßt
fahren wir ans Meer
nach Ägypten natürlich
das ist es was mir immer gefehlt hat
die klassische Bildungsreise
zu den Pyramiden nach Persepolis
wir sind alle Opfer des Krieges
Ein Leben Vera das ganz
im Strafrecht aufgegangen ist
Du hättest diese Kreatur sehen sollen
beim Lokalaugenschein
kalt bis ins Mark
zynisch
vollkommen gleichgültig gegenüber seinem Opfer
einen Menschen umbringen wegen viertausend
aber die sind alle gleich
das hat es zu unserer Zeit nicht gegeben
solche Elemente hat es ganz einfach nicht gegeben
sie sind gar nicht erst aufgekommen
jede Verhandlung eröffnet den Blick in eine menschliche Kloake
jetzt ist mir schon übel davon

VERA

Noch ein paar Monate
dann ist alles vorbei

RUDOLF

Im Grunde bin ich froh darüber
Wenn ich bedenke daß noch fünfzehn Jahre
nachdem ich in Pension gegangen bin
Leute ihre Strafe absitzen müssen
die ich verurteilt habe
in fünfzehn Jahren noch
das erlebe ich gar nicht mehr
Wie man Richter sein kann
hat Vater gesagt

ich frage mich auch wie man Richter sein kann
es ist ein Fluch über diesem Amt

VERA

Du bist ermüdet Rudolf
Du nimmst ein Bad
und alles sieht wieder anders aus
Wir haben ein gutes Essen heute
Der Sekt ist kalt gestellt
Ich hab dir alles hergerichtet
wie du es immer gewünscht hast
alles ist wie du es gewohnt bist
alles ausgebürstet und gebügelt
die Stiefel gewichst
Von mir
nicht von Olga

RUDOLF

stellvertretender Kommandant hat er gesagt
stellvertretender Lagerkommandant
so jung und schon Richter
Im Prinzip habe ich gegen die Juden nie etwas gehabt
Wir hatten ja immer jüdische Freunde

VERA

Wenn du im Ruhestand bist
werde ich die Fauteuils überziehen lassen
findest du nicht daß sie schon sehr schäbig sind
Unsere Mutter hat sie tapezieren lassen
Wir haben überhaupt nichts geändert hier
alles ist so wie wir es von den Eltern übernommen haben
Aus Pietät hast du immer gesagt
ändern wir nichts
Und neue Vorhänge
Wir sollten alles ein wenig ändern hier
wenn du aus dem Amt bist
es liegt ja nicht am Geld
wir haben uns jahrzehntelang nichts geleistet
immer nur gespart
Nur für Clara
für uns nichts
kniet sich vor ihn hin und fängt an seine Füße zu massieren
Das würde ich niemandem andern tun
keinem andern Mann nur dir

Die Mehrheit hält zu uns das weißt du
Ihr Mann war bei der Waffen-SS sagte die Leupold
und sie zeigte mir daraufhin ihr Wohnzimmer
kommen Sie nur herein sagte sie
sehen Sie hier lebt mein Mann auf
hier ist sein Tempel
alles Erinnerungsstücke aus seiner Offizierszeit
Eiserne Kreuze Handschriften hochgestellter Persönlichkeiten
unserer Zeit
Du bist mein Held mein Kind
du brauchst keine Angst zu haben
wovor
blickt auf Clara
Wenn sie reden könnte
wenn sie hinausgehen könnte und reden
wenn sie nicht auf uns angewiesen wäre
sie würde uns verraten
wenn das nicht ihren Tod bedeutete
so zahlt jeder seinen Preis
damit das Gleichgewicht unserer Verschwörung
nicht gestört wird
und noch etwas war bei Frau Leupold
sie machte mehrere Kommodenladen auf
und zeigte mir allerhand von ihrem Mann
Orden und Kleidungsstücke
mehrere Schmuckstücke von Juden
sie wisse schon lange daß wir Gesinnungsgenossen seien
ich dürfe aber niemandem sagen
was ich bei ihr gesehen habe
ihr Mann habe ihr den Schwur abgenommen
mir zeigte sie aber alles
sie hat auch vom Führer einen Brief
aber der Brief sei in einem Panzerschrank
Ihr Mann habe viel im Vorderen Orient zu tun
Die Geschäfte gingen nicht schlecht
Eine Nichte von ihr sei vom Pferd gestürzt
und leide seit zwanzig Jahren an einer
Querschnittlähmung wie Clara
sie hätten sie in eine Anstalt im Schwarzwald gegeben
dort ginge es ihr gut
dort seien die besten Ärzte

Das Telefon läutet im Nebenzimmer

RUDOLF

Was kann das sein
Kein Telefon am siebten Oktober

VERA

Warte
sie geht hinaus

RUDOLF *zu Clara*

Wer kann das sein
Vera hört man sprechen, aber man versteht nicht, was
Ich glaube es ist Rösch

CLARA

Dieser widerliche Mensch

RUDOLF

Er hat mir das Leben gerettet

CLARA

Das Leben gerettet
Hätte er dir doch dein Leben nicht gerettet
Hätte er es dir doch nicht gerettet
Unser ganzes Unglück beruht darauf
daß der dir das Leben gerettet hat
Was für ein Leben
Wenn er dich nicht aus dem Feuer gezogen hätte
wären auch wir zugrunde gegangen
So bist du zurückgekommen
und hast uns alle ins Unglück gestürzt

RUDOLF

Wie du mit mir redest
Unverschämt

CLARA

Er hätte dich verbrennen lassen sollen

RUDOLF

Ist das der Dank
daß ich alles für dich getan habe
was möglich war

CLARA

Getan
Es wär so einfach gewesen
wenn du nicht mehr zurückgekommen wärst
Ich war erschrocken
wie du aufgetaucht bist

Ich habe gefühlt das ist mein Unglück
Mein Unglück und unser aller Unglück
Darum hasse ich diesen Menschen
deinen Freund und Gesinnungsgenossen
Ihr seid mir widerlich
ich hasse euch
ich habe euch immer gehaßt
Deine Rücksichtslosigkeit
deine Heuchelei
deine Gemeinheit

RUDOLF

Das muß ich mir gefallen lassen
von einem Krüppel
der die Zeit damit verbringt
sich den Kopf mit Bücherunrat vollzustopfen
mit verrückten widernatürlichen Ideen
mit perverser Literatur
die ich verabscheue

CLARA

Ich verabscheue d i c h
d i c h und alles was du tust
alles was du bist
alles was du getan hast
und ich verabscheue Vera

RUDOLF

Wir hätten dich allein lassen sollen
dann wärst du gar nicht mehr da
du wärst verreckt

CLARA

Das ist deine Sprache
das ist die Sprache des Richters
des Gerichtspräsidenten

RUDOLF

Du hast es notwendig
solche wie du
hätten wir in unserer Zeit ganz einfach vergast

CLARA

Du ja deinesgleichen ja
Du redest dauernd vom Abschaum
und was bist du

VERA *kommt herein, Clara tut, als läse sie weiter*
Rösch war es
es tut ihm leid daß er nicht kommen kann
Ich hab das Telefon abgestellt
er ist erkältet
er hatte den Doktor rufen wollen
aber dann hat er es sich überlegt
er sei ganz mit uns hat er gesagt

RUDOLF
Er hat mir das Leben gerettet
alles wäre vorbei gewesen
er hat mich aus dem Feuer herausgezogen
im letzten Augenblick

VERA
Was ist mit dir los
du bist ja ganz aufgeregt
Was ist denn
blickt auf Clara
Was habt ihr

RUDOLF
Sie ist zum Tier geworden
in ihrem Rollstuhl
ein gemeines niederträchtiges Tier

VERA
Rudolf

RUDOLF
Es ist ja nicht ernst zu nehmen was sie sagt
sie ist verrückt
sie ist pervers und verrückt
das haben wir notwendig gehabt
daß wir sie gerettet haben
daß wir sie hier behalten haben
Vera massiert Rudolf am Nacken
Wenn ich nicht zurückgekommen wäre
hättet ihr möglicherweise gar nicht überlebt

VERA
Wie kommst du darauf

RUDOLF
Jahrzehntelang gearbeitet nur für sie
und für dich
Tag für Tag

ich habe mir nichts geschenkt
Wenn ich dich nicht gehabt hätte
schreit Clara an
Eine Unverschämtheit
eine Unverschämtheit

VERA
Was habt ihr denn

RUDOLF
Sie beobachtet uns
und wartet nur die Gelegenheit ab
uns zu vernichten
alles in ihr zielt darauf ab
zu Clara
aber es wird dir nicht gelingen
die Leute die wie du im Rollstuhl hocken seit Jahrzehnten
fallen ganz plötzlich kopfüber um und sind tot
die sind noch nie sehr alt geworden
Das haben wir nicht verdient
Mit Vera allein wäre ich glücklich
glücklich glücklich glücklich
zeigt auf Clara
Da hockt unser Feind
und wartet
springt auf
Das sage ich dir Clara
ich wünschte du verrecktest
und ließest uns in Ruhe
du quälst uns zwanzig Jahre lang
noch länger quälst du uns
aber jetzt ist Schluß
jetzt ist Schluß
Schluß ist jetzt
setzt sich erschöpft in den Sessel

VERA
Ach laß sie
es ist immer das gleiche
ihr ändert euch nicht
küßt Rudolf auf die Stirn
Du bist ja ganz kalt
komm steh auf
das Bad ist schon gerichtet

alles ist hergerichtet
mein lieber Rudolf
Rudolf steht wieder auf, sie umarmt ihn und küßt ihn, dann
Vera zu Clara anklagend
Wir gehören zusammen
Rudolf und ich
wir lassen uns von dir nicht auseinanderbringen

Dritter Akt

Nebenan
Zwei Stunden später
Ein Speisetisch, Sessel, Fauteuils, ein Sofa, Gewehrkasten und Kommode
Rudolf schon leicht betrunken, in kompletter SS-Obersturmbannführeruniform mit Kappe, Pistole am Koppel und in schwarzen Schaftstiefeln am Speisetisch
Vera ihm gegenüber mit Zopffrisur und in einem langen Brokatkleid. Clara im Rollstuhl, wie vorher, in ihrer Mitte
Alle drei essend und Sekt trinkend

VERA
Und dann gehst du mit uns
in das Symphoniekonzert Rudolf
Wir nehmen natürlich Clara mit
Es tut ihr gut wenn sie wieder hinauskommt
schenkt allen dreien ein
Wenn wir ab und zu solche Kunsterlebnisse nicht hätten
ohne Musik ist das Leben ja gar nicht vorstellbar
Wer Kultur hat sagte Vater
Der Mensch der lange Zeit keinen Kunstgenuß hat verkommt
Ich muß doch einmal nachschauen
ob auch alles fest geschlossen ist
steht auf und prüft alle Fenster und Türen
Man kann nie wissen
Plötzlich steht irgendein Mensch da
Ein Spion
zu Rudolf

Du siehst so gut aus
wenn du die Uniform trägst
schade daß ich immer ein ganzes Jahr warten muß
bis du sie wieder anziehst
nichts steht dir so gut
Findest du nicht Clara
Clara schweigt
Und die schönen Orden auf deiner Brust
Du bist der wahre Deutsche Rudolf
Du bist das Vorbild
daß du sie heimlich anziehen mußt die Uniform
daß du sie heimlich tragen mußt die Orden
setzt sich wieder
Wenn ich mit dir so wie du jetzt aussiehst
hinausgehen könnte aus dem Haus in die Stadt hinein
in die Oper in die Mittelloge
Ach Rudolf ob wir es noch erleben
Ich glaube nicht daß es lange dauert
daß wir wieder ganz offen bekennen können was wir sind
daß das Recht wieder zurückkehrt
in die Welt
Du sagst ja selbst daß wir in einer Zeit existieren
die voller Unrecht ist
Du als Richter als Gerichtspräsident
nimmt ihm die Kappe ab und legt sie auf den Tisch
Es ist eine Schande
Aber das Gute und das Richtige setzt sich schließlich durch
da vertraue ich ganz auf Vater
hebt ihr Glas
Komm Rudolf trinken wir auf den Ruhestand
zu Clara
Du auch heb dein Glas auf unsere Zukunft
zu Rudolf
Ich freue mich schon so auf den Augenblick
in welchem du zum erstenmal zu Hause bleibst
alle heben ihr Glas und trinken es aus und
Vera schenkt gleich wieder ein
Den Schwur zu halten
das ist bewundernswert
sich nicht aus der Fassung bringen lassen
Wir dürfen nicht hörig sein wir müssen frei sein nicht wahr

Mein Versprechen hast du Rudolf
daß ich immer zu dir halten werde
was auch immer kommt
ich hab es ja schon bewiesen
in finsteren Zeiten wie du weißt
mir nichts geschenkt
wie wir alle uns nichts geschenkt haben
Ein Ideal zu haben und ihm treu bleiben
es immer hochhalten
wie schön
zu Clara
Diese feinen Kalbsmedaillons habe ich nur für dich ausgesucht
und jetzt läßt du sie stehen
hält ihr ein Tablett hin, aber Clara nimmt nichts, sie stellt das Tablett wieder auf den Tisch
zu Rudolf
Das Tragische ist ja daß die Menschheit wie Vater gesagt hat
wider besseres Wissen immer den falschen Weg geht
Die Menschheit ist ein Patient
der alles einnimmt was man ihm gibt
jedes tödliche Gift sagte Vater
Zehn oder zwölf Jahre hast du schon die gleiche Figur Rudolf
die Uniform paßt dir wie am ersten Tag so angegossen
ich bin stolz auf dich
Der Herr Gerichtspräsident
und der Herr Abgeordnete
Wenn ich nur dabeisein hätte können
wie du deine Rede gehalten hast
gegen die Fabrik
Du bist ein guter Redner Rudolf
Du überzeugst wenn du redest
so eindringlich so klar so überzeugend
Mein Herr Landtagsabgeordneter
steht auf und richtet ihm das Eiserne Kreuz
Ich habe es zu hoch hinausgesteckt
siehst du jetzt hat es seinen Platz
begutachtet das Eiserne Kreuz und setzt sich wieder
Wenn wir hier weggehen hätten müssen
wegen dieser Fabrik
Die Konzerne setzen sich immer durch
Zum erstenmal hast du es ihnen gezeigt

Du ein einzelner gegen einen riesigen Konzern
Wenn das nur Schule machte
Aber die Politiker und die Industriellen
stecken unter einer Decke
und richten langsam alles zugrunde
verpesten die Luft und zerstören alles
Bald gibt es auch in den Bergen keinen Platz mehr
wo man frische Luft atmen kann
Vielleicht noch in Grönland

RUDOLF
Vielleicht noch in Grönland
da hast du recht
Die Industrie hat immer alles beherrscht
Ich habe nichts gegen die Industrie

VERA
Natürlich nicht Rudolf
aber in diesem Fall
Wenn ich mir vorstelle
daß hier die Fabrik gebaut worden wäre
wir hätten ausziehen müssen
und alles aufgeben
alles was uns lieb ist
Neinnein
solange wir leben
gehen wir nicht mehr weg von hier
Hier ist unser Leben
hier waren unsere Eltern
hier waren wir Kinder
hier haben wir uns durchgesetzt
Hier wollen wir bleiben

RUDOLF
Und das Ende abwarten

VERA
Aber Rudolf
Warum sprichst du immer so finster
Du hast keinen Grund keine Ursache
Du müßtest der glücklichste Mensch sein
Warte
steht auf und holt ein größeres Album aus der Kommode hervor und setzt sich neben Rudolf mit dem Album wieder an den Tisch, macht Platz für das Album. Zu Clara

Es stört dich doch nicht
daß wir im Album blättern
In der Erinnerung
einmal im Jahr
Die Erinnerung ist das kostbarste
Wie schön das Album ist
Mutter hat es mir geschenkt
zu Weihnachten neununddreißig
zu Rudolf
Wie du dich freiwillig gemeldet hast
Was für eine Zeit
blättert um
Weihnachten neununddreißig
zu Clara
Da hattest du das Schweizer Kleid an Clara
wie gut stand dir das Schweizer Kleid
das dir Vater von seiner Zürichreise mitgebracht hat
Er hat uns versprochen
daß er mit uns in die Schweiz fährt
Mit euch mit meinen lieben Kindern hat er gesagt
an den Zuger See
Dazu ist es ja dann nicht mehr gekommen
blättert um
Seebruck erinnerst du dich Rudolf
wir waren gerade vom Himbeerpflücken aus dem Wald gekommen
zu Rudolf
Du warst immer so ehrgeizig
du hast immer doppelt soviel gepflückt wie ich
Und Clara hat immer alle aufgegessen
Das Bild hat Onkel Rudolf gemacht
Da siehst du die Kampenwand
Vater hat sie erklettert
Wenn er die Berge nicht gehabt hätte
Vater war ein Bergmensch
Mutter liebte das Meer die Adria
Und so hatten sie nie gemeinsam Urlaub gemacht
weil er immer in die Berge wollte
und sie ans Meer
blättert um
Onkel Rudolf wie er an die Front gegangen ist

nach Polen
schrecklich
zu Clara
Erinnerst du dich wie Onkel Rudolf aufgebahrt war
da hatten wir uns gefürchtet
Angst gehabt
wir hatten bis dahin keinen toten Menschen gesehn
Nicht einmal ein halbes Jahr nachdem er eingerückt war
zu Rudolf
Du hast große Ähnlichkeit mit Onkel Rudolf
Mund Nase
von Mutter
Die Polen waren rücksichtslos
aus dem Hinterhalt
Damals sind die toten Offiziere noch in die Heimat geschickt worden
Zwei Tage habe ich geweint
blättert um
Pfingsten in Wien
Ach war das eine schöne Zeit
die einzige Reise die wir mit den Eltern gemacht haben
die einzige größere Reise
zu Clara
Wir durften mit dem Riesenrad fahren
Du hast Angst gehabt
und dann sind wir mit den Eltern in das Hotel Sacher gegangen
und haben eine Sachertorte gegessen
zu Clara
die schmeckte dir nicht
blättert um
Das erste Bild von dir in Uniform
Wir waren stolz auf dich
überall habe ich herumerzählt daß du jetzt Uniform trägst
Du bist dann gleich nach Rußland
für zwei Monate in geheimer Mission an die russische Front
wir hatten nicht gewußt
wo du bist damals
zwei Monate hatten wir nichts gehört
Da warst du längst tätig
blättert um
Das Lager

wie hübsch die Bäume da wie hübsch
Und dort hinten hast du logiert nicht wahr
Was für eine reizvolle Landschaft
Und da bist du geschwommen in der Weichsel
zu Clara
Rudolf hatte noch keinen Bauch
nicht die Spur eines Bauchs
Das Matrosenbild
das war in Zoppot
Da hast du Urlaub gemacht
und da hast du Himmler getroffen
blättert um
Und das ist das Bild
das Rösch von dir und Himmler gemacht hat
Ja
er hätte sich ja nicht umbringen müssen
er hätte sich in Sicherheit bringen können
Eine Kurzschlußhandlung
Siehst du er hat an dich gedacht
er hat dir den falschen Paß gegeben dir und Rösch

RUDOLF

Es war natürlich auch eine Konsequenz
er war ja im Grunde auch ein feinfühliger Mensch
Die Natur macht ganz einfach was sie will
hat Vater gesagt
streckt die Beine unter dem Tisch aus
Es ist schön diesen Tag
mit euch zu verbringen
in aller Stille
wenn von draußen kein Laut hereindringt
kein Geräusch nichts von draußen
Mit euch zusammensein
in Gedanken an die Erinnerung
Vera steht auf und geht zur Kommode und drückt auf die Taste eines dort abgestellten Recorders
Beethovens fünfte Symphonie
Rudolf, indem er die Augen schließt
Nicht so laut leiser mein Kind
Vera stellt die Musik leiser
Kein Mensch kann den Verlauf seines Lebens bestimmen
Er kommt auf die Welt und stirbt

was dazwischen ist
darauf hat er keinerlei Einfluß
Vera geht zum Tisch zurück und setzt sich und
schenkt ihnen ein
Der Selbstmord ist niemandem gestattet
der Selbstmord ist ein Verbrechen
Wer in den Selbstmord flüchtet
begeht unweigerlich ein Verbrechen
Vera legt Clara ein Kalbsmedaillon auf den Teller
Nur der Mensch begeht Selbstmord
das Tier begeht nicht Selbstmord
Andererseits
aber es gibt überhaupt keinen Grund sich umzubringen
Mein lieber Höller hat er gesagt
ich höre nur Gutes von Ihnen
Sie machen Ihre Arbeit zur größten Zufriedenheit
Dann haben wir miteinander gegessen
Sie können Ihr Elternhaus behalten hat er gesagt
die Giftgasfabrik wird nicht da gebaut wo sie geplant ist
ich habe Anordnung gegeben
sie an einem Ort hundertachtzig Kilometer von Ihrem Elternhaus entfernt
zu bauen
Dann ist er aufgesprungen ganz plötzlich
und hat sich verabschiedet
Bevor mir überhaupt zu Bewußtsein gekommen ist
was geschehen war war er weg der Reichsführer SS
Da hatte ich keinen Appetit mehr
und ich setzte mich auch gar nicht mehr an den Tisch
Es gibt nichts Deprimierenderes
als an einem für zwei gedeckten Tisch
schließlich allein zu sitzen
Ich ging hinaus und machte einen Spaziergang durchs Lager
Auffallend frische Luft an diesem Abend
keinerlei Geräusch nichts
Als ob meine Lungen monatelang keine frische Luft mehr gehabt hätten
Ich ging durch das Lager und dann um das Lager herum
und dachte über mein Leben nach
Ich war an einem Wendepunkt angelangt an einem Wendepunkt

Er hatte sich überhaupt nicht angekündigt gehabt
plötzlich war die Tür aufgerissen worden
und er stand da in Begleitung natürlich
und sagte er wolle mit mir zu Mittag essen
der Reichsführer SS
Er kam gerade aus dem Führerhauptquartier
Rösch war nicht da gewesen
ausübender Kommandant verstehst du Vera
er machte nur diesen einen Besuch im Lager
Es hat Eindruck gemacht tatsächlich
es hat Eindruck gemacht
Vera steht auf und geht zur Kommode und stellt die Musik noch mehr zurück
Wir hatten die höchstmögliche Disziplin
wir waren ein Musterbetrieb
wir waren immer besichtigungsfähig
Vera dreht die Musik ganz ab und nimmt zwei Flaschen von der Kommode und setzt sich wieder
Wir hatten einen Auftrag erfüllt
zum Wohle des deutschen Volkes
Sie erfüllen Ihren Auftrag
zum Wohle des deutschen Volkes sagte er
dabei hat er mich nicht aus den Augen gelassen
Es war unmöglich ihm zu entkommen
es gab keine andere Wahl
Vera öffnet eine Flasche und schenkt allen ein
Die Geschichte kann ja nicht verfälscht werden
sie kann lange Zeit verschmiert werden
vieles kann vertuscht werden verfälscht werden
aber dann eines Tages lichtet sie sich
und sie steht da wie sie ist
wenn die Verschmierer und die Vertuscher und die Verfälscher nicht mehr da sind
Das dauert immer viele Jahrzehnte
richtet sich auf und hält sein Glas hin, Vera schenkt ihm ein
Der Teufel muß mit dem Teufel ausgetrieben werden
trinkt sein Glas aus und hält es Vera wieder hin, die es ihm anfüllt
Scham wer hätte die nicht gefühlt
steht plötzlich auf und hebt sein Glas
Vera steht auch auf

Rudolf mit dem Blick auf das Himmlerbild auf der Kommode
Ich hebe mein Glas
auf diesen Mann
auf diese Idee
zu Clara
Und du
Natürlich du kannst ja nicht aufstehen
es wäre ja auch eine Entweihung des Augenblicks
Die Natur hat schon gewußt
wen sie sitzen läßt
zu Vera
Komm Vera wir trinken auf die Idee
auf die Idee trinken wir
auf diese einzige Idee
trinkt sein Glas aus
Vera trinkt
Rudolf mit erhobenem Glas
Ich habe kein Schamgefühl
nicht das geringste Schamgefühl
setzt sich wieder
Meine liebe Vera
Vera setzt sich
Meine liebe gute Vera
meine einzige geliebte Schwester
wir müssen zusammenhalten
wir müssen eins sein eins eins
Spiel doch etwas
was sitzt du da
spiel eine schöne Musik spiel
Vera steht auf und geht hinaus
Wenn ich Vera nicht gehabt hätte
zu Clara
Du verstehst das doch
du verstehst doch alles
du bist ja nicht so schlecht wie du dich gibst
nicht so schlecht daß du nicht sehen würdest
wie gut meine Schwester Vera ist
vom Nebenzimmer hört man Vera mit einer Beethovenphantasie
Meine liebe Schwester Vera

sie hat immer alles begriffen
sie ist die Beste
durch sie sind wir am Leben
ohne sie wären wir beide gar nicht mehr da
wären wir futsch futsch
Alles ist eine Schicksalsfügung
eine Schicksalsfügung
Und du bist auch nicht die Schlechteste
du verdankst dein Schicksal den Amerikanern mein Kind
du bist unser Luftminenopfer
durch das wir immer daran erinnert werden
was uns die Amerikaner angetan haben
Millionen tote Deutsche Millionen
München Dresden Köln am Rhein
alles in Schutt und Asche
Du verdankst das alles den Amerikanern
schaut in das Nebenzimmer hinein
Die Amerikaner haben unsere Kultur zerstört
sie haben nicht nur unsere Städte zerstört
sondern unsere ganze Kultur zerstört
aber das verstehst du nicht
das geht nicht in deinen Kopf hinein
in deinen linken Dickkopf geht es nicht hinein
Aber du hast natürlich Narrenfreiheit
sonst hätten wir dich schon liquidiert
Narrenfreiheit
es gibt immer wieder Leute
die haben Narrenfreiheit
sie können tun was sie wollen
sie werden nicht ernstgenommen
wenn man sie ernst nehmen würde
müßte man sie ja umbringen
Aber wir bringen dich nicht um
du bist nun einmal da
und schließlich und endlich bist du unsere Schwester
die leibhaftige die Blutsschwester
von dem gleichen Vater und von der gleichen Mutter wie ich
und wie Vera
Das gute Kind
Du kannst Gott danken daß sie da ist
Wenn sie einmal nicht mehr da wäre

aber sie ist von uns allen die stärkste
die die nicht aufgibt
wie oft hätte ich schon aufgegeben
Vera hat es verhindert mein Verakind mein geliebtes Verakind
Das hätten wir nicht geschafft wir beide
wir haben eine gute Schwester
in den schlimmen Zeiten immer eine gute Schwester gehabt
das solltest du immer bedenken
das solltest du bedenken wenn du aufwachst
und wenn du schlafen gehst
zeigt mit der rechten Hand ins Nebenzimmer
daß wir ihr alles verdanken
daß wir überhaupt noch am Leben sind
Vera hat zu spielen aufgehört und kommt herein
Wie schön du gespielt hast
gleich ist alles ganz anders
Musik macht alles erträglich
Wenn wir sie selbst machen
Ein Kulturvolk kann sich die Musik selbst machen
komm her Vera setz dich
öffnet eine Flasche und schenkt Vera ein
Ich habe Clara gesagt
daß du uns gerettet hast
du hast uns gerettet
deine Tapferkeit
daß du immer deinen Mann gestellt hast
in schlimmsten Zeiten
wie ich noch im Keller gehaust habe
mein tapferes Mädchen Vera
trinkt
Das darf man nicht vergessen
steht auf und geht zum Gewehrkasten und macht ihn auf und dreht sich nach den Schwestern um
Vera die uns ermöglicht hat
nimmt einen Karabiner heraus
Ich bin immer Soldat gewesen
und ich werde immer Soldat sein
für unsere Sache
da kann geschehen was will was will was will
setzt den Karabiner auf die Deckenlampe an
Ich könnte sie ja herunterschießen

ich könnte sie abschießen abknallen
soll ich sie herunterschießen
sag es Vera sag soll ich sie abknallen

VERA

Aber Rudolf

RUDOLF

Natürlich nicht
das wäre ja Wahnsinn
wenn ich den Lüster herunterschießen würde
setzt den Karabiner wieder gegen die Deckenlampe an
Aber schießen kann ich
ich hab es nicht verlernt
wenn ich schieße fällt er herunter
direkt auf den Tisch
direkt auf den Tisch
nur abdrücken muß ich

VERA

Du hast es nicht verlernt

RUDOLF

Ein Soldat verlernt schießen nicht
schießen nicht
nicht schießen
setzt den Karabiner ab
Ich brauche ihn nur in der Hand zu halten
und ich bin wieder der Soldat

VERA

Der Soldat ja

RUDOLF

Der Soldat im Soldaten stirbt nicht
geht zum Gewehrkasten und stellt den Karabiner hinein
Du hast ihn für mich versteckt
ihn herübergerettet
Das verdanke ich dir Vera
Alle haben sie ihre Waffen abgegeben weggeschmissen
Du hast den Karabiner für mich aufgehoben
Ich hätte Lust zum Fenster hinauszuschießen
dreht sich nach den Schwestern um
aber das darf ich nicht
n o c h nicht
n o c h nicht mein Kind
geht zum Tisch zurück und setzt sich

Ich weiß ein paar
die ich niederknallen würde
VERA *legt ihm ein Kalbsmedaillon auf den Teller*
Du mußt etwas essen
du trinkst nur und ißt nichts
du trinkst so viel und ißt nichts
RUDOLF
Nicht mehr gewöhnt
ich bin es nicht mehr gewöhnt
Wenn ich nur einmal im Jahr trinke
immer nur am siebten Oktober
zu Himmlers Geburtstag
das ist ja ganz klar daß ich betrunken werde
aber es ist doch ganz gleichgültig gleichgültig
zu Clara
Nun Clara was sagst du
was sagst du zu deinem Bruder
ich bin noch immer der alte
zu allem fähig
ich bin noch immer der alte
nimmt sein Glas und trinkt
Metternich nicht wahr Vera Metternich
den wir im Lager getrunken haben
darauf habe ich immer größten Wert gelegt
daß immer genug Metternich da war
sonst hätten wir es gar nicht aushalten können
er sagte mein lieber Höller
ich kann mich auf Sie verlassen
auf Sie und auf Rösch
er hat das Sie betont
nicht das Rösch
der Feigling
in Wirklichkeit ist Rösch ein Feigling gewesen
ich war niemals ein Feigling ich nicht
VERA
Du nicht Rudolf
RUDOLF
Der hatte zuviel Phantasie
Die Ordnungsliebe vom Vater
nicht zuviel Gemüt von der Mutter

VERA

Aber du hast deine zarten Seiten Rudolf
von der Mutter

RUDOLF

Rösch habe ich durchschaut
auf einmal getraut er sich nicht mehr her
telefoniert ruft an er sei krank
ich bin überzeugt daß er nicht krank ist
Rösch hat immer gelogen
aber das hat ihn auch zu Fall gebracht schließlich
ich habe dem Rösch immer mißtraut
ich traute ihm nicht einen Augenblick über den Weg
Aber verraten kann er uns nicht
er wäre selbst erledigt
Wahrscheinlich sitzt er zu Hause
und wärmt sich die Kniescheiben am Ofen
Der Weichling Rösch
Aber dann sind gerade die die Skrupellosesten
es hat ihm nichts ausgemacht
daß er Tausende und Hunderttausende ins Gas geschickt hat
es hat ihm nichts ausgemacht
ich hab mich überwinden müssen
Vera mein liebes Kind
ein wenig Angst habe ich doch vor dem Ruhestand
ein ganz kleines bißchen Angst
daß ich zu grübeln anfange
Das Gericht hat mich abgelenkt
die ganzen Jahre war ich durch das Gericht abgelenkt
auf einmal habe ich keine Ablenkung mehr

VERA

Der Ruhestand wird dir guttun
dann gehst du spazieren
und machst was dir Freude macht
dazu ist der Ruhestand ja da
achwas Ruhestand Rudolf
für dich ist es kein Ruhestand
du bist immer ein tätiger Mensch gewesen
dir wird die Zeit nicht lang
Wir werden wieder Musik machen
du wirst Violine spielen ich Klavier
Beethoven Mozart Chopin

Und wir werden in die Oper gehn
endlich hast du dazu Zeit
das Leben wird schöner denn je sein

RUDOLF
Aber vielleicht habe ich gerade dann
keine Ruhe mehr

VERA
Über alles wächst Gras Rudolf
immer ist über alles Gras gewachsen
sie betätschelt seine Hand
Man muß es nur genießen das Alter

RUDOLF
Vielleicht

VERA *setzt sich so, daß sie das Album gut umblättern kann, und blättert um*
Siehst du der glückliche Rudolf
der stolz ist auf sich
das Vorbild Rudolf
Wo war denn das

RUDOLF
In Krakau
vor der Sukenitza vor der Markthalle

VERA
Sind das Polen dahinter

RUDOLF
Ja Polen
die haben zugeschaut und gelacht
die haben gelacht wie das Bild gemacht worden ist
es war ja auch ein schöner Tag

VERA *blättert um*
Das sieht ganz nach Katerstimmung aus

RUDOLF
Da haben wir auf den Fall von Paris getrunken

VERA
Wo Vater immer mit Mutter hinwollte
Warst du eigentlich jemals in Paris

RUDOLF
Es ist mir nicht geglückt

VERA
Ich weiß gar nicht
was die Leute an Paris finden

blättert um

RUDOLF

Da habe ich mir eine neue Uniform schneidern lassen
von einem Schneider in Litzmannstadt

VERA

Sturmbannführer Höller

RUDOLF

Kurze Zeit darauf
war ich schon Obersturmbannführer

VERA

Und hast du in Litzmannstadt
schon dein Richteramt ausgeführt

RUDOLF

Ja natürlich
da war ich ja als Richter da
Da war viel zu tun
Der jüngste Richter an der ganzen Ostfront

VERA *blättert um*

Schrecklich
diese Gesichter
ganz verwahrlost

RUDOLF

Das ist ein Schnappschuß von den Juden
die wir aus Ungarn bekommen haben

VERA

Und die kamen ins Arbeitslager

RUDOLF

Teils teils
die dazu fähig waren natürlich nur
die andern nicht
Mit den Juden aus Ungarn war es so eine Sache
die konnten wir nicht gebrauchen

VERA *blättert um*

Brügge nicht wahr

RUDOLF

Da hatten wir einen Ausflug gemacht in die Ardennen
und sind nach Brügge
und nach Brüssel
siehst du da haben wir gewohnt
wo der Pfeil eingezeichnet ist
Das war ein Hotel

Luxus
die haben den ganzen ersten Stock für uns geräumt
wir haben Tag und Nacht Champagner getrunken
echten Champagner
die Belgier waren recht anständige Leute

VERA

War das wie du den Richterkurs gemacht hast

RUDOLF

Ja

VERA *blättert um*

Und da bin ich
ganz in Weiß
das muß ein Sonntag gewesen sein
da sind wir immer in Weiß gegangen
Wo war denn da Clara
zu Clara
Ich weiß da warst du im Internat
unsere Gebildete
Die schönen Haare die du damals gehabt hast
da lernte ich Englisch
da hatten wir einen Hauslehrer aus Holland
ein lieber Mensch
Was aus dem geworden ist

RUDOLF *blättert um*

Da siehst du lauter Ukrainer
mit denen haben wir kurzen Prozeß gemacht
das waren alles Verräter nichts als Verräter

VERA

Die schauen auch ganz gefährlich aus

RUDOLF *zeigt es*

Das war die Hinrichtung
Diese paar habe ich eigenhändig erschossen
Weil kein anderer da war
das war zum erstenmal
daß ich Leute eigenhändig erschossen habe
blättert um
Da waren wir in einer alten Villa
am Stadtrand von Leningrad
wohin wir eine Exkursion gemacht haben zweiundvierzig
Das Foto hab ich selbst gemacht
man konnte bis in die Innenstadt hineinschauen

VERA
Wer ist das am Fenster
RUDOLF
Eine Begleitperson
eine Steiermärkerin aus Graz
die ist dann erschossen worden
weil sie Juden begünstigt hat
VERA *blättert um*
Eine lustige Runde
RUDOLF
Wir waren Schifahren in Zakopane
eine ganze Woche
wir hatten russischen Kaviar
da war ich aber erkältet
Vera blättert um
Der Führer
von mir geschossen
im Vorbeifahren
mit Blitzlicht
dadurch ist es so verschwommen
das einzige Foto das ich vom Führer geschossen habe
Er hat eine Inspektion gemacht in Kattowitz
neben ihm das ist Himmler
man kann es nicht erkennen aber er ist es
die Oberschlesier waren heimtückisch
unverläßlich hinterhältig
Vera blättert um
Da war schon eine gefährliche Stimmung
keinem konnte man trauen
selbst den eigenen Leuten nicht
VERA *blättert um*
Der Kurfürstendamm
RUDOLF
Ja ich mit Rösch
kurz vor seiner Verwundung
Wenn ich damals nicht gewesen wäre
er hätte das nicht überlebt
er wäre verblutet
VERA
Und e r hat d i r das Leben gerettet

RUDOLF

Wir waren sehr gut
aufeinander eingespielt
trinkt sein Glas aus und Vera schenkt ihm ein
Aber selbst Rösch war nicht zu trauen
Vera blättert um
Das waren die Bunker
die die Ukrainer gebaut haben vor Radom
Vera blättert um
Der holländische Zirkus
den wir in Lüttich besucht haben
ein gelungenes Foto nicht wahr

VERA *steht auf und geht mit dem aufgeschlagenen Album zu Clara und zeigt ihr das Foto*

Da siehst du
du sitzt dahinten
neben Rudolf der so lacht

CLARA

Ja

VERA *geht zurück und setzt sich wieder und blättert um*

Wie alt warst du da eigentlich
da siehst du aber schlecht aus

RUDOLF

Das war in Schitomir
da hatte ich eine Bronchitis

VERA *blickt Rudolf ins Gesicht und dann wieder ins Album*

Da hast du einen ganz andern Gesichtsausdruck
als wenn du es gar nicht wärst
wie wenn das ein Anderer wäre

RUDOLF

Ich weiß gar nicht
wer das Foto gemacht hat
vielleicht war es Rösch
aber der war damals gar nicht in Schitomir
der war zu der Zeit in Danzig
Wer hat das nur gemacht
vielleicht Dejaco

VERA

Der hat doch seine sieben Kinder vergiftet

RUDOLF

Er ist mit ihnen allen in den Tod gegangen

VERA *blättert um*
Von Vater das einzige Bild in Uniform
Er hatte immer eine Abneigung
gegen das Fotografieren
Und Mutter
im Dirndl in Schwaz in Tirol damals
Sie war böse auf Vater
RUDOLF
Manchmal denke ich
ob sie sich nicht zu dem richtigen Zeitpunkt
umgebracht hat
sie hat alles was wir dann erlebt haben
nicht mehr erlebt
trinkt
Clara ganz nackt
unser Nackedei Clara am Bach
VERA
Vater im Hintergrund siehst du
er hat Fische gefangen wie heißen sie nur
RUDOLF
Koppen
die Koppen die wir Buben auch gefangen haben
VERA
So schüchtern ist das Kind
zu Clara
Willst du dir das Foto nicht anschauen
Du bist ein richtiger Nackedei
so ganz ungezwungen wie dann nie mehr
blättert um
Auf dem Gut vom Grafen Uiberacker
wo wir als Kinder gewesen sind
Vater hat sich dort entspannt wie nirgends
Die arme Gräfin
die sich erschossen hat
wie die Amerikaner gekommen sind
erinnerst du dich
wie sie dich beschuldigt hat
daß du ihren Neffen in den Teich gestoßen hast
Du Rudolf ach du lieber Gott
Du und den Neffen der Gräfin
in den Teich hineinstoßen

RUDOLF

Der ist ganz von selbst hineingesprungen in den Teich
und dann hat er gesagt
ich habe ihn hineingestoßen

VERA

Daraufhin durften wir nicht mehr auf das Gut
wir haben die Grafenleute nicht mehr gesehen

RUDOLF

Er der Graf
war ein richtiger Nazihasser
sie hat ihren Bruder angezeigt
daß er Feindsender hört
aber es ist ihm nichts passiert
Ein paar Monate Mauthausen sonst nichts

VERA *blättert um*

Wer sind denn die

RUDOLF

Das war unsere Kerntruppe
leben alle nicht mehr
trinkt
die sind durch einen Wald bei Litzmannstadt gefahren
und auf eine Mine
die die Polacken gelegt haben

VERA

So schöne Menschen
verstehst du das Rudolf
daß man solche schönen Menschen umbringen kann
die armen Eltern

RUDOLF

Im Krieg darf man auf das Gefühl
keine Rücksicht nehmen
im Krieg gibt es kein Gefühl

VERA *blättert um*

Das ist unser Bundespräsident
siehst du
ein netter Junge
in der Hajotuniform
und dahinter

RUDOLF

Weiß ich nicht
sieht genauer hin

Kann ich nicht sagen

VERA

Na siehst du
was aus solchen kleinen netten Jungen wird
wenn sie tüchtig sind
blättert um

RUDOLF

Das ist Rösch

VERA

Mit einer Polin

RUDOLF

Ja natürlich
andere waren ja da nicht

VERA

Was für schönes schwarzes Haar die hat

RUDOLF

Die war aus Warschau
die ist dann gleich vergast worden
Vera blättert um
Das ist in Auschwitz
Da haben wir Höss besucht
Himmler sollte auch da sein
aber dann ist er nicht gekommen
Dahinten war die Rampe
da sind die Züge hereingefahren
da haben sie sie durchgetrieben

VERA

Schrecklich

RUDOLF

Im Krieg kannst du kein Gefühl mehr haben
und du hast auch kein Gefühl mehr

VERA

Gut daß du nicht in Auschwitz gewesen bist

RUDOLF

Es hat so sollen sein
zeigt auf das Foto
Da haben sie sie hineingetrieben
und da sind sie vergast worden
zuerst ein paar Tausende nur

VERA

Wieviel sind denn in Auschwitz vergast worden

RUDOLF

Zweieinhalb Millionen
das hat Eichmann gesagt

VERA

Zweieinhalb Millionen

RUDOLF

Eichmann hat das Glücks gesagt

VERA *blättert um*

Ich bin froh daß du nicht in Auschwitz gewesen bist
ich weiß nicht ich bin froh darüber
Da wo ihr wart
war es doch etwas ganz anderes
Das ist ja Ludwig Onkel Ludwig
wie er die Gesellenprüfung gemacht hat
Der war ganz stolz auf dich
du in deiner Uniform neben ihm
schade um den Jungen
da hatten wir immer so schönes Fleisch bekommen
und die guten Kümmelwürste
blättert um
Das ist das Akademiekonzert
und du in der ersten Reihe

RUDOLF

Und du neben mir

VERA

Da hatten wir eine Karte bekommen von Rösch stimmt das
Ja weil seine Tochter die Akademieprüfung gemacht hat
Beethovens Fünfte erinnerst du dich
Und da sitzt die Elly Ney
blättert um
Wie gut die Fotos sind
findest du nicht
wenn man sie nur einmal im Jahr anschaut
und nicht dem Licht aussetzt
Schwarzbach
Reichenhall
Piding
Da waren wir doch sehr glücklich nicht Rudolf
ach komm ich muß dir einen Kuß geben
rückt an Rudolf heran und küßt ihn auf die Stirn
Die Erinnerung kann uns niemand nehmen

was unverlierbar ist
ist die Erinnerung
blättert um
Vater hat das auch immer gesagt
Das Rosental
Nie mehr bin ich hingekommen
Maria Saal die Kirche
da stehst du mit den Blumen
die du mir gepflückt hast
blättert um
O da warst du verwundet
aber ich war stolz auf dich
alle haben mich bewundert
weil du verwundet warst
ich bin mit hocherhobenem Kopf durch die Stadt gegangen
und ich habe gefühlt wie sie mich alle bewundern
weil du verwundet bist
glücklicherweise war es nichts Schlimmes
blättert um
Berlin nach dem ersten Terrorangriff
zu Rudolf
Hast du das Foto gemacht
ist das ein Toter da

RUDOLF
Ja und dahinter noch einer siehst du

VERA
Schrecklich
blättert um
Da haben die Eltern Clara aus dem Internat herausgenommen
und nach Tirol geschickt
zu Clara
Zu Pfarrer Langthaler
Warum bist du denn so schweigsam
anstatt daß du dich freust über die Fotos
wenn du uns nur den Abend verpatzen kannst
blättert um
Das Riesengebirge
Im Elsaß hast du darunter geschrieben
Was für eine schöne Schrift du gehabt hast
du hast auch heute noch eine schöne Schrift
blättert um

Verdun
nach einer Pause
Daß wir das alles nur so versteckt
und im geheimen anschauen können
das ist doch entsetzlich Rudolf
Das ist doch wirklich entsetzlich
Und dabei denkt die Mehrheit so wie wir
die Mehrheit versteckt sich das ist das Entsetzliche
das ist doch absurd
die Mehrheit denkt wie wir und darf es nur geheim
Auch wenn sie das Gegenteil behaupten
sie sind doch alle Nationalsozialisten
das siehst du doch auf Schritt und Tritt
aber sie geben es nicht zu
ich kenne niemand der nicht so denkt wie wir
Außer der Doktor und ein paar andere
aber die fallen ja nicht ins Gewicht
Das ist das Schreckliche Rudolf
daß wir der Welt nicht zeigen wer wir sind
wir zeigen es nicht
anstatt es zu zeigen ganz offen zu zeigen

RUDOLF
Warte nur ab
die Zeit kommt wo wir es wieder zeigen können
Es spricht alles dafür daß wir es wieder zeigen können
und nicht nur zeigen

VERA
Andererseits haben wir ja jetzt einen Bundespräsidenten
der ein Nationalsozialist gewesen ist

RUDOLF
Na siehst du
das ist doch ein Beweis wie weit wir schon wieder sind heute
du brauchst keine Angst zu haben
keine Angst Vera
alles geht in unserem Sinne
es ist keine Frage längerer Zeit
und schließlich haben wir ja auch eine ganze Menge anderer
führender Politiker
die Nationalsozialisten gewesen sind

VERA *klappt das Album zu*
Ja das ist wahr

zu Clara
Wir werden bald wieder an der Macht sein
Dann haben deinesgleichen keine Chance
Wie du haben sich alle diese Verrückten verrannt
gegen unser Volk verrannt versündigt und verrannt
Ich bin richtig wütend auf dich
den ganzen Abend schweigend dazusitzen
aber es gelingt dir nicht uns den Abend kaputtzumachen
Dabei hat Rudolf sich so zurückgehalten
Voriges Jahr hat er dich gezwungen
die KZ-Jacke anzuziehn heute nicht
Und ich habe dir die Haare scheren müssen voriges Jahr
er hatte dich die ganze Zeit als KZlerin bezeichnet
das hat er heute nicht getan
Spielverderberin
macht das Album wieder auf und blättert
Freiburg im Breisgau
das haben wir noch gesehen bevor es zerstört worden ist
blättert um
Würzburg
Alle diese schönen Städte haben sie uns kaputtgemacht die Amerikaner
klappt das Album zu
Mein Gott wie schön Deutschland einmal gewesen ist
Rudolf hat längere Zeit versucht, seine Pistole aus dem Halfter herauszubekommen, jetzt ist es ihm gelungen und er fuchtelt damit vor Veras Gesicht herum
Vera erschrocken
Aber Rudolf
ich bitte dich

RUDOLF
Ich könnte euch umlegen wenn ich wollte
alle könnte ich umlegen
Ich bin aus der Übung natürlich
aber ich könnte euch alle umlegen wie ihr seid
steht auf

VERA
Bitte Rudolf
du hast zuviel getrunken

RUDOLF
Wenn ich Lust dazu habe

schieße ich euch über den Haufen
Vera springt auf
Sitzen bleiben
ich befehle dir sitzen bleiben
Vera setzt sich wieder
Das sage ich euch
wenn ich wollte ich legte euch um

VERA
Das geht zu weit Rudolf

RUDOLF
Das bestimme ich
was zu weit geht

VERA
Wenn dich jemand hört
blickt zu den Fenstern

RUDOLF
Es hört mich niemand
niemand hört mich
wenn ich Lust hätte
geht zu Clara und setzt ihr die Pistole am Genick an
nach einer Pause
Aber ich habe keine Lust
und die Pistole ist ja auch nicht geladen
beweist es durch einen Handgriff
es ist keine Munition in der Pistole

VERA
Du versündigst dich Rudolf
bitte

RUDOLF
Es kommt immer darauf an
ob man es tut oder nicht tut
es ist keine Charakterfrage
setzt sich hin und legt die Pistole auf den Tisch

VERA
Du bist betrunken Rudolf
zu beiden vorwurfsvoll
Weil ihr meine guten Sachen nicht gegessen habt
nichts habt ihr gegessen
zu Clara
du nicht
zu Rudolf

und du nicht
zu Rudolf über Clara
Wie sie uns haßt
siehst du wie sie uns haßt
Rudolf nimmt das Glas und trinkt es aus
Ich bitte dich Rudolf

RUDOLF
Du hast mir nichts zu verbieten
auch du nicht
niemand
nimmt die Pistole und fuchtelt damit wild herum
Ich gebe euch noch eine Chance
eine Chance gebe ich euch noch
eine Chance
greift sich an die Brust und fällt mit dem Kopf auf die Tischplatte

VERA *ist aufgesprungen und ruft pathetisch*
Mein Gott
sie stürzt zu ihm und fühlt seinen Puls
Er hat einen Anfall Clara einen Anfall
Das Herz Clara das Herz
sie steht auf und geht zu den Fenstern und Türen und stellt die Fünfte von Beethoven da wieder an, wo sie vorher unterbrochen war, und kommt wieder zurück
Was tun
was soll ich tun
sie zieht Rudolf vom Sessel auf den Boden und versucht, ihn von dort auf das Sofa zu ziehen, es gelingt ihr
Rudolf scheint bei Bewußtsein zu sein, kann sich aber nicht mehr verständlich machen, er stöhnt nur
Vera kniet sich vor ihn hin
Rudolf
hörst du mich Rudolf
mein lieber Rudolf
mein herzensguter Rudolf
sie fängt an, ihm die SS-Uniform auszuziehen
Schrecklich wie schrecklich
zu Clara
Was sitzt du da und starrst mich an
wie schrecklich
zieht ihm den Rock aus

Daß es so weit kommen mußte
Ein so schöner Tag
zieht ihm die Schaftstiefel von den Beinen und versucht, ihm die Hose auszuziehen
während sie Clara anblickt
Es ist ein Unglück
ein Unglück
packt die Uniformsachen und rennt damit hinaus und kommt sofort wieder zurück, um auch das Himmlerbild fortzuschaffen. Im Hinausgehen fällt ihr die Pistole ein, die auf dem Tisch liegt, sie geht zum Tisch, nimmt die Pistole und geht hinaus, um sofort wiederzukommen. Sie versucht ihrem Bruder einen Zivilrock anzuziehen. Sie beugt sich auf Rudolf und küßt ihn, dann zu Clara
Du bist schuld
mit deinem Schweigen
du mit deinem ewigen Schweigen
sie geht zum Telefon und ruft den Arzt an
es wird finster
Im Zugehen des Vorhangs
Herrn Doktor Fromm bitte

Ende

Über allen Gipfeln ist Ruh

Nietzsche Stieglitz und wieder zurück verstehen Sie . . .

Moritz Meister

Personen

MORITZ MEISTER, *Verfasser einer Tetralogie*
ANNE, *seine Frau*
FRÄULEIN WERDENFELS, *Doktorandin, Brillenträgerin*
HERR VON WEGENER, *Journalist, Brillenträger*
FRAU HERTA, *Hausgehilfin*
HERR SMIRNOFF, *Briefträger*
DER VERLEGER

In den Voralpen
Alte Villa

Erste Szene

Im Freien
Frau Meister und Fräulein Werdenfels (mit einem Fotoapparat am Hals) decken den Frühstückstisch

FRAU MEISTER

Wissen Sie Fräulein Werdenfels
mein Mann ist der korrekteste
er duldet keine Ungenauigkeit
Alles muß seinen Platz haben
Ein Pedant Fräulein Werdenfels
Jetzt wo er die Tetralogie beendet hat
ist er wieder erfüllt von unserer Kretareise
Auf den Spuren des Königs Minos
Fräulein Werdenfels ist zurückgetreten und macht ein Foto von Frau Meister
Am Morgen habe ich keine Hilfe
da muß ich alles allein schaffen
Wenn Sie Kreta nicht gesehen haben
den Ursprung der Geschichte sozusagen
Jedes Jahr die klassische Bildungsreise
darauf legt mein Mann den größten Wert
Alles hat in die Tetralogie Eingang gefunden
Phaestos Fräulein Werdenfels
und natürlich Knossos
das Sir Evans ausgegraben hat
ein Mann mit Marotte
ein verrückter Engländer
Fräulein Werdenfels macht ein Foto vom Haus
Alle wissenschaftlichen Publikationen studiert
Wir bereiten uns immer jahrelang vor
auf die Bildungsreise
vor zwei Jahren in Mexiko
habe ich zwölf Pfund abgenommen
Sie setzt sich
Sie wissen ja gar nicht was es alles zu sehen gibt in der Welt
die heute allen offensteht
ist wieder aufgestanden
Nach Kreta an den Ursprung
an die Geschichtsquelle

Alles für die Tetralogie
Wir studieren was studiert werden muß
Fräulein Werdenfels macht ein Foto von Frau Meister
Die Archäologie hat meinen Mann
schon immer mehr interessiert
als alles andere Wissenschaftliche
zum Fräulein direkt
Er ist ja mehr Wissenschaftler als Schriftsteller
Mit der Zeit verstehe auch ich jetzt schon
eine ganze Menge von Archäologie
Nicht daß ich prahle aber in Knossos
habe auch ich gegraben
unter Leitung von Sir Wallace Green
ruft aus
Was für ein Glücksgefühl wenn die Schaufel auf eine Scherbe trifft
wieder ruhig
Die Scherbe in der Bibliothek oben
dieses prachtvolle Kunstwerk aus dem Protopalatikum
hat mein Mann ausgegraben
Fräulein Werdenfels macht ein Foto von Frau Meister
Waren Sie denn noch nie in Knossos

FRÄULEIN WERDENFELS
Leider nein

FRAU MEISTER
Da sollten Sie doch ruhig einmal hingehen
das ist eine Bildungslücke
wo Sie doch aus einer Wissenschaftsfamilie kommen
aus so gutem deutschem Hause
wo Ihr Herr Vater doch Heidelberger Professor ist

FRÄULEIN WERDENFELS
Natürlich ja
macht ein Foto von Frau Meister

FRAU MEISTER
Reisen bildet Fräulein Werdenfels
die gute Gesellschaft ist gut gereist
und hat sich auf alle diese Reisen gut vorbereitet
nicht wie der Pöbel
Die gewissenhafte Vorbereitung ist die Voraussetzung
wie mein Mann immer sagt
Der Gebildete ist niemals unvorbereitet

plötzlich zum Fräulein direkt
Fürchten Sie nicht daß Sie sich erkälten
Fräulein Werdenfels wickelt sich einen Schal um den Hals
Die Winde hier werden unterschätzt
Über dreißig ist der Sensible anfällig
hier in den Weinbergen besonders
Wie gefällt Ihnen die Gegend
dreht sich nach der Landschaft um
ist es nicht reizend hier
beinahe gänzlich unberührt von dem schrecklichen Jetzt
Fräulein Werdenfels tritt zurück und fotografiert die Landschaft
Gerade so geschaffen für einen Geistesmenschen
Seit wir hier sind ist mein Mann glücklich
seit er die Bibliothekarstelle aufgegeben hat
Nun sind wir frei absolut
Das taugt auch den Lungenflügeln
breitet eine Wolldecke auf einer Bank aus
Fräulein Werdenfels macht ein Landschaftsfoto
Hier sind wir glücklich
Und ein Buch nach dem andern
er ist richtig aufgeblüht mein Mann
Jetzt wo die Tetralogie fertig geworden ist
Aber das erzählt Ihnen mein Mann selbst
atmet tief ein
Nichts Störendes absolut nichts Störendes
rückt nocheinmal die Tassen auf dem Tisch zurecht
Alles im rechten Winkel wissen Sie
Wer in den kleinsten Dingen ohne Disziplin ist
ist es auch in den großen
zum Fräulein direkt
Wielange schreiben Sie denn schon an Ihrer Doktorarbeit über meinen Mann
Das stelle ich mir als das Allerschwierigste vor
in ein solches Werk einzudringen
das Recherchieren Aufspüren Aufschließen
Der Deutsche hat Tiefe
aber er hat in dieser Tiefe Angst sagt der Professor Stieglitz
in der Tetralogie
das ist doch großartig nicht wahr
Wissen Sie das ist ganz gegen die Regel

daß mein Mann der immer in der äußersten Konzentration lebt
einen Doktoranden noch dazu einen weiblichen Doktoranden
hier übernachten läßt
Wenn ich denke wieviele Doktorarbeiten schon über
meinen Mann erschienen sind
Das ist eine Auszeichnung Fräulein Werdenfels
sonst übernachten die Besucher meines Mannes immer unten
Fräulein Werdenfels macht ein Landschaftsfoto
im Goldenen Drachen
plötzlich
Sagen Sie sind Sie nicht mit dem Generalfeldmarschall
Werdenfels verwandt
der die Intrige am Zarenhof angezettelt hat

FRÄULEIN WERDENFELS
Mein Großonkel

FRAU MEISTER
Habe ich mirs doch gedacht
tatsächlich ist auch etwas Militärisches an Ihnen
etwas Aristokratisches und Militärisches
das wird meinen Mann aber sehr interessieren
etwas über den Generalfeldmarschall Ihren Großonkel zu
erfahren
mein Mann ist nämlich auch Ahnenforscher
und die hohen Militärs haben ihn immer brennend interessiert
Fräulein Werdenfels macht ein Foto von Frau Meister
Ich bin ja nun gar nicht fotogen Fräulein Werdenfels
Sie richtet sich die Haare und das Fräulein macht noch ein
Foto von ihr
Ursprünglich hatte mein Mann General werden wollen
Generalfeldmarschall natürlich
setzt sich
Es ist richtig schön hier bei uns nicht
Weg aus der Stadt und von allen Lästigkeiten
Wir zahlen hier nichts keine Miete
Die Stadt schätzt sich glücklich
einen berühmten Mann wie meinen Mann hier zu haben
aber wir zeigen uns natürlich erkenntlich
wir geben den Armen den Einfachen
Schon Monate vor dem Weihnachtsfest nähe ich kleine Jäckchen
für die alten Leute im Altersheim
und zu Weihnachten verfaßt mein Mann jedes Jahr ein Gedicht

das am Heiligen Abend im Rathausfestsaal vorgelesen wird
immer von einem berühmten Schauspieler
Herr Quadflieg der berühmte Faust
hat es voriges Jahr gelesen
Mit Quadflieg sind wir natürlich befreundet
richtet sich hoch auf und bezeichnet eine Stelle in weiter Ferne
Sehen Sie Fräulein Werdenfels dort
ist die Heimat meines Mannes
Fräulein Werdenfels ist vorgetreten
Frau Meister ist aufgestanden
Man kann es sehen das Elternhaus
Zwischen diesen beiden Birken wenn Sie durchschauen
hinter der stillgelegten Ziegelfabrik
Fräulein Werdenfels fotografiert die Ferne
Da wo die Schafe sind im Vordergrund
da ist im Hintergrund das Elternhaus meines Mannes
Vom Dachdeckerlehrling zum berühmten Schriftsteller
Fräulein Werdenfels fotografiert die Ferne
Aus solcher Not hervorgegangen aus dem Nichts
aus dem Garnichts Fräulein Werdenfels
zum Fräulein direkt
Sie haben doch gut geschlafen Fräulein Werdenfels
oder haben Sie die Ziegen im Tal aufgeweckt

FRÄULEIN WERDENFELS
Nein wunderbar

FRAU MEISTER
Hier hört man nichts als das Weinlaub sich bewegen
in der Nacht
Immer ganz leichter Westwind Fräulein Werdenfels
hier von Westen
Beide setzen sich
zum Fräulein direkt
Denken Sie nur der Gemeinderat hat beschlossen
daß eine Straße nach meinem Mann benannt wird
Moritz-Meister-Straße
Wer hätte das gedacht
Nun ist alle Plage nicht umsonst gewesen
Und die Akademie für Sprache und Dichtung
hat meinen Mann zum Mitglied gewählt

FRÄULEIN WERDENFELS
Ach
FRAU MEISTER
Sie haben richtig gehört
Nun ist mein Mann auch noch Akademiker
er gibt es nicht zu
aber er ist ganz stolz auf diese Wahl
Einstimmig Fräulein Werdenfels einstimmig
Und mit meinem Mann ist der Herr Bundespräsident gewählt worden
unglaublich nicht wahr
ein so hoher Staatsmann
und ein so großer bedeutender Dichter gleichzeitig
Es wird eine große Feier geben in Darmstadt
steht auf, das Fräulein will auch aufstehen
Ach bleiben Sie doch sitzen
geht ein paar Schritte und atmet tief ein, das Fräulein ist sitzen geblieben
Plötzlich kommt doch der verdiente Augenblick
plötzlich emporgehoben in die höchste Höhe
Was für ein Glücksgefühl
dreht sich nach dem Tisch um, das Fräulein ist aufgestanden
Nun gibt es natürlich Neider
aber wo sind die nicht
Wie hübsch Sie aussehen
man glaubt Ihnen gar nicht daß Sie so studiert sind
Mein Mann spricht in den höchsten Tönen von Ihnen
er ist ganz begeistert von Ihren Kenntnissen
so ein gescheites Wesen hat er zu mir gesagt
den ganzen Abend hellhörig und aufnahmebereit
den ganzen Abend eine so hellhörige junge Dame
Er sagt Sie hätten jeden Satz den er geschrieben hat
nicht nur gelesen
sondern jederzeit abrufreif im Kopf
Ich bewundere solche Menschen
Ich selbst behalte nichts im Kopf
das bringt meinen Mann sehr oft zur Verzweiflung
sieht sich die Halskette des Fräuleins an
Ein schönes Stück
kostbar
sicher Familienschmuck ererbt

FRÄULEIN WERDENFELS
Ja von meiner Großmutter
es ist von der Königin von Montenegro
FRAU MEISTER
Wie schön ist so alter echter Schmuck
Ich wünsche mir schon lange eine Bernsteinkette
eine ganz bestimmte Bernsteinkette
achja wenn er den Preis bekommt
flüstert dem Fräulein etwas ins Ohr
FRÄULEIN WERDENFELS *ausrufend*
Den Wilhelm-Raabe-Preis
ach ist das schön
FRAU MEISTER
Ich dachte schon lange
eigentlich
müßte mein Mann den Raabepreis bekommen
wo er doch in Braunschweig Bibliothekar gewesen ist
Nun ist es endlich soweit
Aber er weiß es noch nicht
Ich habe es ihm noch nicht gesagt
Der Bürgermeister von Braunschweig hat es mir mitgeteilt
dreht sich nach dem Weinberg und ruft hoch aufgerichtet
Moritz Moritz
Moooritz
zum Fräulein
Wenn er die Bienen nicht hätte
er ist ein richtiger Bienennarr
Ein Insektennarr
aber in erster Linie ein Bienennarr
Er lebt und existiert nur für die Bienen
oft ist er den ganzen Tag im Bienenhaus
Die Bienen und die Literatur
dreht sich wieder nach dem Weinberg und ruft
Moritz Moritz
das Frühstück
zum Fräulein
Er geht ganz auf in den Bienen
er hat eine Studie geschrieben
diese Studie lüftet das Geheimnis der Bienen
Die Biene als Kunstwerk heißt diese Studie
Ach setzen Sie sich doch Fräulein Werdenfels

das Fräulein setzt sich nicht und schaut mit Frau Meister zum Weinberg hinüber
Wie wir hierhergekommen sind
sagte mein Mann
jetzt kann ich wieder dichten
und dann dichtete er Buch auf Buch
ach ich bin so glücklich daß die Tetralogie
endlich fertig ist
es war seine schwerste Arbeit
Das Fräulein macht ein Landschaftsfoto
drei volle Jahre hat er daran geschrieben
wenn man es genau nimmt zwanzig Jahre
Ich mußte ihm täglich daraus vorlesen
er sagt er müsse seine Dichtung h ö r e n
um sie beurteilen zu können
jeden Tag vier bis acht Seiten
vor allem die den Professor Stieglitz betreffenden Kapitel
je nach seiner Verfassung
Das Fräulein macht ein Landschaftsfoto
das ist für mich auch nicht leicht Fräulein Werdenfels
wo es sich doch um einen Menschen handelt bei meinem Mann
der nur den höchsten Anspruch kennt
Er verbesserte nichts mehr
er zeichnete den Professor Stieglitz
wie sich selbst
vollkommen autobiografisch
bei keinem vorangegangenen Buch floß es so vollendet
aus seiner Feder Fräulein Werdenfels
Wie Sie wissen schreibt mein Mann alles
mit der Hand
auf die klassische Art
mein Mann haßt die Schreibmaschine
Die Tetralogie endet mit der Vereinigung der Geschwister
dieser wunderbare Schluß unter der Akropolis
mein Mann ist ein Meister der Schlüsse
Edgar kommt aus New York zurück
und trifft Robert in Konstantinopel
und dann kommen Lynn und Susanne aus Polen
und alle feiern sie ihre Wiederkehr
während sich ein Gewitter ankündigt
Mit welcher Gelassenheit Moritz das ausklingen hat lassen

Robert setzt sich im Hause des Kunsthändlers Zarkis
an den Flügel und spielt Chopin
und der Professor Stieglitz entziffert die Geschichte
die Geistesgeschichte Fräulein Werdenfels
und alle hören zu und sind versöhnt
ein echtes deutsches Buch sagt Moritz
wie es keines mehr seit Thomas Mann gegeben hat
von solcher Geschlossenheit
und in einer ganz ruhig fließenden Sprache
die dem Inhalt der Tetralogie vollkommen angemessen ist
Natürlich ist dies Buch nur für die Anspruchsvollen
unter den Zeitgenossen wie mein Mann sagt
der Gebildete kommt auf seine Rechnung
insbesondere das zentrale Stieglitzkapitel
Ich bewundere Moritz wie er das fertiggebracht hat
Er steht um drei Uhr früh auf und wickelt sich in die Pferdedecke
die er sich aus Sizilien mitgebracht hat vor zwanzig Jahren
und setzt sich an den Schreibtisch und schreibt bis neun
wie der Professor Stieglitz in der Tetralogie
dann macht er Toilette und geht zu den Bienen
Fräulein Werdenfels macht ein Landschaftsfoto
und um zehn frühstücken wir
wie der Professor Stieglitz in der Tetralogie
das hängt ganz von den Bienen ab natürlich
Wir sind sehr glücklich hier Fräulein Werdenfels

Zweite Szene

Wie vorher
Ein großer Sonnenschirm
Frau Meister und Fräulein Werdenfels auf einer Bank

FRAU MEISTER
Hier sitze ich oft Stunden Fräulein Werdenfels
am Nachmittag
und denke im stillen
ganz im stillen

mein Mann arbeitet
Dann höre ich wie er aufsteht
und zweimal in seinem Zimmer aufundab geht
Dann ist es Zeit für mich
ihm das Nachtmahl zu machen
Wenn er arbeitet verträgt er nur die leichteste Kost
Während er an der Tetralogie geschrieben hat
durfte ich ihm nicht einmal seinen geliebten Schinken auftragen
ein Glas Joghurt sonst nichts
Ach wissen Sie Fräulein Werdenfels
es gibt nichts Schöneres für mich
als wenn ich sagen kann jetzt ist er fertig
Fräulein Werdenfels steht auf, tritt zurück, macht ein Foto von Frau Meister und setzt sich wieder
das Manuskript ist fertig
dann läßt er es noch ein zwei Wochen liegen
ohne es noch einmal anzuschauen
er berührt es ganz einfach nicht mehr
und dann packen wir es ein
und schicken es dem Verleger
Sie werden den Verleger meines Mannes
ja heute abend kennenlernen
es ist ein Glück daß mein Mann
an diesen Verleger gekommen ist
der nur die größten und die bedeutendsten Dichter
und Schriftsteller verlegt hat wie Sie wissen
immer die besten unter den deutschen Schreibenden
und die weltberühmtesten aus Frankreich und England
Von Anfang an war mein Mann unter den allergrößten Geistern gedruckt
in einer Reihe mit den Hervorragendsten
Ich brauche Ihnen alle diese Namen nicht aufzuzählen
Aber doch war mein Mann lange im Schatten
er war immer das Genie das er heute ist
aber im Schatten
wie der Professor Stieglitz in der Tetralogie
Fräulein Werdenfels steht auf und macht ein Foto
und die Welt war ganz einfach blind für ihn
der die bedeutendsten Meisterwerke geschaffen hat
Aber wahrscheinlich ist es so wie mein Mann über den Professor Stieglitz sagt

daß das Genie sich im Abseits und in der Anonymität besser
entwickelt
als im Rampenlicht
wo es sehr bald verschlissen ist und erledigt
Es ist etwas Ungeheueres mit dem späten Ruhm sagt mein Mann
Fräulein Werdenfels macht ein zweites Foto und
setzt sich wieder
Wenn er eines Tages da ist
und ein ganzes großes Werk beleuchtet
so daß es auf einmal für alle ganz deutlich sichtbar ist
Der bedeutendste Romancier in der zweiten Hälfte des
Jahrhunderts
wie die Süddeutsche Zeitung geschrieben hat
ein Blatt das meinen Mann vier Jahrzehnte lang ignoriert hat
Was spät erblüht ist von Dauer
und sehr oft für die Ewigkeit sagt mein Mann
Wissen Sie das ist ein Ereignis
wenn der Präsident der Akademie für Sprache und Dichtung
hier seine Aufwartung macht
und wenn der Herr Bundespräsident ein Glückwunsch-
telegramm schickt
das zweiundzwanzig Wörter ohne Adresse umfaßt
Haben Sie den Aufsatz meines Mannes in der Neuen
Rundschau gelesen
Er ist drei Tage in Knossos gewesen
wortlos und allein
wie der Professor Stieglitz in der Tetralogie
dann setzte er sich in dem Hotel in Heraklion
in welchem wir abgestiegen waren an den Schreibtisch
und schrieb seine Studie über den König Minos
wie der Professor Stieglitz
An ihm ist auch ein großer Archäologe verlorengegangen
Bei den Bienen kommen meinem Mann die besten Gedanken
bei den Bienen und beim Frühstück
wie dem Professor Stieglitz in der Tetralogie
plötzlich springt er auf und läuft ins Haus
um sich Notizen zu machen
Ein Stichwort das möglicherweise gar nichts damit zu tun hat
wenigstens hat es den Anschein
bringt ihn auf einen wichtigen philosophischen Gedanken
Und wieviele Gedichte sind entstanden auf ein Stichwort

während des Frühstücks
Beispielsweise das Gedicht von der Schopflerche
Ich hatte gerade gefragt ob ich ihn nicht kämmen solle
nachdem er sein Ei gegessen hatte
er hatte wieder einen seiner rheumatischen Anfälle
da sprang er plötzlich auf
und rannte ins Haus und kam bald darauf zurück
mit einem Gedicht das er »Die Schopflerche« betitelte
Hören Sie
zitiert
Die Lerche machte bei mir Rast
in einer Welt aus Angst und Hast
Leider kann ich es nicht weiter
das Fräulein notiert sich etwas in ein Notizbuch
Er hat es dem Präsidenten der Akademie für Sprache und Dichtung gewidmet
In den letzten Tagen hat er wieder Gedichte geschrieben
Ja sehen Sie
jetzt entstehen wieder Gedichte aus seiner Feder
nach soviel Philosophischem
entstehen aufeinmal wieder Gedichte
jetzt habe ich wieder Ruhe für das Gedicht sagt er
blickt um sich
Wie anspruchslos wir hier leben
wie bescheiden
wie der Professor Stieglitz in der Tetralogie
Das braucht mein Mann
Er hat Besitz immer gehaßt
wie Stieglitz
Die Leute ersticken in ihrem Besitz sagt er immer
das Fräulein notiert sich etwas
Besitz macht die Menschen krank
schreibt mein Mann in der Tetralogie
er erdrückt sie mit der Zeit
Der denkende Kopf muß frei von Besitz sein
Die Lerche machte bei mir Rast
in einer Welt aus Angst und Hast
Er findet immer den richtigen Reim
finden Sie nicht

FRÄULEIN WERDENFELS

Ja immer den richtigen Reim

das habe ich an seinen Sonetten schon immer bewundert
daß er immer den richtigen Reim gefunden hat

FRAU MEISTER

Mein Mann mogelt nicht
der Reim muß gültig sein sagt er
das Fräulein notiert
Seine Sonette sind neu aufgelegt worden
ein schönes Buch
er hat es für die Jugend geschrieben der Jugend ins Herz
lehnt sich zurück und ruft nach einer Pause plötzlich aus
Bellini natürlich Bellini
Die ganze Zeit habe ich nachgedacht
von wem Norma ist
von Bellini natürlich
Ich habe die Callas gehört
in der Mailänder Scala
Aber ich fand ihre Stimme nicht so außerordentlich
immer etwas belegt
vielleicht sogar etwas vulgär finden Sie nicht

FRÄULEIN WERDENFELS

Ja vielleicht

FRAU MEISTER

Wir waren wegen des Abendmahls nach Mailand
und sind
wenn schon in Mailand
in die Scala gegangen wo gerade Norma gespielt worden ist
Ich bin nicht so sehr für die italienische Oper
mein Mann schwärmt davon
er verehrt Verdi
Für ihn gibt es nichts über La Traviata
Der gebildete Deutsche ist in die italienische Oper vernarrt
Da kann mein Mann sich ganz hingeben
da sollten Sie ihn sehen
Aber natürlich beruht das darauf
daß mein Mann ursprünglich Sänger hatte werden wollen
aber dieser Wunsch ist ihm nicht in Erfüllung gegangen
Jeder außerordentliche Künstler
hat einen geheimen Herzenswunsch
der ihm nicht in Erfüllung gegangen ist
d e r Herzenswunsch
das Fräulein notiert

Man merkt es jeder Zeile meines Mannes an
daß er ein hochmusikalischer Mensch ist
und der sensible Leser erkennt auch
daß mein Mann Sänger hatte werden wollen
wie der Professor Stieglitz
Er wäre ein glänzender Liedersänger geworden
Die Winterreise von ihm gesungen
das wäre das Höchste
aber es sollte nicht sein
aufeinmal war die Stimme weg wissen Sie
das ist schrecklich für einen Künstler
wenn plötzlich sein Instrument versagt
sein Lebensinstrument
das Fräulein notiert
Mein Mann hat eine ganz andere Auffassung
von der Liedinterpretation als das heute Mode ist
Was den Liedgesang betrifft
ist er Romantiker
Schade daß Sie seine Stimme nicht kennen
das erklärte vieles in seinem schriftstellerischen Werk
Man müßte lesen was er geschrieben hat
und gleichzeitig dazu seine Stimme hören
das ist natürlich nicht möglich
so bleibt auch sein schriftstellerisches Werk tatsächlich
unbegriffen
er selbst sieht es so
das Fräulein notiert
Es ist immer erholsam für meinen Mann
nach einem großen epischen Werk
die kleine die leichte Gedichtform zu praktizieren
dann kann es auch sein
daß er sich einen Essay vornimmt
eine kurze geschliffene wissenschaftliche Prosa
etwas über die Bienen oder über die Entstehung des Urgesteins
Es ist so schade daß gerade diese kleinen
Kostbarkeiten nicht gedruckt sind
aber die Zeit kommt wo auch das gedruckt wird
sagt der Professor Stieglitz in der Tetralogie
kleine Meisterwerke Fräulein Werdenfels
die es mit den größten Naturgeschichtsstücken von Goethe
aufnehmen

Oft ist mein Mann ganz erschlagen
wenn er eine Epik beendet hat
Er ist natürlich in erster Linie Epiker
obwohl er jede Dichtform beherrscht
wie Stieglitz in der Tetralogie
aber Epiker in erster Linie
Lyriker Epiker Philosoph Naturgeschichtsphilosoph
niemals die dramatische Form
im Grunde haßt mein Mann die Dramatik
er nennt sie eine schäbige gemeine Kunst
das sagt auch der Professor Stieglitz in der Tetralogie
das Fräulein notiert
Natürlich ist wenn von ihm die Rede ist
von dem Epiker Meister die Rede
aber der Lyriker steckt immer in ihm
es dichtet immer in ihm Fräulein Werdenfels
Ich werde meinen Mann auf seiner Vorlesereise begleiten
Er weiß es noch nicht
daß er diese Vorlesereise machen wird
aber ich habe schon alle Verträge abgeschlossen
von Flensburg bis Berchtesgaden reisen wir
in siebenundvierzig Städte
wir sind zwei Monate unterwegs
von der Nordsee bis zu den Alpen
liest mein Mann aus seiner Tetralogie vor
Er ist der beste Interpret seiner selbst
Wenn wir Glück haben
liest er heute abend
in kleinster Gesellschaft
in kleinstem Kreise wie wir sagen
aus der Tetralogie
wahrscheinlich sogar
der Verleger ist ja doch sehr gespannt darauf
Wir werden im Kamin Feuer machen
und ihm lauschen
mein Mann liest ja nicht gerne das ist die Wahrheit
aber ich bringe ihn schon dazu
schließlich habe ich ihn noch immer dazu gebracht
wenn erst das Feuer im Kamin prasselt
ist er schon weich geworden
Die Männer kann man nur insgeheim

in das Richtige lenken
Er soll den Schluß lesen
wo es endet
wo der Professor Stieglitz ganz plötzlich hereinkommt
wo sich alles in schönster Harmonie auflöst
Der Verleger wird sagen
er wolle das Manuskript mitnehmen
aber ich werde es nicht herausgeben
wir lassen es noch hier werde ich sagen
wir geben es noch nicht aus der Hand
so spannen wir den Verleger noch eine Weile auf die Folter
Die Lerche machte bei mir Rast
in einer Welt aus Angst und Hast
du zeigst dich mir auf grüner Flur
als allerreinste Urnatur
Sehen Sie man muß nur eine Zeitlang warten
dann fällt es einem wieder ein
du zeigst dich mir auf grüner Flur
als allerreinste Urnatur
so lautet die dritte und vierte Zeile
das Fräulein notiert
mit einem Bienennetz über dem Kopf kommt Herr Meister vom Bienenhaus herüber
Na endlich Moritz
das Fräulein ist aufgesprungen und macht ein Foto von Herrn Meister
Fräulein Werdenfels und ich warten schon die längste Zeit
hast du mich denn nicht gehört
Nichts kann dich abbringen von deiner Leidenschaft
Fräulein Werdenfels macht ein zweites Foto von Herrn Meister

HERR MEISTER *will sich das Netz vom Kopf nehmen, aber es gelingt ihm nicht*
Nimm mir doch bitte das Netz ab
Frau Meister nimmt ihm das Netz vom Kopf
Goethe hatte ein gestörtes Verhältnis zu den Bienen
das weiß ich ab heute
Es ist alles falsch was er über die Bienen geschrieben hat
Ein so großer Geist wie Goethe
und alles falsch
gibt seiner Frau das Netz zurück, die es ihm gegeben hat

Wir glauben immer
alles in und an einem großen Geiste stimmt
aber hier irren wir
Jetzt habe ich die Beweise
daß Goethe was die Bienen betrifft geirrt hat

FRAU MEISTER

Aber was macht das schon
Fräulein Werdenfels lacht

HERR MEISTER

Du hast recht
was macht das schon
gibt dem Fräulein die Hand,
das Fräulein macht einen Knicks
Wir studieren das Leben
und dringen immer tiefer ein
und die Finsternis wird immer größer
ist es nicht so Fräulein Werdenfels
nimmt den grünen Schurz ab und gibt ihn seiner Frau
Forscher sind wir alle
Forscher Fräulein Werdenfels Forscher
zu Frau Meister, nachdem er einen prüfenden Blick auf den
Tisch geworfen hat
Alles passabel auf dem Frühstückstischchen
aber wo sind die Wahlverwandtschaften
Frau Meister stürzt in das Haus hinein
Die Lektüre die Frühstückslektüre
Bevor wir den Fruchtsaft trinken
lesen wir noch ein paar Seiten
so halten wir es hier im Weinberg
etwas Philosophisches naturgemäß
es ist kein komplettes Frühstück
ohne eine philosophische Lektüre
oder wenigstens philosophische Dichtung
nimmt das Fräulein unter den Arm und atmet tief ein
Wir halten es solange wir zusammen sind
meine Frau und ich
mit den großen Geistern
Wir hätten nicht überleben können sonst Fräulein Werdenfels
Frau Meister kommt mit einem Band der
Wahlverwandtschaften zurück
Die Wahlverwandtschaften

was für ein herrliches Buch
Fräulein Werdenfels tritt zurück und macht ein Foto von Herrn und Frau Meister
Wir leben ein Leben in Goethe wissen Sie
wie Professor Stieglitz in meiner Tetralogie sagt
Nun wollen wir aber zum Frühstück schreiten
Fräulein Werdenfels
Er nimmt das Fräulein unter den Arm und alle gehen zu Tisch

Dritte Szene

Wie vorher
Herr und Frau Meister und Fräulein Werdenfels frühstücken

HERR MEISTER

Ja wissen Sie Fräulein Werdenfels
mein größter Herzenswunsch war es gewesen
Sänger zu sein
auf der Bühne zu stehen
als eine zentrale Figur der großen Oper
Otello Fräulein Werdenfels Jago
Aber eine kleine Verkühlung im Halse
merkwürdigerweise auf Ischia denken Sie
machte meinen Traum zunichte
eine möglicherweise unvorstellbare Karriere
plötzlich die Aussichtslosigkeit als Künstler vor sich zu sehen

FRAU MEISTER

Dabei ist mein Mann musikalischer
als jeder Mensch den ich kenne
Er hat alle großen Symphonien Beethovens im Kopf
wie der Professor Stieglitz in der Tetralogie
Schon von Kind an eine hochkünstlerische Begabung
nicht nur ein Steckenpferd Fräulein Werdenfels

HERR MEISTER

Nun übertreibe nicht Anne
aber selbst Mendelssohn höre ich vollständig
wenn ich auf meinem Sofa liege beispielsweise
und eine ganz bestimmte Stimmung meiner Sensibilität haben will

höre ich Mendelssohn
ein absolut Zweitrangiger wenn auch Erstklassiger

FRAU MEISTER
Ach nehmen Sie doch von dem Honig Fräulein Werdenfels
er ist aus dem Bienenhaus meines Mannes
von unseren Bienen Fräulein Werdenfels

HERR MEISTER
Oder Rachmaninow beispielsweise
Ich hatte eine Freundin in früher Jugend
die Pianistin werden wollte
und von der ich zuerst Rachmaninow gehört habe
überhaupt alle bedeutenderen russischen Komponisten
eine hochmusikalische Person
die mir die Musik aufgemacht hat wie eine Schatulle
was danke ich nicht alles diesem Mädchen
plötzlich verstarb es kein Mensch wußte woran
und alle diese außergewöhnlichen Kenntnisse
nimmt dann ein solcher hochmusikalischer Mensch mit ins Grab
diese ungeheuere Musikalität
wie ich keine mehr gefunden habe später
Früher hatte ich immer gedacht ich werde
ein sogenannter interpretierender Künstler
ein Musiker
ich liebte die Baßgeige vor allem

FRAU MEISTER
Wie der Professor Stieglitz

HERR MEISTER
Ich hatte keinerlei Beziehung zum Klavierspiel
das ist doch absurd nicht wahr Fräulein Werdenfels
Meine Frau ist eine richtige Klaviervirtuosin
sie ist eine Klaviersolistin ersten Ranges
sie hat früher selbst Solistenkonzerte gegeben
Einmal hat sie sogar unter Furtwängler im Wiener
Konzerthaus gespielt
aber dann plötzlich war alles aus
stellen Sie sich vor
wie wir geheiratet haben
von da an hat meine Frau keine Konzerte mehr gegeben
nur einer von beiden kann sich der hohen Kunst widmen
haben wir uns gesagt
Die Wahl ist auf mich gefallen

Aber natürlich setzt sich meine Frau jeden Tag an den Flügel
um nicht aus der Übung zu kommen
zu seiner Frau direkt
Sicher werden Sie sie am Nachmittag hören
Nicht wahr du gibst uns doch eine Talentprobe am Nachmittag
Das ist ein Opfer
sich aufzugeben für den Andern den Lebenspartner
Meine Frau hatte Berühmtheit erlangt
und auf dem Höhepunkt
alles aufgegeben
alle diese Reisen
allen Jubel der Menge
Aber es ist wahr ihre Kunst ist heute vollkommener als früher
zu seiner Frau direkt
im stillen bist du gereift zur höchsten Meisterschaft
und ich allein bin Zeuge ich allein
Was mich betrifft so hat es sich herausgestellt
daß ich doch kein interpretierender sondern ein schöpferischer Kopf bin

FRAU MEISTER

Plötzlich war der Dichter in meinem Mann erwacht
Das ist doch sicher für Ihre Doktorarbeit von größter Wichtigkeit
den genauen Werdegang meines Mannes zu erfahren
Dringen Sie ruhig in meinen Mann ein Fräulein Werdenfels
Sie sind da auch dem Professor Stieglitz auf der Spur

HERR MEISTER

Ich erinnere mich genau in Regensburg
ich war mit meinem Onkel ein Güterverwalter des Thurn und Taxis
in die dortige Kathedrale gegangen
übrigens ein Meisterwerk deutscher Gotik Fräulein Werdenfels
Füllen Sie sobald Sie können
diese Bildungslücke
notieren Sie sich Regensburg
Würzburg und Regensburg
aber vornehmlich Regensburg
In der Kathedrale von Regensburg war mir aufeinmal klargewesen
unter dem Netzrippengewölbe
unter einer ganz kleinen Öffnung im Netzrippengewölbe

daß ich zum Dichter bestimmt sei

FRAU MEISTER

Wie der Professor Stieglitz

HERR MEISTER

Gibst du mir nicht noch ein Brötchen Anne
Frau Meister gibt ihm ein Brötchen
Nichts hatte vorher darauf hingedeutet
wenngleich ich natürlich wie alle deutschen Jungen
schon im zarten Alter des humanistischen Gymnasiasten
Gereimtes verfaßt habe
manches davon ist mir heute noch im Kopf und lieb
ja tatsächlich
wenngleich es natürlich noch nicht vollkommen gewesen sein konnte
vieles ist verloren aus dieser Zeit
beispielsweise ein Sonettenzyklus über die Schafgarbe

FRAU MEISTER

Wie der Professor Stieglitz

HERR MEISTER

Aber ich denke es ist besser so
Dann kommen diese Gelehrten aus dem Heidelbergischen
und aus Marburg an der Lahn
diese frischgebackenen Germanisten
oder Germanistinnen
die der Literatur auf der Spur sind
und ziehen in ihrem Überschwang alles ans Tageslicht
Nein doch nicht Fräulein Werdenfels
alles dieses früher Geschaffene soll für die Nachwelt verschlossen bleiben
ist es auch nicht gänzlich verloren
so ist es doch für die Literaturwissenschaft verschlossen
Aber ich will damit nicht sagen
daß ich mich meiner Anfänge schämte im Gegenteil
auch Stieglitz in der Tetralogie schämte sich nicht
alles was ein Künstler gemacht hat gehört zu seinem Werk

FRÄULEIN WERDENFELS

Das haben Sie schön gesagt

HERR MEISTER

Viele Kollegen schämen sich ihres Frühwerks
und versuchen mit allen Mitteln es zu verbergen
so bin ich nicht ich bin nicht so

Jeder junge Mensch ist begabt und schreibt Gereimtes
Manchmal in merkwürdig heiterer Stimmung würde Goethe
sagen
sagt Stieglitz
betrachte ich dieses Jugendwerk
Gedichte Novellen Prosa
und ich bin in eine recht melancholische Stimmung versetzt
Aber ich denke natürlich nicht daran es freizugeben
wo mein Spätwerk so geschlossen daliegt
das wäre doch unverantwortlich nicht wahr Fräulein Werdenfels

FRÄULEIN WERDENFELS

Aber eines Tages Herr Professor
wird die Nachwelt auch dieses Werk der Öffentlichkeit
zugänglich machen
Sie haben kein Recht diese Schätze unter Verschluß zu halten
wie ich glaube
eines Tages

HERR MEISTER

Ja vielleicht vielleicht ist es so vielleicht haben Sie recht
Ganze Zyklen über die Sauerkirsche beispielsweise
sind entstanden wie ich fünfzehn war
Aber das steht alles ganz genau bei Stieglitz
Da muß ja wohl schon alles in mir bestimmt gewesen sein
sagt Stieglitz in der Tetralogie
Meine Eltern sind meiner Neigung natürlich nicht unbedingt
mit Verständnis begegnet
zu seiner Frau direkt
wie übrigens die deinigen auch nicht deiner Kunst

FRAU MEISTER

Meine Eltern hatten nichts dagegen daß ich Musik studieren wollte
aber sie sahen es sicher auch nicht so gern

HERR MEISTER

Ich stamme aus einem amusischen Hause
ich bin aus den einfachsten Verhältnissen
wie der Professor Stieglitz
mein Vater war ein ganz kleiner Angestellter in einer
Großziegelei
da hatte ich nicht mit Verständnis zu rechnen
und meine Mutter war die Tochter eines Straßenarbeiters
Das sagt sich alles so leicht
aber es ist die Wahrheit die bittere Wahrheit Fräulein Werdenfels

Sie selbst kommen ja aus einem durch und durch
wissenschaftlichen Hause
aus einer Gelehrtenfamilie
aus einem unendlich reichen Nährboden für Kunst und
Wissenschaft
Und auch aus einer gewissen Wohlhabenheit
aber ich
zeigt in die Ferne
Da drüben sehen Sie wo es ganz karg ist
da bin ich geboren
Zwei Ziegen und vier Morgen Land das war alles
und die Verachtung der Umwelt noch dazu

FRAU MEISTER
Es ist alles so gut gekommen Moritz
du hast es geschafft
wir haben was wir brauchen
und du bist berühmt geworden ein berühmter Mann

FRÄULEIN WERDENFELS
Unser hochgeschätzter
ja schon weltberühmter Autor
über welchen jetzt schon bald mehr Bücher erschienen sind
als er selbst geschrieben hat

FRAU MEISTER
In Paris ist ein Buch über meinen Mann erschienen
bei Gallimard

HERR MEISTER
Eine Arbeit über meinen Stil
sehr interessant

FRAU MEISTER
Sie sprechen doch sicher ein ausgezeichnetes Französisch
Fräulein Werdenfels nicht wahr
und lesen französisch

HERR MEISTER
Das will ich meinen
ein Kind aus solchem Hause

FRÄULEIN WERDENFELS
Ich wußte gar nichts von diesem Buch

HERR MEISTER
Es ist erst vor zwei Wochen erschienen

FRAU MEISTER
Fabelhaft gedruckt

wie alle diese wunderschönen Bücher bei Gallimard
Leider verstehe ich die französische Sprache so schlecht

HERR MEISTER

Meine Frau untertreibt
natürlich spricht sie französisch
besser noch als italienisch das sie sehr gut beherrscht
als Musikerin von hohen Graden
wie Stieglitz an einer entscheidenden Stelle sagt

FRAU MEISTER

Bis zweiundzwanzig hat mein Mann nur Gedichte geschrieben
und dann jahrelang nichts mehr
da wollte er die Sängerkarriere einschlagen
und dann mit zweiunddreißig die erste Prosa
eine Kurzprosa mit dem Titel Die Lilie
die sogar abgedruckt worden ist

HERR MEISTER

In der Allerheiligennummer der Stuttgarter Zeitung
das genaue Datum weiß ich nicht mehr
aber es war über eine ganze Seite gedruckt
ich war sehr stolz auf mich
ich hatte mich obwohl es sehr kalt gewesen war
auf eine Parkbank gesetzt gegenüber dem Schauspielhaus
und die aufgeschlagene Zeitung mit meiner Prosa auf meinem Schoß
und hatte gedacht
daß alle vorübergehenden Leute wissen
daß Die Lilie die in der Zeitung abgedruckt war an diesem Tage
von mir ist
bei Stieglitz ist das genau nachzulesen
So war ich über Nacht zum Dichter geworden
in dieser deutschen Dichterlandschaft
natürlich hatte ich damals eine sehr romantische Auffassung von Dichtung
aber ich hatte von da an regelmäßig geschrieben
Es hat da aber auch noch ein Gedicht gegeben
von einer sich sanft wiegenden Birke im Abendwind
Die Geburt eines Schriftstellers ist ein langwieriger Prozeß mit vielen schmerzhafen Rückschlägen

FRÄULEIN WERDENFELS

Das haben Sie aber sehr schön gesagt Herr Professor

FRAU MEISTER
Bis es dann endlich der große Dichter ist
bis aus dem Ringenden und Suchenden der geworden ist
den alle bewundern
wie Stieglitz sagt
HERR MEISTER
In einem meiner späten Gedichte
übrigens in der Sammlung Nachtfalters Ende
die ich bei Klett herausgegeben habe
kommt diese sich sanft im Abendwind wiegende Birke noch einmal vor
in ganz anderem Zusammenhang natürlich
als philosophisch religiöses Element
FRAU MEISTER
Das hast du in Nürnberg geschrieben
auf dem Katholikentag
da waren wir von Kardinal Frings eingeladen
wir saßen neben Frings
zeigt es
Frings saß da und ich saß neben Frings und mein Mann saß
da neben mir
Da hat mein Mann aus Nachtfalters Ende gelesen
Mein Mann ist ein großer Dürerverehrer
HERR MEISTER
Wie übrigens mein Professor Stieglitz auch
FRAU MEISTER
Er liebt das Fachwerk
Und die Meistersinger sind insgeheim deine Lieblingsoper
stimmt es Moritz
oder habe ich ein Geheimnis ausgeplaudert
Schließlich soll das Fräulein Werdenfels doch auch von deinen
absoluten Vorlieben im Bereiche der Kunst wissen
HERR MEISTER
Wagner läßt das Herz höher schlagen
sagt Stieglitz in der Tetralogie
Das ist doch sehr interessant Nietzsche und Wagner nicht wahr
Die Prioritäten sind wichtig
auf die Prioritäten kommt es an
FRAU MEISTER
Wie heißt doch das Gedicht
das du auf dem Katholikentag in Nürnberg geschrieben hast

HERR MEISTER
Dürer in Fürth
FRAU MEISTER
Natürlich Dürer in Fürth
Mein Mann liebt die Vokale
das ist sehr wichtig zu wissen
auch Stieglitz liebt die Vokale
HERR MEISTER
Ich sah aus dem Fenster des Hotels
FRAU MEISTER
Zum weißen Raben
HERR MEISTER
Sehr richtig
und sah eine Birke wie die Birke
vor meinem Elternhaus
das inspirierte mich
keine fünf Minuten und das Gedicht war da
Der Künstler weiß nie
wie sein Werk entstanden ist
er bleibt im Stande der Vermutung
der wahre Künstler weiß nichts über seine Kunst
erst nach und nach wird ihm deutlich
was ihm letzten Endes doch vollkommen verborgen bleibt
Am Abend habe ich
in kleinstem Kreise
dem Kardinal Frings das Gedicht vorgelesen
Es ist dann in die katholischen Schulbücher Nordrhein-Westfalens aufgenommen worden
Ich habe natürlich kein Honorar genommen
zum Fräulein direkt
Und stellen Sie sich vor
die Birke vor meinem Elternhaus
übrigens liebt Professor Stieglitz die Birke
eben diese zum Gedicht gewordene Birke
ist in der Weihnachtsnacht neunzehnhundertachtundsechzig
abgesägt worden
von den Nachbarn meiner Eltern
die damals noch lebten
wegen einer mißlichen Grundstückssache
aus Haß stellen Sie sich vor
plump abgesägt

FRAU MEISTER
Es ist zu einem Prozeß gekommen
der sich drei Jahre hingezogen hat
Meine Schwiegereltern haben diesen Prozeß verloren
Das Gericht hatte sich auf den Standpunkt gestellt
daß die Birke zuviel Schatten auf das Nachbargrundstück geworfen habe
Eine unerquickliche Geschichte
zu ihrem Mann direkt
nicht wahr
HERR MEISTER
Einer gönnt dem andern nichts
der nachbarliche Haß ist der größte
FRAU MEISTER
Mein Mann war ein richtiger Opernfanatiker
das reizte mich ja
da ich selbst Musikerin war und bin
ich hätte keinen unmusikalischen Mann geheiratet
HERR MEISTER
Ein Opernnarr wie mein Professor Stieglitz
FRAU MEISTER
Je dramatischer desto besser
HERR MEISTER
Mein Vater haßte die Oper
FRAU MEISTER
Das bewirkte den Opernfanatismus meines Mannes
Es läutet am Gartentor
aufspringend
Der Briefträger
sie läuft zum Gartentor und kommt mit dem Briefträger zurück, der eine schwere Tasche trägt
Ach kommen Sie doch näher Herr Smirnoff
wir sind gerade noch beim Frühstück
wir haben einen ganz reizenden Besuch
sie treten an den Tisch
HERR MEISTER
Was haben Sie denn Schönes Herr Smirnoff
Briefträger stülpt die Tasche über einem Sessel um
FRAU MEISTER
Das ist ja unglaublich viel Post

HERR MEISTER

Unglaublich
Nun sehen Sie einmal Fräulein Werdenfels
wieviel Post wir bekommen

FRAU MEISTER

Und das beinahe jeden Tag
nicht wahr Herr Smirnoff

HERR MEISTER

Seit ich doch etwas bekannt geworden bin

FRAU MEISTER

Ach immer diese Untertreibungen
gib doch zu daß du dich freust
sie durchsucht die Post auf dem Sessel, dann
Lauter Anfragen von Universitäten
ob mein Mann vorliest
sie nimmt zwei Briefe
Von der Universität in Nancy
Und von der Deutschen Akademie für Sprache und Dichtung

HERR MEISTER

Setzen Sie sich doch zu uns Herr Smirnoff

FRAU MEISTER

Setzen Sie sich Herr Smirnoff

FRÄULEIN WERDENFELS

Das ist aber ein interessanter Name
für einen Briefträger

FRAU MEISTER

Herr Smirnoff ist von bulgarischen Eltern
er erinnert meinen Mann ein bißchen an Schaljapin
finden Sie nicht
so das ganze Äußere
Was für ein Sangesvolk die Bulgaren
sie bietet dem Briefträger einen Platz neben dem Fräulein an und er muß sich setzen
Der Krieg hat die Menschheit durcheinandergewirbelt
so ist auch Herr Smirnoff nach Deutschland gekommen
als ganz kleines Kind
Aber Sie fühlen sich doch ganz als Deutscher nicht wahr Herr Smirnoff

BRIEFTRÄGER

Jaja
Fräulein Werdenfels ist aufgestanden, um ein Foto zu machen

FRAU MEISTER
Ganz Schaljapin
Was für ein Sänger
ein Revolutionär der Oper
Der Sänger den mein Mann am meisten bewundert hat
sie schenkt dem Briefträger Tee ein und gibt ihm Gebäck und alle rücken für ein Foto zusammen
Sie sind zum richtigen Zeitpunkt gekommen Herr Smirnoff
Fräulein Werdenfels tritt zurück und macht das Foto
Seine Eltern waren Gärtner
das ist bei den Bulgaren immer so
Fräulein Werdenfels setzt sich wieder
Was machen denn Ihre Kinder Herr Smirnoff
sie haben doch keine Schwierigkeiten in der Schule
HERR MEISTER
Begabte Kinder sehr begabte Kinder
FRAU MEISTER
Eigentlich schon ganz deutsche Kinder
sie haben ganz deutsche Namen
Herr Smirnoff ist mit einer Deutschen verheiratet
Sie haben eine liebe Frau Herr Smirnoff
sie sucht in der Post und zieht noch ein paar Briefe heraus
Lauter Bücher mit Signierwünschen
Das macht mein Mann nach dem Mittagessen
er macht es ungern aber er macht es
Man darf doch die treuen Leser nicht enttäuschen
Was ist ein Schriftsteller ohne Leser
Er ist nichts ohne Leser
zum Briefträger
Was wären Sie Herr Smirnoff ohne Post
Ohne Post Sie Herr Smirnoff
alle lachen auf
Ein Brief von der bayerischen Staatskanzlei
und ein Brief vom Bürgermeisteramt Zürich
und ein Brief aus Stockholm
sie geht zu ihrem Mann hin und hält ihm den Brief aus Stockholm vor die Nase
Aus Stockholm
aus Stockholm
aus Stockholm

Vierte Szene

Bibliothek
Herr Meister in einem Schaukelstuhl, Fräulein Werdenfels auf einem Sessel ihm gegenüber mit Fotoapparat und Notizbuch, in das sie notiert

HERR MEISTER *pfeiferauchend*
Fragen Sie Fräulein Werdenfels
fragen Sie nur
Das Erlebnis des Krieges
ist das fundamentale Erlebnis des deutschen Mannes
Odessa Minsk Sewastopol
schließlich die Westfront die Normandie
Wenn Sie wie ich ihre Kameraden gesehen haben
Fräulein Werdenfels steht auf, um ein Foto von Herrn Meister zu machen
steif erfroren verstümmelt
Der Schriftsteller verarbeitet natürlich alles
was er erlebt hat
die ganze Geschichte schließlich die ihn geformt hat
jeder Schriftsteller jeder Dichter ist das Produkt
der ganzen Geschichte
Natürlich ist es ein Gnadenzustand das Schreiben
in welchem der Tod eine ganz außerordentliche Rolle spielt
vielleicht ist das Todeserlebnis das allererste
Fräulein Werdenfels geht in die Knie und macht ihr Foto
Der Tod das Todeserlebnis das ist Reife
sehen Sie sich diese jungen Schriftsteller an
lauter unendlich begabte junge Leute
die mit der leichtesten Feder schreiben
die so unendlich viel schreiben heute
Fräulein Werdenfels setzt sich wieder
wenn sie um die zwanzig sind und um die dreißig
aber sie haben alle nichts erlebt
was sie schreiben zerfällt dem Leser während er es liest
es ist nichts weil es keine Geschichte ist
wie mein Professor Stieglitz sagt
weil das Todeserlebnis fehlt
weil die Konfrontation mit dem Tod fehlt
weil das Fundament einfach nicht da ist nicht da sein kann

In dem Schreibenden muß alles eingesenkt sein alles
die Anfänge der Menschheit die Anfänge der Kultur
wie gesagt die ganze Geschichte sagt Stieglitz

FRÄULEIN WERDENFELS

Was hat Sie auf den Gedanken der Tetralogie gebracht
und wann ist dieser Gedanke an die Tetralogie zum ersten Mal
aufgetaucht

HERR MEISTER

Der Gedanke an die Tetralogie
mein Opus magnum zweifellos
jedenfalls bis zum heutigen Tage
war schon immer in meinem Kopf gewesen
Die Stieglitzfigur zuallererst natürlich
Ich kann nicht sagen dann und dann an diesem bestimmten
Zeitpunkt
plötzlich war dieser aufregende Gedanke da
und ich habe ihn von diesem Augenblick an mit der größten
mit der allergrößten Besessenheit verfolgt
Der Gedanke ist da und er muß verfolgt werden
er türmt sich immer mehr und mehr vor Ihnen auf
es ist als wenn Sie ein Riesengebirge zu besteigen hätten
die Mutlosigkeit würde alles unmöglich machen
die Mutlosigkeit würde alles schon zunichte machen
bevor Sie überhaupt begonnen haben

FRÄULEIN WERDENFELS

Ein so umfangreiches Werk
ein solches zweitausend Seiten umfassendes Werk
in welchem die ganze Kulturgeschichte verarbeitet ist
wie ist es möglich

HERR MEISTER

Das kann nicht gesagt werden
das kann überhaupt nicht gesagt werden
Der Philosoph kann nicht sagen er philosophiert
der Dichter kann nicht sagen er schreibt
der Schöpfer kann nicht sagen daß er schöpft
sagt mein Professor Stieglitz in der Tetralogie
Diese unendliche Mühsal
mit welcher an jede Zeile herangegangen werden muß
sagt Stieglitz
Das ist ja das Unvorstellbare
In jedem Werk ist das Scheitern

aber wenn wir die Gnade haben bringen wir es fertig
wir dringen ein wie in ein Bergwerk
und schürfen und schürfen und fördern zutage
sagt Stieglitz

FRÄULEIN WERDENFELS

Hatten Sie ein Konzept für die Tetralogie

HERR MEISTER

Natürlich hatte ich ein Konzept
der große Entwurf war da
schon als Gedanke
mein Stieglitzgedanke verstehen Sie
ein Plan genauestens ausgearbeitet im Kopf
der Professor Stieglitz der Geistesdeutsche
aber dann wenn ich daran gehe und hineingehe in das Bergwerk
empfängt mich doch nur eisige Finsternis
wie Stieglitz sagt

FRÄULEIN WERDENFELS

Sie haben soviel Geistesgeschichte in dieser Tetralogie verarbeitet

HERR MEISTER

Ja sehen Sie diese unendliche Arbeit zuerst
diese Tausende Bücher die Sie ja studiert haben müssen
um ein solches Thema der Menschwerdung
wenn ich es so ausdrücken darf
wenn ich meinen Professor Stieglitz zitieren darf
überhaupt anzugehn
es ist ja alles gegen mich am Anfang alles
sagt Stieglitz
ich habe schon gesagt die Vorstellung von einem Riesengebirge
im wahrsten Sinne des Wortes
Und die Gewißheit der Möglichkeit
in jedem Augenblick scheitern zu können
Denn nichts ist Ihnen sicher nichts
Sie leisten eine lebenslängliche Arbeit
und Sie haben nichts in der Hand
der Schriftsteller oder der Dichter
hat keinerlei Garantien
sagt Stieglitz in den Dolomiten ganz für sich allein
Dann sind Sie endlich soweit daß Sie anfangen
daß Sie schreiben können
und dann kommt irgendeine lächerliche Unpäßlichkeit
eine kleine Magenverstimmung eine Blutvergiftung

und es ist wieder nichts
so zahllose Anläufe immer wieder
das erfordert schon die Zähigkeit eines Raubtiers
so das genaue Stieglitzzitat
wiegt sich ein paarmal hin und her
Die Katastrophe ist ja das völlige Alleinsein
und tatsächliche Alleingelassensein mit sich selbst
Nietzsche Stieglitz und wieder zurück verstehen Sie
Niemand kein Mensch nichts hilft Ihnen
nur Sie selbst auf sich selbst angewiesen
mein Sils Maria wie Stieglitz bekennt
gehen in diesen Kampf
und es ist ein Kampf
der Schriftsteller kämpft um sein Leben so ist es
so sagt es mein Stieglitz

FRÄULEIN WERDENFELS

Was sind das für Charaktere in Ihrer Tetralogie

HERR MEISTER

Höchst ungleiche verschiedene Charaktere
Geistescharaktere naturgemäß
Es ging mir darum alle möglichen konträren Charaktere darzustellen
ein Spektrum sozusagen aller Weltmenschencharaktere
sehen Sie zum Beispiel Robert der Naturwissenschaftler
der schließlich an seiner Naturwissenschaft zugrunde geht
zugrunde gehen muß
oder Irma die Gescheiterte die in Paris aufgegeben hat
wahrscheinlich zu dem ungünstigsten Moment
weil sie Stieglitz nicht verstanden hat
Ein Spektrum wie gesagt ein Spektrum
alles Charaktere wie sie in dieser Zeit existieren
es ist ja auch ein Werk dieser Zeit keiner andern
sagt Stieglitz an einer entscheidenden Stelle
in keiner andern möglich
so Stieglitz in Sankt Moritz erschöpft geisteserschöpft
es ist kein Werk irgendeiner Zeit
es ist das Werk unserer Zeit
wie Stieglitz sagt

FRÄULEIN WERDENFELS

Stellt Robert nicht so etwas
wie den negativen Helden dar in Ihrer Tetralogie

HERR MEISTER

So könnten Sie sagen Fräulein Werdenfels
aber das ist auch wieder nicht der Fall
sehen Sie Was ist der negative Held
Es ist der Held an sich
der gescheiterte Mensch
wie der Professor Stieglitz sagt
sozusagen der gescheiterte Gescheiterte

FRÄULEIN WERDENFELS

Der von der Geschichte Überrollte
der in der Geschichte Gescheiterte

HERR MEISTER

Der a n der Geschichte Gescheiterte
a n s i c h Gescheiterte in der Geschichte
Aber es ging mir natürlich nicht darum
nur den negativen Helden wie Sie sagen darzustellen
nein es ist mir darum gegangen
die Ausweglosigkeit der Geschichte
in den einzelnen Charakteren sichtbar werden zu lassen
Ich zeichnete einen ganz und gar für diese unsere Zeit
typischen Edgar
der sich mit der Existenz nicht abfindet
nicht abfinden kann
obwohl er alles zu seiner Geistesverfügung hat
gerade deshalb scheitert Edgar ja
Er ist der große Künstler
er ist der große Mathematiker
er ist der bedeutende Naturwissenschaftler
er ist der Weltmann als Weltgeist an sich
und scheitert
wie mein Professor Stieglitz sagt
das habe ich sehr elegant skizziert
vielleicht eine Spur zu elegant vielleicht

FRÄULEIN WERDENFELS

Hatten Sie Stilprobleme im Edgarkapitel

HERR MEISTER

Wie meinen Sie das

FRÄULEIN WERDENFELS

Legten Sie das Edgarkapitel als Gegenkapitel
zu dem Robertkapitel an oder spielte das
eine untergeordnete Rolle

in Beziehung zu Professor Stieglitz

HERR MEISTER

Das ist eine interessante Frage
Ich beschäftigte mich mit der Disposition Edgars
gleichzeitig mit der Gefahr
in die Robert durch Edgar gekommen ist
Sie können die Typologie Edgars
in Beziehung setzen zur Verzweiflung Roberts
das war ein stilistisches Problem
in Beziehung zu dem Professor Stieglitz
wenn Sie das meinen
Ich hatte ein grandioses Erlebnis in Knossos
Ich muß nicht erwähnen was mir Knossos bedeutet
da Sie ja mein Werk einigermaßen gründlich kennen
Ich deutete eine Gesetzestafel die in Gortys gefunden worden war
anders als Sir Evans
ich deutete sie richtig weil ich unter den richtigen Voraussetzungen
an meine Deutung herangegangen war
Evans unter völlig falschen
aber das können Sie alles in meiner Tetralogie nachlesen
das wird sehr interessant sein für Sie aufschlußreich
wie ja überhaupt die minoische Kultur in meiner Tetralogie die größte Rolle spielt
es war notwendig zweimal nach Kreta zu kommen
für längere Zeit
vor allem für das Edgarkapitel
man versteht das Edgarkapitel natürlich nur
wenn man Knossos versteht
aber nur wenn man zu meinen Schlüssen gekommen ist
nicht zu den Schlüssen von Sir Evans
es war für mich die aufregendste Arbeit
die ich jemals gemacht habe
es hat mich jahrelange ununterbrochene Konzentration gekostet
schließlich das Edgarkapitel fertigzubringen
dabei hat mir natürlich meine Frau sehr geholfen
wie ich ja überhaupt meiner Frau sehr viel verdanke

FRÄULEIN WERDENFELS

Die maßgeblichen Kritiker schreiben
die Bücher eins und zwei betreffend

Sie hätten Züge Edgars
ich meine Charakterzüge Edgars
auch in Robert verarbeitet
daß überhaupt das Robertkapitel sehr viel von Edgar hat
stimmt das ich meine kann das stimmen

HERR MEISTER

Sehen Sie Fräulein Werdenfels
naturgemäß ist etwas von Robert in Edgar eingegangen
und von Edgar etwas und gar nicht so wenig in Robert
so erstaunt mich daß die Kritiker tatsächlich zu solcher Beobachtung fähig sind
das erstaunt mich wirklich
denn die meisten haben ja niemals die Fähigkeit
tiefer in ein Werk einzudringen
es ist alles oberflächlich an ihnen alles
hier hatte es sich nun ergeben daß die Kritiker gesehen haben
welcher philosophische Zusammenhang beispielsweise
zwischen Edgars Perspektive a u f die Natur
und Roberts Kunstphilosophie besteht
Aber natürlich haben das nur zwei Kritiker erkannt
und wir sind uns doch einig daß es sich bei diesen beiden
um die besten ihres Faches handelt
aber auch diese beiden hatten jahrzehntelang geirrt
Wenn es nach den Kritikern gegangen wäre
hätte ich mich ja längst umbringen müssen
aber ich habe die Verzweiflung jedesmal überwunden
ich habe mich dem Thema gestellt das ist alles
der schöpferische Künstler und vornehmlich der Dichter
oder Schriftsteller hat sich dem Thema zu stellen
alles andere ist unwichtig
sagt Stieglitz im fünften Kapitel
er hat auf sich selbst zu hören
auf sonst nichts
sagt mein Stieglitz
Nicht nur mit den Kritikern in Deutschland ist es eine fatale Sache
Sie loben und sie verdammen
und sie wissen niemals was sie loben
und was sie verdammen
sie haben keine Ahnung von ihrem Gegenstand
wie Stieglitz sagt

je früher sich ein schöpferischer Künstler das klarmacht
desto besser
natürlich ist der junge der werdende Künstler
allen diesen Kritikern ausgesetzt
die Kritiker haben schon viele Genies vernichtet
aber es wachsen immer wieder neue nach
solange die Welt besteht
auch die Genies sind unausrottbar in der Natur
Ich selbst habe inzwischen eine harte Haut
und mein Blick ist immer nur auf den Gegenstand gerichtet
und heute kann ich nicht klagen
wie Stieglitz in meiner Tetralogie auch nicht
er ist der Weltverfüger verstehen Sie
es wird seit Jahren nur Positives über mich geschrieben
seit ich fünfundsechzig gewesen bin kein verletzendes Wort
mehr
lese ich meinen Namen in der Zeitung
ist er immer mit einem hochachtenden Lob verbunden
das beflügelt natürlich
ja hätte ich früher ein solches Echo gehabt
wer weiß was ich noch alles vollbracht hätte

FRÄULEIN WERDENFELS

Wie ist Ihr Verhältnis zur Natur
ist es ein Naturverhältnis an sich wie Sie sagen
oder ist es etwas anderes an sich wie Professor Stieglitz sagt

HERR MEISTER

Ich kann nicht sagen es ist ein Naturverhältnis an sich
es ist das lebenslängliche Interesse
an den Dingen und an der Materie
und an der Philosophie die solches bezweckt
verstehen Sie
es ist ein mathematisches Schicksal das meinige
es ist vollkommen an die Natur gebunden
es ist in jedem Gedicht von mir
es ist in jedem Stück Prosa
es ist in allem worin ich existiere

FRÄULEIN WERDENFELS

Warum ist das Robertkapitel kürzer als das Edgarkapitel

HERR MEISTER

Es hat mit Mathematik zu tun
und mit Statik

und mit Archäologie
Es war durch mein Kretaerlebnis bedingt
es ist die Weltsicht meines Professors Stieglitz auf den Kosmos
Aber es fehlt hier die Zeit
um mich näher mit diesem Problem auseinanderzusetzen
eine sehr interessante Frage
ich bin sie noch nicht gefragt worden
Ich habe ja auch noch mit keinem Menschen außer mit Ihnen
über die ganze Tetralogie gesprochen
außer mit meiner Frau natürlich
Das Edgarkapitel hat etwas mit Beethovens Fünfter zu tun
das Robertkapitel mit Schönbergs Moses und Aron
aber das würde zu weit führen

FRÄULEIN WERDENFELS
Es fällt auf daß Sie das Zeitproblem plötzlich umkehren

HERR MEISTER
Ja sehen Sie

FRÄULEIN WERDENFELS
Warum gerade zwischen dem Edgarkapitel und dem Robertkapitel

Im Nebenzimmer fängt Frau Meister eine Fantasie von Chopin zu spielen an, sehr leise

HERR MEISTER
Ja sehen Sie das ist meine Philanthropie
das ist mein Egos mein Matala wie Stieglitz sagt

FRÄULEIN WERDENFELS
Ja Ihr Matala

HERR MEISTER
Sie wissen doch was Matala ist

FRÄULEIN WERDENFELS
Ja natürlich

HERR MEISTER
Mein Matala mein Matala
Um die Vernünftigkeit geht es
um die Verfügungsgewalt sagt Stieglitz
Wie einfach liegt Zeus quer nicht wahr

FRÄULEIN WERDENFELS
Die Ursache war doch sicher Ihr Verhältnis
zu den Unvereinbarkeiten wie Sie einmal sagen

HERR MEISTER
Sicher ganz sicher

Es gibt ein Märchen das Märchen heißt Tobias
in diesem Märchen können Sie alles nachlesen
was das Robertkapitel betrifft
und wenn Sie das begriffen haben
ist Ihnen auch das Edgarkapitel klar
nicht zufällig reist mein Professor Stieglitz an einem
ersten Januar von Kabul nach Teheran
Aber warum haben wir eigentlich immer nur
über diese beiden Kapitel gesprochen
Wenn ich nicht irre
hat meine Tetralogie vierhundertachtundzwanzig Kapitel
und das wichtigste ist zweifellos jenes
in welchem Professor Stieglitz durch Afghanistan reist

FRÄULEIN WERDENFELS
Ich will mich in meiner Doktorarbeit
auf diese beiden Kapitel konzentrieren
Einerseits auf das Edgarkapitel
schon wegen der Fülle der Begriffe des Logos
andererseits auf das Robertkapitel
wegen seiner Anthroposophie

HERR MEISTER
Ja das ist es wahrscheinlich
blickt zur Nebenzimmertür, durch welche das Klavierspiel
jetzt etwas lauter herauskommt
Wie schön meine Frau spielt
sie ist eine große Virtuosin
In Wahrheit müssen Sie wissen
war ihre Mutter eine geborene Erzherzogin
Habsburgerin müssen Sie wissen
aber davon sprechen wir nicht
ganz leise
obgleich wir solche Wahrheit zu schätzen wissen
das Klavierspiel hat aufgehört

FRAU MEISTER *tritt in die Bibliothek ein und verkündet*
Herr von Wegener ist gerade gekommen

HERR MEISTER *überrascht*
Ach tatsächlich
er steht auf
ans Fräulein Werdenfels gerichtet
Ein Herr von der Frankfurter Allgemeinen Zeitung
der über mich einen Bericht schreiben will

das Fräulein steht auf
ein netter junger Mann
im Schwarzwald gebürtig
mit ganz reizenden Manieren

FRAU MEISTER
Er ist noch frei Fräulein Werdenfels
aus bestem Hause

Fünfte Szene

Speisezimmer
Herr und Frau Meister, Fräulein Werdenfels, von Wegener
am Mittagstisch essend und trinkend

HERR MEISTER
Die Funde die in Phaestos gemacht worden sind
sind ja doch viel imposanter als die in Knossos
Knossos ist enttäuschend
Evans hat den Funden mehr geschadet als genützt
Es ist erstaunlich wielange dieser Mann
tatsächlich ein Verrückter im Auftrage der Königin
dort gewütet hat
Andererseits findet Knossos weit mehr Interesse
als Phaestos oder gar die Ajia Triadha

FRAU MEISTER
Mir geht es nicht nur um die Funde
mir ist es immer auch um die Landschaft gegangen
Das bedrückt meinen Mann natürlich

HERR MEISTER
Meine Frau spricht immer nur von alten Scherben
wenn sie von den Funden spricht
nein der Laie ist natürlich von dieser Wissenschaft
absolut ausgeschlossen
die Archäologie ist nichts für den Laien
sagt Stieglitz

FRAU MEISTER
Mein Mann schreibt an einer Schrift
über Knossos unter besonderer Berücksichtigung

der Ajia Triadha
zu ihrem Mann direkt
Jetzt wo du die Tetralogie fertig hast
kannst du dich ganz deiner archäologischen Schrift widmen

HERR MEISTER
Schon als Halbwüchsiger habe ich mich für Schliemann interessiert
ich hatte schon bald alles von Schliemann gelesen
Frau Herta, die Köchin, tritt auf und schenkt allen Wein ein

FRAU MEISTER
Es ist doch absurd
daß Evans der Ansicht war
die Minoer seien alle gleich groß gewesen
nämlich nicht größer als einsfünfzig

HERR MEISTER
Der Gedanke daß man heute auf den gleichen Steinen geht
auf welchen König Minos gegangen ist
Nun sind aber natürlich die kostbarsten Stücke
aus dem Museum in Heraklion in alle Welt verkauft worden
wie immer haben die Amerikaner beinahe alles Kostbare
an sich gerissen
man muß schon nach New York fahren
um die kostbaren Stücke in Augenschein nehmen zu können
zu Fräulein Werdenfels direkt
Ich bewunderte immer die Schrift Ihres Herrn Vaters
die er über Troja geschrieben hat
Da hatten Sie doch sicher entscheidende lebensentscheidende Eindrücke
wie Sie Ihren Herrn Vater nach Troja begleitet haben

FRÄULEIN WERDENFELS
Ja natürlich
es ist mir unvergeßlich

HERR MEISTER
Wielange ist Ihr Herr Vater schon tot sagten Sie

FRÄULEIN WERDENFELS
Vier Jahre
an einer Lungenentzündung ist er gestorben

HERR MEISTER
Es ist doch eine Auszeichnung wenn ein Wissenschaftler
in Ausübung seiner Wissenschaft zugrunde geht
wie Professor Stieglitz sagt

Er hatte sich auf der Akropolis verkühlt wenn ich nicht irre
FRÄULEIN WERDENFELS
Ja im Winter sechsundsiebzig
HERR MEISTER
Aber da hatte er sein Werk über Troja schon fertiggeschrieben
nicht wahr
FRÄULEIN WERDENFELS
Ja gerade als es fertig war verkühlte er sich
und starb drei Wochen darauf
HERR MEISTER
Die Medizin versagt immer
Aber wenn es zu Ende ist ist es zu Ende
nicht wahr Herr von Wegener
Wie geht es denn Ihrer Mutter
krankt sie noch an der Leber
HERR VON WEGENER
Am Pancreas Herr Professor
seit ihrer Kindheit
HERR MEISTER
Das ist schlimm
ich hatte eine Großtante die an Pancreas krankte
sie war nicht zu beneiden
sie konnte alles das nicht essen was wir gegessen haben
Die Medizin steckt in den Kinderschuhen
Und Ihr Herr Vater der Ordinarius
HERR VON WEGENER
Er leitete im Frühjahr eine Arktisexpedition
FRAU MEISTER
Dabei sind doch achtzehn Leute umgekommen nicht wahr
HERR VON WEGENER
Ja wegen einer Unvorsichtigkeit
Der Navigator hatte sich geirrt
FRAU MEISTER
Ein schrecklicher Tod
in der Arktis nicht wahr
Im ewigen Eis zugrunde zu gehen
Wir dachten schon auch Ihr Herr Vater sei unter den Opfern
aber dann atmeten wir auf als wir hörten
daß ihm nichts passiert war
HERR MEISTER
Die Arktis wird immer unterschätzt

vor allem die jungen Leute unterschätzen die Arktis
Nansen Sven Hedin das waren doch Leute
aber das ist eine vergangene Zeit
Wir haben ja die Jugend am Tisch die heutige Zeit
hebt sein Glas auf Fräulein Werdenfels
und ein so hübsches Fräulein
eine so charmante Wissenschaftlerin
das ist doch sehr selten
daß man eine echte eine richtige Wissenschaftlerin
mit solchem Lebensgenuß betrachten kann
alle heben ihr Glas und trinken
Ach ist das Leben doch schön
unter jungen Leuten sagt Stieglitz
Wir hatten es immer mit der Jugend gehalten
je älter wir werden desto intensiver pflegen wir
den Kontakt zur Jugend
Natürlich die Jugend hat auch ihre Schattenseiten
und es gibt ja auch den Begriff der verkommenen Jugend
aber Sie beide sind ja die reine Verkörperung des Begriffs Jugend
Meine Frau und ich sind der Jugend zugewandte Menschen
wir vertrauen der Jugend ist sie doch die Zukunft
wie mein Professor Stieglitz sagt

HERR VON WEGENER
Was für ein prachtvolles Haus ist dies

HERR MEISTER
Es ist das Haus eines Juden
ausgewandert nach Amerika vertrieben von den Nazis
aber das ist eine Zeit von der Sie nichts wissen
von dieser schrecklichen Zeit können Sie nichts wissen
sind Sie froh daß Sie darüber nichts wissen
was für eine schreckliche Zeit nicht wahr Anne
trinkt sein Glas aus
Ein Kaufmann jüdischer Herkunft
wie mein Professor Stieglitz
Wohltäter dieser Stadt
wie mein Professor Stieglitz
sehr gebildete Leute hochkultiviert
wie mein Professor Stieglitz
emigriert zuerst nach Portugal dann in die Vereinigten Staaten
ein echtes Judenschicksal nicht wahr Anne
wie mein Professor Stieglitz

Mein Gott eine böse Zeit eine bodenlose Zeit
Nach dem Kriege sind diese Leute nicht mehr nach Deutschland zurückgekommen
sie haben dieses Haus der Stadt geschenkt
sie wollten mit Deutschland nichts mehr zu tun haben
wie mein Professor Stieglitz
Lange Zeit war dies Haus das Gästehaus der Stadt
es liegt ja auch zu schön
und ist von erlesenem Geschmack
die Erbauer hatten wohl sehr viel Geschmack
Das Judenproblem ist ja doch immer ein furchtbares Problem
es wird sich nicht lösen lassen
Die Juden sind ja auch selbst an vielem schuld
die Juden haben doch viel verschuldet
aber man hätte das nicht tun dürfen was man getan hat
doch ist man immer wieder an allen Ecken und Enden
an diese furchtbare Schuld der Deutschen erinnert

FRAU MEISTER

Wir haben viele Juden gekannt
alles sehr nette Leute
aber es hat natürlich sehr viele gegeben
die ihre Ausrottung direkt heraufbeschworen haben

HERR MEISTER

Die Judenvernichtung war ein großer Fehler
Aber es war ein unlösbares Problem

HERR VON WEGENER

Hatten Sie dieses Haus so belassen wie es war

HERR MEISTER

Wir beließen es wie es war
Manchmal denken wir ja auch heute noch an diese Leute
die es gebaut haben
auf Schritt und Tritt sind wir daran erinnert
Aber andererseits kann man nicht immer in der Vergangenheit wühlen
das wollen wir nicht
die Deutschen und die Juden werden immer ineinander verhaßt sein
sagt Professor Stieglitz in meiner Tetralogie
Frau Herta kommt herein und schenkt ihnen allen ein

FRAU MEISTER

Die Macht ist immer in den Händen der Juden gewesen

HERR MEISTER
Natürlich waren die Juden immer die Drahtzieher
Der Jude ist der Bestimmende sagt Stieglitz
der Jude lenkt die Welt
wenn es auch nicht den Anschein hat
aber der Jude lenkt die Welt
Alle wichtigen Positionen sind in Judenhänden
auch heute
Wo der Reichtum ist da ist der Jude
wo es schön ist da ist der Jude sagt Stieglitz

HERR VON WEGENER
Es ist doch an einem idealen Platz gebaut das Haus

HERR MEISTER
Ja sehen Sie
dieses Haus konnte nur ein Jude bauen
diese Großzügigkeit diese Geistigkeit

HERR VON WEGENER
Es ist ganz ausgezeichnet in die Landschaft gestellt

HERR MEISTER
Für einen Feinschmecker allerdings

HERR VON WEGENER
Als ich hier heraufgekommen bin habe ich gedacht
wie schön Sie es hier getroffen haben
das ist doch ein großes Glück
daß Ihnen die Stadt das Haus zur Verfügung gestellt hat

HERR MEISTER
Zuerst hatten wir gezögert es anzunehmen
weil es uns zu groß schien
und dann ja auch weil es jüdischer Besitz gewesen war
und dann hatten wir es doch bezogen

FRAU MEISTER
Und jetzt haben wir uns schon so daran gewöhnt
daß wir uns gar nicht mehr vorstellen können
von hier wegzugehn
schon wegen des Schauspielhauses und der Oper
Es ist ja auch für die Gesundheit meines Mannes wichtig
daß er hier lebt
seiner angegriffenen Lunge wegen
Nur hier hatte mein Mann die Tetralogie schreiben können

HERR MEISTER
Das glaube ich auch

unter allen diesen idealen Voraussetzungen

FRAU MEISTER

Vor allem sind wir hier absolut unbelästigt
hier herauf dringt kein Lärm und kein Gestank

HERR MEISTER

Wir leben zwar zurückgezogen
aber nicht ausgeschlossen wissen Sie
nicht ausgeschlossen von den Zeitläuften
Wir bekommen alle wichtigen Zeitungen ins Haus
und wir empfangen hier sehr gut die Television

FRAU MEISTER

Zuerst waren wir dagegen
aber dann empfanden wir es doch als notwendig
von den Weltereignissen nicht gleich ausgeschlossen zu sein
aber wir sehen nur was uns wirklich interessiert

HERR MEISTER

Es ist eine Frage der Disziplin
schließlich kann man ja abdrehen

FRAU MEISTER

Und seit mein Mann des öfteren auf dem Bildschirm gezeigt wird
ist es ja eine Notwendigkeit
Frau Herta teilt noch einmal Fleischstücke aus
Wenn ich Sie nicht hätte Frau Herta
so sind wir gerettet
zu den andern
Frau Herta ist der gute Geist des Hauses
sie lebt mit ihrer Familie gleich hinter dem Wald
was für eine tüchtige Person sie ist
Ihr Mann ist Traktorfahrer bei der Elektrizitätsgesellschaft
Allein könnte ich den Haushalt gar nicht bewältigen
Hier leben so reizende Menschen
wir vertragen uns mit allen
vor allem mit den einfachen Leuten
Mein Mann hat eine gute Hand für diese Leute hier
schließlich stammt er aus dieser Gegend und kennt sie durch und durch
mir ist das alles hier auch schon sehr vertraut

FRAU HERTA

Wann kann das Dessert aufgetragen werden Frau Professor

FRAU MEISTER

Wenn ich läute Frau Herta

wenn ich läute
Frau Herta geht hinaus
Wir haben ein ganz ungebrochenes Verhältnis
zu den einfachen Leuten

HERR MEISTER
Wie Professor Stieglitz

FRAU MEISTER
Wenn Sie auf dem Land leben müssen Sie das haben
Wir sind ja beide nicht kompliziert mein Mann und ich
Wenn es sein muß helfen wir wo Not am Mann ist
Fräulein Werdenfels erzählen Sie doch von Ihrer Indienreise
wie war es denn dort
haben Sie das Klima vertragen
Mein Mann und ich überlegen ob wir nicht doch noch
eine Indienreise machen sollen
in diesem Alter ist das natürlich keine Kleinigkeit
Wielange waren Sie denn in Kalkutta

FRÄULEIN WERDENFELS
Sechs Wochen waren wir da

FRAU MEISTER
Ganze sechs Wochen
Was für ein Elend dort

FRÄULEIN WERDENFELS
Wir hatten nur drei Tage Kalkutta geplant
aber dann war mein Onkel erkrankt
an der Ruhr
und er mußte in ein Krankenhaus

FRAU MEISTER *entsetzt*
In Kalkutta
in ein Krankenhaus entsetzlich

FRÄULEIN WERDENFELS
Er war mit vier andern in einem Zimmer gewesen
das können Sie sich gar nicht vorstellen
welche Zustände dort herrschen
ist es schon auf den Straßen Indiens fürchterlich
wie erst in den Krankenhäusern
das ist absolut unvorstellbar

FRAU MEISTER
Mein Neffe Traugott der Bankier
ist in einem indischen Krankenhaus gestorben in Benares
vor dem Kriege stellen Sie sich das vor

damals herrschten sicher noch entsetzlichere Zustände in Indien
da hatten die noch einen englischen Vizekönig
da war Indien noch Kolonie

HERR MEISTER
Und war es denn die Ruhr

FRÄULEIN WERDENFELS
Die Ärzte sagten es sei die Ruhr

FRAU MEISTER
Da war doch dann Ihr Herr Onkel sicher total abgemagert

FRÄULEIN WERDENFELS
Bis auf das Skelett

HERR MEISTER
Man darf natürlich kein Wasser trinken in Indien
das ist oberstes Gebot
weder Wasser trinken noch Salat essen

HERR VON WEGENER
Auch in Italien nicht

HERR MEISTER
Südlich der Alpen nicht
und erst in Asien
Wir hatten in Ägypten weder Wasser getrunken
noch Salat gegessen
das war eine Selbstverständlichkeit
Aber es ist doch eine Erfahrung nicht wahr
in Kalkutta im Krankenhaus

FRAU MEISTER
Daß Ihr Herr Onkel da wieder herausgekommen ist

FRÄULEIN WERDENFELS
Das war das Wunder
wir hatten zwei Monate in Indien bleiben wollen
aber wie mein Onkel aus dem Krankenhaus entlassen war
reisten wir nach Europa zurück

FRAU MEISTER
Da trägt man doch immer Dauerschäden davon

FRÄULEIN WERDENFELS
Er hat sich sehr gut erholt
in der Schweiz
im Engadin

HERR MEISTER
Da mußte Ihr Herr Onkel dann tüchtig Schokolade essen
nicht wahr

alle lachen auf und trinken

FRAU MEISTER

Mein Mann hatte immer den Wunsch
nach Indien zu reisen
einmal waren wir schon soweit
eine Zeitschrift wollte unsere Reise finanzieren
aber dann hatte mein Mann Angst davor
Indien ist doch sehr gefährlich
gleich wo in Indien man ist doch der größten Gefahr ausgesetzt
über fünfzig ist doch jede Asienreise ein Risiko

HERR MEISTER

Da wäre es schon noch viel wichtiger
nocheinmal nach Persien zu gehn
Persepolis an den Persischen Golf

FRAU MEISTER

Burma stand auch einmal zur Debatte
wir kannten einen Burmesen
der uns nach Burma eingeladen hat
aber dann ist die Cholera ausgebrochen in Burma

HERR MEISTER

Die Krankheiten vereiteln die Weltreisen
sagt mein Stieglitz
Die Krankheiten oder die Kriege
Den europäischen Menschen
drängt es nach Asien sagt er
in die ältesten Kulturen

FRAU MEISTER

Etwas ganz anderes Fräulein Werdenfels
Wenn es Ihnen zu kalt ist in Ihrem Zimmer
und unser Gästezimmer ist leider das Nordzimmer
so nehmen Sie doch bitte eine Wärmflasche
Sie sagten doch Sie hätten sich ein wenig verkühlt
mein Mann und ich sind es nicht gewohnt
im warmen Zimmer zu schlafen
wir haben in der Nacht die Fenster geöffnet
so haben wir immer frische Luft
aber das ist natürlich Gewöhnungssache
In den Weinbergen kann es ganz schön kalt werden
zu Herrn von Wegener
Herr von Wegener ist es richtig
daß der Essay meines Mannes über das Wesen der Künste

gekürzt in der Neuen Zürcher Zeitung nachgedruckt worden ist
Ich finde es unerhört
eine Kürzung vorzunehmen
die den ganzen Aufsatz verstümmelt
die ihn wertlos macht

HERR VON WEGENER

Leider muß ich Ihre Frage bejahen

FRAU MEISTER

Das ist schon unglaublich
was sich manche Zeitungen erlauben
sie läutet Frau Herta
Aber da ist man ja vollkommen machtlos ausgeliefert
jede Zeitung druckt nach was sie will und wie sie es will
andererseits wenn es gar nicht gedruckt wäre
wie man es auch wendet
sie steckt ein Stück Brot in den Mund
Letzten Sommer waren wir in Rom
mein Mann hat im Kulturinstitut eine Vorlesung abgehalten
nichts Literarisches reine Wissenschaft
da waren wir auch vom Papst empfangen worden
in Privataudienz
Mein Mann hat einen päpstlichen Orden bekommen
Rom ist eine so herrliche Stadt
wir waren Staatsgäste
auch im Ausland sind wir Staatsgäste
wir entdeckten in allen Buchhandlungen
Bücher meines Mannes italienische Übersetzungen
Frau Herta tritt mit einer Torte auf und serviert sie
Am meisten hat mich doch
die Sixtinische Kapelle fasziniert
und selbstverständlich Michelangelo
Diese Ausdruckskraft diese Würde
Ich ziehe die römische Kunst der griechischen vor
Aber wie enttäuscht bin ich doch gewesen von Sankt Peter
sicher das Papsttum ist etwas Großes
Der Papst machte auf mich einen müden Eindruck ermüdet
überlastet
er sprach mit uns eine halbe Stunde stellen Sie sich vor
Er wollte wissen wie hoch der Großglockner ist
das konnte ihm mein Mann sofort sagen
Er hatte so schöne Schnallenschuhe an ganz in Weiß

Ich dachte zuerst es sei Leder
aber dann sah ich es war Seide
Schnallenschuhe aus reiner weißer Seide
Das Gesicht des Papstes hat ja doch wirklich königliche Züge
Was dieser Mensch auf sich genommen hat
winkt die Frau Herta heran und flüstert ihr etwas ins Ohr, dann
Diese Torte heißt Caecilientorte
ich weiß nicht warum
Fräulein Werdenfels ist aufgestanden, um ein Foto von allen zu machen
unsere Großmutter machte sie am Caecilientag
Mozart hat ja auch eine Caecilienmesse geschrieben nicht wahr

HERR VON WEGENER *mit erhobenem Zeigefinger*
Haydn Haydn

FRAU MEISTER
Mein Mann liebt die Caecilientorte
zu ihrem Mann
Nicht wahr du liebst die Caecilientorte
gib zu du liebst sie
im Flüsterton
Er ist in Wirklichkeit in die Süßigkeiten vernarrt
wie sein Professor Stieglitz
zu ihrem Mann direkt
Nicht wahr
in alle Süßigkeiten
Fräulein Werdenfels ist in den Hintergrund getreten und macht ein Blitzlichtfoto

Sechste Szene

Wie vorher
Alle Torte essend, Kaffee trinkend

HERR MEISTER
Wissen Sie Herr von Wegener
ein noch nicht vollendetes Werk ist wie Glas
die geringste Unvorsichtigkeit und es zerbricht
sagt mein Professor Stieglitz im Reisezug durch Portugal
Eluard Mallarmé Baudelaire Rimbaud
Goethe Novalis in gewissem Sinne Heine natürlich
Hermann Hesse als unbedingt notwendige Lektüre
vielleicht darf ich auch noch Mörike erwähnen
die Droste mit Sicherheit die Droste sagt Stieglitz
Aber vor den Romantikern mußte ich mich in acht nehmen
Der Deutsche ist bald in der Sentimentalität
sagt Stieglitz zu dem Pianisten Gieseschwind
Aber vornehmlich hatte mich ja die Musik beschäftigt
zuerst die Musik dann erst die Literatur
Die Klassik ist es immer wieder
ich darf Wieland nicht vergessen
und natürlich hatte auf mich auch Klopstock einen
großen Eindruck gemacht
Frau Meister gibt ihm ein großes Tortenstück
Ich liebe Klopstock
lieben Sie auch Klopstock Herr von Wegener
und Sie Fräulein Werdenfels
Und Platen natürlich
genau wie Stieglitz
tatsächlich hatte ich lange Zeit eine Schwäche für George
Schlank und rein wie eine Flamme wissen Sie
Stieglitz zitiert das Gedicht in Los Angeles
steckt ein großes Tortenstück in den Mund, mit vollem Mund
Hofmannsthal natürlich
Es weht der Frühlingswind durch die Alleen
das Lieblingsgedicht meiner Frau
Aber schreiben Sie ruhig daß ich ganz revolutionär begonnen habe
mit wütender Stimme gegen die Verhältnisse in unserem Lande
wie mein Stieglitz

so hält es die Jugend doch nicht wahr
aufsässig arrogant anmaßend revolutionär
Die Anfangsphase
die Auflehnung gegen das Bestehende
wie sie Stieglitz beschreibt
und nicht nur in der Politik was den Staat betrifft
auch was die Kunst betrifft
insbesondere die Literatur
aber es war doch nie gehässig nicht wahr nun
Nein ich leugne es nicht das Frühwerk
Ich hatte es vernichten wollen
es hat so eine Phase gegeben
aber meine Frau die Hüterin meines Werks
hat es verhindert
Und natürlich Hamsun den ich verschlungen habe
Den Hunger und die Mysterien
Aber größten Eindruck hat mir doch sein letztes Buch gemacht
Auf überwachsenen Pfaden so heißt es doch in deutsch nicht wahr
seine Frau gibt ihm wieder ein Kuchenstück
Was die Tetralogie betrifft
so habe ich heute vormittag dem Fräulein Werdenfels
Andeutungen gemacht
es können ja nur Andeutungen gemacht werden
Ein Schriftsteller beschränkt sich auf Andeutungen
er kann sein Werk nicht erklären
Stieglitz ist nur ein Stichwort wie Kuckuck
er weiß was es beinhaltet aber er kann es nicht erklären
Wird er gefragt ist er in der größten Verlegenheit
Sie können einen Marmeladenerzeuger fragen
was alles in seiner Marmelade ist
aber einen Dichter nicht was in seiner Dichtung ist
Nicht wahr Fräulein Werdenfels so ist es doch
Es hat alles sehr viel mit Musik zu tun
vor allem mit symphonischer Musik
ich verweise immer auf Beethoven
dann zwinge ich die Handlungsstränge zum Schluß
ohne Gewaltanwendung
auf die natürlichste Weise
alles ein jahrzehntelanger Arbeitsprozeß
Es ist wichtig daß Sie keinerlei Angst haben

Sie müssen in ihr Werk hineingehen ohne Furcht furchtlos
andererseits müssen Sie auf alles gefaßt sein
Schreiben Sie ruhig
daß ich mein Leben meiner Kunst aufgeopfert habe Herr von Wegener
daß ich nur für meine Arbeit gelebt habe
wie der Professor Stieglitz in meiner Tetralogie
alles auf mich genommen habe
um mein Werk voranzutreiben und es vollenden zu können
es ist mir immer nur um die Sache an sich gegangen
niemals um etwas anderes
so war das eigentliche Lebens- oder Existenzvergnügen
sehr eingeschränkt
Was haben andere für ein Leben

FRAU MEISTER

Aber du kannst nicht klagen Moritz
zu den andern
Mein Mann ist ein glücklicher Mensch schreiben Sie das ruhig
Herr von Wegener
er ist nicht so düster wie die Leute glauben
alle schreiben immer er sei düster
dabei ist niemand so lustig wie mein Mann
Wahrscheinlich weil sich die Leute nicht vorstellen können
daß ein Schriftsteller ein Dichter der Ernstes schreibt
lachen kann
ruft aus
Und wie mein Mann lachen kann
Das sagen Sie doch auch Fräulein Werdenfels
wo Sie meinen Mann doch jetzt kennen
Die Zeitungen schreiben immer nur über einen Düstermann
dabei ist mein Mann alles andere als düster
Mit einem solchen Mann wie ihn die Zeitungen beschreiben
hätte ich nicht einen einzigen Tag zusammengelebt
zu ihrem Mann
Nicht wahr du bist doch nicht düster Moritz

HERR MEISTER

Ich bin natürlich ganz anders
als ich dargestellt werde
tatsächlich ist viel von mir in Stieglitz
Aber die Darstellung ist immer eine andere
Der Schriftsteller ist immer anders als er dargestellt wird

er ist nie der über den die Zeitungen schreiben
Sie wollen einen düsteren haben
also muß ich der düstere sein
ruft aus
Der Dargestellte ist eine Fälschung
Wenn das Werk lacht
weint der Dichter
und umgekehrt
und alles immer wieder umgekehrt
und falsch sagt Stieglitz

FRÄULEIN WERDENFELS

Das haben Sie schön gesagt Herr Professor

HERR MEISTER

Wer sonst als der Dichter
formt das Wort zur Schönheit empor sagt Goethe
Ich finde das hat Goethe sehr schön gesagt
an Goethe kann sich jeder aufrichten
er ist der echte der wahre Dichter der Deutschen
Die Deutschen verehren den universellen Geist
Stellen Sie sich vor Kleist als Dichterfürst
das ist ganz und gar unmöglich
ein Selbstmörder als deutscher Dichterfürst
Der wahre Dichterfürst ist Goethe der Universalmensch
wie Stieglitz in Silvaplana sagt
In jedem von uns ist viel von Goethe
und dadurch entdeckt sich ein jeder als Genie
Und ich habe natürlich auch für die Mathematik viel übrig gehabt
und für die Geometrie natürlich
Denken Sie ein solches Werk wie die Tetralogie
ist doch nichts anderes als Geometrie
Mathematik ist Kunst ist Schriftstellerei Dichtung Genialität
Alle Wege führen zu Goethe und von Goethe auf uns zu
Der gesicherte Deutsche ist Goethe
anders die Engländer die ihren wilden Shakespeare haben
der Deutsche liebt das Geordnete nicht das Ungeordnete
Der philosophierende Dichter ist Goethe
der rätselhafte ist Shakespeare
Das habe ich deutlich in meiner Tetralogie herausgearbeitet
Es gibt die Außengeometrie der Handlung
aber was noch viel wichtiger ist die Innere Geometrie des Geistes

Schopenhauer der absolut nicht meine Vorliebe ist
sagt ähnliches
Nietzsche Schopenhauer das sind die Antipoden der Deutschen
zu Herrn von Wegener
Das Tragische habe ich so herausgearbeitet
daß es die Lust am Denken nicht verdirbt
Die Komödie entstehen lassen aus der Tragödie
das Lustspiel sozusagen in jedem Gedanken wahr gemacht
Sie kommen nur mit der äußersten Konzessionslosigkeit
vorwärts
Es wird Ihre Leser sicher interessieren
daß ich tatsächlich zweiundzwanzig Jahre
an der Tetralogie gearbeitet habe
das heißt nicht daß nicht nebenher andere Arbeiten
entstanden sind
aber alle diese sogenannten Nebenarbeiten
die ich gar nicht als solche Nebenarbeiten bezeichnen will
sind mir natürlich sehr wichtig und beziehen sich
merkwürdigerweise
immer auf die Tetralogie
Es ist ganz wunderbar daß Fräulein Werdenfels
das erkannt hat
zum Fräulein direkt
Ich glaube das sollten Sie in Ihrer Doktorarbeit herausarbeiten
daß nämlich die sogenannten Nebenarbeiten in einem
unmittelbaren Bezug
zur Tetralogie stehen
alles geht auf Stieglitz zu ist auf Stieglitz bezogen
naturgemäß beziehen sich immer alle Arbeiten eines Geistes
auf das Hauptwerk dieses Geistes
und die Tetralogie ist ja zweifellos mein Hauptwerk
Auch mein Verleger sieht es so
Sie werden ihn heute abend kennenlernen
Ich werde zwar das Manuskript nicht aus der Hand geben
auch wenn er es kategorisch fordert
wie das seine Art ist
aber vorlesen werde ich daraus
ein Stück einen kurzen Abschnitt
die Unterredung zwischen Stieglitz und Robert im Reisezug
durch Portugal vielleicht
möglicherweise den Schluß

denn da wird vollkommen klar um was es mir in der
Tetralogie geht
Ich habe sozusagen die Geschichte auf den Kopf gestellt
ohne sie im geringsten anzutasten
Die Geschichte als Naturgeschichte als Naturprozeß
Es ist ja doch sehr wichtig daß ein solches Werk
von dem bedeutendsten Verleger herausgebracht wird den wir
haben
der ja nur die Besten verlegt
zu Herrn von Wegener direkt
Wenn Sie eine Fotografie von mir haben wollen
es gibt nur gräßliche Fotografien

FRAU MEISTER
Wir werden ein gutes Foto heraussuchen
Oder veröffentlichen Sie doch eines von Fräulein Werdenfels
Es gibt ein so schönes Brustbild von meinem Mann
wie er auf einer Segeljacht am Mast lehnt
in Kiel Herr von Wegener
auf der Segeljacht des Herrn Bundespräsidenten
es ist eine Sonnenuntergangsstimmung
wie sie selten einzufangen ist
Die Sonne fällt gerade so auf das Gesicht meines Mannes
während sein übriger Kopf im Dunkeln bleibt
sehr typisch
alle trinken ihren Kaffee aus

Siebente Szene

Im Freien
Herr Meister in einem Liegestuhl, Bücher signierend

FRAU MEISTER *beobachtet ihn vom Wohnzimmer aus längere Zeit, dann*
Nun kommst du ganz um dein Mittagsschläfchen Moritz
Wieviele Bücher hast du denn heute schon signiert
Laß das doch
ein so anstrengender Tag
Herr von Wegener ist mit dem Fräulein Werdenfels in die
Weinberge gegangen

Die Frau Herta ist weg
ihre Kinder haben die Masern
immer sind diese Kinder krank
frage ich sie nach den Kindern sagt sie sie sind krank
alle kränkeln sie in dieser Gegend
ich verstehe das nicht
wo wir hier eine so gute Luft haben
Ich habe die Post durchgesehen es ist nichts Aufregendes
Nach München haben sie dich eingeladen
du sollst in der großen Aula der Universität vorlesen
etwas Dichterisches ganz dir überlassen
Wir sollten wieder einmal nach München
Ich verstehe nicht warum wir so lange nicht mehr in München gewesen sind
das ist doch Deutschlands wesentlichste Stadt
Sie beißt in einen Apfel
Wo du jetzt berühmt bist
wo dich der Ruhm eingeholt hat
Der Bürgermeister hat angerufen und gefragt
ob wir zur Taufe seines Sohnes kommen
ich sagte ja mein Mann ist mit der Tetralogie fertig wir kommen
nächsten Dienstag
Dann habe ich auch in Mainz zugesagt
wir sollten auch nach Karlsruhe fahren
jetzt wo du die Tetralogie beendet hast
Der Verleger der im richtigen Augenblick kommt
Wie findest du das Fräulein
die wäre doch etwas für den Herrn von Wegener
vielleicht stifte ich noch eine Ehe
ich denke die beiden passen recht gut zusammen
sind aus dem gleichen Milieu aus Wissenschaftskreisen
Ich habe ihm noch einige Ratschläge gegeben
für seinen Aufsatz dem jungen Wegener
es erscheint alles in zwei Wochen in der Wochenendausgabe
mit dem Bild das dich in Kiel zeigt
Er wird es sehr sorgfältig machen sagt er
eine ganze Seite möglicherweise darüber hinaus
Er liebt übrigens auch Tannhäuser
weißt du daß sein Vater auch am achten Dezember geboren ist
Etwas weich findest du nicht

aber das sind sie alle heute
geht zu ihrem Mann hin und nimmt ihm die Bücher weg,
zuerst die signierten und dann auch die unsignierten
Die Leute wissen ja gar nicht was sie dir auflasten
Manchmal denke ich wie unverschämt das doch ist
dir Bücher zum Signieren zu schicken
du kennst doch diese Leute gar nicht
geht mit den Büchern ins Haus hinein
Herr Meister wickelt sich in eine Decke ein und will schlafen
Frau Meister kommt mit einer Zeitung zurück und sagt, in der Tür stehengeblieben
Ich finde wir sollten nach München fahren
Wo du jetzt so gut beisammen bist
und die Tetralogie fertig hast
Du kannst aus der Tetralogie vorlesen
Eine so schöne Reise
Mit kleinem Gepäck
wir steigen in den Vier Jahreszeiten ab
Du magst München nicht ich verstehe das nicht
Nach dem Frühstück durch den Englischen Garten
setzt sich auf einen Korbsessel
Wo du doch in München so glücklich gewesen bist
Die Stadt München hat dich zu dem gemacht
was du heute bist
Du hast in München deine beste Zeit verbracht
Not Elend natürlich aber
Das Böse Der Abschaum der Großstadt
da hast du dich aber entwickelt
in dem Bösen im Abschaum der Großstadt
wenn du hier geblieben wärst wäre nichts aus dir geworden
ohne München wärst du nichts
wir wären nichts ohne München
Der Herr Verleger holt uns vom Bahnhof ab
er hat uns die schönsten Zimmer in den Vier Jahreszeiten reservieren lassen
wir werden vom Präsidenten der Universität empfangen
und vom Oberbürgermeister
und wir tragen uns ins goldene Buch der Stadt ein
das machst du alles schon sehr routiniert
Die Stadt als Zeuge des Aufstiegs
dein Wort

Die Stadt ist nicht mehr die die sie vor zwanzig Jahren gewesen ist
die gegen dich grausame
und du bist auch nicht mehr wie vor zwanzig Jahren
Du mußt dich freimachen von dieser Zwangsvorstellung
alles hat sich geändert seither und wie
Früher bist du ja nichts gewesen ein Ringender
jetzt wo du berühmt bist
der berühmte Dichter den die Akademie für Sprache und Dichtung
zum Mitglied gewählt hat
Jetzt weiß ich was Stolz ist Moritz
gerade jetzt solltest du nach München fahren
es ihnen zeigen
Jetzt staunen sie dich an
Onkel Wanja im Residenztheater erinnerst du dich
unser beider erster Schauspielpremiere
liest in der Zeitung
Kein Tag an dem du nicht in der Zeitung stehst
ich könnte jeden Tag wetten und ich gewänne
Die Akademie für Sprache und Dichtung
hat Moritz Meister zu ihrem Mitglied gewählt
mit dieser Wahl hat die Akademie ihre Jahrestagung

immer wieder möchte ich diesen Satz lesen
Du hast recht ich muß mich beherrschen
legt die Zeitung weg
Fährst du oder fährst du nicht

HERR MEISTER
Nur wenn sie mir dreitausend Mark zahlen

FRAU MEISTER
Du bekommst dreitausend
und alle Spesen
wir haben nichts auszugeben

HERR MEISTER
Das muß ich schriftlich haben

FRAU MEISTER
Ich habe schon den Vertrag unterschrieben
Für deine Berühmtheit zahlen sie dreitausend
und sie bringen dich auch in den Vier Jahreszeiten unter
auf ihre Kosten und natürlich auch mich deine Ehefrau

steht auf und geht zu ihrem Mann hin und küßt ihn auf die Wange
Für dich weil du der Größte bist
Du hast sie alle überflügelt
zuerst eingeholt und dann überflügelt
Das Feuilleton gehört dir
meinem Moritz gehört es
Moritz Meister Akademiemitglied
der vom Bundespräsidenten beglückwünschte Dichter
Nun ja
sie blickt sich nach den Weinbergen um

HERR MEISTER
Ich habe mich doch wirklich gequält herauf
aus dem Nichts aus dem Garnichts
wie mein Professor Stieglitz

FRAU MEISTER
Natürlich mein Lieber
es ist ein schrecklicher Weg gewesen

Achte Szene

Bibliothek
Herr Meister, Herr von Wegener, Fräulein Werdenfels

HERR MEISTER *mit einer großen Vase in Händen*
Eine Nachbildung allerdings
wenn auch nur eine Nachbildung der Schnittervase aus der Ajia Triadha
sehen Sie nur
Wegener und das Fräulein treten näher und betrachten die Vase
Was ist alles Spätere
alles ist in dieser Kunst
alles was nachher entstanden ist ist nichts
Das Original finden Sie in Heraklion im Museum
Das ist es ein Kunsthöhepunkt
unwiederholbar allerdings
Goethe schrieb über diese Vase eine profunde Abhandlung

Schade daß Sie diese Abhandlung nicht kennen
Bei Goethe können Sie ja alles nachlesen
was wissenswert ist
Goethe war der universale Geist
der Logos universalis
Wegener und das Fräulein stecken ihre Köpfe ganz nahe an die Vase heran
Es war nicht leicht diese Nachbildung zu bekommen
er stellt die Vase auf dem Boden an der Wand ab
Natürlich liebe ich mehr das Original
welcher unbestechliche Geist nicht
Aber natürlich konnte ich das Original der Schnittervase
nicht in meinen Besitz bringen
Und nun sehen Sie hier
er nimmt eine Scherbe aus einem Regal und zeigt sie den beiden
Aus dem Präpalatikum sehen Sie
Evans verfaßte eine Dokumentation über diese Scherbe
die in den Schriften der Universität London veröffentlicht
worden ist neunzehnhundertachtundzwanzig übrigens
aufsehenerregend
Diese Scherbe ist eine Originalscherbe
Sie hat mich ein Vermögen gekostet
genaugenommen mein ganzes Honorar an dem Germaniaroman
der übrigens gerade jetzt wieder neu aufgelegt worden ist
In diese Schüssel hatten die Minoer
die Oliven eingelegt
die Oliven die aus der Messara gekommen sind
Evans glaubt diese Schüssel ist zweitausendvierhundert
vor Christi entstanden
Eines meiner kostbarsten Stücke
nehmen Sie es doch in die Hand nehmen Sie es
zuerst nimmt Fräulein Werdenfels die Scherbe, dann Wegener, der die Scherbe Herrn Meister zurückgibt
Was ist der Mensch
nach Jahrtausenden gezählt
Wir sind nichts wir sind absolut nichts Fräulein Werdenfels
er legt die Scherbe auf das Regal zurück
Es ist zu unvorsichtig diese Scherbe
ganz einfach auf das Regal zu legen
aber ich hasse Glasstürze wissen Sie

Diese Regale dürfen von Frau Herta nicht abgestaubt werden
nichts darf hier von Frau Herta berührt werden
Wie der Herr Bundespräsident hier gewesen war
im Frühjahr
am Ende der Frühjahrsmanöver an welchen er teilgenommen hatte
gab ich ihm die Scherbe
er hatte sie über eine halbe Stunde in Händen gehalten
er war von größter Bewunderung erfüllt
Nun ja diese Kunstwerke sind ja auch nur für die außergewöhnlichen Menschen
dreht sich um und zieht einen Lederband aus dem Regal
Hier haben Sie die Originalausgabe des Menetekels von Garnichäus
eine Kostbarkeit
blättert darin
Sie kennen das Buch doch Fräulein Werdenfels

FRÄULEIN WERDENFELS
Ja natürlich

HERR MEISTER
Eine Selbstverständlichkeit für einen gebildeten Menschen
zu Herrn von Wegener
Und Sie kennen das Buch doch sicher auch

HERR VON WEGENER
Möglicherweise Herr Professor
es ist schon ziemlich lange her

HERR MEISTER
Schließlich kann man nicht alles kennen
er stellt das Buch wieder in das Regal zurück
Ich sage den jungen Leuten immer
es ist gut sich immer mehr Wissen anzueignen
aber schließlich muß man sich auch noch einiges aufsparen
selbst in hohem Alter weiß man noch recht wenig
und erst wenn man so jung ist wie Sie beide
Wollen Sie denn nicht Platz nehmen
er setzt sich in den Schaukelstuhl, Wegener und das Fräulein lassen sich auf Sesseln nieder
Mein Verleger kommt gegen sieben
er ist ein pünktlicher Mann
Sie werden sehen hochgebildet
von unglaublichem Kunstverstand
Ein Gespräch mit ihm ist ein Vergnügen

gleich welches Thema Sie anschlagen
es ist sein ureigenes
das ist eine Seltenheit
Die deutschen Verleger sind ja wie man weiß
nachgerade nicht unbedingt die gescheitesten
dieser ist eine Ausnahme
Schließlich verlegt er ja auch die Geistesspitzen
Nun sehen Sie durch Ihren eigenen Augenschein
wir sind hier absolut nicht allein gelassen
Selten habe ich Gelegenheit mit einem solchen gebildeten Manne
eine Konversation zu führen
Ein Gücksfall daß ich an diesen Verleger gekommen bin
und wie so oft im Leben ein Zufall
Ich hatte ihn als noch völlig unbekannter Autor
in einem Hotel in Zürich kennengelernt
er suchte einen Skatspieler
da hatte er mich angesprochen
offensichtlich war er allein
ich konnte Skat spielen
zu meinem Glück muß ich sagen
nach und nach stellte sich aber erst heraus
daß er der bedeutende Verleger ist
und ich der bedeutende Autor
Er hatte mich als erster erkannt
bevor ich an ihn gekommen bin war ich völlig unbekannt
außer acht gelassen möchte ich sagen
er hatte den Blick für meine Arbeit
er hob sie aus der Finsternis empor ins Licht

FRÄULEIN WERDENFELS
Nun leuchtet Ihr Werk

HERR VON WEGENER
Und strahlt in alle Welt aus

HERR MEISTER
Meinem Verleger danke ich tatsächlich
einen Großteil meiner Berühmtheit
Wissen Sie die Stadt Zürich
hat mir immer Glück gebracht
wie übrigens meinem Professor Stieglitz auch
Sie hat mich mit meinem Verleger zusammengebracht
Sie hat viel Insgeheimes in meinem Leben gestiftet
ich kann es nicht aufzählen

so ist Zürich die Stadt die ich am meisten liebe
jeder hat seine Lieblingsstadt
Die Schweiz überhaupt war für mich schicksalhaft
ich liebe die Schweiz
meine Frau versteht das nicht
aber das ist sehr fraulich gedacht
die Schweiz ist kein Land für den Geschmack der Frauen
ein Herrenland sicher ein Herrenland

FRÄULEIN WERDENFELS

Wie sind Sie denn auf die Idee gekommen
Robert in der Sprache Edgars sprechen zu lassen
im achten Kapitel
Edgar jedoch in der Sprache Roberts in Kapitel neun
Ich würde das doch einen genialen Einfall nennen Herr Professor
Wo es plötzlich umkippt in die Robertsprache
beziehungsweise in den Edgarakzent

HERR MEISTER

Wissen Sie wenn ich darüber sprechen würde
was ich naturgemäß nicht kann
zerfiele mir noch im nachhinein meine Konzeption
Ich kann es nicht sagen warum auch
Nun ist das Werk vollendet und es wird seinen Weg gehen
Jetzt sollen sich alle darüber die Köpfe zerbrechen
möglichst viele Köpfe
zu Herrn von Wegener
Ich bewundere vor allem den außenpolitischen Teil Ihrer Zeitung
natürlich gibt es an allen Blättern etwas zu bekritteln
aber die Frankfurter Allgemeine hat doch den
intelligentesten Auslandsmitarbeiterstab aller
deutschen Blätter
finden Sie nicht

HERR VON WEGENER

Ja das glaube ich auch Herr Professor

HERR MEISTER

Über das Feuilleton läßt sich streiten
über alle Feuilletons läßt sich streiten
möglicherweise vor allem über das Feuilleton der
Frankfurter Allgemeinen
Sie sind mir doch nicht böse daß ich das sage

HERR VON WEGENER

Aber nicht im geringsten Herr Professor Meister

HERR MEISTER
Tatsächlich sind die Zeitungen mein Schicksal
gäbe es die Zeitung nicht ich existierte gar nicht
das kann wohl jeder Schriftsteller von sich sagen
wenn er ehrlich ist
Gäbe es kein Feuilleton
es gäbe gar keine Schriftsteller
Das Feuilleton ist gut sagen sie
wenn sie darin gelobt werden
das Feuilleton ist schlecht
werden sie kritisiert
so einfach ist das
Warten Sie
steht auf und zieht einen dicken Band aus dem Regal und setzt sich wieder
Mein Großvater hat mir diese Ausgabe geschenkt
Ein Werk das nur in drei Exemplaren erschienen ist
ich glaube neunzehnhundertdreiundzwanzig
und das Der Trichter heißt
von Manuel Leiterstrasser
absolut eine Kostbarkeit
Die zwei anderen Exemplare sind von ihren Besitzern vernichtet worden
weil sie mit dem Inhalt des Buches nicht einverstanden waren
das Buch ist aber weder obszön noch das Gegenteil
es beschreibt nichts anderes als eben die beiden
die ihre Exemplare vernichtet haben
mit gutem Grund wie Sie feststellen können
wenn Sie das Buch gelesen haben
Aber Sie werden es nicht lesen können
denn ich gebe es nicht aus der Hand
und bevor ich sterbe
werde ich es vernichten
Ein schöner Gedanke nicht wahr
Merken Sie sich den Titel Der Trichter
und der Autor heißt Manuel Leiterstrasser
er steht auf, nachdem er es für sich durchgeblättert hat, und steckt das Buch wieder in das Regal und dreht sich um
Leiterstrasser
das klingt mir sehr schweizerisch
oder nicht

Neunte Szene

Salon
Frau Meister spielt auf dem Flügel Liszt
Fräulein Werdenfels und von Wegener auf Sesseln

FRAU MEISTER *nachdem sie aufgehört hat zu spielen*
Es ist nicht leicht
mit einer Berühmtheit verheiratet zu sein
Nicht umsonst heißt mein Mann Der Schwierige
Mein Mann ist schwierig das muß ich sagen
Er ist immer schwierig gewesen
Aber mit der Zeit gewöhnt man sich daran
Bitte Herr von Wegener schreiben Sie
daß mein Mann auch den päpstlichen Sylvesterorden bekommen hat
Ich bin meinem Mann immer treu geblieben
auch in schlimmster Zeit ich stand immer zu ihm
Wir hatten es so schwer die ersten Jahrzehnte
wir hatten ja mit allen Leuten gebrochen
selbst mit den engsten Verwandten
weil es für die Entwicklung meines Mannes notwendig gewesen war
Ein Künstler muß seinen Weg allein gehen
er darf nicht links und nicht rechts blicken
wie Professor Stieglitz sagt
Und was für Schwierigkeiten in Deutschland
Sehr oft hat mein Mann an Selbstmord gedacht
er hat noch heute die Pistole unter seinem Kopfpolster liegen
jahrelang fürchtete ich mich vor dem Schuß in seine Schläfe
damit hat er mir immer gedroht
er werde sich umbringen wenn alles so weiterginge
Aber bitte schreiben Sie das nicht Herr von Wegener
Natürlich haben wir auch glückliche Zeiten zusammen gehabt
sie spielt ein paar Takte
Die Jugend ist immer schön
Dann hatte ich ja meine Kunst aufgegeben für seine Kunst
das ist das schwierigste
der eine opfert sich auf für den andern
wir sind hin und her gezogen durch ganz Deutschland
durch ganz Europa

aber mein Mann ist ein Heimatmensch
kein Auswanderertypus verstehen Sie
Ach Fräulein Werdenfels Sie wissen nicht
was das bedeutet mit einem Wissenschaftler oder Künstler
verheiratet zu sein mit einem Genie
Aber uns rettete doch immer wieder unsere Anspruchslosigkeit
Die Genügsamkeit
Wir leben ja auch hier sehr einfach
Dreißig Jahre was heißt fünfunddreißig Jahre ohne Echo
Dann plötzlich mit dem Germaniaroman der Erfolg
jetzt war die Presse aufgewacht
Aber auch der Ruhm macht Schwierigkeiten
Manchmal ist es meinem Mann schon lästig
wenn sie in ihm nur den berühmten Dichter sehen und sonst nichts
da kommt der Mensch zu kurz
Aber mein Mann ist ein Menschenfreund

FRÄULEIN WERDENFELS

Es hat Ihrem Mann doch sehr geholfen
daß er nach Berlin eingeladen worden war vom Senat

FRAU MEISTER

Ja das hat ihm wohl sehr geholfen
Der Staat war aufeinmal auf ihn aufmerksam geworden
Sehen Sie doch
steht auf und nimmt das große Foto des Bundespräsidenten vom Flügel und hält es gegen das Licht
Der Herr Bundespräsident
Mit Unterschrift und Widmung eigenhändig
Der Herr Bundespräsident hat sich für ihn eingesetzt
er hat gesagt er kenne keinen größeren Dichter in Deutschland
Wenn er gefragt werde wen er für den bedeutendsten Dichter deutscher Zunge halte
so sagte er immer ohne nachdenken zu müssen Herr Meister
stellt das Foto wieder auf den Flügel
Mein Mann verabscheut Publizität
aber andererseits entzieht er sich doch ihr nicht
er haßt Empfänge
aber er geht doch immer wieder hin
er mag Vorlesungen nicht er sträubt sich mit Haut und Haaren
aber er absolviert sie doch
Er haßt Macht Fräulein Werdenfels

setzt sich wieder an den Flügel
Es liegt ihm nichts an Geld
aber er verdammt es auch nicht
tatsächlich liegt ihm auch nichts am Erfolg
aber er läuft ihm nicht davon das nicht
Er liebt seine Leser Fräulein Werdenfels
Diese schweren Krankheiten die mein Mann gehabt hat
Dann die Psychiatriephase von der Sie ja wissen
die Psychiater haben meinem Mann gesagt
gehen Sie in den Süden wo es warm ist
wo es noch die unverpatzte Luft gibt
und atmen Sie dort regelmäßig ein und aus
gehen Sie nach Italien
Aber das konnten wir nicht
weil mein Mann als deutscher Dichter
doch an den deutschen Sprachraum gebunden ist
so siedelten wir nach Süddeutschland
und natürlich war es naheliegend
in die Heimat meines Mannes zu gehen
Das hätte natürlich schiefgehen können
aber da hat uns die Stadt dieses Haus angeboten
Ein Vorschlag seines Verlegers
und die Stadt bot uns dieses Haus an
Zuerst war es uns zu groß
zu luxuriös
und auch weil es ein Judenhaus war
aber dann nahmen wir doch an
und empfanden es bald als das ideale
Die Tetralogie hätte mein Mann nicht geschrieben
wenn wir nicht in dieses Haus eingezogen wären
es inspirierte meinen Mann von Anfang an
er war durch die Räume gegangen eines Abends
von oben bis unten und wieder von unten bis oben
und er hat tief eingeatmet und gesagt
Jetzt fange ich mit der Tetralogie an
Und von diesem Augenblick an hatte er an der Tetralogie geschrieben
In der Tetralogie ist der Atem dieses Hauses
der Atem des Professors Stieglitz
Wir sind ja nicht ausgeschlossen vom Geistesleben
Wir haben nicht weit in die Oper

die Oper braucht mein Mann
ohne Opernhaus kann er nicht leben
wenngleich wir die Opernbesuche doch auch sehr eingeschränkt haben
Hier haben wir doch ein ausgezeichnetes Ensemble
hervorragende Gäste
Und dann ist mein Mann auf die Bienen gekommen
von Kindheit an liebte er die Bienen
wie Professor Stieglitz auch
er baute sich das Bienenhaus selbst
er ist ja auch ein guter Handwerker
da sieht man bei jedem Handgriff den er macht
seine Herkunft
wie Sie wissen war sein Vater ja ein gelernter Tischlermeister
deshalb hat mein Mann ja auch immer ein ausgezeichnetes Verhältnis
zur Arbeiterklasse gehabt
aber das wird meistens übersehen
Die Zeitungen schreiben immer
mein Mann sei ein Egozentriker
dabei ist er ganz und gar auf das Volk konzentriert
das ist ganz außergewöhnlich für einen Geistesmenschen

FRÄULEIN WERDENFELS
Hat Ihr Mann nicht auch ein geometrisches Lehrbuch verfaßt

FRAU MEISTER
Ja natürlich
das ist in Fachkreisen doch sehr bekannt
und geschätzt
aber das bleibt alles doch sehr im dunkeln

FRÄULEIN WERDENFELS
Die Herkunft ist das Entscheidende

FRAU MEISTER
Ja natürlich
Ich habe mich sehr schwergetan Fräulein Werdenfels
wegen des Milieus aus dem ich komme
mein Mann kommt ja aus einem ganz anderen Milieu
Aber die gemeinsame Liebe zur Kunst und zur Dichtkunst vor allem
hat dann alle Gegensätze überbrückt
Es ist nicht leicht natürlich aus einem wohlhabenden Hause zu kommen

aus einem sehr anspruchsvollen Hause
und einen Menschen zu heiraten der aus dem
Arbeiterstande ist
auch wenn er ein Künstler ist Schriftsteller Dichter
Aber ich erkannte sofort was in meinem Manne ist
das hatte ich sofort gesehen im ersten Augenblick
und es bestätigte sich ja dann nach und nach
und es dauert natürlich Jahrzehnte
bis das auch der Welt bekannt wird
sie spielt ein paar Takte Liszt

HERR VON WEGENER
Liszt in Weimar
das war doch sehr fatal nicht wahr Frau Meister
Wagner einerseits
Liszt andererseits

FRAU MEISTER
Ich liebe Liszt
ich liebe seine Musik
ich verstehe seine Musik
ich verstehe den Menschen Liszt nicht

HERR VON WEGENER
Bülow Wagner Liszt die Wesendonk
das ist doch ein sehr Deutsches nicht wahr
inkommensurabel

FRAU MEISTER
Der interpretierende Künstler
wie mein Mann sagen würde
der sich an den schöpferischen herangetraut
und von diesem schöpferischen Künstler vernichtet wird

HERR VON WEGENER
Eine tragische Konstellation zweifellos

FRAU MEISTER *leise spielend*
Sehr tragisch
tragisch romantisch

HERR VON WEGENER
Urdeutsch

FRAU MEISTER
In gewissem Sinne

HERR VON WEGENER
Das ungarische Wesen und das deutsche
als Symbiose als Musiksymbiose

FRAU MEISTER

Ich hatte geweint
wie ich durch Liszts Haus in Weimar gegangen bin
ich konnte es beinahe nicht ertragen
ich glaubte ersticken zu müssen
erst als ich zu Goethe und Schiller zurückgefunden hatte
war ich befreit
sie klappt den Flügel zu
Die deutschen Künstlerschicksale sind alle viel zu tragisch

HERR VON WEGENER

Dazu fällt mir Kierkegaard ein
Enten Eller
Entweder Oder
selbst ein derartig im Norden Ringender
hier haben wir den Liszt als Philosophen
Ästhetiker und Ethiker und Verzweiflungsmenschen
Ich glaube die Kierkegaardbeziehung Ihres Mannes
hat ihn zu dem Außerordentlichen gemacht
der er heute ist
An irgendeiner Stelle im Germaniaroman steht ja auch
Mein Kopenhagen des Geistes

FRAU MEISTER

Das sagt auch der Professor Stieglitz in der Tetralogie

HERR VON WEGENER

Da ist es dann auch zu Strindberg nicht weit
zu Fräulein Werdenfels direkt
Nicht wahr Fräulein Werdenfels

FRÄULEIN WERDENFELS

Ja das glaube ich auch
das glaube ich ganz und gar

HERR VON WEGENER

Wir hintergehen die Apokalypse sagt Meister
wir hinterfragen sie nicht
wir hintergehen sie
das ist die Tragödie der Deutschen

FRAU MEISTER *vom Flügel aufgestanden*

Das haben Sie sehr schön gesagt Herr von Wegener

Zehnte Szene

Bibliothek
Der Verleger betrachtet die Regale und liest verschiedene Titel, er nimmt einen Band heraus und stellt ihn wieder zurück, einen zweiten Band und stellt ihn wieder zurück
Er betrachtet die große Vase und versucht, sie aufzuheben gibt aber gleich wieder auf
Er entdeckt eine kretische Scherbe und nimmt sie vom Regal
In diesem Augenblick hört man Herrn Meister dreimal Anne rufen
Der Verleger stellt die Scherbe in das Regal

HERR MEISTER *kommt und tritt mit dem Bienennetz über dem Kopf auf, er ruft, während er schon in der Bibliothek ist*
Anne Anne
plötzlich erschrocken
Ach Sie sind es
Sie sind schon da

DER VERLEGER *auf Herrn Meister zutretend*
Der Verleger ist immer pünktlich
beide schütteln sich die Hände

HERR MEISTER
Das ist mir aber peinlich
hier sehen Sie
ich habe mich im Bienennetz verfangen
und meine Frau ist nicht da
will sich das Bienennetz vom Kopf nehmen
Ich rufe und sie ist nicht da
Ich weiß gar nicht
zieht am Bienennetz
wo sie ist

VERLEGER
Warten Sie
er nimmt Herrn Meister das Bienennetz vom Kopf, sehr sorgfältig
Sehen Sie

HERR MEISTER
Diese Netze verfangen sich immer
an den Knöpfen
Verleger hat ihm das Netz abgenommen

Wenn ich gewußt hätte
daß Sie schon da sind
Hat Sie denn meine Frau nicht gesehen

VERLEGER
Sie wollte sich nur
ein wenig schön machen

HERR MEISTER
Das ist mir aber peinlich
Bitte setzen Sie sich doch setzen Sie sich
er rückt dem Verleger einen Sessel zurecht, dann einen zweiten, dann den Lehnstuhl
Ach bitte nehmen Sie doch Platz
Ich habe Besuch
einen jungen Herrn von der Frankfurter Allgemeinen
Herrn von Wegener
den Sie ja vielleicht kennen
und ein Fräulein aus Heidelberg eine Doktorandin
nette Leute sehr nette Leute jung und nett

VERLEGER *setzt sich*
Der Ruhm bringt es mit sich

HERR MEISTER
Ja der Ruhm

VERLEGER
Vor allem die jungen Leute beschäftigen sich mit Ihrem Werk
wo ich auch hinkomme
sofort werde ich nach dem berühmten Meister gefragt
Moritz Meister das ist heute ein Begriff
Alles wartet auf Ihre Tetralogie
heute steht der Name Moritz ganz oben
Herr Meister hat entdeckt, daß die Vase nicht auf dem rechten Platz steht und rückt sie zurecht
Die Jugend ist völlig mit Ihrem Werk beschäftigt
mit keinem zweiten in dieser Weise
mit der größten Wissenschaftlichkeit und Leidenschaft
Herr Meister wirft einen Blick auf die Scherbe und rückt auch diese zurecht
Das ist das Phantastische an dieser Jugend
daß sie sich an den besten Werken orientiert
Soviele Arbeiten über Sie
über keinen andern
Haben Sie den Aufsatz von Lenk gelesen

Professor Lenk der Ordinarius in Marburg
der sich mit Ihrem Germaniaroman auseinandersetzt
ungeheuerlich tief durchdrungen von Ihrer Sicht auf die Dinge
ich schätze Lenk seit Jahren
ich ermunterte ihn für uns ein Buch zu schreiben
über den Zeitungeist
Mein lieber Herr Meister
ich hoffe Sie haben eine gute Zeit gehabt
Sie wissen was ich sagen will

HERR MEISTER

Ich weiß

VERLEGER

Die Tetralogie

HERR MEISTER

Sie ist fertig
ich habe das Unvorstellbare vollbracht

VERLEGER

Wir werden ein bedeutendes Echo haben
auf Ihr Buch
wir werden es in einer großen Auflage herausbringen
weltweit
sagen wir in hunderttausend Exemplaren
vielleicht auch in hundertfünfzigtausend
soviele Nachfragen
niemals vorher hat es soviele Nachfragen gegeben
Dazu ist die Wahl in die Akademie für Sprache und Dichtung
gerade recht gekommen
und selbstverständlich spüren wir auch
daß Sie jetzt in ganz Deutschland reisen

HERR MEISTER

Nur einen Augenblick wenn Sie gestatten
nur einen Augenblick
ich bin gleich wieder da
entfernt sich
Verleger zieht ein Papier aus seiner Brusttasche, liest es durch und steckt es wieder ein und betrachtet die Bibliothek
Er steht auf und geht noch einmal zur Scherbe und betrachtet sie, dann setzt er sich wieder, streckt die Beine aus, zieht sie an und streckt sie wieder aus
Herr Meister kommt zurück, gekämmt, in einer langen grauen Weste, und geht zu den Getränken

Ich darf Ihnen doch etwas anbieten

VERLEGER

Ja natürlich sehr gern
Herr Meister füllt zwei Gläser und tritt an den Verleger heran, der aufgestanden ist, und sie leeren die Gläser
Ein guter Tropfen

HERR MEISTER

Wir sind hier sehr glücklich meine Frau und ich
sie setzen sich
Es war ja alles offen
wie wir hier eingezogen sind
schließlich hatte ich keinerlei Garantie
ob ich hier arbeiten kann
in die Heimat zurückzugehn ist das gefährlichste
Meine Frau drängte allerdings an einen Ort
an welchem wir bleiben
Nun bleiben wir hier
Das tut meiner Lunge ja auch gut
Ich habe die gute Luft
ich habe die Bienen
ich habe die größte Arbeitslust

VERLEGER

Nun ist die Akademie an mich herangetreten
Sie zu bitten
ob Sie nicht einen Vortrag halten
über den Roman a n s i c h
es bleibt Ihnen natürlich völlig selbst überlassen
wie Sie das Thema angehen
Da Sie ja jetzt mit der Tetralogie fertig sind
ja so habe ich gedacht
es wäre zum Erscheinen der Tetralogie natürlich äußerst vorteilhaft
wenn Sie auch mit der nächsten Akademietagung
in Erscheinung treten
man wartet gewissermaßen auf nichts anderes als auf Sie
man empfindet Ihr Auftreten in der Akademie
als etwas durchaus Sensationelles

HERR MEISTER *lehnt sich zurück*

In gewisser Hinsicht
wäre ich ja jetzt frei
und es wäre mir nicht so schwierig
mich einem solchen vorgeschlagenen Thema

anzunähern
Der Roman *an sich* sagten Sie

VERLEGER
Ja

HERR MEISTER
Das könnte mich packen
dazu wäre ich vielleicht in Stimmung
Ich könnte mir vorstellen daß ich mich jetzt
nach der Tetralogie
nach der jahrelangen Beschäftigung mit dem Professor Stieglitz
auf ein wissenschaftliches Thema stürze
sozusagen zur Ablenkung und neuerlichen Konzentrierung sozusagen

VERLEGER
Ich soll Sie sehr herzlich von meiner Frau grüßen
Sie schätzte sich glücklich
wenn Sie bald wieder unser Gast wären

HERR MEISTER
Ja wenn ich plötzlich wieder frei atmen kann
jetzt nach der Tetralogie

VERLEGER
Es läßt sich alles sehr gut an
auch die andern Bücher setzen wir durchaus gut ab
es gibt keine Klage es geht aufwärts
Nun haben wir Verträge auch mit Skandinavien abgeschlossen
mit Schweden was ich für sehr wichtig halte
und mit Norwegen und mit Finnland
es braucht alles seine Zeit
wer hätte gedacht vor fünf Jahren noch gedacht
daß Sie heute schon ein berühmter Autor sind in Amerika
es ist ja doch erstaunlich wie genau Sie
Ihr Thema und Ihre Zeit getroffen haben
aber man kann das nicht planen vorausberechnen
Die Sorbonne hat angefragt ob es möglich ist
daß Sie im Herbst dort eine Vorlesung machen
in französischer Sprache
Sie hatten doch einmal angedeutet
daß es Sie interessieren würde etwas über Voltaire
in Beziehung zu Ihren Ansichten über Frankreich zu sagen
oder vielleicht etwas über Ihren Professor Stieglitz in bezug auf Voltaire

Aber ich will Sie nicht drängen
der Verleger dränge nicht
beobachte nur
warte ab

HERR MEISTER

In gewisser Hinsicht bin ich ja Frankreich sehr verbunden
Schon als Zwanzigjähriger habe ich Baudelaire übersetzt
aber dann habe ich die Übersetzerarbeit aufgegeben
weil ich der Ansicht war es schade meiner eigenen Arbeit

VERLEGER

Sehr schade daß Sie die Übersetzertätigkeit aufgegeben haben
gerade die Baudelaireübersetzungen die es gibt
sind nicht gelungen
es ärgert mich jedesmal wenn ich Baudelaire übersetzt lese
aber ich lese grundsätzlich die französischen Autoren im Original
Baudelaire Verlaine Mallarmé Rimbaud Proust
lehnt sich zurück
Die Franzosen müßten ja alle neu übersetzt werden
aber von wem das ist die Frage
ich bin jahrelang auf der Suche nach guten Übersetzern
aber ich finde keinen akzeptablen

HERR MEISTER

Proust beispielsweise ist schon zweimal oder dreimal übersetzt
und jedesmal sagt man es sei eine geniale Übersetzung
aber nach zehn Jahren spätestens stellt sich heraus
daß diese geniale Übersetzung nichts als dilettantisch ist
Und mit Joyce ist es dasselbe

VERLEGER

Der Verleger ist immer auf der Suche
nach dem Neuen

HERR MEISTER

Der Verleger ist das Gewissen der Nation

VERLEGER *schaut sich in der Bibliothek um*

Wie es sich hier doch verändert hat
in den letzten Jahren
Das ist Größe denke ich das ist Größe
Hier ist die Größe

HERR MEISTER

Hier kann ich doch vieles unterbringen
das ich früher nirgends unterbringen konnte
vor allem meine archäologische Sammlung

VERLEGER
Ja ja die Archäologie
meine Frau und ich
wir planen eine Mexikoreise
und wir wollen auch nach Peru
da werden wir zuerst Ihre Informationen einholen

HERR MEISTER
Die lateinamerikanische Geschichte
ist mir natürlich nicht so vertraut

VERLEGER
Wir haben jetzt einige großartige lateinamerikanische
Autoren im Programm
alles Weltliteratur das Beste das es heute gibt
auf die Vase blickend
Wie alt ist die Vase

HERR MEISTER
Zweieinhalbtausend vor Christi etwa

VERLEGER
Ach das ist ja doch imposant
das ist ja doch von ungeheuerlichem Wert

HERR MEISTER
Natürlich ist es eine Nachbildung
ganz selbstverständlich
aber ich hänge sehr an dieser Vase
ich könnte ohne diese Vase nicht sein

VERLEGER
Der Autor muß immer mit der gesamten Geschichte
in Zusammenhang sein
verliert er diesen Zusammenhang einmal
und ist es auch nur auf die kürzeste Zeit
hat er auch seine Größe verloren

HERR MEISTER
Die Geschichte und der Autor sind
eine Einheit

VERLEGER
Der Denkende bezieht alles aus der Geschichte
und die Geschichte bezieht alles aus dem Denkenden
das ist ein Novalisgedanke denke ich

HERR MEISTER
Es könnte Novalis sein
aber es ist ein Satz aus meiner Tetralogie

Professor Stieglitz sagt diesen Satz
Seite achthundertdrei unten

VERLEGER *ruft aus*
Phänomenabel

HERR MEISTER
Mein größter Vorzug ist es immer gewesen
ein präzise speicherndes Gedächtnis zu haben

VERLEGER
Den Germanienroman bringen wir im Herbst
als Taschenbuch heraus
wir haben die Rechte jetzt nach China verkauft
mit Japan verhandeln wir
Korea zieht mit
Ich glaube in China liegt Ihre Zukunft

HERR MEISTER
Das hatte ich immer gewünscht
Chinesisch zu können das blieb aber unerfüllt

VERLEGER
Meine Frau ist ganz begeistert von der Idee
daß Sie uns das Vergnügen machen
mit Ihrer Frau
mit uns nach England zu fahren
wenn die Tetralogie erschienen ist
das wir Ihnen guttun
Das fehlt Ihnen ja England
Sie waren doch nie in England

HERR MEISTER
Ich war nie in England im Land Shakespeares

VERLEGER
In Cornwall haben wir ein Haus
da könnten Sie unter Umständen sogar arbeiten
Man weiß es ja vorher nicht
plötzlich geht es auch im Ausland wie denken Sie darüber

HERR MEISTER
Ich habe niemals im Ausland arbeiten können
ich habe es immer versucht
es ging aber nicht
wie meinem Professor Stieglitz
ich war immer an den deutschen Sprachraum gebunden
In Ägypten beispielsweise glaubte ich es geht
aber dann ging es nicht

wir wohnten in der Nähe der Pyramiden
die beste Voraussetzung für das Schreiben dachte ich
aber nicht eine Zeile nichts
aber natürlich war der Archäologe in mir der Stärkere
der Schriftsteller hatte zurückzutreten

VERLEGER
Wir werden nur mit leichtem Gepäck nach England reisen
Die englische Luft wird Ihnen guttun

HERR MEISTER
In Frankreich bin ich immer deprimiert

VERLEGER
In England sind Sie sicher nicht deprimiert
ich glaube Sie sind ein Mann für England
das englische Wesen entspricht Ihnen
Der Verleger hat immer darauf zu achten daß er seine Autoren dahin bringt
wo sie schöpferisch werden
Aber Sie sind ja so schöpferisch Meister
derartig schöpferisch
Ich bin ja so gespannt auf die Tetralogie
Jetzt habe ich Kierkegaard gelesen
das ist ein Mann den ich nicht besonders gut kannte
jetzt ist es mir aufgegangen was für ein Mann das ist
Vieles in Kierkegaard erinnert mich doch an Sie
Es steckt ein Kierkegaard in Ihnen
und vielleicht wissen Sie das gar nicht
tatsächlich ein Kierkegaard

HERR MEISTER
In gewissem Sinne
habe ich eine Beziehung zu Kierkegaard
und zu Strindberg

VERLEGER
Ich bringe jetzt Strindberg heraus
vielleicht schreiben Sie ein Vorwort
zu dieser Ausgabe
Das wäre doch schön
Nach und nach
bringen wir alle nordischen Dichter heraus
ruft aus
Ibsen was für ein Geistesmensch
Ich reiste vor einem Jahr nach Schweden

und fand etwas Unveröffentlichtes von Ibsen
Eine Komödie
vor dem Peer Gynt geschrieben
phänomenabel
das bringe ich im nächsten Jahr
mit gesammelten Kommentaren
Übrigens plane ich eine neue Reihe
etwas für die Jugend für die studierende Jugend
da könnten wir Ihre Schrift über das Kosmische herausbringen
ich habe schon sechs Manuskripte
Ich suche neue Lektoren
zwei sind krank
einer ist gestorben
von Zeit zu Zeit muß ich alle diese Leute auswechseln
ich suche einen jungen Mann
der sich mit Wieland intensiv beschäftigt hat
kennen Sie jemanden
Ich versuche eine neue Kantausgabe auf die Beine zu stellen
das ist schwierig
Kant der sich den ganzen deutschen Geist
untergeordnet hat
Ist Ihnen Möbius ein Begriff
Herr Meister verneint
Möbius hat eine Ethik geschrieben
ein Jahrhundertbuch
das bringe ich im Frühjahr
Und etwas sehr Schönes von Engels völlig unbekannt
eine zarte Erzählung im Grunde eine Weihnachtsgeschichte
Es läuft alles sehr gut im Verlag
auch wenn wir jetzt allgemein im Verlagswesen
eine Krise haben
zugegeben der Buchhandel befindet sich in einer Krise
aber davon bin ich nicht betroffen ich nicht
zieht das Papier aus seiner Rocktasche
Es sieht gut aus Meister
Ihre Bilanz ist ausgeglichen
Das ist doch etwas durchaus Erfreuliches
Wir haben achtzigtausend abgesetzt vom Germanienroman
Wenn erst die Tetralogie erschienen ist
man ist gespannt darauf
ein so bedeutendes Buch im richtigen Moment

Drei Bände in Kassette
in Schwarz wie Sie es wünschen
und mit dem Untertitel
Stieglitz oder die Weltordnung
Herr Meister ist aufgestanden und hat wieder eingeschenkt und hat sich wieder gesetzt
Es wird viel gesprochen von schlechter Bilanz
aber das betrifft u n s nicht
wir sind gut in Fahrt
Wenn die Tetralogie auf dem Markt ist
werden Sie um ein paar Vorlesungen auch in Berlin
nicht herumkommen
das ist notwendig daß sich der Autor zeigt
das Publikum hat ein Recht auf den Autor
es muß ihn von Zeit zu Zeit zu Gesicht bekommen
steckt das Papier wieder ein
Ich war nicht unbeteiligt
was Ihre Aufnahme in die Akademie betrifft
von selbst ist nichts
Nun warten alle Leute darauf
daß Sie sich auch dem Theater zuwenden
Herr Meister bewegt ungläubig den Kopf
Ein Drama wissen Sie
von Ihrer Feder
aufgeführt an einer ersten Bühne
mit den besten Schauspielern
auf dem Hamburger Schauspielhaus beispielsweise
oder auf dem Schillertheater in Berlin

HERR MEISTER
Es drängt mich nicht auf die Bühne
aber man kann nie wissen

VERLEGER
Ein neuer deutscher Shakespeare wer weiß
Es ist ja geradezu explosiv vor Dramatik Ihr Werk
es sind so viele Dramen in Ihrer Prosa
einzelne Kapitel Ihres Germaniaromans
sind wie Dramen
merkwürdig

HERR MEISTER
Das sagten schon einige

VERLEGER
Es strotzt vor Drama Ihr Werk
HERR MEISTER
Wer weiß was die Zeitläufte bringen
VERLEGER
Übrigens werden Sie in England
natürlich auf den Spuren Shakespeares wandeln
und ich und meine Frau sind Ihre Begleiter
Ein deutscher Geist gehört einige Zeit
in die englische Luft
blickt sich in der Bibliothek um
Die Tradition dieses Hauses
Sie stellten sie wieder her
Dem Judentum verdankt der deutsche Geist
beinahe alles
Wir brauchen ein paar gelungene neuere Fotos von Ihnen
ich werde einen jungen Fotografen schicken
in nächster Zeit
einen ganz unaufdringlichen jungen Mann
Zehn Freiexemplare von der Tetralogie genügt das
HERR MEISTER
Zehn oder zwölf
VERLEGER
Wir schicken zwölf
wir schicken vierzehn
Es ist schon erstaunlich
daß es aufeinmal in Deutschland wieder Dichtung
von europäischem Format gibt von Weltformat
ich spreche von z w e i Dichtern Sie wissen um wen es geht
aber wenn ich hier bin denke ich
S i e sind doch der größte
zwei solche hervorragenden Geister deutscher Zunge
die augenblicklich die Welt beherrschen
aber I h r Werk ist das gesicherte das größere
das mit dem höchsten Anspruch
d a s deutsche mit Weltanspruch
Auf zwei Dichtern beruht in ganz Deutschland alles
aber noch mehr auf I h r e m Werke allein
Sie sind absolut eine Ibsen- oder Strindberggröße
wenn nicht noch viel höher als diese beiden einzuschätzen
was Strindberg auf dem Gebiet des Dramas

sind Sie was die Prosa betrifft
nicht im goethischen Sinne
ein Strindberg der Prosa
Mit welchem Mut Sie an Ihr Werk herangegangen sind
und mit welcher Ausdauer Sie es in die höchste Höhe
getrieben haben
Alleingegangen vorwärts geradeaus
Wielange haben Sie denn an der Tetralogie geschrieben

HERR MEISTER *der sich inzwischen eine Pfeife angezündet hat*
Genaugenommen zweiundzwanzig Jahre

VERLEGER
Das ist Größe
das ist es
Zweiundzwanzig Jahre
welch eine Jahrhundertleistung
Das spürt man in jedem Wort Ihres Werkes
daß es alle Prüfungen des Geistes durchgemacht hat

HERR MEISTER
Stieglitz oder die Weltordnung
das ist ungeheuerlich
Ich danke sehr viel meiner Frau
Jahrzehntelang habe ich ja nur von ihr gelebt
Sie hat alles aufgegeben für mich
alles beinahe alles
Sie hat mir über alle Unsicherheiten hinweggeholfen
Sie war es die mich gelenkt hat
ohne sie wäre ich nichts

VERLEGER
Eine Existenz in bitterster Kargheit
nur so konnte sich natürlich entwickeln
was jetzt da ist feststeht fest begründet ist
unauslöschlich

HERR MEISTER
Ich brauche den Weinberg
ich brauche meine Ruhe
hier kann ich mich konzentrieren

VERLEGER
Und dann und wann eine Reise in die Welt nicht wahr
Zu den klassischen Stätten des Altertums
Persien Griechenland Ägypten
man spürt es in jeder Zeile Ihres Werkes

alles was Sie geschrieben haben
ist davon durchdrungen
Aber die Luft ist sehr dünn auf dem Höhepunkt

HERR MEISTER
Sehr dünn sehr dünn

VERLEGER *nachdem er sich in der Bibliothek umgesehen hat*
Am Abend werde ich ja dann
etwas zu hören bekommen aus der Tetralogie nicht wahr
eine Kostprobe nicht wahr

HERR MEISTER
Ich werde aus meiner Tetralogie vorlesen
Ihnen zu Ehren
meinem Verleger zu Ehren
Der Professor Stieglitz im Reisezug durch Portugal
nach Coimbra ans Ziel

Elfte Szene

Salon
Alle, auch die Frau Herta und der Briefträger, auf Sesseln und in Fauteuils
Herr Meister gegenüber an einem Tischchen mit einem Manuskript
Applaus, wenn der Vorhang aufgeht

HERR MEISTER *nach einer längeren Pause, immer wieder sein Manuskript umblätternd*
Nun lese ich noch etwas aus dem Edgarkapitel
den Schluß
Robert ist aus Triest gekommen
geschichtsträchtig Die Stadt im Dunkeln der Hafen verödet
Marlene erfährt nichts von seiner Tragödie mit Edmund
der in London geblieben ist
Die Affäre mit Cyrus ist vergessen
Die Zeitungen haben sich entschlossen über Cyrus nichts mehr
zu berichten
Der Artikel von welchem Edgar mit Robert gesprochen hatte

ist nicht erschienen weil die Times derartige Artikel nicht
druckt
In Deutschland weht ein heftiger Sturm zu dieser Zeit
Es ist Robert ganz einfach nicht möglich
sich mit Edgars Entschluß abzufinden
Man muß sich vorstellen Edgar war überrascht gewesen daß
Robert
aus freien Stücken den Professor Stieglitz getroffen hat und
zur Selbstaufgabe bereit gewesen war seinem Werk zuliebe
Er hatte ja die Theologie studiert um die Chirurgie zu
vergessen
England litt unter der Pfundschwäche
So gelang es schließlich Friedrich nicht
die Zeitung zu bekommen in welcher von Edgars Entschluß
geschrieben war
gegen die Annahme Roberts der sich sicher gewesen war
daß Friedrich an diese Zeitung herankommen würde
Die Schiffe in Aden konnten nicht auslaufen
Professor Stieglitz litt an seiner Erkältung in Caracas
In London selbst hatte der Premierminister Order gegeben
mit Stieglitz nicht mehr zu verhandeln
Die Königin war in Neuseeland
So bereitete sich Friedrich ohne Hoffnung auf Erfolg
allerdings
auf seine Mexikoreise vor
währenddessen Robert noch immer mit seinem Plan
beschäftigt gewesen war
mit jenem Plan nämlich der Edgar zum Verhängnis werden
sollte
den Blick auf die Zuhörer gerichtet
hier gibt das Bürgerliche Gesetzbuch Auskunft
Robert begleitete schließlich Lynn in den Centralpark
und verabredete mit ihr ein Treffen in Oxford
Professor Stieglitz vollendete seine Schrift über
Schopenhauer
Die beiden waren sich einig daß es ohne Edgar nicht geht
Aber man kann natürlich nicht von einem Komplott sprechen
Hier ist der Stil ganz dem Thema angemessen ganz
leicht ganz rhythmisch getragen
eben angemessen der Aussichtslosigkeit noch einmal in
England

jene Verhältnisse herzustellen
von welchen Robert geträumt hatte
die Edgar hatte verhindern wollen
Und in Deutschland hatte man die Konsequenzen nicht gezogen
Stieglitz war in Frankfurt absolut unerwünscht
Fräulein Werdenfels macht ein Blitzlichtfoto von Herrn Meister
In Deutschland ging alles seinen trägen unmenschlichen Weg
es ist etwa die Stimmung wie im Germaniaroman ab Kapitel fünf
auch da hatte ich natürlich das Zeitproblem
Die Dreidimensionalität die dazu führte daß ich den Edgarstrang
schließlich doch mit dem Robertkapitel vereinigen konnte
Also die Beziehung Goethe Wittgenstein Kierkegaard
Aber hören Sie
nach einer Pause vorlesend
Als Edgar aus London nach Paris gekommen war amerikamüde
förderte nichts mehr den Plan sein Werk zum Abschluß zu bringen
er war durchdrungen von der Liebe zu Deutschland
aber nichtsdestoweniger gelang ihm der Sprung nach England nicht
Robert verzichtete auf die Chinareise und verhinderte dadurch
die Gegenposition Edgars der sich mit Stieglitz besprochen hatte
In Nizza war es zu dieser Zeit merkwürdig grau
Fräulein Werdenfels macht ein Blitzlichtfoto von Herrn Meister
Das Meer lag im Schatten der Ereignisse Mitteleuropas
von welchem keinerlei Initiative mehr ausging
es war ein Engpaß eingetreten
Der dritte Weltkrieg lag in der Luft
Woran hatte Robert gedacht als Lynn ihn begleitete
wir wissen es nicht
Professor Stieglitz verweigerte die Aussage vor dem Schwurgericht

Fräulein Werdenfels macht ein Blitzlichtfoto von Herrn Meister
Wieviele Briefe hatte Robert an Edgar geschrieben aus London
wir wissen es nicht
Wir vermuten daß die Katastrophe schon sehr viel früher
eingetreten sein mußte nämlich in dem Augenblick
in welchem Edgar auf sein Vermögen verzichtete
und in die Schweiz zurückkehrte um seine Mutter zu treffen
Fräulein Werdenfels macht ein Blitzlichtfoto von Herrn Meister
Diese einsame Frau die an Lungenentzündung krankte
wartete auf Edgar in einem Hotel in Lausanne
das
welch merkwürdiger Zufall
Professor Stieglitz gehörte
So schloß sich endlich der Kreis der Geschwister
schließt das Manuskript
alle applaudieren

VERLEGER *mitten in den Applaus hinein*
Das ist ja groß
wendet den hocherhobenen Kopf
artig

Ende

Der Weltverbesserer

Für Minetti

Ich bin krank.
Ich leide vom Kopf bis zu den Füßen.

Voltaire

Personen

WELTVERBESSERER
DIE FRAU
REKTOR
DEKAN
PROFESSOR
BÜRGERMEISTER

Im Haus des Weltverbesserers

Erste Szene

Fünf Uhr früh
Der glatzköpfige Weltverbesserer mit einem Hörrohr auf einem hohen Sessel

WELTVERBESSERER *ruft durch die offene Tür hinaus*
Das Ei weich
die Sauce süß
süß die Sauce
streckt beide nackten Beine so weit als möglich aus, während er in einem Buch liest
Feingeschnittene Zwiebel
Meine Zunge ist gänzlich ausgetrocknet
hörst du
Mir ist wieder eine Maus
über das Gesicht gelaufen in der Nacht
Man muß mehr Fallen aufstellen
Kein Gift
schreit
Kein Gift
Unterstehe dich
klappt das Buch zu und schaut umher
Es ist lächerlich
wenn ich schließlich und endlich
doch an der Zugluft sterbe
befiehlt
Fenster zu
Türen zu
Es ist genug gelüftet
draußen werden Türen und Fenster zugemacht
zu sich
Verschiedene Fleischsorten
in süßer Sauce
geriebener Zimt
ein Schuß Sherry
ruft hinaus
Die Kragen stärken
aber nicht so hart
daß sie mir bei jeder Bewegung
in den Hals schneiden

betastet seinen Hals von allen Seiten
Ich bin ganz wund
Ein schrecklicher Zustand
Wir brauchen Schonung
und werden gemartert
schlägt das Buch wieder auf und liest
Was für ein unbeschreiblicher Unsinn
wirft das Buch so weit als möglich weg
sinkt in sich zusammen, dann schreiend
Daß mir kein Tintenfisch mehr
auf den Tisch kommt
zu sich
Diese Stelle war doch sehr komisch
Komisch
schreit
Bring mir doch das Buch
Das Buch
hörst du
das Buch
Die Frau tritt ein, hebt das Buch auf und gibt es ihm
Weltverbesserer ganz leise zu ihr
Ich weiß
ich bin ungerecht
Ich bin ein Scheusal
ich bin unverbesserlich
Ich bin gerührt
tatsächlich ich bin gerührt
tätschelt der Frau auf die Brust
In gewissem Sinne
bin ich ungerecht
in gewissem Sinne
Meine Launen
ich weiß
Die Frau geht hinaus
Weltverbesserer liest im Buch
Wo ist die Stelle
blättert im Buch
Diese Stelle
diese ausgezeichnete Stelle
Da ist sie
liest

Nein
es ist doch nichts
nichts
nichts
wirft das Buch weg und legt die Hände in den Schoß mit gesenktem Kopf
Die Stille
die uns alle krank macht
die krankmachende Stille
schaut um sich
In jedem Detail
ist Krankheit
überall
in allem
Eine Komödie
haben wir geglaubt
aber es ist doch eine Tragödie
Nach und nach
wird in diesen Mauern
eine Tragödie gespielt
neigt den Kopf auf die linke Seite, horcht
Es hat sich angekündigt
Es deutet alles darauf hin
In viele Risse könnte ich ja meine Hand stecken
wenn ich wollte
aber ich will nicht
könnte ich
wenn ich wollte
ruft hinaus
Wann war das Erdbeben
wann war es
zu sich
Eine Zeitlang gelingt es uns
über uns zu herrschen
hebt seinen Kopf so hoch als möglich
dann fallen wir wieder in uns zusammen
ruft hinaus
Wir sollten einen Spaziergang machen
Alles blüht draußen
zu sich
und ich sitze da

eingesperrt
kein Mensch kümmert sich um mich
plötzlich hinausschreiend
Ich erfriere
zappelt mit den Füßen
Ich erfriere wenn du nicht gleich kommst
In der Schatulle ist meine Kette
sinkt in sich zusammen
Heute will ich sie umhängen
Heute ist ein großer Tag
ruft hinaus
Die Kette
gibt mir mehr Würde
schreit
Was ist denn so kompliziert
daß ich solange warten muß
Ich friere
ich erfriere
zappelt mit den Füßen
Die Frau kommt mit einer Fußbadewanne herein, stellt sie am Sessel ab, kniet vor dem Weltverbesserer mit einem Handtuch nieder
Weltverbesserer steckt langsam die Füße ins heiße Wasser
Ah
Eine Gewohnheit natürlich
Eine Machtbefugnis
Wir bitten um tagtägliche gute Behandlung
Wir sehen zu daß alles in Ordnung kommt
und erbitten beste Behandlung
Hast du auch ein frisches Handtuch
Zeig her
Er entreißt der Frau das Handtuch und riecht am Handtuch
Eine Unverschämtheit
Glaubst du ich erkenne meinen Geruch nicht
Ich liebe es nicht
ein Handtuch zweimal zu benützen
wirft das Handtuch weg
Man belügt mich nicht ungestraft
Aufheben
Heb es auf
Die Frau weigert sich

Ich kann warten
Die Frau hebt das Handtuch auf
Und mein Buch
heb das Buch auf
Die Frau hebt auch das Buch auf
Es ist entwürdigend
schon in aller Frühe
das Wort h i n a u s zu verschleudern
Die Frau dreht sich um und geht mit Handtuch und Buch hinaus
Weltverbesserer sinkt in sich zusammen
Alles könnte so schön sein
Ah
ich brauche diese Wärme
von unten herauf
Wir lieben unser Leben
und hassen es gleichzeitig
Weil wir so strebsam sind
kommen wir vorwärts
Jedes Jahr schwierigere Examen
jedes Jahr größere Verständigungsschwierigkeiten
Der Kranke ist überfordert
Die Frau kommt herein mit einem neuen Handtuch
Eine neuerliche Handtuchprobe
erübrigt sich
Die größte Unverschämtheit wäre
mir das alte
als neues auszugeben
so zu tun als handelte es sich um ein neues
während es doch das alte ist
Ich verzichte auf die Probe
Die Frau will ihm die Füße abreiben
Es sind noch keine fünf Minuten
Die Frau schaut auf die Uhr
Exaktheit
ist das Fremdwort
Kein Zeitbezug
schaut auch auf die Uhr
Wir haben darauf zu achten
daß wir die Zeit genau einhalten
wo kämen wir hin

wenn wir uns über die Zeit hinwegsetzten
zählt die Sekunden
zwölf
elf
zehn
neun
acht
sieben
sechs
fünf
vier
drei
zwei
jetzt
Der Weltverbesserer zieht blitzartig die Beine aus dem Wasser
Die Frau trocknet ihm den rechten Fuß ab
Jede Stunde
ist die Stunde der Wahrheit
mein Kind
Welche Mühe es mich gekostet hat
dich diese Tätigkeit zu lehren
Kein Mensch weiß
was mir dieses Abtrocknen bedeutet
entzieht ihr den rechten Fuß, schreit auf
Du tust mir ja weh
sinkt in sich zusammen
Wie weit bist du
mit deinem Dramulett
hast du die Großmutter sterben lassen
nach einer Pause
sterben lassen
Ich weiß eine Ungehörigkeit
der schöpferische Mensch
darf nicht an seine Schöpfung erinnert werden
ist diese Schöpfung noch nicht fertig
Es ist eine Raffinesse
das Drama
nur als ein Dramulett zu bezeichnen
Wir schreiben alle
alle schreiben

Du verstehst doch hoffentlich einen Spaß
Du läßt die Großmutter
das Enkelkind in der verfallenen Ruine suchen
und sie umkommen in der Ruine
Die Großmutter kommt in der Ruine um
auf der Suche nach dem Enkelkind
Und das Enkelkind
das von der Großmutter gesucht worden ist
ist aufeinmal wieder zuhause
Nicht das Enkelkind kommt um
die Großmutter verstehst du
Die Frau trocknet ihm den linken Fuß ab
Oder vielleicht
ein Königsdrama
mit ungewissem Ausgang
wobei es ganz sicher ist
daß der König erdolcht wird
von hinten mein Kind
mit einem langen Messer
von welchem niemand wissen kann
wie es in die Hand des Mörders gekommen ist
Fingerabdrücke auf der Königskrone mein Kind
Ein blutrünstiger Neffe
der sich unter die schottischen Bauern gemischt hat
Oder eine verschlagene Dirne
die dem König den Hintern ausgewischt hat bei Nancy
Die Frau will aufstehen und gehen
Bleib da
versündige dich nicht
Rette deine Seele
Verzeih mir
Nur noch einen Augenblick
das linke Bein
wie mich das kribbelt
Die Frau reibt ihm das linke Bein ab
Zwei ganz kleine Augen
erscheinen in finsterer Nacht
einem ganz kleinen Kind
und auf einmal erkennt das Kind
daß die ganz kleinen ganz lieben Augen
die Lichter einer Lokomotive sind

Ein neues Märchenmotiv
für dich
Du siehst
es mangelt mir nicht an Phantasie
Nur an der Rührseligkeit
ohne die Poesie nicht entstehen kann
Mach dich ans Werk
streckt ihr das rechte Bein hin
Wir dürfen alles
nur nicht die Kontrolle
über uns verlieren
Unsere Vorbilder nicht außer acht lassen
Das Philosophische in uns
nicht ersticken
vorausgesetzt
ein solches Philosophisches
war überhaupt in uns versteckt
Es ist ein Versteckenspiel
in welchem sich die einen früher
die andern später
zu Tode laufen
Die Frau ist aufgestanden und hat ihm Strümpfe angezogen
Eine gelungene Szene
Wenn wir sie zum zehntausendstenmal
gespielt haben
belohnen wir uns
in aller Heimlichkeit natürlich
mit einem Fest
das wir uns geben
Ein Familienfest meine Liebe
ganz allein gefeiert
ohne Anhang
ohne Familie
Die Frau geht hinaus
Weltverbesserer flüstert ihr nach
und ohne uns
zu sich
Die verlogene Ratte
Zwanzig Jahre
hat sie gehofft
daß ich sie heirate

jetzt erhofft sie sich
die Heirat nicht mehr
aber sie geht auch nicht mehr weg
Sie fühlt sich hier zuhause
Auch mit ihrer Häßlichkeit
bin ich fertig geworden
Wir haben uns gegenseitig hineingelegt
plötzlich hinausschreiend
Eine Ungeheuerlichkeit
eine Fürchterlichkeit
hörst du
Die Frau erscheint
Komm her
komm ganz zu mir her
Wir haben heute vergessen
winkt sie ganz nahe an sich heran, flüstert ihr ins Ohr
Wir haben den Schwanz nicht gewaschen
hebt seinen Kopf
Das sollte nicht vorkommen
Die Frau will hinausgehen
Weltverbesserer herrscht sie an
Wenn wir schon
die alltäglichsten Verrichtungen
vergessen
wohin kommen wir
packt sie am Arm
Das Zusammensein
ist eine Vertrauensstellung
Anzeichen von Zerfall
Wir können uns trennen
wenn du magst
Aber dann bin ich vernichtet
Eine Rente ist dir sicher
Aber dann bin ich vernichtet
Eine hohe Abfertigung
Aber dann bin ich vernichtet
Die Frau reißt sich los und geht hinaus
Weltverbesserer schreit ihr nach
Die Kette
die Kette bitte
Heute die Kette

Wenn die hohen Herrschaften kommen
kann ich nicht ohne Kette sein
Wozu habe ich diese Kette
wenn ich sie mir nicht umhänge
im entscheidenden Moment
Es gibt nur zwei solcher Ehrenketten
Die meinige
und die
die der Erzbischof von Paris hat
Die Stadt Frankfurt hat sie mir nicht dazu umgehängt
daß ich sie in der Schublade verschimmeln lasse
zu sich
Wir sollten fortwährend auf der Hut sein
und uns nicht übertölpeln lassen
Wenn wir unseren Nächsten alles durchgehen lassen
verkommen wir in der kürzesten Zeit
Die Frau kommt mit einer großen Kette herein
Weißt du noch
wofür ich diese Kette bekommen habe
von der Stadt Frankfurt
Sag es
auch wenn du es schon hunderttausendmal gesagt hast
Ich will es hören
bitte
bitte sag es
klatscht in die Hände
Ich bitte dich sag es
sag es
sag es
für
für

DIE FRAU *hängt ihm die Kette um*
Für deinen Traktat

WELTVERBESSERER
Natürlich für meinen Traktat
Für welchen Traktat für welchen

DIE FRAU
Für den Traktat
den du der Stadt Frankfurt gewidmet hast

WELTVERBESSERER
Ja ja

aber wie heißt der Traktat
wie heißt er

DIE FRAU

Traktat zur Verbesserung der Welt

WELTVERBESSERER *betastet von oben nach unten die Kette*

Du sagst es
du sagst es mein Kind
Du entschädigst mich dadurch
für so viele Schändlichkeiten
Du weißt
ich verzeihe dir
ich habe dir immer verziehen
Meine Natur verzeiht
ich habe immer allen verziehen
insbesondere dir
Was für ein armer Mensch bin ich
Die Kette ist ja nur eine kleine Entschädigung
nur eine ganz kleine Entschädigung
Die Kette bindet mich natürlich
moralisch
moralisch bin ich an diese Kette gebunden
Das Traurige ist
daß kein Mensch meinen Traktat verstanden hat
kein Mensch hat jemals verstanden
was ich in meinem Traktat sage
Solltest du mir nicht jetzt
noch vor dem Frühstück
aus dem Traktat vorlesen
Etwas aus dem Zentrum
Du weißt was ich meine
bitte
tu mir den Gefallen
plötzlich
Bist du noch heiser
Ich kann nicht wissen
ob du noch heiser bist
Du sprichst so leise und so undeutlich
daß ich gar nicht feststellen kann
ob du noch heiser bist
Hörst du
eine entscheidende Stelle

Die zentrale Stelle
die dem Bürgermeister so gefallen hat
Die auch dem Erzbischof so gefallen hat
die dem ganzen Auditorium so gefallen hat
Komm geh
Die Frau geht hinaus
Wir müssen den Moment ausnützen
wenn der Moment da ist
muß er ausgenützt sein
Wenn wir dazu in der Lage sind
Die Frau kommt mit einem großen Buch herein
Weltverbesserer bedeutet ihr, auf dem Ecksessel Platz zu nehmen, und sie nimmt dort Platz
Beim Umblättern
die Lärmentwicklung vermeiden
du fängst ganz einfach zu lesen an
dein Vortrag soll nichts Künstliches an sich haben
nichts Künstliches
ganz und gar nichts Künstliches
aber er darf auch nicht zu natürlich sein verstehst du
Die Gedanken dürfen nicht zu kurz kommen
Du machst immer wieder den Fehler
daß du da
wo ganz leise zu lesen ist
laut liest
dann liest du wieder laut
wo ganz leise zu lesen ist
Es kann dir natürlich niemand zu Hilfe kommen
Du fängst auf die natürlichste Weise an
Es ist ja kein Kunstwerk einerseits
weil es sich um Philosophie handelt
andererseits ist es das Kunstvollste
Wenn ich es höre
bin ich glücklich
wenn ich es selbst lese
macht es mich verzweifeln
Musik sollte es sein
einerseits
Aber die Musik gibt der Philosophie die Geistesblöße
So wie es ist
gehört es gelesen

vollkommen unmusikalisch einerseits
hochmusikalisch andererseits
Der Erzbischof hat gesagt
daß er keine tiefere Philosophie kenne
Die Würdenträger der Kirche
sind unbestechlich
wenn es um die Beurteilung der philosophischen Materie geht
Und erst wenn es sich durch und durch
um religiöse Philosophie handelt
pathetisch
Wäre die Welt
worunter ich nur die Geisteswelt verstehe
hat der Erzbischof von Paris gesagt
nur imstande Ihren Traktat zu verstehen
sie wäre nicht so traurig
So hat es der Erzbischof von Paris gesagt
mit diesen Worten
In deiner Anwesenheit
Daß ich dich mitgenommen habe in die Paulskirche zu Frankfurt
war eine Kühnheit
In der vordersten Reihe bist du gesessen
neben dem Bürgermeister
ein Vorrecht
das immer nur den Ehefrauen der Ausgezeichneten zusteht
Meine Rede hat Aufsehen gemacht
noch heute sprechen die Leute von dieser Rede
Mein Traktat zur Verbesserung der Welt
ist in achtunddreißig Sprachen übersetzt worden
Selbst ins Hebräische
Eine chinesische Übersetzung ist in Vorbereitung
Alle diese Übersetzer haben sich immer wieder
hilfesuchend an mich gewandt
aber ich habe ihnen allen nicht helfen können
Einem Übersetzer kann nicht geholfen werden
der Übersetzer muß seinen Weg allein gehen
Sie haben meinen Traktat entstellt
total entstellt
Die Übersetzer entstellen die Originale
Das Übersetzte kommt immer nur als Verunstaltung auf den Markt
Es ist der Dilettantismus
und der Schmutz des Übersetzers

der eine Übersetzung so widerwärtig macht
Das Übersetzte ist immer ekelerregend
Aber es hat mir eine Menge Geld eingebracht
schaut um sich
Wir könnten hier nicht so leben
wie wir leben
Wir wären nicht in dieser Umgebung
Wir hätten diesen Reichtum nicht
Der Inhalt meines Traktats
wird wohl oder übel
mein Geheimnis bleiben
flüstert
Die Welt verdient meinen Traktat nicht
Vielleicht solltest du mir heute
doch nichts aus meinem Traktat vorlesen
allzuleicht komme ich in die Unpäßlichkeit hinein
Plötzlich habe ich die Lust daran verloren
Wahrscheinlich bist du auch gar nicht in Form
Es wäre schrecklich
eine Stimme hören zu müssen
die meinen Traktat lächerlich macht
Wenn du mir in dieser Verfassung vorliest
machst du meinen Traktat lächerlich
Ich bin nicht mehr empfänglich
Ich habe plötzlich so ein Ohrensausen
es saust schon wieder in meinen Ohren
herrscht die Frau an
Was sitzt du da
und tust nichts
schreit
Untätige
Die Frau springt auf und klappt den Traktat zu
Das Ei weich
die Sauce süß
süß die Sauce
winkt sie weg
hinaus
Die Frau geht hinaus
Weltverbesserer betastet die Kette von oben bis unten
Und heute abend
sind wir schon Ehrendoktor

Zweite Szene

Eine Stunde später

WELTVERBESSERER *hat eine große Serviette umgebunden, nachdem er ein Ei ausgelöffelt und ein Stück Brot gegessen hat, ein volles Tablett vor sich*
Mich ekelt
Ich kann nichts mehr essen
Diese phantasielosen Frühstücke langweilen mich
Immer das gleiche
Nun nimm es doch schon weg
weg weg
Die Frau nimmt das Tablett von ihm weg
Was stehst du da
Was wartest du
Es ist immer das gleiche
Diese Eintönigkeit
mit der ich tagtäglich fertig zu werden habe
Mein Kopf erstickt in dieser Eintönigkeit
Worauf wartest du
Soll ich dir zum wiederholtenmal sagen
daß das Ei viel zu weich war
entweder ist es zu weich
oder es ist zu hart
Wie abgemagert ich bin
Ich darf nicht mehr abnehmen
hat der Arzt gesagt
Ich muß zunehmen
aber diese Kost ist ja nicht zum Essen
Die Frau geht mit dem Tablett hinaus
Zu Mittag ein Omlett
vielleicht ist das die Rettung
Oder ein weiches Steak
englische Art
ruft hinaus
Englische Art
ein Steak
zu sich
Einerseits messen wir der Küche
viel zuviel Bedeutung bei

andererseits
Die Köche haben uns in der Hand
vielleicht Nudeln
Aber es ist ein Festtag
Der Ehrendoktortag
Nudeln am Ehrendoktortag
Wir haben immer
einen verdorbenen Magen
alles verdirbt uns den Magen
Ist es nicht die Küche
ist es die Philosophie
oder die Sozialfürsorge
ruft hinaus
Generell habe ich nichts
gegen Nudeln
zu sich
In der Schweiz habe ich mir das letztemal
den Magen verdorben
Ich will nicht mehr in die Schweiz
ich habe nichts zu suchen in der Schweiz
ich bin von der Schweiz immer enttäuscht gewesen
ruft hinaus
Ich fahre nicht in die Schweiz
Ich lehne die Einladung ab
zu sich
Ich habe mich am Genfersee immer gelangweilt
Montreux ist ein kaltes Loch
in welchem sich jeder dritte den Tod holt
In der Schweiz fühle ich mich immer
wie in die Falle gelockt
Mir ist die Schweiz widerwärtig
ruft hinaus
Nudeln
oder ein geschnetzeltes Huhn
aber ein Bauernhuhn
das heute früh noch gegackert hat
zu sich
Sie ist hinterhältig
schwachsinnig und hinterhältig
ruft hinaus
Wir machen keine Umstände wenn die Herren kommen

Die Frau kommt mit einem Rosenstrauß herein
Was ist denn das
Wozu das
Woher sind die Rosen

DIE FRAU
Der Kanzler hat sie dir geschickt

WELTVERBESSERER
Der Kanzler
Wieso
Ich vertrage Rosen nicht
ich vertrage den Rosengeruch nicht
Wer hat die Rosen abgegeben

DIE FRAU
Vom Kanzleramt

WELTVERBESSERER
Zeig die Karte
Die Frau gibt ihm die Karte
Weltverbesserer liest die Karte und gibt sie ihr wieder zurück
Ich hasse Blumen
auch Kanzlerblumen
Die Frau wässert die Rosen ein
Ich werde zu den Herren sagen
sehen Sie hier meine Herren diese Rosen
vom Kanzler
Was sagst du dazu
Wir dürfen nicht vergessen
diese Leute halten sich nur die kürzeste Zeit
Wenn sie sich festgesetzt haben
und wenn sie sich am sichersten fühlen
sind sie auch schon
unter den Tisch gefallen
Ein Kanzler hat noch kein wahres Wort gesagt
Die Geschichte verdaut alle diese Leute
Die größten Ungeheuer
die größten Scheußlichkeiten
hat die Geschichte schon verdaut
Die Geschichte hat einen guten Magen
flüstert
Vielleicht doch Nudeln
Mit ein klein wenig Schinken
zerschnetzelt

was meinst du
Ich darf mich nicht überanstrengen
Manchmal glaube ich
ich bekomme keine Luft
Aber dann ist es wie weggeflogen

DIE FRAU

Was bieten wir den Herren an

WELTVERBESSERER

Hast du etwas gesagt
Was hast du gesagt

DIE FRAU

Was sollen wir den Herren anbieten

WELTVERBESSERER

Ich verstehe nicht
du mußt lauter sprechen
Gib mir mein Hörrohr
Die Frau geht hinaus und kommt mit seinem Hörrohr herein
Weltverbesserer nimmt das Hörrohr
Ich höre

DIE FRAU

Was sollen wir den Herren anbieten
wenn sie kommen

WELTVERBESSERER

Das Übliche natürlich
Wir dürfen uns keine Blöße geben
Ach wenn ich mich nur auf dich verlassen könnte
Sind meine Kleider gebürstet
Ist mein Rock zuverlässig
Zuerst waren mir die Kleider zu eng
jetzt sind sie mir zu weit
Ich bin entsetzlich abgemagert
Hörst du
wenn ich das Ehrendoktorat habe
fahren wir weg
weit weg
komm her
komm
winkt sie heran
weit weg
küßt sie auf die Wange

Du hast eine Reise verdient
das ganze Jahr
mit einem Wüstling
mit einem Ungeheuer
mit einem Berserker
Nun gut
wenn ich nur wüßte wohin
hast du eine Vorstellung wo wir hinfahren
könnten
Wenn wir nicht schon überall gewesen wären
plötzlich laut schreiend
Aber nicht in die Schweiz
Ich kann keine Berge mehr sehen
Und das Meer langweilt mich
Keine Großstadt
Nicht auf das Land
Hast du einen Herzenswunsch mein Liebes
einen Herzenswunsch einen Herzenswunsch
Ich weiß du willst nach Interlaken
Nein
nicht nach Interlaken
Wir werden nachdenken
wir werden darüber nachdenken
Die Schweiz hat sich an mir versündigt
Die Schweiz ist schuld
daß ich nicht mehr gehen kann
Und wie ich gelaufen bin früher
hinauf
und hinunter
ganz gleich
mit der größten Geschwindigkeit
Jetzt sitze ich hier fest
und bin auf die Gutmütigkeit meiner Umwelt angewiesen
auf die Gutherzigkeit meiner Mitmenschen
Wir hätten nicht in die Schweiz fahren sollen
Könntest du dir vorstellen
daß wir nach Grönland reisen
und dort ein paar Wochen verbringen
nur in Gesellschaft von Seehunden
ganz allein mit Seehunden
menschenlos

Wir werden nachdenken
Oder nach Ägypten
Wünschtest du nicht schon immer
die Pyramiden zu sehn
die Cheopspyramide mein Kind
Das Altertum
Oder genügt es auf zwei Tage nach London zu fahren
und auf den Tower zu steigen
und wieder heimzufahren
Das hat mich schon immer an den Rand der Verzweiflung gebracht
wenn ich habe nachdenken müssen
wohin in den Ferien
Und da zu bleiben wo man ist
macht einen auch verrückt
Wir werden nachdenken
Der Ehrendoktor verdient naturgemäß
eine Reise
Und du verdienst sie auch
eine schöne Reise
eine sehr schöne Reise
plötzlich
Die Leute die gehen können
wissen gar nicht wie es ist
jahrelang in einem Sessel sitzen zu müssen
was es mich kostet
von diesem Sessel aufzustehn
sucht etwas, aber es ist nicht da
Wo sind denn meine Krücken
Wo sind denn die Krücken
Ich habe die Krückenprobe noch nicht gemacht
Ich habe die Krückenprobe heute noch nicht gemacht
Die Frau stürzt hinaus und kommt mit zwei Krücken wieder herein
Man kann aus der Übung kommen mein Kind
und man kann nicht einmal mehr mit Krücken gehn
Die Frau hilft ihm vom Sessel auf und der Weltverbesserer stützt sich auf die Krücken
Ich glaube nicht
daß es gehen wird
ich glaube nicht

versucht zu gehen, die Frau stützt ihn
Du mußt mich mehr unter dem linken Arm stützen
als unter dem rechten
versucht drei Schritte zu gehen, geht aber nur zwei
Wenn wir nachgeben
sind wir erledigt
wenn wir aufgeben
sind wir tot
Ich bin ein Gespenst
findest du nicht
daß ich ein Gespenst bin
Aber ich gebe nicht auf
niemals
will wieder auf den Sessel zurück, stößt die Frau beiseite
Die Ungeschicklichkeit
macht mich wahnsinnig
setzt sich mühselig wieder auf den Sessel und wirft der Frau die Krückstöcke hin
Daß du immer versagst
Immer ist es das gleiche
Ich habe keine Stütze an dir
Du haßt mich
Ich weiß daß du mich haßt
Was stehst du da und starrst mich an
Die Frau geht mit den Krücken hinaus
Was tun wir nicht alles
um überleben zu können
Die Unfähigkeit umgibt uns
Die Unfähigkeit und der Haß
ruft hinaus
Warum muß sich alles immer wieder
in Komplikationen erschöpfen
Komm herein
komm her
Es war ja nicht so gemeint
Ich wollte dich nicht kränken
komm her
Warum kommst du nicht
Die Frau kommt herein
Ich bin ja kein Menschenfresser
Nudeln

Nudeln vielleicht
Wir müssen ja nicht immer so teuer essen
wir essen viel zu teuer
wo soviel Armut in der Welt ist
muß nicht so teuer gegessen werden
Nudeln
oder Grieß
Grieß
oder Nudeln
komm her
komm doch
Die Frau geht zu ihm hin
Der Erzbischof hat gesagt
ich sei ein Genie
und die Frankfurter Allgemeine Zeitung hat geschrieben
ich sei epochemachend
epochemachend hörst du
epochemachend
Natürlich sagt das gar nichts
epochemachend hörst du
Möglicherweise ist meine Lähmung
die Urheberin meines Genies
möglicherweise
Dann verdanke ich der Schweiz meinen Traktat
Mein Liebes
Wenn meine Mutter sehen könnte
was aus mir geworden ist
Eine schmutzige Welt
durch die wir durch müssen mein Liebes
drückt ihr die Hand
Und jetzt bring mir den Spiegel
Die Frau geht und holt einen Spiegel
Weltverbesserer schaut in den Spiegel
Du müßtest dich schämen
mit einem solchen Mann
wenn er nicht so durchgeistigt
und so berühmt wäre
gibt ihr den Spiegel zurück
Ich will die Perücke aufsetzen
Bring mir die Perücke
Die Frau holt eine Perücke

Weltverbesserer, wie die Frau mit der Perücke unter der Tür ist
Das Schweizer Medikament ist schuld
daß mir die Haare ausgefallen sind
ich hätte möglicherweise den Prozeß
gegen den Konzern gewonnen
aber du weißt wie lang Prozesse dieser Art dauern
Noch nicht die Perücke
noch nicht
sie klebt mir wie Blei auf dem Kopf
Die Frau geht mit der Perücke hinaus
Weltverbesserer ruft ihr nach
Bring sie her
bring die Perücke her
Die Frau kommt mit der Perücke wieder herein
Gib sie her
Die Frau gibt ihm die Perücke
Ich habe meine Haare verloren
aber meinen Verstand zurückgewonnen
mein Genie
komm her mein Liebes
Wir könnten natürlich nach Interlaken fahren
Nein
nicht nach Interlaken
betrachtet die Perücke in seinen Händen
Wer weiß
wessen Haare ich auf dem Kopf trage
Wie gut daß ich das nicht weiß
Aber ohne Haare bin ich unansehnlich
Nur dir gefällt das
nicht wahr
du findest Gefallen daran
dir gefalle ich ohne Haare
im Bett
du hast es dir angewöhnt
mit dieser Glatze ins Bett zu gehn
du spielst mit dieser Glatze
zuerst spielst du mit der Glatze
zuerst immer mit der Glatze
Der Schein muß gewahrt sein
Habe ich dir jemals die Heirat versprochen

Niemals
Es ist nicht notwendig wie du siehst
Die Ehe ist kein Heilmittel
Alle sind mit der Hölle verheiratet
Findest du nicht
daß ich ein Stück aus meinem Traktat vorlesen soll
wenn die Herrschaften da sind
Du bringst mir den Traktat
und ich lese ein Stück aus dem Traktat vor
Eine unheimliche Stelle
etwas ganz und gar Unheimliches
plötzlich
Ich weiß du haßt mich
zuerst hast du mich geliebt
dann hast du spekuliert
dann hast du resigniert
jetzt haßt du mich
Du schleichst immer wie um einen Leichnam
um mich herum
Du kannst lange warten
Da müßte schon ein Verbrechen geschehn
zuzutrauen ist es dir
ich weiß auch welche Verbrechensart
Du bist zu einem intelligenten Verbrechen imstande
Aber es nützt dir nichts
Du mußt mich aushalten
Du wirst mir Nudeln machen lassen
mit ganz fein geschnetzeltem Schinken
ganz frischem feingeschnetzeltem Schinken
es soll mir auf der Zunge zergehn
Die Frau dreht sich um und geht
Weltverbesserer ruft ihr nach
Schade um die Energien
die sich in Gemüsen und Eierteigwaren erschöpfen
zu sich
Vielleicht nach Katalonien
Jede Reise ist eine Marter für mich
Die Last die ich auf mich nehme
Ein Platz in der Sonne vielleicht
aber ich hasse die Sonne
Ein Platz im Schatten

aber ich hasse den Schatten
Dann befällt mich die Monotonie
dann bekomme ich diese Magenschmerzen am Meer
Die Großstädte sind mir verhaßt
auf dem Land langweile ich mich zu Tode
Bin ich in Paris
träume ich von London
bin ich in London
wäre ich gern in Sizilien
Dazu kommt meine Hörschwäche
ganz zu schweigen von meiner Augenschwäche
schaut zum Fenster hinaus
Die Tage werden kürzer und kürzer
Die Pupille schmerzt mich
jetzt schon ab vier Uhr
ruft hinaus
Was ziehe ich denn an
Hörst du was ziehe ich an
Ich kann ja nicht immer denselben Anzug anziehen
Die Frau kommt mit einem schwarzen Anzug herein
Schon wieder derselbe Anzug
Ich gehe ja auf kein Begräbnis
Habe ich denn keinen festlichen Anzug
keinen schwarzen
einen festlichen Anzug
ein Festanzug muß doch nicht schwarz sein
Ich kann den Anzug nicht mehr sehn
Die Frau geht mit dem Anzug hinaus
Ein freundliches Kleidungsstück
festlich und freundlich
ruft hinaus
ein freundliches und festliches Kleidungsstück
Ich habe doch noch von früher
freundliche Kleider
zu sich
unweigerlich kommt sie
will ich mich festlich kleiden
mit diesem Begräbnisanzug herein
ruft hinaus
Den Anzug
den ich in Trier getragen habe

in Trier
hörst du
in Trier
zu sich
Die Vorbereitung allein
erfordert schon alle Kräfte
auf dem Höhepunkt des Ereignisses
bin ich vollkommen geschwächt
Aber ich darf mich nicht selbst verrückt machen
Kopf hoch
hoch den Kopf
ruft hinaus
Den Anzug den ich in Trier angehabt habe
Die Frau kommt mit einem schwarzgestreiften Anzug herein
Den ich in Trier angehabt habe

DIE FRAU
Den hast du in Trier angehabt

WELTVERBESSERER
Den habe ich in Trier angehabt
den habe ich nicht in Trier angehabt
nicht in Trier
den nicht
den nicht in Trier

DIE FRAU
Natürlich hast du den in Trier angehabt

WELTVERBESSERER
In Trier
in Trier angehabt
vielleicht hast du recht
vielleicht habe ich ihn in Trier angehabt
bist du dir sicher

DIE FRAU
Sicher
den hast du in Trier angehabt

WELTVERBESSERER
In Trier
wo wir den Zug versäumt haben

DIE FRAU
Da hast du ihn angehabt

WELTVERBESSERER
Daß ich mich nicht mehr erinnere

daß ich ihn in Trier angehabt habe
glaubst du
daß er mir paßt

DIE FRAU
Er paßt dir bestimmt

WELTVERBESSERER
Mit Sicherheit

DIE FRAU
Sicher paßt er dir
hält den Anzug in die Höhe

WELTVERBESSERER *fährt mit dem Hörrohr in den Anzug hinein*
Ich kann mich nicht erinnern
daß ich den Anzug in Trier angehabt habe
Keine schöne Erinnerung
an Trier

DIE FRAU
Du hast dich gekränkt

WELTVERBESSERER
Die Leute haben meinen Vortrag nicht verdient
Man geht nicht ungestraft nach Trier
man geht nach Trier und macht sich lächerlich
Habe ich denn keinen anderen Anzug
für diese Gelegenheit
fährt noch einmal mit dem Hörrohr in den Anzug

DIE FRAU
Warum willst du den Anzug nicht anziehn
zieh ihn doch an
Was schert es dich
daß du ihn in Trier angehabt hast
Was schert es dich
ein so schöner Anzug
nur weil du ihn in Trier angehabt hast
soll er nicht mehr gut genug sein

WELTVERBESSERER
In Trier ist die Intelligenz
nicht zuhause

DIE FRAU
Ein so schöner Anzug

WELTVERBESSERER
Wenn die Schneider nicht so unverschämt wären
Die Schneider sind unverschämt

und infam
Ich habe die Infamie der Schneider kennengelernt

DIE FRAU
Ziehst du den Anzug an
oder nicht

WELTVERBESSERER
In Trier habe ich ihn getragen
du hast recht
das ist mein Trieranzug
Aber was schert es mich
daß ich ihn in Trier getragen habe
wo sie mich lächerlich gemacht haben

DIE FRAU *mit hoch erhobenem Anzug*
Es ist acht Jahre her
daß wir in Trier gewesen sind

WELTVERBESSERER
Die Zeit ist nicht spurlos
vorübergegangen
acht Jahre sind eine unverschämte Zeit
für viele ist sie tödlich gewesen
Ich sollte wenigstens in den Rock hineinschlüpfen
Die Frau legt den Anzug über einen Sessel und hilft ihm in den Rock
Weltverbesserer schlüpft in den Rock
Aber das ist doch unsinnig
wenn ich nicht stehe
wenn ich sitze
ist das unsinnig
Die Frau hilft ihm auf und er steht tatsächlich
Den Spiegel
Die Frau holt den Spiegel und er schaut hinein
Nicht elegant genug
ich finde er ist nicht elegant genug

DIE FRAU
Ich finde ihn sehr elegant

WELTVERBESSERER
Findest du
findest du
du findest es
Ich finde es nicht
läßt sich wieder auf den Sessel helfen, kaum sitzt er, sagt er

Die Komödie
muß ein Ende haben
Ich werde den Anzug anziehen
Glaubst du die Herren wissen
daß ich den Anzug in Trier angehabt habe

DIE FRAU
Das glaube ich nicht

WELTVERBESSERER
Daß ich sie möglicherweise
unglücklicherweise
an meine Schlappe in Trier erinnere
wenn ich diesen Anzug anhabe

DIE FRAU
Kein Mensch weiß mehr
welchen Anzug du in Trier angehabt hast

WELTVERBESSERER
Ich möchte nicht an Trier
erinnert sein
aber jetzt bin ich es schon
zieht den Rock wieder aus, die Frau hilft ihm dabei
Im Grunde ist es vollkommen gleichgültig
was wir anhaben
wenn wir nur etwas im Kopf haben
wie der Rock ausgezogen ist
Er muß natürlich gebügelt werden
gebügelt und ausgebürstet
Die Frau nimmt den Rock und die Hose und geht hinaus
Wer Rücksicht nimmt
bereut es
Wir haben keine Rücksicht zu nehmen
Wo wären wir hingekommen
wenn wir jemals Rücksicht genommen hätten
Die Frau kommt mit einem Paar Lackschuhe herein
Zieh sie mir vorsichtig an bitte
Ich habe noch die lädierte Zehe
Wann kommen die Herren

DIE FRAU *zieht ihm den rechten Schuh an*
Um elf Uhr

WELTVERBESSERER
Alle bedeutenden Ehrungen
finden um elf Uhr statt

Wenn der Prophet nicht zum Berge geht
kommt der Berg zum Propheten
Das ist noch nie dagewesen
daß ein Ehrendoktor
nicht in der Universität
verliehen worden ist
Das war noch nie da
daß der Rektor ins Haus kommt
und mit dem Rektor
der Bürgermeister der Stadt
Das ist eine ganz und gar ungewöhnliche Auszeichnung
schaut zur Frau hinunter
Womit haben wir das verdient
Daß sie in mein Haus kommen
und mir das Ehrendoktordiplom
in meinem Hause überreichen
betastet die Kette von oben bis unten
Zur Ehrenkette
den Ehrendoktor
was sagst du
Die Frau schaut zu ihm hinauf, während sie den rechten Schuh zubindet
Nicht im Traum habe ich jemals
daran gedacht
Obwohl es schon lange Zeit
in der Luft gewesen war
Vieles deutete darauf hin
Aber ich dachte nicht
daß der Zeitpunkt
so früh eintreten werde
Die Frau zieht ihm den linken Schuh an und bindet ihn zu
Dabei hatte ich
wie ich noch klein gewesen war
daran gedacht
Müller zu werden
Müller verstehst du
weil mich Mehl fasziniert hat
Mehl
Eine Mühle im Wald verstehst du
Bachgerinnsel
Aber ich hatte schon immer

einen eigensinnigen Kopf
und eine fixe Idee
selbstanerzogene Härte naturgemäß
schreit auf und schlägt mit dem Fuß aus
Du zerdrückst mir ja die Knochen
Zeitlebens habe ich den Dilettantismus verabscheut
Die Frau ist aufgesprungen und zurückgetreten
Weltverbesserer krümmt sich
Immer diese Stelle
nach einer Pause
Ich werde sie hereinbitten
und sie mir gegenüber Platz nehmen lassen
zeigt, wo
Da vor mir
vor den Fenstern
daß ich alles gut überblicken kann
So habe ich den idealen Lichteinfluß
Du bittest sie
dort siehst du dort Platz zu nehmen
wie es sich gehört
nachdem ich sie begrüßt habe
den Rektor zuerst
dann den Bürgermeister
oder den Rektor zuerst
und dann den Dekan
und den Subdekan
oder zuerst den Bürgermeister
zeigt hin
Da nimmt der Rektor Platz
Da der Dekan
da der Subdekan
da der Bürgermeister
Eine kleine intime Zeremonie
Ein Staatsakt meine Liebe
Die Frau will hinausgehen
Weltverbesserer winkt sie zurück
Ich werde eine kleine Rede halten
etwas Philosophisches zum besten geben natürlich
eine kleine Sentenz
Aber ich werde es kurz machen
Dadurch bleibt was ich sagen will

naturgemäß an der Oberfläche
zeigt hin
Da sitzt der Rektor
da der Bürgermeister
Wenn sie Platz genommen haben
werde ich den Versuch machen aufzustehn
zu ihnen hinzugehn
den Versuch machen
den Versuch verstehst du
nur den Versuch
dann lasse ich mich wieder zurückfallen in den Sessel
Der Leidende ist nicht zur absoluten Korrektheit verpflichtet
Dann höre ich
was gesagt wird
dann hören sie
was ich sage
komm her mein Kind
Die Frau tritt an ihn heran
Weltverbesserer packt sie am Arm und zieht sie an sich
Meine Lebensgefährtin
mein notwendiges Übel
setzt sich die Perücke auf, drückt sie fest auf den Kopf
mein Höllenkind

Dritte Szene

Eine Stunde später
WELTVERBESSERER *ruft hinaus*
Wo bist du
Bist du nicht da
zu sich
Wahrscheinlich
probiert sie die Kleider aus
ruft
Wo bist du
zu sich
Wenn man sie nicht beschäftigt

probieren sie Kleider
naschen Süßigkeiten
ruft
Wo bist du denn
zu sich
Es könnte ja sein
daß ich sie brauche
dann ist sie nicht da
zieht ein großes Taschentuch aus der Hosentasche und schneuzt sich
Oder ein Kotelett
Ein Saftkotelett
ruft hinaus
Wo bist du denn
Ist denn niemand da
Ist überhaupt niemand da
zu sich
Mein Gott was wäre wenn
steckt das Taschentuch ein, ruft hinaus
Hörst du mich nicht
Die Frau kommt herein
Ich schreie die ganze Zeit
und du kommst nicht
Was ist so wichtig
Es könnte ja sein
ich werde ohnmächtig
bewußtlos
und dann kommt niemand herein
Lauter überflüssige Tätigkeiten
die keinerlei Sinn haben
lauter unsinnige Prozeduren
Du hast Kleider probiert
herrscht sie an
du mußt es zugeben
es ist dir alles zuzutrauen
Ein Komplott gegen mich
oder
Ich warne dich
Ich habe Beweise
Eine Unmenge Beweise
Die Frau geht zum Fenster und macht es auf

Vogelgezwitscher kommt herein
Weltverbesserer wütend
Mach das Fenster zu
mach das Fenster zu
du weißt
ich vertrage kein Vogelgezwitscher
Alles
nur kein Vogelgezwitscher
Nichts von draußen
Mein Kopf verträgt keine Belästigung
Nur Ruhe Ruhe Ruhe verstehst du
absolute Ruhe
Die Frau macht das Fenster zu
Ich wäre längst verrückt
bei offenen Fenstern
Ich hasse die Natur
ich hasse frische Luft
ich hasse was von draußen hereinkommt
Wir hätten längst umziehen sollen
Ein fürchterliches Gebäude
ein Grabmal
eine kostspielige Gruft
Und lauter Schädlinge um mich
Wohin ich schaue
sehe ich nichts als Schädlinge
Ich hasse die Natur
ich habe die Natur immer gehaßt
Mir ist das Künstliche näher
das soll nicht heißen
daß ich ein Anhänger der Kunst bin
auch die Kunst ist mir verhaßt
Meine Ohren sausen
Mein Magen drückt mich
Meine Pupillen schmerzen
Du weißt
wie mich alles blendet
was von außen kommt
wie kann ich es dir nur erklären
steckt beide Zeigefinger in seine Ohren
Sausen
sausen

sausen
Gib mir das Hörrohr
Die Frau gibt ihm das Hörrohr
Weltverbesserer setzt das Hörrohr an
Sprich mir nach
laut deutlich
Willig wie Wildgänse
sprich nach
sprich nach
willig wie Wildgänse
DIE FRAU *spricht nach*
Willig wie Wildgänse
WELTVERBESSERER *setzt das Hörrohr ab*
Ich höre beinahe nichts
Jetzt höre ich schon ab neun Uhr nichts
beinahe nichts
schon um acht läßt auch das Gehör nach
um halb neun höre ich beinahe nichts
gibt ihr das Hörrohr
Ich brauche es nicht
Ich höre auch mit Hörrohr nichts
Was werde ich tun
wenn ich überhaupt nichts mehr höre
Mein Vater hat schon mit fünfundvierzig
nichts mehr gehört
Ich höre mit achtundsechzig
beinahe nichts
Es ist die Frage
was tragischer ist
nichts mehr zu hören
oder nichts mehr zu sehen
Wahrscheinlich
ist nichts mehr hören besser
Das fragen sie sich ja alle
was tragischer ist
Wir müssen sehen
was um uns vorgeht
alles sehen
Wir müssen nicht alles hören
reißt sich die Perücke vom Kopf
Rasch einen Umschlag

kalt
sehr kalt verstehst du
und schnell
schnell
treibt sie mit dem rechten Fuß an
zu sich
Voltaire habe ich gesagt
aber sie hatten nicht verstanden
was ich meinte
Montaigne habe ich gesagt
Schleiermacher
Einer hat gelacht
ein zweiter hat gelacht
dann lachten alle
der ganze Saal hat gelacht
Da habe ich Schluß gemacht
Nie wieder Trier
nie wieder an die Mosel
Nur einmal begeht ein Mensch wie ich
diesen Verrat
Die Frau kommt mit einem kalten Umschlag herein
Ganz leicht auflegen
ganz leicht
Die Frau legt ihm den Umschlag auf
Wie hieß deine Großmutter mütterlicherseits
wie hieß ihr Vater
was war ihr Onkel
Ich bringe alles durcheinander
Ich weiß warum ich mich niemals
mit meiner Familie beschäftige
Die Familienarchäologie habe ich immer gehaßt
Einer deiner Onkel war Müller
nicht wahr
Ein Onkel väterlicherseits von mir
war im Zuchthaus
habe ich dir das schon einmal gesagt
Ich habe nichts zu verschweigen
die Leute verschweigen und verdrängen
ich verdränge und verschweige nicht
jetzt ist es besser
Ein klarer Kopf ist alles

eine gute Verdauung
und ein klarer Kopf
Das Alter ist voller Schwierigkeiten
sucht ihre Hand
Gib mir die Hand
gib mir die Hand
Die Frau gibt ihm die andere Hand
Es ist widerwärtig
sich produzieren zu müssen
Aber wir brauchen das Echo
sonst verhungern wir
Diese Schande in Trier
Hast du dich nicht geschämt
Ich weiß daß du dich geschämt hast
zutiefst geschämt
Hast du dich nicht geschämt
Die Frau nickt
Aber heute bist du stolz auf mich
Die Frau nickt
Trier war mir eine Lehre
Du warst tapfer
du hast zu mir gehalten
Willst du nach Interlaken
Eine Stimme in mir sagt
ja
eine andere sagt nein
ja die eine
ja nach Interlaken die eine
nein nicht nach Interlaken die andere
Ich hasse nichts so wie die Schweiz
und ich hasse nichts so wie die Natur
Laß uns nachdenken
vielleicht gibt es einen anderen Ort
wo wir ein paar glückliche Tage verbringen können
Darf es denn nicht im Norden sein
Was hast du gegen den Norden
Immer willst du in den Süden
Das ist eine sentimentale Schwäche
Im hohen Norden wird der Kopf klar
im Süden wird alles schwach und verderbt
Es ist eine perverse Gewohnheit

in den Süden zu fahren
die Geschichte aufzusuchen
die Kultur auszugraben
ich habe die sogenannten Bildungsreisen immer gehaßt
Ich hasse Museen
der ganze Süden
ist ein einziges Museum
Rom was für eine Abscheulichkeit mein Kind
Sizilien ein Trugschluß
Athen ein Alptraum
Von Säule zu Säule
von Grab zu Grab
von Kirche zu Kirche
von Madonna zu Madonna
Ich habe es immer gehaßt
Aber Interlaken hasse ich noch mehr
Schlag dir Interlaken aus dem Kopf
reißt sich den Umschlag herunter
Es kühlt den Kopf nicht mehr

DIE FRAU
Willst du noch einen

WELTVERBESSERER
Einen was

DIE FRAU
Einen frischen Umschlag

WELTVERBESSERER
Nein
natürlich nicht
Die Frau geht mit dem Umschlag hinaus
Wenn wir den Ärzten
auf die Schliche gekommen sind
ist es zu spät
Jede Krankheit
ist eine unheilbare Krankheit
ruft hinaus
Hast du vergessen
hörst du
hast du vergessen
bring die Karten mit
betastet die Kette von oben bis unten, schaut auf seine Füße zu sich

Meine Hände zittern
meine Füße zittern
Die Frau kommt mit einem Spiel Karten herein und mischt
Setz dich zu mir
Die Frau nimmt sich einen Sessel und setzt sich vor den Weltverbesserer
Es beruhigt mich
wie nichts sonst
Die Frau gibt ihm drei Karten und nimmt selbst drei
Zwanzig Jahre
spielen wir dieses Spiel
es ekelt mich davor
aber ich will es spielen
Mit dir
weil es mich mit niemandem
so sehr ekelt
wirft die Karten in ihren Schoß
Ich verliere
Ich verliere immer
ich kann nicht gewinnen
Die Frau gibt ihm noch einmal drei Karten und nimmt selbst drei
Manchmal s c h e i n t es
ich gewinne
wirft der Frau die Karten ins Gesicht
aber ich verliere natürlich
herrscht sie an
Ich will nicht spielen
jetzt nicht
Die Frau hebt die Karten vom Boden auf und geht mit dem ganzen Kartenspiel wieder hinaus
Weltverbesserer zu sich
Wir treiben
alles auf die Spitze
rücksichtslos
schaut der Frau nach
wir wollen diejenigen
die uns peinigen
vernichten
aber wir vernichten sie nicht sofort
wir machen einen langwierigen Prozeß

aus diesem Vernichtungswillen
Es gehört sich nicht
es schickt sich nicht
Aber wir zwingen ja niemanden
bei uns zu bleiben
Die Leute ketten sich an uns
sie ketten sich an uns
und deshalb peinigen wir sie
sie trachten danach
uns zu vernichten
wir sind ihr Opfer
Wir stellen eine Falle
und locken unser Opfer hinein
und bezeichnen diesen Vorgang als Vergnügen
Aber wer sagt daß nicht wir
den kürzeren ziehen
Die Frau kommt mit einem Strickzeug herein und setzt sich ans Fenster
Das beruhigt mich vielleicht
möglich
Aber du sitzt zu nahe am Fenster
viel zu nahe
Die Frau steht auf und rückt den Sessel ein Stück vom Fenster weg und setzt sich wieder
Nicht dahin
zeigt, wohin
dorthin
Setz dich dorthin
Mich stört wo du sitzt
setz dich dorthin
Die Frau steht auf und nimmt den Sessel und stellt ihn noch ein Stück weiter vom Fenster weg ab
Der Lichteinfall ist es
Eine Kleinigkeit für dich
mir hilft es
ungemein
nach einer Pause
Warum beruhigt Stricken so
nichts beruhigt so wie Stricken
Vielleicht schreibe ich einen Traktat
über die Beruhigung beim Stricken

Dich beruhigt es doch auch nicht wahr
Die Frau nickt
Beruhigt es dich
ich frage dich ob es dich beruhigt

DIE FRAU
Ja

WELTVERBESSERER
Oft ist es so
daß eine Tätigkeit den einen beruhigt
aber den anderen nicht
Ich schaue dir gern zu wenn du strickst
Wie es mich beruhigt
plötzlich
Aber wir halten es naturgemäß
in dieser Ruhe nicht lange aus
plötzlich peinigt uns diese Ruhe
Wir können sie nicht mehr aushalten
Die Frau steht auf und geht mit dem Strickzeug hinaus
Weltverbesserer ruft ihr nach
So war es doch nicht gemeint
Nur eine Feststellung
Die Erkenntnis daß wir Ruhe
nicht lange aushalten
daß uns große Ruhe in kurzer Zeit verrückt macht
Ruhe über lange Zeit macht uns wahnsinnig
Zuerst werden wir in der Ruhe verrückt
und dann werden wir wahnsinnig
Hörst du
ich wollte dich nicht kränken
Es ist eine Tatsache
daß die Leute verrückt werden
wenn sie zu lange in großer Ruhe sind
und wahnsinnig wenn sie noch länger
in großer Ruhe sind
zu sich
Es ist sinnlos
jede Auseinandersetzung ist sinnlos
ruft hinaus
Jeden Tag machst du eine solche Szene
das ist unverzeihlich

das ist niederträchtig
eine Infamität ist es
zu sich
Was mache ich jetzt
soll ich sie wieder hereinbitten
auf den Knien hereinbitten
ruft hinaus
Bist du gekränkt
Ich wollte dich nicht kränken
zu sich
Ich muß sie hereinlocken
ruft hinaus
Was machst du
Bist du da
Bitte komm herein
komm herein
Die Frau kommt herein
Komm zu mir
Die Frau bleibt am Fenster stehen und schaut hinaus
Ein solcher Tag
und du hast kein Einsehen
Denke
ich bin heute Ehrendoktor
Ich bin endlich gewürdigt
Nachdem man mich jahrzehntelang gedemütigt hat
heruntergemacht hat
lächerlich gemacht hat
Ehrendoktor
weißt du was das bedeutet
In Asien hat mein Traktat
größtes Aufsehen gemacht
meine Gedankengänge
sind
asiatische Gedankengänge
ruft aus
Ich bin in China verlegt
hörst du
Du hast deinen Anteil
an meinem Ruhm
etwas von dem Ehrendoktortitel
ist auch für dich

nicht der kleinste Teil
Nach so vielen Jahren
entsetzlicher Beschämungen
fürchterlicher Erniedrigungen
Es berührt mich
berührt es dich nicht
es sollte dich berühren
wie es mich berührt
Wir haben beide nicht daran gedacht
Aber ich habe es gewußt
eines Tages
bin ich am Ziel
Aber die noch viel größere Anstrengung
habe ich noch vor mir
Du willst eine Reise machen
Ich weiß
Ich kann nicht j a sagen
aber ich will auch nicht n e i n sagen
Das Gebirge hasse ich
An einem See
wie langweilig
Die grünen Wiesen
wie abstoßend
Es gibt nichts Entsetzlicheres als eine Kreuzfahrt
ob in der Nordsee
oder im Mittelmeer
entsetzlich
Komm
ich erlaube es dir
ich will es dir erlauben
Die Frau dreht sich nach ihm um
Hol dein Strickzeug
setz dich ans Fenster
wohin du willst
und stricke
Geh hinaus
und hol dir dein Strickzeug
wenn es dich beruhigt
und setz dich hin
wir sind der Natur ausgeliefert
wir können tun was wir wollen

die Natur beherrscht uns
Die Frau geht hinaus
Weltverbesserer ruft ihr nach
Wir müssen immer die Konsequenz ziehen
hörst du
niemals nachgeben verstehst du
konsequent sein
konsequent

Vierte Szene

Drei Stunden später
Weltverbesserer schluckt mehrere Tabletten aus einem Einsiedeglas
Die Frau kommt durch die geschlossene Flügeltür mit einem großen Fauteuil herein
Weltverbesserer mit dem Hörrohr auf die Stelle zeigend, wo sie den Fauteuil hinstellen soll
Die Frau bemüht sich, den Fauteuil dorthin zu stellen

WELTVERBESSERER *herrscht sie an*
Dahin
dahin siehst du
Ich zeige dir doch
wohin
dahin
Fühlst du denn nicht wohin der Fauteuil gehört
Die Frau stellt den Fauteuil hin
Wir müssen nach einem genauen Plan vorgehen
Komm her
Die Frau geht zu ihm hin
Weltverbesserer zeigt mit dem Hörrohr zur Tür
Wenn sie hereinkommen
gehen sie natürlich zuerst auf mich zu
machen ihre Begrüßung
du stehst
zeigt es mit dem Hörrohr
Da

da stehst du
ich gebe ihnen die Hand und dann stehen sie da
und dann setzen sie sich
Der Fauteuil muß von da weg
er muß weg
Die Frau geht und hebt den Fauteuil auf
Dahin
siehst du dahin
Die Frau stellt den Fauteuil ab
Ich glaube so ist es gut
Ein wenig nach links
nach links nach links siehst du da
Die Frau schiebt den Fauteuil nach links
Zwei Hausangestellte kommen mit einem zweiten Fauteuil herein
Weltverbesserer aufgebracht
Was suchen diese Leute da
Was ist das
zur Frau
Eine Ungeheuerlichkeit
Du weißt ich vertrage Menschen nicht
schreit
Kein fremder Mensch
Wer sind denn diese Leute
Die Frau drängt die Hausangestellten hinaus
Weltverbesserer mit dem Hörrohr drohend
Eine Ungeheuerlichkeit
habe ich dir nicht gesagt
daß ich keinen fremden Menschen sehen kann
Mein ganzes Konzept ist vernichtet
Kommen herein und vernichten mein Konzept
sinkt erschöpft zusammen
Eine Tortur
Die Frau kommt herein
Keinen Menschen habe ich gesagt
Diese Leute verderben mir alles
greift sich an den Hals
Ich kann nicht mehr schlucken
Ich will schlucken und kann nicht
die ganze Zeit will ich schlucken und kann nicht
So komm doch schon her

worauf wartest du
Die Frau geht zu ihm hin und klopft ihm auf den Rücken
Weltverbesserer hustet, während die Frau auf seinen Rücken klopft
Es steht schlecht um mich
Aber ich will keinen Arzt
keinen Arzt
Mir kommt kein Arzt ins Haus
er beruhigt sich
Ich weiß es ist anstrengend
aber es bleibt uns keine andere Wahl
plötzlich
Wo habe ich denn mein Manuskript
Bring mir das Manuskript
Ich kann nicht aus dem Kopf sprechen
Ich verliere alles im Augenblick
ich habe einen vollkommen zerrütteten Verstand
einen vollkommen zerrütteten Verstand
Die Frau geht hinaus
Wir stehen alle Augenblicke allein da
Kein Mensch
nichts
absolute Hilflosigkeit
Wenn wir aufmucken
werden wir niedergetrampelt
Eine Geistesexistenz
eine fürchterliche Geistesexistenz
Die Frau kommt mit einem Heft herein
Zuerst habe ich eine gute Idee
und dann zweifle ich daran
gib her
Die Frau gibt ihm das Heft
Weltverbesserer blättert im Heft, liest
Soll ich überhaupt etwas sagen
Ich sage gar nichts
nichts
Das geht nicht
Ich muß etwas sagen
Sie warten darauf daß ich etwas sage
liest
Nicht schlecht

gibt der Frau das Heft zurück
Du gibst es mir dann
wenn der Zeitpunkt da ist
Was stehst du da
und machst mich nervös
Die Frau geht hinaus
Weltverbesserer nimmt das Einsiedeglas und schluckt noch ein paar Tabletten auf einmal, schluckt und schluckt und hustet dann
Die Frau stürzt herein und klopft ihm auf den Rücken
Diese Leute haben kein Zeitgefühl
Sie platzen auf einmal bei der Tür herein
Es ist besser
Laß mich in Ruhe
stößt die Frau weg
schaut vor sich hin
In diesem Fauteuil sitzt natürlich der Rektor
Was stehst du herum
wir brauchen noch eine Menge Sessel
Die Frau geht hinaus
Zuerst betreiben wir
alles auf ein Ziel hin
dann verabscheuen wir das eingetretene Ereignis
Ich habe mein Leben nie geliebt
Ich habe es immer gehaßt
alles gehaßt
das damit zu tun hat
Und den Selbsthaß bis zum Äußersten
ausgenützt
Die Frau stößt mit einem Fauteuil an die Flügeltür und schiebt den Fauteuil herein
Lieber mit dir die Hölle
als einen fremden Menschen
Ich vertrage keine fremden Menschen
Alles wird falsch gemacht
niemand gehorcht
Sie hören nichts
sie sehen nichts
aber ununterbrochen verlangen sie
unverschämte Bezahlungen
Die Frau schiebt den Fauteuil vor sich hin

Wir bezahlen alle diese Leute
damit sie uns zersetzen und vernichten
damit sie uns wahnsinnig machen
verrückt machen
hörst du
Ich will keinen dieser Menschen mehr sehen
Wie hat das geschehen können
daß sie auf einmal hereinkommen
Die Frau schiebt den Fauteuil vorwärts
Du hast dich mit ihnen zusammengetan
Du bist auf ihrer Seite
auf der Seite meiner Zerstörer
meiner Vernichter
Ein Mordkomplott gegen mich
Aber es wird dir nicht gelingen
Noch habe ich einen klaren Kopf
Die Frau schiebt den Fauteuil vorwärts
Diebe und Mörder
Aber ich habe keine andere Wahl
Ich bin euch ausgeliefert
Lauter Schädlinge
Die Frau schiebt den Fauteuil vorwärts
Wir treiben doch nur Unzucht miteinander
Die Frau schiebt den Fauteuil vorwärts
Wir treiben doch nur Unzucht miteinander
Die Frau schiebt den Fauteuil vorwärts
Weltverbesserer zieht an der Kette
Warten
hat mich immer verrückt gemacht
Die Welt ist eine Kloake
aus welcher es einem entgegenstinkt
Diese Kloake gehört ausgeräumt
Das ist ja auch der Inhalt meines Traktats
Aber wenn wir die Kloake vollkommen ausräumen
ist sie leer
Die Frau geht hinaus
Dann bleibt uns nichts anderes übrig
als daß wir uns kopfüber hineinstürzen
zieht an der Kette
Essen wir viel
bekommen wir Magengeschwüre

essen wir wenig
verhungern wir
ruft hinaus
Den Fußabstreifer nicht vergessen
Gibt es denn heute
nichts zu unterschreiben
Die Frau kommt mit Papieren auf einem Tablett herein
Weltverbesserer sieht die Papiere durch
Wir treiben den Aufwand
der uns umbringt
Wir hätten vor drei Jahrzehnten
wie wir noch frisch genug waren
in die Wüste gehn sollen
unterschreibt die Papiere
Die Erfindung des elektrischen Lichts
ist das Unglück
Alles was wir unterschreiben
ist immer wieder nur unser Todesurteil
Das ganze Leben verstümmeln wir uns
mit Unterschriften
Alle ziehen und zerren an mir
Die Frau geht mit den unterschriebenen Papieren hinaus
Dann schrumpft alles
was wir uns ausgedacht haben
diese ungeheure Idee
zusammen
ruft hinaus
Wenn wir alles abschaffen
wenn wir alles zerstören
ist doch alles wieder da
Wir sind dagegen und schaffen es ab
und es ist wieder da
zu sich
Fallen wir dem Herrschenden in den Rücken
sitzt schon der nächste da
und es ist der gleiche
Alles stört uns
alles stößt uns vor den Kopf
Wir ersticken
wir ertrinken
wir müssen zusehen

wie alles verfault
Die Frau schiebt einen Fauteuil herein
Aber wir können natürlich nichts tun
Wir schreiben einen Traktat
und der wird ausgezeichnet
und es hat sich nichts geändert
Wir mögen gegen was immer sein
Die größte Dummheit
wenn wir auf die Seele hören
der Seele nachgeben
dann machen wir uns vor uns lächerlich
Die Zeitungen halten uns den Spiegel vors Gesicht
deshalb hassen wir die Zeitungen
Die Frau schiebt den Fauteuil vorwärts
Weil wir in ihnen immer wieder nur
uns selbst finden
gleich welche Seite wir aufschlagen
Dem Zeitungsleser wird an jedem Tag
seine Gemeinheit und seine Niedrigkeit heimgezahlt
Wenn wir denken
sind wir stark
wenn wir handeln
unfähig
es gelingt uns nichts
Wir haben keine Zukunft
Die Hoffnungslosigkeit
macht alles erträglich
Aus gutem Grund
habe ich keine Familie gegründet
kein perfides Unglück
in die Welt gesetzt
Was starrst du mich so an
wie wenn ich schon wahnsinnig wäre
Die Frau schiebt den Fauteuil vor sich hin
Ihr habt es immer
auf meine Vernichtung angelegt gehabt
plötzlich mit dem Hörrohr drohend
Dahin gehört der Fauteuil
zeigt es ihr, wohin
Die Frau schiebt den Fauteuil auf die Stelle
Mein ganzes Leben

habe ich nur bezahlt
um vernichtet zu werden
Ein unwürdiger Zustand
für einen denkenden Menschen
Die Frau geht hinaus
Aber wenn wir vollkommen in Ruhe gelassen sind
verzweifeln wir vollkommen
setzt das Hörrohr am rechten Ohr an und horcht
Was auch kommt
es soll kommen
Die Frau schiebt einen Fauteuil herein
Daneben hin
Dahin daneben dahin
Die Frau schiebt den Fauteuil dorthin und geht wieder hinaus und schiebt wieder einen Fauteuil herein
Weltverbesserer nimmt das Einsiedeglas, macht es auf, will Tabletten herausnehmen, überlegt es sich aber dann und nimmt keine Tablette heraus
Die Frau schiebt den Fauteuil neben die anderen
Drei oder vier Jahre
hat der Arzt gesagt
Du hast es mir verheimlicht
Ich weiß es
Du mußt noch drei Jahre warten
Aber wahrscheinlich dauert es gar nicht mehr solange
Ich fühle mich am Ende
ich fühle mich entsetzlich
Was für ein Tag
und ich fühle mich entsetzlich
Ich hätte auch ablehnen können
den Ehrendoktor ablehnen
aber dazu fehlt mir die Kraft
Dann sagen sie ich bin hochmütig
Eine solche Zeremonie geht über meine Kräfte
Die Frau geht hinaus
Man neidet uns alles
man neidet uns
woran wir zugrunde gehen
es ist alles von Anfang an darauf angelegt
daß wir zugrunde gehen
und wie erbärmlich zugrunde

Wir beschleunigen diesen Vorgang ununterbrochen
Was wir auch tun
es beschleunigt diesen Vorgang
Die Frau zieht einen Fauteuil herein
Du weißt
an Dienstagen vertrage ich keinen Menschen
außer dir
Die Frau zieht den Fauteuil durch den ganzen Raum
Am Dienstag kein fremdes Gesicht
keinen Bediensteten am Dienstag
Komm her
gib mir deine Hand
Wenn ich dich nicht hätte
Die Frau geht zu ihm hin
Weltverbesserer nimmt ihre rechte Hand und drückt sie an sich
Wir sind den Elementen ausgeliefert
Wir müssen zusammenhalten
gegen alles verstehst du
plötzlich mit hocherhobenem Kopf
Wenn ich hier sitze
überblicke ich alles sehr gut
Aber wie ist es
von den Herrschaften aus gesehen
Wie ist es wenn sie zu mir heraufschauen
Komm hilf mir
ich will mich in einen der Sessel setzen
Ich will sehen
wie man da unten sitzt
steht plötzlich, als ob er gar keine Hilfe nötig hätte, auf, entsinnt sich aber sofort seiner Lähmung und läßt sich von der Frau zu einem der Fauteuils führen und setzt sich hinein
Hat uns auch niemand gesehen
Kein Mensch

DIE FRAU
Kein Mensch

WELTVERBESSERER *schaut auf seinen Sessel*
Es ist gut so glaube ich
es ist gut so
Komm hilf mir auf
Ich will in meinen Sessel zurück

Die Frau hilft ihm auf, er geht zu seinem Sessel zurück und setzt sich hinein
Wie schnell ich erschöpft bin
Ein paar Schritte
und ich bin völlig erschöpft
Aber jetzt gehören sie alle zusammengerückt
Zusammengerückt einerseits
zeigt auf den zuletzt hereingeschobenen Fauteuil
Warum hast du den Fauteuil so weit weggeschoben
Schieb ihn her
schieb ihn zurück
Die Frau schiebt den Fauteuil zurück
Halt halt
da steht er richtig
Setz dich hinein
Die Frau zögert
Du sollst dich hineinsetzen
ja in den Fauteuil hinein
Die Frau setzt sich hinein
Weltverbesserer plötzlich
Was für ein häßliches Kleid
Du mußt es ausziehen
Ich hasse dieses Kleid
Von allen deinen Kleidern
ist mir das das verhaßteste
Die Frau ist aufgestanden
Ich will das Kleid nicht mehr sehen
Du weißt
wie ich das Kleid hasse
Du weißt
an was mich das Kleid erinnert
In diesem Kleid
Ich will dich nicht verärgern
Die Frau will hinausgehen
Weltverbesserer ruft ihr nach
Du ziehst es immer an
wenn du mich treffen willst
zutiefst treffen
dann ziehst du es an
Die Frau geht hinaus
Ich hasse dieses Kleid

schaut um sich
zu sich
Wir hassen
und wünschen den Tod
wir können den Gehaßten
nicht mehr sehen
wenn er nur tot wäre endlich
ruft hinaus
Habe ich dich gekränkt
Du weißt
wie ich das Kleid hasse
Es verunstaltet dich
zu sich
Es macht sie noch häßlicher
als sie schon ist
Diese unvorteilhaften Kleider
Diese Geschmacksungeschicklichkeit
Diese Geschmacklosigkeit
ruft hinaus
Ich habe dich nicht kränken wollen
stellt fest, daß er selbst noch nicht angekleidet ist
ruft hinaus
Du mußt mich anziehen
Meinen Rock
Meine Manschettenknöpfe
Meine Krawatte
Wir haben keine Zeit mehr
Hörst du nicht
Du mußt mich ankleiden
Die Frau kommt mit den Kleidern herein
Weltverbesserer streckt beide Arme aus
Die Frau steckt ihm die Manschettenknöpfe an
Wir dürfen uns keine Blöße geben
Ist alles in Ordnung im Haus
Daß ich nicht mehr aufstehen
und hinuntergehen kann
ist entsetzlich
Wenn der persönliche Augenschein fehlt
Eine Katastrophe
Ich habe absichtlich
keinen Menschen eingeladen

für die Zeremonie
In aller Stille verstehst du
Wenn wir den einen einladen
ist der andere beleidigt
Sie kommen wie in ein Totenhaus herein
neugierig wie sie sind
Hier ist noch keine Aufbahrung
Ich sehe sie hereinkommen
wenn ich hier aufgebahrt bin
wie sie herumstehen
und wie sie nicht wissen
was sie tun sollen
Und ich sehe d i c h
schaut ihr direkt ins Gesicht
Die Lebensgefährtin
Es ist ja heute schon der Geruch
des Todes in diesem Haus
entreißt ihr die Arme
Du verletzt mich ja
bläst auf seine Hände, dann
Was habe ich getan
um so unmenschlich behandelt zu werden
Warum bin ich in diese Lage gekommen
Die Frau hat auch den zweiten Manschettenknopf angesteckt
Ich bin ein Grübler
nicht wahr
schaut ihr von unten ins Gesicht
Der Weltverbesserer
Der Angstmacher
Der Nihilist
schaut zur Tür
Beherrschung
ist alles
Die Frau zieht ihm den Rock an
Von einem bestimmten Zeitpunkt an
stören wir hier
dann stören wir nurmehr noch
Es ist wie wenn wir einen Besuch machen
und im richtigen
im einzig richtigen Augenblick
nicht aufstehen

uns nicht verabschieden können
Dann denken wir die ganze Zeit
wir sind immer noch da
und es ekelt uns vor uns selbst
riecht am Anzugärmel
Der Geruch von Trier
merkst du das nicht
Die Frau bürstet den Rock ab
Wo wir gedemütigt worden sind
wollen wir nie wieder hin
Die Krawatte jetzt
Die Frau bindet ihm die Krawatte um
Die Schamlosigkeit
hat mich immer verblüfft
mit welcher die Menschen auftreten
Ganz gleich wer hereinkommt
ein schamloser Mensch kommt herein
Aber alles ist ein Rechtsmittel
alles
schaut ihr direkt ins Gesicht
Wenn du zuziehen könntest
Aber du kannst es nicht
Du wartest
weil du schon solange wartest
bist du so häßlich geworden
Aber du hast deine guten Seiten mein Kind
Die Frau hat ihm die Krawatte umgebunden und geht hinaus
Weltverbesserer ruft ihr nach
Du mußt die Fenster aufmachen
hörst du
Die Fenster aufmachen
Ich ersticke hier
Bevor die Herrschaften kommen
muß frische Luft herein hörst du
Die Frau kommt mit einer Decke herein, in die sie den Weltverbesserer einwickelt
Weltverbesserer in sich zusammengesunken
Zwanzig Jahre beobachte ich
was du tust
Die Frau geht zum Fenster und macht es weit auf

Fünfte Szene

Eine Stunde später

WELTVERBESSERER *ohne Haare*

Mein ganzes Leben
habe ich geträumt
von einem einfachen Zimmer
von einer Hütte
Die Frau steht mit dem Strickzeug, mit welchem sie am Fenster gesessen war, auf und geht zu ihm hin und setzt ihm das halbfertige Strickzeug mit den Stricknadeln auf
Dem Dummkopf gelingen
die Vorhaben die er hat
Der Dummkopf
ist der Verwirklicher
Dem Zweifler
zerfällt alles
Die Frau nimmt die halbfertige Mütze von seinem Kopf und geht zum Fenster zurück und setzt sich und strickt weiter
Wir rennen einer Idee nach
und verirren uns
Labyrinthisch
sehr labyrinthisch
Voltaire habe ich gesagt
aber da haben sie nur den Mund aufgerissen
Wenn ich Frankreich sage
oder Irland
oder Paraguay
sie reißen nur den Mund auf
flüstert ihr ganz leise zu
Ich wollte immer verblüffen
das ist es
Der einzige Mensch
den ich wirklich geliebt habe
war meine Großmutter
Wenn wir in der Berühmtheit aufwachen
von der wir geträumt haben
graust es uns
Der einfache Mensch rennt in die Kirche
Wohin sollte i c h gehen

ich bin ungeschützt
Nur der Mensch ist nicht unsterblich
Was haben wir erbeutet
Wenn wir alles zusammenrechnen
bleiben uns nur noch die Magenschmerzen
und die fällige Arztrechnung
Ich habe gehört daß täglich
eineinhalb Milliarden Eier verzehrt werden
auf der Welt
Wer sollte das so genau ausgerechnet haben
Und die vielen Milliarden
die n i c h t verzehrt werden
Die Leute haben es leicht
die sich mit der Oper zufriedengeben
und mit einem daran angeschlossenen Nachtmahl
oder die in den Zug steigen
und drei Stationen weiter ihr Glück finden
Wenn ich genau hinhöre
höre ich die Totengräber mein Grab graben
Sitzen wir zu lange in frischen Kleidern
fühlen wir uns bald schmutzig
Hast du die Perücke parat
Damit ich sie gleich aufsetzen kann
wenn die Herrschaften kommen
Die Frau versichert sich, daß die Perücke neben ihr auf der Fensterbank liegt
Ich habe mir immer gewünscht
einen Kopf zu zerlegen
und die einzelnen Bestandteile
einem totalen Studium zu unterziehen
Es ist für so vieles zu spät
Kein Mensch in meiner Nähe
hat an meinen Traktat geglaubt
Du hast auch nicht daran geglaubt
du hast immer nur vorgegeben
daß du daran glaubst
aber du hast nicht einen Augenblick daran geglaubt
Hinter meinem Rücken hast du nur
von einem Verrückten gesprochen
wenn du von mir gesprochen hast
Und jetzt heimst du den Ruhm mit mir ein

Ich habe Angst vor meiner Venenentzündung
Daß mir ein Bein abgenommen werden muß
Dann ist es aber besser
man schneidet mir den Kopf ab
Mein Traktat will nichts anderes
als die totale Abschaffung
nur hat das niemand begriffen
Ich will sie abschaffen
und sie zeichnen mich dafür aus
Und sage ich ihnen was mein Traktat wirklich bezweckt
halten sie mich für verrückt
Die Opfer verhelfen ihrem Mörder zum Ehrendoktor
Alle Wege führen unweigerlich
in die Perversität
und in die Absurdität
Wir können die Welt nur verbessern
wenn wir sie abschaffen
Oder glaubst du sie haben meinen Traktat verstanden
nimmt das Einsiedeglas und schluckt ein paar Tabletten
Entweder wir krümmen uns vor Schmerzen
oder wir sind aufgebläht
Ich habe schon beinahe mein ganzes Wahrnehmungsvermögen
aufgebraucht
Weil wir das ganze Leben lang fragen
wie hoch ist der Zinsfuß
Nichts interessiert uns mehr
Willst du mir nicht etwas
aus deinem Dramulett vorlesen
bevor die Herrschaften kommen
Besser nicht
Unser ganzes Leben haben wir gesucht
jetzt finden wir nicht mehr
was wir suchten
Zuviel Zugeständnisse
Zuviel Freundlichkeit
zuviel Unterstützungsbedürfnis
Einmal habe ich Montaigne vertraut
zuviel
dann Pascal
zuviel
dann Voltaire

dann Schopenhauer
Wir hängen uns so lange an diese philosophischen Mauerhaken
bis sie locker sind
und wenn wir lebenslänglich daran zerren
reißen wir alles nieder
Die Herrschaften kommen
Die Frau springt auf und legt ihr Strickzeug auf die Fensterbank und setzt dem Weltverbesserer die Perücke auf und läuft hinaus, den Herrschaften entgegen
Weltverbesserer zieht an der Kette und an der Perücke
Die Frau tritt ein, hinter ihr der Rektor, der Dekan, der Professor, dahinter der Bürgermeister, zwei Hausangestellte, die an der Tür stehenbleiben
Weltverbesserer streckt die Hände aus

DIE FRAU *zurücktretend*
Ein hoher Besuch
kommen Sie
kommen Sie

WELTVERBESSERER *schüttelt dem Rektor die Hände, dann dem Dekan und dem Professor, zuletzt dem Bürgermeister*
Keine Förmlichkeiten meine Herren
keine Förmlichkeit
Die Frau winkt den Hausangestellten, den Champagner zu servieren

REKTOR *sieht sich um*
Ein hohes Haus
ein wahrhaft hohes Haus
Eine glückliche Konstellation

WELTVERBESSERER
Ich muß mich mit einem ganz kleinen Fest
zufriedengeben
Mein Leiden hat sich verschlimmert
Aber in Anbetracht
aller dieser fürsorglichen Menschen
Ich hoffe Sie verstehen mich
Sie entschuldigen mich
Ich kann mich keiner Prozedur mehr unterziehen
nicht einmal mehr einer akademischen Feier
Wollen Sie nicht Platz nehmen meine Herrschaften
Ich bitte Sie

DIE FRAU

Ich bitte Sie nehmen Sie doch Platz
Alle setzen sich

REKTOR

Ich überbringe die Grüße
und die Ehrerbietung des Senats
der Universität
zum Dekan
darf ich um das Diplom bitten
Herr Dekan
Dekan gibt dem Rektor das Diplom

WELTVERBESSERER

Meine Verfassung erlaubt
keine Förmlichkeit

REKTOR

Wir hatten gehofft

DEKAN

Ja wir hatten gehofft

REKTOR

Wir hatten gehofft
daß Sie uns die Ehre erweisen
auf dem Boden der Universität
das Doktordiplom in Empfang zu nehmen
Dekan, Professor und Bürgermeister nicken dazu
Ihr Traktat hat Aufsehen gemacht

DEKAN

Das größte Aufsehen

REKTOR

Ein Kollege aus Tokio
hat mir mitgeteilt
daß Ihr Traktat Gegenstand
von heftigen Auseinandersetzungen in Japan ist
Von Amerika höre ich ähnliches
In China soll eine Übersetzung erschienen sein
Zu unserer Ehre sei es gesagt
ich habe schon vor fünf Jahren den Versuch gemacht
blickt sich um
und mit der Unterstützung
meines verehrten Herrn Kollegen des Herrn Dekan
ist es mir gelungen
Sie zum Ehrendoktor zu machen

Ich habe mein Ziel erreicht

DEKAN und PROFESSOR

Sie haben sich unschätzbare Verdienste
um die Geisteswissenschaft erworben

PROFESSOR

Es sind schon mehr als hundert Studien
über Ihren Traktat erschienen
allein in Deutschland
Und ich kenne die französischen Verhältnisse

DEKAN

Meine Nichte hat mir aus Rumänien geschrieben
daß sie Ihren Traktat übersetzt

REKTOR

Gerade Rumänien ist empfänglich
für derartiges Gedankengut
Es ist zu wünschen
daß Ihr Traktat nicht nur gelesen
sondern tatsächlich studiert wird

DEKAN

Und daß nach seinem Willen gehandelt wird

WELTVERBESSERER

Tatsächlich
Wünschenswert

DEKAN

Die Studenten sind begeistert

PROFESSOR

Der Staat wird sich wundern

REKTOR

Die Universität kennt nur
die Wissenschaft
Weltverbesserer zieht an der Kette und an der Perücke
Der Staat mag sich
Ihren Gedanken widersetzen
Sie totschweigen

WELTVERBESSERER

Dem Staat paßt mein Traktat nicht

REKTOR

Der Staat darf Ihren Traktat
nicht verstehen
die Gesellschaft darf ihn auch nicht verstehen

WELTVERBESSERER
Allein die Universität versteht ihn
REKTOR
Die Universität ist stolz
auf ihren einstigen Schüler
der es in seiner Wissenschaft
zu dem Allerhöchsten gebracht hat
WELTVERBESSERER
Aber ich habe die Universität
schon nach der kürzesten Zeit verlassen
Ich bin ja gerade w e i l ich
DEKAN *unterbricht ihn*
Die Universität ist die geehrte
PROFESSOR
Die Universität ist die geehrte
REKTOR
Die Universität ist die geehrte
WELTVERBESSERER
Mein ganzes Leben habe ich nur dem einzigen
Gedanken gewidmet
wie die Welt zu verbessern sei
REKTOR
Wir müssen einen einzigen Gedanken
zu unserem zentralen Gedanken machen
und diesen Gedanken ausdenken
DEKAN *wiederholt*
Ausdenken
PROFESSOR und BÜRGERMEISTER *zusammen*
Ausdenken
WELTVERBESSERER
Wir dürfen nicht nachlassen
und wir dürfen nicht aufgeben
um jeden Preis
REKTOR
Um jeden Preis
WELTVERBESSERER
Auch wenn wir immer wieder zutiefst verzweifeln
REKTOR
Die Universität schätzt sich glücklich
Sie in ihren Akten als ihren Schüler zu führen
nicht immer hat unsere Universität

eine so glückliche Wahl getroffen

DEKAN

Nachdem alles
für die ganz außerordentliche akademische Feier gerüstet gewesen war
bekamen wir die Mitteilung
daß Sie sich in einer solchen
mißlichen Lage befinden
Wir bedauern Ihren Zustand zutiefst

WELTVERBESSERER

Meine Lage verschlimmert sich zusehends
Ich existiere nurmehr noch
weil mich die Chemie stützt
Ich komme aus den Schmerzen nicht mehr heraus

REKTOR

Wir haben alle Krankheiten

WELTVERBESSERER

Unheilbare Krankheiten
welchen wir uns vollkommen ausgeliefert haben
nimmt das Einsiedeglas, öffnet es und schluckt mehrere Tabletten
Aus diesem Glas lebe ich
Meine Existenz
ist aus diesem Glas
stellt das Einsiedeglas beiseite

REKTOR

Wir hoffen aber
daß Sie bald gesund sind
und daß Ihr Geist
uns noch zahlreiche schöpferische Werke beschert
Die Wissenschaft kann sich nicht vieler
solcher bedeutender Köpfe rühmen

DEKAN

Heute
wo soviel Scharlatanerie herrscht
ist ein authentischer bedeutender Kopf
eine Rarität
Eine Denkkapazität
welche in die tiefste Tiefe eindringt

REKTOR

Der immer a l l e s in e i n e m Gedanken
allgegenwärtig ist

DEKAN

Ein Weltdenker

REKTOR

In einer Zeit der philosophischen Wiederkäuer

DEKAN

Sie gehen als Weltverbesserer in die Geschichte ein

Es wird ihnen allen Champagner nachgeschenkt
Die Frau ist aufgestanden und hat den Vorhang halb zugezogen und hat sich wieder hingesetzt

WELTVERBESSERER

Ich vertrage das Tageslicht
nicht mehr
Die Zeit in welcher ich
vollkommen schmerzunempfindlich
Licht habe empfangen können ist vorbei
Die Ohren sausen mir
die Augen flimmern mir
der Magen tut mir weh
Die Blase hält das Wasser nicht mehr
Dem Leidenden bleibt nichts erspart

REKTOR

Vielleicht wäre eine Kur angebracht

DEKAN

Wenn man wüßte
um was es sich handelt

WELTVERBESSERER

Es ist der allgemeine Verfall
Niere Leber
kein Organ das nicht zeitweise aussetzt
In der Nacht habe ich Krämpfe
Ich bin vollkommen auf die Hilfe meiner Umgebung angewiesen

Alle wenden sich der Frau zu

Der kranke Körper
zieht einen kranken Geist nach sich
Die Kuranstalten versprechen nichts
Ich leide unter Verfolgungswahn
manchmal höre ich die Erde beben
und ich sehe Risse in den Wänden
In der Nacht gehe ich durch zerborstene Städte
und liege mit aller Welt im Streit
Mit Fieber wache ich auf

mit Kopfschmerz gehe ich zu Bett
Ein Stück Zucker ist oft
meine einzige Mahlzeit
Dann starre ich wieder stundenlang
zum Fenster hinaus
immer derselbe Blick
die Jahreszeiten gehen so dahin
ohne daß sie mein Interesse erweckten
Rektor steht auf und entfaltet das Diplom
Dekan und Professor stehen auf
Bürgermeister steht auf
Die Frau steht auf
Rektor will den Diplomtext vorlesen
Weltverbesserer winkt ab
Keine Förmlichkeit
Geben Sie mir das Diplom
und trinken Sie noch ein Glas auf mein Wohl
Die Frau winkt den Hausangestellten, den Champagner einzuschenken
Der Stadtchirurg hat mir angekündigt
er wird mir mein rechtes Bein abnehmen müssen
Die Lungenflügel sind schwer wie Blei
die Galle funktioniert nicht mehr
Wie gern ginge ich hinaus
und machte einen Spaziergang
Was ist denn überhaupt für eine Jahreszeit
Es ist äußerst merkwürdig
wenn man mit lauter Experten zusammen ist
greift nach dem Diplom
Geben Sie mir doch das Diplom
Rektor gibt ihm das Diplom
Weltverbesserer entfaltet es und liest es durch
Alle schauen sich immer wieder an
Wir haben das Lateinische
vergessen
Die deutsche Sprache sprechen wir ungern
aber wir verstehen sie wenigstens
Ein schönes Diplom
hält es sich vors Gesicht
Was für ein Geruch
ganz orientalisch

winkt den Rektor zu sich heran
Nur manchmal trage ich eine Perücke
Ich habe schon zwanzig Jahre
keine Haare mehr
Wer soviel Medikamente einnimmt
dem gehen die Haare aus
Zu festlichen Gelegenheiten
trage ich Haare
wann sonst
wenn nicht am heutigen Tage
hält sich noch einmal das Diplom vors Gesicht
Wir sind als Ehrendoktor nicht anders
als wir immer gewesen sind
zieht an der Kette
Die Ehrenkette habe ich schon
jetzt habe ich zur Ehrenkette
auch noch den Ehrendoktor
Manche Leute glauben sie müßten eine Leiter
an mich anlehnen
wenn sie mit mir sprechen wollen
Ich versichere Ihnen
meine allergrößte Hochachtung
Ich habe eine Rede vorbereitet
winkt die Frau heran und flüstert ihr etwas ins Ohr, worauf die Frau wieder zurücktritt und sich hinsetzt
Aber ich halte keine Rede
Wenn wir etwas sagen
werden wir nicht verstanden
Wenn wir die Wahrheit sagen
ist es doch nur gelogen
Wir sind auch zu große Fanatiker
und der Fanatismus ist ein Unglück
Von Kunst verstehen wir nichts
die Natur hassen wir
Unsere Gedanken stellen sich als Unsinn heraus
zum Bürgermeister
Herr Bürgermeister können Sie mir sagen
warum gestern die Brücke eingestürzt ist
welche Sie selbst vorgestern
als für die Ewigkeit gebaut bezeichnet haben
Sehen Sie Sie können es nicht

Wenn wir aus dem Haus gehen
müssen wir zuerst den Unrat wegräumen
der sich in der Nacht davor angesammelt hat
Wenn wir das das ganze Leben lang jeden Morgen tun
erschöpfen wir uns schließlich
Es wäre wirklich angemessen
und eine Kleinigkeit gewesen
in Ihre Universität zu kommen
und mir das Diplom abzuholen
aber Sie sehen ja selbst
daß es mir unmöglich ist
Ich danke für Ihre Aufmerksamkeit Herr Rektor
ehrwürdige Magnifizenzen
Und auch Ihnen Herr Dekan
streckt ihnen und den beiden anderen die Hand hin und verabschiedet sie
Schon ein paar Minuten ermüden mich
Dem Leidenden bleibt nichts erspart
hält der Frau das Diplom hin, sie nimmt das Diplom an sich und führt die Herrschaften hinaus
Grüßen Sie Ihr Institut
Meine Hochachtung
meine allerergebenste Hochachtung
Alle gehen hinaus
Weltverbesserer, nachdem er sie beobachtet hat, bis sie endgültig draußen sind
Man bringt sich um alles

Nachspiel

Zu Mittag

WELTVERBESSERER *ohne Haare*
Was für Geruch
Ich ersticke
ringt nach Luft
Ich ersticke ja
ruft hinaus
Ich ersticke ich ersticke
Die Frau kommt hereingelaufen
Aufmachen
aufmachen
Die Frau macht die Fenster auf
Sie haben diesen Geruch zurückgelassen
Du mußt die Fenster weit aufmachen weit
weit weit
Die Frau macht die Fenster so weit als möglich auf
Wir müssen ausziehen
wir müssen weg von hier
Mir ist das Haus verhaßt
Die Gegend ist mir verhaßt
Sie ist mir immer verhaßt gewesen
Ich halte diese Umgebung nicht mehr aus
Weg weg
Was für eine entsetzliche Stadt
Was für stumpfsinnige Menschen
Ich hätte nie einwilligen sollen
daß wir hierher gehen
Wir müssen so schnell als möglich weg
Wir krepieren wir verblöden sonst
Weil ich dir nachgegeben habe
Ich habe diese Leute immer gehaßt
ich weiß warum ich nach einem halben Jahr
aus der Universität davongelaufen bin
Jetzt rächen sie sich und ehren mich
Wir dürfen keine Zeit verlieren
Es ist die letzte Gelegenheit
Aber wohin
Die Zugluft bringt mich um

zur Frau
Was stehst du da und starrst mich an
Mich friert
von unten herauf
Du hättest mir Strümpfe stricken sollen
keine Mütze
plötzlich
Wie viele Ratten in der Falle heute

DIE FRAU
Keine einzige Ratte

WELTVERBESSERER
Keine Ratte
fragt
Mäuse

DIE FRAU
Nur eine einzige Maus

WELTVERBESSERER
Bring sie her
ich will sie sehen
Bring sie her
Die Frau geht hinaus
Weltverbesserer nickt mehrere Male ruckartig mit dem Kopf
Ein eigenartiger Genickschmerz
schaut auf die Tür
Die Frau kommt mit einer Mausefalle, in welcher eine Maus ist, herein
Weltverbesserer ruft ekstatisch aus
Die lebt ja
Wie viele Fallen hast du aufgestellt

DIE FRAU
Dreizehn Fallen
acht unten
fünf im ersten Stock

WELTVERBESSERER
Keine Ratte
nur eine einzige Maus
Das ist merkwürdig
Gibst du auch genug Speck
Vielleicht röstet ihn der Koch
nicht gut genug
Weltverbesserer klopft mit dem Hörrohr an die Mausefalle

Was für ein entzückendes Wesen
klopft mit dem Hörrohr an die Mausefalle
Sensibilität siehst du
ein ganz und gar entzückendes Wesen
Siehst du seine Augen
Wie es das Leben liebt
Aber sie erschrecken und belästigen uns
klopft mit dem Hörrohr an die Mausefalle
Wie sie erschrickt
Warum erschrecken wir
vor einem Tier
das so erschrickt
Wir wissen nie
soll sie ertränkt
oder verbrannt werden
Verbrennen wir sie
ist der Geruch ekelhaft
ersäufen wir sie
ekelt es uns
In diesen Häusern herrschen
nur Ratten und Mäuse
Eines Tages fressen sie uns auf
wenn wir nicht weggehen
der Frau direkt ins Gesicht
Nach Interlaken vielleicht
deiner Lunge wegen
Die Alpen sind widerwärtig
Ich hasse die Schweiz
Aber vielleicht erfülle ich dir den Wunsch
und gehe mit dir in die Alpen
in die Schweiz
nach Interlaken
ich sollte dich belohnen
Du bist aber nicht gänzlich leer ausgegangen
nicht wahr
sag es
daß du nicht gänzlich leer ausgegangen bist
Immerhin
ich bin berühmt
ich bin eine Geistesgröße
Ich bin ein Geschichtemacher

klopft auf die Mausefalle
Wie sie springt
verängstigt
sie ist ganz verängstigt
plötzlich
Gib her
ich will ein gutes Werk tun
Die Frau gibt ihm die Mausefalle und nimmt das Hörrohr
Weltverbesserer hält die Mausefalle so weit als möglich vor sich hin und schaut hinein
Im Prinzip habe ich nichts dagegen
daß wir in die Schweiz gehen
Ich habe auch nichts
gegen Interlaken
Es ist naturgemäß
auch keine Kostenfrage
hält die Mausefalle vor das Gesicht der Frau
Siehst du sie
sie hat Angst
Ausgerechnet der Mensch
ist unmenschlich
Sie weiß nichts
von Interlaken
er öffnet die Mausefalle, die Maus entkommt, die Frau läuft schreiend hinaus
er wendet sich voller Ekel ab
nach einer Pause
laut hinausschreiend
Meine Nudeln
gelangweilt
Jetzt will ich die Nudeln essen

Ende

Am Ziel

Les misères de la vie humaine ont fondé tout cela;
comme ils ont vu cela, ils ont pris le divertissement.

Pascal

Personen

DIE MUTTER
DIE TOCHTER
EIN *dramatischer* SCHRIFTSTELLER
EIN MÄDCHEN

In Holland

Erster Teil

In der Stadt
Am frühen Morgen
Großes Zimmer im ersten Stock, anschließend eine Küche
Zwei Türen, zwei Fenster. Ein Sofa
Mehrere noch offene oder schon fest verschlossene Gepäckstücke, ein großer Rohrkoffer offen
Die Mutter in einem Ohrensessel, eine Rechnung studierend
Die Tochter kocht in der Küche Tee

MUTTER *mit einem Lorgnon und in einem langen warmen Reisemantel*
Es war meine Idee
es war mein Wunsch
es war meine Idee
Warum sind wir überhaupt hingegangen
Jetzt rächt es sich
daß wir das Abonnement genommen haben
Wir hätten nicht solange warten sollen
Warum habe ich ihn nur eingeladen
Ein großer Fehler
Rette sich wer kann kein schlechter Titel
Ein Talent habe ich gesagt
Sie sind ein großes Talent
dabei bin ich gar nicht so überzeugt
Erfolge sind auch nur Zufall
irgend etwas macht den Erfolg
kein Mensch weiß was
auch wenn alle Voraussetzungen gegeben sind
kein Mensch weiß was
Es hätte auch schiefgehen können
Ich dachte schon es wird nichts
Dieses Bohren diese Unnachgiebigkeit
Sind das denn Menschen habe ich mich gefragt
Dann applaudierten sie plötzlich wie die Wilden
Ich gönne ihm das natürlich
Zuerst dachte ich es wird nichts
im Elend zu wühlen
den Leuten ihren eigenen Dreck ins Gesicht werfen
von der Bühne herunter

Ich dachte es wird nichts
Immer mehr Dreck auf der Bühne
bis die ganze Bühne voller Dreck ist
dann geht der Vorhang zu
wenn die ganze Bühne voller Dreck ist
Was ist das anderes als Dreck
Ja natürlich die haben Talent
die jungen Leute
und die alten Künstler die Theaterschmierfinken
Findest du nicht
daß das gemein ist den Leuten
nichts als ihren Dreck zu zeigen
ruft hinein
Mach ihn stark
ich will den Tee stark haben
Hörst du der verlangt achtzigtausend
Alle sind größenwahnsinnig
eine vollkommen größenwahnsinnige Gesellschaft
Die ganze Gesellschaft ist mit sich selbst
durchgegangen
legt die Rechnung weg
Ich hätte die Gruft nicht erneuern lassen sollen
ich hätte sie lassen sollen wie sie ist
der umgestürzte Obelisk war ja doch eine Originalität
achtzigtausend nur für die Aufstellung des umgefallenen Obelisken
und ein bißchen Beton
Ein dramatischer Schriftsteller
was ist das schon
die Leute haben Erfolg und nützen gleich alles aus
Veröffentlichte Gedanken
alles abgenützt auf dem Papier und insgesamt eine Gemeinheit
Sie bilden sich ein sie sind weltbewegend
Er behauptet er sei Anarchist
ein dramatischer Schriftsteller sei ein Anarchist
Eine ganze Stunde über Schauspieler
und dabei hat er nicht ein einziges Mal an mich gedacht
daß ich alt bin und schwer höre
Tochter kommt mit dem Tee herein
und daß mich im Grunde nichts mehr interessiert

jedenfalls nicht die Schauspielkunst
jedenfalls nicht das Theater
Tochter serviert den Tee
Die Steinmetze
sind unverschämt
alle Handwerker sind unverschämt
Die ziehen jetzt die Intellektuellen aus
vollkommen
Der Triumph der Handwerker mein Kind
die Arbeiter triumphieren
aber das haben die Unsrigen noch nicht begriffen
seit vierzig oder fünfzig Jahren
triumphieren die Arbeiter
die haben das Heft in der Hand
die diktieren die bestimmen
sie machen uns den Garaus
Tochter will den Tee einschenken
Mutter hindert sie daran
Er ist noch nicht soweit
Wie du keine Ahnung vom Tee hast
hast du auch keine Ahnung von Weltgeschichte mein Kind
Du mußt ihn ziehen lassen
zwanzig Jahre bemühe ich mich
dir das beizubringen
Dein Vater wünschte einen Obelisk
er hat ihn sich selbst ausgesucht
das war schon damals lächerlich
Die Zeit hat sich von Grund auf verändert
alles hat sich verändert umgekehrt
alles ist auf den Kopf gestellt
virtuos mein Kind sehr virtuos
Nun schenk ein
Tochter schenkt Tee ein
Nun rächt es sich
daß ich unser Abonnement nicht aufgelöst habe
es ist nur noch eine Gewohnheit
wir lieben ja das Theater schon lange nicht mehr
wir geben nur vor es zu lieben
wir hassen es
weil es uns zur Gewohnheit geworden ist
Aber wir hassen auch Shakespeare

und wir hassen uns selbst
wenn wir hineingehen
Noch bevor es angefangen hat
haben wir es durchschaut
nimmt die Rechnung wieder in Augenschein
Ich bezahle nicht so schnell
zwei Jahre hat es gedauert
bis der Obelisk aufgestellt war
über zwei Jahre bis alles fertig war
ich bezahle zwei Jahre nicht
Gleiches mit Gleichem vergelten mein Kind
So einfach darf man es den Leuten nicht machen
Sie drohen mit einer Klage
sie drohen ein zweites Mal mit einer Klage
dann zahle ich
und ich ziehe natürlich zwanzig Prozent ab
dann ist es noch immer viel zu teuer
Die Leute sind ja schon von sich selbst überrascht
wenn es ihnen gelungen ist
einen Nagel einzuschlagen
Überall herrscht der Dilettantismus
aber am widerwärtigsten bei den Handwerkern
trinkt
Wenn wir Glück haben
regnet es nicht
andererseits reise ich gern an Regentagen
Es wird regnen
Ich weiß warum ich nichts machen lasse hier
alles gehörte geändert
aber mir kommt kein Handwerker ins Haus
hier wird nichts mehr geändert
Ja wenn einmal das Licht ausfällt
aber sonst nichts
Es ist schon alles sehr brüchig
wenn du gehst denke ich immer
das Haus fällt zusammen
du hast dir einen so ungeschickten lauten Gang angewöhnt
andererseits ist es deine Natur
Ich sage bitte geh nicht so laut
aber das ändert nichts an deinem Gang
Wir hätten das Gußwerk früh genug verkaufen sollen

und ans Meer gehen
niemand kein Mensch hätte uns hindern können
aber wir haben den richtigen Zeitpunkt versäumt
dann kaufte niemand mehr ein Gußwerk
nicht ein solches veraltetes Gußwerk
es war eine große Chance mein Kind
achtzehn Millionen
aber das war mir zu wenig
Wenn wir den richtigen Zeitpunkt versäumen
kommt er nie wieder
Ich dachte ich könnte den Preis noch in die Höhe treiben
dann war plötzlich alles aus
So an die fünfundzwanzig Millionen habe ich gedacht
ich habe verspielt
trinkt
Die einen trinken Tee
die andern Kaffee
in diese zwei Kategorien kann man sie einteilen
Du bist eine Kaffeetrinkerin
Er wagte es nicht mehr
mich anzurühren
es ekelte mich vor ihm
ich bin sehr konsequent gewesen
nachdem wir aus Rom zurückgekommen waren
hatte er mich nicht mehr angerührt
Da warst du schon zweiundzwanzig
mein Gott habe ich gedacht
was ist das für ein Kind
unansehnlich etwas zurückgeblieben
aber liebenswert
Du warst mehr ein Vaterkind
Es hätte irgendein anderer sein können
Nun es war dein Vater
das Gußwerk hat eine große Rolle gespielt
ich war nicht sicher
heirate ich den Mann oder das Gußwerk
ich habe nie wirklich gewußt
ist es das Gußwerk oder der Mann
dem das Gußwerk gehört
und das Haus am Meer
das reizte mich ungeheuer mein Kind

ein Mann ein nicht einmal häßlicher Mann
mit einem Haus am Meer
Das habe ich mir immer gewünscht
ein Haus am Meer das mir gehört
Einerseits war es das Gußwerk
und das Haus am Meer
und die Sicherheit die von dieser ganzen Konstellation ausging
mein Kind
Ich kann nicht sagen
ich hatte keine andere Wahl
nein das nicht
Er war aufgetaucht
und erzählte mir von seinem Gußwerk
und daß er allein sei
daß seine Eltern umgekommen seien
beide in einem einzigen Augenblick
das rührte mich wie er mir sagte
daß sie augenblicklich tot gewesen seien
zwischen Florenz und Bologna
das hatte mich gerührt mein Kind
und daß er ein Haus am Meer habe
Vielleicht hätte mich eine andere Geschichte nicht so gerührt
wir hören etwas Rührendes
von einem Mann der dadurch daß er uns etwas Rührendes erzählt
selbst rührend ist und heiraten ihn
Ich wollte den Mann gar nicht
Das Gußwerk und das Haus am Meer
und dann auch noch ein Kind dazu
dein Bruder der Arme
zweieinhalb Jahre und weg
trinkt
Er hatte ein Gesicht wie ein uralter Mensch
ich wollte ihn nicht er war mir zu häßlich
kannst du dir das vorstellen
er hatte ausgesehen wie ein Greis
unter drei Millionen passiert das
eine uralte Haut
alles verkrüppelt an ihm
Das ist die Strafe habe ich gedacht
jetzt bist du bestraft
ich habe pausenlos nur darüber nachgedacht

wie ich ihn wegwerfen könne
einmal hatte ich die Idee
ihn im Ofen zu verbrennen
aber was dann
ich wickelte ihn wieder ein und sang ihm ein Lied
ich machte mich sentimental
und machte mich dadurch noch viel gemeiner
Ich redete mir gut zu
insgeheim wünschte ich den Tod meines Kindes
unausgesetzt
Ich getraute mich mein Kind nicht herzuzeigen
alle wollten es sehen
aber ich zeigte es nicht her
ich sagte immer der Zeitpunkt wird schon kommen
Ich hatte mich verrechnet mein Kind
Das Gußwerk und das Haus am Meer
und das Kind
ich hatte mich verrechnet
Dann fuhr ich ans Meer und glaubte es würde dort besser
aber dort war es am schlimmsten
ich wollte die Decke über das Gesicht ziehen
und es ersticken
aber ich getraute mich nicht
ich dachte dann habe ich mich selbst ruiniert
wegen eines Menschen der gar kein Mensch ist
ein kleines unansehnliches Tier
ich haßte Richard
Dein Vater war der unglücklichste Mensch
der sich denken läßt
er kam immer aus der Stadt heraus und fragte
was macht unser Kind
das haßte ich wenn er das fragte
ich dachte du hast das Kind gemacht du gemeiner Mensch
und jetzt fragst du mich noch immer
was der Krüppel macht
ich mußte mir ausmalen was dann ist
wenn der Krüppel fünfzehn ist oder zwanzig
oder fünfundzwanzig
Aber dazu ist es nicht gekommen
ich hatte so inständig seinen Tod gewünscht
daß er gestorben ist

wie immer ekelte mich
wenn ich den kleinen Vorhang zurückzog
er war noch im Korbwagen
aber da war er auf einmal tot
plötzlich hatte er ein schönes Gesicht
uralt aber schön
weil ich ganz inständig an seinen Tod gedacht habe
Richard verstehst du
dein Vater der Wagnernarr
gerade als ich mein Kind herzeigen wollte
so sagte ich es mir selbst
war es tot
Ich sagte den Leuten immer
ein so schönes Kind hätte ich nie gesehen
ich hätte es nicht hergezeigt solange
um seine Schönheit nicht zu beeinträchtigen
die schmutzigen Blicke wollte ich fernhalten von meinem schönen Kind
ja sagte ich gerade da wie ich es euch zeigen wollte
war es auf einmal tot
es regnete in Strömen
verrückt nicht wahr
die Leute konnten nicht wissen
was in dem Sarg lag
etwas Entsetzliches
etwas Uraltes
ein weißer Sarg
und soviel frische Blumen
Unser Richard
ließ ich in den Stein meißeln
trinkt
Plötzlich hatte ich Angst
Alles war Angst
und ich haßte deinen Vater
ich ging ihm aus dem Weg
ich versperrte die Zimmertür
zeigt auf die Tür
Wochenlang jahrelang
starrte ich auf diese Tür
und fürchtete mich
er könnte durch die abgesperrte Tür hereinkommen

er klopfte aber ich machte nicht auf
er trommelte auf die Tür
aber ich machte nicht auf
wenn er sich schon halb zu Tode getrommelt hatte hörte er auf
dann nahm ich meine Tabletten
In der Frühe war er schon weg
das Gußwerk brauchte ihn
Ich fuhr nach Katwijk
ein ganzes Jahr hielt ich es dort aus
Ebbe Flut
Flut Ebbe
trinkt
dann fuhr ich zurück
und dann kamst du
Wir entkommen nicht mein Kind
trinkt
Nur das Notwendigste einpacken
sage ich mir immer
nur das Allernotwendigste
und dann haben wir wieder so viel Gepäck
Tochter steht auf und geht wieder ans Packen
Ich hätte dir geholfen
auch mit meinen Schmerzen
aber du hast es abgelehnt
Immer kommt es von der Ferse
und dann zieht es über den Rücken herauf
Tochter öffnet den großen Rohrkoffer
Der Rohrkoffer hat eine lange Geschichte
das ist das einzige das ich mitgebracht habe in die Ehe
den Rohrkoffer
Und weißt du was in dem Rohrkoffer war
Habe ich es dir schon einmal gesagt
hab ich es dir nicht gesagt

TOCHTER
Nein Mama

MUTTER
Eine alte Pferdedecke
von meinem Großvater
sonst nichts
das war alles
Deine Urgroßeltern hatten überhaupt nichts

er war Spaßmacher Spaßmacher mein Kind
seine Frau war völlig taub ganz und gar taub
trinkt und stellt die Tasse gleich wieder weg
Er schmeckt nicht
wenn du ihn machst schmeckt er nicht
Teekochen ist eine Wissenschaft
natürlich das Wasser
aber es ist eine Kunst
Ich will doch Cognac
den Cognac mein Kind
Tochter holt ihr Cognac
Völlig taub verstehst du
und er war ein Analphabet
ein richtiger Analphabet
sie hatten fünf Kinder zustande gebracht
die armen Leute machen die meisten Kinder
zwei haben überlebt
darunter meine Mutter
deine Großmutter
Tochter schenkt der Mutter Cognac ein
Sie hat mich irgendwo in Holland abgelegt
in einem Gasthaus
sie ist in das Gasthaus hinein
auf die Toilette
und hat mich abgeschnitten
und ist mit mir wieder herausgegangen
zu einer Freundin
die sie aufgenommen hat eine Woche
dann ist sie wieder arbeiten gegangen
Nur einer darf trinken
nur ich darf trinken
trinkt
Aus dem Nichts verstehst du
plötzlich in ein solches Haus
ein Gußwerk
ein Haus am Meer
ganz abgesehen von allem andern
Aber natürlich ist es nicht von heute auf morgen gegangen
Da kam dieser häßliche Mensch
mit seiner häßlichen Stimme
und erzählte mir von seinem Gußwerk

dein Vater hatte damals die Angewohnheit
das erste Wort eines jeden Satzes
zweimal zu sagen
es war unerträglich mein Kind
ich habe mich vor diesem Menschen gegraust
wie er da gesessen
und von seinem Gußwerk geredet hatte
Und dann hatte er gesagt
wenn ich vom Gußwerk genug habe
fahre ich ans Meer
da habe ich ein schönes Haus in Katwijk
das war mir natürlich kein Begriff gewesen
trinkt
Ich hatte ja das Meer noch nie gesehen
Immer schon hatte ich das Meer sehen wollen
wer das Meer noch nicht gesehen hat
ist noch kein Mensch habe ich immer gedacht
und ich denke das auch heute
Da packe ich meine Sachen
und fahre nach Katwijk ans Meer
ein großes Haus und Ebbe und Flut
die hatte ich noch nie gesehen Ebbe und Flut
er machte es mir vor
er beugte sich ganz vor
und machte mir mit beiden Händen Ebbe und Flut vor
Ich hatte ihn für einen Verrückten gehalten
Ein Verrückter habe ich gedacht
Aber dann hatte sich herausgestellt
daß alles stimmte was er sagte
das mit dem Gußwerk stimmte
und das mit dem Haus am Meer
und auch das mit Ebbe und Flut
und das mit dem Geld auf der Bank
Ich hab zu meiner Freundin gesagt
würdest du das tun
obwohl du den Mann nicht ausstehen kannst
wie er von Ebbe und Flut erzählt und das vormacht
wie er immer von seinem Gußwerk erzählt und es ausmalt
und von seinem Haus am Meer
das sein Großvater gekauft hat
er hat einen so fürchterlichen Geruch habe ich gesagt

aus dem Mund
und seine Finger gefallen mir nicht
überhaupt seine Hände
sein Gesicht ist häßlich
aber wie er von Ebbe und Flut erzählt
würdest du das tun
trinkt
da hat sie nur Ja gesagt
Und was für ein Ja
ich höre dieses Ja noch genau
ich habe es fünfundvierzig Jahre im Ohr
ich kann es nicht nachmachen
ich sollte es nachmachen können
ich kann das Ja nicht nachmachen
Ja hat sie gesagt sonst nichts
sie hat mich angehört und Ja gesagt
Und dann tat ichs
verstehst du
ich haßte alles an dem Mann
ich haßte auch die Art wie er ging
sein Gehen haßte ich
und wie er sich hinsetzte
und wie er aufstand
und wie er die Hände übereinanderlegte
und die Nasenlöcher ganz weit öffnete
wenn er Ebbe sagte
und ebensoweit aufmachte wenn er Flut sagte
trinkt
Diese Freundin verstehst du
die ich gebeten habe
daß sie mich mit dir aufnimmt
sie hatte den Mann nie gesehen und hat Ja gesagt
Tochter legt ein graubraunes Kleid in den Rohrkoffer
Den Rohrkoffer habe ich schon gehabt
wie du auf die Welt gekommen bist
den habe ich überallhin mitgenommen
Ich bin ja noch nicht viel herumgekommen damals
und ich hatte das Meer noch nicht gesehen
Aber das Gußwerk interessierte mich
und wie der Mann Ende gut alles gut sagte
das sagte er alle Augenblicke

auch wenn es gar keinen Sinn hatte
Ende gut alles gut
trinkt
Das war seine Gewohnheit
Er schneuzte sich zu laut
Ende gut alles gut
bei jeder Gelegenheit
Andererseits hatte er so gute Manieren
wie sie die besitzenden Leute haben
aber doch nicht ganz gute Manieren
es war immer auch ein wenig lächerlich
wenn er sich bemühte
beispielsweise wie er eine Champagnerflasche aufmachte
das war sehr komisch
das konnte er nicht
und ich verlangte es immer von ihm
dein Vater war ungeschickt
ein durch und durch ungeschickter Mensch
Wie er Gußwerk sagte
das faszinierte mich
er sagte das Wort Gußwerk
als wenn es ihm ein Genuß gewesen wäre
Wenn du das Wort Gußwerk sagst
erinnert es mich ein bißchen an ihn
ein bißchen
trinkt
ein bißchen
Er hatte die Angewohnheit
bei geschlossenen Fenstern zu schlafen
das vertrug ich nicht
ich machte die Fenster immer auf
aber da erkältete er sich
da zog ich einfach aus
Zuerst hatten wir ein gemeinsames Schlafzimmer
aber schon bald nicht mehr
Es war dumm von mir
ihm andauernd vorzuhalten
daß es nicht gesund ist
bei geschlossenen Fenstern zu schlafen
ich hätte es zwei dreimal sagen sollen
aber ich habe es immer wieder gesagt

immer wieder
und vieles andere auch immer wieder
lauter Sachen die ihm auf die Nerven gingen
ich predigte und er hörte zu
aber er verstand mich überhaupt nicht
Ende gut alles gut
Wenn er zum Frühstück hereinkam
sagte er Ende gut alles gut
und wenn er aus dem Gußwerk kam sagte er
Ende gut alles gut
Wir gingen die See entlang mein Kind
und plötzlich blieb er stehen und sagte
Ende gut alles gut
Eines Tages wollte er einen Hund haben
das wollte ich ihm nicht abschlagen
aber es war ein Unsinn
er sagte zu dem Tier immer Ende gut alles gut
das hielt ich nicht mehr aus
ich vergiftete das Tier
daran kannst du dich nicht mehr erinnern
es ist zu lange her
da warst du aber schon da
aber du warst so klein daß du dich
an den Hund nicht mehr erinnern kannst
ich duldete keinen Hund kein Tier neben dir
Wenn wir dich im Park zwischen uns hatten
und gar kein Grund dazu war
sagte er plötzlich Ende gut alles gut
das sagte er auch zu deinem Bruder
Ende gut alles gut
Ich gab ihm Bücher zum Lesen
aber er las sie nicht
ich verlangte eine Nacherzählung
aber ich quälte ihn nur damit
Ich gehe ins Gußwerk sagte er
und dazu immer Ende gut alles gut
Er liebte Manschettenknöpfe
er hatte große goldene Manschettenknöpfe von seinem Vater
aber ich konnte keine Manschettenknöpfe vertragen
er wollte auch immer so bestimmte Sandalen anziehen am Meer
die ich haßte

weil da seine häßlichen Zehen zum Vorschein kamen
er begriff nicht daß er keine Füße für Sandalen hatte
Er liebte keine Literatur
ich hatte ja immer gelesen
weil ich sonst nichts gehabt habe
aber er haßte die Literatur
und das Theater
Nur Andersen war eine Ausnahme
da setzte er sich ans Fenster
zeigt es
dahin siehst du
und las das Märchen von den Schwefelhölzchen
Hunderte Male
das ließ ich ihm
ich hätte mich schuldig gemacht
ich verachtete ihn wie er da saß und las
und ich verachtete ihn so tief verstehst du
trinkt, dann
Du mußt die Mäntel getrennt von den Kleidern
einpacken das weißt du ja
und die schweren Stücke zuunterst
die leichten oben
Wenn ich diese Schmerzen nicht hätte
würde ich dir helfen
versucht aufzustehen und setzt sich gleich wieder
Es ist die Feuchtigkeit in diesem Haus

TOCHTER

Am Meer ist es auch feucht

MUTTER

Ja aber nicht ungesund
am Meer ist es nicht ungesund
am Meer ist es feucht
aber nicht ungesund
aber hier ist es feucht
und macht krank
alles macht hier krank
wir müssen schauen
daß wir wegkommen hier
es ist höchste Zeit
Als ich deinen Vater einmal fragte
warum er in das Gasthaus gegangen sei

in welchem er mich kennengelernt hat
sagte er er wisse es nicht
es sei ein Zufall
Da habe ich ihn aufgeklärt
daß es keine Zufälle gibt
Ich ertrug es nicht wenn er sagte
es sei ein Zufall gewesen
daß er mich kennengelernt habe
Es war kein Zufall sagte ich
es war Berechnung
das verstand er natürlich nicht
Wie ich das Gußwerk zum erstenmal gesehen habe
war ich entsetzt
was sollte ich als die Frau des Gußwerkbesitzers
ich hatte mich an den Kopf gegriffen
trinkt
aber plötzlich hatte ich Gefallen daran gefunden
an dem Lärm dort
und an den Leuten in diesem Lärm
und an dem Geruch
wie es schmolz und zischte verstehst du
Sie hatten ihn ausgenützt
dein Vater war dumm
er hätte mit diesen Leuten ganz anders umgehen sollen
er hatte einen Direktor
der ihn jahrelang betrogen hatte
der Millionen auf die Seite geräumt hatte
aber ich habe dem allen ein Ende gemacht
ich habe aufgeräumt mit den Leuten
ich habe die Hälfte aller Leute entlassen
ich hätte es auf einen Prozeß ankommen lassen
aber es ist gar nicht zu einem Prozeß gekommen
Du bist der Betrogene
du bist der Dummkopf
habe ich gesagt
du wirst ausgenützt übers Ohr gehauen
Wenn man neu dazukommt
hat man einen unbestechlichen Blick
Wenn er nachhause kam war er erschöpft
Ende gut alles gut
trinkt

Ich setzte Zierpflanzen
um die Hallen herum
alles sah auf einmal ganz anders aus
freundlich verstehst du
Die Gewerkschaft hatte ihn in der Hand
Aber da kam *ich*
und regelte alles
wie es sich gehörte
wir sind die Dummen sagte ich
nicht sie
wir sind die Ausgenützten
nicht sie
Es kam zu Protesten
aber die erstickten in sich selbst
Ich verstand mich mit den Leuten
Immer mehr Forderungen
und er erfüllte sie
das mußte ein Ende haben
Du bestimmst was mit dem Gußwerk zu geschehen hat
nicht *sie* sagte ich
es ist *dein* Gußwerk
nicht das *ihrige*
es ist *dein* Leben
unsere Existenz
nicht *ihre*
Ich hatte eine gute Hand
Wir mußten die Hälfte entlassen
um zu gesunden mein Kind
Die Krankheit war ausgebrochen
da warst du siebzehn Jahre alt
In Katwijk waren wir
da ist sie ausgebrochen
Du hattest noch ein Jahr Gymnasium
Da dachte ich
als es noch gar nicht ernst genommen worden war
das ist sein Ende
Es zog sich hin mein Kind
zuerst unmerklich jahrelang unmerklich
bis es dann endgültig ausgebrochen war
Habe ich dir erzählt
wie ich zu dem Doktor gesagt habe Das ist sein Tod nicht wahr

und der Doktor geantwortet hat
Ja das ist sein Tod
Es war so selbstverständlich
Es berührte mich nicht einmal sonderlich
ich war so mit dem Gußwerk beschäftigt
Damals ließ ich ihn ein paarmal ins Zimmer
aber es wurde nichts
auch damals ekelte es mich vor ihm
Wenn er hinausging
wenn es nichts geworden war und wenn er hinausging
drehte er sich an der Tür um
zeigt es
da an der Tür
in dem sauberen Nachthemd das er so liebte
und sagte Ende gut alles gut
es ekelte mich aber ich sagte gute Nacht
ich wußte er wird bald tot sein
er wußte es nicht
er war so naiv mein Kind
er sah nichts auf sich zukommen
er sah die Revolution nicht
und er sah seinen Tod nicht
aber ich sah beides
die Revolution und den Tod
seinen Tod
Ende gut alles gut es hörte sich so hilflos an
und doch schmutzig
darauf durfte ich nicht hereinfallen
ich sagte gute Nacht und haßte ihn
Er wollte immer diese gleichen knöchellangen Nachthemden
mit der grünen Rosenborte am Kragen
Wie ich diese Nachthemden haßte
trinkt
Aber ein paar solcher Kleinigkeiten
durfte ich ihm nicht auch noch wegnehmen
Frierend stieg er in mein Bett
aber er war nicht warm zu kriegen
Von Samstag auf Sonntag bettelte er
aber da ließ ich ihn nicht herein
Tochter faltet ein schwarzes Kleid zusammen und will es in den Rohrkoffer legen

Mein Trauerkleid
Zwanzig Jahre schleppe ich es mit
und ich habe es in den zwanzig Jahren am Meer
nicht ein einziges Mal angezogen
Zeig her ist es nicht schon kaputt
Tochter bringt ihr das Kleid und hebt es gegen das Licht und die Mutter begutachtet es
Es hatte seine Berechtigung
Aber es ein zweites Mal anzuziehen
wäre verlogen gewesen
Aber pack es ruhig ein
wer weiß
plötzlich habe ich Lust es anzuziehen
Tochter geht mit dem Kleid zum Rohrkoffer und packt es ein
Jedes Jahr haargenau dieselben Stücke
Und jahrelang nichts dazugekauft
weil ich dich habe
mit deiner Nähkunst
Das meiste ist aus der Mode gekommen
Nimmst du dein blaues Kostüm mit

TOCHTER
Ja Mama

MUTTER
Das liebe ich
wenn du mit mir in Katwijk am Meer entlanggehst
und du hast das blaue Kostüm an
das liebe ich
Und die schwarzen Schuhe von Mutter

TOCHTER
Ja Mama

MUTTER
Du solltest neue Schuhbänder kaufen
die alten haben schon einen Knopf
In Katwijk kaufst du neue Schuhbänder

TOCHTER
Ich freue mich schon so auf Katwijk

MUTTER
Ja ich auch
es ist jedes Jahr das gleiche
ich habe nur ein Ziel das ganze Jahr
Katwijk

TOCHTER *zeigt ein graues Kleid*
Soll ich es noch bügeln
hebt es hoch
MUTTER
Nein
nein nicht
Tochter legt das Kleid in den Rohrkoffer
Tagsüber gehe ich in meinem Strandkleid
und am Nachmittag habe ich den plissierten Rock
Den hast du schön gebügelt
Wenn ich dich nicht hätte
Und wir machen natürlich den Ausflug nach Amsterdam
selbstverständlich
Vielleicht ist heuer unser Violinvirtuose schon da
Warum diese Leute immer verkühlt sind
Aber du hast ja deinen dramatischen Schriftsteller
Es war meine Idee
es war mein Wunsch
Einen Augenblick werden wir schwach
und begehen eine Dummheit
TOCHTER
Wieso eine Dummheit
MUTTER
Daß ich den Schriftsteller eingeladen habe nach Katwijk
du wolltest es
du wolltest daß er mit uns nach Katwijk reist
ich wollte es nicht
wie kann ich es wollen
nein ich liebe diese jungen Leute nicht
und schon gar nicht diese Intellektuellen
diese Leute mit ihren Geistesambitionen
diese Leute habe ich nie geliebt
die bringen nur alles durcheinander
und stellen alles auf den Kopf
Es war ein Fehler ihn aufzufordern mitzukommen
TOCHTER
Aber er bleibt doch nur ein zwei Tage
MUTTER
Ja das sagt sich so ein zwei Tage
TOCHTER
Er hat sich so gefreut

er bewundert dich Mama

MUTTER

Das war ein Fehler ihn aufgefordert zu haben
Aber es war ein Gefühl im Augenblick
ein merkwürdiges Gefühl
der Treue zu dir verstehst du

TOCHTER

Ein so großer Erfolg Mama

MUTTER

Das besagt doch nichts
die Leute waren in Laune und machten einen Erfolg
aber es hätte auch das Gegenteil und kein Erfolg sein können
es war bis zuletzt nichts entschieden
nichts gar nichts
dann war Stille
und die Leute haben geklatscht

TOCHTER

Und wie geklatscht Mama

MUTTER

Mir ist es unverständlich
daß sie geklatscht haben
wo es sich doch um ein Stück handelte
in welchem sie alle bloßgestellt worden sind
und auf die gemeinste Weise
zugegeben mit Witz auch
aber mit einem bösartigen Witz
mit Niedertracht sogar
mit absoluter Niedertracht
Und dann klatschten sie aufeinmal

TOCHTER

Es war ein richtiger ein ganz großer Erfolg

MUTTER

E i n Erfolg was sagt das
dann gehen die Leute hinaus auf die Straße
und alles ist vergessen
das sagt doch nichts ein Erfolg an einem Abend
Und ob es zu einem Lebenswerk reicht

TOCHTER

Was heißt Lebenswerk Mama
Die Leute haben geklatscht es hat ihnen gefallen
die Schauspieler haben ihnen gefallen

es hat ihnen alles gefallen

MUTTER

Die Schauspieler haben gefallen
die Schauspieler waren großartig
aber das Stück

TOCHTER

Ich finde es ein ganz außerordentliches Stück

MUTTER

Als ob du von der dramatischen Literatur
auch nur das geringste verstündest
die Leute verstehen nichts
und klatschen sich zu Tode
weil sie gerade zum Klatschen aufgelegt sind
aber sie beklatschen auch das Unsinnigste
Sie beklatschen auch ihr eigenes Begräbnis
sie beklatschen jede Ohrfeige
die sie bekommen
sie werden von der Rampe herunter geohrfeigt
und beklatschen das
Es gibt keine größere Perversität
als die Perversität des Theaterpublikums
Es war ein Unsinn
daß wir uns noch getroffen haben
mit deinem Schriftsteller
Ein Autogramm
was für eine Perversität
Was haben wir jetzt davon
jetzt sind wir aus dem Gewohnten
wer weiß

TOCHTER

Er hat sofort eingewilligt

MUTTER

Ich habe nicht gesagt
wir fahren ans Meer kommen Sie mit
das wollte ich ja gar nicht
Ich habe gesagt wir fahren ans Meer
da hat er gesagt er würde auch gern
ans Meer fahren
Kennen Sie denn Katwijk habe ich gesagt
und er hat verneint
er kenne Katwijk nicht

da hast du gesagt wie schön Katwijk ist
TOCHTER
Es ist wahr Katwijk ist schön
MUTTER
Da habe ich gesagt
sie hat recht Katwijk ist schön
TOCHTER
Katwijk ist sehr schön habe ich gesagt
weil es dort ein Haus nur für uns allein gibt
und man kann stundenlang allein am Meer entlanglaufen
MUTTER
Und dann habe ich gesagt
waren Sie überhaupt schon am Meer
und da hat er gesagt natürlich
ein dramatischer Schriftsteller
muß das Meer kennen
muß Ebbe und Flut kennen hat er gesagt
der dramatische Schriftsteller muß vor allem das Meer kennen
wenn er das Meer kennt
kennt er auch die Gesetze seiner Kunst
Ich fand das alles sehr verwirrend
und anmaßend was er sagte
Plötzlich sagte ich mehrere Male zu ihm
dramatischer Schriftsteller
das war mir absurd vorgekommen aber ich sagte es
Ein dramatischer Schriftsteller
muß das Meer kennen und sich immer
während er schreibt
während er sein Kunstwerk vorantreibt
von Ebbe und Flut
TOCHTER
Ebbe und Flut hat er gesagt
immer wieder Ebbe und Flut
MUTTER
Es war ziemlich unsinnig was er sagte
er war aufgeregt
verständlich
die Leute hoben ihn in die Höhe
Aber sie hätten ihn ebensogut vernichten können
mit einem Schlag
an diesem einen Abend

sie entschieden sich für den Applaus
nicht für die Vernichtung
Es ist aber ein Theater
in dem fortwährend beides möglich ist
der Applaus
oder die Vernichtung
und am Ende auch
der Applaus
oder die Vernichtung
unser dramatischer Schriftsteller hat glaube ich
doch mehr Glück als Verstand gehabt
Wir sehen etwas das wir nicht entschuldigen
das wir hassen
und applaudieren dann
Ich hatte zuerst nicht applaudiert
aber dann habe ich doch applaudiert
ich konnte nicht anders
Aber dann wie wir aus dem Theater heraußen waren
schämte ich mich
ich beklatschte eine Unverschämtheit
Und dann dieses arrogante Gesicht

TOCHTER
Er ist doch nicht arrogant

MUTTER
Ein dramatischer Schriftsteller
ist von Natur aus arrogant
größenwahnsinnig
sie werden beklatscht und sind größenwahnsinnig
oder sie gehen mit eingezogenem Kopf
durch die Hintertür ins Freie

TOCHTER
Wie es nach und nach
in die Katastrophe führte

MUTTER
Ja
und fortwährend umzukippen drohte
Wenn man solche Schauspieler agieren läßt
die eine solche Perfektion entwickeln
mit solcher Hingabe aber auch an das Kunstwerk
wobei ich mir nicht sicher bin
ob es sich tatsächlich um ein Kunstwerk handelt

Mit dieser Schamlosigkeit ohnegleichen
hingeben sich an das Publikum
Am Ende stehen sie alle erschöpft da
und kein Mensch weiß mehr was das gerade gewesen ist
und werden mit Applaus überschüttet
Deinen Vater konnte man unter keinen Umständen
in ein Theater hineinbringen
Er hatte sein Gußwerk
Deine Liebe zum Theater hast du von mir

TOCHTER
Ja Mama

MUTTER
Aber meine Leidenschaft hat etwas nachgelassen
trinkt das Glas aus und schenkt sich wieder ein
Ich bin doch etwas skeptisch geworden gegen das
was von der Bühne herunterkommt
früher war ich das nicht
jetzt frage ich mich
ob das noch nützlich ist
ob ich nicht das Abonnement auflösen soll
es wiederholt sich alles
wir haben schon alles gesehen
alles gesehen und alles gehört
was von der Rampe herunterkommt
Mein Gott was ist es anderes
als daß alles krank ist und stirbt
gewaltsam oder nicht
es muß aufgeben
wird erstochen oder nicht
vergiftet oder nicht
oder es dämmert ganz einfach so hin
und ist dadurch unheimlich
Und an den Kostümen haben wir uns doch auch
schon satt gesehen ist es nicht so
trinkt

TOCHTER
Nein nein es ist immer wieder etwas Neues
es ist immer ganz neu
Wenn wir den Willen haben dazu
wenn wir das Neue sehen wollen

MUTTER
Wenn wir das Neue sehen wollen
Wer sagt denn
daß ich das Neue sehen will
Vielleicht will ich das Neue nicht mehr
trinkt
Weil ich genug habe

TOCHTER
Er hat sich angeboten
uns die Koffer hinunterzutragen

MUTTER
Hat er das

TOCHTER
Er hat sich angeboten
Ein paar Tage am Meer
das wird ihm sicher guttun
Wo wir so viel Platz haben in unserem Haus

MUTTER
Ja
Und wo wird er untergebracht sein

TOCHTER
Ich denke neben dir

MUTTER
Das geht nicht

TOCHTER
Das wäre das einfachste

MUTTER
Nein nein das geht nicht
er wird oben schlafen oben unter dem Dach
oder unten

TOCHTER
Oben oder unten das ist doch gleichgültig

MUTTER
Es ist gleichgültig
ja natürlich ist es gleichgültig
Er wird nur eine kleine Tasche mitbringen
für zwei Tage

TOCHTER
Er wird mich in der dramatischen Kunst unterrichten
Er wird mir den Zerbrochenen Krug vorlesen

MUTTER

Das Stück von Kleist

TOCHTER

Ja das hat er mir versprochen

MUTTER

Du wirst ihm zuhören
du wirst vor ihm sitzen und ihm zuhören

TOCHTER

Ja Mama

MUTTER

Und er wird dir die Komödie von Kleist
vielleicht sogar im Freien am offenen Meer vorlesen
mit lauter Stimme damit du es auch hörst was er vorliest
Und weiter

TOCHTER

Es werden schöne Tage sein Mama
es wird alles viel unterhaltsamer sein

MUTTER

Unterhaltsamer
so nennst du es

TOCHTER

Aber vielleicht hat er gar keine Lust auf den Kleist
und liest mir etwas Eigenes vor
etwas Neues von ihm

MUTTER

Ach mein Gott wie du dir das vorstellst
Wie wenn du schon genau wüßtest
was dort geschieht
was da sein wird
trinkt

TOCHTER

Ich weiß nicht
was dort sein wird

MUTTER

Ich kann es mir vorstellen

TOCHTER

Vielleicht schläft er sich auch aus
und bleibt im Bett liegen
bei offenen Fenstern in der Meerluft
er hat es notwendig
Ein ganzes Jahr mit dem Stück

mit der Komödie wie er es nennt

MUTTER

Da tut ihm die Meerluft sicher gut
Ich frage mich oft warum ein Mensch etwas macht
das im Grunde nichts ist
Was ist es das er macht
Ich frage mich ja auch was ist es
das ich mache
Und du
und alle andern
Es ist nichts absolut nichts
und alle verzehren sie sich in dieser Sinnlosigkeit
die die ureigene ist und machen sich kaputt
vernichten sich
und mit was für einer Konsequenz
Was habe ich davon wenn ich sage
ich bin ein dramatischer Schriftsteller
oder wenn ich sage
ich bin der Gußwerkbesitzer
oder wenn ich sage
ich bin die Gußwerkbesitzerswitwe
und du wenn du sagst
ich bin die Tochter der Gußwerkbesitzerin
Was ist das alles
das frage ich mich
Oder wenn einer behauptet er sei der Papst
und sei notwendig für die Menschheit
das frage ich mich
das sind alles nur ureigene Sinnlosigkeiten
und alle zusammen sind die menschliche Gesellschaft
mich überzeugt das alles nicht
hat mich nie überzeugt
Aber warum soll es unter lauter Sinnlosigkeit
nicht auch dramatische Dichter geben
trinkt
Findest du daß er ehrlich ist
Ich meine in dem was er schreibt
was er aussagen will
der dramatische Schriftsteller
will doch eine Aussage machen
oder nicht

TOCHTER
Der ist ehrlich Mama

MUTTER
Aber es ist sinnlos was er macht
Natürlich weil alles ehrlich ist
auch das Verlogene ist ehrlich
wir sagen wir sind ehrlich und lügen auch schon
wir lügen und sagen auch schon die Wahrheit
vielleicht ist es das
Wenn ich so rede komme ich ganz schön in Schwung
aber es ist sinnlos
Wir gehen ins Theater und schauen uns ein Stück an
und gehen hinaus und sagen uns es ist sinnlos
und wir gehen nicht ins Theater hinein
und schauen uns kein Stück an und sagen es ist sinnlos
Und wenn er dir den Zerbrochenen Krug vorliest
ist es auch sinnlos oder nicht

TOCHTER
Der Zerbrochene Krug ist sein Lieblingsstück

MUTTER
Natürlich der Zerbrochene Krug ist sein Lieblingsstück
aber dein Lieblingsdramatiker ist dein dramatischer Schriftsteller habe ich recht

TOCHTER
Aber der Zerbrochene Krug hat auch dir gefallen

MUTTER
Ja vor zwanzig Jahren
vor fünfzehn Jahren noch
damals hat mir alles von Shakespeare gefallen
aber auch die Operette hat mir gefallen
War das nicht schön
wie wir noch mehr in die Operette gegangen sind
weniger ins dramatische Theater

TOCHTER
Ich weiß nicht

MUTTER
Das war viel schöner
ehrlich

TOCHTER
Wir haben uns wegentwickelt

MUTTER

Wir haben uns von der Operette wegentwickelt
und nicht von der Operette in die Oper
sondern von der Operette direkt ins dramatische Schauspiel
das ist doch sehr merkwürdig

TOCHTER

Das ist doch besser
von der Operette zum Schauspiel
als nur in die Oper

MUTTER

Du sagst das wie wenn du davon etwas verstündest
Es hört sich sehr gut an
es ist außerordentlich
außergewöhnlich
aber es ist doch abgeschmackt
es ist sehr abgeschmackt mein Kind
es ist alles unter dem Einfluß
deines dramatischen Schriftstellers gesagt
Auch wenn du sagst
die Oberschicht gehört abgeschafft
und zwar radikal abgeschafft
so ist das doch nicht von dir
daraus spricht dein dramatischer Schriftsteller
der die unterdrückte Masse aufpeitscht wie du sagst
Sag es nur sag es nur mein Kind
den größten Unsinn sag ihn nur
trinkt
Die Menschheit aufrütteln
das ist sehr komisch wenn du das sagst
wenn du sagst die Wahrheit verkünden
Das ist so wie dein Vater Ende gut alles gut gesagt hat
hier spricht der dramatische Schriftsteller
hier spricht der Anarchist
hier spricht der Wegweiser
Aber weiß denn dein dramatischer Schriftsteller den Weg
gibt es einen einzigen Menschen der den Weg weiß
das ist alles abgeschmackt alles Betrug
alles Selbstbetrug
trinkt
Es ist das größte Unglück mein Kind
daß du an die Literatur gekommen bist

Hätten wir nur nie ein Theater aufgesucht
jetzt haben wir die Rechnung
für unsere Bildungsbeflissenheit
schlägt sich auf die Stirn
das ist ja wahnsinnig
was du treibst das ist ja verrückt
plötzlich in anderem Tonfall
hörst du ab und zu noch etwas von Johannes
Tochter verneint stumm
Diese Leute bringen es auch zu nichts
treten ganz großartig an
machen Karriere
gehen mit frischem Wind heran
lauter Beifall wohin man schaut
und aufeinmal ist es still
sie sind nichts geworden
Und Raimund
hast du von Raimund was gehört
Tochter legt ein grünes Tageskleid zusammen und in den Rohrkoffer
Nichts
Er hat dir doch geschrieben
Wie war es denn in Paris

TOCHTER
Er hat nicht geschrieben

MUTTER
Ich weiß doch daß er geschrieben hat
Raimund hat dir geschrieben

TOCHTER
Er hat mir nicht geschrieben

MUTTER
Alle zogen sich zurück
weil du immer alles falsch gemacht hast
die Falschen das ist es
Was habe ich alles versucht
aber du warst zu dumm dazu
mein einfältiges Kind
das nie etwas begriffen hat
Raimund gefiel mir
er war immer im richtigen Moment schweigsam
dann wieder gesprächig

und elegant war er immer elegant
und wenn man sich mit ihm unterhielt
brauchte man sich nicht zu schämen
mich störte nur immer wie er N a c h t m a h l sagte
das hatte so etwas Perverses an sich
aber sonst
ich hatte auch seine Eltern gern
Du hättest dich bemühen müssen
aber du hast dich nie bemüht
Und Ludwig ging nach Amerika
das war vorauszusehen
der Unruhestifter der Schwarmgeist
hast du etwas von ihm gehört

TOCHTER

Nein nichts

MUTTER

New York ist die Hölle mein Kind
zuerst scheint es es sei eine vergnügliche Stadt
aber dann ist es die Hölle
Du bist kein Auswanderertyp du nicht
ich auch nicht
Ich hätte dich vielleicht laufen lassen
wenn ich gesund wäre
aber es ist besser für dich du bist da
an meiner Seite
von mir geschützt
Ich frage mich oft ob du schützenswert bist
ich weiß es nicht
ich schütze dich
Vater glaubte nicht an dich
die verkommt hat er immer gesagt
die wird nichts
die hat nur Unsinn im Kopf
die ist zu wenig wendig
die sieht nichts
die ist unmusisch unmusikalisch
und die hat auch keinen Geschäftssinn
Mein Gott wie sich das alles leicht gesagt hat
Wir nehmen den Menschen zuviel übel mein Kind
Wir sehen und sehen nichts
aus dem einen wird etwas

und wir haben es nicht für möglich gehalten
und aus dem andern wird nichts
und wir haben die ganze Hoffnung hineingesteckt
Jeder hat eine tückische Entwicklung
Ende gut alles gut
Dein Vater war kein Hellseher
das Gußwerk hat ihn erdrückt
manchmal stürzte er in der Nacht an meine Tür
die gottseidank verschlossen war und schrie
er könne nicht mehr weiter
da antwortete ich nicht
und ich wartete so lange bis er ruhig war
kein Wort von mir nichts
dann ging er wieder
er winselte an der Tür
ich hörte es an aber machte nicht auf
immer tiefer sank er nieder ich hörte es
er klopfte noch ein paarmal
dann war er still
ich schlich mich ans Schlüsselloch und sah ihn daliegen
aber ich öffnete nicht
Jeder muß mit sich selbst fertig werden mein Kind
Alle wollen sie sich entziehen
aber es gibt kein Entkommen
Tochter räumt das Teegeschirr weg
Immer die gleichen Bewegungen
immer der gleiche Gesichtsausdruck
Du veränderst dich nicht
aber du alterst wie wir alle
aber ich beobachte es an dir
wie schnell du alterst
Das ist nur eine Feststellung
entfliehen und alt werden
trinkt
Wenn er nur pünktlich ist
dein dramatischer Schriftsteller
Was ist das Geheimnisvolle
an den Künstlern
das Besondere
Sie sind anders das ist wahr
Schauspieler dramatische Schriftsteller

wir sprechen ganz anders mit ihnen als mit unseresgleichen
wir hören ihnen aufmerksamer zu
wir beobachten sie eindringlicher
wenn wir sie durchschauen sind wir enttäuscht
was bleibt ist ein verdorbener Magen
und ein verstörter Kopf
Wir stopfen das Außerordentliche und das Außergewöhnliche in sie hinein
und reißen es wieder aus ihnen heraus
bis daß es uns ekelt
Ja einmal hatte ich gedacht
ich werde einen Künstler heiraten
keinen Schauspieler einen wirklichen Künstler
ich hatte keine genaue Vorstellung davon
aber ein Künstler sollte es sein
ich verachtete die Kaufleute die Geschäftswelt
Aber es war anders gekommen
Als ich völlig am Ende gewesen war
setzte sich dieser Mann mit dem Gußwerk an meinen Tisch
ich hatte geheult vorher
meine Augen waren noch ganz naß
wo weiter ich wußte es nicht
Ende gut alles gut ich höre es noch
das Wort Gußwerk das Wort Meer
Ich war abgestoßen und angezogen zugleich
abgestoßen von dem Mann
aber angezogen von dem Wort Gußwerk
Die Wahrheit ist daß ich in das Wort Gußwerk
verliebt gewesen war
Ich dachte ich habe es mit einem Verrückten zu tun aber nein
Ein vollkommen fremder Mensch und dein Vater
Er war ein fauler Mensch
sein Charakter ich weiß nicht
aber er hatte keine andere Wahl
ich ließ ihn nicht mehr aus
ich hielt mich fest an ihm
ich umklammerte ihn
es gab für ihn kein Entkommen
Ende gut alles gut sagte er im Park zu mir
wie ich ihm gesagt habe daß ein Kind kommt
du bist stumpfsinnig sagte ich

du bist dumm du bist nichts wert
Tochter geht mit dem Geschirr hinaus
Mutter ruft ihr nach
Ich sagte du bist idiotisch
einen Verrückten habe ich geheiratet
Und dann dieses Kind
Er war in Richard Wagner vernarrt
Richard sagte er zu dem Greis in der Wiege
Er hatte sich erbrochen als er das Kind gesehen hatte
Wessen Schuld ist es fragte ich mich
Ich werde es erdrücken dachte ich
Tochter kommt mit mehreren Mänteln herein
Die Briefe die er mir geschrieben hat
waren zu einfältig
er überredete mich mit ihm nach Basel zu fahren
wo er zu tun hatte
es ekelte mich vor den Leuten mit denen er zusammenkam
Aber ich lief nicht davon im Gegenteil
sie trinkt
wir waren in Neapel in Florenz
wir waren in Rußland
ich langweilte mich mein Kind
Ich hatte mich bald an den Luxus gewöhnt
an die neuen Kleider an die großen Räume
ich richtete mich in Katwijk ein
ich lief am Meer auf und ab
Ich hatte soviel erreicht
wie ich nicht geträumt hatte
Tochter hängt die Mäntel an einem Haken auf, um sie einzupacken
Merkwürdigerweise konnte er nicht tanzen
ich brachte es ihm bei
mühselig ein paar Schritte
bis er den Tango konnte
Dein Vater war nie in einer Gemäldegalerie
ich auch nicht
also gingen wir hin und schauten die Bilder an
aber es langweilte mich
die hohe Kunst langweilte mich
Ich lernte schreiben
lesen und schreiben

denn in Wahrheit konnte ich das nicht
wie ich deinen Vater kennengelernt habe
zuerst war er mir in allen Geistesdingen überlegen
aber auf einmal hatte ich ihn überflügelt
er bemerkte es zuerst nicht
das war mein Trumpf
Er ging mir immer mehr in die Falle
Ich konnte schon Briefe schreiben
ich besserte Geschäftsbriefe aus
Ich wußte bald wie ich mich zu kleiden hatte
zur Tochter direkt
Zuerst hatte ich ein einziges Kleid
und jetzt habe ich so viele Kleider
daß es mich beinahe verrückt macht
Es mußte ausarten
ein Paar Schuhe
und jetzt
immer mehr und mehr
aber wir verlieren dann bald die Lust
Der Überfluß wird zum Überdruß
Es war ein Vorteil
daß seine Eltern nicht mehr am Leben waren
die Geschichte von ihrem Unglück
rührte mich natürlich nicht
er erzählte sie immer gleich
und wartete auf ein Zeichen meiner Rührung
aber ich war nie gerührt
Gut daß sie nicht mehr da sind dachte ich immer
Dann hätten wir nicht heiraten können
Richard dieses schreckliche Gesicht
wie wenn es achtzig Jahre alt gewesen wäre schon am ersten Tag
es gab keine Erklärung dafür
Er war nicht davon abzubringen gewesen
an jedem Samstag auf den Friedhof zu gehn
eines Tages sagte ich zu ihm
daß ich ihn verlasse
wenn er die Friedhofsbesuche fortsetze
du machst dich ganz verrückt mit deinen Friedhofsbesuchen
sagte ich
die ganze Woche hörte ich von ihm nur
am Samstag gehe ich zu den Eltern

damit meinte er den Friedhof
das mußte ein Ende nehmen
Aber ich weiß daß er sie heimlich aufgesucht hat
In dem Moment in welchem Richard begraben war
ging er nie mehr hin
das kommt alle drei- oder viermillionenmal vor
daß ein Neugeborenes wie ein Greis ist
Kinder sind in jedem Fall ein Unglück
sei froh daß du kein Kind hast
Du warst ein häßliches Kind
mit gutmütigen Augen aber sehr häßlich
es hat lange gedauert bis in diesem häßlichen Fleisch
ein Mensch sichtbar geworden ist
du hast gelächelt das war es
was mich mit dir versöhnt hat
aber alle sind entsetzt gewesen ich weiß es
sie belogen mich
aber ich sah daß sie entsetzt waren
Du hättest ein Sohn sein sollen
Wir fahren nach Amsterdam und kaufen uns Kopftücher nicht wahr
Ach wenn wir erst in Katwijk sind
Ich weiß ja gar nichts von unserem dramatischen Schriftsteller
ist er vom Land oder von der Stadt
ich weiß überhaupt nichts
Ich kenne diesen Menschen gar nicht und sage
kommen Sie doch mit uns ans Meer nach Katwijk

TOCHTER
Er ist ein Stadtmensch

MUTTER
Aus Amsterdam

TOCHTER
Nein aus Rotterdam

MUTTER
Von armen Leuten wahrscheinlich

TOCHTER
Sein Vater war auf einem Fischkutter

MUTTER
Wie wird man ein dramatischer Schriftsteller
eine dumme Frage
wie wenn ich sagte

wie wird man alt
Dann muß er ja auch musikalisch sein

TOCHTER
Das ist er
er hat einmal Geige gespielt

MUTTER
Einmal Geige gespielt
alle haben einmal Geige gespielt
Rotterdam ist kein schlechter Boden
Ich kenne einige die aus Rotterdam sind
und es zu etwas gebracht haben

TOCHTER
Er ist früh aus Rotterdam weggegangen

MUTTER
Was hat er denn studiert

TOCHTER
Das weiß ich nicht

MUTTER
Theater
kann man Theater studieren
die dramatische Kunst ich weiß es nicht

TOCHTER
Er lebte eine Zeitlang von einem Stipendium
aber ich weiß nicht was für ein Stipendium

MUTTER
Ein Theaterstipendium wahrscheinlich
aber was ist das
trinkt
Man geht zu einem berühmten Dichter wahrscheinlich
und bittet ihn
daß er einem beibringt
wie man Theaterstücke schreibt
Unsinn
Man geht in das Theater und schaut sich an wie Theater gespielt wird
Unsinn
Niemand weiß wie einer ein dramatischer Schriftsteller wird
Man sagt er ist aufgeführt und hat Erfolg gehabt
aber wie ist es dazu gekommen
Er könnte das ja sagen
es mir klarmachen

Es sind diese Stücke
die alles kaputtmachen
die alles heruntermachen bis es kaputt ist
Der Mann tritt auf und schon mit dem ersten Wort
das er sagt hat er selbst sein Todesurteil gesprochen
und die Frau die er anspricht
reißt er mit sich
es ist alles so rücksichtslos
alle treten auf und sind zum Tod verurteilt
und er nennt sein Stück ja auch Rette sich wer kann
weil es klar ist daß sich niemand rettet
es ist lächerlich an Rettung zu denken
es steuert alles auf die Katastrophe zu
alle richten sie sich zugrunde
indem sie alles daran setzen sich zu retten
sie reden und gehen zugrunde
sie sitzen herum und richten sich zugrunde
sie lieben sich sie hassen sich und gehen zugrunde
es gibt keinen Ausweg
Glaubst du das Leben ist so wie das Stück
Rette sich wer kann das ist zynisch
stellt ihr Glas hin und steht auf und geht zum Rohrkoffer hin und schaut hinein
Das war immer der Mantelkoffer
nimmt einen Mantel heraus und legt ihn zusammen und hinein
Am Meer hängt sich alles so leicht wieder aus
sie hilft der Tochter einpacken
Ich wünschte immer
nach Peking zu fahren ich weiß nicht warum
ich hatte eine Vorliebe für die Chinesen
jetzt ist es zu spät
jetzt habe ich auch die Lust dazu verloren
vor ein paar Jahren noch da hätten wir hinfahren können
jetzt nicht mehr
Ich träumte mein Leben lang von Schiffsbekanntschaften
von einem richtigen Abenteuer auf hoher See
einen Kapitän habe ich einmal gedacht
einen Weltreisenden
einen der die Welt kennt
aber im Grunde hat es nicht gereicht
Wenn das Gußwerk nicht gewesen wäre

und dein Vater machte das immer unmöglich
Wie schnell wir uns angleichen
assimilieren heißt dieses hübsche Wort
hebt einen Wintermantel hoch
Noch ein ganz schönes Stück nicht wahr
Soviel Naphtalin
das halte ich gar nicht aus

TOCHTER
Setz dich Mama
ich kann alles allein machen
Mutter geht zum Sessel und setzt sich
Tochter schaut auf die Uhr
Wenn er kommt sind wir fertig

MUTTER
Ich habe das Einpacken immer gehaßt
aber auch das Auspacken
wir müssen ja alles das wir einpacken
wieder auspacken
trinkt und ruft
Mach einen Schluck
ein Schluck für dich komm
Tochter geht zu ihr hin und macht einen Schluck
aus ihrem Glas
Was danke ich dir nicht alles mein Kind
Und jetzt
willst du mich verlassen
Nein
du wirst mich nicht verlassen
das kannst du gar nicht
du bist gar nicht lebensfähig ohne mich
du kommst um ohne mich
wenn du weggehst kommst du um
Aber du bist völlig frei natürlich
Du kannst tun was du willst
das habe ich dir immer gesagt
frei frei mein Kind
Nun pack schön weiter ein
damit du fertig bist bis unser Freund kommt
unser dramatisches Genie unser Erfolgsschriftsteller
der das Drama Rette sich wer kann geschrieben hat
Tochter geht zum Rohrkoffer und packt die Mäntel ein

Wenn wir dann in Katwijk bei offenen Fenstern
den Bolero hören was sagst du
freust du dich darauf

TOCHTER

Ja Mama

MUTTER

Wenn wir nebeneinander sitzen
und uns den Bolero spielen
wie wir das immer gemacht haben
oer ich lese dir etwas vor
oder du liest mir etwas vor
wenn wir es auslosen du mir oder ich dir
Das ist doch schön wenn ich dir zuhöre
wie du mir vorliest
oder wie ich dir vorlese
und du hörst mir zu
So viele Bücher in Katwijk
Oder freut dich das alles nicht

TOCHTER

Ja Mama

MUTTER

Ich weiß nicht ob es mich freut
ich hatte so große Sehnsucht nach Katwijk
und jetzt auf einmal
ekelt es mich bei dem Gedanken hinzufahren
ich hasse diese Fahrt
diese öde Landschaft
dieses fürchterliche Haus
trinkt
Aber es ist eben eine Gewohnheit
Wir können nicht anders
An diesem Tage reisen wir ab
seit dreiunddreißig Jahren
Aber wir sind jetzt zwanzig Jahre allein gefahren
wir zwei allein

TOCHTER

Zwanzig Jahre sind genug
Und er bleibt ja auch nur zwei Tage

MUTTER

Wer weiß
Er kommt auf den Geschmack und bleibt länger

oder du kommst auf den Geschmack
Es war ein Fehler von mir
ich bin voreilig gewesen
Ich hätte sagen sollen junger Mann Ihr Stück ist ein außerordentliches Stück
und es hat uns sehr beeindruckt
und dann hätten wir gehen sollen
Wir hätten uns das Autogramm geben lassen sollen
und hätten verschwinden sollen auf der Stelle
Da bin ich schwach geworden
Kommen Sie doch mit uns nach Katwijk habe ich gesagt
Jetzt nach diesem Erfolg
können Sie sich ein paar Tage am Meer leisten
Du warst nicht dagegen

TOCHTER
Ich war nicht dagegen

MUTTER
Ich hätte ihn nicht einladen müssen

TOCHTER
Es ist doch nur eine gute Idee
ihn nach Katwijk einzuladen

MUTTER
Das sagt sich so leicht
Es war keine gute Idee
Wir müssen immer etwas gegen uns tun
plötzlich
wir wissen nicht warum
Wir gehen mit ihm auf den Markt
Wir hören gute Musik mit ihm
wir essen in einem guten Restaurant mit ihm
Wie alt ist er

TOCHTER
Weiß ich nicht

MUTTER
Knapp über dreißig
habe ich recht

TOCHTER
Ja vielleicht

MUTTER
Er verbeugte sich nicht am Ende der Vorstellung
das ist doch üblich daß sich der Autor verbeugt

am Ende der Vorstellung
noch dazu wenn es ein so großer Erfolg ist
Dann hat er doch zu erscheinen
das ist er doch dem Publikum schuldig
er stellt sich dem Publikum und verbeugt sich

TOCHTER
Das ist nicht seine Art

MUTTER
Nicht seine Art
Es ist seine Art sich durch die Hintertür
ins Freie zu verdrücken
Durch den Hintereingang zu gehen
als wenn er ein schlechtes Gewissen hätte
Wahrscheinlich hat unser dramatischer Schriftsteller auch ein schlechtes Gewissen
Es ist ein solches Stück
es ist konsequent wenn er ein schlechtes Gewissen hat
er muß es haben
er hat keine andere Wahl
also muß er sich durch den Hinterausgang verziehen
und er verbeugt sich natürlich nicht
Das wäre nicht konsequent
und genaugenommen eine Geschmacklosigkeit
trinkt
Und verdient er auch Geld
ich meine trägt das etwas

TOCHTER
Ich glaube schon

MUTTER
Wie wohnt er denn
Wo wohnt er

TOCHTER
In Rotterdam

MUTTER
Das sagt nichts in Rotterdam
Wer weiß wie er wohnt

TOCHTER
Ich denke daß alles in Ordnung ist
was er macht

MUTTER
Woher kannst du das wissen

diese Leute sind gefährlich
jung und gefährlich
sie horchen einen aus
sie machen sich an einen heran
und bringen dann etwas zur Explosion

TOCHTER
Was

MUTTER
Irgend etwas
Es ist immer unheimlich in Gesellschaft solcher Menschen
Man nimmt sie mit offenen Armen auf
und sie bringen einen um

TOCHTER
Du dramatisierst alles Mama

MUTTER
Vielleicht
vielleicht sind wir selbst
ein dramatischer Stoff für ihn
wir sind eine Fundgrube
tatsächlich eine Fundgrube für einen Dramatiker
für einen Dramatiker wie ihn
der alles heraufholt
aus der tiefsten Tiefe

TOCHTER
Vielleicht

MUTTER
Vielleicht du sagst es
Er hat Blut geleckt
er hat uns nur ein paar Augenblicke gesehen
und hat Blut geleckt
Katwijk was für ein Stoff für ihn
und erst dein Vater und alle andern
woraus und wie wir geworden sind
Er kommt nach Katwijk und schlägt Kapital aus uns
Er nimmt was man ihm gibt
hast du seine Augen gesehen
unheimlich nicht wahr

TOCHTER
Findest du

MUTTER
Finde ich

finde ich
Er sagte übrigens
er wäre gern unser Gast
gern unser Gast wörtlich
das heißt doch daß wir ihm
die Reise bezahlen müssen

TOCHTER
Ja das heißt es

MUTTER
Ist das nicht ungewöhnlich
einem Menschen die Reise zu bezahlen bis nach Katwijk
den man kaum kennt

TOCHTER
Aber er ist doch bekannt
er ist eine Berühmtheit

MUTTER
Vielleicht ist er eine Berühmtheit kann sein
aber ich kann ihm doch nicht die Reise bezahlen bis nach Katwijk

TOCHTER
Natürlich bezahlen wir ihm die Reise Mama

MUTTER
Diese Absicht habe ich nicht
andererseits
in welches Licht komme ich
wenn ich ihm die Reise nicht bezahle
wenn ich ihm nicht alles bezahle
wo ich ihn doch eingeladen habe nach Katwijk
Kommen Sie doch mit uns nach Katwijk
habe ich gesagt ich habe nicht gesagt
kommen Sie zu uns nach Katwijk
also muß ich ihm wahrscheinlich die Reise nach Katwijk bezahlen

TOCHTER
Er wird uns eine große Hilfe sein
Du weißt wie schwierig es immer ist
mit dem Gepäck nach Katwijk

MUTTER
Wenn er kräftig ist und geschickt

TOCHTER
Er ist geschickt

MUTTER
Aber kräftig ist er nicht

TOCHTER
Er ist geschickt und er ist kräftig
MUTTER
Ein dramatischer Schriftsteller muß nicht kräftig sein
TOCHTER
O doch Mama
MUTTER
Woher weißt du das
TOCHTER
Er ist kräftig
MUTTER
Diese Leute sind größenwahnsinnig
aber kräftig sind sie nicht
eine kräftige Ausdrucksweise sagt ja noch nicht
daß er kräftig ist
Und wer weiß vielleicht ist er faul
Schriftsteller sind faule Menschen
vielleicht sind dramatische Schriftsteller noch faulere
Vielleicht ist er uns nicht nur gefährlich
sondern auch unterhaltend
das wäre ja kein Nachteil
Aber wenn man sein Stück gesehen hat
muß man vor diesem Menschen Angst haben
Nun haben wir ihn eingeladen
TOCHTER
Du hast ihn eingeladen
MUTTER
Ich habe ihn eingeladen
Ich habe gesagt
kommen Sie mit uns nach Katwijk
Er hat die Einladung sofort angenommen
darüber war ich verwundert
ich dachte nicht daß er annehmen wird
TOCHTER
Er hat sofort ja gesagt
MUTTER
Obwohl er gar nicht wußte wo Katwijk ist
TOCHTER
Das finde ich schön
daß er die Einladung angenommen hat ohne zu wissen wo Katwijk ist

MUTTER

Solche Menschen sind gefährlich
die sich augenblicklich zu etwas entschließen
ohne einen Augenblick zu zögern
diese Menschen erschrecken mich
Man müßte mehr wissen über ihn
über seine Eltern undsofort
Hat er Geschwister

TOCHTER

Vielleicht

MUTTER

Wir nehmen einen Menschen in unser Haus
von dem wir nichts wissen
von dem wir nur ein Theaterstück gesehen haben
das den merkwürdigen Titel hat Rette sich wer kann
er ist ein Zyniker
Aber er ist noch sehr jung
aber das ist das Gefährliche
Schreiben Sie wieder an einem neuen Stück habe ich ihn gefragt
und er hat mir nicht geantwortet
Es wäre doch so leicht gewesen eine Antwort zu geben
wenigstens Ja oder Nein
aber nein gar nichts
Die Frage war ihm lästig
studiert die Rechnung
Aufstellen eines Obelisken
Maurerarbeiten etcetera
Achtzigtausend
legt die Rechnung wieder weg
Das ganze Jahr denke ich nur an den Augenblick
in welchem wir von hier wegkommen
aber sind wir am Ziel
ist alles das Verkehrte
zur Tochter direkt
Komm schenk mir ein
ich brauche das
ich halte das sonst nicht aus
Tochter geht zu ihr und schenkt ihr ein
Daß du das ertragen kannst
ohne einen Tropfen
Du bist mein reines Kind

ich bin deine unreine Mutter
deine furchtbare Mutter nicht wahr
Tochter geht zum Rohrkoffer zurück
Die Mutter die ihr Kind fest an sich drückt
und es nicht mehr ausläßt
bis es erstickt ist
Habe ich nicht recht

TOCHTER

Du peinigst dich nur selbst

MUTTER

Meine Lieblingsbeschäftigung
die Selbstpeinigung
indem ich dich peinige
indem ich dich verunstaltet habe jahrzehntelang
habe ich mich selbst verunstaltet
in Liebe verstehst du
aneinandergekettet in Liebe
in wahrer Mutterliebe mein Kind
trinkt
Die Mutter will ihr Kind nicht hergeben
sie kettet es an sich
und läßt es nicht mehr los
und wenn es sich wegreißt
wird es mit dem Tode bestraft
auf das Wegreißen folgt die Todesstrafe
Du verstehst mich doch
Du bist für mich bestimmt
ich habe dich f ü r m i c h auf die Welt gebracht
Du bist nicht Richard
der Entkommene
du bist für mich
für mich ganz allein
Du zweifelst doch nicht daran
daß du mir gehörst mir allein nur mir allein
du gehörst mit Haut und Haaren mir
Tochter geht hinaus und kommt mit einem Arm voll Röcke herein und legt sie am Fenster ab
Ich hasse den Naphtalingeruch
blickt sich im Zimmer um
Das ganze Jahr ist dieser Geruch in diesem Zimmer
Weil wir keine Luft hereinlassen

Aber sind wir dann am Meer ist alles offen
Tag und Nacht ist alles offen
und die Meeresluft strömt in alle Zimmer
Immer wenn wir abreisen
bin ich zur Untätigkeit verurteilt
dann kann ich nicht mehr
dann bin ich auf deine Hilfe angewiesen
Eines Tages ist das Gußwerk aufgegessen was dann
Dann ziehen wir ganz nach Katwijk
und geben alles hier auf
und von dem Geld das wir für dieses Haus bekommen
leben wir in Katwijk
Ich lebe ja nicht mehr lang
Und für dich werden wir schon eine Lösung finden
Aber denke nicht an Entkommen
Du hast es schon so oft versucht
aber es ist dir nicht gelungen
Ich gebe dich niemals frei
Ich habe dich für mich auf die Welt gebracht
für mich allein
solange ich da bin gehörst du mir
Du hast alle Freiheiten das weißt du
aber du bist mir bis an mein Lebensende verpflichtet
Du kannst dir alles leisten
ich habe dir noch nie einen Wunsch abgeschlagen
jedenfalls keinen vernünftigen Wunsch
aber ich lasse dich nicht weg
Jetzt wo du dich schon vollkommen an mich gewöhnt hast
Wir haben uns so gut eingespielt
Ach mein liebes Kind
du darfst mich nicht traurig machen
winkt sie heran
Komm her
Komm schon her
Ich will daß du herkommst
Tochter geht zu ihr hin
Mutter nimmt ihre Hand
Wenn du es auch schwer gehabt hast
vielleicht ist es doch das einzig Mögliche
Knie dich hin
Bitte knie dich hin

wie früher
Du warst ein kleines Mädchen
Da habe ich dich gezwungen dich vor mich hinzuknien
Jetzt bitte ich dich
Tochter kniet sich hin
Mutter küßt sie auf die Stirn
Wir sind an allem selbst schuld
Wir haben keine andere Wahl
Wir ziehen die Konsequenz
So hab ich dich immer geliebt
auf den Knien vor mir
Diese königliche Haltung meinerseits
Und wartest bis ich dir erlaube aufzustehn
Sekunde um Sekunde
Mein kleines Mädchen
mein kleines Mädchen aus Katwijk
komm steh auf
Genug steh auf
Tochter steht auf
Ich ertrage es nicht wenn du vor mir kniest
Aber ich kann nicht anders
Ich will es sehen
Tochter geht an ihre Arbeit
Du hast nie etwas getan
was ich dir nicht erlaubt habe
Du hättest nie etwas getan ohne meinen Befehl stimmt es
Du brauchst nicht zu antworten
Er sagte immer du seist s e i n Geschöpf
aber du bist m e i n Geschöpf
du bist aus mir
sie haben dich aus mir herausgezogen
Ich hätte noch ins Gußwerk fahren sollen
aber ich habe keine Lust
Wenn dein Vater weitergelebt hätte
wäre es auch schrecklich gewesen
so haben wir beide nicht mitmachen müssen
Was aus ihm geworden wäre
eine fatale Entwicklung
Das Gußwerk wäre ihm zu Kopf gestiegen
und da er von Literatur nichts wissen wollte
und von Musik nichts hören

und sein Kopf immer müde gewesen war
Kannst du dir vorstellen er lebt noch
und wir müssen ihn aushalten
Mehr und mehr war er doch nur ein Tier
Dann lag er stundenlang auf dem Sofa
und schaute auf die Decke
Ich habe ganz die Kontrolle verloren über mich sagte er
es ist alles zerrissen in mir
dann sagte er Ende gut alles gut
das beruhigte ihn
zeigt auf das Sofa
Da lag er und ich sollte ihm das Märchen von den Schwefelhölzchen vorlesen
und ich habe mich geweigert
wenn ich gewußt hätte daß er nur noch zwei Tage lebt
aber das habe ich nicht gewußt
ich habe gewußt er wird sterben
aber daß es schon in zwei Tagen ist
Nach dir hat er nicht verlangt zuletzt
Er fragte auch nicht wo ist unser Kind
Ich sagte du seist nach Katwijk gefahren
aber es interessierte ihn scheinbar gar nicht
obwohl er sehr oft nach Richard gerufen hat
flüstert
Nach unserem Greis
In der Frühe hat er hinausgehen wollen
aber er konnte ja gar nicht mehr gehen
ich habe gesagt nein nicht heute nicht
es tut mir leid
aber wie ich ihn da liegen gesehen habe
mit offenem Mund vollkommen abgemagert
sah er aus wie in dem Gasthaus
wie der Mann der mir zum erstenmal von seinem Gußwerk erzählt hat
ich saß da und beobachtete ihn und haßte ihn
bald werde ich dieses Gesicht nicht mehr sehen müssen
diesen stumpfsinnigen Ausdruck habe ich gedacht
zieht einen Ring vom Finger
Komm her
Du sollst ihn haben
Du weißt er ist mein kostbarstes Stück

So komm schon
Du zögerst immer
Du mußt nicht zögern
Vielleicht gefällt er unserem dramatischen Schriftsteller
Komm her
Tochter geht zu ihr hin
Mutter steckt ihr den Ring an
Dein Vater hat ihn mir in Amsterdam gekauft
ich hatte ihn im Vorübergehen bei einem Juwelier gesehen
er zögerte gar nicht
nimmt die Hand der Tochter
Wie schön der Ring ist
ich habe vorgehabt
ihn dir in Katwijk zu geben
warum nicht jetzt
Wir werden einen schönen Sommer haben in Katwijk
wir haben dort immer einen schönen Sommer gehabt
auch die verregneten Sommer waren in Katwijk schön
Es ist doch gut daß wir zusammen sind
daß wir allein sind
ohne Eindringling
Keiner soll uns auseinanderbringen verstehst du
Tochter geht zum Rohrkoffer zurück
Wenn wir einen Menschen schildern
und wir denken wir schildern ihn so wie er ist
so haben wir ihn ganz falsch geschildert
er ist nicht so wie wir ihn schildern
Wir erzählen eine Geschichte
und es ist eine ganz andere Geschichte
Wir gehen auf einen Menschen zu
und es ist ein ganz anderer
Uns erschreckt worauf wir vertraut haben
Im Prinzip habe ich nichts gegen andere
wenn sie uns in Ruhe lassen
Wo hast du es besser
Du denkst an deine versäumten Möglichkeiten
alle haben sie immer alles versäumt
Ich denke wir sollten zufrieden sein
Und doch sind wir unter uns in Katwijk
Vielleicht ist der Violinvirtuose da
und sein Freund der Zauberkünstler

Das war doch sehr lustig die beiden anzuschauen
Aber wir dürfen sie nicht zu nahe kommen lassen
Die Leute verbrüdern sich und vernichten sich
Die Künstler sind die gefährlichsten
Aber ist denn ein dramatischer Schriftsteller ein Künstler
Du kannst ihn beobachten
es wird sich zeigen daß er für dich nichts ist

TOCHTER
Vielleicht für dich

MUTTER *erschrocken auflachend*
Für mich

TOCHTER
Ja für dich
Vielleicht ist er für dich

MUTTER
Wie kommst du auf die Idee
Das wäre absurd eine Frivolität

TOCHTER
Er hat d e i n e Einladung sofort angenommen
I c h habe ihn nicht eingeladen
I c h dachte nicht daran daß er mitkommt

MUTTER
Du hättest dich nicht getraut ihn einzuladen nicht wahr
nicht ohne meine Zustimmung
Ich habe gesagt kommen Sie mit uns nach Katwijk

TOCHTER
Er kann dir etwas vorlesen
und du kannst ihm zuhören
während ich spazierengehe

MUTTER
Du gehst spazieren
während er mir etwas vorliest
Du glaubst daran habe ich Interesse

TOCHTER
Es gefällt dir doch
Und du hast was du lange gesucht hast
die Abwechslung
noch dazu durch einen dramatischen Künstler
der sehr gut aussieht

MUTTER
Findest du daß er gut aussieht

Vielleicht hast du recht

TOCHTER

Mir liegt nicht soviel an einem dramatischen
Schriftsteller

MUTTER

Du sagst das mit einem solchen Hintergedanken

TOCHTER

Ich freue mich
wenn er dir eine Unterhaltung verschafft
Die meiste Zeit langweilen wir uns doch in Katwijk

MUTTER

Ist das wahr
Siehst du es so
ich habe mich in Katwijk nie gelangweilt
h i e r langweile ich mich
h i e r wo angeblich so viel Unterhaltungsmöglichkeit ist
Nein wenn ich mit mir zufrieden bin

TOCHTER *ruft aus*

Mit dir zufrieden

MUTTER

D u kannst dir das nicht vorstellen
D u kannst das nicht
d u brauchst eine Züchtigung

TOCHTER

Vielleicht daß du recht hast

MUTTER

Da habe ich recht
Aber ich brauche das nicht
Ich unterhalte mich mit mir allein am besten
Ich bin nur gestört von den Andern
Ich mag keinen Eindringling
weil ich dann in meiner Unterhaltung gestört bin

TOCHTER

In deiner Selbstunterhaltung
Dreißig Jahre vierzig Jahre betreibst du nichts anderes

MUTTER

Ich war auch mit deinem Vater allein
Ich war ganz auf mich allein angewiesen
Er war nichts für mich das kann ich sagen
ich konnte mich nicht mit ihm unterhalten
er tat alles um langweilig zu sein

Alle seine Leute waren langweilig
Ich habe es jahrelang versucht
und dann aufgegeben
Aber ich habe mich nicht wie er vom Gußwerk vernichten lassen
dafür hatte ich kein Interesse
Ich unterhielt mich immer am besten mit mir allein
Das verstehen die Leute nicht
weil sie immer mehrere haben müssen um sich zu unterhalten
Ich bin mehrere das bin ich
In Katwijk bin ich so viele mein Kind
Tochter legt eine Bluse zusammen und legt sie in den Rohrkoffer
Da brauchst du mich gar nicht in Katwijk
Ich brauche dich das ist klar
ich habe dich immer gebraucht
aber das ist etwas anderes

TOCHTER
Was

MUTTER
Ich habe mich tödlich an dich gewöhnt tödlich ja

TOCHTER
Ich bediene dich
ich bin für dich da

MUTTER
Ja mein Kind langsam hast du gelernt
mir jeden Wunsch von den Augen abzulesen
oder von einer kleinen Handbewegung
Du hast viel gelernt in dieser Richtung
Dafür werden dir alle Wünsche erfüllt

TOCHTER *lacht auf*
Alle Wünsche

MUTTER
Dein Lachen kenne ich
es berührt mich nicht mehr

TOCHTER
Ja natürlich

MUTTER
Du lachst immer das gleiche Lachen
und doch immer mit einer anderen Nuancierung

TOCHTER
Ja

MUTTER

Wenn er ein Stück schreibt
in welchem dieses Lachen eine Rolle spielt
das könnte ich mir vorstellen
und er nennt sein Stück Das Lachen
Unglaublich
Und man hört immer wieder nur dieses Lachen
Aber Rette sich wer kann ist auch ein schöner Titel
Der Zynismus gefällt mir

TOCHTER

Du bist immer die gleiche

MUTTER

Alle sind immer gleich
sie bemühen sich
von sich wegzukommen
ein Anderer zu sein
vergeblich
sie setzen das Gesicht eines Andern auf
aber es schmilzt ihnen weg
Du hast nie versucht eine Andere zu sein
Das liegt dir nicht
du bist immer mehr du selbst
es ist ein Verhärtungsprozeß habe ich recht
Deine Natur ist sich zu verhärten
das zeigte sich schon wie du noch ein ganz kleines Kind warst
Ich dachte die bleibt immer sie selbst
aber immer noch härter verbissener
du wolltest nie heraus aus dir
du wolltest immer nur in dich hinein
Jetzt bist du in dir gefangen gänzlich
Du denkst nicht einmal an dein Entkommen
habe ich recht
In Katwijk gehe ich gleich zur Schneiderin
die Röcke gehören geändert
die Wäsche muß geflickt werden
auf dem Land ändern sie noch flicken sie noch
Allein deswegen müßte ich nach Katwijk
Tochter geht in die Küche und trinkt ein Glas Wasser
Bringst du mir auch ein Glas Wasser
Tochter kommt mit einem Glas Wasser herein
Mutter trinkt, dann

Zuerst hatten wir alles in Katwijk verändern wollen
jetzt bin ich froh darüber
daß nichts geschehen ist in Katwijk
Obwohl alles schon ganz kaputt ist
es ist alles in einem desolaten Zustand
gibt der Tochter das Glas
Aber das ist der Reiz
nie zu wissen
ob es hereinregnet
ob nicht alles zusammenstürzt über dem Kopf
Ein solches Haus kann ich lieben
Ob ihm Katwijk gefällt
Ich denke er schreibt so daß ich weiß
daß ihm Katwijk gefällt
Aber wenn ihm Katwijk gefällt
Tochter geht mit dem Glas in die Küche
Du hast ihn nur zweimal gesehen
einmal allein
und gestern nach der Vorstellung
ruft hinaus
Wie war es als du allein mit ihm gesprochen hast
Tochter kommt zurück, geht zum Rohrkoffer
Hattest du das Gefühl
ein aufrichtiger Mensch
Das hat man nie bei einem Künstler

TOCHTER
Es war nur ganz kurz

MUTTER
War er abweisend

TOCHTER
Nein nicht abweisend

MUTTER
Wie war es
Du kannst doch sagen wie es war
wenn es kurz war
wie war es
Hat er etwas gefragt
oder hat er nur von sich etwas gesagt

TOCHTER
Ich weiß es nicht

MUTTER
Diese Leute sagen immer nur von sich etwas
Einmal bin ich in Katwijk so erschrocken
plötzlich ist ein Mann in meinem Zimmer gestanden
Ein Fremder habe ich gedacht
aber es war dein Vater
Manchmal ist es unheimlich in Katwijk
Fürchtest du dich in Katwijk

TOCHTER
Nein

MUTTER
Das ist der Unterschied
ich fürchte mich
du fürchtest dich nicht
gerade umgekehrt müßte es sein
Hast du schon einmal darüber nachgedacht

TOCHTER
Über was

MUTTER
Daß du dich fürchten müßtest in Katwijk
nicht ich

TOCHTER
Nicht ich

MUTTER
Nein du
nicht ich
begreiflich ist es nicht

TOCHTER
Was

MUTTER
Daß du dich nicht fürchtest in Katwijk
daß ich mich fürchte

TOCHTER
Ich habe mich in Katwijk nie gefürchtet
weil du bei mir bist wenn wir in Katwijk sind

MUTTER
Weil ich bei dir bin
Dann bist du eine Zeitlang ganz fröhlich
du hast eine gute Gesichtsfarbe
wenn wir von Katwijk zurückkommen
Du bist schon sehr grau im Gesicht

das Alter kann es nicht sein
diese ganze Atmosphäre hier
Ich sehe ja auch nicht gut aus
Es läutet

TOCHTER
Er kommt

MUTTER *nachdem sie auf die Uhr geschaut hat*
Beinahe pünktlich beinahe
Tochter geht hinaus
Mutter zu sich
Wir werden ihn unter dem Dach einquartieren
oben ganz oben
natürlich ganz oben
Tochter kommt mit dem Schriftsteller herein
Wir sind schon beinahe fertig
mit dem Einpacken
Es ist gleich soweit
Setzen Sie sich bitte dahin
sie weist ihm einen Sessel an, er setzt sich
Tochter packt eine Weste in den Rohrkoffer
Sie haben auch nicht die beste Gesichtsfarbe
Alle sind sie grau hier
es ist Zeit daß wir nach Katwijk kommen
Es ist wie vor dreißig Jahren
wie vor vierzig Jahren
als mein Mann noch gelebt hat
wir haben den Abreiserhythmus nicht geändert
zur Tochter
nicht wahr mein Kind
zum Schriftsteller
Sie erinnert sich nicht mehr so genau
Es ist ja auch unwichtig
Wichtig ist daß wir gut nach Katwijk kommen
Wir nahmen schon vor vierzig Jahren den gleichen Zug
Fahren Sie denn gern mit der Eisenbahn

SCHRIFTSTELLER
Mit dem größten Vergnügen

MUTTER
Ich bin eine leidenschaftliche Eisenbahnreisende
Erste Klasse natürlich
und natürlich ein Fensterplatz

aber mit dem Rücken zur Fahrt
wegen der Zugluft
Es ist nirgendwo auf der Welt schöner
mit der Eisenbahn zu fahren als hier in Holland
finden Sie nicht

SCHRIFTSTELLER
Ja das ist schön
mit der Eisenbahn durch Holland zu fahren

MUTTER
Meine Tochter und ich
wir haben einen ganz bestimmten Rhythmus
in Katwijk
Sie sind der erste seit vielen Jahren
der diesen Rhythmus durchbricht
Wir waren immer nur allein in Katwijk
Kennen Sie Katwijk

SCHRIFTSTELLER
Leider nicht

MUTTER
Nun werden Sie ja bald sehen wie Katwijk ist
Es ist schon lange Zeit in der Familie
und merkwürdigerweise hat es sich in den
vielen Jahrzehnten dazwischen nicht verändert
wo die ganze Welt sich doch sehr verändert hat
Meine Tochter war begeistert von Ihrem Stück
Empfinden Sie es nicht als sehr gefährlich
einen so großen Erfolg zu haben
ist das keine Gefahr für Ihre Arbeit
sind Sie nicht erschrocken über die Reaktion
Ich denke der dramatische Schriftsteller wünscht den Erfolg
aber ist er dann wirklich da
und mit solcher Heftigkeit
erschrickt er doch nicht wahr

SCHRIFTSTELLER
Ja

MUTTER
Ich kann mir denken
daß es sehr gefährlich ist
einen solchen wie man sagt
durchschlagenden Erfolg zu haben
bei einem solchen unberechenbaren Publikum

bei einer solchen ja tatsächlich immer unberechenbaren Kritik
Ein dramatischer Schriftsteller
eine Natur die doch menschenscheu ist
plötzlich mit Beifall überschüttet
Auch das ist eine Rücksichtslosigkeit
Sie haben sicher die ganze Nacht gefeiert

SCHRIFTSTELLER

Nein nicht
ich bin geflüchtet
zuerst habe ich gedacht ich werde feiern
weil die Schauspieler gefeiert haben
alle haben gefeiert
aber dann bin ich geflüchtet
ich bin die halbe Nacht in der Stadt umhergeirrt
ich hatte gar nicht verstanden
was geschehen war

MUTTER

Erwarteten Sie denn keinen Erfolg

SCHRIFTSTELLER

Ich erhoffte

MUTTER

Was erhofften Sie

SCHRIFTSTELLER

Daß es gutgehen wird

MUTTER

Und es ist ja ganz ausgezeichnet gegangen
Mehr können Sie nicht wünschen
jetzt kann man sagen ein erfolgreicher dramatischer Schriftsteller
vielleicht einmal auch ein berühmter dramatischer Schriftsteller
Lassen Sie sich nicht behelligen von zuviel Beifall
aber freuen Sie sich ruhig darüber
In Katwijk haben Sie genug Zeit nachzudenken
wie es weitergehen soll
Da setzen Sie sich auf die Terrasse
und lassen erst einmal alles vorüberziehen
Und dann klärt es sich wieder
Man ist doch vollkommen umgeworfen von soviel Beifall nicht wahr
Es wird alles beklatscht
und zerstört

Dann braucht man lange bis man es wieder in Ordnung gebracht hat

TOCHTER

Ich bin bis zum Ende im Theater gestanden
und habe geklatscht

MUTTER

Ich sagte immer wieder gehen wir doch
es ist genug
das ist alles übertrieben sagte ich
alles ist übertrieben
aber sie ließ sich von mir nicht beeindrucken

TOCHTER

Die Leute wollten gar nicht aus dem Theater hinausgehen
in der Halle standen sie und redeten
Ich glaube sie waren alle betroffen

MUTTER

Ja das ist schön
Tochter verschließt den Rohrkoffer und der Schriftsteller hilft ihr dabei
Meine Tochter ist sehr empfänglich
für die dramatische Literatur
Es war immer ihr Wunsch gewesen
auf die Opernbühne zu kommen
sie hat auch jahrelang Gesangunterricht genommen
aber dann reichte es nicht
Tochter und Schriftsteller drücken den Rohrkoffer fest zu und versperren ihn
Man muß damit rechnen
daß es nicht glückt
Ja so ist es mein Herr
zur Tochter
Du kannst die Mädchen rufen
wenn alles fertig ist
zum Schriftsteller, der seine Tasche nimmt
Das Theater ist eine von vielen Möglichkeiten
es auszuhalten nicht wahr
Tochter geht hinaus
Mutter zum Schriftsteller zu den Fenstern schauend
Immer wenn wir nach Katwijk fahren
verschlechtert sich das Wetter

Zweiter Teil

Am Meer
Am Abend desselben Tages
Großes ebenerdiges Zimmer mit Terrasse
Mutter und Tochter noch in den Reisekleidern, die Gepäckstücke auspackend

SCHRIFTSTELLER *auf einem harten Sessel*
Ich hätte diesen Weg gehen können
aber ich bin den andern gegangen
sie haben gesagt das ist eine Sackgasse
du gehst zugrunde
Ein Architekturstudium gnädige Frau
von meinem Vater vorherbestimmt
Lauter phantastische Zeichnungen
Phantasiekathedralen
Es hatte den Anschein als ob ich gehorchte
aber ich bin den anderen Weg gegangen
nach außen ging ich den Weg den sie mir vorherbestimmt hatten
aber ich ging durchaus den andern
den ich zu gehen hatte
Wenn ich auch nicht wissen hatte können
was das ist Schriftsteller
wenn ich auch nichts davon wußte was das ist
die dramatische Literatur

MUTTER
Sie getrauten sich also
in die entgegengesetzte Richtung zu gehen

SCHRIFTSTELLER
Ich getraute mich
und ich dachte entgegengesetzt
in allem dachte ich entgegengesetzt
mich interessierte das Entgegengesetzte

MUTTER
Und Ihrer Mutter vertrauten Sie sich an

SCHRIFTSTELLER
Nein naturgemäß auch nicht meiner Mutter
Ich durfte mich niemandem anvertrauen
ich hatte allein zu gehen
in aller Entschiedenheit und Heimlichkeit allein

MUTTER

In Ihr Abenteuer hinein

SCHRIFTSTELLER

In die Finsternis
ich richtete mich in der Finsternis ein

MUTTER

Da machten Sie es sich gemütlich
in der Finsternis

SCHRIFTSTELLER

Wenn Sie es so grotesk sagen wollen
ja
sie sagten ich solle meinen Rock ausbürsten
aber ich bürstete ihn nicht aus

MUTTER

So hatten Sie immer gedacht
und Ihre Leute hintergangen
die es gut gemeint haben mit Ihnen

SCHRIFTSTELLER

Die es gut gemeint haben
Aber ich habe es ja auch immer gut gemeint
aber anders

MUTTER

In welchem Sinn anders

SCHRIFTSTELLER

Ich habe es nicht s o gut gemeint wie sie

MUTTER

Das stärkte Sie
Sie verausgabten sich in die entgegengesetzte Richtung
Sie verletzten alle
Sie zerstörten alles
um sich durchzusetzen
Sie hatten keine Rücksicht zu nehmen
Sie vernichteten alles um sich herum
um tiefer einatmen zu können habe ich recht

SCHRIFTSTELLER

Ich fühlte mich mit mir selbst solidarisch
mit keinem Andern
Ich rettete mich aus den Andern heraus

MUTTER

Sie retteten sich auf Kosten der Ihrigen
Was waren das für Leute Ihre Eltern

SCHRIFTSTELLER
Es störte mich alles es irritierte mich alles
MUTTER
Es irritierte Sie alles
SCHRIFTSTELLER
Sie zogen mir eine Jacke an und sagten
so das ist die lebenslängliche Jacke für dich
und ich zog die Jacke wieder aus
MUTTER
Und sie zogen Ihnen die Jacke wieder an
SCHRIFTSTELLER
Ja
MUTTER
Und Sie zogen die Jacke wieder aus
SCHRIFTSTELLER
Sie zogen sie mir an
und ich zog sie wieder aus
immer so fort sie zogen sie mir an
ich zog sie wieder aus
MUTTER
Bis sie erschöpft waren
SCHRIFTSTELLER
Ja
MUTTER
Dann hatten Sie freie Bahn
SCHRIFTSTELLER
Ich ging weg ich machte mich selbständig
MUTTER
Wohin weg
SCHRIFTSTELLER
Ich wollte Paris sehen und ging nach Paris
Aber in Paris war es auch nicht so leicht
MUTTER
Warum nicht
SCHRIFTSTELLER
Ich konnte kein Französisch
und verstand die Leute nicht
MUTTER
Lernten Sie leicht Sprachen
SCHRIFTSTELLER
Ich lernte das Französische

in sechs oder in acht Wochen
denn ich hörte nichts als Französisch
und ich wollte nichts anderes
als das Französische sprechen
Aber als ich Französisch sprechen konnte
alles andere als perfekt natürlich
entdeckte ich
daß Paris nichts ist für mich
es erdrückte mich
Bevor es mich ganz erdrückte ging ich aus Paris weg

MUTTER
Und wo gingen Sie hin

SCHRIFTSTELLER
Nach England
denn Englisch hatte ich gelernt
und es machte mir keine Schwierigkeiten

MUTTER
Und von was lebten Sie

SCHRIFTSTELLER
Ich arbeitete im Hafen
die Häfen sind überall gleich

MUTTER
Weil Sie ja aus Rotterdam sind
Die Leute aus Rotterdam fühlen sich in England besser
als in Frankreich
das bestätigt sich immer wieder
Sie gehen aus Rotterdam nach Paris und scheitern

SCHRIFTSTELLER
Aber für meine Arbeit war diese Erfahrung notwendig
Ein Schriftsteller der in Paris gescheitert ist
ist im Vorteil

MUTTER
Das ist interessant

SCHRIFTSTELLER
Wir machen den Versuch
die Gesellschaft zu ändern
aber das gelingt natürlich nicht

MUTTER *fragend*
Nein

SCHRIFTSTELLER
Ja wir sehen doch

wohin alle diese Versuche geführt haben
an den Ausgangspunkt zurück
alles Gedachte ist immer wieder
an den Ausgangspunkt zurückgeworfen
Natürlich das ist schon ein Fortschritt

MUTTER
Wollen Sie die Gesellschaft ändern

SCHRIFTSTELLER
Die Gesellschaft kann nicht geändert werden

MUTTER
Sehen Sie

SCHRIFTSTELLER
Aber wir machen immer wieder den Versuch

MUTTER
Ja

SCHRIFTSTELLER
Auf den Versuch kommt es an

MUTTER
Sehr interessant
Sie schreiben obwohl Sie wissen
daß Sie damit die Gesellschaft nicht verändern können

SCHRIFTSTELLER
Ja
kein Schriftsteller hat jemals
die Gesellschaft verändert

MUTTER
Das ist erwiesen

SCHRIFTSTELLER
Das ist erwiesen
Wir haben nur Beweise für das Scheitern
der Schriftsteller
Alle Schriftsteller sind gescheitert
es hat immer nur gescheiterte Schriftsteller gegeben

MUTTER
Und Shakespeare

SCHRIFTSTELLER
Auch Shakespeare
ich sagte doch alle
sie gehen alle davon aus
daß sie scheitern
wenn sie etwas wert sind

Nur die Stumpfsinnigen die Minderwertigen
haben nicht einmal diesen Gedanken
Der Gedanke zu scheitern
ist der wesentliche Gedanke

MUTTER *zur Tochter*
Das ist alles sehr absurd
findest du nicht
Alles ist offen und alles scheitert
weil es scheitern muß

SCHRIFTSTELLER
Wir müssen zu diesem Bewußtsein kommen
daß wir scheitern
ob wir es wahrhaben wollen oder nicht

MUTTER
Ich mache mir darüber keine Gedanken
wenn es nur interessant genug ist
Der Schriftsteller lernt an sich selbst sagen Sie
indem er seine Lage studiert

SCHRIFTSTELLER
Indem er sich selbst studiert

MUTTER
Meine Tochter findet es ganz natürlich
daß ich Sie nach Katwijk eingeladen habe
Ich begreife es noch immer nicht
Wir kennen Sie ja gar nicht

SCHRIFTSTELLER
Also ist es ein Abenteuer

MUTTER
Daß ich dazu imstande bin
einen Menschen
den ich nur ein einziges Mal gesehen habe
und nur die allerkürzeste Zeit

TOCHTER
Du hast ihn zweimal gesehen

MUTTER
Zweimal gesehen habe
aber jedesmal die allerkürzeste Zeit
Diese Einladung hat für mich
etwas Revolutionäres
Wahrscheinlich habe ich gedacht
diesem erschöpften Menschen muß geholfen werden

wir fahren nach Katwijk
er soll mitfahren
das war der Gedanke

TOCHTER *zum Schriftsteller*
Ich finde Sie hätten sich keine besseren Schauspieler wünschen können
ich kann mir gar nicht vorstellen
daß es andere gibt
die Ihr Stück so zur Geltung bringen

SCHRIFTSTELLER
Wenn wir das Glück haben
und kommen an die Besten von allen
aber nicht immer haben wir dieses Glück
dann ist alles schon abgestorben
bevor noch der Vorhang aufgeht

MUTTER
Sie haben Glück gehabt mein Herr
Wie dieser alte König
das Wort M o r a l i s t gesagt hat
w i e er es gesagt hat

TOCHTER
Und die Magd ihren Knicks
sie hat sonst gar nichts gemacht
aber dieser Knicks

MUTTER
Diese furchtbaren stummen Rollen
diese fortwährend schweigenden Charaktere
die gibt es ja auch in der Wirklichkeit
Der eine redet der andere schweigt
er hätte vielleicht vieles zu sagen
aber es ist ihm nicht erlaubt
er muß diese Überanstrengung durchhalten
Wir bürden dem Schweigenden alles auf

SCHRIFTSTELLER
Alles

MUTTER
Sie ziehen Ihren Figuren
auch eine entsetzliche Jacke an
Allen Ihren Figuren
Und sie können ihre Jacken nicht
ausziehen wie Sie

der Sie Ihre Jacke ausgezogen haben
Sie stecken alle Ihre Figuren
in entsetzliche Jacken

SCHRIFTSTELLER

Tatsächlich sind es Jacken
entsetzliche Jacken
in die ich meine Figuren hineinstecke
aber sie schlüpfen ja alle freiwillig hinein
es sind ja Schauspieler

MUTTER

Glauben Sie

SCHRIFTSTELLER

Der Schauspieler wünscht sich
eine entsetzliche Jacke
je entsetzlicher die Jacke ist
die ihm der Schriftsteller verpaßt hat
desto besser
Die entsetzlichste Jacke
für den größten Schauspieler

MUTTER

Wie wenn Sie diese Leute
alle verrückt machen wollten
wie wenn Sie Lust hätten
sie in den Wahnsinn zu treiben

SCHRIFTSTELLER

Ach nein
so ist es nicht
im letzten Moment entschlüpfen alle diese Figuren
ihrer Jacke
sie reißen sich die Jacke herunter
bevor sie ersticken
es ist noch kein Schauspieler
in der Jacke erstickt
die ihm der Schriftsteller angezogen hat
die tödliche Jacke nicht
nicht die tödliche Jacke gnädige Frau

MUTTER

Wie schön daß Sie da sind
Ich dachte Sie trinken mit uns eine Tasse Tee
setzt sich an den Tisch
Setzen Sie sich doch

machen Sie es sich gemütlich
schaut aufs Meer
Das haben Sie ja auf die wunderbarste Weise ausgedrückt
wie der dramatische Schriftsteller
sich Ebbe und Flut zu eigen macht
Ein Mädchen kommt herein und serviert Tee
Wir leben natürlich in einer ganz anderen Welt
meine Tochter und ich
Unser Mechanismus ist ein ganz anderer
Man kann sagen daß es eintönig ist
aber das ist es doch nur an der Oberfläche
zur Tochter
So komm doch setz dich zu uns
Ein heißer Tee
an der kalten Küste
schaut hinaus
Wenn wir hier ankommen regnet es
ein paar Tage regnet es
ich gewöhne mich an den Regen
dann paßt es mir gar nicht mehr
daß die Sonne aufgeht
Tochter setzt sich dazu
Ich war überrascht
daß Sie so jung aussehen
etwas erschöpft aber doch sehr jung
Mädchen geht hinaus
Früher haben mich nur die klassischen Stücke gereizt
dann habe ich mir plötzlich einen Vorwurf
gemacht aus dieser Gewohnheit
andererseits

TOCHTER
Eines Tages wird unser Schriftsteller
Klassiker sein

MUTTER
O Gott das Kind
zum Schriftsteller
sehen Sie jetzt sind Sie rot geworden
Dahin ist es doch ein sehr weiter Weg
andererseits
entweder man ist ein klassischer Schriftsteller von vornherein
oder man ist es nicht

Diese Frische von draußen
das ist Katwijk
Sie werden sehen es wird Ihnen guttun
Sie werden in jedem Fall profitieren
Sie werden mit einer guten Idee
von Katwijk weggehn
da bin ich ganz sicher

TOCHTER

Vielleicht ist es ihm zu ruhig hier
es geschieht nichts
tagelang nichts
wochenlang nichts

MUTTER

Vielleicht ist es gerade das
Wenn es an der Oberfläche ruhig ist
so ruhig wie hier in Katwijk
dann haben wir innen ganz sicher
einen hochdramatischen Vorgang
zum Schriftsteller
habe ich recht
Ich habe doch recht mit dieser Bemerkung
Schriftsteller schaut hinaus
Die Ruhe macht verrückter als alles andere
zum Schriftsteller
Sie suchen das Glück denke ich
trinkt
Wo ist es Ihr Glück
Mein Mann stand stundenlang da draußen
angelehnt an den Lampenmast
und schaute hinaus
Wenn ich ihn fragte was hast du gesehen
weil ich ihn haßte wenn er da an den Lampenmast gelehnt stand
fragte ich ihn immer was siehst du denn
immer wieder fragte ich was siehst du denn
ich wollte ihn peinigen
er wollte Ruhe haben
das wollte ich nicht
also peinigte ich ihn
ich fragte ihn immer von hinten
so wie jetzt saß ich da und starrte auf seinen Rücken und fragte
nun was siehst du

was siehst du da sag was du da siehst
Du siehst ja nichts sagte ich
er rührte sich nicht
du siehst nichts und starrst hinaus
Nun was siehst du da draußen
Ich wußte er wird mir nicht antworten
er drehte sich um und ging an mir vorbei
wortlos
er antwortete nicht
Jeder sieht etwas anderes wenn er da hinausschaut
jeder sieht das was er sehen will
zum Schriftsteller
Auch Sie über den wir nichts wissen
Wir fragen aber auch nicht

SCHRIFTSTELLER
Fragen Sie nur

MUTTER
Die einen befragen wir
und es ist ihnen lästig
und die andern befragen wir nicht einmal

SCHRIFTSTELLER
Vor ein paar Jahren hätte ich
mich nicht befragen lassen
Jetzt ist es mir gleichgültig

MUTTER
Vor ein paar Jahren
Tochter öffnet den Rohrkoffer und nimmt den ersten Mantel heraus

SCHRIFTSTELLER
Da bin ich den Fragen ausgewichen

MUTTER
Da sind Sie vor den Fragen davongelaufen

SCHRIFTSTELLER
Wenn der Mensch nichts ist

MUTTER
Aber jeder Mensch

SCHRIFTSTELLER
Ja aber es gibt Menschen
die darf man nicht fragen
oder wenigstens nicht bis zu einem bestimmten Zeitpunkt

MUTTER
Bis sie etwas geworden sind
dann getrauen sie sich zu antworten
Sie sind ja etwas geworden
man liest es in allen Zeitungen
Und weiß Gott was morgen
über Ihre Premiere geschrieben wird
Sie haben nichts zu fürchten
SCHRIFTSTELLER
Wer weiß
MUTTER
Ich fühle das
Sie haben Erfolg
so geht es eine Zeitlang
SCHRIFTSTELLER
Dann bricht es ab
mit einem Male
MUTTER
Kann sein
sicher ist daß Sie jetzt Erfolg haben
und Sie sollten diesen Erfolg ausnützen
SCHRIFTSTELLER
Aber meine Natur
MUTTER
Was
SCHRIFTSTELLER
Ich kann es nicht wie Sie sagen ausnützen
MUTTER
Ach ja indem Sie mit uns in Katwijk sind
und sich ein bißchen gehenlassen
und gut essen mit uns
und am Meer entlanglaufen
SCHRIFTSTELLER
Das sollte ich tun
dreht sich nach der Tochter um
Werden Sie mich begleiten
TOCHTER
Mit dem größten Vergnügen
SCHRIFTSTELLER
Das sagt sich so leicht
Wie es sich so leicht antworten läßt

Das Meer entlang und wieder zurück
MUTTER
Es gibt nichts Schöneres
Wenn ich besser beisammen wäre
TOCHTER
Mama
MUTTER
Auch wenn ich wollte ich könnte nicht
SCHRIFTSTELLER
Ungezwungen
ohne an die Zukunft zu denken
MUTTER
Das ist das Unglück
daß Sie fortwährend an die Zukunft denken
oder an die Vergangenheit
das ist gleich schlimm
An die Gegenwart sollten Sie denken
nachdenklich
Immer wenn wir den ersten Abend dasitzen
sind wir enttäuscht
es ist kalt und unheimelig
finden Sie nicht auch
wir reden uns ein daß es schön ist hier
was wir uns alles einreden
Daß die Luft besser ist hier
daß wir auf andere Gedanken kommen
daß
TOCHTER
Mama hat das ganze Jahr nur ein Ziel
nach Katwijk
und dann fröstelt es sie ich kenne sie nicht anders
SCHRIFTSTELLER
Aber ist es nicht so daß wir immer enttäuscht sind
wenn wir irgendwo ankommen
MUTTER
Ich hatte das Haus viel größer in Erinnerung
Und die Leute freundlicher
wie sie immer auf uns zugeeilt sind
das war heute ganz anders
Ja Enttäuschung ist das richtige Wort

SCHRIFTSTELLER
Sie müssen sich ausruhen gnädige Frau
Morgen sieht es ganz anders aus
MUTTER
Dann haben Sie gut geschlafen
und Sie haben einen Morgenlauf gemacht
dreht sich nach der Tochter
mit dir vielleicht
man muß die Tage nützen
wir glauben immer es sind unendlich viele
dabei sind es nurmehr noch ganz wenige
SCHRIFTSTELLER *sieht sich um*
Ein schönes Haus eine gelungene Architektur
MUTTER
Architektur studieren
das wäre doch auch etwas für Sie gewesen
SCHRIFTSTELLER
Zweifellos
in gewisser Weise ist es etwas Ähnliches
die dramatische Kunst
MUTTER
Vielleicht wären Sie heute ein bekannter Architekt
SCHRIFTSTELLER
Nein das kann ich mir nicht vorstellen
von Anfang an nicht
Das wollte ich nicht
ich fürchtete mich vor den Bauherren
man hat viel mit dem Staat zu tun
das deprimiert
das zerrüttet nach und nach einen Geist
MUTTER
Sie brauchen nur ein Blatt Papier und etwas zum Schreiben
sonst nichts
Sie bauen sich Ihre Stücke selbst
ohne daß Ihnen ein Anderer im Weg steht
SCHRIFTSTELLER
Ja so ist es die einzige Möglichkeit
TOCHTER *zieht einen Mantel aus dem Rohrkoffer*
So für sich allein Kunst machen
SCHRIFTSTELLER *ruft aus*
Kunst Kunst

für sich allein
was gibt es Schrecklicheres als allein zu sein
mit sich selbst

MUTTER
Aber Sie sagten doch
die beste Gesellschaft ist die eigene
die beste Unterhaltung die mit sich selbst
der beste Antrieb man selbst

SCHRIFTSTELLER
Das habe ich gesagt
aber in der Praxis

MUTTER
Schließlich sind alle allein
sie mögen sich zusammentun wie sie wollen
sie bleiben allein

SCHRIFTSTELLER
Aber ein Schriftsteller ist ganz besonders allein

MUTTER
Er will es so

SCHRIFTSTELLER
Ja er will es so
er verflucht es und will es so

TOCHTER
Es war schon immer mein Wunsch
einen Schriftsteller kennenzulernen

MUTTER
Einen dramatischen Schriftsteller
einen berühmten natürlich
der Erfolg ist der Reiz

SCHRIFTSTELLER *schaut hinaus*
Oder Maler
aber es ist schon alles gemalt
es ist schon alles geschrieben
es gibt schon alles
Wir wiederholen was es schon gibt
auf unsere Weise
wir ziehen der Tatsache unsere Jacke an
und gehen damit auf die Straße
so führen wir etwas Neues vor
Da diese merkwürdige Jacke sagen sie
da diese ausgefallene Hose

dabei sind wir nicht anders als die andern
als alle immer gewesen sind

MUTTER

Immer denke ich bevor wir herkommen
das Haus ist gar nicht so kalt
und dann ist es doch so kalt
wickelt sich in eine Decke ein
Wollen Sie keine Decke nehmen
Das fragte ich meinen Mann
willst du dir keine Decke nehmen
er weigerte sich weil ich ihn gefragt hatte
dann war er krank
drei Wochen unbeweglich
er rührte sich nicht vom Fleck
alles voller Schmerz
er haßte Katwijk
Er blühte auf wenn wir wieder in der Stadt waren
Mädchen kommt mit der Schriftstellertasche herein
Mutter zum Schriftsteller
Ihre Tasche
zum Mädchen
Wo war denn die Tasche

MÄDCHEN

In der Garage

MUTTER

In der Garage
das ist doch merkwürdig
wie kommt denn die Tasche in die Garage
Mädchen geht hinaus
Ausgerechnet Ihre Tasche
Schriftsteller will seine Tasche nehmen und gehen
Nein nicht
Sie bleiben noch da
Sie dürfen uns jetzt nicht allein lassen
Sie haben noch immer Zeit auszupacken
wenn wir ausgepackt haben
zur Tochter
Soll ich dir helfen mein Kind

TOCHTER

Neinnein Mama

MUTTER
Neinnein Mama
mein gutes Kind
SCHRIFTSTELLER
Es ist wie in den alten Romanen
wo die Leute immer mit soviel Gepäck gereist sind
MUTTER
Ja wie in den alten Romanen
wie bei Tolstoj wie bei Dostojewskij
ach wie ich diese Dichter liebe
stellen Sie sich vor
Krieg und Frieden habe ich hier in Katwijk gelesen
auf der Terrasse sitzend
in einem Tag und in einer Nacht
aufeinanderfolgend
Früher sind wir mit nur drei Koffern gereist
jetzt haben wir fünf
und die vielen Taschen
anstatt weniger haben wir mehr Gepäck
anstatt weniger Kleider haben wir mehr
SCHRIFTSTELLER
Das ist ganz gegen die Weltentwicklung
MUTTER
Das ist schön gesagt
zur Tochter
Da sagt er einen Satz und alles leuchtet auf
dabei ist es so einfach
Wegen des Wetterwechsels wissen Sie
an einem Tag regnet es und ist kalt
den andern Tag herrscht die große Hitze hier
und wir dürfen nicht vergessen wenn wir zurückfahren
ist es schon beinahe Winter
wir müssen für jede Gelegenheit etwas haben
Bei Ihnen ist das etwas anderes
Sie reisen mit einer Tasche
für ein zwei Tage
SCHRIFTSTELLER
Für ein zwei Tage
TOCHTER
Oder drei vier Tage

MUTTER

Wir werden ja sehen
wie lange wir es miteinander aushalten
zum Schriftsteller direkt
Wenn es Ihnen Freude macht
das könnte ja sein ohne weiteres
und wenn sich diese Freude
auf uns übertragen läßt

SCHRIFTSTELLER

Ja

TOCHTER

Vielleicht könnten wir zusammen nach Amsterdam fahren
zum Schriftsteller direkt
Vielleicht sind Sie dann noch da
nächste Woche

MUTTER

Die dramatischen Schriftsteller haben nicht soviel Ruhe und nicht soviel Zeit
Kaum ist die eine Idee verarbeitet

SCHRIFTSTELLER

Ja

MUTTER

Sie sind ja kein reproduzierender Künstler
das Schöpferische läßt weder Zeit noch Ruhe
Daran gehen sie alle zugrunde
Ich dachte ich werde wenn wir hierherkommen
mein Sommerkleid anziehen
und nun habe ich den Wintermantel an
und will ihn gar nicht mehr ausziehen
Wie gut daß wir die Wintermäntel angezogen haben
was die Kleider betrifft
darf man sich nicht nach dem Kalender richten
Es heißt wir steuern einer Eiszeit zu
wie denken Sie über diese These

SCHRIFTSTELLER

Ich weiß nicht

MUTTER

Es gibt so viele Anzeichen dafür
die Wissenschaft sagt es auch
Das waren ganz andere Sommer früher
Niemals habe ich im Sommer den Wintermantel angehabt

Der Golfstrom ist schon beinahe wirkungslos
zur Tochter
Komm her mein Kind
komm her
Tochter geht zur Mutter hin, die nimmt ihre Hand und küßt sie
Ich habe meinem Mann versprochen
auf dem Totenbett wissen Sie
daß ich für meine Tochter immer dasein werde
Mein Kind hat sich nicht zu fürchten
sie läßt die Hand der Tochter los
Sagen Sie
war Ihre Mutter ein fröhlicher Mensch
Sie müssen nicht antworten
Tochter geht zuerst zum Rohrkoffer zurück und öffnet dann die beiden Flügel der Terrassentür noch weiter als sie schon offen waren
Ich könnte mir vorstellen
daß Ihre Mutter ein fröhlicher Mensch gewesen ist
Es ist soviel Witz in Ihrem Stück
Was für ein Einfall Rette sich wer kann
was für ein herrlicher Titel
Erinnert an Shakespeare
Wie lange schreiben Sie an einem Stück
Vielleicht ist das indiskret
Schriftsteller hassen nichts mehr als wenn man sie über das Schreiben ausfragt
Nein ich will Sie nicht ausfragen
Wir wissen ja jetzt schon eine ganze Menge nicht wahr
Ob es sich davon leben läßt
das ist dumm gefragt nicht wahr
wie wenn man einen Sänger fragt warum singen Sie
Ein Glück daß aus der Karriere meiner Tochter
nichts geworden ist
stellen Sie sich vor sie wäre heute eine Soubrette
Daraus wurde nichts
aber das ist zwanzig Jahre her
daß sie so etwas wie eine Gesangskarriere im Kopf hatte
dann versagten die Stimmbänder
das war mein Glück
möglicherweise stünde ich jetzt allein da
so habe ich mein Kind

das mich beschützt und umgekehrt
Ich habe mein Kind an mich gefesselt wissen Sie
und umgekehrt
und wir ziehen an diesen Fesseln
immer für alle Zeit
Wir sind das Werk meines Mannes
plötzlich
Wissen Sie was ein Gußwerk ist
Natürlich nicht
Ich wußte es auch nicht
Ich traf
vor vielen Jahren einen Mann
der sagte er habe ein Gußwerk
das fand ich sehr komisch
und zu dem Gußwerk
habe er ein Haus am Meer
ach wissen Sie die Menschen kommen
in ganz merkwürdige Zufälligkeiten wie gesagt wird
Und das ganze Leben ändert sich
Sagen Sie warum haben Sie sofort eingewilligt

SCHRIFTSTELLER
Eingewilligt in was

MUTTER
Mit uns nach Katwijk zu reisen

SCHRIFTSTELLER
Eingewilligt
ich habe sofort eingewilligt
ich weiß es nicht vielleicht

MUTTER
Sagen Sie es nicht
es sind zu viele Möglichkeiten
derentwegen Sie eingewilligt haben
Wenn Sie nachdenken müssen
es ist nichts grundlos getan

SCHRIFTSTELLER
Ja vielleicht

MUTTER
Vielleicht waren Sie ganz einfach überdrüssig
der Stadt so wie wir
und wollten an die See
das ist verständlich

Die Unbeschwertheit lockte Sie
die frische Luft
Die Möglichkeit ein Abenteuer

SCHRIFTSTELLER
Ja

MUTTER
Wenn wir zuviel nachdenken
treten wir auf der Stelle
aber wenn wir uns dem Zufall überlassen

SCHRIFTSTELLER
Spontan augenblicklich

MUTTER
Wenn wir nicht fragen warum und wieso
schaut nach oben
Da oben werden Sie viele gute Ideen haben
Schriftsteller will aufstehen
Mutter hält ihn zurück
Bleiben Sie noch
bis Ihr Zimmer gerichtet ist
Wir hatten es immer sehr einfach hier
Wir haben es auch in der Stadt sehr einfach
Wir haben niemals etwas geändert
nicht in Katwijk und nicht in der Stadt
Weil wir die Moden nicht mitgemacht haben
Glauben Sie mir
wir sind glücklich daß Sie da sind
zur Tochter
Sind wir das nicht mein Kind

TOCHTER
Ja sehr
Ich und Mama auch

MUTTER
Wir beide
zur Tochter direkt
Dur sollst nur das Wichtigste auspacken
Die Schuhe packen die Mädchen aus
zum Schriftsteller
Man darf den Leuten aber nicht alles überlassen
die feinen Stoffe nicht
Deshalb packen wir ja auch lieber selbst ein
und selbst aus

An meine Wäsche lasse ich niemanden
zur Tochter
Du mußt nicht alles auspacken
wenn du keine Lust hast
zum Schriftsteller
Es ist alles so teuer und schlecht gearbeitet
Alle meine Sachen sind Jahrzehnte alt
Wir haben soviel mit
und ziehen doch immer dasselbe an
aber andererseits können wir nicht mit einem einzigen
Kleidungsstück hierherkommen
Plötzlich gab es
vor drei Jahren einen Ball
da sind wir hingegangen
Offiziere Kapitäne der sogenannte Hochseeball
Waren Sie denn überhaupt jemals auf einem Ball

SCHRIFTSTELLER
Nein nie

MUTTER
Das habe ich mir gedacht
Aber Sie beschreiben doch in Ihrem Drama einen Ball
und ganz ausgezeichnet
merkwürdig
man muß also nicht auf einem Ball gewesen sein
um einen Ball ganz ausgezeichnet beschreiben zu können
man muß nicht kennen was man beschreibt

SCHRIFTSTELLER
Ich war ja auch nie im Zuchthaus

MUTTER
Und Sie beschrieben es so
daß mir beinahe der Atem stockte
Sie haben ein gutes Einfühlungsvermögen
und Stil mein Herr
Aber ich verstehe davon nichts
Ich verstehe überhaupt nichts von Literatur
aber dieser Gedanke hat mich nie gequält
dafür habe ich gelernt
wie man addiert und subtrahiert
Aber das war absolut lebensnotwendig
Von einem bestimmten Zeitpunkt an sagten Sie
darf man bestimmte Menschen fragen

SCHRIFTSTELLER
So war es nicht gesagt ich sagte
dann reden sie wenn man sie dazu zwingt
MUTTER
Weil sie genug abgesichert sind
SCHRIFTSTELLER
Vielleicht
MUTTER
Aber wir leben nur wenn wir fragen
wir existieren nur wenn wir fragen
obwohl wir wissen
daß wir keine Antwort bekommen
wir bekommen keine Antwort
die von uns akzeptiert werden kann ist es so
SCHRIFTSTELLER
Möglicherweise ist es so
MUTTER
Am Lebensende stellen wir fest
daß wir das ganze Leben lauter Fragen gestellt
aber keine einzige Antwort bekommen haben
SCHRIFTSTELLER
Ja das ist deprimierend gnädige Frau
MUTTER
Aber wir machen uns doch immer wieder Illusionen
wir glauben nicht daß alles so hoffnungslos ist
daß alles so böse ist
Wir nehmen immer wieder an es ist alles nicht so böse
während es doch nur böse ist
Denken Sie alle sind noch gestorben daran
weil alles so böse ist
weil die Natur so böse ist
SCHRIFTSTELLER
Das sage ich in meinem Stück
die Menschen sterben weil alles so bös ist
MUTTER *zur Tochter*
Hast du gehört
das sind meine Gedanken
vielleicht hat mich deshalb Ihr Stück so fasziniert
weil Sie in ihm meine eigenen Gedanken aussprechen
alles in dem Stück könnte von mir sein
auch die Idee könnte von mir sein

jede Ihrer Figuren spricht wie ich spreche
andererseits ist es doch so daß alle Figuren
so sprechen wie Sie
jede Ihrer Figuren denkt wie Sie und spricht wie Sie
Wenn man es genau nimmt
sprechen alle aus dem einen
und einer spricht immer wie alle
dadurch bekommt das Ganze etwas Universelles

SCHRIFTSTELLER
Ganz recht

MUTTER
Wir denken das ist typisch dieser Mensch
und dabei sind w i r es
auch w i r
aber das ist beinahe spiritistisch
Ich glaube Sie werden sich mit meiner Tochter
sehr gut verstehen
Was Sie denken denkt auch sie
aber sie hat keine Gelegenheit
es öffentlich auszusprechen
Vielleicht geben Sie ihr diese Gelegenheit
Sie sagt es weil sie es denkt
und Sie veröffentlichen es
sie und der Schriftsteller lachen
Seit drei Jahren
haben wir ein altes Klavier im Nebenzimmer
Spielen Sie Klavier

SCHRIFTSTELLER
Ich spiele nicht Klavier

MUTTER
Beinahe alle spielen Klavier
zu meiner Zeit war es selbstverständlich
noch keine vier oder fünf Jahre alt
und wir mußten Klavier lernen
zur Tochter
Ist es unmöglich
oder spielst du uns etwas vor
Vielleicht entspannt es dich
Du mußt ja nicht alles auspacken heute
Tochter hängt einen Mantel auf
Irgendeine Etüde irgend etwas

zum Schriftsteller
Sie lieben doch Musik
SCHRIFTSTELLER
Achja
MUTTER
Das macht aber wenig Mut
SCHRIFTSTELLER
Ich höre sehr gern Musik
MUTTER
Klassische Musik
SCHRIFTSTELLER
Ja
MUTTER
Sie spielt Mozart sehr schön
Tochter geht hinaus
Es wirkt so entrückt von da draußen
Da lehne ich mich gern zurück und höre zu
Man hört die Tochter spielen
Ich glaube ich habe Sie belästigt
ich habe Fragen gestellt
unsinnige Fragen
auf solche Fragen ist es schwer
zu antworten
Eines Tages hatten wir beschlossen
ein altes Klavier zu kaufen
wir hatten es auf dem Flohmarkt gesehen
stellen Sie sich vor
ein vollkommen verstimmtes Instrument
aber der Klavierstimmer sagte
es sei ein ganz außerordentlich gelungenes Instrument
Sie dilettiert natürlich nur
aber wir dilettieren alle
Voriges Jahr
den Abend vor unserer Abreise
spielte sie dieses Stück
ich weiß nicht was es ist
gefällt es Ihnen
SCHRIFTSTELLER
Ja

MUTTER

Sie sagen es so wie wenn Sie gar nicht davon überzeugt wären
daß es Ihnen gefällt

SCHRIFTSTELLER

Doch es gefällt mir sehr

MUTTER

Die Welt ist kalt
und ihre Mittel sind grausam
vielleicht ist das eine Entschuldigung
für eine solche Entgleisung

SCHRIFTSTELLER

Was für eine Entgleisung

MUTTER

Diese Sentimentalität
lehnt sich zurück, mit geschlossenen Augen
die wir uns erlauben
indem sie sich an das Klavier setzt
in gewisser Weise
ist es sogar eine Perversität
aber so ist es genau ein Kennzeichen
unserer Zeit
Wir fliehen in ein abgelegenes Haus
und hören uns eine abgeschmackte Musik an
gewiß es ist Mozart aber abgeschmackt
wir kaufen ein altes Klavier auf dem Flohmarkt
und lassen es aufpolieren
Wir reisen mit alten Kleidern in ein altes Haus
in welchem einen ekeln müßte
wir nehmen unser ganzes Gepäck mit
und einen jungen dramatischen Schriftsteller
mein Herr wie verlogen das alles ist
wie verlogen
Das Klavierspiel hat aufgehört, die Tochter kommt herein
Mutter richtet sich auf und schaut auf die Zimmerdecke
zum Schriftsteller
Wenn Sie dann da oben sind
haben Sie einen weiten Blick auf das Meer hinaus
und sind völlig ungestört
zur Tochter
Du hast lange Zeit nicht geübt
das ganze Jahr hat kein Mensch auf dem Klavier gespielt

es ist schon wieder verstimmt
es ist besonders feucht hier
Eine Variation nicht wahr mein Kind

TOCHTER
Von Beethoven

MUTTER
Beethoven
im Grunde mag ich Beethoven nicht
Mozart ja aber Beethoven nein
Aber hierher paßt das
Eine Beethovenvariation

SCHRIFTSTELLER *zur Tochter*
Werden Sie einmal mit mir die Küste entlang gehen
Alle schauen auf die Tochter

MUTTER
In der Frühe ist das besonders schön
vor sechs

TOCHTER
Ich gehe immer gern die Küste entlang
mit Mama

MUTTER
Ob du mit unserem dramatischen Schriftsteller die Küste entlang gehst

TOCHTER
Aber ja natürlich
zum Schriftsteller
wenn Sie schon so früh aufstehn

MUTTER *zum Schriftsteller*
Um sechs hinaus

SCHRIFTSTELLER
Ich stehe sehr früh auf
ich stehe um vier Uhr auf
das glauben Sie nicht
aber ich stehe um vier Uhr auf
mein Großvater stand schon um drei Uhr auf

MUTTER
Aber er war kein dramatischer Schriftsteller

SCHRIFTSTELLER
Er war Philosoph gnädige Frau

MUTTER
Der Großvater Philosoph

der Enkel dramatischer Schriftsteller
das ist doch sehr komisch nicht wahr
während die Tochter den Rohrkoffer auspackt
Die Enkel haben alles von den Großvätern
mütterlicherseits
haben Sie das gewußt
Sie können hier stundenlang allein an der Küste entlang gehn
Sie treffen keinen Menschen
Und wissen Sie daß es im Winter hier am schönsten ist
es ist kalt und Sie fühlen sich ganz
den Elementen ausgesetzt
steht auf und holt sich eine Flasche Cognac
Ich habe überhaupt keine Widerstandskräfte
Wollen Sie nicht auch einen Schluck
sie nimmt zwei Gläser und schenkt sich und dem Schriftsteller ein
Gestern dachte ich ich vertrage nichts mehr
aber dann habe ich eine ganze Flasche ausgetrunken
und heute früh
Und jetzt habe ich wieder Lust
sie hebt ihr Glas und trinkt und der Schriftsteller trinkt auch
zur Tochter
Auf dein Wohl mein Kind
zum Schriftsteller
Und auf Ihr Wohl
steht auf und geht bis zur Terrasse vor und der Schriftsteller folgt ihr
Ich habe Sie gefragt
ob Sie mit uns mitkommen nach Katwijk
und es hat Sie nicht einmal verblüfft
Es hat mich mehr verblüfft als Sie
Hören Sie es noch
Hören Sie es noch

SCHRIFTSTELLER

Was

MUTTER

Das Beifallsklatschen den Applaus
Ich höre ihn ich höre ihn
Sie hören es nicht das Beifallsklatschen
den Applaus
Geben Sie zu Sie sind glücklich darüber

Auch wenn Sie sagen
der Applaus habe Ihnen alles zerstört
das dürfen Sie nicht sagen
Ich höre das Meer und es ist das Beifallsklatschen
Das Rauschen des Meeres ist der Beifall für Ihr Stück
Sie sind am Ziel mein Herr
sie nimmt seine Hand
Hören Sie denn die Ovation nicht
sie nimmt ihn noch fester an der Hand und führt ihn zum Tisch zurück
Sie sind der glücklichste Mensch
Sie müssen es nur begreifen
Sie müssen es zugeben
sie setzt sich, der Schriftsteller bleibt stehen
Sie müssen damit fertig werden
Das müssen Sie aushalten
Sie müssen Ihren Triumph aushalten
und damit fertig werden
Rette sich wer kann
zur Tochter
Großartig nicht wahr
das ist ganz in meinem Begriff
Rette sich wer kann
und kein Mensch kann sich retten
noch keiner hat sich gerettet
nicht ein einziger unter allen diesen Millionen und Milliarden
nicht ein einziger
und da nennen Sie Ihr Stück Rette sich wer kann
Sie sind ein kühner Mensch unverfroren
Das müssen Sie wissen
das müssen Sie sich sagen lassen
und das müssen Sie wissen
Jetzt sind Sie hier und haben dieses Bewußtsein
Sie müssen dieses Bewußtsein haben
Sagen Sie sich ich habe dieses Bewußtsein
zwingen Sie sich dazu Sie müssen sich dazu zwingen
trinkt
Ich verstehe Sie nicht
Sie stehen da und sagen nichts
Achja setzen Sie sich
Plötzlich habe Sie die Sprache verloren

Aber so sind alle heute die jung sind
Stehen da und haben die Sprache verloren
So setzen Sie sich doch
Schriftsteller setzt sich
Und trinken Sie mit mir
nehmen Sie sich ein Beispiel
Ein Beispiel ein Beispiel hören Sie ein Beispiel
trinkt und schenkt dem Schriftsteller ein
Was sind das für junge Leute heute
Mit zwanzig denken sie an die Pension
wie sie es sich das ganze Leben lang richten können
Eine langweilige Jugend ist das
sie wird geboren und langweilt sich bis sie stirbt
und sie stirbt schon in dem Augenblick
in dem sie geboren wird
Sie ist starr und steif und sprachlos
habe ich recht
Das ist doch auch Ihr Thema nicht wahr
das haben Sie ja auch in Rette sich wer kann verarbeitet
die Steife und die Starre der Jugend
die alles verloren hat bevor sie noch da ist
Ich traue meinen Augen nicht wenn ich die jungen Leute sehe
anstatt daß sie aufwachten und alles zertrümmerten
das sich ihnen in den Weg stellt
und die ganze Geschichte stellt sich dieser Jugend in den Weg
immer hat sich die ganze Geschichte der Jugend in den Weg gestellt
und immer hat die Jugend die Kraft gehabt
diese ganze faule und verderbte Geschichte wegzuräumen
mit aller Gewalt mit dem größten Vernichtungswillen
jede Jugend hat aufgeräumt mit ihren Mitteln
aber diese
es hat noch nie eine so kraftlose Jugend gegeben
Das sagen Sie ja auch in Ihrem Stück
Sie sagen es in Rette sich wer kann
Sie sagen es mit dem Zynismus der Ihnen eigen ist
das ist auch m e i n Zynismus
Dieser Jugend wird nichts gegeben obwohl man ihr alles gibt
ja gerade w e i l ihr alles gegeben wird
und sie läßt es anstehen anstehen läßt sie es
anstatt daß sie sich nimmt was ihr vorenthalten wird

Da waren wir doch ganz anders
wir haben die Geschichte die sich uns in den Weg gestellt hat
zertrümmert wir haben sie zertrümmert
und uns aus diesen Trümmern eine neue Geschichte gemacht
immer hat die Jugend die alte Geschichte zertrümmert
und sich eine neue Geschichte daraus gemacht
aber diese Jugend ist kraftlos
und läßt sich von der alten Geschichte erdrücken
schweigsam steht sie da untätig und sinnt nach
aber sie tut nichts
Sie selbst sind das beste Beispiel
Sie sinnen nach und tun nichts
Sie sehen das Elend aber Sie beseitigen es nicht
Sie sind der Beobachter dieser Fäulnis
aber Sie räumen nicht auf damit
trinkt
Verstehen Sie mich recht die Jugend hat ein Recht die Geschichte zu vernichten
sie zu vernichten um sich aus dem Vernichteten
eine neue Geschichte herzustellen
sie hat die Verpflichtung
Aber sie darf nicht so lange warten bis es zu spät ist
und jetzt scheint es ist es zu spät
Das sagen Sie selbst in Ihrem Stück
daß es vielleicht zu spät ist
Aber Sie sagen es nur
Sie sagen es nur und beobachten wie man auf das was Sie sagen reagiert
aber Sie tun nichts Sie schauen zu aber Sie tun nichts
Das ist der Fluch des dramatischen Schriftstellers

SCHRIFTSTELLER
Aber es ist doch etwas

MUTTER
Es ist zuwenig mein Herr
zuzuschauen und abzuwarten
das tun sie alle
alle schauen zu und warten ab
sie beobachten die Fäulnis und verfaulen mit

SCHRIFTSTELLER
Aber eines Tages

MUTTER

Nicht eines Tages
gleich jetzt
trinkt
Achja wenn ich dreißig Jahre jünger wäre
wenn ich nur zwanzig Jahre jünger wäre
Aber was rede ich das ist keine Entschuldigung
Aber es ist schon etwas daß Sie in Ihrem Stück sagen
daß der Zeitpunkt schon sehr weit fortgeschritten ist
Aber es genügt nicht daß ein paar junge Leute
ein paar alten den Kopf einschlagen das ist lächerlich
es gehört a l l e s weggewischt a l l e s über Nacht
nur nicht fackeln hätte mein Mann gesagt
Und stellen Sie sich vor da
sie zeigt es
auf der Terrasse stand er eines Tages
und überlegte wie er den Königspalast in die Luft jagen könnte
Es sah gar nicht danach aus daß er so etwas dachte
überhaupt traute ich ihm einen solchen Gedanken nicht zu
es war ein heller Sommerabend
ich hatte schon Angst vor dem Einpacken
wir mußten in die Stadt zurück
da war er lange Zeit auf der Terrasse gestanden
plötzlich machte er kehrt und kam herein
und ich fragte ganz spontan was hast du denn
die ganze Zeit auf der Terrasse gemacht
über was hast du denn auf der Terrasse nachgedacht
Da sagte er Ich habe gedacht wie ich es anstelle
den Königspalast in die Luft zu jagen
Ich hatte laut aufgelacht
ich habe ihn für verrückt gehalten
aber nach und nach dachte ich vielleicht meint er es ernst
und ich bin heute überzeugt daß er es ernst gemeint hatte
trinkt
Möglicherweise wäre aus ihm noch ein Anarchist geworden
lacht laut auf und der Schriftsteller lacht mit
Er hatte eine aufgeregte Phantasie mein Mann
Das Gußwerk lähmte ihn
i c h ließ mich vom Gußwerk nicht lähmen
mich beflügelte das Gußwerk
aber ihn lähmte es das Familiengußwerk

Oft habe ich gedacht
möglicherweise bin ich an einen Anarchisten gekommen
er sagte mir zu oft Ende gut alles gut
Warum sagte er das immer wieder
Er muß etwas Fürchterliches im Kopf gehabt haben
im Kopf im Sinn
Denken Sie nicht manchmal daran
alles in die Luft zu sprengen
das ist doch der vordringlichste Gedanke des Schriftstellers
habe ich recht
Zuerst eine kleine Revolution zu machen im eigenen Kopf
dann eine größere Revolution
dann eine noch größere Revolution
und dann die Revolution aus dem eigenen Kopf
in die Welt setzen wie man ein Kind in die Welt setzt
und alles zur Explosion zu bringen
ein dramatischer Schriftsteller hat doch
nichts anderes zu denken
wie jage ich die ganze Welt in die Luft
wie mache ich dem ganzen Spuk ein Ende
Habe ich nicht recht
zur Tochter
Mein Kind ist ganz außer sich wenn ich so etwas sage
aber wenn ich es n i c h t sage
Die dramatischen Schriftsteller sagen es nicht
oder sie sagen es und tun es nicht
Vielleicht ist es auch gar nicht die Aufgabe des dramatischen Schriftstellers
die Welt in die Luft zu jagen
vielleicht ist das ganze ein absurder Gedanke
Vielleicht bin ich von der Reise etwas erregt
Mich macht es wahnsinnig wenn ich denke
daß wir alle diese Sachen noch auspacken müssen
und wer weiß dann haben wir alles ausgepackt
und fahren doch gleich wieder in die Stadt zurück
weil wir es hier nicht aushalten
ruft aus
Katwijk im Grunde friert mich bei dem Gedanken
daß wir jetzt hier sind
Aber es war meine Idee
Jeden Sommer fahren wir an diesem Tag hierher

als ob sie friere
Es ist so kalt hier
aber man kann doch im Hochsommer nicht heizen
das wäre doch absurd
zum Schriftsteller
Aber gewöhnen Sie sich nur nicht an wenn es regnet
im Bett liegenzubleiben
das ist das verderblichste
Wenn Sie aufwachen müssen Sie heraus
und erfrischen Sie sich und laufen Sie hinaus
Wer im Bett liegenbleibt hat mein Vater gesagt
bleibt bald ganz im Bett liegen
Und habe ich recht
wenn wir in der Frühe im Bett liegenbleiben
weil wir wie gelähmt sind
ekelt uns vor der Welt
Es graust mich vor meinem Lebensmechanismus
Tochter will den Rohrkoffer mehr zum Fenster schieben und es gelingt ihr nicht
Ach helfen Sie doch meiner Tochter
die Arme kann es allein nicht
ein Unikum dieser Rohrkoffer
Schriftsteller springt auf und hilft der Tochter
Dieser Koffer hat eine ganz besondere Geschichte
im Grunde ist er unser Mittelpunkt
Der Koffer eines Spaßmachers
das sieht man ihm gar nicht an
Mein Großvater war Spaßmacher verstehen Sie
er war aus Maastricht gebürtig
und ist in ganz Europa herumgereist mit diesem Koffer
und hat seine Späße gemacht
Wenn es Sie interessiert
zeige ich Ihnen Bilder davon
ich habe Fotografien wo er abgebildet ist
wie er seine Späße zeigt
Eine Sensation zu der damaligen Zeit
Aber er war ein Säufer
mit zweiundvierzig starb er
in einem Wirtshaus in Kerkrade
also nicht weit von dem Ort
in welchem er geboren wurde

Ich sage oft zu meiner Tochter
wie leicht hätte ich den andern Weg gehen können
Ich bin den andern gegangen
trinkt
Habe ich Ihnen gesagt daß ich meinen Mann
in einem Wirtshaus kennengelernt habe
in der Nähe von Apeldoorn
ein versprengtes Kind
Und daß mich am meisten das Wort Gußwerk fasziniert hat
ich bin an dem Wort Gußwerk hängengeblieben
Tochter und Schriftsteller heben einen schweren Wintermantel aus dem Rohrkoffer
Eine Marotte
Wir fahren im Hochsommer nach Katwijk
und packen diesen schweren Winterkotzen ein
eine Gewohnheit
die Gewohnheit meines Mannes ihres Vaters
er hatte an den kalten Sommerabenden
wenn er auf die Terrasse gegangen ist
diesen Mantel getragen
ein Relikt aus einer anderen Zeit
Eine Verrücktheit
heben Sie ihn doch hoch hoch hoch
Schriftsteller und Tochter heben den Mantel hoch
Er ist schon ganz durchsichtig
aber nicht weil er so oft getragen worden wäre
nein
weil wir ihn immer wieder aus- und einpacken
das zersetzt das Gewebe schleift es ab
Tochter hängt den Mantel ans Fenster
Dann hängen wir ihn an den Haken dort
und wissen nicht was anfangen damit
Tochter packt weiter aus

SCHRIFTSTELLER

Ein schönes Stück
englisch natürlich

MUTTER

Naturgemäß englisch
Mein Mann hat nur englische Mäntel getragen
damals war das noch höchster Luxus
Und englische Schuhe natürlich

und die feinsten englischen Socken
Ich war ganz verblüfft als ich das sah
den üppigen Kleiderluxus des Mannes
Kommen Sie setzen Sie sich
Schriftsteller geht zum Tisch und setzt sich
Sie dürfen sich nicht wundern
Es ist hier immer alles verrückt gewesen
Beispielsweise trage ich hier sehen Sie
immer eine Spange
um meinen Mantel zu schließen
ich habe diese Spange schon an die dreißig Jahre
an dieser Stelle
es ist mir nie eingefallen
mir diesen Knopf anzunähen
Oder dieses Vorhangloch dort sehen Sie
zeigt es
das Loch gibt es schon fünfundzwanzig Jahre
ich weiß das so genau
weil es mein Mann gemacht hat
mit dem Regenschirm
Er kam von der Küste
und sein Regenschirm verspießte sich im Vorhang
eine komische Geschichte nicht wahr
Das ist u n s e r Schöpferisches mein Herr
daß wir Löcher in Vorhänge machen
und sie nicht zustopfen
daß wir Mäntel einpacken und auspacken
und niemals anziehen
und so mit Hunderten von anderen Sachen
Strümpfen Socken Blusen Westen etcetera
Auf irgendeine Weise hängt das alles sicher
mit dem Rohrkoffer meines Großvaters zusammen
auf eine ganz geheimnisvolle Weise finden Sie nicht
es klopft
Mädchen tritt ein
Mutter zum Schriftsteller
Ihr Zimmer ist fertig
Schriftsteller steht auf
Sie werden müde sein
Ihre Premiere denken Sie
und Ihr Triumph

Ihr einmaliger Triumph
da sehen Sie doch selbst
gibt ihm die Hand und der Schriftsteller küßt die Hand
Ach küssen Sie nicht meine Hand
das ist einfach lächerlich
Wo haben Sie das gesehen
in Österreich
Mein Gott
Und dann die Reise
und alles andere das auf Sie zugekommen ist
Schriftsteller nimmt seine Tasche und will gehen
Und erschrecken Sie nicht
wenn Sie in Ihrem Zimmer
lauter seltsame Gegenstände finden
diese alten Kleider und diese Gewehre
und diese vielen Hüte überall
das alles hat mein Mann sehr geliebt
Schriftsteller verneigt sich noch einmal kurz vor der Mutter und dann vor der Tochter und geht hinaus, das Mädchen folgt
Mutter nach einer Pause, nachdem sie getrunken hat
Die Frage ist gar nicht
ob es klug war ihn einzuladen
er ist da
plötzlich erregt
Jetzt brauche ich frische Luft
sie geht vor die Terrassentür
Die Tochter mit dem Sessel, auf dem der Schriftsteller gesessen ist, zu ihr
Mutter, nachdem sie sich auf den Sessel gesetzt hat
Ich fürchte
er wird länger als nur ein paar Tage bleiben

Vorhang

Thomas Bernhard
Sein Werk im Suhrkamp Verlag

Amras. Erzählung
Bibliothek Suhrkamp 489

Am Ziel
Bibliothek Suhrkamp 767

Ave Vergil. Gedicht
Bibliothek Suhrkamp 769

Das Kalkwerk. Roman
suhrkamp taschenbuch 128

Der Ignorant und der Wahnsinnige
Bibliothek Suhrkamp 317

Der Kulterer. Eine Filmgeschichte
suhrkamp taschenbuch 306

Der Präsident
Bibliothek Suhrkamp 440

Der Stimmenimitator
Leinen

Der Weltverbesserer
Bibliothek Suhrkamp 646

Die Berühmten
Bibliothek Suhrkamp 495

Die Billigesser
edition suhrkamp Neue Folge 6

Die Erzählungen. Leinen

Die Jagdgesellschaft
Bibliothek Suhrkamp 376

Die Macht der Gewohnheit. Komödie
Bibliothek Suhrkamp 415

Die Salzburger Stücke
suhrkamp taschenbuch 257

Ein Fest für Boris
edition suhrkamp 440

Frost. Roman
Leinen

Gehen
suhrkamp taschenbuch 5

Immanuel Kant. Komödie
Bibliothek Suhrkamp 556

Ja.
Bibliothek Suhrkamp 600

Korrektur. Roman
Leinen

Midland in Stilfs. Drei Erzählungen
Bibliothek Suhrkamp 272

Minetti
Ein Portrait des Künstlers als alter Mann
Leinen

Prosa
edition suhrkamp 213

Über allen Gipfeln ist Ruh
Ein deutscher Dichtertag um 1980. Komödie
Bibliothek Suhrkamp 728

Ungenach. Erzählung
edition suhrkamp 279

Verstörung
Bibliothek Suhrkamp 229

Vor dem Ruhestand
Eine Komödie von deutscher Seele
Kartoniert

Watten. Ein Nachlaß
edition suhrkamp 353

Beton. Roman
Leinen

Wittgensteins Neffe
Eine Freundschaft
Bibliothek Suhrkamp 788

Über Thomas Bernhard
Herausgegeben von Anneliese Botond
edition suhrkamp 401

Thomas Bernhard. Werkgeschichte
Herausgegeben von Jens Dittmar
suhrkamp taschenbuch materialien 2